JN261313

核軍縮不拡散の法と政治

核軍縮不拡散の法と政治

黒澤満先生退職記念

浅田正彦・戸﨑洋史 編

信山社

謹んで
黒澤満先生に捧げます

執筆者一同

執筆者一覧（執筆順）

浅田　正彦（あさだ　まさひこ）	京都大学大学院法学研究科教授
納家　政嗣（なや　まさつぐ）	青山学院大学国際政治経済学部教授
阿部　信泰（あべ　のぶやす）	在スイス大使
天野　之弥（あまの　ゆきや）	在ウィーン国際機関日本政府代表部大使
岩田修一郎（いわた　しゅういちろう）	防衛大学校国際関係学科教授
吉田　文彦（よしだ　ふみひこ）	朝日新聞論説委員
梅本　哲也（うめもと　てつや）	静岡県立大学国際関係学部教授
小川　伸一（おがわ　しんいち）	防衛省防衛研究所研究部長
佐渡　紀子（さど　のりこ）	広島修道大学法学部准教授
広瀬　訓（ひろせ　さとし）	宮崎公立大学人文学部教授
一政　祐行（いちまさ　すけゆき）	日本国際問題研究所軍縮・不拡散促進センター研究員
水本　和実（みずもと　かずみ）	広島市立大学広島平和研究所准教授
戸﨑　洋史（とさき　ひろふみ）	日本国際問題研究所軍縮・不拡散促進センター主任研究員
菊地　昌廣（きくち　まさひろ）	核物質管理センター運営企画部長
秋山　信将（あきやま　のぶまさ）	一橋大学大学院法学研究科准教授
村山　裕三（むらやま　ゆうぞう）	同志社大学大学院ビジネス研究科教授
青木　節子（あおき　せつこ）	慶應義塾大学総合政策学部教授
石川　卓（いしかわ　たく）	東洋英和女学院大学国際社会学部准教授
倉田　秀也（くらた　ひでや）	杏林大学総合政策学部教授
堀部　純子（ほりべ　じゅんこ）	軍縮会議日本政府代表部専門調査員
石栗　勉（いしぐり　つとむ）	国連アジア太平洋平和軍縮センター所長
梅林　宏道（うめばやし　ひろみち）	NPO法人ピースデポ代表
宮坂　直史（みやさか　なおふみ）	防衛大学校総合安全保障研究科准教授
宮本　直樹（みやもと　なおき）	核物質管理センター運営企画部業務課主査

黒澤満先生　近影

はしがき

　黒澤満先生は，2008年3月末日をもって大阪大学を退職される。本書は，それを記念して編まれた論文集である。その寄稿者の数と質からも，先生が軍縮分野の第一人者として，いかに日本の学界をまとめてこられ，さらには学界，実務界，NGOなどの橋渡しをされてきたかが分かる。

　黒澤先生は，1976年に大阪大学大学院法学研究科博士課程を単位取得退学後，直ちに新潟大学専任講師として教壇に立たれ，同助教授，教授を経て，1991年に母校である大阪大学法学部に教授として復帰された。その後，大阪大学に新たに設置された独立大学院・国際公共政策研究科の創設にも尽力され，同研究科の発足後は，同研究科の教授，研究科長を歴任され，本年3月をもって定年退職されることになった。

　黒澤先生の第1の功績は，軍縮という分野を国際法の一分野として確立されたことである。国際法において軍縮は，長らくその一分野としては必ずしも十分に認知されてきたとはいえず，せいぜい戦争法の一部である兵器の使用規制に付随して述べられるに過ぎなかった。それが今日，安全保障の重要な一分野として国際法の教科書でもしばしば独立して取り上げられるようになったのは，まさに先駆者としての黒澤先生の努力があったからだといえよう。黒澤先生は国際法の枠に留まることなく，軍縮の動向を大きく左右する国際政治への関心も高く，さらには日本や国際社会がとるべき施策までも積極的に提言されてきた。

　同様に，先生は，国連アジア太平洋平和軍縮センター主催の国連軍縮会議をはじめとして，各種の国際会議に積極的に参加されてきた。それらを通して，日本においてもこの分野が重要な研究対象として取り組まれていることを世界に示すとともに，日本の研究者の考えを世界に発信する重要な役割を果たされた。

　先生は，外務省との関係の構築にも尽力された。とりわけ1995年のNPT運用検討・延長会議以降，外務省軍備管理軍縮課との間で，定期的な情報交換，

はしがき

意見交換の場を設定することに努力された。この意見交換会は，さまざまに形を変えながらも，軍縮不拡散・科学部長の有識者懇談会として，今日まで続いている。また先生は，NGOなどの主催する会議やプロジェクトなどでも積極的に発言されてきた。そこでの先生のスタンスは，「東京と広島・長崎の中間である大阪を基盤に活動している」という先生の言葉に象徴されている。核軍縮の理想を持ちつつ，しかし学者として客観的に現実を直視して分析，考察，提言を行い，政府に対しても市民社会に対してもそうした姿勢で発言してこられた。

そのような経験からか，先生は，学際的な形での後進の指導にとりわけ力を尽くされた。本書はまさにその結晶ともいえるものであるが，その端緒は，1996年に初版が発刊された編著『軍縮問題入門』(東信堂)にさかのぼる。もう1つの学際研究の大編著が2004年の『大量破壊兵器の軍縮論』(信山社)である。

これらを含めて，黒澤先生は多作で知られる。最初の研究書である1986年の『軍縮国際法の新しい視座―核兵器不拡散体制の研究―』(有信堂高文社)から数えて，また最近の単著の大論文集である2003年の『軍縮国際法』(信山社)を含め，単著・編著書だけでも13冊にのぼる。論文に至っては，その数100本を超え，巻末の著作目録を一瞥するだけで圧倒される。還暦を迎えても毎年数本の論文を執筆される先生はほかにはそうは居られないであろう。英文論文の多さにも驚かされる。40号 (1993年) から55号 (2008年) まで毎号欠かさず先生が寄稿されてきた Osaka University Law Review は，先生のご退職後には編集方針を大きく転換しなければ継続発刊が危ぶまれるのではないかとさえ思えてくる。

これらすべての足跡や業績が，後進にとっては遥か遠くにある大きな山のように見える。しかし，後進に歩むべき道を標されるという意味では，目標の山は遠ければ遠いほど，そして大きければ大きい方が良いのかもしれない。先生のますますのご健筆とご健康を祈るばかりである。

2008年3月

浅田正彦
戸﨑洋史

目　次

はしがき
〔執筆者一覧〕

第1部　総　論

1　NPT体制の動揺と国際法 ……………………………〔浅田正彦〕…*3*
2　安全保障と軍備管理……………………………………〔納家政嗣〕…*41*
3　核軍縮・不拡散問題における国際機関の役割と課題
　　………………………………………………………………〔阿部信泰〕…*63*
4　日本の軍縮・不拡散政策………………………………〔天野之弥〕…*89*

第2部　核　軍　縮

5　戦略核軍縮の現状と課題 ……………………………〔岩田修一郎〕…*99*
6　核軍備管理における「レーガン再評価」の考察 …〔吉田文彦〕…*119*
7　米国核政策の展開………………………………………〔梅本哲也〕…*141*
8　中国と核軍縮……………………………………………〔小川伸一〕…*163*
9　欧州における核軍縮・不拡散
　　──地域的アプローチとその限界── ………………〔佐渡紀子〕…*185*
10　多国間核軍縮・不拡散交渉と核敷居国問題 ………〔広瀬　訓〕…*203*
11　核実験の禁止と検証
　　──包括的核実験禁止条約（CTBT）を中心に── ……〔一政祐行〕…*223*
12　核軍縮と広島・長崎
　　──核の危険性と被爆地の課題── ……………………〔水本和実〕…*247*

ix

目　次

第3部　核不拡散

13　核兵器拡散防止のアプローチ
　　　──「決然たる拡散国」への対応を中心に──……………〔戸﨑洋史〕…273

14　核拡散問題と検証措置……………………………………〔菊地昌廣〕…297

15　平和利用の推進と不拡散の両立
　　　──核の多国間管理構想に関する考察──……………〔秋山信将〕…325

16　中国向け輸出管理
　　　──両用技術をめぐる中国と日本──　……………〔村山裕三〕…351

17　核不拡散の新しいイニシアティヴ
　　　──PSIと安保理決議1540の挑戦──………………〔青木節子〕…369

18　米国の核不拡散政策
　　　──核不拡散体制の「再構成」と「危機」─　………〔石川　卓〕…395

19　6者会談と北朝鮮の原子力「平和利用」の権利
　　　──「凍結対補償」原則の展開とCVIDの後退──　……〔倉田秀也〕…415

20　中東の核問題と核不拡散体制
　　　──イランおよびイスラエルの核問題を中心として──　……〔堀部純子〕…439

21　非核兵器地帯──中央アジア非核兵器地帯条約を中心に──
　　　……………………………………………………………〔石栗　勉〕…463

22　北東アジア非核兵器地帯の設立を求めるNGOの挑戦
　　　………………………………………………………〔梅林宏道〕…487

23　核テロリズム──その背景，類型，対策──………………〔宮坂直史〕…505

24　核セキュリティと核不拡散体制　…………………〔宮本直樹〕…533

　黒澤満先生紹介〔略歴・著作目録〕（569）
　執筆者紹介（585）

略語一覧 （ABC順）

ABM（Anti-Ballistic Missile）弾道弾迎撃ミサイル
ACRS（Arms Control and Regional Security）軍備管理・地域安全保障
ALEXIS（Array of Low Energy X-ray Imaging Sensors）低エネルギーX線画像化センサーアレイ
ANC（African National Congress）アフリカ民族協議会
ANM（Alternative Nuclear Material）代替核物質
BMD（Ballistic Missile Defense）弾道ミサイル防衛
BUR（Bottom-up Review）ボトムアップ・リビュー
BWC（Biological Weapons Convention）生物・毒素兵器禁止条約
CBM（Confidence Building Measures）信頼醸成措置
CCW（Convention on Certain Conventional Weapons）特定通常兵器使用禁止制限条約
CD（Conference on Disarmament）ジュネーヴ軍縮会議
CFE（Conventional Forces in Europe）欧州通常戦力
CFSP（Common Foreign and Security Policy）共通外交・安全保障政策
CISTEC（Center for Information on Security Trade Control）㈶安全保障貿易情報センター
COSTIND（Commission of Science Technology and Industry for National Defense）国防科学技術工業委員会
CSCE（Conference on Security and Co-operation in Europe）欧州安全保障協力会議
CSIS（Center for Strategic and International Studies）戦略国際問題研究所
CTBT（Comprehensive Nuclear-Test-Ban Treaty）包括的核実験禁止条約
CTBTO（CTBT Organization）包括的核実験禁止条約機関
CTBTOTS（CTBTO Technical Secretariat）CTBTO技術事務局
CTR（Cooperative Threat Reduction）協調的脅威削減
CVID（Complete, Verifiable, and Irreversible Dismantlement）完全で検証可能で不可逆な解体
CWC（Chemical Weapons Convention）化学兵器禁止条約
ESDP（European Security and Defense Policy）欧州安全保障・防衛政策
EUP（Enriched Uranium Program）濃縮ウラン計画
EURATOM（European Atomic Energy Community）欧州原子力共同体
EUROPOL（European Police Office）欧州刑事警察機構
FCS（Federal Customs Service）ロシア連邦関税局
FMCT（Fissile Material Cut-Off Treaty）兵器用核分裂性物質生産禁止条約
GCC（Gulf Cooperation Council）湾岸協力会議
GCI（Global Communication Infrastructure）グローバル通信基盤
GNEP（Global Nuclear Energy Partnership）グローバル原子力パートナーシップ
GPALS（Global Protection Against Limited Strikes）限定的攻撃に対するグローバル防衛
GSE（Group of Scientific Experts）科学専門家グループ
GSETT（GSE Technical Test）GSE技術試験

略語一覧

GTRI（Global Threat Reduction Initiative）グローバル脅威削減イニシアティヴ
HDBT（Hard and Deeply Buried Target）堅牢で地中深く埋設された標的
HEU（High(ly) Enriched Uranium）高濃縮ウラン
IAEA（International Atomic Energy Agency）国際原子力機関
ICBM（Inter-Continental Ballistic Missile）大陸間弾道ミサイル
ICJ（International Court of Justice）国際司法裁判所
IDC（International Data Center）国際データセンター
IMINT（Imagery Intelligence）写真による機密情報収集
IMS（International Monitoring System）国際監視制度
INF（Intermediate-range Nuclear Forces）中距離核戦力
KEDO（Korean Peninsula Energy Development Organization）朝鮮半島エネルギー開発機構
LEU（Low Enriched Uranium）低濃縮ウラン
MAD（Mutual Assured Destruction）相互確証破壊
MD（Missile Defense）ミサイル防衛
MIRV（Multiple Independently-targetable Reentry Vehicle）複数個別誘導弾頭
MNA（Multilateral Nuclear Approaches）核燃料サイクルへのマルチラテラル・アプローチ
MTCR（Missile Technology Control Regime）ミサイル技術管理レジーム
NAC（New Agenda Coalition）新アジェンダ連合
NAC（North Atlantic Council）北大西洋理事会
NATO（North Atlantic Treaty Organization）北大西洋条約機構
NBC（Nuclear, Biological and Chemical）核・生物・化学
NEST（Nuclear Emergency Search Team）核緊急探知チーム
NMD（National Missile Defense）本土ミサイル防衛
NNSA（National Nuclear Security Administration）国家核安全保障局
NPR（Nuclear Posture Review）核態勢見直し報告
NPT（Nuclear Non-Proliferation Treaty）核兵器不拡散条約
NSG（Nuclear Suppliers Group）原子力供給国グループ
NSS（National Security Strategy）米国の国家安全保障戦略
NTI（Nuclear Threat Initiative）核脅威イニシアティヴ
NTM（National Technical Means）国内の検証技術
OPCW（Organisation for the Prohibition of Chemical Weapons）化学兵器禁止機関
OSCE（Organization for the Security and Cooperation in Europe）欧州安全保障協力機構
OSI（On-Site Inspection）現地査察
PAROS（Prevention of Arms Race in Outer Space）宇宙空間における軍備競争の防止
PNET（Peaceful Nuclear Explosion Treaty）平和目的地下核爆発制限条約
PSI（Proliferation Security Initiative）拡散に対する安全保障構想
PTBT（Partial Test Ban Treaty）部分的核実験禁止条約
PTS（Provisional Technical Secretariat）暫定技術事務局
QDR（Quadrennial Defense Review）四年期国防見直し報告
RDD（Radiological Dispersal Device）ダーティーボム
RED（Radiological Emission Device）放射性物質拡散装置

略語一覧

RMA（Revolution in Military Affairs）軍事における革命
RNEP（Robust Nuclear Earth Penetrator）強壮地中貫通核兵器
RRW（Reliable Replacement Warhead）信頼性のある代替核弾頭
SALT Ⅰ（Strategic Arms Limitation Treaty (Talks)-Ⅰ）第一次戦略兵器制限暫定協定（制限交渉）
SALT Ⅱ（Strategic Arms Limitation Treaty (Talks)-Ⅱ）第二次戦略兵器制限条約（制限交渉）
SCO（Shanghai Cooperation Organization）上海協力機構
SDI（Strategic Defense Initiative）戦略防衛構想
SIGINT（Signal Intelligence）信号情報収集
SIOP（Single Integrated Operational Plan）単一統合作戦計画
SIP（Statement of Interdiction Principles）阻止原則宣言
SLBM（Submarine Launched Ballistic Missile）潜水艦発射弾道ミサイル
SORT（Strategic Offensive Reductions Treaty）戦略攻撃能力削減条約
SSAC（State system of accounting for and control of nuclear material）核物質の国内計量管理制度
SSBN（Ballistic Missile Submarine Nuclear-Powered）弾道ミサイル搭載原子力潜水艦
START Ⅰ（Strategic Arms Reduction Treaty (Talks)-Ⅰ）第一次戦略兵器削減条約（交渉）
START Ⅱ（Strategic Arms Reduction Treaty (Talks)-Ⅱ）第二次戦略兵器削減条約（交渉）
START Ⅲ（Strategic Arms Reduction Treaty-Ⅲ）第三次戦略兵器削減条約
TMD（Theater Missile Defense）戦域ミサイル防衛
TTBT（Threshold Test Ban Treaty）地下核実験制限条約
UNDC（United Nations Disarmament Commission）国連軍縮委員会
UNIDIR（United Nations Institute for Disarmament Research）国連軍縮研究所
UNMOVIC（United Nations Monitoring, Verification and Inspection Commission）国連イラク監視検証査察委員会
UNODC（United Nations Office on Drugs and Crime）国連薬物犯罪事務所
UNSCOM（United Nations Special Commission）国連イラク特別委員会
UPU（Universal Postal Union）万国郵便連合
USTR（Office of the United States Trade Representative）米国通商代表部
WCO（World Customs Organization）世界税関機構
WMD（Weapons of Mass Destruction）大量破壊兵器
WPC&A（Weapons Protection, Control and Accounting）核兵器防護・計量管理
2MRC/2MTW（2 Major Regional Conflicts/2 Major Theater Wars）2つの大規模な地域紛争

第 1 部
総　論

1　NPT体制の動揺と国際法
2　安全保障と軍備管理
3　核軍縮・不拡散問題における国際機関の役割と課題
4　日本の軍縮・不拡散政策

1 NPT体制の動揺と国際法

浅田　正彦

はじめに
1　前世紀におけるNPT体制の動揺
2　今世紀に入ってからのNPT体制の動揺
おわりに

はじめに

　1968年7月1日に署名され，1970年3月5日に発効した核兵器不拡散条約（NPT）[1]が，その検証を担当する国際原子力機関（IAEA）と共に核不拡散体制の中核に位置づけられることは疑いない。とりわけNPTは，その締約国数が今日190を数え[2]，軍備管理・軍縮分野のみならず他分野を含めても，最も普遍性の高い条約の1つとなっている。しかし，そのことは，NPT・IAEA体制（以下，「NPT体制」ともいう）が常に磐石であったことを意味する訳ではない。それどころかNPT体制は，とりわけ前世紀末において内外からのさまざまな挑戦に曝され，さらに今世紀に入ってからも，内外からの新たな挑戦を受けているのである。

　前世紀末の1990年代にNPTが直面した問題を，時系列的に見れば次のようである。①1991年9月，湾岸戦争後に行われたIAEAによる査察の結果，NPTの締約国としてIAEAの包括的保障措置を受け，核物質の軍事転用はないとされてきたイラクにおいて，秘密裏に核兵器開発が行われていたことが明らかと

（1）　NPTの起草過程およびその基本構造については，黒沢満『軍縮国際法の新しい視座』（有信堂，1986年）参照。
（2）　国連軍縮部による。ただし，北朝鮮の脱退通知の評価によっては異なってくる。北朝鮮の脱退問題については，浅田正彦「北朝鮮をめぐる国際法上の問題点」『法学教室』第274号（2003年7月）50-57頁参照。なお，NPTの寄託国の1つである米国は，1979年1月1日の中華人民共和国政府の承認後も，台湾が引き続きNPT上の義務に拘束されているものと見なしているが，NPTの当事国表には含めていない（<http://www.state.gov/www/global/arms/treaties/NPT3.html>, accessed on September 1, 2007.）。

なり，IAEA の保障措置の実効性に大きな疑問が投げかけられることになった。②1991年12月，NPT において核兵器国としての地位を認められてきたソ連が崩壊し，その複数の承継国が核兵器国としてのソ連の地位を承継すると主張した場合にはいかなる処理が可能なのか，という困難な問題が生ずることになった。③1995年4月〜5月，他の軍縮関連条約とは異なり，無期限条約としては作成されていなかった NPT の将来を決定する NPT 運用検討・延長会議が開催されたが，NPT の規定によれば，NPT が失効する可能性もあった。④1998年5月，NPT への加盟を一貫して拒否してきたインドとパキスタンが，相次いで核実験を実施し，核兵器保有の現実を明らかにした。

今世紀に入ってから NPT が直面している問題も，時系列的に見れば次のようになる。①2002年8月，イランの反体制組織は，NPT 締約国であるイランが秘密裏に核施設を建設中であることを明らかにし，その後同国による核開発疑惑が重大な問題となった。②2003年1月，北朝鮮が NPT からの脱退を宣言し，2005年2月に核兵器保有宣言を行った後，2006年10月には核実験を実施した。③2004年2月，パキスタンのカーン（Abdul Qadeer Khan）博士が，核兵器の設計図，関連部品，技術などを他国に売却していたことが分かり，「核の闇市場」の存在がクローズアップされた。④2005年7月，インドによる核関連施設の軍民分離と民生用核施設への IAEA 保障措置の適用などと引き換えに，米国が NPT 非締約国のインドに対して民生用原子力協力を行うことを約束する米印合意が発表された。

以上のような NPT に対する内外からのさまざまな挑戦に対して，国際社会はいかなる対応をし，いかに対応しようとしているのか。本稿は，それらの問題に対して国際法の観点から検討を加えるものである。なお，紙数の関係から，NPT の枠内における問題に限定して検討を加えることにしたい。

1　前世紀における NPT 体制の動揺

(1)　核兵器国の崩壊

(a)　ソ連の崩壊

NPT は，その第9条3項において，核兵器国を「千九百六十七年一月一日

前に核兵器その他の核爆発装置を製造しかつ爆発させた国」と定義している。この定義に該当する国は，米国，ソ連，英国，フランス，中国の5カ国のみであり，核兵器国をこの5カ国に限定することが，NPTの最大の目的であった。しかし，核兵器国が分離ないし分裂によって複数の国になることは，NPTの起草過程においても全く考慮されていなかった。その予想されなかった事態が発生したのである。

　1991年12月，ソ連は崩壊し，ロシアをはじめとする15の国になった。旧ソ連の地位を1国しか引き継げないとすれば，領土の点でも人口の点でも政治力の点でも，ロシアが引き継ぐことになると誰もが考えるであろう。しかし，そのような結論が法的にも確定的にいえるためには，次のいずれかであることが立証されなければならなかった。第1に，ソ連が複数の新国家に「分裂」したと見られる場合には，国家としてのソ連自体は消滅することになるので，ロシアがソ連の地位を引き継ぐことについて関係国（少なくとも承継国）が合意しなければならない。第2に，ロシア以外の旧連邦構成共和国がソ連から「分離」独立したと見られる場合には，国家としてのソ連は「ロシア」という新たな国名の下に存続している（継続国家）と考えることができる。このように，概念的には「分裂」と「分離」を区別することができるが，現実には，両者は往々にして区別困難であり[3]，この点はソ連の場合も例外ではなかった。そして，とりわけソ連の崩壊が「分裂」であったとすれば，ロシア以外の国が核兵器国としてのソ連の地位を受け継いだと主張することがありえないことではなかった。

(b) カザフスタンとウクライナによる「核兵器国」の地位の主張

　ソ連の崩壊の後，カザフスタンとウクライナが異なる根拠から「核兵器国」としての地位を主張した。まずカザフスタンは，NPTの規定に照らして自国は「核兵器国」であると主張した。カザフスタンのナザルバエフ（Nursultan Abishuly Nazarbayev）大統領は，カザフスタンにおける第1回目の核実験は1949年に行われており，したがって同国はNPT第9条3項にいう「核兵器国」の定義に該当するとの主張を行った[4]。

---

[3] James Crawford, *The Creation of States in International Law* (Oxford: Clarendon Press, 1979), p. 400.

第1部　総　　論

　しかし，カザフスタンにおける実験で使用された核爆発装置は，カザフスタン自身が「製造しかつ爆発させた」ものではないし，そもそもカザフスタンは当時，核爆発装置を製造しかつ爆発させることのできる「国」でさえなかった。こうして，1992年4月21日の北大西洋条約機構（NATO）の声明は，「これら諸国［＝ロシア以外の旧ソ連共和国］における核兵器の単なる物理的存在も，過去におけるソ連の核実験活動の所在地であったことも，これらの諸国を条約［＝NPT］上の核兵器国とみなす根拠とはならない」と述べて，カザフスタンの主張を拒否したのである(5)。

　ウクライナの主張は，法的により精緻なもので，「核兵器国」としての地位を含むソ連のNPT締約国としての地位を旧ソ連共和国が「承継」する可能性に関するものであった。ウクライナのズレンコ（Anatoly Zlenko）外相は，『NATOレビュー』誌への寄稿論文のなかで，「［国際法上の承継に関する］原則に従い，ウクライナはロシアと共に核兵器国となる平等な権利を有する」として，明確に，「承継」による核兵器国たる地位の取得を主張したのである(6)。

　前述のように，NPTの起草過程ではこのような問題についての議論はなされなかったことから，この問題は，国家承継に関する一般法を適用することによって解決されることになろう。関連規則は，1978年の「条約についての国家承継に関するウィーン条約」（以下，「条約承継条約」）に定められている。この条約は，この当時には発効しておらず（1996年に発効），そこに含まれる規則も，慣習法を反映したものではないともいわれるが，本件に関する事実上唯一の拠り所であるだけでなく，最近の国家承継の事例ではおおむねこの条約に定める規則に一致した処理がなされているとの指摘もあることから，以下，この条約に照らしてウクライナの主張を検討することにしよう(7)。

　条約承継条約第34条は，国家の「分裂」の場合も「分離」の場合も，「国家

（4）　それ以外の根拠としては，核兵器が自国領域内に存在すること，それらの核兵器に対する管理を有すること，が挙げられた。浅田正彦「ソ連邦の崩壊と核兵器問題（一）」『国際法外交雑誌』第92巻6号（1994年2月）20-23頁参照。

（5）　"Text of NATO Statement on NPT," April 21, 1992.

（6）　Anatoly Zlenko, "Ukrainian Security and the Nuclear Dilemma," *NATO Review*, vol. 41, no. 4 (August 1993), pp. 112-113.

（7）　ウクライナ自身は1992年10月に条約承継条約に加入しているが，その時点では条約は発効していなかった。同条約はその後1996年11月に発効したが，その遡及的適用は基

承継の日に先行国の全領域について効力を有するいかなる条約も，そのように構成された各承継国につき引き続き効力を有する」として，いわゆる「継続性の原則」を規定する。この原則をそのままソ連とNPTに当てはめれば，NPTは旧ソ連共和国につき引き続き効力を有し，それらの共和国はすべて核兵器国としてNPTを承継するということにもなりかねない。しかし，この原則には例外があり，承継国についての条約の適用が「条約の趣旨および目的と両立しない」場合には，「継続性の原則」は適用されないとされる。NPTの主要な目的は，核兵器保有国の数を増加させないことであったから，ロシアがソ連の地位を引き継ぐとすれば，それに加えてウクライナがNPT上の核兵器国としてのソ連の地位を承継することは，条約目的と両立せず認められないということになろう。

以上のようにみてくるならば，カザフスタンの主張もウクライナの主張も，ともに認められないということになる。しかし，注意しなければならないのは，ソ連の崩壊が国家の「分裂」であるとすれば，つまりロシアがソ連の継続国家ではなく，15の共和国がすべて同等の資格をもつソ連の承継国であるとすれば，ロシアと他の2国は全く同じ地位に置かれることになり，ロシアもカザフスタンやウクライナと同様，NPT上の核兵器国としての地位を当然に獲得したとは言い切れないことになる，という点である。だからこそロシアは，ある段階から，自国はソ連の「継続国家」であると主張し始めるのである。

(c) リスボン議定書と三国共同声明

そのようなロシアの主張が，関係国によって直ちに認められた訳ではない。殊にウクライナは，ロシアが核兵器に関してソ連の継続国家であるとは認めない旨を明言した。

この問題は，米ソ間の第一次戦略兵器削減条約（START I 条約）の枠組みを利用して解決が図られることになる。すなわち，1992年5月にリスボンで署名されたSTART I 条約に対する議定書（リスボン議定書）は，START I 条約を，旧ソ連の戦略核兵器が所在していた4カ国（ロシア，ウクライナ，カザフスタン，ベラルーシ）と米国との間の条約に変更すると共に，その第5条において，ウ

───
本的に条約自体の発効時点（1996年11月）までとされており（第7条），それ以前の国家承継であるウクライナの事態には適用されない。

クライナ,カザフスタンおよびベラルーシの3国に対して,可能な限り短期間に「非核兵器国として」NPT に加盟することを義務づけたのである。

　もちろん,このような合意が容易に可能となった訳ではない。カザフスタンとウクライナは,かねてより,核兵器の放棄には米国を含む国際社会による安全の保証が必要であると主張してきた。しかしカザフスタンは,リスボン議定書署名の直前に合意されたロシアを中心とする「独立国家共同体(CIS)集団安全保障条約」[8]に満足して,NPT への早期加入の意向を打ち出した。他方,ウクライナは,ロシア主導の集団安全保障条約には加わらず,経済パッケージの提供によってリスボン議定書における解決に同意することになった。

　しかし,リスボン議定書は,ウクライナ等3国に可能な限り短期間に NPT に加盟するよう義務づけていただけであり,問題の解決のためには,それらの国が現に非核兵器国として NPT に加盟することが必要であった。ところが,ウクライナ最高会議は,93年11月のリスボン議定書の批准承認に際して,NPT への加盟義務を規定する第5条には拘束されないと考えるとする条件のほか,同国の安全の保証,核廃棄で生ずる核分裂性物質への補償など,13の条件を付したのである[9]。

　このようなウクライナ(議会)の態度を予期してか,ロシアは,リスボン議定書の署名に際して,ウクライナ等3国が NPT に加入した後に,START I 条約の批准書を交換する旨の声明を発して,3国の NPT 加盟と START I 条約(およびリスボン議定書)の発効とをリンクさせていた。したがって,ウクライナによる NPT 加入拒否は,START I 条約・リスボン議定書の発効にも直接に影響を与えるものとなっていたのである。

　このような手詰まりは,94年1月にモスクワで開かれた米国,ロシア,ウクライナ3国の大統領による会合で事実上解決された。その際に署名された「三

---

(8) CIS 集団安全保障条約は,ロシア,カザフスタンなど旧ソ連の9共和国が加盟し,加盟国の一に対する侵略を加盟国全体に対する侵略とみなして,直ちに軍事援助を含む必要な支援を提供することを定めている。なお,1999年4月の CIS 首脳会議で,アゼルバイジャン,ウズベキスタン,グルジアの3国は,同条約を更新しないことを明らかにし,事実上条約からの脱退を決定した。

(9) Dunbar Lockwood, "Ukrainian Rada Ratifies START I, But Adds 13 Conditions for Approval," *Arms Control Today*, vol. 23, no. 10 (December 1993), p. 17.

国共同声明」[10]は，第1に，ウクライナが非核兵器国としてNPTに加盟することを条件に，米ロ両国が（英も用意あり），欧州安全保障協力会議（CSCE）最終文書の掲げる原則に従った安全の保証（国境不可侵や武力不行使）と，NPT加盟の非核兵器国に対する積極的安全保証（核侵略の犠牲になった場合の援助提供）および消極的安全保証（核兵器不使用の約束）を，ウクライナについて再確認することを明記していた。第2に，ウクライナの核弾頭に含まれる核物質については，原子力発電用の燃料体の形で補償されることも定められていた。こうして三国共同声明は，ウクライナ議会による要求の重要な部分にほぼ応えることとなり，同年11月には同国議会が圧倒的多数でウクライナのNPTへの加入を承認したのである[11]。そして同年12月のCSCEブダペスト首脳会議において米英ロ三国がウクライナに対して安全の保証を再確認する覚書が4国間で署名され，ウクライナのNPT加入書が寄託された後にSTART I 条約の批准書の交換も行われ，こうしてソ連の崩壊を契機として発生したNPTをめぐる困難な問題は，核不拡散体制にとって最も望ましい方向で解決を見たのである（ベラルーシとカザフスタンはそれぞれ93年2月と94年2月に非核兵器国としてNPTに加入）。

(2) 非核兵器国による核開発
(a) イラクの核開発とIAEAの保障措置

湾岸戦争に敗北したイラクは，1991年4月の安保理決議687において，正式な停戦条件の1つとして，IAEAによる核兵器関連施設への現地査察の受け入

---

(10) "Trilateral Statement by the Presidents of the United States, Russia and Ukraine," *Arms Control Today*, vol. 24, no. 1 (January/February 1994), p. 21.

(11) もっとも，ウクライナ議会は，NPTへの加入承認に対しても，ウクライナの核兵器に対する所有権と，署名された国際文書の形での核兵器国による安全の保証という，主として2つの条件を付していた（CD/1283, 25 November 1994, pp. 2-3）。そのため，本文に述べたように，CSCEブダペスト首脳会議の折に，「三国共同声明」の安全保証関連部分に若干の条項を追加した文書が，英国を加えた4国間の覚書として署名されたのである。CD/1285, 21 December 1994, pp. 3-4; "U.S., Russian and British Security Assurances to Ukraine," *Arms Control Today*, vol. 25, no. 1 (January/February 1995), p. 11. また，Dunbar Lockwood, "Ukraine Accedes (Finally) to NPT; Opens Way to START Reductions," *Arms Control Today*, vol. 24, no. 10 (December 1994), p. 17; *SIPRI Yearbook 1995*, pp. 638-639 をも参照。

第1部　総　　論

れを認めたが，査察の結果，イラクが核兵器開発を行っていた「決定的証拠」が得られたとされる。イラクは，NPT の締約国として，IAEA の包括的保障措置の適用を受けており，保障措置協定違反を指摘されたことも一度もなかった。ところが，IAEA の通常査察の対象となっていた申告施設と同一の施設群内にある未申告施設において核開発が行われていたことが判明し，締約国の申告を基礎とする IAEA の保障措置の信頼性に疑問が投げかけられることになったのである。

　NPT 加盟の非核兵器国が受け入れを義務づけられる包括的保障措置のモデル協定（INFCIRC/153）によれば，その中心をなす「通常査察」においては，当該締約国の関連施設のすべての場所にアクセスが認められる訳ではなく，原則として，締約国の報告（申告）する平和目的の核物質につき，当該原子力施設の特定の箇所（「枢要な箇所」）と記録に限ってアクセスが認められるにすぎなかった（第2項，76項）。異常事態が発生した場合や疑義がある場合には，通常査察等におけるアクセスに追加して情報および場所にアクセスすることのできる「特別査察」が実施される（第73項，第77項）が，これまで IAEA が未申告の施設において特別査察を実施したことはなく，少なくとも実行上は，IAEA の保障措置は「通常査察」について述べたような制限の下に置かれてきた。

(b)　特別査察制度の活性化

　イラクによる核開発という事実に直面して IAEA がまず実施したのは，未申告施設に対する特別査察の制度の活性化である。1992年2月の IAEA 理事会は，「必要かつ適当な場合に，包括的保障措置協定を締結している加盟国において特別査察を実施する IAEA の権利，および，平和的原子力活動にかかるすべての核物質に保障措置が適用されることを確保する機関［= IAEA］の権利を再確認」し，かつ，「IAEA 憲章およびすべての包括的保障措置協定に従って追加的な情報を取得しおよび追加的な場所へのアクセスを得る機関［= IAEA］の権利を再確認」した。

　このようにしてその権利が再確認された未申告施設に対する IAEA の特別査察は，その後，北朝鮮の核開発疑惑との関連で実施が試みられた。92年5月の北朝鮮による冒頭報告とその情報を検認する特定査察の結果，同国に未申告の

プルトニウムが存在するとの疑惑が生じたため，93年2月，IAEA事務局長が北朝鮮に特別査察の受け入れを要請した。しかし，北朝鮮がこれを拒否したため，IAEA理事会が事務局長の要請に応えるよう要求したが，北朝鮮は3月12日，NPTからの脱退通知をもってこれに応えた。こうして結局，特別査察は実施されなかったが，IAEA理事会は4月1日，特別査察の拒否をもって保障措置協定に対する違反と認定し[12]，IAEAに特別査察の権利があることを実践的にも再確認したのである。

(c) IAEA追加議定書

特別査察の権利の再確認とその実践の試みによって，IAEAの保障措置は確かに強化されることになった。しかし，未申告の活動を探知する能力という観点から，これで万全かといえば，そうとはいえない。特別査察の権利が再確認され，その実施のための手続きが整ったとしても，そもそも未申告の原子力活動に関する情報が入手できるのでなければ，特別査察の要請すらできないからである。そのような訳でIAEAは，特別査察の権利の再確認に加えて，加盟国から提供される情報の質と量の拡充を図ることにしたのである。

そのような努力は，1993年12月以降，いわゆる「93＋2計画」としてIAEAによって推進された。その一環として1997年5月のIAEA特別理事会において採択された「モデル追加議定書」（INFCIRC/540）は，締約国からの情報の提供と査察員によるアクセスの双方において，それまでの法的な枠を超えた検証体制の強化・改善をもたらした（それぞれ「拡大申告」「補完的アクセス」という）。

「拡大申告」との関連では，核物質を用いない核燃料サイクル関連研究開発活動など，核物質の存在と直接関連しない情報や，核関連物質の存在に直接関係する情報であるにも拘らず，包括的保障措置協定の下では適用外とされてきた鉱山・製錬プラントなどについても，申告が求められることになった。「補完的アクセス」との関連では，包括的保障措置協定では基本的に申告施設の「枢要な箇所」に対してしかアクセスが認められてこなかった原子力施設について，当該原子力サイト内のあらゆる場所が，拒否できないアクセスの対象となった（第5条a(i)）。また「補完的アクセス」には，拡大申告の対象となった

---

[12] GOV/2645, 1 April 1993, reproduced in A/48/133-S/25556, 12 April 1993, pp. 14-15.

場所が含まれるほか，IAEAが指定したその他の場所において環境試料の採取(13)を実施することも認められており（第5条 c ），IAEAがアクセスできる場所は格段に拡大した。

こうして，イラクの提起したNPTの検証をめぐる問題は，IAEAの保障措置体制を大幅に強化することになったのである。もっとも，追加議定書を発効させている国はいまだ82カ国に留まり（2007年6月現在），その普遍化への道はなお遠いといわざるを得ない。

(3) NPTの延長問題
(a) NPTの延長方式

NPTは無期限の条約としては作成されなかった。その代わりに，第10条 2 項において，「この条約の効力発生の二十五年後に，条約が無期限に効力を有するか追加の一定期間（additional fixed period or periods）延長されるかを決定するため，会議を開催する。その決定は，締約国の過半数による議決で行う」と規定していた。これは，起草過程において，NPTを無期限の条約とすることに合意が得られず，妥協として，有効期間の決定を25年後に先送りしたものである。この延長条項によれば，NPTは，①無期限延長，②追加の一定期間の 1 回限りの延長（period），③追加の一定期間の反復延長（periods）のいずれかの方式によって延長するものとされていた。

以上の 3 つの方式のうち，②または③の方式で延長が決定された場合には，NPTは終了する可能性があった。③の方式の意味するところは必ずしも明確ではなかったが，それが①と②を単に細切れにしたものではない独自の延長方式であるためには，複数の延長期間の各々の終期に，有効期間をそれ以上延長しないという決定を行いうるメカニズムが内包されていなければならなかった(14)。そうであれば，③の方式を選択した場合にも，ある延長期間の満了と

---

(13) 環境試料の採取（環境サンプリング）は，未申告活動を探知する極めて強力な検証措置であり，北朝鮮における秘密裏の再処理もこれによって探知された。David Fischer, *History of the International Atomic Energy Agency* (Vienna: IAEA, 1997), p. 295.

(14) 浅田正彦「NPT延長の法的意味」『法学セミナー』第477号（1994年 9 月）11-12頁。David Fischer, *Towards 1995: The Prospects for Ending the Proliferation of Nuclear Weapons* (Aldershot: Dartmouth, 1993), pp. 220-221.

共にNPTが終了する可能性があったということになる。もっとも、この③の方式では、逆にそのような可能性のゆえに、それを梃子として核兵器国に核軍縮を迫ることはできた。いずれにせよ、NPTが終了するという可能性を完全に排除するには、①の無期限延長という方式でNPTの延長を決定するほかなかったのである。

(b) **運用検討・延長会議における無期限延長の決定**

NPTの将来を決める「NPT運用検討・延長会議」は、1995年4月～5月にニューヨークで開催された。運用検討・延長会議においては、延長の方式について3つの提案が出された。第1は104カ国が共同提案国となったカナダ提案で、単に無期限延長のみを提案するものであり、第2は非同盟11カ国の提案で、25年ごとの反復延長に加えて、核軍縮の原則と運用検討機能の強化を含む条約の履行強化を提案するものであり、第3はメキシコ提案で、無期限延長に加えて、非同盟諸国の提案と同様に条約の履行強化を提案するものであった。これらのうち、第1の提案が採択されるのは、提案の段階で明らかであった。なぜなら、カナダ提案には、すでに全締約国（当時178カ国[15]）の過半数を超える共同提案国が集まっていたからである。

しかし、延長の決定自体は、さほど容易には行われなかった。それは、無期限延長支持派の国も、無期限延長反対派の国も、ともにコンセンサスによる決定を希望していたからである。反対派がコンセンサスを希望した理由としては、コンセンサスによる決定を求めれば、無期限延長以外の点において、自らの主張を決定に反映させる可能性（たとえば無期限延長に何らかの条件をつけることなど）が広がることなどが考えられた。他方で、無期限延長支持派にとっても、コンセンサスによる決定は、NPTの信頼性・安定性の確保のために重要であった。なぜなら、表決が行われ、多数決で無期限延長が決定されたとしても、反対国や棄権国が少なくない場合や、それらの中に重要な国が含まれている場合には、NPTの信頼性が大きく傷つけられることにもなりかねなかったからである。

このような多くの国の意向を受けて、運用検討・延長会議の議長であるスリ

---

(15) ただし、新ユーゴに対しては招請状が発出されなかった。NPT/CONF.1995/27/, 1 May 1995, p.3を参照。

ランカのダナパラ (Jayantha Dhanapala) 大使が実施した非公式の議長協議の結果、延長決定は、1995年5月11日、以下の3つの決定からなるパッケージの1つとして採択されることになった。すなわち、「条約の運用検討プロセスの強化」(以下、「運用検討強化」) と題する決定1、「核不拡散と核軍縮のための原則と目標」(以下、「原則と目標」) と題する決定2、そして、NPTは「無期限に効力を有するものと決定する」旨の決定3であった。このように無期限延長と、核不拡散・核軍縮の進展および運用検討機能の強化とを結びつけるとの方式は、南アフリカが一般演説において提案していたものであり、無期限延長支持派と無期限延長反対派の妥協点としての格好の「落とし所」を示していた。この方式はまた、非同盟諸国提案とメキシコ提案の双方に含まれていた条約の履行強化提案を一部取り入れる結果ともなった。こうして、NPTの無期限延長の決定と2つの付帯決定とが、無投票のコンセンサスで採択されることになったのである[16]。

(c) 無期限延長のコンセンサス採択の背景と2つの付帯決定

非同盟諸国が、最終的に、核軍縮の促進に効果的であると考えられた反復延長方式ではなく、NPTの存続が永久に保証される無期限延長方式を選択した背景には、次のような現実主義的思考があったように思われる。すなわち、大多数の中小の非同盟諸国にとって、米ロ両国間で核軍縮が進展しても停滞しても、それ自体彼らの安全保障に直接の影響を及ぼすようには思われない。彼らにとってのより直接的な安全保障上の脅威は、隣国が核兵器を獲得することによってもたらされるように思われる。彼らは、そういった直接的な脅威を排除する差し当たり最も効果的な手段として、NPTを見たのではなかろうか。そして、NPTの永久的存続を保証する無期限延長方式は、核の傘による安全の保証が与えられていない非同盟諸国にとって、むしろ利益をもたらすものと見られたのではなかろうか。

しかし、NPTの無期限延長は、核兵器国と非核兵器国の差別的体制の永続

---

[16] 浅田正彦「NPT延長会議における無期限延長の決定」『岡山大学法学会雑誌』第45巻1号 (1995年12月) 500-509頁。他方、コンセンサス採択ではないとするものとして、小川伸一『「核」軍備管理・軍縮のゆくえ』(芦書房、1996年) 232-233頁。なお、黒澤満『軍縮国際法』(信山社、2003年) 167頁をも参照。

をも意味したのであって，非同盟諸国は，無条件に無期限延長を支持・容認した訳ではなかった。無期限延長の決定と同時に，彼らの意向を反映した形で2つの付帯決定が採択されている。その1つ「運用検討強化」では，NPT運用検討会議の準備委員会（以下，「準備委」）の機能を強化し，運用検討会議に先立つ3年間，準備委を毎年開催し，しかも手続き事項のみならず実質事項の検討も行うものとされた。こうして，5年ごとに行われてきた運用検討会議における検討を，事実上ほぼ毎年のように準備委で行うことが可能となった。また，運用検討会議自体は，過去の検討のみならず，将来も視野に入れて条約の履行強化と普遍性達成の具体的手段について検討を行うべきものとされ，2000年運用検討会議のいわゆる13の実際的措置の合意に繋がっている[17]。

他方，もう1つの付帯決定である「原則と目標」は，核軍縮と核不拡散に関して具体的な原則と目標を定めた。核軍縮については，①包括的核実験禁止条約（CTBT）交渉を1996年までに完了すること，②兵器用核分裂性物質生産禁止条約（FMCT）交渉を直ちに開始し，早期に完了させることなどを規定する。また，核不拡散に関連する事項としては，①IAEAの未申告核活動探知能力を強化すべきこと，②原子力専用資機材の新たな供給取り決めには包括的保障措置の受諾と核放棄の国際的な法的拘束力ある約束の受諾を条件とすべきことなどを規定する。これらのうち，核軍縮の①の措置や，核不拡散の①および②の措置については，運用検討・延長会議の前後に一定の進展が見られる。

では，これらの2つの付帯決定はいかなる法的性格をもつのか。NPT第10条2項に法的基礎を有する延長決定とは異なり，2つの付帯決定にはそれ自体に法的拘束力を付与するための法的基礎は存在しない。それらが法的決定である延長決定と同時に一括して採択されたことは，3つの決定の間の密接な関係を示すものではあるが，その事実のみから，2つの付帯決定が（それが遵守されない場合に延長決定が影響を受けるという意味での）無期限延長の法的な条件であるともいえないであろう。とはいえ，2つの付帯決定が，無期限延長の決定と並んで，NPT体制を強化することになったことは疑いない。

---

[17] 13の措置につき，黒沢満「2000年NPT再検討会議と核軍縮」『阪大法学』第50巻4号（2000年11月）16-32頁を参照。またNPT/CONF. 2000/28 (Parts I and II), New York, 2000, pp. 14-15 をも参照。

第 1 部　総　　論

2　今世紀に入ってからの NPT 体制の動揺

　今世紀に入ってからも，NPT に対する挑戦は続いている。内からの挑戦に限ってみても，1993年以来の問題としての2003年 1 月の北朝鮮による NPT 脱退通知，2002年 8 月のイランにおける核開発疑惑の発覚がある。NPT からの脱退は NPT 上の義務からの解放を意味するのであり，これまで述べてきた前世紀における NPT 体制の強化は，それ自体としては問題解決に全く役立たないであろう。イランによる平和利用の名の下における核開発疑惑の場合も，前世紀における NPT 体制の強化は，当該活動が平和目的ではないと明確に証明できるものでなければ，余り役に立たないであろう。このように，今世紀における NPT に対する新たな挑戦は，これまでのような NPT 体制の強化では対処できない質的に異なる問題を突きつけているように思える。こういった問題に対して，国際社会はいかに対処しようとしているのであろうか。問題の経緯から振り返ることにしよう。

(1)　NPT からの脱退
(a)　1993年の北朝鮮による脱退宣言
　1985年12月に NPT に加入した北朝鮮は，前述のように，1993年 3 月12日に NPT からの脱退を宣言した。NPT からの脱退は，「この条約の対象である事項に関連する異常な事態が自国の至高の利益を危うくしていると認める場合」に行えるものとされ，脱退の手続きとしては，①脱退の通知を他のすべての締約国と安保理に対して行い，②その通知には自国の至高の利益を危うくしていると認める異常な事態について記載することが求められ，③脱退の発効にはその旨の通知を行ってから 3 カ月が経過する必要があるとされる（第10条 1 項）。北朝鮮は，その脱退通知において，「国家主権と国の安全を脅かす重大な事態」が発生したとして，米韓合同軍事演習「チーム・スピリット」の再開と，IAEA による特別査察を要求する決議の採択に言及し，「自国の至高の利益」を守るため，「核不拡散条約から脱退する旨の決定を宣言する」と述べた。
　IAEA 理事会は，1993年 4 月 1 日に決議を採択し，北朝鮮の保障措置協定義務違反を認定すると共に，IAEA 憲章第12条 C に従って北朝鮮の「違反（non-

compliance)」を安保理等に報告することを決定した(18)。これを受けて安保理は、5月11日に決議825を採択したが、それは北朝鮮に対して、単にNPTからの脱退決定を「再考」するよう求めるものにすぎなかった。最後に北朝鮮を動かしたのは米国である。米国は北朝鮮と共に、脱退発効前日の6月11日に米朝共同声明を発出し、北朝鮮は同声明において、「自らが必要と考える期間、[NPT] からの脱退の発効を停止 (suspend) することを一方的に決定した」と宣言した。

その後、1994年10月21日に署名された「アメリカ合衆国と朝鮮民主主義人民共和国の合意された枠組み」(米朝枠組み合意) により、北朝鮮は、黒鉛減速炉と関連施設 (再処理施設を含む) を凍結し、最終的には解体することを約束する代わりに、軽水炉の供与を受けると共に、その完成までの間、毎年50万トンの重油の供給を受けることになった。軽水炉供与の事業については、1995年3月に日米韓の3国を中心として朝鮮半島エネルギー開発機構 (KEDO) が設立され、その後、予定より遅れがちとはいえ、施設の建設準備が進められていた。

(b) 2003年の北朝鮮による脱退宣言

そのような中、2002年10月に北朝鮮を訪問した米国のケリー (James A. Kelly) 国務次官補は、帰国後、北朝鮮がウラン濃縮による核兵器開発計画を有していることを認めた旨を明らかにした。KEDO理事会は、11月、米朝枠組み合意等の違反であるとして、北朝鮮への重油供給の停止を決定した。これに対して北朝鮮は、枠組み合意で約束した核施設の凍結を解除する旨を表明し、IAEAの査察員に国外退去を求めた (12月31日退去)。翌2003年1月6日、IAEAがこれらの行為を遺憾とする決議を採択すると、北朝鮮は1月10日、NPTからの即時脱退を宣言した。1993年に行った脱退発効の一方的「停止」を解除したので、脱退は翌1月11日に発効するとの主張である(19)。

このような主張に対しては、NPTには脱退の「停止」に関する制度はない、今回の脱退通知には「異常な事態」の記載がない、すべての締約国が脱退通知を受領した訳ではないなどの理由で、北朝鮮の脱退には疑義があるとする主張も少なくない。他方、北朝鮮はすでにNPTを脱退したとの立場の国もある。

---

(18) GOV/2645, 1 April 1993.
(19) S/2003/91, 27 January 2003, Annex I.

そのため，2003年と2004年のNPT運用検討会議準備委員会においては，議長が，北朝鮮のNPT上の地位の問題を取り上げないとの意図を表明し，準備委が議長の意図に留意するとの対応がとられた[20]。

他方，IAEAは，2003年2月12日に決議を採択し，北朝鮮の保障措置協定義務のさらなる違反を認定すると共に，IAEA憲章第12条Cに従って北朝鮮の「違反（non-compliance）」を安保理等に報告することを再度決定したが[21]，報告を受けた安保理は，この問題について何らの具体的な決議も議長声明も発していない。

(c) 脱退問題への対応策

NPTからの脱退という前例のない事態に直面して，NPT締約国は，2003年のNPT準備委以降，脱退問題に対していかに対応するかという問題を検討し始めた。2004年の準備委においては，ドイツが脱退問題に関する作業文書を提出し[22]，フランスや韓国も独自の考えを示した。2005年の運用検討会議では，前年のドイツ提案やフランス提案を基礎とした欧州連合（EU）作業文書，オーストラリア・ニュージーランド（豪・NZ）作業文書，および米国作業文書が提出された[23]。さらに2007年の準備委では，米国が，違反国による脱退に特化した形で作業文書を提出し，EU，カナダ，オーストラリアもそれぞれ作業文書を提出した[24]。これらの諸提案は，法的な観点からの論点として，おおむね①脱退権そのもの，②脱退問題への安保理の関与，③脱退前に供給された資機材の扱いの3つに整理することができる。

第1に，脱退権そのものに関しては，脱退権を制限できるか，とりわけ違反国に脱退を認めないことはありうるか，という点が問題となる。NPTに違反

---

[20] NPT/CONF. 2005/PC. III/CRP. 4, 5 May 2004, pp. 4-5, paras. 10-11.
[21] IAEA Media Advisory, 2003/48, 12 February 2003（31対0，棄権2（ロシア，中国））. Paul Kerr, "North Korea Restarts Reactor; IAEA Sends Resolution to UN," *Arms Control Today*, vol. 33, no. 2（March 2003）, p. 171を参照。
[22] NPT/CONF. 2005/PC. III/WP. 15, 29 April 2004.
[23] NPT/CONF. 2005/WP. 16, 28 April 2005（Australia/New Zealand）; NPT/CONF. 2005/WP. 32, 10 May 2005（EU）; NPT/CONF. 2005/WP.59, 24 May 2005（US）.
[24] NPT/CONF. 2010/PC. I/WP. 22, 3 May 2007（US）; NPT/CONF. 2010/PC. I/WP. 25, 3 May 2007（EU）; NPT/CONF. 2010/PC. I/WP. 34, 7 May 2007（Australia）; NPT/CONF. 2010/PC. I/WP. 42, 7 May 2007（Canada）.

した国がNPTから脱退し核兵器を製造しても，脱退と共にNPT上の義務が消滅したとして，是正措置を要求できなくなるというのであれば，NPT体制の根本が揺らぐことになろう。この点については，2004年のドイツ提案が，NPT違反国には脱退を認めるべきではないとの主張を行っていたし，2007年のカナダ提案も同旨の主張を含んでいる。しかし，NPT第10条において明文で定める脱退の権利を否定することは，基本的にはできないといわなければならない。2005年のEU提案にこの点についての2004年のドイツ提案が盛り込まれていないのは，EUにおいてそれが支持を得られなかったことを示しているようにも思える[25]。そして2007年の米国提案は，たとえ脱退理由に根拠がなくまたは不適切なものであったとしても，NPTに脱退を止める力はないと明確に述べているのである。

　もっとも，第2に，安保理が法的拘束力のある決議を採択する場合は別である。この点については，たとえば2004年の韓国提案が，脱退には安保理の承認を必要とするとの考え方を提示していた。安保理の決定は，国連加盟国を法的に拘束し（国連憲章第25条）かつ他の国際協定に「優先する」（同第103条）とされていることから[26]，NPTの脱退条項にも拘らず，NPTからの脱退を阻止することができると考えられる。安保理決議の方式としては，①特定の脱退を認めないとするものと，②安保理がとくに承認しない限り脱退できないとするものとが考えられる。①は個別国家への一種の制裁として位置づけることができるのに対して，②はその旨の一般的な内容の決定を必要とし，それはNPTの脱退条項を実質的に改正する「国際立法」としての性格を有するものとなる。後者は，その実質的内容の是非はともかく，安保理を構成する僅か15の国（NPT非締約国も含まれうる）がNPT上の権利義務の一般的変更を行いうるの

---

[25]　2004年のドイツ提案自体，脱退国は脱退前の違反に責任を負うとも主張しているが，これは違反国による脱退の可能性を前提とした主張である。
[26]　国連憲章第103条は，国連憲章上の義務と他の国際協定上の義務が抵触する場合には，前者が優先する旨を規定するが，同じことは，国連憲章上の義務に抵触する他の国際協定上の権利についてもいえるであろう。憲章上の義務に，法的拘束力を有する安保理決議の決定も含まれる点につき，*ICJ Reports 1992*, p. 126, para. 42; Case T-315/01 Yassin Abdullah Kadi v. Council of the European Union and Commission of the European Communities, para. 184.

かという，安保理による国際立法に共通する問題点[27]を孕んでいることを指摘しなければならない。

　第3に，脱退国が，かつて供給を受けた原子力資機材を核兵器開発のために自由に利用できるというのであれば，NPTは悪用され，脱退国は脱退から利益を受けることができるということになろう。そこでEU提案，豪・NZ提案，米国提案など多くの提案が，脱退の場合の，①供給資機材の平和利用への限定と保障措置の継続適用，②供給資機材の使用禁止・廃棄・返還などを求めている。①の保障措置に関していえば，NPTは，非締約国への原子力資機材の供給には，供給品目にかかる核物質への保障措置の適用を条件としている（第3条2項）。しかし，これはあくまで供給時にNPTの非締約国である国についての規則であって，供給時にはNPTの締約国であったが，その後NPTから脱退し非締約国となった国への保障措置の適用については明文の規定を置いていない。また，NPT締約国である非核兵器国が締結する包括的保障措置協定のモデル協定によると，協定は当該国がNPTの締約国である間効力を有する旨を規定すべきであるとして，通常，NPTからの脱退と共に包括的保障措置協定も失効することを明らかにしている（第26項）。したがって，NPT上も保障措置協定上も，NPT脱退後の保障措置の継続適用は求められていないということになろう。②は，さらに進んでNPTから脱退した国に供給品目の返還等を求めるものであるが，こういった規則はNPTにも包括的保障措置協定のモデル協定にも含まれていない。だからこそ，①や②のような提案がなされているのである。

　もっとも，①も②も個別の2国間協定においては前例があり，たとえば1987年の日米原子力協力協定は，①IAEAの保障措置が適用されない場合の是正措置（第9条2項），②保障措置協定の終了やその重大な違反の場合の移転資機材等の返還要求権（第12条1項）について規定している。しかし，2国間協定において是正措置や移転品目返還等が義務づけられていても，NPTを脱退して核開発を行う国がそのような義務を素直に履行するかは疑問である。そのような場合にも，安保理の決議による制裁の可能性が考えられるべきであろう。

---

(27)　安保理による国際立法の問題点につき，浅田正彦「安保理決議1540と国際立法」『国際問題』第547号（2005年10月）53-55頁参照。

(2) 平和利用の下の核開発
(a) イランの核開発疑惑

イランは1970年2月にNPTを批准したが，1990年代には核開発の疑惑を持たれるようになっていた。それが国際社会においてとくに注目されるようになったのは，2002年8月にイランの反体制組織が，イランが2つの秘密の核施設（ナタンズのウラン濃縮工場，アラクの重水生産工場）を建設中であることを告発したのを契機としてである。

イランは，2003年2月にナタンズのウラン濃縮工場を正式にIAEAに申告し，それ以降IAEAによる検証活動が行われることになった。同年6月のIAEA事務局長報告において，過去の天然ウランの輸入等に関する申告漏れが報告されたことを受けて，IAEA理事会は同月，議長声明を発して，保障措置に関するすべての問題を直ちに是正するよう要求すると共に，濃縮工場に核物質を入れないよう奨励した。しかし，8月の事務局長報告において，議長声明にも拘らず，その後イランが濃縮工場に核物質を注入したこと，（イランは濃縮活動を一切行っていないと主張してきたにも拘らず）ナタンズの濃縮工場で高濃縮ウランが検出された（核物質注入前の環境サンプリングの結果）旨が報告されたこともあり，IAEA理事会は，9月12日，本件に関する最初の決議を採択し，すべてのウラン濃縮関連活動の停止を要請したほか，イランに対して，すべての（報告の）不備を是正し，IAEAに完全に協力するよう決定すると共に，即時無条件に追加議定書に署名・批准し，それを完全に実施し，今後は追加議定書に従って行動するよう要請した[28]。

このような理事会の行動に対して，イランは理事会の決議採択の場から退席したが，英仏独3国（EU3[29]）の外相がイランを訪問した結果，2003年10月21日，上記決議の内容を実質的に受け入れるような内容の「テヘラン合意声

---

[28] GOV/2003/69, 12 September 2003.
[29] 当初の段階はE3，ソラナEU上級代表が参加し始めた2004年からはE3/EUと表現するのが正確であるが，本稿では両者を含めてEU3と表現することにする。なお，英仏独三国がイラン問題に共同で関与した背景には，EU内に深刻な対立をもたらしたイラク戦争の再来を回避したいとの共通意識があったといわれる。Interview with Ambassador Rüdiger Lüdeking, Deputy Commissioner of the Federal Government for Arms Control and Disarmament, Federal Foreign Office, Germany, on August 27, 2007.

明」(30)が発せられた。同声明においてイラン政府は，①IAEAとの完全な協力を決定したこと，②追加議定書に署名し批准手続きを開始することを決定したこと，批准までの間追加議定書に従ってIAEAとの協力を継続すること，③IAEAの定めるすべてのウラン濃縮活動と再処理活動の自発的停止を決定したこと，を3国外相に通報したとしている。実際イランは，同年12月18日，追加議定書に署名し，発効までの間追加議定書の規定に従って行動することを約束した。

　しかし，2004年2月には，パキスタンのカーン博士を中心とする「核の闇市場」の存在が明らかとなり，イランにも遠心分離機技術が提供されていた旨の証言がなされた。また，テヘラン合意声明の解釈をめぐる争い（「濃縮活動」に遠心分離機の組み立てや部品生産，ウラン転換活動を含むか）を背景に，イランは2004年6月のIAEA理事会決議に反発するなどして，上記の解釈が争われていた諸活動を再開ないし継続した(31)。そこでEU3は再度イランと交渉し，同年11月15日，ソラナ（Javier Solana Madariaga）EU上級代表の協力も得て，新たな合意としての「パリ合意」(32)を結んだ。パリ合意においてイランは，①IAEAとの間の完全な協力と透明性を約束し，②すべての濃縮関連活動および再処理活動の自発的な停止（EUはこれが自発的な信頼醸成措置であり法的義務ではないことを承認）の継続を決定し，③各種協力を含む長期的な取り決め(33)の交渉期間中その停止を維持する，とした。②は同年9月のIAEA理事会決議を反映したものであり，「濃縮関連活動」には上記の争われていた諸活動が含まれることも明記された。

---

　(30)　"Statement by the Iranian Government and visiting EU Foreign Ministers," October 21, 2003.

　(31)　Paul Kerr, "IAEA Puts Off Showdown with Iran," *Arms Control Today*, vol. 34, no. 8 (October 2004), pp. 27-28; idem, "Iran Considers EU Compromise Proposal," *Arms Control Today*, vol. 34, no. 9 (November 2004), pp. 29-30; idem, "IAEA Cites Iran Progress, Raises Questions," *Arms Control Today*, vol. 34, no. 10 (December 2004), p. 29; *Associated Press*, October 6, 2004.

　(32)　INFCIRC/637, 26 November 2004, pp. 3-4.

　(33)　長期的な取極は，①イランの原子力計画が専ら平和目的であることの客観的な保証，②原子力協力，技術協力および経済協力に関する確固とした保証，③安全保障問題に関する確固とした約束，を含むものとされた。

EU3は，2005年8月5日に，パリ合意の③にいう長期的な取り決めに関する包括的提案（「長期的な合意のための枠組み」）を提出したが[34]，同じ8月に就任したアフマディネジャド（Mahmoud Ahmadinejad）新大統領は，直ちに拒否回答を行うと共に，パリ合意に基づいて停止していたウラン転換活動を8月8日に再開するに至った。IAEAは8月11日に特別理事会を開き，すべての濃縮関連活動を再度完全停止するよう求める決議を採択したが，これにイランが応じなかったため，9月24日の理事会において決議を採択し，「GOV/2003/75に詳述されるNPT保障措置協定を遵守する義務のイランによる多数の履行不備および違反[35]（failures and breaches）が［IAEA］憲章第12条Cの文脈における違反（non compliance）を構成する」ことを認定した[36]。もっともこのときは，中ロ両国が反対したため，安保理への報告（IAEA憲章第12条C）および通告（同第3条B4）の時期と内容はいずれ検討するとして，即時の安保理への報

---

[34] EU3の包括的提案は，EU3が①イランのNPT第4条に基づく権利を承認する，②イランの民生用原子力計画を支持する，③イランによる国際原子力技術市場へのアクセスに協力する，④イランの原子炉への燃料供給保証の枠組みの策定を提案する，⑤EU・イラン間の長期的な政治安全保障関係協議協力メカニズムおよび経済技術協力計画の策定を検討する，⑥地域的安全保障取り決めの策定への協力を約束する，⑦イランのWTO加盟への政治的支持を確認する，イランが①軽水炉と実験炉以外の燃料サイクル活動を追求しないという拘束力ある約束を行う，②NPTから脱退しないという法的な約束を行う，③追加議定書を2005年末までに批准し，批准までの間それを完全に実施する，④すべての未解決の問題を解決するためIAEAと協力する，⑤イラン国外からの燃料の供給取り決めに合意し使用済燃料の返還を約束する，というものであった。INFCIRC/651, 8 August 2005, pp. 13, 14, 17, 12, 23, 9, 25, 20, 21. イランの反応は，国際法と国連憲章，NPT，テヘラン声明，パリ合意に明確に反するもので，イランに対する侮辱である，というものであった。"Response of the Islamic Republic of Iran to the Framework Agreement proposed by EU3/EU [sic]" を参照。

[35] 事務局長の報告書は，イランが18年間遠心分離によるウラン濃縮計画を実施し，12年間レーザーによる濃縮計画を実施してきたこと，その関連で少量の低濃縮ウランを生産したことを認め，核物質を用いた多数の転換・加工・照射活動を報告しなかったことを認めたとして，イランが長期にわたって多くの保障措置協定上の義務違反を行ってきた（failed ... to meet its obligations under its Safeguards Agreement）ことは明らかである，と述べている。GOV/2003/75, 10 November 2003, pp. 8-9.

[36] GOV/2005/77, 24 September 2005（22対1（ベネズエラ）棄権12（ロシア，中国を含む））。この間の非同盟諸国の態度変化の背景につき，Tanya Ogilvie-White, "International Responses to Iranian Nuclear Defiance: The Non-Aligned Movement and the Issue of Non-Compliance," *European Journal of International Law*, vol. 18, no. 3 (2007), pp. 461-468 を参照。

告・通告(以下,安保理への「付託」ともいう)は行われなかった。安保理への付託の文脈で,IAEA憲章の第12条Cのみならず第3条B4へも言及がなされている理由は定かでないが,前者が主として保障措置協定違反の報告であるのに対して,後者が「安全保障理事会の権限内の問題が生じた」場合の安保理への通告であるということからは,安保理における制裁論議が容易になるようにとの思惑があったのかもしれない。

しかし,2006年1月10日になって,イランが,IAEAの査察員立ち会いの下に封印を撤去し,ナタンズにおけるウラン濃縮関連の「研究開発」活動を再開したため,IAEA理事会は2月4日,特別理事会において決議を採択し,安保理への報告を行うことを決定した[37]。もっとも,これがIAEA憲章の第12条Cないし第3条B4に基づく報告・通告であるのかは定かでない。2005年9月決議とは異なり,それらの条項への言及はないし,安保理への「報告」の内容も,「これらの措置[濃縮関連活動および再処理活動の停止などを列挙]が理事会によってイランに求められていることを報告」し,これまでの関連する「すべてのIAEAの報告書および決議を報告」するとしているにすぎないからである。この点の曖昧さは,9月の違反認定決議に賛成しなかったロシアの支持を得るために必要だったともいわれる[38]。

これに対してイランは,翌日,今後は包括的保障措置協定のみを履行すること,これまで自発的かつ法的拘束力を持たないとしてきたすべての措置を停止することをIAEAに通報し[39],2月13日には約2年ぶりにウラン濃縮を再開したことがIAEAによって確認されている[40]。こうして,問題は基本的にIAEAから安保理に移されることになり,これ以降は,EU3に米ロ中の安保理3常任理事国を加えた6カ国(EU3+3またはP5+1)が中心となってイラン問題に対応することになる。

---

(37) GOV/2006/14, 4 February 2006 (27(ロシア,中国を含む)対3(キューバ,シリア,ベネズエラ)棄権5)。

(38) Interview with Ambassador Rüdiger Lüdeking, Deputy Commissioner of the Federal Government for Arms Control and Disarmament, Federal Foreign Office, Germany, on August 27, 2007.

(39) 外務省「イランの核問題(概要及び我が国の立場)」2006年2月7日。

(40) 『毎日新聞』2006年2月14日。

(b) 濃縮および再処理の設備・技術の移転制限

イランの核開発疑惑は、平和利用（の外観）の下で行われる活動に起因するものであり、それだけに極めて困難な問題を惹起した。NPT は、濃縮や再処理といった核兵器開発に直結しかねない活動を、それ自体としては禁止していないし、特定の活動を核兵器開発のための軍事利用であると立証すること（単なる疑惑ではなく）も、極めて困難である[41]。そのため、平和利用と主張しさえすれば（実際イランはそう主張している）、核兵器に直結しかねない活動を合法的に継続できるし、核兵器製造の準備が整った段階で NPT から脱退すれば、全く国際法に違反することなく核兵器を製造できることになるのである。

この問題を具体的な形で初めて提起したのはエルバラダイ（Mohamed ElBaradei）IAEA 事務局長であり、『エコノミスト』誌の2003年10月号において、上記のような NPT の問題点を指摘すると共に、民生用の原子力計画における兵器に利用可能な物質（プルトニウムと高濃縮ウラン）の加工、および、再処理と濃縮を通じた新たな物質の生産を制限し、これらの活動を多数国間の管理の下にある施設のみに限定することに合意すること（燃料供給保証を伴う必要あり）を提案した[42]（エルバラダイ構想）。

2004年2月には、米国のブッシュ（George W. Bush）大統領が、同様の視点から、原子力供給国グループ（NSG）は、「本格的な規模の稼働している濃縮・再処理工場を持たない国」に対して濃縮・再処理の設備・技術を売却しないこと、濃縮・再処理を放棄した国には適正価格での核燃料の供給を保証することを提案した[43]（ブッシュ提案）。

両者は、個別国家による濃縮・再処理活動は核拡散に繋がりかねないという共通の問題意識の下にほぼ同時期に提案されたものであるが、エルバラダイ構想が多数国間の管理を提案しているのに対して、ブッシュ提案は NSG という

---

[41] 須藤隆也「イラン・新たな危機の展開を阻止するための努力を」『外交フォーラム』第206号（2005年9月）28頁。

[42] Mohamed ElBaradei, "Towards a Safer World," *The Economist*, vol. 369, no. 8346 (October 18, 2003), p. 52.

[43] White House, "President Announces New Measures to Counter the Threat of WMD: Remarks by the President on Weapons of Mass Destruction Proliferation," National Defense University, February 11, 2004.

第1部　総　論

輸出管理グループの一方的措置による統制を提案している点に，大きな違いがあった。そのためブッシュ提案には，NPT上の差別（核兵器国と非核兵器国の差別）に加えて，新たな差別（濃縮・再処理を行える国と行えない国の差別）を持ち込むものとする批判がなされた。2004年5月に開かれたNSG総会でも，特定の原子力技術の移転を一律に拒否することがNPT第4条と両立するのかという疑問も提起され，この提案に合意することはできなかった。

では，このような措置はNPT第4条に違反することになるのであろうか。第4条は，締約国の原子力平和利用の「奪い得ない権利」（NPT第1条と第2条に従うことが条件）を定める第1項と，締約国の原子力資機材・情報の交換への参加の権利を定める第2項からなる。ここではとくに第2項が関係するが，同項は，締約国が原子力資機材・情報を「可能な最大限度まで交換することを容易にすることを約束」し，締約国がその交換に参加する権利を有することを規定する。これは，求めれば与えられるという性格の権利ではない。しかし，いかに核兵器開発に直結しかねないとはいえ，平和利用に不可欠なものを含む一定の設備・技術の移転をカテゴリカルに拒否することは，同項との関係で疑義が生ずる可能性があろう。

ただし，同様な措置が，G8の枠内において事実上実施されている点に注目しなければならない。ブッシュ提案に合意できなかった2004年NSG総会の直後に開かれた2004年6月のシーアイランド・サミットの「不拡散に関するG8行動計画」において，次回G8サミットまでの1年間，「追加的な国に対して，濃縮および再処理の設備および技術の移転を伴う新たなイニシアティヴを開始しないことが賢明であること」が合意された。このような新規移転モラトリアムは今日に至るまで続けられており，G8構成国に主要な原子力供給国が含まれることから，NSGで合意されなかった措置がG8の枠内で事実上実施されているとみることもできる。しかし，2007年のG8「不拡散に関するハイリゲンダム声明」は，NSGが2008年までに適当な基準についてのコンセンサスに達しない場合には，「別の戦略」を真剣に検討するとの了解に立って，モラトリアムを継続することに合意しており，これまでのモラトリアムが見直される可能性を示唆している。

(c) 燃料供給保証

　2003年10月に発表された濃縮・再処理施設の多数国間管理に関する前述のエルバラダイ構想（核燃料サイクルに関する多国間アプローチ（MNA）ともいう）は，その後，2004年6月に設置された専門家グループによる検討に付された。2005年2月に出された同グループの報告書は，①長期契約等による市場メカニズムの強化，②IAEAの参加する国際的な（燃料）供給保証，③既存施設の自発的なMNAへの転換，④自発的な合意による新たな施設のためのMNAの創設，⑤より強力なマルチの取極による核燃料サイクルの構築，という5つの可能性を示した[44]。NPTが個別国家による濃縮・再処理を禁止していない以上，MNAへの道は段階的に進む以外にない。そこでまず，諸国が自前で行う濃縮・再処理を放棄するためのインセンティヴとして，技術的に困難かつ高価な自前の濃縮・再処理施設を持たなくても原発用の燃料の供給を保証するという燃料供給保証メカニズム（上記②）に関する議論が盛んに行われることになる。

　2006年9月のIAEA総会の折には，「供給保証と不拡散」と題する特別行事がIAEAにおいて開催され，主要供給国6カ国の提案や日本，英国，ドイツ，ロシアなどの各国提案が発表された。2007年6月には，それらの提案を受けてIAEA事務局によって今後の議論のための枠組みも提示されているが，供給サイドの国のみによる議論に留まる現段階でも，現物備蓄か仮想備蓄か，供給保証の対象国となる条件，燃料供給の発動要件など，基本的な論点についてさえ議論は緒についたばかりである。

　問題は，たとえ理想的な燃料供給保証制度が完成したとしても，それによって濃縮・再処理技術を放棄すべき国がそれらを放棄して参加するという保証も，ましてや現在のイラン問題が解決するという保証もないという点である。イランが核兵器開発を決意しているとすれば，いかに理想的な燃料供給保証の制度を整備しても，イランがそれに参加し，自前の濃縮・再処理を放棄するということは考えられないであろう[45]。もちろん，そのような制度がまったく無意味

---

[44] IAEA, *Multilateral Approaches to the Nuclear Fuel Cycle* (Vienna: IAEA, 2005), p. 136.

[45] イランは，かつて多数国間の燃料供給に関心を示したこともあるが，供給途絶に対するヘッジとして，自前の濃縮能力を持つことに固執するようになったともいわれる。Paul Kerr, "U.S., Allies Await Iran's Response to Nuclear Offer," *Arms Control Today*, vol.

であるという訳ではなく，諸国が燃料供給保証制度に参加すれば，「第2のイラン」の出現を未然に防止することができるかもしれない。しかし，制度に参加した国であっても，核兵器取得を決意すれば制度から離脱することになろうし，逆に，そのような事態を回避するために当初から脱退禁止の制度にすれば，そもそも参加国を確保することが困難となろう。こうして，より一般的にいえば，核不拡散の営みにおいては，一般的な制度構築に加えて，個別国家の問題にいかに対処するのかという視点が不可欠であるということになるのである。

(3) 安保理による制裁

これまでに見てきたように，北朝鮮とイランの問題は，前世紀末に行われたNPT体制の強化策によってはカバーできないだけでなく，それらの問題に対処すべく現在考案されている対応策をもってしても必ずしも対応できないものであった。ではいかにすべきか。このような国際の平和と安全にかかわる個別の問題については，安保理による個別の処理に委ねるほかあるまい。1992年1月31日の安保理サミット議長声明が，「あらゆる大量破壊兵器の拡散は，国際の平和および安全に対する脅威を構成する[46]」（これは制裁の発動を含意する文言である）としていることを想起しても，これらの問題は安保理による個別の対応がまさに適当な事態であるといえよう。そして，現に両問題ともIAEAによって安保理に付記されているのである（北朝鮮については2003年2月に保障措置協定違反を報告，イランについては2006年2月に関連報告書・決議を報告）。

(a) 北朝鮮問題への対応

(i) **安保理決議1695**　　決議という観点から，安保理が具体的な行動をとったのは，まず北朝鮮問題に関してである。しかし，それは必ずしも2003年2月のIAEAからの報告を受けたものではなかった。2006年7月15日に全会一致で採択された安保理決議1695は，7月5日の北朝鮮による弾道ミサイル発射を受けて採択されたもので，安保理は，「国際の平和および安全の維持に対する特別な責任の下に行動して」，①北朝鮮に対して，すべての弾道ミサイル計画関

36, no. 6 (July/August 2006), p. 29.
(46)　S/23500, 31 January 1992, p. 4. 2004年の決議1540は，核・化学・生物兵器とそれらの運搬手段の拡散が，国際の平和および安全に対する脅威を構成することを確認している。

連活動を停止して既存のミサイル発射モラトリアムの約束を再確立するよう「要求（demands）」すると共に（第2項），②すべての加盟国に対して，ミサイルおよびミサイル関連品目等の北朝鮮への移転，北朝鮮からの調達，ならびに北朝鮮のミサイル・大量破壊兵器（WMD）計画に関連する金融資源の移転を防止するよう「要求（requires）」した（第3，4項）。当初の日米英仏4カ国による決議案（日本起案）が，「国際連合憲章第7章の下に行動して」，②については「決定（decides）」するというものであった(47)のと比較して，採択された決議は拘束力の点で劣るとの観測も可能であるが，日米両政府をはじめとして上の①②については拘束力があるとの見方が示されている(48)。

この決議は，前文において北朝鮮によるNPT脱退声明に触れ，本文においてNPTとIAEA保障措置への早期復帰や，2005年9月の6者協議共同声明(49)

---

(47) 4カ国による決議案は，①については，北朝鮮は直ちに弾道ミサイル開発等を終止し，ミサイル発射に関するモラトリアムの約束を再確立しなければならないことを宣言する（"declares that North Korea shall immediately cease the development ... and reestablish ... a moratorium on missile launching"）というものであった。なお，「特別な責任の下に行動して」は英国の提案した妥協案である。北岡伸一『国連の政治力学』（中央公論新社，2007年）275頁。

(48) S/PV.5490, 15 July 2006, pp. 2-4; Hearing of the Senate Foreign Relations Committee: Nomination of John R. Bolton to be U.S. Representative to the United Nations, Federal News Service, July 27, 2006. 中谷和弘「北朝鮮ミサイル発射」『ジュリスト』第1321号（2006. 10. 15）49頁。日本はかつて「requests」という表現に法的拘束力を認めたことがある。Koichi Morikawa, "Japan's Legal Responses to United Nations Security Council Resolutions," *Japanese Annual of International Law*, no. 45 (2002), p. 45. なお，当初のモラトリアムの約束自体，必ずしも法的拘束力のある措置ではない以上，法的拘束力のない約束の再確立を法的拘束力ある決議をもって定めることがいかなる意味を持つのか，という問題があるが，法的拘束力のない約束を再確立すれば，決議の求める法的義務を果たしたことになると考えるべきであろう。

(49) IAEAから安保理への報告というルートとは別に，北朝鮮の核問題を関係国の手によって解決すべく，2003年4月には米中朝による3者協議が開かれ，同年8月には日韓ロを加えた6者協議が開始された。2005年9月19日の第4回6者協議で，初めての合意文書となる共同声明が採択され，①北朝鮮による「すべての核兵器および既存の核計画」の放棄とNPTおよびIAEA保障措置への早期復帰，②「適当な時期に［北朝鮮］への軽水炉提供問題について議論を行うこと」などが合意された。その後，第5回6者協議は，2007年2月13日に「共同声明の実施のための初期段階の措置」に合意し，初期段階の措置として，寧辺の核施設の停止および封印（shut down and seal），監視および検証のためのIAEA要員の復帰などを，また次の段階の措置として，すべての核計画についての完全な申告，すべての既存の核施設の無力化（disablement）などを実施する

第 1 部　総　　論

(とくにすべての核兵器および既存の核計画の放棄)の迅速な実施を強く求めて(urges)はいるが(第6項)，あくまで中心はミサイル問題であり，IAEA の安保理への報告を受けた決議とは考えがたい。しかしこの決議は，後述の対イラン決議1696の採択を容易にしたという側面をもち，いわば対イラン決議への跳躍板としての役割を果たしたともいえよう(50)。

(ii)　**安保理決議1718**　　その後2006年10月9日に，北朝鮮は核実験を実施した。これは北朝鮮の核兵器保有を疑問の余地なく示す大胆な行為として，国際社会に衝撃をもたらした。安保理も10月14日に米国の起案になる決議1718を全会一致で採択し(51)，「国際連合憲章第7章の下に行動し，同憲章第41条に基づく措置をとって」，①北朝鮮に対し，これ以上の核実験または弾道ミサイル発射を行わず，NPT からの脱退声明を直ちに撤回し，NPT と IAEA 保障措置に復帰するよう「要求 (demands)」し（第2，3，4項），②北朝鮮が，すべての弾道ミサイル計画関連活動を停止して既存のミサイル発射モラトリアムの約束を再確立し，すべての核兵器および既存の核計画を完全・検証可能・不可逆的に放棄し，NPT 締約国に適用される義務と IAEA 保障措置協定の条件に従って行動し，それ以上の透明性措置を IAEA に提供し，既存の他のすべての WMD 計画と弾道ミサイル計画を放棄することを「決定 (decides)」し（第5，6，7項），③すべての加盟国が，一定の大型通常兵器とその関連物資および核・弾道ミサイル・その他の WMD の関連品目等の北朝鮮への移転を防止し，それらの品目等の北朝鮮からの調達を禁止することなどを「決定 (decides)」した（第8項(a)(b)）。

上記②の弾道ミサイルに関する措置は，決議1695において「要求

こととされた。初期段階の措置は60日以内に実施するものとされていたが，バンコ・デルタ・アジア（BDA）の北朝鮮資金凍結問題などのために，停止・封印などの措置は7月になって完了している。Peter Crail, "NK Shuts Down Reactor; Talks Progress," *Arms Control Today*, vol. 37, no. 7 (September 2007), p. 25.

(50)　麻生太郎「日本外交，試練と達成の十一日間」『中央公論』2006年9月号，143頁を参照。

(51)　安保理は，2006年10月3日に北朝鮮が核実験を実施する旨の発表を行ったことを受けて，10月6日に議長声明を発出し，実験を行わないよう求めると共に，実験を行えば国際の平和および安全に対する明確な脅威となり，安保理は国連憲章に基づく責任に従って行動すると警告していた。S/PRST/2006/41, 6 October 2006.

(demands)」されていたものを「決定（decides）」したものである。決議1695においてもその「要求」が法的拘束力をもっていたとすれば，本決議において「決定」するとしたことに特別な法的意味はないともいえるが，安保理決議は第7章の下における「決定（decides）」のみが法的拘束力を有するとの見解をとる国もあり[52]，それらの諸国の見解も考慮すれば，本決議の「決定」によって疑問の余地なく法的拘束力ある措置が達成されたということになろう。逆にいえば，本決議においても，①の要求（demands）は，仮に法的拘束力があるとしても，なお強化改善の余地があるということにもなろう。

　③は，②の放棄の決定を受けて，法的拘束力のある経済制裁として，核・ミサイルのみならず，他のWMDの関連品目等についても禁輸を決定し，大型通常兵器とその関連物資についても同様としたものである。禁輸対象品目は別途安保理文書等に列挙されると共に，安保理および決議が設置する委員会による品目の追加の可能性も認められている（第8項(a)，第12項(d)）。

　この決議は，核関連の事態に対する法的拘束力ある経済制裁の前例として，また詳細なリスト付の経済制裁の前例として，再度，新たな対イラン決議を容易にしたかもしれない。

（b）　イラン問題への対応

（i）　安保理決議1696

イラン問題は，2006年2月にIAEAから安保理に報告されたが，早くも3月29日には議長声明が発出され，イランにおける未申告の核物質・核活動の不存在を結論づけることができないというIAEA事務局長の報告に重大な懸念を示すと共に，イランに対してすべての濃縮関連活動と再処理活動を完全かつ継続的に停止することの重要性を強調した[53]。しかし，議長声明には一般に法的拘束力がないだけでなく，遵守しない場合の対応も示されていなかった。イランはこの議長声明を無視し，4月11日には3.5％の濃縮に成功したと発表した。そこで5月になって英仏両国は，国連憲章第7章に基づく制裁決議案を提示したが，中ロ両国が反対したため，6月6日，EU3＋3は，イランに濃縮活動を停止させるために新たな包括的長期取り決めの提案を行った[54]。この提案は，2005年8月のEU3提案をベースとしつつ，よりイ

---

[52]　例えばS/PV. 4956, 28 April 2004, p. 3 (Pakistan)を参照。
[53]　S/PRST/2006/15, 29 March 2006.

第1部 総　論

ランに配慮した内容を含むものとなっていた[55]。しかし，イランが8月22日に回答すると応じるなど時間稼ぎをしていると受け止められ，EU3+3も制裁警告決議に向けての安保理協議再開に合意した[56]。7月15日の北朝鮮ミサイル発射非難決議の全会一致による採択の勢いもあって，2006年7月31日，安保理は，イランの核問題に関する初めての決議となる決議1696（英仏独共同提案）を14対1で採択した[57]。

　この決議は，国連憲章第7章の下で，①イランに対して，「研究および開発を含むすべての濃縮関連活動および再処理活動を停止してIAEAによる検証を受ける」よう「要求（demands）」すると共に（第2項），②すべての国に対して，イランの濃縮関連活動，再処理活動および弾道ミサイル計画に貢献しうる品目等の移転を防止するよう「要請（calls upon）」した（第5項）。①は，憲章第7章の下の要求（demands）として，憲章第7章への言及のなかった対北朝鮮決議1695の①の要求（demands）が拘束力を有するとすれば，より強い理由をもって拘束力を認められるということになろう。実際，決議の前文は，

---

(54)　『読売新聞』2006年7月19日。
(55)　包括的提案は，「長期的な合意の要素」の表題の下，交渉促進のためとして次の諸点を列挙する。①EU3+3は，イランの原子力の平和利用の権利を再確認し，イランにおける新たな軽水炉の建設を積極的に支持することを約束し，交渉の再開と共に安保理での討議を停止することに同意し，②イランは，未解決の問題の解決のためIAEAと完全に協力することを約束し，すべての濃縮関連活動・再処理活動を停止しIAEAによる検認を受け，交渉期間中のその継続を約束し，追加議定書の履行を再開する。また，「長期的な合意に関する交渉の対象となる将来の協力分野」の表題の下，EU3+3がとる措置として，①核分野では，イランの原子力の平和利用の権利の再確認，イランにおける新たな軽水炉の建設の積極的な支持，研究開発協力の提供，イランに対する法的拘束力ある燃料保証の提供，合意の再検討の可能性（すべての未解決問題の解決のIAEAによる確認，イランにおける未申告の核活動・核物質の不存在の確認などが条件）が列挙され，②政治・経済分野では，WTOを含む国際枠組みへの完全参加の支持，民間航空協力，長期的エネルギー・パートナーシップの創設，イランの電気通信インフラの近代化支持，ハイテク協力，イランにおける農業開発の支持などが列挙されている。　S/2006/521, 13 July 2006. また Paul Kerr, "Iran Rejects Security Council Demand," *Arms Control Today*, vol. 36, no. 7 (September 2006), p. 31 をも参照。包括的提案に対するイランの反応につき，A/61/514-S/2006/806, 12 October 2006.
(56)　『読売新聞』2006年7月19日。
(57)　反対はカタールで，イランが包括的提案を拒否していない以上，もう少し時間をかけて外交努力をすべきであるというのが理由であった。S/PV.5500, 31 July 2006, pp. 2-3.

「IAEA の要求する停止を義務的な (mandatory) ものとするため，国際連合憲章第7章第40条の下に行動して」と述べ，①が義務的なものであることを明記している。

こうしてイランは，NPT 上認められている濃縮・再処理活動を一時的とはいえ実施できなくなったのである。前述のように，拘束力ある安保理決議は，憲章第103条を通じて，他の条約（NPT）上の権利に優先する義務を課することができるのである。ただ，前文において「義務」であることが明記されたことは，一方で本決議における「停止」が義務であることを明示するものであると同時に，他方で逆に，「義務」であることを敢えて明記しなければならなかったとすれば，そのような明記がない場合には第7章の下での「要求 (demands)」は必ずしも義務的なものではないとの解釈も可能ともいえる。実際，前述のように，安保理決議は憲章第7章の下における「決定 (decides)」のみが拘束力を持つとの立場の国もあるのである。

(ii) **安保理決議1737および1747**　2006年7月31日の決議1696は，イランに1カ月の猶予を与えて，8月31日までに同決議を遵守しない場合には，国連憲章第41条に基づく適当な措置（非軍事的措置）をとる（ただし，そのためにはさらなる決定（decisions）が必要であるとする）意図を表明していた（第8項）。イランは同決議を遵守しなかったが，安保理は直ちに経済制裁に移ることはなかった。対イラン制裁決議への作業は，10月14日の対北朝鮮制裁決議後に本格化したように思える[58]。

イランに制裁を課す決議1737（英仏独共同提案）は，2006年12月23日に全会一致で採択された。同決議は，「国際連合憲章第7章第41条の下に行動して」，①イランが，研究および開発を含むすべての濃縮関連活動および再処理活動ならびにすべての重水関連プロジェクト（研究炉を含む）の作業を停止し，IAEA による検証を受けることを「決定 (decides)」し（第2項），②すべての国が，イランの濃縮関連活動，再処理活動，重水関連活動，核兵器運搬システム開発に貢献しうる品目等のイランへの移転を防止するために必要な措置をとり，それらの品目等のイランからの調達を禁止することなどを「決定 (decides)」し

---

[58]　Paul Kerr, "Iran Ignores Deadline; Security Council Split," *Arms Control Today*, vol. 36, no. 9 (November 2006), p. 341 を参照。

た（第3，4，7項）。

①の決定は，（重水部分を除いて）決議1696において「要求（demands）」されていたものを「決定（decides）」したものである。これは，弾道ミサイルに関する措置との関連で対北朝鮮決議1695と1718について上に指摘したのと全く同じ現象であり，そこでの指摘が例外的な事象ではなかったことを示している。②の品目等については，基本的に北朝鮮に関する決議1718が使用した安保理文書のリストを利用している。また，安保理および決議が設置する委員会による品目追加の可能性も認められており（第3項(d)，第18項(e)），これも決議1718の場合と同様である。もっとも，ロシアの主張を反映して，軽水炉と軽水炉用低濃縮ウラン燃料は例外とされ，これによってロシアによるブシェール軽水炉の完成と同炉への燃料供給が可能となっている（第3項(b)）[59]。

なお，イランは決議1737の採択後も濃縮活動を続けたため，安保理は2007年3月24日，決議1747（英仏独共同提案）を全会一致で採択して制裁の範囲を拡大し，①すべての国に対して，イランの核拡散機微活動の従事者や支援者の入国・通過を制限するよう「要請（calls upon）」すると共に（第2項），②すべての国が，あらゆる武器および関連物資のイランからの調達を禁止することを「決定（decides）」し（第5項），③すべての国に対して，大型通常兵器のイランへの移転を制限し，すべての国と国際金融機構に対して，イランに対する新たな金融支援約束等を原則として行わないよう「要請（calls upon）」する（第6，7項）などの措置をとった（これに対してイランは，改正補助取極の一部の実施を停止するとIAEAに通報している）。

以上の措置に対してイランは，安保理決議は法的基礎を欠くとして，次のように主張する。IAEA憲章第12条によれば，保障措置協定の違反は，査察員が事務局長に報告し，事務局長が理事会に報告することになっているが，これらの法的要件はいずれも追求されておらず，安保理に報告を行うIAEA理事会決議には法的根拠がない．そのような理事会決議に基づいて採択された安保理決

---

(59) Paul Kerr, "UN Security Council Sanctions Iran," *Arms Control Today*, vol. 37, no. 1 (January/February 2007), p. 24.

(60) "Statement by H.E. Dr. Ali Asghar Soltanieh, Ambassador and Permanent Representative of the Islamic Republic of Iran to the United Nations and Other International Organiza-

議も法的基礎を欠く,という[60]。しかしIAEA憲章上は,保障措置協定の違反がなくとも,第3条B4項に定めるように,安保理の権限内の問題が生じたときは安保理に通告するものとされており,理事会の行為は必ずしもIAEA憲章上権限外の行為であるとはいえないであろう(2005年9月の理事会決議は第3条B4項にも言及していた)。また,いずれにせよ,安保理は,IAEAからの報告の有無を問わず制裁決議を採択する権限を有してもいる。

(c) 安保理による対応の意義と特徴

このように安保理は,北朝鮮とイランの核問題に対して決議による対応を示した。ほぼ同時期に2つの核拡散問題に対して,安保理が決然とした態度を示したことは,それ自体として意義深いことである。北朝鮮の場合は,必ずしもIAEAからの報告に応えたものではなく,弾道ミサイルの発射や核実験の実施に応えたものであるが,決議の内容は,北朝鮮にNPTやIAEA保障措置協定に従った行動を義務づけ,国連加盟国に核関連品目等の禁輸を義務づけるなど,NPT体制との関連でも重要なものである。もっとも,北朝鮮に対する核関連の法的義務づけについては,北朝鮮のNPT脱退通知の有効性をめぐる曖昧さのために,精確な評価が困難な点があることは否めない。

これに対してイランの場合には,NPT締約国であることは疑いなく,対イラン決議は,NPT締約国がNPT上認められている平和目的の濃縮・再処理の権利行使を停止するよう法的に義務づけたという点で画期的な決議であると評価できよう。同時に,これも北朝鮮の場合とは異なり,対イラン決議は,IAEAからの報告を受けて,安保理が義務的制裁をもって対応した初めてのケースとして注目される(もっとも,正確にいえば,制裁は保障措置協定の違反に対するものではなく,濃縮関連活動の停止に応じなかったことに対するものである)。

問題は,こういった措置が実効性を有するかである。経済制裁一般の実効性[61]と同様,この問題は容易に解答できるものではないし,ましてや両国に

---

tions, Vienna, to the First Session of the Preparatory Committee for the 2010 NPT Review Conference," 1 May 2007, p. 6.

(61) 経済制裁の効果一般については,宮川眞喜雄『経済制裁』(中央公論社,1992年)84-163頁を参照。

対する制裁はまだ始まったばかりであって，その効果を判断するのは時期尚早であろう。したがってここでは，対北朝鮮・対イラン安保理決議やそれに至る過程について若干の特徴を指摘するに留めたい。

両国に対する安保理の対応に共通する特徴は，いずれも同時並行的に外交交渉が断続的に行われている中で制裁が決議されているという点である。しかも，外交交渉のメンバーが，いずれについても安保理の常任理事国を中心に制裁を決議しているメンバーとほぼ重なっている。ほぼ同じメンバーが，一方で外交的解決を追求しつつ，他方で安保理決議に基づく制裁を課するというのは，一見矛盾するようにも思える。しかし，見方を変えれば，一方で，外交交渉のみでは行き詰まりがある中でうまく制裁を利用し，他方で，制裁のみでは逃げ場をなくしかねない硬直性を外交的提案で緩和するということで，両者の組み合わせは，場合によっては問題解決に効果的に働くということも考えられよう。

他方，北朝鮮とイランに対する安保理の対応は，対照的ともいえる側面も持っている。イラン問題に対しては，安保理とそれに先立つIAEAは，（意図的か単に結果的かは別として）小刻みな段階的アプローチをとってきているように思える。IAEAは，2005年8月にイランが濃縮関連のウラン転換活動を再開したため，9月にイランに対して初めてとなる保障措置協定違反の認定を行ったが，通常同時に行われる安保理への報告は行わず，2006年1月にイランがウラン濃縮関連の研究開発活動を再開したことを受けて，2月に安保理への報告を決議している[62]。IAEAからの報告を受けた安保理の対応も同様であって，3月にまず議長声明を出したが，それが効果なしと見るや，7月に決議1696を採択し，濃縮関連活動等の停止を「要求」したが，憲章第41条に基づく制裁についてはその可能性に言及するに留めた。しかし，この要求にイランが応えないため，12月には決議1737を採択し，濃縮関連活動等の停止を「決定」すると共に，停止対象の活動に関連する品目等の禁輸による制裁を実施し，それも無視されると，2007年3月の決議1747で制裁を強化している。

---

(62) 国連憲章上，安保理は，自発的に（またはいずれかの加盟国の注意喚起によって）事態を調査し勧告することができるが，IAEA憲章に定める安保理への報告・通告制度は，IAEAによる報告・通告の前には当該問題を安保理で取り上げないとのある種の了解を生起しており，その点で段階的アプローチを促進する機能を果たしているといえよう。

これに対して北朝鮮の場合には，IAEAから安保理への報告は，段階を追うことなく直ちに行われ（1993年，2003年），安保理の側も，脱退の再考という極めて微温的な反応に留まるか（1993年），全く反応しないか（2003年），（ミサイル発射に対しても，核実験実施に対しても）直ちに制裁決議を行う（2006年）といった形で，むしろ極端な対応を示してきている。

 このような両者に対する国際社会の対応の大きな違いは，1つには，北朝鮮の行動パターンが，NPT脱退通知や核実験といった極めて重大な行為を躊躇することなく突然行うという特性を有している点を反映したものと考えることができる。同時にまた，段階的アプローチは，相手が比較的合理的な思考の期待できる国や独裁国家でない国の場合に恐らくは効果が期待できるものであって，イランへの対応が北朝鮮への対応と異なるのは，（仮に意図的であるとすれば）その点に理由があるのかもしれない。実際，2007年6月に米英両国が，対イラン制裁強化のための新決議案素案をまとめると，イランが未解決問題解明のための行動計画を2カ月以内に策定すると約束するなど，制裁の段階的強化に一定の効果があることを示している[63]。

 いずれにせよ，現に実施されている経済制裁が効果をあげるには，国際社会がそれを一致して実施することが不可欠である。その意味では，現在の制裁実施状況は，北朝鮮・イランのいずれについても不十分といわざるを得ない。北朝鮮の場合には，決議1718に基づく報告が71カ国＋EUから（2007年7月現在），イランの場合には，決議1737に基づく報告が72カ国＋EUから（2007年6月現在）提出されているにすぎない[64]。決議によればすべての（国連加盟）国が30日ないし60日以内に報告を求められているなかで，加盟国の3分の1余りの国しか報告を行っていないというのでは，不十分というほかあるまい[65]。報告

---

[63] 『読売新聞』2007年6月24日，25日。この点に関するイランとIAEAとの間の了解につき，INFCIRC/711, 27 August 2007. もちろん，これを制裁解除を狙った試みとみることも，また濃縮活動拡大のための時間稼ぎとみることもできる。

[64] Briefing to the UN Security Council on behalf of the Committee established pursuant to resolution 1718 (2006) concerning the Democratic People's Republic of Korea by Ambassador Marcello Spatafora, Permanent Representative of Italy to the United Nations, 16 April 2007 and 10 July 2007; S/PV.5646, 23 March 2007, p. 3; S/PV. 5702, 21 June 2007, pp. 2-3.

[65] 安保理決議1373に基づく報告は，事実上すべての国連加盟国が提出しているし，安

がないことは制裁義務を履行していないことと同義ではないが，制裁義務を履行しているのに報告を行わないということは考えがたいことからすれば，制裁の実施についても十分でないと考えざるを得ない。もちろん今後の履行状況にもよるが，安保理の決定という法的拘束力ある制裁が多くの国で履行されていないとすれば，核不拡散体制の維持強化の観点に留まらず，国連の集団安全保障体制そのものの観点からも由々しき事態であるといわなければならず，何らかの抜本的な対策が求められるであろう[66]。

おわりに

以上，NPT 体制に対する前世紀末の1990年代と今世紀初の2000年代におけるさまざまな挑戦に国際社会がいかに対応してきたか，また対応しつつあるかについて，主として国際法の観点から検討してきた。NPT に対するそれら一連の挑戦は，いずれも極めて重大なものである。核兵器国の崩壊，非核兵器国による核開発，NPT の延長問題，NPT からの脱退，平和利用の名の下における核開発——それらはいずれも NPT 体制の根幹に直接にかかわるものであった。しかし，ある意味で1990年代の問題と2000年代の問題は，質的に異なるともいえる。

前世紀末1990年代の問題は，基本的には，NPT 体制の強化によって対応できるものであった。非核兵器国イラクにおける核開発は，申告を基礎とした従来の保障措置制度の欠陥を利用するものであったため，未申告の核物質や核活動の不存在を確認することを主目的とする追加議定書の作成という保障措置体制の強化によって対処された。核兵器国ソ連の崩壊の問題は，旧ソ連の複数の共和国に現に核兵器が配備されたままで発生したため困難を極めたが，さまざまなインセンティヴを与えることで，ロシア以外の関係国を非核兵器国として NPT に加入させることによって解決された。これは NPT 体制に内在する問題

　保理決議1540に基づく報告は，136カ国と EU が提出している（2007年8月現在）。

(66)　必ずしも同一の文脈ではないが，安保理も最近，制裁に関する非公式作業部会を設置して，制裁の実効性の改善を含む問題の検討を行っている。S/2000/319, 17 April 2000; S/2005/841, 29 December 2005; S/2006/997, 22 December 2006.

点というよりも，極めて稀にしか発生しない特殊事例であったが，結果的に NPT 体制にとって最も望ましい解決が得られたといえよう。NPT 延長問題は，NPT 作成の当初から認識されていた NPT の脆弱性の 1 つであったが，無期限延長の決定によって，NPT は磐石の基礎の上に置かれることになった。同時に，非同盟諸国の意向を容れた「運用検討強化」および「原則と目標」という 2 つの付帯決定が採択され，その観点からも NPT 体制は強化されることになった。こうして，90 年代の NPT 体制への挑戦は，総じて NPT 体制を強化する方向で解決を見たということができるであろう。

ところが，北朝鮮とイランによる核開発（疑惑）に代表される，21 世紀に入ってからの NPT 体制への挑戦は，90 年代における NPT 体制の強化では対処しきれない性格のものであった。北朝鮮の問題は，NPT からの脱退がありうることを示したという意味で重大である。脱退は，NPT 上のすべての義務からの解放を意味するのであり，NPT 体制をいかに強化しても対処できない問題を惹起した。のみならず，NPT 自体に脱退の権利が明記されている以上，脱退を禁止することは法的にはほぼ不可能であり，その意味では NPT の規定が問題解決の足枷となっているともいえるかもしれない（もちろん脱退禁止の NPT は現実には考えがたいが）。法的に脱退を封ずる唯一の方法は，安保理の拘束力ある決議によるものであろうが，そのような対処法は，方式によっては，条約交渉によらない国際立法に共通する問題点を抱えている。

イランの核開発疑惑も，同様に，NPT 体制の強化では対処しがたい困難な問題を惹起した。NPT 体制は原子力の利用を，平和利用か核兵器等への利用かに分け，基本的に前者には制限を加えていない。平和利用の中には濃縮・再処理のように，核兵器の開発に直結しかねない活動も含まれているが，それらは NPT 上禁止されていないのである。したがって，平和利用と主張しさえすれば，それらの活動を禁止することはできない。そこで，濃縮・再処理を放棄させるための新たな制度の構築が提案されているのである。しかし，そのような新たな制度は，NPT 第 4 条が定める原子力協力の規定と両立するのかという疑問も提起されており，ここでも NPT の規定が問題解決の足枷となっているのである。

このように 21 世紀に顕在化した問題は，20 世紀末の問題とは異なり，NPT

の規定ゆえに解決が困難になっているという側面がある。のみならず，問題解決のための新たな制度構築の試みが，現下の北朝鮮問題やイラン問題の解決には結びつかないという問題もある。新たな枠組みの構築は将来の問題発生の防止には資するかもしれないが，すでに発生した問題の解決には役立たないのである。そのような現に存在する個別の脅威に対しては，安保理の措置が最も効果的な対応策の1つであり，最近になってそれが北朝鮮とイランの双方との関係で実行に移されている。核拡散問題が究極的には個別国家の問題であるとすれば，それらの措置が所期の目的を達成することができるか否かが，今後の核不拡散体制の命運を左右する試金石ともなるように思える。

　（付記）本稿は，科学研究費補助金基盤研究Ｂ（2006年度〜2007年度，黒澤満研究代表）による研究成果の一部である。

2　安全保障と軍備管理

納家　政嗣

は じ め に
1　極構造と軍備管理
2　単極秩序の模索と混迷
3　帝国的政策と軍備管理
4　単極構造と軍備管理
お わ り に

は じ め に

　冷戦後の軍備管理の論議は混乱した印象を与える[1]。それまで安全保障問題の中心的な位置を占めてきた米ソ（ロ）の第一次戦略兵器削減条約（START Ⅰ条約）は2009年に期限が来るが，その後についての話し合いはやっと開始されたばかりで，第二次戦略兵器削減条約（START Ⅱ条約）は未発効，戦略攻撃能力削減条約（モスクワ条約）の期限が切れる2012年の後についても見通しがないまま放置されている。大量破壊兵器の拡散問題は軍備管理の中心に躍り出た感があるが，議論はイランと欧州連合（EU）3カ国（英仏独），あるいは北朝鮮の核開発をめぐる6者協議に集中しており，しかも大半は駆け引き過程における当事者の戦術や結果の解説（いわゆる相互作用レベル分析）で，それらが国際政治の大きな動向にどのように関連しているかは不分明である。そもそもなぜ冷戦の終結とともに大量破壊兵器の不拡散がこれほど焦点化したのか。この2カ国が核兵器を持てば国際政治はどうなるのか。逆に他のイシュー，たとえば米ロの核戦力削減や欧州通常戦力（CFE）条約の発効問題はなぜ話題に上らないのか，また放置するとどうなるのか。
　これらの問題について現在は二極構造の解体に伴う国際秩序の過渡期で，い

（1）　Michael Brown, "The 'End' of Nuclear Arms Control," Ivo H. Daalder and Terry Terriff, eds., *Rethinking the Unthinkable: New Directions for Nuclear Arms Control* (London: Frank Cass, 1993); Harold Brown, "Is Arms Control Dead?" *Washington Quarterly*, vol. 23, no. 2 (Spring 2000) 所収各論文。

ずれ新しい構造の下で軍備管理分野にも新しい規則や制度の構築が進むだろうと想定されることが多い。しかし冷戦終結からこれまで20年弱の経緯を見ると、いずれ新しい軍備管理レジームが構築されるという仮定には再考の余地があるように思われる。冷戦下で発展したような軍備管理の諸措置は、どのような国際環境でも発展するものなのか、改めて問い直す必要があろう。

「安全保障と軍縮・不拡散」というかなり広い主題を与えられた。この機会に冷戦後の動向を振り返り単極構造が当面続くとしてどのような軍備管理が考えられるか、また必要か、を検討してみたい[2]。

1 極構造と軍備管理

安全保障の中心課題が戦争の防止であった時代、安全は一般的にいえば相互主義的な自制のメカニズム（勢力均衡）によって維持された。その主な手段は1国単位の軍備強化と複数国による同盟であったが、同時にそれに代わる戦争防止アプローチや戦力規制の考え方も発展した。常備軍が一般化し始める18世紀の欧州では戦争を不可能にする大幅な軍備撤廃（軍縮）が唱えられ、今日でも最も人口に膾炙した考え方となっている。しかし多くの場合軍備と戦争原因（対立・緊張）は鶏と卵の関係にあり、そこを解きほぐせないまま軍縮はほとんど実現したことがない。無差別戦争観が一般化した時代に戦争を「人道的」にしようとした戦争法（人道法）は、工業化により戦争の破壊規模が拡大すると共に軍事目標主義が維持できなくなり実効的ではなくなった[3]。

20世紀の安全保障の特徴は、戦争が総力戦化した結果、戦争それ自体の禁止が求められるようになった点にある。それを担保する体制として大戦の後には集団安全保障体制が設けられた。この体制は前提として加盟国に先に述べた軍縮を求めており、国際連盟、国際連合の下でも初期には主要国の段階的軍縮案、全面完全軍縮などが頻繁に審議された。しかしこの体制も主要国間の緊張・対

（2） 軍備管理には国家間の相互依存程度、兵器の性格、国際社会の規範も影響するが、ここでは単純化のために主として国際政治構造を中心に検討する。
（3） 諸概念について納家政嗣「大量破壊兵器不拡散の思想と展開」納家政嗣・梅本哲也編『大量破壊兵器不拡散の国際政治学』（有信堂高文社、2000年）。人道法（ここでは戦争法）について藤田久一『国際人道法』（有信堂、1993年）。

立のため機能せず，戦後の安全保障の実現は再び実質的には同盟と軍備強化によって相互的な自制に任さたのである。

その厳しい東西対立の中で，敵対する相手であっても最低限の共通利益として戦争回避（共存）があることを確認し，そのために事故や誤算を避けるべくそれぞれの兵器庫管理を相互化する「軍備管理」概念が，国際的な交渉用語として用いられるようになった。1950年代半ばのことである[4]。軍備管理はこのようなミニマムな規制であるからどのような国際関係にも生じ得る。戦間期のワシントン海軍軍縮条約（1922）や英独海軍協定（1935）など，厳しい敵対状況にありながら当事国が少なくとも当面の戦争回避，情勢の安定に利益を見出すならば，多極的構造の下でも地域別にも軍備管理措置は講じられた。中核にあるのは当面の情勢悪化の回避であるが，そこで当事者が恐れるのは，軍備管理の合意で自分が安心している間に敵の戦争準備が進むという欺瞞の問題である。したがって欺瞞があった場合でもその損害を最小化するために合意はミニマムに，なおかつ履行確保を検証する，というのが軍備管理の基本的な性格となった。

ところでミニマムの当面の合意であっても，その合意を容易に変えることができなければ，軍備管理といえども高度に制度化される可能性はある。その条件となるのは，戦争の確率が著しく高く，戦争のコストも大きい（全面戦争化の確率大）ことがあらかじめ明白であることであろう。冷戦期はこれらの条件がほとんど完全に満たされた時代であった。二極構造は戦争が起こった場合，世界大戦化する確率を極端に高くした。そのコストは東西双方が増強を続ける核兵器と弾道ミサイルによってあらかじめ明らかであった[5]。1960年代から冷戦の終結までに厳密な権利・義務を定めた条約から周辺的な合意まで含めて40近い取り決めが生まれたのは，このような強い不安を映していた。しかも数が多いだけでなく，諸合意は相互に連関し構造化されていた。国際政治が核戦争の恐怖を伴った1つの東西対立軸に収斂していたからである。

この意味で冷戦期の制度化された軍備管理レジームは国際政治構造に強く規

---

(4) Thomas C. Schelling and Morton H. Halperin, *Strategy and Arms Control* (New York: The Twentieth Century Fund, 1961).

(5) J. L. Gaddis, *The Long Peace* (New York: Oxford University Press, 1987).

定されており，40年近く続いたとはいえ国際政治においてはやや特殊な事象だったといえるかもしれない。それに対して多極構造の下では主要国間の敵対・協調が多元的で，対立軸が一本に収斂するのは難しい。規制を設けるべき焦点は複数あり軍備管理措置は分散的になるであろう。単極構造は，煎じ詰めれば「一国対すべて」のような構造であるから，明確な敵対や対抗行動が生じる可能性は低く，国際体系全体にかかわる軍備管理への誘引は大きくないはずである。誘引があってもそもそも国家間の関係を「均衡」概念で律する方式を見出すのが難しい。したがって単極構造では，多極構造以上に軍備管理措置が取られにくいし，制度化も進みにくいと推測される。他方，それでは冷戦終結で主要国間の緊張が解けたことを受けて単極構造の下では平和を強化する軍縮規範が活性化する可能性はあるのであろうか。冷戦後の経験からこの点についてもどのようなことがいえるか，探って見る価値は十分にあろう。

　軍備管理措置がとられ制度化されるのは，緊張と不安定性が鋭く現われる問題においてであって，大まかには国際政治の構造と呼ばれる3つの局面と考えてよい。最初に軍備管理の焦点ではないが主権国家の分権的な構造（いわゆる無政府構造）をあげておきたい。これは各国に自救的行動を促すという意味で軍備管理の基礎であり，ある程度までは定数である。第2は極構造で，協調関係にある国家間には軍備管理は必要ないから，対立関係にある国家がいくつあり，どのように配置されているかという問題である。このような主要国間の軍備管理は，一般に均衡概念に基づく相互主義的な利害調整，いわゆる「中枢的均衡」管理の措置である。最後は階層構造である。大きい能力格差に特徴づけられる国際体系では，主要国の間に何らかの全般的に秩序合意があればそれに即した周辺諸国・地域を管理する「中枢的均衡の付属的規則」（普遍的な規則，または個別の勢力圏管理）が生まれる可能性が大きい。逆に周辺諸国は大国集団の支配を牽制し抑制する規則を求めるであろう[6]。

　冷戦後の特徴は，2つ目の構造が単極であること，3つ目の構造である階層が植民地の独立により極度に広がり，底辺部分に国内が経済・政治・

（6）　冷戦期で言えば軍備管理レジームの原型は米ソ間の戦略兵器制限交渉（SALT）諸合意と中心－周辺関係の核不拡散条約の組み合わせである。納家政嗣「軍縮問題と国際体制」『国際政治』第76号（1984年）。

文化的に不安定な国家（ときには破綻国家）を抱えるシステムになった点にある[7]。以下，2つの構造的な焦点に即して冷戦後の経験を検討してみたい。

2　単極秩序の模索と混迷

　冷戦終結前後の国際安全保障は，当然ながら唯一の超大国となった米国の政策に負うところが大きかった。歴史的に見ると米国の安全保障論の1つとして自由主義的な伝統を反映する制度的平和論がある。それは国内における孤立主義に対して米国が自らの国際的な役割を正当化する必要もあって，国際システムの改善＝平和（そこでの米国の使命）としてしばしば唱えられた。しかし利害対立の厳しい国際政治ではその実現が難しく，米国は現実主義的な国家安全保障論に大きく適応した。冷戦終結前後の米国の安全保障論の振れ幅が大きくなかったのは，長く厳しい冷戦対立の中で現実主義的な国家安全保障論が主流を形成していたからであった。ソ連との戦争回避の最小限の軍備管理は容認するものの，できるだけ国際的な拘束なしに米国の安全を追求すべきとする立場であった。

　確かに1960〜70年代には，軍備管理による米ソ共通利益拡大の可能性が開けてきたことから，個別の国家安全保障ではなくシステムの安定強化を図ろうとするリベラルの安全保障論も活発化したことがある[8]。しかし軍備管理に対する保守的な現実主義の警戒心には常に強いものがあり，そこから大きくは振れることはなかったのである。冷戦終結に際しても米国は基本的にその枠の中で政策形成をおこなった。ただ大きな国際政治変動であるだけにそこに再び制度論的な性格も色濃く現われた。それは冷戦後の軍備管理を考える上で逸する

（7）　E. B. Kapstein and M. Mastanduno, eds., *Unipolar Politics* (New York: Columbia University Press, 1999); D. M. Malone and Yuen Foon Khong, eds., *Unilateralism & U.S. Foreign Policy* (Boulder, Col.: Lynne Rienner, 2003); G. John Ikenberry, ed., *America Unrivaled* (Ithaca, NY: Cornell University Press, 2002); I. William Zartman, *Collapsed States* (Boulder, Col.: Lynne Rienner, 1995).

（8）　当時の軍備管理について，R. L. Garthoff, *Détente and Confrontation* (Washington, D.C.: Brookings, 1985). 相互依存はリベラルの秩序論と見てよい，J. S. Nye and R. O. Keohane, *Power and Interdependence* (Boston, MA: Little, Brown, 1977).

第1部　総　　論

ことのできない動向であった。ただし冷戦終結期のG・H・W・ブッシュ（George H.W. Bush）政権とソ連解体後のクリントン（Bill J. Clinton）政権では，その制度的構想が全く異なっていた。

　70年代デタント期に要職をこなして国際政治観を磨いたG・H・W・ブッシュ大統領が，冷戦終結の過程で二極体系の軍備管理体制を維持しようとしたことはよく知られている。詳しく述べる余裕はないが，3つの点を上げておきたい。第1に同政権は1991年，START I 条約に調印，弾道弾迎撃ミサイル（ABM）条約は維持して中枢的均衡管理レジームを維持し，その枠組みの中で冷戦終結の変動を軟着陸させようとした。第2に，国連の活性化を中心として人権，民主主義，市場経済，法の支配といった価値に基づく「新世界秩序」を掲げ，その中に米国の大きな国際的役割を位置づけた。こうした安全保障政策は制度的平和論に包んで提示された。湾岸戦争（1991年）後のイラクを念頭に大量破壊兵器の拡散はこの新秩序が対処すべき脅威の1つとして掲げられたのであった。第3に冷戦後の新しい軍備管理の措置として1992年9月より地下核実験のモラトリアムを実施した。70年代に署名した地下核実験制限条約（TTBT）と平和目的核爆発条約（PNET）を1990年9月に批准し，核兵器不拡散条約（NPT）の最終的な地位を決める1995年の運用検討・延長会議に向けて，核兵器国の軍縮への姿勢を示すべくソ連（ロシア）との交渉を再開しようとしたのである(9)。しかし91年12月にソ連が解体し，自らも翌年の大統領選挙に敗れた。彼は冷戦終結過程を巧みに管理したとはいえるが，この現状維持的な政策がその後の激動に対応できたかは，まだ評価の分かれるところである。

　したがって単極として最初の政策形成にあたったのは，後を襲ったクリントン政権ということになった。クリントン政権は財政再建と共に対外的には「関与と拡大」として市場経済化と民主化を唱え，それを新時代の平和論として打ち出したところに特徴があった(10)。冷戦期のような政治・軍事的な戦略的

---

(9)　レーガン時代の戦略防衛構想（SDI）は91年1月 GPALS（Global Protection against Limited Strikes）に縮小，前政権の政策革新は後退した。技術的には実験禁止実現の可能性はあったが，彼はそれをソ連への妥協の象徴と見る対ソ強硬派の存在を知っており，従来通り，一方的な停止（再開可能），将来の交渉という方針にとどめた。

(10)　A・レイク補佐官，93年9月21日の「拡大」演説，A. Lake, "From Containment to Enlargement," *U.S. Department of State Dispatch*, vol. 4, no. 39 (September 27, 1993).

2 安全保障と軍備管理〔納家政嗣〕

ヴィジョンを明確には示さなかったが，総合的に見るとこの政権もG・H・W・ブッシュとは異なるが，制度的構想を掲げていた。ここでは軍備管理に限るが[11]，第1の特徴は「民主主義平和論」（「関与と拡大」）をとることでロシアの民主化は支持しつつ，冷戦期以来の米ソ（ロ）体制には執着しなかった。米国は1993年にSTART II条約に調印したが，ABM条約をめぐる相違を打開できず，米ロ関係の基幹ともいうべきSTART II条約を未発効のまま放置した。ABM条約を破棄しようとはしなかったが，かといってミサイル防衛にも積極的ではなかった。1993年秋に発表された『ボトムアップ・リヴュー（BUR）』では本土ミサイル防衛（NMD）にはほとんど触れず（ただし後にNMD推進派に徐々に妥協した），戦域ミサイル防衛（TMD）の構築に強調点を移した。しかしそれは対ロシア配慮というより，ロシアの脅威の低下に基づく二極的な戦略関係への関心低下を反映したものであった。ロシアの嫌う北大西洋条約機構（NATO）の東方拡大も決断した。

　第2は大量破壊兵器不拡散政策である。1つの背景としては先に挙げた93年BURも強調していたように問題が急速に顕在化したことである。湾岸戦争後の査察でイラクが核，生物，化学兵器，および弾道ミサイルの開発に手を染めていたことが明らかになり，同じ時期に北朝鮮の核兵器開発疑惑も危機的な状況を迎えていた。さらにイラン，リビア，シリアなどへの拡散も懸念された。これら諸国は，技術的，財政的能力からいえば1970年代に最も懸念された先進諸国がNPT批准によってほぼ核開発を放棄した後に，その外側に現れてきた国家群であり，しかもNPT加盟国であった。新種の脅威であり，しかも冷戦期のようには，影響力の衰えたロシアに統制協力を期待することもできなかった。加えて政権発足から2年後にはNPTの期限満了に伴うNPTの新たな地位を決定する運用検討・延長会議が近づいていた。クリントン政権が早くから1993年に化学兵器禁止条約（CWC）に調印，生物・毒素兵器禁止条約（BWC）の検証強化の議定書や国際原子力機関（IAEA）の保障措置協定追加議定書

---

[11] G・H・W・ブッシュ政権のような国連中心主義をとれなかったことも1つの特徴といってよい。1993年，第2次国連ソマリア活動（UNOSOM II）に派遣された米兵18名が死亡，米軍はPKOから撤退した。1994年5月5日，国益に関わらないPKO不参加の方針を表明した（大統領決定令PDD25）。

（INFCIRC/540）の作成に積極的に取り組んだのはこのためであった。

　クリントン政権は先のBURにおいて脅威とされた大量破壊兵器拡散に対しては拡散防止と共に最終的には拡散した大量破壊兵器の破壊まで含む「拡散対抗（Counterproliferation）」を掲げると共に[12]、NPTについては恒久条約化、そして早くも93年7月には包括的核実験禁止条約（CTBT）交渉に対する支持を表明した。従来の運用検討会議においてNPT第6条に基づいて軍縮を要求する非核兵器国との対立が険しく、最終文書も採択できなかったことを考えると、START I 条約という成果だけでNPTの恒久化を達成できるか、覚束なかったからである。しかしCTBT推進にはNPT恒久化を越える制度的構想もあった[13]。

　1つは、冷戦終結で核戦力が減少するこの機を捉えて、緊張の揺れ戻しがあっても冷戦期のような軍備競争への回帰を難しくすることである。実験を禁止すれば新型、別用途の核弾頭の開発が難しくなるからである。中国の核戦力の発展への歯止めという意識も見越していたであろう。もう1つの狙いは、NPTを差別条約として拒否する「事実上の核兵器国」インドを不拡散体制の内側に取り込むため、NPTの補完的体制を構築することである。核実験禁止は、過去の核開発活動を問うことなく、CTBT合意以後の核実験（したがって戦力化）を封じるものである。CTBTに続いて兵器用核分裂性物質生産禁止条約（FMCT）に合意できれば、核開発は一層制限されるであろう。曖昧な地位にある「事実上の核兵器国」を包括する新たな不拡散体制は、少数の新たな拡散懸念国への政治的、道義的圧力の強化にも資する。それがクリントンがG・W・H・ブッシュの実験モラトリアムからCTBTへ踏み出した際の考え方であった[14]。

---

(12) "Remarks of Defense Secretary Les Aspin to the National Academy of Sciences Committee on International Security and Arms Control," vol. 23 (December 7, 1993). この演説はBURに基づくものである。*The Bottom-Up Review: Forces for a New Era*, Secretary of Defense Les Aspin, (September 1, 1993).

(13) 以下のCTBTに関する米国の政策決定過程については関谷奈未「冷戦後の多国間軍備管理交渉と米国―包括的核実験禁止条約（CTBT）をめぐる米国の交渉姿勢と国内要因を中心に―」（一橋大学法学研究科、2001年度修士論文）参照。国際交渉についてKeith A. Hansen, *The Comprehensive Nuclear Test Ban Treaty* (Stanbord, CA: Stanford University Press, 2006).

(14) S・タルボット米国務副長官の対インド外交について、S. Talbot, "Dealing with the

クリントン政権が国内のCTBT支持を獲得するために用意したのが,「科学的な備蓄管理スチュワードシップ」計画であった。核戦力構成部分のすべての管理段階で信頼性を確認し,それをエネルギー省長官および核関連3研究所の所長などが承認するというもので,エネルギー省,国防総省,統合参謀本部が信頼性を保障できないときには未臨界実験を行い,それでもなお問題が残る場合はCTBTからの脱退もありえる,という何重もの信頼性確認・保障により,核抑止力の信頼性は実験なしに維持し得ることを強調したのである[15]。このキャンペーンによってクリントン政権は,議会に根強い軍備管理不信派を前に辛うじてCTBT交渉への支持をとりつけ,NPT運用検討・延長会議に臨むことができたのであった。

その後の経緯はよく知られている。1995年にニューヨークで行われた運用検討・延長会議でNPT恒久化は無投票で採択された。これに付帯する決定「不拡散及び核軍縮のための原則及び目標」は,1年以内のCTBT採択を謳い,ジュネーヴ軍縮会議(CD)におけるその審議を促した。ところが当初はCTBTに積極的であったインドが最終段階の96年6月20日に署名しないことを明らかにし,全会一致制を取る軍縮会議は起草された条約案を採択できなかった。オーストラリアが同案を国連総会に決議として提出し,9月10日,158対3(棄権5)の圧倒的多数で採択(A/50/L. 78),署名のために開放された。しかし発効の見通しはたたなくなっていた。米国は9月24日に署名した。

クリントン政権の誤算は,冷戦時代と打って変わって核実験禁止交渉が米ソ2国間交渉からジュネーヴ軍縮会議という多国間交渉になったことであった。米ソ交渉であれば合意の難しいところは妥協により緩やかな規制とすることもできたが,多国間監視の下ではその種の取引は不可能である。米国が当初考えていた10年後の脱退権,小規模実験の許容,査察への自国の検証技術手段

Bomb in South Asia," *Foreign Affairs*, vol. 78, no. 2 (March/April 1999). 2000年まで米国は不拡散体制強化のためにCTBT署名を求め,インドは原子力関連技術・資機材の供給制限が緩和されるならば署名がありえるという態度であった。*International Herald Tribune*, December 18, 1998, and February 3, 1999.

(15) JASON委員会について "JASON Nuclear Testing Study," *Arms Control Today*, vol. 25, no. 6 (September 1995). クリントン演説は,Statement by President Clinton, August 11, 1995, *U.S. Department of State Dispatch*, (August 21, 1995).

(NTM) による情報の利用，査察の決定方式などは取り下げるか，後退させられた。この過程で非核兵器国は核兵器国に許される未臨界実験も強く批判したため，クリントンは95年8月11日，これに「ゼロイールド（爆発威力ゼロ）」という決定をもって応えた。これが米国内で「爆発」なしの実験で核戦力の信頼性が保てるか，という論議を蒸し返し，批准を難しくした。さらに各国がそれぞれ競合関係にある国家の批准を発効要件に加えようとするため発効要件は厳しいものとなった。最終的にIAEAが原子力研究施設，発電設備があるとする44カ国（インド，イスラエル，パキスタンのほか北朝鮮を含む）すべての批准が要件となった。発効の見通しはここで著しく低くなっていた。とくにインドはCTBTに加盟すると1974年の核実験以来とってきた，能力はあるが戦力化しない「核オプション政策」の維持が難しくなるため，国内の強力な核武装支持のナショナリズムをまえに加盟を拒否せざるを得なくなった[16]。

こうしてCTBT草案が採択された段階で，米国内では批准の見通しがなくなっていたといってよい。とりわけ1994年中間選挙で40年ぶりに上下両院とも共和党多数となり，CTBT支持に力を発揮した民主党，共和党の有力議員も退場していた。クリントンは97年9月にCTBT批准案件を上程したが，共和党優位の上院外交委員会は，CTBTよりもNATOの拡大やABM問題に関心を示し，発効見通しのないCTBTの審議を優先しようとしなかった[17]。

1998年は，5月のインド，パキスタンの核実験，8月のケニア・タンザニアのアメリカ大使館へのテロ攻撃，8月の北朝鮮の弾道ミサイル・テポドン発射実験，イラクの国連査察の拒否など重大事件が相次いだ。それがCTBT批准の支障になったとされることもあるが，しかしここに述べたようにそれらは，

---

(16) 95年のナラシマ・ラオ首相のCTBT支持，96年にそれが覆される過程についてJacques C. Hymans, *The Psychology of Nuclear Proliferation* (Cambridge, MASS.: Cambridge University Press, 2006), Ch.7.; G. Perkovich, "India's Nuclear Weapon Debate," *Arms Control Today*, vol. 26, no. 4 (May/ June 1996).

(17) 94年に生まれた分割政府は96，98年選挙でも変わらなかった。共和党の基本的な考え方は，Ed Gillespie and Bob Schellhas, eds., *Contract with America* (New York: New York Times Book, 1994). 下院議長となったN・ギングリッチは，「アメリカとの契約」の立法化を図ったが，その中には国連平和維持軍不参加や米本土ミサイル防衛NMDの開発推進が含まれる。五十嵐武士『覇権国アメリカの再編』（東京大学出版会，2001年），第5章。

唯一の超大国米国の下で情勢が悪化していることを強く感じさせ，もともと困難と見られていた批准をさらに難しくしたというのが適当であった。

やがて新保守主義（ネオコン）と呼ばれるようになる政治勢力が，米国の伝統的価値を奉じる理念的な改革主義，単独行動主義の声を上げ始めた。国際合意よりも米国が必要な行動をおこす能力と自由こそが重要であり，そのためには米国の安全がすでに特異な二極的核抑止体制に依存していない以上，ミサイル防衛を含め多様な敵から本土を積極的に防衛するのは当然とされた。99年のCTBT締約国による発効促進会議を控えてクリントン政権が議会にCTBTの批准審議を求めたとき，共和党が持ち出したのはABM条約（改訂・廃棄問題）の審議優先だったのである。核実験禁止問題は，軍備管理不信派にとって1960年代以来，リベラルのナイーヴさを示す象徴的イシューであったが，この段階のクリントンの制度的構想の拒否には，現実主義的な国家安全保障論とともに単極構造下の単独主義への傾斜も含まれていた。条約案は，99年10月13日に否決された。

こうして単極状況が認識されるほどに米国の軍備管理へのインセンティヴは低くなっていったように思われる。唯一の超大国は中枢的均衡管理への関心を失って行った。NPTは恒久化されたが，それによって新しい拡散懸念に対応できるどうかは不確実であった。「事実上の核兵器国」を包括する補完体制の構想も実現しなかった。

3 帝国的政策と軍備管理

2001年にブッシュ（George W. Bush）政権が誕生したが，同政権がネオコンに支配されて直ちに単独主義的な対外政策をとったとはいえない。国際刑事裁判所規程，CTBT，京都議定書に背を向けたのは，クリントン政権の多国間主義的な遺産の拒否であって，全般的な姿勢はレーガン（Ronald Reagan）－G・H・W・ブッシュ政権人脈にのった対外関与の縮小（孤立主義）と保守的な現実主義の組み合わせというのが適当だった。それを急転換させたのが9.11テロであった。

本土を直接攻撃された衝撃は「パールハーバー」に擬せられるほどで米国は

第1部　総　　論

一挙に対テロ戦争の臨戦体制に固めた。大量破壊兵器不拡散の論議はすでに湾岸戦争の事後処理と重なっていたが，9.11テロで不拡散問題への対処はその後のアフガニスタン攻撃（01年），イラク戦争（03年）と不可分な形で展開されることになった。ブッシュ政権の対外政策は，対テロ国際主義とでもいうべき方向に大きく振れたのであるが，ただそれは同時に米国を要塞化して，対テロ戦争を単独でも戦う体制も目指していた。敵が目に見えないテロリストであることから，ブッシュ政権は国内的には「国家安全保障省」を新設（02年11月25日）し，国防大学演説（01年5月）で明らかにしたように本土・戦域を区別しない多層ミサイル防衛システムを，「準備が整った部分から導入」することを明らかにした[18]。01年12月13日，米国はABM条約を一方的に離脱し，これに対してロシアはSTARTⅡ条約に拘束されない旨，宣言したのであった[19]。CFE適合条約が未発効のまま，2004年，NATOは第2次東方拡大に踏み切った。米国はロシアに両国による一方的核戦力削減を提案したが，ロシアが文書化を求めたため02年5月，モスクワ条約を締結した。これは実戦配備戦略核弾頭を2012年までに1,700〜2,200発以下に削減することを謳っただけで，削減戦力の廃棄も検証の定めもないない条約であり，冒頭に述べた意味での軍備管理としては意味が大きいものとはいえなかった[20]。ABM条約破棄，NATO拡大で不満を強めるロシアに対する慰撫という性格が強かった。対テロ戦争に乗り出した米国は，ここで二極構造時代の中枢均衡管理体制に見切りをつけたといってよい。

---

[18]　G. W. Bush, "Remarks at the National Defense University, May 1, 2001," *Weekly Compilation of Presidential Documents*, vol. 37, no. 18 (May 7, 2001).

[19]　93年3月の米ロ首脳会談合意以来，大気圏進入速度秒速3km程度の弾頭しか迎撃能力のないTMDはABM条約違反でないとの了解があった。その違いは曖昧で，しかもクリントン時代のNMD迎撃ミサイル計画の配備地，配備基数は事実上ABM条約にすでに違反していたと思われる。ブッシュは既に99年9月の士官学校演説でABM条約離脱を述べていた。この演説の基礎に，C. Rice, "Campaign 2000: Promoting National Interest," *Foreign Affairs*, vol. 79, no. 1 (January/February 2000).

[20]　02年1月に国務省が概要説明を行った「核態勢見直し（NPR）」では米は2012年までに弾頭数を1700〜2200にするとしていた。条約の上限数は交渉結果ではない。削減分の廃棄に言及がないのは米が必要になったときの予備的な応答的戦力（responsive forces）を重視し始めたことによる。W. Boese and J. Peter Scobic, "The July is still Out," *Arms Control Today*, vol. 32, no. 5 (June 2002).

他方,大量破壊兵器拡散は,テロリズムと結びついて最大の脅威と見なされるようになった。事件を受けて修正された「四年期国防見直し報告(QDR)」(01年9月)が,テロとの戦いの体制構築を謳い,翌年1月の一般教書演説ではイラク,イラン,北朝鮮を「悪の枢軸」として名指しで非難した。「悪」の1つの要件は大量破壊兵器開発であった。「核態勢見直し報告(NPR, 02年1月国務省説明)」,「米国の国家安全保障戦略報告(NSS, 02年9月)」がそれら諸国に対して体制転換(regime change)や自衛的な先制行動論を掲げたことから,それまで単独主義や覇権と形容された米国の対外政策は急速に帝国論として議論されるようになった[21]。自らの価値観に基づく世界秩序を描き,それに合わせて他国の内政変更を迫る政策が公言されたからである。アフガン攻撃によるタリバンの排除,さらに多くの反対を押して実行されたイラク攻撃によるサダム・フセイン(Saddam Hussein)政権の排除がその実行と見なされた。しかし同時にそれらは不拡散政策の強化としての強制措置のように語られ,イラク問題は一面で不拡散問題の特殊ケースのように議論され続けた。イラクが湾岸戦争以来の国連による査察(最後は国連イラク監視検証査察委員会(UNMOVIC))に非協力的で,大量破壊兵器拡散の疑惑が解けない,というのが米国の開戦理由とされたからである。

 しかしそれが従来の軍備管理としての不拡散措置からいかに大きく逸れていたかはいまさらいうまでもない。それは従来のような中枢的な均衡管理措置とは関連していない。もちろんNPTに対する違法行為の疑惑ではあるが,それ以上に米国の人権,民主主義など価値を重視する秩序構想にとって大量破壊兵器拡散は犯罪,とりわけテロと結びつく可能性が出てきてからは最も凶悪な犯罪となった。その犯罪が生じるのは独裁体制だからである。独裁体制は国民に自由を保障せず,福祉も提供せず,少数民族に対する化学兵器使用をためらわないが,独裁ゆえに依然として大量破壊兵器の開発に手を染めている。冷戦後の民主化規範が独裁排除を求めるのはそのためでもある。そして犯罪者との交

---

(21) 山本吉宣『「帝国」の国際政治学』(東信堂, 2006年)。上記NPRはアメリカの新戦力構成として削減後の小規模核戦力,非核の精密誘導兵器,ミサイル防衛などを上げており,非核戦力の強調は後の議論にとって興味深い。L. Freedman, "Prevention, not Preemption," and Pascal Boniface, "What Justifies Regime Change?" both in A.T.J. Lennon and C. Eiss, eds., *Reshaping Rogue States* (Cambridge, Mass.: The MIT Press, 2004).

渉はありえない。それは軍備管理の装いをまとってはいるが，帝国的政策としての周辺地域に対する「警察」活動であった(22)。

　問題は，このような米国の警察活動が不拡散政策として機能するかどうかであろう。機能すれば「(帝) 国内的な」秩序が発展する可能性はある。しかしそれは不拡散体制強化への芽を作り出した面もあるが，今のところ継続できる政策とは思われない。すでに多くの指摘があるので繰り返さないが，1つは米国の強制行動の正当性が確立されないからである。大量破壊兵器の拡散疑惑だけで武力行使が許されるかどうかは不明で，それは国際政治の最も微妙な政治的判断を要する問題であり続けている。戦前，国連査察チームは大量破壊兵器製造・保有の証拠を見出すことができず，イラク攻撃を明確に容認する安保理決議もなく，戦後の米国チームの捜査でもそれは見つからなかった(23)。しかしそれ以上に重大なのは，体制転換後のアフガニスタンやイラクが内戦状態に陥り，再建の目途が立たないことである。体制転換によっては不拡散政策を実行することはできそうもないことが明らかになったのである。

　そして米国がアフガン，イラクの内戦状況に引き込まれるにつれて，他の不拡散交渉が停滞し始めたことも，こうした政策の拙さを示している。02年にナタンズのウラン濃縮施設が発覚して以来，イランはEU-3やIAEAと交渉を続けてきたが，イラク戦争の状況を見ながら，ときにはそれに関与もしつつ，交渉を断絶することはしないがいよいよ強気にウラン濃縮放棄を回避し続けている。北朝鮮も02年にウラン濃縮を認め1994年の枠組み合意は崩壊したが，03年の6者協議が始まると核活動を次々再開，2006年には核実験によって交渉の流れを自国に引き寄せている。米国が北朝鮮の資金洗浄にかかわったバンコ・デルタ・アジア銀行を不正取引銀行に指定したことは，北朝鮮を苦境に追いやったが，北朝鮮が脅威レベルを上げると07年に2国間交渉に応じるなど，米国は

---

(22)　国際関係も帝国的政策に即して再編された。イラク開戦をめぐってNATOは分裂したが，ラムズフェルド国防長官は任務が連繋を決めるのであってその逆ではない，とした。多国籍軍に代わって有志連合という用語が多用されるようになった。大量破壊兵器に関する輸出管理体制にもそのような性格があり，2005年5月末にブッシュ大統領が打ち出した「拡散に対する安全保障構想（PSI）」には不拡散体制の強化とアメリカの帝国的政策の支援体制という両面がある。輸出管理について浅田正彦編『兵器の拡散防止と輸出管理』（有信堂，2004年）。

この交渉上の梃子を生かすどころか，拳を振り上げた分ずるずると後退したのである。それぞれの交渉過程には多くの要因が絡んでいるが，アフガンとイラクの泥沼を抱えて米国の第3の軍事行動が難しくなったことは，このような非対称な「強要外交」が機能しなくなる重要な要因である。

それだけではない。単極構造下では米国にあからさまな「均衡行動」を取る国家はないが，いわゆる「ソフト・バランシング」は目立ってきた。とくにロシアが，NATOへの接近を模索するグルジアやウクライナに対する石油・天然ガスの供給停止・価格引き上げなどの強硬なエネルギー外交に加え，07年に入って米国のチェコ，ポーランドへのミサイル防衛システムの配備反対と対抗する新型大陸間弾道ミサイル（ICBM）のトーポリM建設の発表，アゼルバイジャンの防衛レーダーの共同利用提案，ロシア・ミサイルの欧州目標再照準，92年以来停止していた戦略爆撃機による常時警戒飛行再開，中距離核戦力（INF）全廃条約の効力停止，CFE条約の履行停止など，従来の中枢的均衡にかかわる軍備管理すべてを問題にし始めたのである。さらにいえばCFE条約の改訂要求が，ロシアのイラン政策と関連していないと考えるのは非政治的な見方に過ぎるであろう。しかし中枢的均衡管理を見限った米国の姿勢では，それを打開する糸口を見つけるのは難しい[24]。

単極構造では，主要国も中小国も，とりわけ米国と対立を抱えた諸国は，米国の行動能力を刻々と精密に判定して自らの行動を決める。逆にこの構造の下で一度帝国的な警察活動を起こせば，単極は多くの類似問題を1国で背負い込まなくてはならなくなる可能性が大きい。しかしその行動は「帝国的」と形容されるもののこれほど国連の許可や主要国の支持を求め，周辺管理能力のない米国は持続的な帝国ではありえない[25]。

---

(23) H・ブリクス（伊藤真訳，納家政嗣監修）『イラク大量破壊兵器査察の真実』（DHC，2004年）。

(24) R.A. Pape, "Soft Balancing against the United States," *International Security*, vol. 30 no. 1, Summer 2005; T.V. Paul, James J. Wirtz, and M. Fortman, eds., *Balance of Power* (Stanbord, CA.: Stanford university Press, 2004). ロシア，中国は同床異夢であるが，対米牽制としては恒例化した上海協力機構（SCO）の軍事演習や，オブザーバーの増加もこの種の行動と見てよい。中国と南アジア，中央アジアとの関係について David Shambaugh, *Power Shift* (Berkeley, CA.: University of California Press, 2005), Ch.9.

(25) Jack Donnely, "Sovereign Inequality and Hierachy in Anarchy," D.P. Forsyth, P.C.

第1部 総　論

　しかも米国という「民主主義の帝国」の目的は，現地を民主化してできるだけ早く撤退することであるが，この政策は自力で民主的な政治システムを樹立できるところでしか機能しないであろう。ところが現代の主権国家体制の底辺層諸国は経済のグローバル化の中で脆弱化し，中には一度強権的な権力を排除すると民族・人種・宗派からなるモザイク状の社会構成が弛み極めて再建が難しくなる破綻国家も少なくない。したがって米国が単極化したとき，実はその「民主主義の帝国」的行動が困難になる状況も生まれていた。米国の力が及ばなくなったところで問題は膠着し，拡散「模倣犯」の可能性が深刻になるであろう。この政策は軍備管理ではないが，従来の軍備管理も後退させるのである(26)。

4　単極構造と軍備管理

　冷戦後の経験を見ると，単極構造の下では軍備管理への誘引は大きいとはいえない。しかし不可能ではないし，必要でもある。進化論的に考えてよいかどうかは分からないが，まず冷戦期の軍備管理の諸制度が，焦点の定まりにくい単極構造の国際政治における重要な制度的資産として引き継がれている。ただ従来の制度は冷戦後の現実と齟齬をきたし，それが往々にして国際関係と内政の境界にかかわるため，制度の運用に微妙な政治的判断を求められることが多くなった。こういう状況では，従来の軍備管理制度を基礎とするにしても，過度の制度主義（「NPT体制維持」）に陥ることなく，軍備管理のあり方を国際政治の原論的ルールから柔軟かつ長期的に検討することも参考になるであろう。

　　McMahon and A. Wedeman, eds., *American Foreign Policy In Globalized World* (London: Routledge, 2006). 山本『「帝国」の国際政治学』。ナショナリズムが圧倒的に強い主権国家体制の時代に帝国的政策が正統性を得るのは難しい。力の突出した大国が時に帝国的政策に踏み込むことがあっても，状況次第で他国の対外行動を統制する覇権，相互主義的なアプローチを取る普通の大国の間を揺れ動く，とされる。
(26)　アメリカの帝国的政策には，合意主義的な主権国家体制のルール形成におけるリーダーシップの発揮という面もある。安保理の北朝鮮（S/RES1718, October 14, 2006），イラン（S/RES1737, December 23, 2006）制裁決議の採択，PSI体制は発動されたことのないIAEA特別査察の補強要素となりえる。ただしその運用には政治的判断が大きく入り込む。

そこに単極米国のブッシュ政権が，2006年の中間選挙敗北を機に大統領選挙（08年）に向けて帝国的政策の収拾期に入るという条件も加わる。帝国的であることを止めても米国が頭抜けた大国であることに変わりはないが，部分的にであれ主権国家体制の相互主義的なアプローチに戻るだけで今後の軍備管理には大きな影響があろう。最初に述べた軍備管理の焦点に即して大まかな図柄の中でどのような措置が求められるか，を考えてみたい。

　第1に，単極構造下の分散的な国際関係に方向感覚を与えるには，軍縮規範の強化は欠くことができないように思われる。しかし冷戦後の険しい主要国間の緊張の不在が軍縮規範の発展に好ましい環境かどうかは別問題である。ジュネーヴ軍縮会議は必ずしも軍縮規範にのみ即して審議を行うわけではないが，東西対立が解けた後の国際社会の軍縮への関心をうかがい知ることはできるであろう。同会議は実は1996年にCTBT草案を作成して以来，ほとんど開店休業状態に陥った。冷戦期の多国間軍縮交渉も実は，他方に主要国間（2国，3国，東西間）の交渉があり，それに対応してアジェンダ設定が行われることが多かった。冷戦後の状況はたとえ軍縮への期待が高まっても関心が多様で共通の懸案が特定されにくい多国間交渉だけでは，軍縮への通路が開けにくいことを示唆している。

　これが最初に述べた軍縮の実現と国家間対立は同時解決をはからなければならない，という古くからの問題なのである。現在の主要国の兵力規模総計は，国連で最も熱心に軍縮が審議された50年代前半と比較すると，交渉なしに約半分までの軍縮を実現したことになる[27]。しかし冷戦開始期の当時も大いに不安であったが，当時から見ると大幅な軍縮が実行された現在も別種の不安を抱えて軍縮を待ち望んでいる。軍縮は理屈としては軍備ゼロの時点で終わるが，そのときでも国際関係はなお競争・対立・協調を繰り返しているであろう。したがって再び対立や緊張の中にミニマムの共存規則を探ることから始めなくてはならないが，単極構造下においてはそこに生まれる安心感から長期的に軍縮を導く通路を見出すことが極めて重要になった。非対称性に特徴づけられる単極的国際政治は，軍備管理だけで全体の方向感を得ることが難しいからであ

---

(27) N. Cooper, "Putting Disarmament Back in the Frame," *Review of International Studies*, vol. 32, no. 2 (April 2006).

第1部　総　　論

る。

　第2に，そこで軍備管理に戻ると単極の力が突出していても主要国間の中枢的均衡の管理を丁寧に扱わないと，多くの安全保障問題の処理が妨げられるようである。大国は相互に対抗し，対等を認め合った国家の地位であるから，潜在しても競合関係がなくなることはない。米国の「普通の大国」行動は[28]，欧州，米国の同盟国，中国，インドなどいずれとの関係においても重要であるが，軍備管理上の当面の焦点は対ロシア関係であろう。

　先に触れたように国際的な影響力回復を目指すプーチン政権はかなり挑発的な外交もためらわないが，しかし力関係からいえばそれによって冷戦期の米ソ軍備競争が再現されるわけではない。ロシアにINFをもう一度形成する余裕はなく，兵力規模もCFE条約水準を満たせるか不明である。ミサイル防衛では，米国は防衛システムをグローバルに配備することによって本土を全方位的に防衛する態勢を整えつつあり，この点，地域的防衛体制しかもたないロシアとの戦略的格差は埋め難いものになった[29]。

　しかし深刻な緊張状態が生じるのに，軍事的対等は必要条件ではない。核大国ロシアに米国が最終的な強制行動を取れるわけではなく，対立が高じれば「手詰まり」は不可避であろう。問題はその緊張が続く間，軍備管理にかかわる多様な問題の処理が妨げられることにある。そこでとりわけ重要なのは，1つは再びSTART的な過程を通じて着実に核戦力を低減させる努力である。歴史的に見て国家解体と国内混乱の屈辱を感じ，戦力が縮小したロシアが核戦力依存を強める可能性が大きいからである。もう1つの喫緊の焦点は，ロシア国境地域の安定化で，とりわけモルドヴァ，グルジア，ウクライナが新しい「火薬庫」化しないうちにCFE適合条約（99年）の枠組みの中で信頼醸成，軍備管理合意をまとめ，発効させることであろう[30]。

　第2は不拡散政策である。米国が標榜する民主主義と市場経済の世界に，体

---

(28)　G. John Ikenberry, *After Victory* (Princeton, N.J.: Princeton University Press, 2001). 現実主義でも近い考え方はある，H.A. Kissinger, *Does America Need a Foreign Policy?* (New York: Simon and Schuster, 2001).

(29)　K. Lieber and D. Press, "The Rise of US Nuclear Primacy," *Foreign Affairs*, vol. 85, no. 2 (March/April 2006); A. Khramchikhim, "Will NATO, Russia Once Again Count Tanks, Aircraft in Europe?" *Daily Yomiuri*, May 3, 2007.

制存続の不安全を感じる諸国が，米国に正面から挑戦する国家として顕在化した。この意味で現在の大量破壊兵器不拡散は実は部分的には単極構造と表裏をなす問題という性格ももっている。しかもグローバル化に伴って鋭くなった文化・宗教回帰，内戦と国家破綻，テロリズムという非国家的要素が重なり，どのようなアプローチでも対応が難しい問題になっている。

アメリカが帝国的政策から国際社会の相互主義的アプローチに軸足を移す意味は，現状から出発すること，そして最終的な武力行使を覚悟するのでない限り，相手が中小国といえども一度生じたことを元へ戻すのは難しく，可能であっても時間がかかり，見返りも必要になる，ということであろう[31]。逆にいえば道義的理由を掲げた帝国的政策が問題なのは，力の限界で行き詰まるというだけでなく，道義的な「悪」だからすべてを元へもどす（原状回復）ことが目標となり，それが可能であるかのような印象を生む点にもある。

これまで進められた不拡散体制の強化は重要な意味を持っている。その原理を整理すれば，国際体系が国内に不安定性を抱えたり，国内体制上，国際合意の履行に不安のある国家を多く含むようになった以上，悪用された場合国際社会全体に重大な結果をもたらすウラン濃縮やプルトニウム抽出を行う国には，その国内体制に格段に高い透明度が求められるという点に集約されよう[32]。北朝鮮，イランに対する決議に見られるように，国際社会はすでにそうした大量破壊兵器拡散（疑惑）が制裁対象であることを意思表示した。ただし，それは国際社会の最も機微な問題である「強制」を含むから，その制度の実行・運用は各国の高度な政治的判断にゆだねられ，最終的に実効的であるかどうかも不確実であろう。

そこで不拡散の実行は NPT 維持に加えて次のような性格を帯びざるを得な

---

(30) START I 後についてロシアからの交渉提案について，A. Diakov and A. Miasnikov, "ReSTART: The Need for a New U.S.-Russian Arms Agreement," *Arms Control Today*, vol. 36, no. 7 (September 2006). 07年6月のCFE緊急会合ではロシアはCFE適合条約ではウラル以西で地域ごとの兵力上限が規定され移動の自由がない点を問題にした。

(31) 核開発への動機は脅威認識，威信・地位，党派的利害のいずれかに分類され，このいずれかが関わると核放棄は難しい。A. O'Neil, "Learning to Live with Uncertainty," *Contemporary Security Policy*, vol. 26, no. 2 (August 2005).

(32) L. Feistein and A-M. Slaughter, "A Duty to Prevent," *Foreign Affairs*, vol. 83, no. 1 (January/ February 2004).

い。1つは一旦，大量破壊兵器拡散が生じるとその先は考えようがないということではなく，拡散国が大量破壊兵器を入手しても報復が確実なために使いようがなく，国際的に徐々に追い込まれるような封じ込め体制まで含まなくてはならないということである[33]。安全保障問題が緩和して核兵器を放棄した南アフリカや長期の制裁の後に核開発を放棄したリビアのような事例を加えることが，拡散抑制の圧力として作用する。このため不拡散措置は「制度を設け検証」するやり方に加え，通常の国際政治の手法－防衛，抑止，危機管理，強制外交，連繋構築外交などに依存した実行が多くならざるを得ないであろう。

これは階層格差の大きくなった国際体系における上下層間の非対称な関係に生じる問題を，それ自体として解決しなくてはならなくなった以上，やむを得ない性格変化かもしれない（主権平等原理に触る実行）。そこに生じる軍備管理の1つの新たな課題は，このような制裁を行う側の最終的な強制（武力行使）をいかに統制するかにある。とりわけ重要なこととして制裁においては核戦力の役割を大きくしないこと，現代の軍事技術に合わせて大量破壊兵器の登場以来無視されてきた戦争法上の軍事目標主義を再確立し，民間被害を最小限にとどめることがある。これは今後の大量破壊兵器不拡散の道義性維持という観点からも不可欠と思われる[34]。

不拡散体制についてはもう1つ，「事実上の核兵器国」を放置しておいてよいか（核をめぐる階層構造の線を引き直すか）という問題が残っている。国際社会では，社会変動にもかかわらず国家間の階層に絡む制度の修正が著しく難しい。NPTの5核兵器国制にもさしたる根拠があったわけではないし（現状追認），これからの線を引き直すにしても何の基準もない。米国はインドの98年核実験に制裁を課したが，9.11テロを機に解除した。05年7月に原子力協力に合意した後，07年7月27日両国はついに原子力協力協定の合意に達した。米国はクリントン時代からインドを不拡散体制内化しようとする構想を断続的に進めてきたが，今回はアジアにおけるイラン，中国の影響力拡大を睨み，経済

---

[33] このようなケースでは，経済的措置が従来以上に意味を持っており，制裁には大いに工夫の余地がある。J-M. F. Blanchard, et. al. eds., *Power and Purse* (London: *Frank Cass*, 2000).

[34] K. J. Holsti, *Taming the Sovereigns* (Cambridge, Mass.: Cambridge University Press, 2005), Ch. 9.

的に急発展するインドを取り込みたい地政戦略的動機が加わり正面突破に出た感がある。しかしインドの将来の核実験をめぐって，米国議会（核燃料供給を停止すべき），インド議会（協定により核の自立性が損なわれる）双方に反対が根強い上に，米国の対印協力は，原子力供給国グループ（NSG）45カ国が承認しなければ実現しないから，米国のインド取り込みにはまだ曲折があろう。その上，制度的に見れば米国の行動は二重基準の非難を免れないし（北朝鮮，イランの核保有拒否の根拠が疑わしくなる），既存制度の基礎を破壊するものである。

ただ法の支配をないがしろにしてはならないが，既成事実を基礎にするのがNPTも含めて国際政治のこれまでの制度形成のやり方であった。ロシア，中国が競争的に対印原子力協力へ動き出し，EU，また日本も中国を睨みながらインドとの経済協力拡大を進めるなら，「核兵器国」インドの認知は事実として進まざるを得ない。その場合，中期的な選択はインドを体制内化してできるだけ責任ある核兵器国にするか，それとも「事実上の核兵器国」を村八分にして放置するか，になる可能性がある。中間的な手法は，クリントン政権がCTBTを通じて試みたように，既存制度を維持しながら補完的体制を加えることである。ブッシュ政権も，不拡散7項目提案（04年）やグローバル原子力パートナーシップ提案（GNEP, 06年）などを見る限り，核燃料供給国・使用国の間で補助線を引く可能性を推測させる。いずれにしろ法規範と長期的な不拡散体制の強化をめぐる政治的な状況倫理の兼ね合いが問われることは見通しておく必要がある[35]。

第4に冷戦後のもう1つの新しい課題は，途上地域の内戦，平和構築にかかわる戦争法的規制を軍備管理にきちんと位置づけることである。冷戦後，途上国における内戦やその結果としての破綻国家問題が，最も深刻な「人間の安全保障」問題と化した。米国の人権，民主主義を強調する国際秩序の強調と，グローバル化の下で格差，貧困，内戦が蔓延する状況が共振して急浮上してきた安全保障問題である。もちろんこれは安全保障といっても，従来の国家間の安全保障問題とは異質で，国家間の軍備管理で対応できるわけではない。中核を

---

(35) M. E. Carranza, "Can the NPT Survive? The Theory and Practice of US Nuclear Non-Proliferation Policy after September 11," *Contemporary Security Policy*, vol. 27, no. 3 (December 2006); H. V. Pant, "A Fine Balance: India Walks a Tightrope between Iran and the United States," *ORBIS*, vol. 51, no. 3 (Summer 2007).

なすのは国連，関連国際機関，関係国，非政府組織（NGO）などによる平和構築活動である[36]。

軍備管理にかかわるのは，その過程で障害となる対人地雷やクラスター爆弾不発子爆弾の処理や使用禁止（07年2月のオスロ・プロセス，および特定通常兵器使用禁止制限条約専門家会合）などの規制で，アプローチとしては戦争法の内戦，平和構築活動への拡大なのである。対人地雷禁止条約（オタワ条約，99年発効）のようにNGOが主導して国家を巻き込んで条約成立に至る例もあるが，これは人道問題のアドヴォカシーとしては重要でも軍備管理としては米国，ロシア，中国などの不参加や検証の弱さなど必ずしも実効的とはいえない。しかし軍備管理コミュニティは，国連やNGOの活動を「軍備管理の継子」と見るのではなく，連繋して規制に実効性を持たせる努力に向かう必要があろう。軍備管理は時代の主要な安全保障問題に取り組まなくてはならないというだけでなく，主要国が途上国の紛争に関与する際の道義性にかかわる問題だからである。

おわりに——単極下の軍備管理——

冷戦終結後の20年弱の経験は，軍備管理の今後を考えるためには短すぎる。しかしそれでも，いくつかのことは明らかなように思われる。軍備管理レジームは，冷戦二極構造の特異な産物かもしれない，との問から出発したが，冷戦後の経験は単極構造の下では軍備管理への誘引が小さくなることを示していた。また安全保障問題は山積し，軍備管理は必要とされているが，冷戦後の安全保障は1つの問題ではなく，軍備管理も1つの基準で考えることはできなくなった。主要国の均衡管理と途上国の人間の安全保障は，いずれも安全保障と呼ばれるにしろ，異質な問題である。さらに階層格差の大きなシステムで主要国中心の体制が周辺国を統制する問題もまた別個の問題である。単極構造下の軍備管理はしたがって，従来型の勢力均衡的な軍備管理，戦争法の軍事目標主義の再確認，人道法の規制など異なる原理，アプローチに基いて問題ごとに規制措置を講じ，発展させなくてはならなくなったのではないかと思われる。

(36) Simon Chesterman, M. Ignatieff, and R. Thakur, eds., *Making States Work* (Tokyo: United Nations University 2005).

3 核軍縮・不拡散問題における国際機関の役割と課題

阿部　信泰

はじめに
1　条約と国際機関
2　NPTとその運用検討プロセス
3　国連総会, 安保理, ジュネーヴ軍縮会議
4　有志連合
5　国際機関の限界と今後の課題

はじめに

　現在, 世界的に多数国間で核軍縮を検討する場としては, 大きく, 核兵器不拡散条約 (NPT) の第8条の規定に基づく5年毎の運用検討会議[1]と, ジュネーヴの軍縮会議 (CD), それに国連総会の3つがある。

　この他にも核軍縮と核不拡散を確保するための国際的な枠組みには条約などの国際約束と各種の国際機関, そしてより限られた国によって構成される国家間のグループ, いわゆる有志連合など様々な形態がある。各々, その構成国, 意志決定方法, 拘束力, 効果などに違いがあり, その欠陥について批判もある。

　核軍縮の推進のためにはこれらのフォーラム各々の特色を生かして有効に活用する必要があり, ここでは, こうした各種の国際的枠組みについて概観した後に, 今後の課題について考察してみたい。

---

(1)　NPTの"Review"会議は当初,「再検討会議」と訳されていたが,「再検討」は「見直し」という語感を与えるという議論があって, 2000年頃から条約の条文に忠実な「運用検討」会議と訳されるようになった。

第1部　総　論

1　条約と国際機関

(1)　条約などの国際約束

現在，核軍縮・不拡散の中心的存在になっているのはNPTだが，それ以外にも，以下のような様々な国際条約の枠組みがあり，それらは特定の空間領域の核兵器配備禁止，非核兵器地帯条約，核実験禁止条約などに分類することができる。これらの条約的枠組みを通して核軍縮は1950年代以降，段階的に進められてきた。

(a)　南極条約，海底軍事利用禁止条約，宇宙条約など特定の空間領域に核兵器などの兵器を配備しないことを約束する条約

　南極など地球上あるいは宇宙の特定の空間に核兵器の配備を禁止する条約で，南極や深海など，そもそもいずれの核兵器保有国[2]もあまり核配備を希望せず，その大きな利益も見出せないところについてはあまり異論もなく，条約ができてきたと言えよう。現在の宇宙の軍事化防止条約（あるいは宇宙空間における軍備競争の禁止）をめぐる対立は，技術の高度化と宇宙の商業目的・軍事目的利用が増大して安全保障上の価値・脅威が高まった結果と言えよう。そこでは利害の対立が深刻なだけに妥協は容易ではないという状況にある。

① **南極条約**（1959年採択，1961年発効）　この条約は第1条で南極地域（南緯60度以南の地域）での軍事基地の建設，軍事演習の実施等を禁止し，南極地域の平和的利用を規定している。さらに第5条は南極地域における核爆発実験や放射性廃棄物の投棄も禁止している。

② **海底軍事利用禁止条約**（1971年署名，1972年発効）　この条約は12カイリの領海より外の海底に核兵器その他の大量破壊兵器を貯蔵，実験，使用，設置することを禁止している。

③ **宇宙条約**（1966年採択，1967年発効）　この条約(第4条)は，核兵器そ

---

(2)　NPTではその第9条3項の規定によって1967年1月1日より前に核兵器または核爆発装置を爆発させた国を「核兵器国」（米，ロ，英，仏，中），それ以外を「非核兵器国」と規定している。本章では，NPTとこれに関連した文脈ではこの呼び方を使い，その他の文脈（例えば国連総会）では，核兵器保有国，非核兵器保有国という呼び方をした。「核兵器国」という場合，NPTに入っていないインドなどは入らないのに対し，「核兵器保有国」にはインドなども含まれる。

の他の大量破壊兵器を運ぶ物体を地球を回る軌道に乗せること，これらの兵器を月などの天体に設置することならびに他のいかなる方法によってもこれらの兵器を宇宙空間に配置することを禁止している。条約（第4条）はさらに月その他の天体をもっぱら平和的目的のため，条約のすべての当事国によって利用されるものとし，天体上に軍事基地，軍事施設および防備施設を設置すること，あらゆる型の兵器の実験ならびに軍事演習を実施することを禁止している。なおこの条約は，大量破壊兵器以外の兵器を軌道に乗せたり，宇宙空間に配置すること，あるいは，大量破壊兵器が宇宙空間を通過することは禁止していないと解されている（例，核弾頭を積んだ大陸間弾道弾の大気圏外通過）。

(b) 非核兵器地帯条約

特定の地理的区域内の諸国が核兵器を保持・配備などをしないことを約束するものとして，現在，表1にあげたような非核兵器地帯条約がある。これまでは中南米やアフリカ，太平洋の島国などのようにある程度地域内の国に地域的な連帯感がある地域で条約ができてきたと言えよう。南アジア（インドとパキスタンの対立），中東（イスラエルとアラブ諸国の対立）のような地域にも非核兵器地帯を作ろうという提案があり，このような深刻な地域内対立を抱えた地域でこそ非核兵器地帯が望まれるところだが，そのような地域で非核兵器地帯が成立した例はなく，実現には相当の困難が予見される。しかし，あきらめず努力を続けるべきであろう。これは後述のNPTの信頼性を確保し，条約の普遍化を実現する上でも重要な案件である。

非核兵器地帯条約は，基本的に域内の国同士で核兵器を保有や配備をしないことを約束し合うとともに，核兵器国との間では，付属の議定書を通じて核兵器国が核兵器を使用しないことを約束する（消極的安全保証）ことが中心となっているが，条約内容に関する合意が不十分なためにこうした議定書が締結されずにいる非核兵器地帯条約もある。

第1部　総　　論

表1　非核兵器地帯条約

条約名	採択	発効	対象地域	核兵器国との（消極的安全保証）議定書締結状況
トラテロルコ条約	1967	2002[3]	メキシコ以南の中南米地域	米，ロ，英，仏，中が締結済み[4]
ラロトンガ条約	1985	1986	南太平洋	ロ，英，仏，中が締結済み
バンコック条約	1995	1997	東南アジア	なし（核兵器国未署名）
ペリンダバ条約	1996	未発効	アフリカ	英，仏，中が締結済み
中央アジア非核地帯条約	2006	未発効	中央アジア	なし（未署名または未発効）

　非核兵器地帯条約については，国連軍縮委員会（UNDC）で条約作成のガイドラインが1999年に作成され，総会に報告された[5]。現在では，非核兵器地帯条約に関する議論は，このガイドラインを基に議論されることが多い。

(c)　核実験禁止に関する条約

　核実験を禁止することによって核兵器の開発を制限し，拡散を抑止しようとする条約である。1963年の部分的核実験停止条約以来，次第に禁止範囲を拡大してきて，1996年の包括的核実験禁止条約（CTBT）で完結したかに見えたが，この条約はいまだ発効しておらず，発効の見通しも立っていない。

① **部分的核実験停止条約**（1963年採択，同年発効）　大気圏内，宇宙空間と水中での核実験を禁止。略称，部分核停条約（PTBTまたはLTBT）。米，ソ，英が批准したが，後発核兵器国のフランスと中国は参加しなかった。米，ソは地下核実験を継続した。

② **地下核実験制限条約**（1974年，米ソが署名，1990年発効）　150キロトンを超える威力の地下核実験を禁止した。略称，TTBT。

（3）　条約が地域内の全ての国の批准を発効要件としていたため2002年のキューバの批准によって条約は正式に発効したが，同時に条約の正式発効までの間は既批准国が任意に条約を適用し合うことは妨げなかったので，多くの国の間では1968年に発効した。
（4）　条約に規定する核兵器の持ち込み，通過などの規定を有効に実施し，核兵器を放棄する反対給付としてこれらの国に対して核兵器を使わないという消極的安全保証を確保する上で核兵器国との間の議定書は重要な意味を持つ。
（5）　Official Record of the General Assembly（A/54/52）Annex I, Section C.

③ **平和目的核爆発制限条約**（1976年，米ソが署名，1990年発効）　地下核実験制限条約の禁止を平和目的の核爆発にまで拡大した。

④ **包括的核実験禁止条約**（1996年採択，未発効）　核兵器を含む全ての核爆発実験を全ての場所で禁止する条約。核爆発に至らない未臨界実験が禁止されていないとの批判がある一方，米国における批准審議では，1キロトン未満の小規模爆発を探知する検証能力，核弾頭の信頼性を維持するために最小限の実験を続ける必要性などが議論され，結局，米国における条約の批准は拒否された状態にある。

(2)　国 際 機 関

(a)　国際原子力機関（IAEA）

核軍縮・核不拡散に関する国際機関として，中心的位置を占めるのはIAEAである。IAEAはNPTが採択される以前の1957年に原子力の平和利用のための国際協力を促進する目的で設立された機関で，その後，NPTによってその検証機能を託されるようになった。このようにNPTとは密接な関係にあるがNPTの条約機関ではないというユニークな立場にある。

実際，IAEAにはNPTの締約国ではないインド，イスラエル，パキスタンがメンバーとなっている。NPTを強化し，実効あるものにするために，化学兵器禁止機関（OPCW）や包括的核実験禁止機関（CTBTO）のように，NPTの履行のための常設の国際機関を作る必要があるという議論が根強くある。そのためには実際上はNPTの締約国の間で全会一致で決めなければならず[6]，現実にはなかなか容易ではないので，NPTの運用検討会議を強化して実質的にその機能を実現しようとする考えや，運用検討会議の事務局を務める国連事務局（軍縮部）にその任務を明確に負わせようとする考えなどがある。

このような原子力の平和利用のための機関としての機能と，NPTの中の不

---

[6]　条約執行のための機関を作るべく，条約の規定に基づいて条約を改正したり，附属の議定書を作ったりすることは理論的には可能だが，実際問題としてはこれに賛成しなかった締約国が国際機関に入らなければ普遍性が大きく損なわれるばかりでなく，そもそも意図した条約の実施強化も減殺されることになりかねない。また，現実には条約締約国，特に核兵器国の間でコンセンサスによる決定を最大限維持しようとする傾向が強い。

第1部　総　　論

拡散に関する検証を担う機関としてのIAEAの二面性は，ときにIAEAのあり方に関する議論を呼ぶことになる。最近，イランの核兵器開発疑惑をめぐってIAEAがイランに対する技術協力の一部を凍結したことが1つの例である。

2006年11月，IAEA理事会はイランのアラクにおける重水炉建設への技術協力を中断することを決定し，2006年12月に安保理がイランに対する核関連技術協力を禁止した決議1737号を採択した後，2007年2月には，IAEA事務局長は，IAEAとイランとの2007～08年技術協力計画案件52件中，31件を医療など核兵器開発に関連のないものとして承認し，9件を核兵器に関連する惧れのある機微なものとして拒否し，12件をケース・バイ・ケースで審査する対象とすることをIAEA理事会に勧告した。

これに対して，イランや一部の非同盟諸国は，NPT第4条に基づく原子力の平和利用の権利を侵害するものとして反対の立場を表明した。一方，日，米，欧州連合（EU）諸国などは安保理決議1737号を実施するものとして歓迎し，NPT第4条の平和利用の権利は同条約の第1条，2条，3条の義務と両立するものでなければならず，条約に基づく不拡散義務・保障措置の履行，偽りのない平和利用の実行などが必要だと論じた。

(b)　CTBTO準備委員会事務局

CTBTの規定に基づき，条約発効前の1997年に，CTBTOの準備委員会事務局として設立された。隠れた核実験を探知するために条約は，地震波，大気の微気圧振動，空中の核物質微粒子などを調べるモニタリング・ステーションを世界中に設置すること，これが条約発効時に活動開始できるようにすることが定められている。

世界中321カ所に設置予定のモニタリング・ステーションのうち，すでに200カ所以上が機能を開始し，ウィーンの本部でこれらのステーションから送られたデータを収集・処理する国際データ・センターも設立されている。しかし，この条約は条約の別表に記載された44カ国が全て批准しないと発効しない規定になっていて，いまだ9の発効要件国[7]が条約を署名あるいは批准しておらず，発効のメドは立っていない。

（7）　中国，北朝鮮，エジプト，インド，インドネシア，イラン，イスラエル，パキスタン，米国。

2　NPTとその運用検討プロセス

　NPTとその運用検討プロセスは，NPTという拘束力のある条約に基づくフォーラムとして参加国が義務的に核軍縮の議論に参加しなければならないという強みがある。しかし，条約であるため，当然，条約に入っていない国，すなわちインド，イスラエル，パキスタンは議論に参加することもないし，いかなる結果にも拘束されない。

　また，この条約の不拡散の義務が極めて明確な規定振りになっているのに比し，核軍縮を定めた第6条は，「各締約国は，核軍備競争の早期の停止及び核軍備の縮小に関する効果的な措置につき，並びに厳重かつ効果的な国際管理の下における全面的かつ完全な軍備縮小に関する条約について，誠実に交渉を行うことを約束する」という，はなはだあいまいで婉曲な書き方になっていて，核軍縮推進派と核兵器国の間で長く論争の的となっている。核兵器国側の議論を突き詰めると，ここで条約締約国たる核兵器国が約束しているのは，核軍備競争の早期停止と核軍縮に関する効果的な措置の交渉を誠実に追求することであって，それ以上のこと，つまり核兵器の全廃など約束していないということになる。また，同時に全面的かつ完全な軍備縮小に関する条約について交渉する（通常兵器も含むので，非核兵器国も含めた義務）のであって，その文脈の中において核軍縮は進められるということも言われる。これは東西冷戦下，圧倒的な東側の通常戦力に対して西側が最終的に核抑止力で対抗するという状況下ではある程度説得力のある議論だった。

　これに対して非核兵器国側は，核不拡散と核軍縮（それに原子力の平和利用）はNPTの基本的な権利・義務であって核軍縮の義務をないがしろにして核不拡散だけを追求することは許されないとの議論を展開した。このような努力の1つの結実が，1996年の国際司法裁判所による核兵器の使用および使用の威嚇に関する勧告的意見であった。その主文(2)F項は「厳格かつ実効的な国際的管理の下でのあらゆる面での核軍縮に導く交渉を，誠実に追求し，完了させる義務が存在する」と述べて，核軍縮交渉はただこれを追求すればよいのではなく，当然，これを完了させなければならないことを明確にした。また，「あらゆる面での」核軍縮という新しい概念を導入したことでも注目される。

この国際司法裁判所の勧告的意見はその後，毎年，国連総会で核軍縮を求める決議に引用されて，非同盟諸国を中心とする核軍縮推進派の強い論拠になっている(8)。しかし，国際司法裁判所の意見はそもそも勧告的意見なので，NPT解釈上の有力な根拠ではあるものの，勧告的な力しかなく，また，国連総会決議も政治的・道義的拘束力はあるものの，国連憲章上，「勧告」にとどまり，法的拘束力はない(9)ので，限界は否めない。

いま1つ非核兵器国がNPTに基づく核軍縮の義務を明確にすることに成功したのは，NPT無期限延長を決めた1995年のNPT運用検討・延長会議とこれに続く2000年のNPT運用検討会議だった。1995年の会議では，非核兵器国側が条約の効力の無期限延長を受け入れる代償として強く迫った結果，条約の無期限延長を決めた決定3とともに，運用検討プロセスの強化を定めた決定1，「核不拡散および核軍縮のための原則および目標」を定めた決定2，ならびに「中東に関する決議」が採択された。この「原則および目標」の中で核兵器国は「条約第6条に述べられたように，核軍縮に関する効果的な措置についての交渉を誠実に追求するとの約束を再確認」(10)した。これに続いてこの「原則および目標」は，「以下の行動計画を含む措置を達成することが条約第6条に述べられた約束を有効かつ完全に実施する上で重要である」(11)と規定した。

① 1996年末までにCTBTの交渉完結
② 兵器用核分裂物質生産禁止条約（FMCT）の即時交渉開始と早期交渉完結
③ 究極的核兵器廃絶を目指した核兵器国による制度的・漸進的核兵器削減の努力と，厳重かつ効果的な国際管理の下における全ての国による全面的かつ完全な軍備縮小の断固たる追求

これらの核軍縮の約束の確認は，核軍縮の推進を求める諸国からは核軍縮を進める上で大きな政治的な足がかりを築いたものと見られたが，その位置づけをめぐっては，核兵器国側と非核兵器国側との間でその後，多くの論争を呼ぶ

（8） 2007年の第62国連総会では，総会決議A/RES/62/39が採択された。
（9） 国連憲章第11条。
（10） 1995年のNPT運用検討・延長会議の決定2パラ3
（11） 1995年のNPT運用検討・延長会議の決定2パラ4(c)

ことになった。つまり，これらの表現を仔細に読んでみると，いずれも条約第6条に言及し，その表現を引用する形になっており，条約第6条に書かれた通常兵器を含む全面的かつ完全な軍縮に言及している。素直に読めば，核軍縮を進めるための交渉を誠実に進めて，結果をもたらさなければならないのが当然だが，読みようによっては通常兵器の完全な軍縮が進まなければ核軍縮も進められないとも読める。

このような結果を踏まえた2000年の運用検討会議は，核軍縮分野の進展を求める非同盟諸国や新アジェンダ連合と，核兵器国側が鋭く対立して難航し，最後の土壇場でようやく妥協が成立して核軍縮のための13のステップ（措置）を盛り込んだ会議の最終文書の合意に漕ぎ着けた。非核兵器国側の間では，この13のステップの中に特に「核兵器の全面廃絶に対する明確な約束（unequivocal undertaking for nuclear disarmament）」という表現が入ったことは核兵器国の核軍縮への約束を明確にしたものとして高く評価された。しかし，この最終文書も，その表現を仔細に見ると随所に核兵器国側の留保を示す表現が残っていて，その後の対立を生じさせかねないものであることが読み取れるものであった。

例えば，2000年の運用検討会議の最終文書は1995年の運用検討・延長会議の最終文書の上述の部分に言及しつつ，「制度的・漸進的な核兵器削減」を実現するための実際的な措置として13項目を列挙し，この会議はこれに同意するとした。この13項目は，直近の目標としてのCTBT発効，それまでの間の核実験モラトリアムに始まって，「核兵器の全面廃絶に対する核兵器国の明確な約束」に至る包括的な核軍縮のアジェンダを示したものだった。この最終文書の有効性・拘束力は，その後の2005年の運用検討会議で，大きな対立の焦点となった。非核兵器国からすれば，法的拘束力の有無よりも，1995年の運用検討・延長会議の代償として合意されたという文脈を考えればその政治的意義は大きく，それを踏まえた2000年の「核兵器の全面廃絶に対する明確な約束」を含む13の実際的措置の政治的意義も大きく，その政治的拘束力は否定しがたいものである。しかし，核兵器国の側からするとこれら全ての約束は，前述の条約第6条の規定を基本にしており，通常兵器を含む全般的な軍縮の文脈で実施されるべきものということになる。

2005年のNPT運用検討会議は，準備委員会の段階から難航が予見されたが，

第1部　総　　論

実際に開会されると手続き事項の合意に大半の時間を費やし，実質討議を始めたときにはほとんどの会期を費やしていて，ついに最終文書の合意もできずに終わった。核兵器国の一部からは，失敗と決め付けるべきではないとの意見もあるが，文書はともかく何ら見るべき成果をもたらすことができなかったという点において会議は失敗だったということは認めざるを得ないだろう。

　この会議が難航した背景には次のような国際情勢とこの条約をめぐる状況の変化があった。

① 　1995年の段階では，冷戦終結後まだ間もなく，イラクおよび北朝鮮の核開発疑惑も各々1991年の安保理決議687号と1994年の米朝「枠組み合意」によって解決し得るとの期待があった。

② 　2000年の段階までには，1998年のインドおよびパキスタンの核実験によって冷戦の終結によって核の拡散の脅威は後退したとの幻想は深刻な打撃をこうむり，当初短期間に完了するはずであったイラクの大量破壊兵器計画の廃棄を定めた安保理決議687号の実施もイラクの執拗な遷延策と，決議実施に関する主要国の足並みの乱れによって早期実現はおぼつかないという幻滅感を広げつつあった。

③ 　2005年までにはさらに事態は悪化した。核戦力の堅持を明確に志向するブッシュ（George W. Bush）共和党政権が米国に誕生し（2001年），その年の9月には9.11テロ事件が起こってテロに対する戦いと，テロリストなどへの大量破壊兵器の拡散を防ぐことが米国などの最優先課題となった。その間に，リビアの隠れた核開発計画とこれを支援したパキスタンのカーン（Abdul Qadeer Khan）率いる地下核密輸組織が発覚し，核不拡散対策の緊急性を一層明確にした。イランの核開発疑惑もしだいに強まった。

④ 　この間，非同盟諸国の側は，1995年の無期限延長決定以来，核軍縮に向かって大きな進展がないのに比して，核不拡散のための措置を次々に求められることに不満を強めていった。特に，1995年の会議で，中東問題に関する決議を取り付けて，中東における非核兵器地帯の検討が進むことを期待したエジプトは一向に進展がないことに不満を強めていた。

⑤ 　加えて，1995年のNPT無期限延長達成によって，それ以降，核兵器国の側にどうしても非核兵器国との間で合意を達成しなければならないとい

⑥　このような米国を先頭とする核兵器国側の核不拡散を緊急課題とする認識と，依然として核軍縮を優先課題として追求すべしとする非同盟諸国を中心とする非核兵器国の認識の間の溝は想像以上に深くなっていたと見ざるを得ない。

　2005年の運用検討会議は，核軍縮に重点を置くか，不拡散に重点を置くか，中東の地域問題をどの程度重点を置いて取り上げるかという対立が基本にあって，これが会議の議題に1995年および2000年の最終文書に言及するか否か，会議の議題別の時間割，特に中東問題に特定の時間を割くか否か，といった手続き問題が争点として争われて会議が最後まで難航した。

　会議が難航した背景には以上のような基本的な参加国間の対立や国際政治情勢があったが，同時にこの会議を極めて難しくしている1つの原因は，会議が厳格なコンセンサス規則で運用されていることがある。会議の手続き規則は，「実質問題についてはコンセンサスによる合意を達成するようあらゆる努力をするべし」と規定している。最終的には3分の2の多数による決定を排除しない規定になっている[12]が，実際上は，(a)会議では非核兵器国が圧倒的多数を占めており，常に少数派の核兵器国が多数決を極端に嫌うばかりか，現実問題としても核兵器国の反対を押し切って多数決で決定しても実効性はほとんど期待できないという問題があり，また，(b)仮にある特定の国だけの問題について，この国の意に反する決定を多数でしてもこの国が最悪，条約を脱退してしまえば元も子もなくなるという問題もある。したがって，この会議をコンセンサスによらない決定で進めることはあまり現実的とは考えられない。

3　国連総会，安保理，ジュネーヴ軍縮会議

　条約に基づくフォーラムとしてのNPT運用検討会議と異なり，国連をベースとする多数国のフォーラムとして，国連総会，安保理そしてジュネーヴ軍縮会議がある。各々固有の機能，長所，短所を持っている。

---

[12]　2005年の運用検討会議の手続き規則第28項。

第1部　総　論

(1) 国連総会

国連総会は，国連の全加盟国が参加する審議機関として最も普遍的な参加国を持ち，ほとんどあらゆる事象を討議し，方向性を示す決議を多数決（3分の2）で採択できる。しかし，その決議には勧告的効力しかない。

(a) 審議機関としての国連総会

総会は，国連憲章第11条第1項の「総会は，国際の平和及び安全の維持についての協力に関する一般原則を，軍備縮小及び軍備規制を律する原則も含めて，審議し，並びにこの様な原則について加盟国若しくは安全保障理事会又はこの両者に対して勧告をすることができる」との規定を踏まえて軍縮問題について活発な討議をしてきており，1978年の第1回軍縮特別総会以来，1982年，88年と計3度の軍縮問題に集中した総会を開いて軍縮問題に関する国連の方向性を示す機能を果たしてきた。特に1978年の第1回軍縮特別総会は，軍縮問題について広範な勧告を出し，その後の国連における軍縮関連の活動と議論に大きな影響を与えた。例えば，(a)現在のジュネーヴ軍縮会議はこの総会の決定に基づいて「唯一の多数国間の軍縮交渉機関」として，それまであったジュネーヴ軍縮委員会に代わって創設され，(b)軍縮フェローシップ・プログラムが開始され，(c)国連総会の第1委員会は軍縮とこれに関連する安全保障問題のみを扱う審議機関とされ，(d)軍縮問題を審議し，国連総会に勧告をする総会の下部機関として全加盟国が参加する国連軍縮委員会（UNDC）が既存の同様な委員会を改組する形で設置され，(e)国連事務局の一部局であった軍縮センターを強化することが勧告され，事務総長に対して軍縮専門家の諮問機関を設置することが進言された。

国連総会は，1982年と1988年に各々，第2回，第3回の軍縮特別総会を開催するが，いずれも具体的成果をもたらさずに終わっている。現在は，第4回の軍縮特別総会を開くことが懸案となっていて，毎年，通常総会で採択される50数本の軍縮関連決議の中の1本として，第4回軍縮特別総会の開催の検討を求める決議が採択されているが，開催のためのコンセンサスを得るに至っていない。

2007年の第62通常総会が採択した軍縮関係の決議は47本で，おおまかに次のように分類される。数に関して言えば核兵器に関する関心が最大で，次が通常

兵器と言えよう。
① 核兵器に関するもの　15本
② 生物・化学兵器に関するもの　2本
③ 通常兵器に関するもの　6本
④ ミサイル，宇宙における軍縮に関するもの　2本
⑤ 軍縮と開発など他の側面に関するもの　5本
⑥ 地域軍縮に関するもの　6本
⑦ ジュネーヴ軍縮会議の報告など組織的なもの　8本
⑧ テロ・不拡散に関するもの　3本

国連総会には，まず，このように全加盟国が集まって問題を議論した上で，決議の形でその集合的な立場を明らかにするという機能がある。これについては，総会は毎年，多数の軍縮関係の決議を採択するが，その多くは毎年似たような内容の繰り返しで，実効が上がっていないという批判がある。たしかに国連憲章上は，総会の決議は勧告的な力しかないので，すぐにそれが実行されないといううらみはある。しかし，国連総会が全加盟国の立場を表明する意味は大きく，国際世論の形成に寄与し，年月をかけて次第に目指すところを達成するという機能は見逃せない。

(b) 条約交渉機関としての国連総会

国連総会がより具体的な機能を演ずるのは，総会が条約交渉の場を提供して成果として得られた条約案を採択するという立法的な機能を果たしたときである。最近の例では，厳密に言うと軍縮条約というよりはテロ対策条約だが核テロ防止条約が国連総会の下の第6委員会（法律問題を扱う委員会。残念ながら軍縮問題を扱う第1委員会ではない）で作業をした結果，2005年に採択され署名に開放された。CTBTは1996年に総会で採択，署名に開放されたが，実質的な交渉はジュネーヴ軍縮会議でなされ，そこでコンセンサス採択できなかったため，国連総会で採択されたという特殊なケースだった。総会という全加盟国が集まったところで交渉されるため国連総会で採択された条約は予め広い範囲の加盟国の声を反映し，その結果，広範な国の受け入れが期待されるので，総会は適用対象国が広く普遍的な締結が望まれる条約，例えば小型武器など通常兵器関連の条約の交渉に適していると言えよう。

(c) 事務局監督機関としての国連総会

いま1つ，国連総会が具体的な機能を果たせるのは，総会が国連事務局に対して具体的な作業を依頼する場合で，通常兵器移転の登録制度はこのようにして事務局によって運営されている。また，毎年，いくつかの研究・諮問グループが国連総会の決議に基づいて設置されて様々な軍縮問題を審議して報告書を作成・提出している。通常兵器移転登録制度もこのような経緯を経てスタートしたものである。

(2) 安全保障理事会
(a) 冷戦期の安保理

このように勧告的な力しかない総会に対して，安全保障理事会は，国連憲章第7章の規定に基づいて，国際の平和と安全の維持に関して第一義的な管轄権を持ち，必要と認めれば国連加盟国に対して強制的な効力を持つ決定を下すことができる。さらに国連憲章第26条は「世界の人的及び経済的資源が軍備のために転用されるのを最小限にするため，安全保障理事会は，軍備規制の方式を確立するための計画を，軍事参謀委員会の支援を得て，作成する責任を負う」と定めている。しかし，現実には，冷戦を通して軍事参謀委員会が実質的な仕事をすることも，安保理がこのような計画を提出することもなかった。安保理は，国連創設以来長きにわたって軍備管理・軍縮の分野においては限られた役割しか演じてこなかった。

(b) 冷戦後の安保理

この安保理が軍縮問題，なかんずく核軍縮問題について目立った役割を演ずるようになったのは，冷戦終結後のことである。主なものとしては，(i)イラクの核兵器他の大量破壊兵器廃棄に関する決議687号他，(ii)非国家主体への大量破壊兵器の不拡散に関する決議1540号の採択，(iii)最近のイランの核疑惑に関する決議，(iv)北朝鮮の核実験に関する決議の採択，などがあげられる[13]。

---

(13) この他，1995年の安保理における積極的・消極的安全保証に関する常任理事国の声明発出（S/1995/261, -262, -263, -264, -265），全ての大量破壊兵器の拡散が国際の平和と安全に対する脅威を構成すると宣言した1992年の安保理議長声明（S/23500）などがあるが，いずれも法的強制力を持つものではない。

(i) **イラク関連決議**　憲章第7章の強制力を背景にイラクに対して核兵器その他の大量破壊兵器とその運搬手段の放棄を義務付け，これを検証するための手続きを定め，これが実現するまでの間，経済制裁を維持することを決定した安保理決議687号（1991年）は国連として先例のない強力なものだったが，これには湾岸戦争の終結時にイラクに対してこのような決議を受け入れることを停戦の条件としたという特別な背景があった。

しかし，このような強力な決議でも，その実施は容易ではなく，国連イラク特別委員会（UNSCOM）から国連イラク監視検証査察委員会（UNMOVIC）に至る困難な過程，対イラク経済制裁のもたらした問題，そして決議実施をめぐって2003年のイラク戦争に至った経緯を見れば，拘束力を持つ安保理決議といえどもその遵守を確保することがいかにむずかしいかが明らかになろう。

(ii) **安保理決議1540号**　2004年の安保理決議1540号の採択は，安保理による核軍備管理・不拡散分野における立法的な活動として議論を呼んだ。この決議が，核兵器その他の大量破壊兵器とその運搬手段の非国家主体への拡散を防止するために輸出規制，国境規制，違反者の処罰などを各国に義務付けるものだったためである。安保理の憲章本来の機能からすればそれほど問題にされるべきではなかったが，安保理が長年，軍備管理・軍縮分野での立法的な活動を国連総会に任せてきた傾向があったために非同盟諸国を中心に当初は強い反発を呼んだ。しかし，総会による手続きを取った場合，このような立法的な措置を総会で採択するには通常，数年を要するし，仮に採択されたとしても署名・批准は各国の主権的な判断に委ねられるので，安保理の権限がいかに強いものであるか分かろう。

(iii) **イラン関連決議**　イランの核疑惑について，安保理は2006年7月31日に決議1696号を採択してイランに対してウラン濃縮関連活動の停止を要求し，全ての国に対してウラン濃縮関連物資の輸出を自粛するよう要請した。しかし，これは強制的なトーンを出しつつも，法的，あるいは安保理のこれまでの先例からすると強制力を持つとは必ずしも言えない，妥協の産物の決議であった。例えば，通常であれば，決議本文の導入部に「憲章第7章の下で行動し」，とある表現が，「憲章第7章第40条（経済制裁や武力制裁に至る前に問題国に対して要請する行動について規定）の下に行動し」，というあまり先例を見ない限定的

な表現になっていて，この決議が経済制裁や武力制裁を想定したものではないことを明確にしている。本文の中でも強制的決議を示す「決定する」という表現は使われず，「要求する」，「要請する」といった表現にとどまった。

　安保理は2006年12月になって初めて国連憲章第7章に言及した強制力を持った決議1737号を，続いて2007年3月に決議1747号を採択した。これらの決議はいずれも決議本文の導入部で「憲章第7章第41条（経済制裁に関する条項）の下に行動し」，と限定的な形で第7章に言及し，イランはウラン濃縮，核燃料再処理および重水関連の活動を停止しなければならず，各国はこのための資材・技術・資金などの対イラン供給をしてはならない（1737号）と決定した（1747号ではさらにイランからの武器輸出を禁止し，イランへの武器輸出自粛を要請ベースで規定した）。

　(iv) **北朝鮮関連決議**　　北朝鮮に関する2006年の安保理決議1718号も同様に安保理理事国，特に拒否権を持つ常任理事国の間の困難な妥協の産物であった。この決議の場合，イラン決議よりはより強力になっていて，決議は「憲章第7章の下に行動して，（経済制裁に関する）憲章第41条を実施し」という書き出しになっていて，北朝鮮のミサイル，核兵器関連活動の停止，これらに関連する物資の輸出禁止などについては，強制力を持つ，「安保理は……決定する」との表現になっている。

　(v) **安保理の機能**──最終的強制機関──しかし，イラン，北朝鮮，いずれの場合も，当事国のイラン，北朝鮮は決議を拒否するとの立場を表明しており，現実問題としては，安保理がさらに自己の決議を実施・強制するという強い意思を示し，具体的行動を取らない限り，当事国は決議を無視し続けるという状況が続くおそれがある。

　安保理と総会との決定的な違いは，安保理が国際の平和と安全について加盟国に行動を義務的に要求できる強制力を持っているということであろう。この故に軍縮・不拡散専門家は長年，軍縮・不拡散関連の条約などの最終的な遵守確保は安保理に頼るしかないと認識してきた。NPTに関しては，条約第3条第1項は締約国にIAEAの保障措置の受け入れを義務付け，IAEA憲章の第12条Cは，IAEA理事会は保障措置義務不履行を安保理などに報告しなければならないと規定している。未発効ではあるが，CTBTは，第5条第4項は総会ま

たは理事会が不履行問題に関して国連の注意を喚起できると規定している。

　これまでの歴史を見ると，安保理は，軍縮・不拡散関連の問題を取り上げ，それについて強制力を行使することには極めて慎重であったということができよう。北朝鮮の場合，安保理は1993年に初めてこの問題を取り上げたが，そのときの決議は北朝鮮に対しNPTからの脱退を再考し，IAEAの保障措置を遵守するよう要請（call upon）するにとどまった。その次に安保理が北朝鮮の核問題を取り上げたのは，13年後の2006年に北朝鮮が弾道ミサイル実験をした後の同年7月15日だった。この決議は強い表現で北朝鮮にミサイル計画に関連する行動の停止を要求するなどしたが，国連憲章第7章に基づいて強制措置を取ることはしなかった。

　安保理が憲章第7章に言及して強制的措置を取ったのは，北朝鮮が最初の核爆発実験を実行した後の同年10月14日だった。この決議1718号は憲章第7章を引用しながらもこれを同章の第41条，つまり経済措置などの非軍事的措置に限定した。北朝鮮に対してはミサイル計画の停止，核計画の放棄，NPTとIAEA保障措置の遵守など義務付けた。他の加盟国に対しては，主要通常兵器，核その他の大量破壊兵器・弾道ミサイル関連物資とぜいたく品の禁輸を義務付けた。決議はまた大量破壊兵器と弾道ミサイルに関連する資金と人の移動禁止を義務付けた。

　イランの核開発疑惑が浮上したのは2002年夏，ナタンズの秘密核施設の存在が明らかになってからだった。これによってIAEAへの報告義務と保障措置の履行義務違反が指摘され，英仏独のEU 3国によるイランとのウラン濃縮計画停止の交渉が繰り返されてきたが，成果が得られないまま2006年に至り，初めて安保理はイランの核問題を取り上げた。IAEAがイランの保障措置不履行を安保理に報告してからだった。イラン問題を扱った安保理決議1747号そのものが前文でそれまでの多くの安保理決議や安保理議長声明を引用し，イランがこれらに従わなかったというところから説き起こしていること自体，安保理がこの問題について具体的な措置を取るに至るまでいかに躊躇し続けてきたかをうかがわせるものである。

　(vi)　**安保理の機能**――安保理独自の管轄権――国連憲章の規定からすると安保理は国際の平和と安全の維持について独自の管轄権を持っているので，安保理

自身が，特定の国が核兵器を持とうとしていることが国際の平和と安全の維持を脅かしていると判断すればIAEAからの報告を待つまでもなく，独自に必要と判断する措置を取ることができる。しかし，現実には安保理のメンバー（常任理事国を含め）の中に，「問題はIAEAの技術的な判断に任せるべきだ」と論じて安保理が措置を取ることに消極的な国がいるので，IAEAから保障措置義務不履行の報告が来ないとなかなか安保理で審議し，措置を取るために必要な支持が得られないという状況を呈する。そのIAEAの場でも同様な国が問題の国を保障措置義務不履行と断じて安保理に報告することに抵抗するので，二重のハードルがあることになる。

　安保理の実際の機能振りから見ると，まず，拒否権を持つ常任理事国の間で基本方針を合意し，それから非常任理事国を巻き込んで多数を確保して具体的な措置を盛り込んだ決議を採択するという手順を取っている。従って，5つの安保理常任理事国が一致するか，少なくとも拒否権を行使しないところまで歩み寄ることが核不拡散問題について安保理が具体的措置を取る上で必要となる。

　(vii)　**安保理の機能**——自衛権の行使と予防的攻撃論争——例外（特に軍事力の行使について）があるとすれば，それは問題が他の国の自衛権の発動を正当化し得る場合である。国連憲章は，安保理が認めた場合にのみ武力行使を認めているが，その例外として第51条に個別的，集団的自衛権の行使を認めている。しかし，憲章第51条は「国際連合加盟国に対して武力攻撃が発生した場合には」と限定しているので，現実に武力攻撃が起きるか，それが急迫している場合にしか認められないと解釈される。後者の場合は「先制攻撃（preemptive attack）」と呼ばれ，一般的に事態を放置すれば攻撃の脅威が増大するとして取られる「予防攻撃（preventive attack）」と区別されている。

　2001年9月11日のワールド・トレード・センター他へのテロ攻撃以来，テロリストが大量破壊兵器を入手し，使用する脅威が深刻に受け止められた結果，米国においてテロリストによる大量破壊兵器使用を阻止するためには，予防的武力行使も辞さないとの議論がしきりとなされるようになった。このような予防的な武力行使が国連憲章の下で認められるか否かについては，憲章第51条を字句どおり解釈して認められないとする制限派と，テロリストが大量破壊兵器で攻撃してくる前に行動を取る権利は国家の自然権として憲章の規定によって

も制限されないとする現実主義派との間で論争が続いている。

　2005年春にアナン（Kofi Annan）国連事務総長が国連総会に提出した報告書『より大きな自由を求めて』は，この問題について，まず，先制攻撃について，相手の攻撃が切迫している状況で自衛権を行使できることは憲章第51条で十分カバーされており，これは法律家の間で久しく認識されてきているとした上で，脅威が切迫していない場合の予防攻撃については，憲章は安保理に全般の権限を付与しているとし，安保理がどのような場合に予防的武力行使を認めるか（安保理の中心的役割と憲章第51条の再確認，脅威の深刻さの評価，武力行使の適正な目標，他に適当な方法がないか，武力行使と脅威の相応性，成功の蓋然性を含め）明らかにすべきであるとした。

(3) ジュネーヴ軍縮会議

(a) その沿革──コンセンサス・ルール──

　ジュネーヴ軍縮会議は，第1回軍縮特別総会の決定に基づいてそれまであったジュネーヴ軍縮委員会（Committtee on Disarmament）に代わって1978年に創設された。そもそもの前身は1957年に米英仏ソの4カ国合意に基づいて東西各々5カ国によってジュネーヴに設置された10カ国軍縮委員会で，その構成から言って東西冷戦の産物であり，両グループが合意しないと会議を進める意

表2　ジュネーヴ軍縮会議の沿革

年次（決定の基礎）	名称	参加国数	主な成果
1957年（米英仏ソの4カ国合意）	10カ国軍縮委員会	東側5，西側5	
1962〜69年	18カ国軍縮委員会	上記＋非同盟8	部分的核実験禁止条約 核兵器不拡散条約
1969〜78年	軍縮委員会会議	最大31に増加	生物・毒素兵器禁止条約
1978年（第一回軍縮特別総会決定）	軍縮委員会	40カ国	
1984年（改称）	軍縮会議	40カ国	化学兵器禁止条約 包括的核実験禁止条約
2007年現在		65カ国	

がないので，手続きを含めて両者によるコンセンサスで議事は進められた。これが現在の厳格なコンセンサス・ルールの起源とも言えよう。

これは当時としては当然，合目的的なことであったが，その後，参加国の数が増える（現在65カ国）に従って，コンセンサス・ルールは軍縮会議の膠着状態の一大原因と言われるようになった。このルールは実際上，当該国を無視して議論しては意味のないような軍事的大国には勿論，その他の国に対しても等しく全ての問題について拒否権を与える結果となっている。

(b) **軍縮会議打開への動き**

本書のテーマである核兵器の問題とは直接関係しないが，通常兵器の分野では，1997年に対人地雷禁止条約を推進する諸国がジュネーヴで作業をしていた特定通常兵器禁止条約（CCW）の枠組みの外に出て，オスロ会議で対人地雷禁止条約（オタワ条約）を採択し，オタワでの署名式に至るという事態が起きた。これは消極派も含めて多数のコンセンサスで決める方法から積極推進派だけを集めて条約を採択してしまい，その上で条約の普遍化を進める方法で，オタワ方式とも呼ばれている。現在は，クラスター爆弾禁止の分野で，同じ方法によって条約を作ろうとする動きが出ている。比較的短期間で条約が採択でき，しかも妥協の少ない純粋な形に近い条約が作成できるという長所がある。しかし，オタワ条約の例でも，米国，ロシア，中国，インド，パキスタンなどといった元々，消極的で，しかし当該兵器の生産・貯蔵・使用を禁止する上で大きな存在意義を持つ国がいまだに条約に加わっておらず，その見通しもなかなか立たないという問題がある。

CTBTについても，推進派の国だけで暫定発効させてしまおうという議論が時々出て来るが，核兵器のように保有国，問題国が入らなければ条約の意味が大きく削がれるような条約ではその意味は疑問である。

現在，ジュネーヴ軍縮会議では，FMCTについては交渉，宇宙空間における軍備競争の防止（PAROS），消極的安全保証，核軍縮については話し合いを進めることを手続きとして合意し，軍縮会議の停滞を打開すべく話し合いが進められているが，本稿の執筆時点では依然，10年間の膠着状態を打開できずにいる。軍縮会議の行き詰まりを打開するためにコンセンサス・ルールの適用は実質問題に限定して手続き事項の合意を可能にするなど幾つかの打開案が検討さ

れてきているが，そのような改革案そのものがコンセンサスでなければ採択できないので，実現していない。コンセンサス・ルールが自らの望まない合意案の実現阻止を容易にしていることは事実だが，結局は当該軍縮案件に巻き込まなければならない主要国の同意なくして交渉・話し合いを始めても意味がなく，やはり主要国間で何についてどういうように交渉するかについて基本的な合意がなければ交渉は進まないので，現在の状況はそのような主要国間の実質的な合意の欠如が手続き問題として表現された状況と言えるだろう。つまり，米国と中国（それにロシア）との間でFMCTの交渉開始とPAROSとの間でどこで折り合いをつけるか，基本的な合意がなければ現状の打開はむずかしいように見られる。

4　有志連合
——原子力供給国グループ（NSG），拡散に対する安全保障構想（PSI）——

形の上ではある意味で，オタワ方式に似たものが，特に核不拡散の目的で作られている。核関連物資・技術の輸出管理に関するNSGと最近できたPSIがこうした例であるが，米国を中心とする先進国によって作られたこれらのグループは特に非同盟諸国の間で差別的として批判が根強くある。

(1) NSG

NSGは，1974年のインドの核実験に衝撃を受けた西側諸国が，NPT第3条に基づいて作られたザンガー委員会がIAEAの指定する特殊核分裂性物質（ウラン，プルトニウムの両核分裂物質）に関連する物質に限定した輸出管理体制であることを補完するものとして作ったもので，基本的には参加国の政治的な約束として輸出規制を行っており，法的拘束力はない。

NSGについては非同盟諸国を中心に，途上国の原子力開発を恣意的に阻害するものだとして長く批判が続いている。たしかにどの国に対して輸出規制をかけるかについては，NPT加盟・遵守国であるか否かなど客観的基準もあるが最後は当該国の隠れた核開発の意図など主観的判断によらざるを得ない面もあるので，ある程度の恣意的なイメージはやむを得ないところかもしれない。

第1部 総　　論

営ては，日本などが使用済み核燃料を再処理してプルトニウムを生産することを認めるべきではないとの動きがあったが，最近では，ウラン濃縮施設を持つことを制限したり，高濃縮ウランの生産・保有を自粛させたりしようとする動きが出ており，益々，途上国による原子力利用を妨げる差別的なものだとの反発が出ている。その過程で，そもそもこのような輸出規制はNPT第4条に基づく原子力利用の奪うことのできない権利を侵害するものだとの議論もなされている。

　規制をする側からは，そもそもNPT第4条の権利は無制限のものではなく，NPT第1条，第2条，第3条の核不拡散の義務と両立するものでなくてはならず，ましてや軍事用核開発の偽装あるいは準備段階としての原子力開発は認められないとの反論がなされている。

　核不拡散の観点から最近，重大な問題として現れたのは，パキスタンのカーン（Abdul Qadeer Khan）を中心とする核密輸グループの存在が発覚したことで，核物質・技術の輸出管理の強化の必要性，特に形に現れない技術の移転，汎用性物資の輸出，偽装輸出などに対する対応が求められるようになった。

(2) PSI

　こうした事態に対応しようとして形成されたのが，米国が主導したPSIで，税関などにおける法的な輸出管理からさらに進んで，違反品を積載した船舶の臨検や運行阻止をも含んでいる。非同盟諸国を中心に国際法違反であるなどとの批判が出されたが，PSIの実施開始以後，参加国を広く募る過程でその実施は国際法と各国の法令の範囲内で行われることが確認され，そうした批判に応えている。また，安保理決議1540号の中でもPSIを間接的に認める表現が盛られている。

(3) 評　　価

　国連総会やNPT運用検討会議などの場では，普遍的に参加でき，法的拘束力を持つ輸出規制体制を確立すべきだとの提案がなされているが，現実問題としては，そもそもこうした輸出管理の強化に反対する国（隠れた核開発の意図を持つと疑われている国も含め）があるので，全ての国が参加できてしかも法的

拘束力を持つ輸出管理体制を確立することは容易なことではないと思われる。

他方，NSGなどにはこのような法的拘束力がなく，基本的に任意のものであることに1つの弱点があり，規制強化のための管理リストの改訂もコンセンサスによらざるを得ないという状況にある。さらに，ロシア，中国などについては，参加以前に約束した輸出や協力関係に例外条項を認めていて，強固な輸出管理体制の確立は依然，難しい課題となっている。

5　国際機関の限界と今後の課題

以上に見るように国際機関の核軍縮における役割には多様なものがあり，また，各々の限界もある。ジュネーヴ軍縮会議のように米ソ軍縮交渉から派生して厳格な手続き規則とコンセンサス・ルールによって運営され，それ故に現在は10年を超える膠着状態にある機関から，国連総会のように多数決によって自由に決定できるが，決議には政治的・道義的拘束力しかない機関もある。これらを多少単純化して比較して見ると表3のようになる。

表3　核軍縮関連の国際機関・フォーラム

国際機関・フォーラム	構成	意思決定方法	決定の効力	活動
国連安保理	理事国15カ国	特定多数[14]	法的拘束力（強）	中
NPT運用検討会議	NPT締約190カ国[15]	多数決(コンセンサスの慣行)	条約補完的効力（中）	難航
ジュネーヴ軍縮会議	65カ国	コンセンサス	政治的効力（中/弱）	膠着
国連総会	全国連加盟国	2/3の多数決	勧告的効力（弱）	活発
NSG	参加45カ国	コンセンサス	政治的効力（弱）	中

現状は，決定の拘束力が強い方の安保理，NPT運用検討会議（最近，その結論文書の拘束力について様々な議論が出てきてはいるが），ジュネーヴ軍縮会議などは一様に活動が停滞しているか，膠着状態にあり，国連総会やNSGのよう

---

(14)　5常任理事国を含む9理事国の多数決
(15)　2003年にNPT脱退を宣言した北朝鮮がいまだ締約国であるかどうかについては議論が続いている。

にある程度活発に動いている機関は逆に拘束力が弱いという状態にある。これは核軍縮を進め，核不拡散を確保する観点から決して望ましい状況とは言えない。核軍縮推進と不拡散確保の観点からは，以下のようなことが今後の課題である。

(1) 国連総会

各々の機関の固有の機能を最大限有効に発揮させるようにする。例えば，国連総会は勧告的な力しかないわけだが，それは核軍縮推進の国際的世論を喚起するという効果があり，政策方向を示すアドボカシー機能もある。しかし，あまり議論が先鋭化して対立的になり，核兵器国などが総会に背を向けて決議を無視するようになっては意味がない。総会の機能を「有効に」活用するためには核兵器国なども耳を傾けざるを得なくなるようなある程度現実的な説得力のある議論をしてそのような決議を採択すべきである。

(2) 安全保障理事会

安保理は安保理しか持ち得ない国連全加盟国に対して拘束力のある決定を下す力を持っている。安保理理事国，特に拒否権を持つ常任理事国は，各々の狭い国益にとらわれず，国際の平和と安全を確保するという安保理全体の責任を自覚して行動することが期待される。このためには安保理に運営・機能について軍縮・不拡散について安保理がその機能を果たし易くするような常設的な枠組みを作って置くことが考えられる。2004年後半に出された国連事務総長の軍縮諮問委員会（ムラー委員長）の報告書は，安保理に軍縮・不拡散義務の不履行が報告された場合，安保理が迅速に有効な決定を下さなければならず，そのために既存の軍縮・不拡散レジームから技術支援を迅速に受けたり，国連事務局内に専門家チームを用意すべきだと提言した。さらに安保理が緊急に措置を取る必要を認めなかったものの，依然として重大な事実確認問題が残る場合には強力な査察を義務付けることも1つの方法だと述べて，将来イラク・タイプの事態が発生した場合に武力衝突に至らない道を提唱した。これを受けて出された『脅威と挑戦，変化に関する事務総長のハイレベル・パネル報告書』は，「安保理は，不拡散と保障措置基準の深刻な不履行に対して行動を取るべきで

3 核軍縮・不拡散問題における国際機関の役割と課題〔阿部信泰〕

ある」と進言した。

(3) ジュネーヴ軍縮会議

　ジュネーヴ軍縮会議は停滞久しく，まず，その既存の枠組みの中で膠着状態を打破する努力が一層強化されるべきで，そのためにはジュネーヴの現場だけでなく，必要に応じてかたくなな態度を続ける参加国に対して本国に直接高いレベルで働きかけるといった努力もなされるべきである。ジュネーヴ軍縮会議の抱える苦難の1つは，その厳格なコンセンサス・ルールを駆使して軍備制限条約の交渉にさんざん抵抗した国が，採択された条約案についていつまでも署名・批准せず，結局はそうした国を何とか巻き込んで条約案をまとめた努力もただ条約案を弱めて時間稼ぎを許しただけで何の意味もなかったということになりかねないことである。これはCTBTの現状について言えるだろう。

　最悪の場合は，どうしてもその条約の参加国として必要な国，例えばFMCTの場合の核兵器保有国を議論に含めていくことは必要としても，その境見にある国については，ある段階であきらめて，条約を作った後で条約に入るよう政治的に働きかけていくことを考えることも止むを得ないかもしれない。つまり，いつかは，ジュネーヴ軍縮会議方式でいくか，オタワ方式でいくか，選択的にフォーラムを使うことを考えるべきである。

4 日本の軍縮・不拡散政策

天野　之弥

はじめに
1　政策決定上の考慮
2　政策の特徴
3　個々の事例
おわりに

はじめに

　本稿で取り上げるのは，日本，正確に言えば日本政府の軍縮・不拡散政策についての基本的考え方である。日本は，戦後，一貫して軍縮・不拡散を推進してきており，外交政策の柱の1つとなっている。また，佐藤内閣以来，非核3原則を掲げてきており，日本の国是となっている。このように大きな意味では，日本の軍縮・不拡散政策は確固たる考え方に貫かれているが，それだけで個々の政策が説明できる訳ではなく，また，軍縮・不拡散問題は多岐にわたるので，分野ごとに対応は異ならざるを得ず，さらに，国際環境の変化に従い政策の調整も行われてきた。本稿では，日本の軍縮・不拡散政策に対する理解促進の一助にするため，政策の背景にある基本的考え方につき考察することとする。ただし，本稿で記すことは，あくまで筆者が理解するところの日本の軍縮・不拡散政策の基本的考え方である。筆者の個人的思い入れや誤解があるかもしれず，その意味では，日本の軍縮・不拡散政策の基本的な考え方そのものではない。日本政府の公式の立場については，関連の国会答弁および外務省が隔年で刊行している『日本の軍縮・不拡散外交』を参照願いたい。

1　政策決定上の考慮

　筆者の見るところ，日本政府は，軍縮・不拡散政策の立案・実施に当たって，安全保障上の考慮，人道上の考慮，外交上の考慮を重視し，各々の要素の間の

バランスに意を用いてきた。もちろん，どこでバランスを取るかは簡単な問題ではなく，その時々の国際情勢，対象となる案件の性格，政策決定権者の考え方などに左右される。しかし，そうではあっても，これらの要素をバランスさせようとする場合としない場合とでは，政策の方向性に大きな違いが出てくる。その結果，日本の軍縮・不拡散政策は，他国とは異なる日本独自の特徴を持つようになったと考える。

安全保障上の考慮は，日本の軍縮・不拡散政策を策定する上で，極めて重要な要素である。日本政府の基本的任務の1つは，日本国民の生命と財産を守ることにあるので，日本政府の軍縮・不拡散政策である以上，安全保障を度外視するわけにはゆかない。日本が位置する東アジアは，現状では，中東と並んで世界の中でも最も深刻な安全保障上の問題を抱えている地域である。また，地球上には依然として数多くの核兵器が存在しており，北朝鮮による核実験も記憶に新しい。日本が，自らは核兵器を持たないことを決意し，核兵器国などには核兵器の削減・廃絶を強く働きかけつつ，日米安全保障条約に基づき米国の核の傘の下にあるのは，このような安全保障上の現実を反映したものである。また，核軍縮についても，平和と安全を確保しつつ，できる限りの削減を求め，核廃絶を目指すというアプローチをとっている。

人道上の考慮は，安全保障上の考慮と並んで重要な要素である。日本は，戦後一貫して核兵器の削減および廃絶を主張しているが，その根底には核兵器の使用は人道主義の精神に合致せず，だからこそ，削減し廃絶しなければならないという認識がある。1996年のハーグ国際司法裁判所の勧告的意見が，「核兵器の威嚇または使用は，武力紛争に適用される国際法の規則，そしてとりわけ人道法の原則および規則に一般的に違反するであろう」と述べていることも，想起すべきである。広島，長崎を経験した我が国においては，核兵器の廃絶を求める強い国民世論があり，民主主義国家としてこのような国民世論に基づいて行動することは当然である[1]。軍縮・不拡散の促進に当たり，人道上の考慮が重要であることは，核兵器に限られるわけではなく，他の大量破壊兵器，通常兵器においても同様である。

（1） ジョン・バローズ（浦田賢治監訳）『核兵器使用の違法性　国際司法裁判所の勧告的意見』（早稲田大学比較法研究所叢書27，2001年）17頁。

軍縮・不拡散政策は，外交政策の一環という性格も持っている。国際場裏で，国際社会が追究すべき課題を示し，その実現に向けてリーダーシップを発揮することは，重要な外交活動である。日本の歴史的経験に鑑み，軍縮・不拡散は，日本が国際社会でリーダーシップを発揮するに相応しい分野である。日本が，戦後一貫して軍縮・不拡散の促進に貢献してきたことは，日本に対する尊敬と日本の影響力を高める結果となり，日本外交の財産の1つになっている。

2　政策の特徴

次に，日本の軍縮・不拡散政策の特徴について触れてみたい。まず，日本の軍縮・不拡散政策は，国際社会の現実に即した現実主義・漸進主義に立っている。国際社会はめまぐるしく変化しており，しかも，軍縮・不拡散はその時々の国際情勢の影響を直接に受ける。遠大な計画を立てたとしても，国際環境という条件が大きく変わってしまえば，計画の実現は不可能になる。また，日本が提案する軍縮・不拡散政策は，関係国からも理にかなったもの受け止められなければ，実現は難しい。

日本政府は，常々，「一日も早く，核兵器のない，平和で安全な世界の実現を目指す」旨主張している。この短いフレーズは，日本が，自国および国際社会の安全を確保しつつ，核軍縮を促進し，一日も早く核廃絶の実現を目指すというアプローチを凝縮した形で表したものであり，多くの国々に受け入れられている。「目的を実現するための最も確実な方法は，少し高めの目標を掲げること」という言葉があるが，少し努力すれば実現できる措置を1つ1つ実現し，積み上げてゆくという日本政府のアプローチは，まさに，このような考えに沿ったものである。

日本の軍縮・不拡散外交は，軍縮か不拡散かという二元論にとらわれておらず，その両方を促進・強化しようとしている。国際会議などの場では，核軍縮が進まないから不拡散も進まない，あるいは，不拡散が進まないから核軍縮も進まないと言う議論を耳にするが，このような形で両者を密接に条件付けることには疑問を感じる。たしかに，核軍縮は日本などの非核兵器国が期待するほどには進んでおらず，さらなる促進が必要なことは言うまでもない。しかし，

第1部 総　論

軍縮が期待するほど進まないからといって不拡散の努力を怠れば、より多くの国やテロ集団が大量破壊兵器を保有するに至るだけであり、誰の利益にもならない。逆に、不拡散が進まないから軍縮も進められないという議論は、「不拡散が進まなければ、現在のレベルの核兵器を維持する以外にない」という議論にもつながりかねず、説得力に欠ける。もしこの議論が正しいとすれば、大量破壊兵器が拡散傾向にある中で、1980年代半ば以降核兵器が削減されてきたことも、今後さらなる削減の見通しがあることも説明がつかなくなってしまう。日本政府としては、軍縮と不拡散を相互に密接に条件付けるのではなく、軍縮を促進することと不拡散を強化することの双方が重要であるとの立場をとっている。

　日本は、軍縮・不拡散を促進するための手法についても、柔軟なアプローチをとっている。国によっては、自国や友好国中心に考える傾向の強い国や、その反対に、多国間条約を重視し、有志連合などに反対する国もある。この点につき、日本政府は、多国間か複数国間か２国間かという形式を問わず、効果的なものであれば様々な手法を駆使して軍縮・不拡散を促進することを目指している。

　誤解のないように付け加えれば、日本政府は、多国間条約を重視しており、この立場に揺るぎはない。一例を挙げれば、日本政府は、核兵器不拡散条約（NPT）は、現在の国際社会の安全保障の基礎をなす条約として、これを重視している[2]。しかし、多国間条約といえども万能ではない。たとえば、多国間条約であるNPTだけで軍縮・不拡散を促進することはできず、２国間の軍縮条約やレジームと呼ばれる輸出管理の枠組みに支えられている。NPTは、中東非核兵器地帯の促進、イランや北朝鮮の核問題の解決などを目指す上で一定の役割を果たしているが、その役割には限界があり、だからこそ６者協議などの枠組みが作られ、機能している。また、大量破壊兵器の拡散を防止する上では、拡散に対する安全保障構想（PSI）などの有志国による活動や、各国による立法措置や輸出管理などの国ごとの政策・措置が大きな役割を果たしている。

（２）　外務省軍縮不拡散・科学部編集『日本の軍縮・不拡散外交（第３版）』（2006年）45頁を参照。

軍縮・不拡散を促進してゆく上で，多国間条約が重要なことは言うまでもないが，それ以外にも，複数国間の枠組み，地域的枠組み，有志国の協力，2国間の措置，各国独自の措置などの様々な措置が必要となる。軍縮・不拡散の世界では，多くの措置の組み合わせがあって初めて効果をあげるのであって，多国間条約を含め唯一万能の解決策はないと考える。

3　個々の事例

次に，日本の軍縮・不拡散政策に関する基本的考え方が，個々の政策にどのように反映されているかを簡単に見てゆこう。

まず，日本の核軍縮への取り組みは，毎年国連総会に提出している核廃絶決議案によく表れている。日本政府は，1994年9月に開催された国連第1委員会で，究極的核廃絶決議案をはじめて提案した。この決議案は，河野外務大臣（当時）の直接の指示に基づくもので，1995年にNPT運用検討・延長会議が開かれることを念頭に置き，核廃絶を究極の目標にしつつ，核軍縮の促進，包括的核実験禁止条約（CTBT）条約交渉の妥結，兵器用核分裂性物質生産禁止条約（FMCT，カットオフ条約）の交渉開始，核不拡散努力の強化などを呼びかける内容であった。筆者は，当時，ジュネーヴ軍縮代表部公使として，決議案の起案，根回し，採択に関わった経験がある。当初，日本案に対して，核兵器国からは日本政府が核廃絶を呼びかけたことに強い反発があり，非同盟諸国やNGOなどからは核廃絶が究極の目標として位置づけられていることや，核廃絶を唱えながら実際には不拡散に力点を置いているのではないかなどの批判があった。最終的には，わが国の必死の努力の結果，採択にこぎ着けることができたが，困難な出だしであった。

この決議案はその後も毎年提出され，一部諸国からの修正要求などに苦労したが，2000年には「核兵器の全面的廃絶への道程」，2005年には「核兵器の全面的廃絶に向けての新たな決意」と名称を変え，内容的にも工夫を凝らし，次第に幅広い支持を集めるようになった。日本の核廃絶決議案は，現実的・漸進的アプローチに基づいて，核軍縮と核不拡散の両方を推進し，核廃絶に到ることを目指しており，軍縮・不拡散分野における日本政府のリーダーシップの好

例となっている(3)。

　日本の軍縮・不拡散政策に対して，よく投げかけられる疑問は，「日本が米国の核の傘の下にありながら，核軍縮を主張するのは，おかしいのではないか」という疑問である。

　このような主張にも2つの流れがあり，その1つは「日本が米国の核の傘に依存しながら，米国に核軍縮を求めるのは矛盾しているのではないか」という主張である。しかし，現実の経験に照らせば，核の傘を維持しつつ，国際情勢の変化に呼応して，核兵器を削減することは充分可能である。1980年代半ば以降の核兵器の削減は，核の傘の下にあることと核軍縮を促進することは必ずしも矛盾しないことを示している。

　もう1つの議論は，「他国には核軍縮を呼びかけながら，自らは核の傘の下にあるのは道義的におかしいのではないか」という議論である。たしかに，道義的側面だけから考えれば，このような議論も成り立たないわけではない。しかし，道義的側面に限ってみても，自ら核兵器を持つことと，自らは核兵器を持たず他国の核の傘を受け入れることを，同列に論ずることはいささか乱暴である。また，現在の東アジアの地政学上の状況を考えれば，道義上の考慮のみで政策を決定することはできず，安全保障上の考慮も加えなければならない。日本が米国の核の傘を離脱することは安全保障上の真空を生むことになり，日本のためにも国際社会のためにもならないと考える。

　次に，「日本は核廃絶を目指すと言うが，非現実的ではないか」という批判がある。たしかに，近い将来，核廃絶ができるかと問われれば，確答は難しいであろう。しかし，日本は，「一日も早く，核兵器のない，平和で安全な世界を実現することを目指す」ことを主張しているのであって，直ちに核廃絶を求めているわけではない。核兵器を削減してゆくことは可能かつ現実に行われており，核兵器の削減は一歩一歩核廃絶という目標に近づくことでもある。最近では，キッシンジャー（Henry A. Kissinger）元米国務長官などの一流の知識人・

（3）　外務省軍備管理・科学審議官組織監修『日本の軍縮・不拡散外交（第2版）』（2004年）217頁。

（4）　George P. Schultz, William J. Perry, Henry A. Kissinger, and Sam Nunn, "A World Free of Nuclear Weapons," *The Wall Street Journal*, 4 January 2007, p. A15.

実務経験者も核廃絶を主張していることを付け加えておきたい[4]。

さらに,「日本は,核廃絶を主張しつつ,核兵器開発を目指しているのではないか」という議論も聞かれるが,このような主張は全く根拠がない。

まず,日本は非核兵器国としてNPTに加盟しており,核兵器の受領・製造等を行わないという国際法上の義務を負っている。国際原子力機関(IAEA)の包括的保障措置協定および追加議定書を締結し,徹底した査察を受けており,その結果,IAEAから日本の核関連活動はすべて平和目的である旨の査察報告が出されている[5]。

また,国内法上も原子力基本法をはじめとする様々な法令・規則により,原子力利用の目的は平和目的に限ることが定められている。佐藤元総理以来,歴代内閣は「非核3原則」を日本の国是として掲げてきており,国民世論からも強く支持されている。また,日本が核兵器を取得することは,日本を取り巻く安全保障環境を不安定化させるだけであり,日本の利益にならない。

日本の原子力利用は,国際社会の信頼の下に平和目的に限って行われているのであって,日本が核兵器を開発・保有するのではないかという議論には全く根拠がない。

おわりに

日本の軍縮・不拡散政策の基本的考え方は,単純化して言えば,「安全保障上,人道上,外交上の考慮をバランスさせつつ,現実的・漸進的かつ柔軟なアプローチをとることを通じ,軍縮・不拡散の促進を図る」ということになる。本書では,各章で重要な軍縮・不拡散上の問題につき,詳細な議論が展開されているが,日本,正確に言えば日本政府の軍縮・不拡散政策についての基本的考え方に関するこれまでの説明が,個々の政策を分析・評価する際の一助になることを願っている。

---

(5) 外務省軍縮不拡散・科学部編集『日本の軍縮・不拡散外交(第3版)』75頁。

第2部

核軍縮

5 戦略核軍縮の現状と課題
6 核軍備管理における「レーガン再評価」の考察
7 米国核政策の展開
8 中国と核軍縮
9 欧州における核軍縮・不拡散
10 多国間核軍縮・不拡散交渉と核敷居国問題
11 核実験の禁止と検証
12 核軍縮と広島・長崎

5　戦略核軍縮の現状と課題

岩田　修一郎

はじめに
1　モスクワ条約の背景，内容および問題点，意義
2　米ロ関係の動向
3　米ロの核戦略の動向
4　戦略核軍縮の過去・現在・将来

はじめに

　冷戦中の米ソは，厳しい軍事対立のなかで熾烈な核兵器の開発配備競争を続けた。戦略核兵器は米ソを確実に壊滅させる破壊力があり，世界の人々は，「米ソ間に戦略核戦争が起きれば，世界は破局を迎えるのではないか」と危惧した。米ソは戦略核を相互規制する軍備管理交渉に取り組んだが，根深い不信と強い対抗意識に妨げられて，戦略核の軍拡競争は止まらなかった。冷戦の終結後，膨大な量に膨れ上がった戦略核を削減していくことが，米国とソ連（ロシア）の共通の課題になった。様々な要因によって米ロ間の核軍縮の進展は遅れたが，2002年5月にはブッシュ（George W. Bush）大統領とプーチン（Vladimir V. Putin）大統領の間で戦略核の削減に関する条約（モスクワ条約）が署名された。本稿は，モスクワ条約の成立から今日までの状況を踏まえ，米ロの戦略核軍縮の現状と課題について論ずるものである。現在はモスクワ条約の有効期間の中間地点にあたり，今後の展開には流動的要素があるが，米ロ関係と米ロの核戦略の動向を見ながら，現時点での課題を探りたい[1]。

（1）　中距離核戦力（INF）については，その全てを廃棄するINF条約が1987年にレーガン（Ronald W. Reagan）大統領とゴルバチョフ（Mikhail S. Gorbachev）書記長の間で署名され，2001年5月に査察が完了している。戦術核の管理と処分は米ロ間の重要な課題として残されており，両政府間で協議されることがあるが，削減のための本格的な交渉は行われていない。

第2部　核軍縮

1　モスクワ条約の背景，内容および問題点，意義

(1)　モスクワ条約の背景

　今日の戦略核軍縮交渉の起源は，1970年代初めに行われた米ソ間の第一次戦略兵器制限交渉（SALT I）に遡る。SALT I 交渉の後，第二次戦略兵器制限交渉（SALT II），第一次戦略兵器削減交渉（START I），第二次戦略兵器削減交渉（START II）へと引き継がれた。米ソは戦略核の交渉を通じて，相手の戦略核の開発配備計画に歯止めかけようとしたが，結果的には核軍拡競争が続いた。米ソの協議は核軍備管理交渉（nuclear arms control）と呼ばれ，交渉の目標は両国間の戦略的安定性の維持に置かれていた。戦略核の本格的な削減に向けて米ロが取り組み始めたのは冷戦末期になってからで，米ロ核軍縮が進展するのは1990年代初めからである。

　1991年7月にG・H・W・ブッシュ（George H. W. Bush）大統領とゴルバチョフ書記長の間で署名されたSTART I 条約は，米ソの戦略核の規模を半減するもので，6,000発の弾頭，1,600基（機）の運搬手段が上限として定められた[2]。93年1月にG・H・W・ブッシュ大統領とエリツィン（Boris N. Yeltsin）大統領が署名したSTART II 条約では，米ロの戦略核弾頭は3,500発まで削減されることになった。97年3月，クリントン（Bill J. Clinton）大統領とエリツィン大統領はSTART III 条約の交渉を開始することに同意し，戦略核の弾頭数を2,000～2,500発に削減することが考えられていた。しかし，弾道弾迎撃ミサイル（ABM）条約やミサイル防衛をめぐる米ロ間の意見対立などによって，START III 交渉は行われず，米ロ間の核軍縮は停滞した[3]。

　2001年1月に発足したブッシュ政権は，前クリントン政権と大きく異なる国防政策を展開した。ミサイル防衛計画を積極的に推進したいブッシュ大統領は，その足枷になるABM条約の廃棄を決断した。ブッシュ政権はこの点ではロシ

（2）　ソ連の崩壊によってウクライナ，ベラルーシ，カザフスタンに戦略核が残されたため，この3国も条約の当事国とされたが，3国とも後に核兵器を放棄することに同意した。

（3）　START II 条約以後の戦略核軍縮の停滞状況とその要因を分析したものとして，戸崎洋史「米露間核軍備管理の動向とその再活性化」日本国際問題研究所軍縮・不拡散促進センター『軍縮・不拡散問題シリーズ』no.7（2000年10月）。

アの警戒感を高めたが，他方では「米国はロシアをもはや敵対国とは考えない」とする立場を強調し，新しい米ロ関係の構築を模索した(4)。ブッシュ大統領は時間のかかる軍備管理・軍縮交渉を嫌い，関係国の了解が得られなくても米国に必要な国防計画を実施しようとした。

2001年11月，ワシントンを訪問中のプーチン大統領に対し，ブッシュ大統領は米国の戦略核を1,700～2,200発まで削減する考えがあることを伝えた。プーチンは米国の核削減計画を歓迎するとし，ロシアも核削減を行う考えであると応じた(5)。さらにプーチンは，米ロの戦略核の削減は検証規定を含むフォーマルな条約を望むとブッシュに伝えた(6)。

この米ロ両首脳の合意を受けて，両国の外交当局が戦略核削減条約の内容を定める協議に入った。米ロの立場や主張には様々な相違点があったが，協議は急ピッチで進められ，「戦略攻撃能力削減条約」の形にまとめられた。この条約は2002年5月にモスクワで開かれた米ロ首脳会談の際に署名され，通称「モスクワ条約」と呼ばれることになった。米ロ首脳は笑顔で共同記者会見に臨み，新たな両国関係を謳う「米ロ共同宣言」を発表した。モスクワ会談を契機に，米ロ関係は大幅に改善されるのではないかと当時は期待された。

米国では，2003年3月に上院におけるモスクワ条約の批准手続きが完了した。野党の民主党議員から条約の不備を指摘する見解が述べられたが，審議は円滑に進み，批准への反対票はなかった。ロシア側の批准手続きは5月に終わり，モスクワ条約はその翌月に発効している。

(2) モスクワ条約の内容および問題点

モスクワ条約は，第1条から第5条までの条文で成り立っている。第1条では，2012年12月31日までに戦略核の弾頭数を1,700～2,200発以下に削減するこ

（4） ブッシュ大統領は2001年5月に国防大学で演説し，新しい米ロ関係について述べた。<http://www.whitehouse.gov/news/releases/2001/05/20010501-10.html>, accessed on August 14, 2007.
（5） プーチン大統領はロシアの戦略核弾頭を1,500発以下に削減することを提唱していた。
（6） The White House, *Press Conference by President Bush and Russian President Vladimir Putin* November 13, 2001 <http://www.whitehouse.gov/news/releases/2001/11/20011113-3.html>, accessed on August 14, 2007.

とが約束された。核弾頭が装着される運搬手段の数については，両国が自由に決められる。戦略核の削減幅と削減内容という点で実質的に意味があるのは，この第1条であり，他の条文は第1条の目的を達成する上での補足的（あるいは手続的）な内容である[7]。モスクワ条約の分量はわずか3頁であり，700頁を超えるSTART I条約と比べて，条約の簡素さが目立つ。START I条約は，冷戦の終結を跨いで10年もの歳月を経て成立したが，モスクワ条約は米ロ首脳の実質合意を受けてから半年以内で成立した。

モスクワ条約が成立したとき，米国の軍備管理・軍縮問題の専門家からは条約の内容に関して様々な批判が表明された[8]。批判の1つは，条約がめざす戦略核の削減幅に関するものであった。1,700～2,200発という上限は当時の米ロの戦略核の3分の1にあたり，米ロ両政府は大幅な削減が実施されると説明したが，専門家たちはそれ以上に削減されるべきであると主張した。

条約の期限までに目標値に到達すれば，その過程における削減のペースは米ロに任されていたことも批判された。米ロは大陸間弾道ミサイル（ICBM）や潜水艦発射弾道ミサイル（SLBM）などの運搬手段から撤去された核弾頭のすべてを解体する義務はなく，必要が生ずれば，再び実戦配備できる「対応戦力」（responsive forces）として維持することも許された。このような措置は，核不拡散との関連でも問題が多いと軍備管理・軍縮の専門家たちは批判した。2000年5月の核兵器不拡散条約（NPT）の運用検討会議では，「核廃絶達成に向けた核兵器国の明確な約束」が最終文書に盛り込まれていた。核超大国の米ロが戦略核戦力を再構築する余地を残すことは，核軍縮への誠実な取り組みを求めるNPTの趣旨にそぐわない。

過去の戦略核規制条約では，核弾頭数だけではなく，核弾頭の運搬手段であ

（7） モスクワ条約の内容を分析したものとして，小川伸一「モスクワ条約の意義と課題」『防衛研究所紀要』第5巻第2号（2003年3月）93-100頁。Amy F. Woolf, *Nuclear Arms Control: The U.S.-Russian Agenda*, Congressional Research Service, updated August 8, 2005.

（8） 批判の代表例として，John Holum, "Assessing the New U.S.-Russian Pact," *Arms Control Today*, vol. 32, no. 5 (June 2002 <http://www.armscontrol.org/act/2002_06/holumjune02.asp>, accessed on August 14, 2007; Wade Boese and J. Peter Scoblic, "The Jury Is Still Out," *Arms Control Today*, vol. 32, no. 5 (June 2002) <http://www.armscontrol.org/act/2002_06/sortanaljune02.asp>, accessed on August 14, 2007.

る弾道ミサイルや戦略爆撃機の数も規制対象になり，弾道ミサイルの投射重量などの質的な規制も定められていた。複数個別誘導弾頭（MIRV）を装着するミサイルは，冷戦時代には米ソ間の戦略的安定を損なうものと懸念され，その規制が定められたが，モスクワ条約では何も規制されていない。

過去の戦略核規制条約では，条約の履行を検証するための手段や手続きに関する詳細な規定が盛り込まれていた。モスクワ条約に検証規定がないことに対する批判は強く，この点は最終的に条約批准に賛成した米国上院でも議論があった。民主党のケリー（John F. Kerry）上院議員は，「検証が行われないために，ロシアが戦略核弾頭を実際にどこまで解体したか正確に追跡できないことは条約の重大な欠陥であり，ロシアの核戦力の行方が気がかりである」と懸念を表明した[9]。

モスクワ条約への批判は，規制内容と規制方式があまりに緩やかすぎるという点に集約される[10]。核軍縮の迅速かつ着実な進展を実現していくうえで，モスクワ条約には大きな問題点があったことは確かである。しかし，モスクワ条約の意義を的確に見定めるためには，この条約の内容が決まるプロセスや当時の米ロの諸事情を踏まえる必要がある。

(3) モスクワ条約の意義

モスクワ条約がまとまる過程は，冷戦時代の戦略核条約の過程とはかなり違っていた。冷戦期の戦略核交渉では，両国の代表団が本国政府と緊密に協議しながら互いに提案をぶつけあい，決裂か妥協かの瀬戸際まで激しく応酬した。冷戦後，米ロの対立関係が改善してからは交渉の雰囲気は前より格段に穏やかになったが，START I 条約と START II 条約に関しては，交渉開始から終結まで相当の歳月をかけて実務的な詰めの作業が行われた。

モスクワ条約では，米ロ首脳会談での大まかな合意の表明から，次の首脳会

---

(9) Testimony by Senator John Kerry, *Hearing of the Senate Foreign Relations Committee*, Treaty on Strategic Offensive Reductions, July 29, 2002.

(10) 天然資源防衛委員会（NRDC）のペイン（Christopher Paine）のように，「この条約は何の規制にもなっていない」とモスクワ条約を酷評し，批准反対論を展開した専門家もいた。*The New York Times*, February 6, 2003.

談までの間に外交当局による条文化の作業を終えることが決まっていた。2001年11月にワシントンで行われた首脳会談の後にパウエル（Colin L. Powell）国務長官は，「ブッシュ大統領とプーチン大統領から，できるだけ早い時期に今回の米ロの合意をフォーマルな形にまとめることを命じられた。米ロ首脳が来年モスクワで再会する時までにこの作業を終えたい」と述べている。ロシアのイワノフ（Igor S. Ivanov）外相も，「米ロ首脳が同意している戦略核の削減は，何らかの形で成文化する必要がある」と述べている[11]。

2012年までに1,700〜2,200発に削減するという条約の規定は，当時の米国の戦略核配備計画をそのまま反映した数字であった。パウエル長官は米国議会で次のように証言している。「就任直後のブッシュ大統領から，米国の核政策を抜本的に見直すことを命じられ，今後の米国の国防政策上の必要性に応えつつ，米国の核戦力をどこまで削減できるかを検討するよう指示された。国防総省で検討した結果，1,700〜2,200発の戦略核弾頭があれば，不確実な戦略環境の中でも対応可能であると判断した」[12]。

そもそもブッシュ政権は，当初は米ロの戦略核の規模を条約で規制する必要はないと考えていた。米ロの戦略核を条約で規制することを望んだのはロシア側であった。財政難のロシアは戦略核の規模と能力で米国より確実に劣勢になっていく状況にあり，そのことはロシアも米国もよく知っていた。モスクワ条約が成立した時期は，ブッシュ政権の単独行動主義が最も顕著に示されていたときであり，戦略核問題についてロシアが何を言おうが，米国は自国の安全にとって必要な措置をとる構えであった。1,700〜2,200発という米国側の案にロシアが不満を表明するのであれば，ブッシュ政権はロシアとの条約成立を見送るだけであった。ロシアは，米国が提案する条約をそのまま受け入れざるを得なかったのである。モスクワ条約は，交渉の結果というよりは，米国の戦略核計画をロシアに追認させたものと見るべきであろう。

モスクワ条約の前提は冷戦中の戦略核規制条約と異なるだけでなく，冷戦後のSTART I 条約や START II 条約とも違っている。START I 条約と START II

---

(11) *The New York Times*, December 11, 2001.

(12) Testimony by Secretary of State Colin Powell, *Hearing of the Senate Foreign Relations Committee*, Treaty on Strategic Offensive Reductions, July 29, 2002.

条約は，米ロの対等性を前提として作られている。START II 条約は，冷戦後にロシアが弱体化していたときに作成されたが，ロシアの MIRV 化 ICBM が禁止され，START I と同様の検証手続きが同条約に規定されていた。これは当時のクリントン政権が，ロシアの戦略核の行方に依然として警戒心を持っていたことの現れである。

　モスクワ条約が成立したときのロシアに，米国を脅かし続けた冷戦時代のソ連の面影はなかった。ロシアの反対を無視してミサイル防衛を推進するブッシュ大統領を前にして，プーチン大統領は，米国との戦略バランスの不利化を遅らせるため，米国の戦略核の規模に法的な歯止めをかけたかった。また，核大国の地位と威信を維持したいロシアは，戦略核における米ロとの対等性を条約の形で世界に示したかった。

　一方，米国側には次のような事情があった。「9.11 テロ」を受け，国際安全保障環境の不確実性が増すなかで，ブッシュ政権は，将来生起する様々な脅威に対して，迅速かつ柔軟に対処できるような軍事力の再構築を課題としていた[13]。ブッシュ政権は，ロシアとの軍縮条約によって米国の戦略核戦力が量的・質的に規制されることを嫌った。ブッシュ政権の核運用計画では，ロシア以外にも，同政権が「ならず者国家」とみなす国々が攻撃対象候補として含まれていた[14]。米国の提案にロシアが同意したためにモスクワ条約が成立したが，米国の国防政策の優先課題は対テロ戦争やミサイル防衛に置かれており，戦略核軍縮に関してロシアと時間をかけて交渉する考えはなかったのである。

　このような米ロの事情に鑑みれば，モスクワ条約があのような簡素な内容になったのは，むしろ自然であったといえよう。軍縮条約としての不備と不安があることは専門家たちが指摘したとおりであるが，モスクワ条約は当時の米ロの国防政策と両国の力関係を反映した縮図といえる。もし米ロ間にモスクワ条約が成立せず，両国の戦略核計画の枠になるものが何も作られなかったら，国

---

(13)　米国の軍事力の再構築に向けたブッシュ政権の取り組みとしては，Department of Deferse, *Nuclear Posture Review (Excerpts)* <http://www.globalsecurity.org/wmd/library/policy/dod/npr.htm>, accessed on August 14, 2007 を参照。

(14)　2002 年 3 月に NPR の内容がメディアにリークされ，米国の核攻撃計画の対象としてイラク，イラン，北朝鮮，リビア，シリアが含まれていると報じられた。

際安全保障環境の不透明さがさらに増したであろう。米ロの戦略核計画に一定の予測可能性をもたらしたところに，モスクワ条約の意義があると思われる。軍備管理・軍縮の専門家たちを満足させる厳密な軍縮条約は，当時の米ロの実情に照らして非現実的であったし，もしそのような条約を目指せば，交渉終結までに何年もかかったであろう。米ロ間交渉の結果としてモスクワ条約を評価・分析するよりも，モスクワ条約を戦略核軍縮のスタートラインとして位置づけ，その後の米ロの核軍縮が何処まで進み，どのような課題に直面しているかを吟味することが重要と思われる。

モスクワ条約の批准後，米ロの戦略核を削減する作業は特段の支障なく進められていると見られる。米国務省は，2006年12月の時点で米国の戦略核弾頭数は3,696発まで削減されたと公表している[15]。ロシア政府は，2007年1月の時点でロシアの戦略核弾頭数は4,200発まで削減されたと報告している[16]。このまま順調に進めば，2012年末までに米ロの戦略核は1,700～2,200発の水準にまで縮小される見込みである。表面的にはモスクワ条約は安定的に履行されているように見えるが，次に述べる米ロ関係と米ロの核戦略の動向を視野にいれるとき，戦略核軍縮の目的が果たされるかどうか不安を持たざるを得ない。

2　米ロ関係の動向

冷戦後の米ロ関係は，対立と協力の両側面を示しながら，紆余曲折を繰り返してきた。2000年5月に就任したプーチン大統領は，「強いロシア」をスローガンに掲げ，ロシアの国力回復に向けてまい進してきた。2002年5月の米ロ共同宣言では，「米ロはパートナーとして，安定と安全，経済的な統合の前進に

---

[15] U.S. Department of State, *Annual Report on Implementation of the Moscow Treaty*, July 12, 2007 <http://www.state.gov/t/vci/rls/rpt/88187.htm>, accessed on August 14, 2007.

[16] "Practical Steps Taken by the Russian Federation in the Field of Nuclear Disarmament," by the Delegation of the Russian Federation at the First Session of the Preparatory Committee for the 2010 Review Conference of the Parties to the Treaty on the Non-Proliferation of Nuclear Weapons on Article VI of the Treaty, Vienna, 9 May 2007 <http://www.reachingcriticalwill.org/legal/npt/prcpcom07/statements/9mayRussia_morning.pdf>, accessed on August 14, 2007.

向けて協力する」と謳われたが，プーチンは，米国による世界政治の一極支配を嫌い，恐れている。プーチンが大統領代行を務めていた2000年1月に改定された「国家安全保障概念」では，「ロシアの国益は，多極世界における影響力を強化していくことにある」と明記されていた(17)。

　プーチン大統領は米国に強い警戒心を抱いていたが，2001年9月に米国がテロ攻撃で大打撃を受けたときには，ブッシュ大統領と逸早く電話会談を行い，テロの犠牲者を悼むとともに，共通の敵である国際テロに対してロシアが米国と連携して戦う決意を伝えた。「9.11テロ」を契機として，ロシアは対米協調路線を鮮明にしたと受け止められた。しかし，同年10月から米国が対テロ作戦の一環としてアフガニスタンで「不屈の自由作戦」を実施し，中央アジアに米軍が駐留したことは，プーチン大統領を苛立たせた。また，2003年3月に米国がイラク戦争に踏み切ったとき，プーチン大統領は米国の軍事行動に明確に反対した。当時，ロシア国民全体に米国に対する反発が高まり，ロシア議会はモスクワ条約の批准手続きを意図的に遅らせて，米国に対して不快感を示した。5月の下院における条約審議では賛成294票，反対134票，棄権22票という結果になった(18)。

　2004年3月には中東欧7カ国が北大西洋条約機構（NATO）に新たに加盟し，NATOの加盟国は26カ国に達した。冷戦後に始まったNATOの拡大に対して，ロシアは強い警戒と反発を示してきたが，国際社会の大きな流れを食い止められなかった。NATOの領域は，ついにロシアと接するまでに広がった。

　2003年～2004年にグルジアとウクライナで相次いで民主政府が誕生したとき，米国は両国の民主革命を支援した。ロシアは，かつてソ連邦内に属していた国々で親ロシア政権が崩壊したことに衝撃を受け，そのような政治的変化を支援した米国に不信感を強めた。

　2005年5月に行われた米ロ首脳会談で，ブッシュ大統領はロシアを含む旧ソ連諸国の民主化拡大や，旧ソ連によるバルト諸国併合の是非をめぐる歴史問題を取り上げた。ブッシュは，「旧ソ連によるバルト3国併合は占領であった」

---

(17)　兵頭慎治「プーチン・ロシア新政権の対外・安全保障戦略」『防衛研究所紀要』第4巻第3号（2002年2月）124頁。
(18)　*Washington Post*, May 15, 2003.

という認識を示し,「旧ソ連と3国との合意に基づいた併合であった」とするロシアの指導者たちを刺激した。2006年7月,サンクトペテルブルクにおける主要国首脳会議（G8サミット）を前に,ロシアの民主化問題をめぐって米ロ関係の摩擦が表面化した。

2007年2月になると,プーチン政権の対米批判のトーンが高まり,米国の対外政策を拒否するロシアの姿勢が鮮明になった。イワノフ（Sergei B. Ivanov）国防相は,チェコとポーランドにミサイル防衛システムを配備する米国の計画を強く批判し,「東欧2国へのミサイル防衛導入はロシアにとって脅威であり,対抗手段をとる」と述べた[19]。バルエフスキー（Yuri N. Baluyevsky）参謀長は,「米国がミサイル防衛配備を強行するなら,ロシアはINF条約から脱退する」と発言した[20]。ロシアの戦略ミサイル軍司令官は,「東欧2国へのミサイル防衛に対して,ロシアは核兵器で対抗する用意がある」と述べた。この発言に対してチェコ政府とポーランド政府は,「ロシアの核の脅しには屈しない」と反撃するコメントを出した[21]。ライス（Condoleezza Rice）米国務長官は,「米国の目的はイランの核とミサイルの脅威への対抗であり,ロシアに向けられたものではない」とし,「ポーランドに10基の迎撃ミサイルを,チェコにレーダーを配備したからといって,数千発もの戦略核弾頭からなるロシアの核抑止力を脅かすことはあり得ない」と述べ,ロシアに反論した[22]。

同じく2007年2月にミュンヘンで開催された安全保障問題の国際会議で,プーチン大統領は次のようなスピーチを行った。「米国はミサイル防衛計画を推進することによって,新たな核軍拡競争を惹起し,国際社会を不安定化させている。米国が主導したイラク戦争によって,中東地域の不安定性が増大した。米国の一極支配と無制限な武力行使により,今日の世界は危ういものになっている」[23]。プーチンは,ロシアの近隣諸国の民主政府支援やNATOの拡大なども取り上げ,口を極めて米国を非難した。ブッシュ政権のスポークスマンは,「プーチン大統領の発言に驚き,失望している。プーチン大統領の対米非難は

---

(19) *The New York Times*, February 10, 2007.
(20) *The New York Times*, February 17, 2007.
(21) *The New York Times*, February 10, 2007.
(22) *The New York Times*, February 22, 2007.
(23) *The New York Times*, February 11, 2007.

間違っている」とのコメントを出した(24)。

　2007年7月にケネバンクポートで行われた米ロ首脳会談では，イランの核開発や（米ロ間の）原子力協定に関して両国が協力を続けることは確認されたが，ミサイル防衛をめぐる対立は解消しなかった。首脳会談から2週間も経ぬうちに，プーチン大統領はNATOに対して，欧州通常戦力（CFE）条約の履行停止を宣言した(25)。

　モスクワ条約に署名する直前，ブッシュ大統領は「この条約は冷戦の残滓を一掃するものであり，米ロ関係は新しい時代に入る」と述べた(26)。その後の米ロ間には，米国が期待したような友好協力関係は築かれておらず，近い将来に形成される見込みもない。米ロの指導者たちの意識にも変化が見られる。ロシア側については，前述のプーチン大統領のミュンヘン演説で明らかであるが，米国の指導者のロシア批判も増えている。2006年初め，天然ガス価格問題で対立したウクライナへのガス供給をロシアが止めたとき，チェイニー（Richard B. Cheney）副大統領は「ロシアは石油とガスを脅迫の道具に使っている。市民の権利を制限し，隣国の領土の一体性を脅かす行動は正当化できない」と激しく批判した。米国はロシア国内の言論締めつけにも批判的であり，ロシアの指導者を苛立たせている。

　米ロ関係が悪化したからといって，米ソの冷戦時代が再現することはあり得ない。今日のロシアは，かつてのようにイデオロギーに支配されてはいない。ロシアの国力復活を牽引しているのは新興資本家（オリガルヒ）であり，外交・安全保障の専門家の1人は，「ロシアにとって大事なのはエネルギー価格の変動であり，核弾頭の数ではない」と述べている(27)。しかし，ロシアは欧米から信頼されるパートナーにはなっていないことも事実であり，このことは戦略核軍縮の進展にも影響を及ぼすと考えられる。

---

(24) *Ibid.*
(25) *The New York Times*, July 15, 2007.
(26) *The New York Times*, May 14, 2002.
(27) Dmitri Trenin, "Russia Redefines Itself and Its Relations with the West," *The Washington Quarterly*, vol. 30, no. 2, (Spring 2007), pp. 95-105 <http://www.twq.com/07spring/docs/07spring_trenin.pdf>, accessed on August 14, 2007.

3　米ロの核戦略の動向

(1)　米国の核戦略の動向

　ブッシュ政権は2002年1月に「核態勢見直し報告」(NPR) を発表し，5～10年間を視野に入れて米国の核戦力のあり方を定めた。NPRでは，「ロシアは米国に次ぐ強大な核戦力を保有しているものの，冷戦時代のような脅威ではなく，米国との協力関係を構築できる」との見方が示された。特定の国が最大の脅威として名指しされてはいないが，将来，米国に挑戦してくる「敵対勢力」(adversaries) という表現が見られ，北朝鮮，イラク，イラン，シリア，リビアなどの国が列挙されている。不確実な戦略環境の下で浮上してくる，様々な脅威に柔軟に対応する必要が強調されている[28]。

　今後の米国の抑止態勢の支柱として，NPRは「新たな三本柱」(New TRIAD) を提示した。第1の柱は攻撃戦力であり，核戦力と通常戦力から構成される。冷戦時代から引き継がれた戦略核兵器の三本柱（ICBM, SLBM, 戦略爆撃機）は冷戦後も重要な役割を果たすが，それに過度に依存せずに，非核のハイテク攻撃兵器との組み合わせで全体的な攻撃能力を持つことが重要であるとされている。第2の柱は，ミサイル防衛（能動的防衛）やシビルディフェンス（受動的防衛）からなる防御戦力である。完璧な防御は難しいが，敵の攻撃の効果を無力化（ないし減殺）し，敵に攻撃を躊躇させることにより，抑止を高める可能性が期待されるという。第3の柱は，米国の国防基盤（国防産業，軍事技術，調達体制など）である。

　特筆すべきは第2の柱であり，特にミサイル防衛計画の推進はロシアの国防政策や戦略核軍縮に与える影響が大きい。冷戦時代の米ソの抑止態勢は，戦略防御（戦略核攻撃に対する防御）の可能性を抜きにして成り立っていた。NPRが議会に提出された2001年12月，ブッシュ政権はプーチン政権に対してABM条約からの離脱を通告した。

---

[28] *Nuclear Posture Review (Excerpts).* NPRの含意を考察したものとして岩田修一郎「米国の抑止態勢の変容と核戦力の動向」日本国際問題研究所軍縮・不拡散促進センター『米国の核政策および核軍縮・不拡散政策』平成18年度外務省委託研究報告書（2007年3月）22-31頁。

米国の全体的な抑止態勢の中で、冷戦時代に比べて核抑止への依存度は軽減される。しかし、NPRではならず者国家への抑止効果を考えて、新たな核能力が志向された。ならず者国家の抗堪化された地下軍事施設を確実に無力化するために、米国は新しいタイプの核兵器を持つ必要があるとされた。これを受けて、ブッシュ政権は地中貫通能力を持つ新型核兵器（RNEP）の研究計画を打ち上げたが、RNEP計画は米国議会で反対されたため、2005年10月に2006会計年度の予算計上を断念した。

核兵器の役割をどう規定するかに関して、米国内の議論は分かれている。国防問題の専門家からは「米国は新たな核能力を確保し、核抑止力を強化すべきである」との提言が聞かれる[29]。核軍縮推進論者たちは、「米国は過剰な戦略核を大幅に削減すべきであり、戦略核の役割をさらに縮小できる」と主張している[30]。核戦略をめぐる米国の議論は幅が広く、かつては核抑止の維持強化を推進していた国防問題の権威たちから、「米国は核抑止から脱却すべきである」との見解が披瀝され、注目されている[31]。

（2） ロシアの核戦略の動向

ロシアは、ソ連崩壊後に政治、経済、社会の弱体化と混乱を経験し、超大国の地位と威信を失った。プーチン大統領は「強い国家」をスローガンとして掲げ、ロシアの大国復活を目指して積極的なイニシアティヴを発揮してきた。2000年4月に策定された「ロシア連邦軍事ドクトリン」の中では、伝統的な形の直接侵略の脅威が低減する一方、潜在的な国内外の脅威は存続し、一部ではむしろ増大する傾向にあるとされた。このような認識の下、核兵器を含むあらゆる手段による侵略の抑止などを国防の目的とし、通常兵器による大規模侵攻

---

[29] Baker Spring and Kathy Gudgel, "The Role of Nuclear Weapons in the 21st Century," The Heritage Foundation, April 13, 2005 <http://www.heritage.org/Research/NationalSecurity/wm721.cfm>, accessed on August 14, 2007.

[30] "The Future of the U.S. Nuclear Weapons Stockpile," Speech by Daryl G. Kimball at 2006 Arms Control Association Panel Discussion, January 25, 2006 <http://www.armscontrol.org/events/20060125_transcript_panel.asp>, accessed on August 14, 2007.

[31] George P. Shultz, William J. Perry, Henry A. Kissinger and Sam Nunn, "World Free of Nuclear Weapons," *Wall Street Journal*, January 4, 2007.

に対する報復のためにも核兵器を使用する権利を留保する考えが示された[32]。

モスクワ条約が署名されたのは2002年5月であるから、プーチン政権は戦略核軍縮の推進を決断する一方で、核兵器への依存度を高めていたことになる。量的削減とは裏腹に、戦略核の役割を増大させていた点において、モスクワ条約は核軍縮を望む人々が期待するような、真の意味における軍縮条約とはいえない。しかし、そのようなロシアの姿勢に、当時のブッシュ政権は特段の注意を払わなかった。米国はロシアが近い将来に脅威になるとは考えておらず、警戒心が緩んでいたからである。

モスクワ条約の署名後も、核兵器重視のロシアの戦略思考は継続しており、その傾向はさらに強まっている[33]。2004年2月、ロシアは核戦力の軍事演習を実施し、ICBMとSLBMの発射実験を行った[34]。この実験は失敗したが、その後もロシアは核兵器の近代化努力を継続し、新型核兵器の開発計画に取り組んでいる。2004年11月、プーチン大統領は軍幹部との会合で、核戦力の近代化構想を表明した。ロシアの戦略核の近代化は、トーポリM（Topol-M）と呼ばれるICBMと、ブラバ（Bulava）と呼ばれるSLBMの開発に力が注がれている。

ロシア国防省によれば、ロシアの戦略核ミサイルの規模は2010年までに15師団から10個師団へと削減され、実戦配備のICBMは496基から313基へと縮小される[35]。しかし、問題は、量的に削減される戦略核戦力を国防政策の中でどう位置づけるかである。ロシアの指導者たちには、「ロシアは米国に比肩できる核超大国である」との意識が根強く残っており、ICBMとSLBMの近代化によって米国のミサイル防衛計画に対抗する考えであると伝えられる[36]。2007年2月、イワノフ国防相は1890億ドル規模のロシア軍の再編計画を発表し、

---

(32) 乾一宇「核兵器依存に傾くロシアの新軍事ドクトリン」『世界週報』2000年6月20日。

(33) 米国の戦略研究者の中には、将来、地域紛争が起きたときにロシアが実際に核を使用する可能性に注目する者が見られる。Stephen J. Blank, "Potemkin's Treadmill: Russian Military Modernization," in Ashley J. Tellis and Michael Wills, eds., *Strategic Asia 2005-2006: Military Modernization in an Era of Uncertainty* (Seattle: National Bureau of Asian Research, 2005), p. 195.

(34) *Jane's Defence Weekly*, February 19, 2004

(35) "Russia Cuts Arsenal of Strategic Missiles," *Jane's Defence Weekly*, April 13, 2005.

(36) *Jane's Defence Weekly*, May 3, 2006.

2015年までに装備の半分を新しくする考えを明らかにした。戦略核戦力の近代化に加えて，新しい空母艦隊の創設も計画されているという(37)。

プーチン政権が戦略核の役割を重視するのは，将来，戦略核で米国が圧倒的に優位に立ち，ロシアに対する核の先制攻撃能力を持つ状況が生まれることを警戒しているからである。米国は，冷戦時代の相互確証破壊（MAD）型の抑止は時代遅れになったとしているが，そのような強者側の認識をロシアは共有していない。核先制攻撃に対する恐怖をロシアが払拭できない背景には，ロシアの歴史的体験もあると考えられる(38)。核先制攻撃の蓋然性がどの程度あるはともかく，米国の一極支配を実現させないためには，米国に対する戦略核抑止力の維持が不可欠とロシアは考えるのである。自前のミサイル防衛計画を推進する余裕がないロシアが，確実な戦略核抑止力を維持するには，戦略核の近代化と増強によって対抗する他ない。米国がABM条約から脱退したとき，プーチン政権は「ロシアはSTART II 条約には拘束されない」と宣言するとともに，多弾頭核ミサイルの廃棄を中止するなどの対抗手段を講じることを明らかにした(39)。

米国の戦略研究者シンバラ（Stephen J. Cimbala）は，今日のロシアは冷戦時代とは異なる「ポストモダン」の複合的な国際安全保障環境に直面しており，極めて困難な状況に対処していくためには，必然的に核兵器の役割に大きく依存せざるを得ないと分析している。ロシアが保有している核兵器には，核戦争の抑止だけでなく，通常戦力の脅威への対抗策としても非常に重要な役割が与えられているとしている(40)。

---

(37) "Russia Intensifies Efforts to Rebuild its Military Machine," *Christian Science Monitor*, February 12, 2007.
(38) 奇襲攻撃に対する今日のロシアの警戒心を，ドイツのバルバロッサ作戦などの歴史的体験と関連付けて分析したものとして，Stephen J. Cimbala and Peter Rainow, *Russia and Postmodern Deterrence: Military Power and Its Challenges for Security*（Washington D.C.: Potomac Books, 2007), Chapter 1 (The Ghost of Barbarossa: Avoiding Surprise Attack).
(39) 米国がABM条約から脱退したとき，ロシアの対応が当初の予想に反して非常に冷静であったのは，対米協調路線によって米国から様々な譲歩や協力を得ようとしていたプーチン政権の戦術的な計算と思われる。当時，ロシアは米国のミサイル防衛推進を容認したと受け止めた向きもあったが，事実はまったく逆であった。
(40) Cimbala and Rainow, *Russia and Postmodern Deterrence*, p.xi (introduction).

ロシアの安全保障専門家イサコバ（Irina Isakova）は，「プーチン政権下で進められているロシア軍の大改革において，核抑止力の確保は不可欠で絶対的に重要な要件とされている」と述べている(41)。イサコバによれば，弱体化した通常戦力の大改革が実現されるまで，ロシアの国防強化努力の重点は戦略核戦力と特殊部隊に置かれる。2015～2020年を視野に入れて，ロシアは地上配備と海上配備の戦略核戦力を近代化していく。2006年3月にロシアの核兵器の軍産複合体が開催した特別会合において，プーチン大統領は「現在の国際安全保障環境で核抑止力はロシアの政策の支柱である」と強調したという(42)。

4　戦略核軍縮の過去・現在・将来

　今日，核軍縮の対象になっている米ロの戦略核兵器は，冷戦時代に開発配備されたものが更新あるいは近代化されており，兵器体系システムとしての連続性がある。また，冷戦後に大幅に削減されるとはいえ，世界の核兵器国の中で米ロの戦略核の規模と能力が突出している点でも，冷戦時代との継続性がある。しかし，この2つの点を除けば，戦略核軍縮をめぐる国際環境は様変わりしている。

　第1に，冷戦期と今日では米ソ（ロ）の戦略核が世界の安全保障に及ぼす影響が大きく異なる。冷戦時代の米ソは東西両陣営の頂点に立つ超大国であり，多数の同盟国を抱えていた。米ソの戦略核は，東西間に本格的な軍事衝突が起これば，同盟国を巻き込む大規模な核戦争へのエスカレーションをもたらすリスクがあった。したがって，米ソの戦略核バランスとそれを定める両国間の核軍備管理交渉は，米ソの同盟国にとっても死活的に重要な問題であった。今日の米ロの戦略核軍縮は，基本的には米ロ2国間関係の文脈に置かれている。同盟諸国の安全保障とのリンケージが外れた点において，戦略核軍縮の重要性が

　　ロシアが直面するポストモダンの脅威としてシンバラが挙げているのは，米国の一極支配（特にミサイル防衛の展開），中国の大国化，NATOの拡大，中央アジア諸国のロシアからの離反である。弱体化した通常戦力をカバーするため，ロシアは戦術核兵器の役割も重視している。

(41)　Irina Isakova, *Russian Defense Reform: Current Trends*, November 2006, p. 5.
(42)　Ibid, p. 31.

冷戦期より低下したことは間違いない。

　第2に，今日の米ロ両国の国力には大きな格差が生まれている。ロシアはソ連時代の大規模な戦略核を「遺産」として継承したが，ロシアの全体的な軍事力は米国に遠く及ばず，ロシア軍の改革は多大な困難を抱えている。米ロは核軍縮を進める一方で，今後もそれぞれの戦略核の近代化を続けていくが，国力で劣るロシアが，戦略核において米国に追いつく見込みはなく，冷戦時代のような核軍拡競争の再現は考えにくい。この点においても，戦略核がもたらす脅威は以前より低下している。米国は，ロシアとの核軍拡競争が起こることを心配しておらず，戦略核軍縮に関してロシアと交渉で駆け引きをする必要性を感じていない。

　第3に，今日，戦略核軍縮を問題にするときは，米国のミサイル防衛計画の影響に配慮する必要がある。米ソが初めて戦略核の相互規制の協議を行ったのはSALT I 交渉が最初であり，当時，ABMの規制交渉も並行して進められた[43]。1972年5月にSALT I 交渉が妥結してABM条約が調印された後の米ソ間の戦略核交渉は，戦略防御兵器の問題を抜きにして進められた。今日のロシアは，米国の戦略核とミサイル防衛計画の双方の圧力を受けている。ロシアの戦略計算は冷戦時代よりも複雑化しており，それが戦略核軍縮に対するロシアの対応に影響する。

　戦略核軍縮をめぐる動きは流動的であるが，モスクワ条約の署名から既に5年の歳月が流れた今，戦略核軍縮に重大な問題が生じていることは明らかである。モスクワ条約では，米ロ関係が対立から協力へと転換することが前提とされていた。米ロ関係の悪化によって，モスクワ条約と戦略核軍縮の基礎は不安定化している。国家が結ぶ条約の含意は，条約の内容や履行状況だけでなく，当事国の関係の良し悪しによっても左右される[44]。

　この現実を米ロ両国は率直に認めるべきであり，その上で戦略核軍縮にどう

---

(43) SALT I 交渉とABM問題との関わりについては，岩田修一郎「ABM論争・SALT I 交渉再考――SDI考察の一視点」『新防衛論集』第13巻第3号（1986年1月）。
(44) 1979年末，ソ連がアフガニスタンに侵攻したことを受けて，カーター政権はSALT II条約の批准手続きを取り下げた。SALT II条約は約7年に及ぶ難交渉の成果であったが，ソ連の強引な軍事行動がソ連に対する米国の見方を変え，SALT II条約に対する評価を変えたのである。

取り組むべきかを改めて問い直す時期に来ている。モスクワ条約にしたがって，表面的には米ロの戦略核は順調に削減されているが，核軍縮は，ただ核兵器の数を減らせばいいということではない。冷戦の残滓を解消しつつ，両国間の戦略的安定性を高め，信頼と協力を深めていくものでなければならない。

米ロはともに戦略核の役割を軽減させていくべきであるが，そのような方向に向かっていない。特に，核兵器の役割を再評価し，核兵器国の地位を対外的にアピールするロシアの姿勢は，世界全体の安全保障にとってマイナスである。ロシアの核重視は，国力と軍事力が弱体化していることへの不安感に基づいている。安全保障上の懸念を抱える，弱者の立場にある国々が，ロシアと同様に核兵器の保有を国家生存の切り札と考えるようになれば，核拡散の誘因が今以上に強まっていく。

冷戦時代を通じ，非核兵器国は米ソが核軍縮に真剣に取り組んでいないとして不満を持ち続けた。今日でも多数の非核兵器国が，米ロの戦略核軍縮のペースが遅いことに対して苛立ちを隠さない。その不満は米ロ両国に向けられているが，国防政策の中で核兵器の役割を再び重視しているロシアのほうが，非核兵器国の戦略計算に悪い影響を及ぼすと思われる。北朝鮮のように，国際社会から孤立した弱体国家は国家生存のための切り札として核兵器を重視する考えに傾きがちであり，ロシアの行動は「悪い見本」になる。

ロシアほどではないが，米国も戦略核の抑止力を引き続き重視している。ブッシュ政権は，次第に老朽化していく核弾頭の近代化に取り組んでいる。核兵器の信頼性を維持するためには地下核実験の再開が必要であるとする主張が，今日でも聞かれる[45]。米国は自ら戦略核の役割を軽減させつつ，ロシアにも同様のことを慫慂すべきであるのに，ブッシュ政権は「米国は自国の国防上，必要な軍事力は躊躇わずに確保する」という姿勢を変えようとしない。

2006年9月，米ロ両国は核軍縮・核不拡散およびテロ問題に関する戦略協議を新たに開始すると発表した[46]。米ロはこの戦略協議の中で，米ロ関係の改

---

[45] "US Administration Pushes for New Nuclear Warhead," *Jane's Defence Weekly*, August01, 2007.

[46] U.S. Department of State, "United States and Russia Pursue Strategic Security Dialogue," September 16, 2006 <http://www.state.gov/r/pa/prs/ps/2006/72352.htm>, accessed on August 14, 2007.

善とさらなる戦略核軍縮に向けて，真摯な話し合いを行うべきである。ロシアは，CFE 条約や INF 条約を米欧に対する牽制球として使うことは止めるべきであり，そのような姿勢はロシアの国益にとってもマイナスである。一方，米国側もロシアの行動を批判するのであれば，軍備管理の役割をもっと重視する姿勢を示すべきであろう。単独行動主義の傾向が強いブッシュ政権は，他国との協調が必要な軍備管理交渉よりも，防御システム計画のように単独で推進できる政策を重視している。

今後の戦略核軍縮の行方についての展望は立てにくい。米国の専門家から，モスクワ条約の目標値にとらわれずに，戦略核の弾頭数を2010年までに1,000発まで削減するという提案が出されたことがある[47]。しかし，米国政府からは，核軍縮のペースを今以上に加速するという動きは見られない。

米ロが締結したSTART I 条約は2009年に期限が来る。2006年6月，プーチン政権はSTART I 条約に代わる新たな条約についての交渉の開始を提案したが，ブッシュ政権はロシアの提案に応じる姿勢を見せていない。核軍縮の専門家たちは，START I 条約の失効後に，米ロの戦略核軍縮に対する検証が行われなくなることに懸念を表明している[48]。

モスクワ条約の後に米ロが戦略核軍縮にどのように取り組むかは，そのときの米ロの政権の性格と米ロ関係の状態によって左右され，新たな条約が結ばれるかどうかについても，予断はできない。米ロの戦略核戦力のバランスに大きな格差はできていないが，老朽化する戦略核の退役に対して近代化が追いつかなければ，米国との格差は広がっていくため，ロシア側の不安は大きい[49]。

米国に対する戦略核抑止力をロシアが確保していくのであれば，ロシアの将

---

(47) 実戦配備の戦略核弾頭を500発まで，予備の弾頭を500発まで削減する案について Sidney D. Drell and James E. *What Are Nuclear Weapons For? Recommendations For Restructuring U.S. Strategic Nuclear Forces*, April 2005, p. v (Executive Summary).

(48) Daryl G. Kimball, "START Over," *Arms Control Today*, vol. 37, no. 5 (June 2007) <http://www.armscontrol.org/act/2007_06/focus.asp>, accessed on August 14, 2007.

(49) 米国との戦略核バランスに対するロシアの不安は，米国の想像を超えているようである。フォーリン・アフェアーズ誌に掲載された，米国の戦略核優位を論じたペーパーが，ロシア政府と外交・安全保障専門家が過敏に反応し，大論争が起きたという。Keir A. Lieber and Daryl G. Press, "The Rise of U.S. Nuclear Primacy," *Foreign Affairs*, vol. 85, no. 2, (March/April 2006), pp. 42-54; Irina Isakova, *Russian Defense Reform.*, p. 2.

来の戦略核戦力の整備方針は従来と異なるものになる可能性がある。米国の戦略核との数的なバランスを諦め，数的には劣っていても，米国の戦略攻撃に対して確実に耐え難い報復を行えるような規模と能力の戦略核の保有を目指すかもしれない。冷戦時代のイギリスやフランスが採用していた「最小限抑止」（minimum deterrence）の考え方に，ロシアは傾いていく可能性がある。ロシアがそのような方向に向かえば，モスクワ条約後の戦略核軍縮をめぐる環境は今日とはかなり異なるものになると思われる。

6 核軍備管理における「レーガン再評価」の考察

吉田　文彦

はじめに
1　既存の軍備管理路線への不信感
2　「比較優位」戦略としての SDI
3　ゴルバチョフ要因
4　チェルノブイリ原発事故の影響
5　レーガン戦略のリスク
6　21世紀への含意
おわりに

はじめに――分析の視点――

　米国大統領となったレーガン（Ronald Reagan）は任期1期目において歴史に残る軍拡路線を表明したほか，新たに戦略防衛構想（SDI）を提唱するなど，核戦略，核軍備管理戦略の大幅な軌道修正をはかった。それへの反動は大きく，レーガン政権に対しては否定的な評価が多かった。とりわけリベラル派からの批判が強かった。俳優出身という経歴も手伝って，政治的パフォーマンスが先行し，実質的内容が薄いとの評価もあった。しかしレーガン政権終結から時間を置いてから，「レーガン再評価」の動きがあり，たとえば，ギャディス（John Lewis Gaddis）は，著書の The Strategies of Containments の改訂版（2005年）[1]の中で，「大統領補佐官ではなくレーガン自身が，ケナンやニッツ，アイゼンハワー，ダレス，ニクソン，キッシンジャーらと並ぶ，封じ込め戦略家である」[2]と分析している。キッシンジャー（Henry A. Kissinger）も自著の Diplomacy において，「レーガンの仕事は驚くべきものだった」とし，「レーガンは，

---

[1] John Lewis Gaddis, *Strategies of Containment: A Critical Appraisal of American National Security Policy During Cold War, Revised and Expanded Edition* (New York: Oxford University Press, 2005).

[2] 改訂版の出版に先立って2004年4月15日にジョージワシントン大学でギャディスが行った講演（<http://www.gwu.edu/~elliott/news/transcripts/gaddis.html>, accessed on September 10, 2007）に基づく。

第 2 部　核 軍 縮

強い一貫性と知的な力を有する外交政策ドクトリンを前面に押し出した」[3]などと高く評価している。

　米ソ冷戦は，体制間の対立・競争や核軍備拡大による「直接衝突の回避＝冷戦の維持」といった構図の中で展開されたが，1970年代からは核軍備管理が米ソ関係のバロメーターとなった。そうした中でレーガン政権時代に，核軍備管理政策においてパラダイムシフトとも言うべき変化がもたらされた。当時の世界システムのそうした状況を勘案しながら，本稿では核軍備管政策という文脈から「レーガン再評価」について考えてみる。議論の基本的な題材として，The Strategies of Containments の改訂版執筆時におけるギャディスの見解を用い，それを手がかりに考察を進めることにする。

　ギャディスは以下のような諸点において，レーガン大統領を評価している[4]。

（Ⅰ）　1972年締結の第一次戦略兵器制限暫定協定（SALT Ⅰ暫定協定）路線，相互確証破壊（MAD）に基づく戦略的安定は本質的には核兵器への依存であり，核の危機の固定化でしかないとの確信を，レーガンが抱いていたこと。

（Ⅱ）　ソ連よりも米国の技術力の方が優位であることを知らせて米国との競争をあきらめさせる戦略をとり，その一環としてSDIも進められたこと。

（Ⅲ）　平和的外交，国際協調を進めてこそソ連は世界の中で自己実現を進められる。レーガンはこの点をソ連に説得し，ケナン（George F. Kennan）が描いた「封じ込め戦略」の当初の目的に戻ろうとしたこと。

　本稿においては，この（Ⅰ）（Ⅱ）（Ⅲ）を踏まえながら「レーガン再評価」について考察を試みるとともに，レーガン時代の核軍備管理面での業績に関するゴルバチョフ（Mikhail Gorbachev）の役割，レーガン戦略に秘められていたリスク，レーガン時代が21世紀に残す含意などについても記すことにする。

1　既存の軍備管理路線への不信感

　SALT 路線，MAD に基づく戦略的安定は本質的には核兵器への依存であり，

（3）　Henry A. Kissinger, *Diplomacy* (New York: Simon & Schuster, 1994), p.765.
（4）　ジョージワシントン大学でのギャディスの講演を参照。

核の危機の固定化でしかないとの確信を，レーガンが抱いていたこと。ギャディスはこの点を評価しているが，実際のところどうだったのだろうか。レーガン政権の核軍備管理戦略を振り返ってみることにしよう。

核軍備管理問題に詳しく，クリントン (Bill J. Clinton) 政権で国務副長官を務めたタルボット (Strobe Talbott) は核軍備管理条約を「別の手段で行う防衛政策である」と規定している。互いに納得できる軍拡のルールが核軍備管理条約であり，そのルールによって核兵器の競争をより予測可能なものにすることが重要なポイントとなる。したがって，核軍備管理は相手の善意を信頼したり，それに頼ったりするものではなく，お互いの利益に見合う内容で合意し，独立した方法で合意の遵守を検証することで成り立つものである，としている(5)。

核軍備管理に関してこうした戦略的視点を前面に打ち出したのが，レーガン政権であった。レーガン政権は経済面で「新保守主義」路線を強調して，米国経済の再活性化を図った点でも注目された。他方，国際政治面においては冷戦の大きな転換点に直面し，核戦略，核軍備管理の双方の側面において，特色のある政策を展開した。

レーガン政権の核政策の基本的枠組みを形成した内部文書として重要なのは，国家安全保障指令第32号 (NSDD32) と国家安全保障指令第1-82号 (NSDD1-82) である(6)。1982年5月にレーガンが承認した NSDD32 を，さらに詳しく検討したのが NSDD 1-82 である。この NSDD 1-82 では，核戦争が起きた場合でもソ連に勝利することを目的とした戦略が描かれており，核戦力の増強が重要な柱となった。こうした決定は非公開であったが，1982年11月22日の演説においてレーガンは次のように，核抑止への基本的認識，ソ連の脅威観，核軍備管理に関する基本的考え方などについて概括した(7)。

(i) 抑止政策の有効性は証明されてきたものの，抑止を維持するためになす

---

(5) Strobe Talbott, *Deadly Gambits* (New York: Alfred A. Knopf, 1984), p.6.
(6) White House, "National Security Decision Directive (NSDD32)," May 20, 1982 <http://www.fas.org/irp/offdocs/nsdd/nsdd-032.htm>, accessed on June 8, 2007. NSDD1-82 については，Richard Reeves, *President Reagan : The Triumph of Imagination* (New York: Simon & Schuster, 2005), pp.103-106 を参照。
(7) Ronald Reagan, "Address to the Nation on Strategic Arms Reduction and Nuclear Deterrence," November 22, 1982 <http://www.presidency.ucsb.edu/ws/print.php?pid=42030>, accessed on June 8, 2007.

べきことが変わってきた。米ソが核軍拡を行ってきたとの話をしばしば耳にするだろうが，真実はソ連が軍拡を進めたのであり，私たちではない。ソ連は国民総生産の12～14％を軍事費に投じており，米国の2～3倍の水準になっている。ケネディ（John F. Kennedy）大統領時代の1962年に米国の連邦予算の46％が軍事費に回されていたが，近年では連邦予算の4分の1でしかない。しかもその多くは人件費であり，兵器のためではない。

(ii) 1969年の段階でソ連は，弾道弾迎撃ミサイル（ABM）の禁止に関する条約の交渉を望まなかった。米国の上院が僅差ながらABM計画の予算をつけてから，ソ連は交渉に応じるようになった。合意を達成した時，一方的な軍備管理は機能しないことがよくわかった。米国はたびたび，軍備縮小の先例を示してソ連も同様の行動をとるように期待してきたが，ソ連は期待に反して常に軍拡を進めてきた。

(iii) 米国は核兵器の大幅な削減を望んでいる。しかし米国が力を再建し，軍事バランスを回復する意思を示さなければ，優位を獲得しているソ連が交渉に応じてくる余地はない。米国が核戦力を更新しなければ，ソ連は，米国は口ばかりで取引材料がないと考えるだろう。そこで米国は戦略核について，新型の大陸間弾道ミサイル（ICBM）であるMXの生産と配備を進めることを決定した。

(iv) ソ連の中距離核戦力（INF）は，欧州，中東，アジアを射程内においている。1977年にはソ連はINFを600基配備し，米国はゼロだった。その後にソ連は，ミサイル1基当たり3発の核弾頭を装備でき，何千マイルも飛行できるSS-20を導入して配備数が飛躍的に増えた。1981年11月に米国は，地球規模でINFを禁止することを提案した。もしソ連がINFを廃棄するならば，1983年末に予定している米国のINF配備をやめる，という提案である。欧州の同盟諸国はこの提案を強く支持している。

この演説には，力を背景にした軍備管理という基本線が明確にあらわれており，米国の核戦力の更新，配備は，抑止力の確保に加えて，ソ連を核軍備管理交渉に引き寄せることが重要な目的であることを説明した。この認識に基づいてレーガン政権は第2次大戦後としては最大とも言われた軍備拡張シフトをとり，MX配備計画や海軍の巡航ミサイルへの核兵器搭載，欧州へのINF配備な

どを進めた。それと並行して戦略核の分野では，戦略兵器削減条約（START）をめざした。SALT の L（Limitation ＝ 制限）から，START の R（Reduction ＝ 削減）へと核軍備管理の設計がシフトし，実質的な核軍縮が政策レベルで模索されたのである。

しかしながら，結果を見てみると1期目には核軍縮交渉は目立った進展はなく，力を背景にした軍備管理という基本線は必ずしも焦点を結ばなかった。こうしたレーガン1期目の動きに対してはどのような評価が示されていたのだろうか。1984年の大統領選挙での再選に向けて，共和党陣営は対ソ関係の改善，核軍縮交渉の進展の必要性を感じていた。たとえば，共和党のベーカー（Howard H. Baker）上院議員は「米ソが互いに破滅をもたらさずにすむ方法をさぐるために，席を一緒にして世界情勢を協議する必要がある」との懸念をレーガン自身に伝えた。上院のパーシー（Charles H. Percy）外交委員長は「もう5年も米ソの首脳が会談していない」[8]と苦言を呈して，打開策の模索を促した。それでも実際には，1期目には米ソ関係は好転しなかった。ジャーナリストだったオーバードーファー（Don Oberdorfer）は，「ソ連をもっと生産的な対話に引き寄せるというレーガンの願望は最初の段階ではあまり実を結ばなかった」との認識を示したうえで，「レーガン政権の準備が整っていないことに加えて，クレムリンの指導部が揺らいでいた」[9]と，核軍縮交渉が進まなかった事由を解説している。

こうした現実を思慮すると，力を背景にした軍備管理に即効性がなかったことは確かであり，1期目のレーガンは軍縮の大統領ではなく，軍拡の大統領とのイメージが強かったと言えるだろう。ギャディスは，SALT 路線，MAD に基づく戦略的安定は本質的には核兵器への依存であり，核の危機の固定化でしかないとの確信をレーガンが抱いていたことを評価しているが，実質的には二期面の展開を前提に論じていることは明らかであり，この点はギャディスも記しているところである。

（8） Reeves, *President Reagan*, p. 228.
（9） Don Oberdorfer, *From the Cold War to A New Era: The United States and The Soviet Union, 1983-1991* (Baltimore: Johns Hopkins University Press, 1998), p.16.

第2部 核軍縮

2 「比較優位」戦略としての SDI

　ソ連よりも米国の技術力の方が優位であることを知らせ，米国との競争をあきらめさせる戦略をとり，その一環として SDI も進められたこと。ギャディスはこの点に関してもレーガンを高く評価している。ここでは SDI が打ち出された戦略的背景と，「比較優位」戦略としての SDI に焦点をあてることにしたい。

　まず SDI の「前史」を振り返っておく。1960年代半ば以降における核戦略の基本路線は，MAD を基盤にして核抑止を機能させる戦略的安定論に依拠するものであった。ケネディ，ジョンソン（Lyndon B. Johnson）政権で国防長官をつとめたマクナマラ（Robert S. McNamara）は，MAD を米国の核戦略の基本に据えた。マクナマラは1963年2月の議会証言で，MAD について「奇襲攻撃を受けた後においても，明確で誤解のない能力で敵，または敵陣営に対して耐え難い損害を与える戦略をとることで，米国とその同盟国への意図的な核攻撃を抑止すること」と説明した。MAD の是非をめぐっても多くの議論が展開されてきたが，マクナマラは，米ソが MAD を共有することで戦略的安定を維持できると踏んだ。

　しかしながらソ連は，すぐさま米国の MAD 戦略を共有したりはしなかった。核兵器を搭載する米国の弾道ミサイルを撃ち落す ABM を配備して，核戦争になっても生存をはかる戦略にウェイトを置いていた。その結果，ソ連で ABM の配備が本格化し始めた1960年代後半に，ミサイル防衛をめぐる論議がひとつのピークに達し，賛否両論が激しくぶつかり合った。

　ソ連も含めて，ミサイル防衛を支持する立場からは「核抑止だけに頼るよりも，ミサイル防衛を進めたほうが抑止の安定性は高まる」などの意見が表明された。これに対して反対派は，①ミサイル防衛を進めれば，相手側がこれを突き破ろうとしてより多くの核弾頭を配備したり，ミサイル防衛を妨害する技術を開発したりするので，軍備拡張のスパイラルに陥る危険が高い，②ミサイル防衛システムの迎撃率を高くするのは技術的に容易ではなく，実現性に疑問が残る──などの理由で対抗した。

　1960年代後半の論争は結局，ABM 反対派に軍配が上がり，米国はソ連と

1972年に ABM 条約を締結した。同時に米ソは SALT I 暫定協定にも合意し，攻撃核の運搬手段（ミサイルや戦略爆撃機）にも一定の規制を設けた。米ソ双方にごく限定的な形でしかミサイル防衛システムの配備を認めず，「懲罰的抑止」の範疇に入る MAD に根ざした核戦略が確認される格好となった。

こうした戦略上の選択に真っ向から異論を唱えたのが，レーガンであった。レーガンは，核兵器の一方的廃棄を言わないまでも，MAD 依存型の戦略的安定論の固定化，半永久化を嫌い，「拒否的抑止」へのシフトを強調した。それが凝縮した形で表現されたのが，1983年3月23日の演説であった。この演説のうち，ミサイル防衛システムに関する部分を概括すると，次のようなものである[10]。

(i) 核時代の夜明け以来，私たちは強力な抑止力を維持し，真の軍備管理を求めることによって，戦争の危険を減少しようと努めてきた。抑止力とは，米国やその同盟国への攻撃を考える敵に，そのような攻撃によって得られる利益よりも被る危険の方が大きいと悟らせることを意味する。この危険を理解すれば，敵は攻撃してこないだろう。この抑止戦略は今も変わっていないし，引き続き機能している。

(ii) しかし今やソ連は，米国のすべての地上配備ミサイルを破壊するのに十分なほど正確で強力な核兵器を持っているので，他の種類の軍事力が必要となっている。私達はあらゆる脅威に対処できるように備えていなければならない。

(iii) ソ連の攻撃を抑止するために米国による即座の報復に頼るのではなく，ソ連の戦略ミサイルが米国や同盟国に到達する前に，それを迎撃し破壊できるということを知った上で，安全に生きていくことができるとしたら，どうだろうか。手に負えないほど技術的に困難な仕事であり，20世紀中に完成することはないかも知れないが，現在の技術水準から見て，こうした試みを開始することは妥当だろう。

(iv) 戦略ミサイルによる脅威を取り除くという最終目標達成に踏み出すため

---

(10) Reagan, "Address to the Nation on Defense and National Security," March 23, 1983 <http://www.presidency.ucsb.edu/ws/print.php?pid=41093]>, access-ed on June 8, 2007.

の長期的研究開発計画の策定を命じる。これは，兵器自体を取り除く軍備管理措置に道を開くことになろう。私は，核兵器をわれわれに与えた科学界に対し，その偉大な才能を人類と世界平和の大義に振り向け，核兵器を無力で，時代遅れのものにするような手段をわれわれに与えるよう要請したい。

このレーガン演説は「懲罰的抑止」の有効性を認めつつも，「拒否的抑止」を前面に打ち出すことで，脅威の削減をはかる戦略的意図を明確にした。SALTが敷いた「懲罰的抑止」に基づく「相互抑止」の路線を大きく修正し，米国の「懲罰的抑止」能力向上と「拒否的抑止」能力獲得を通じた「核軍縮」交渉の進展と安全保障の確保をねらった新戦略の方向性が示されたのである。実は先述のNSDD 1-82では核戦力の増強に加えて，ミサイル防衛システムの導入にも力点が置かれて，「懲罰的抑止」だけでなく「拒否的抑止」の色調が強く現れた。その意味で1983年3月23日のレーガン演説は，NSDD 1-82が残した課題への対応を，SDIの呼びかけという形で行動に移したものだった。

ここで注目しておきたいのは核戦略的なシフトの文脈だけでなく，実際の政策面においてSDIには，米国の有利な科学技術競争にソ連を引きずり込み，戦略的優位を確保する狙いも込められたという点である。まさにギャディスが高く評価する点であるが，大統領副補佐官をつとめたマクファーレン（Robert C. McFarlane）は，SDIの戦略的意図について次のように説明している。

(a) 1982年当時，ICBMの弾頭数はソ連の約6,000に対し，米国が約2,000であった。ソ連が第一撃能力でまさっているという戦略的不均衡を危惧したレーガン政権は，何とか均衡を回復する必要があった。対応策として，核軍縮交渉を通じてソ連のICBMを減らすか，米国のICBM弾頭を増やすか，それともソ連の第一撃能力を弱める防御システムを構築するか，の3つの選択肢が検討された。しかしながら核軍縮交渉はそう簡単には進まないし，弾頭数の増加は政治的に難しい。そこで，残った選択肢であるSDIを打ち出すことになった。

(b) SDIの「表向きの目的」は，レーガンが演説で示したように，米国民を核の恐怖から守ることであったが，マクファーレンには「裏の目的」もあった。「裏の目的」とは，①米国が得意なハイテクで競争をしかけ，ソ

連がついてこられないようにする。そうすることによってソ連に核軍備管理交渉での譲歩を迫る，②核軍備管理条約によってソ連の第一撃能力が減れば，米国の抑止力が相対的に高まる，③それでもSDIは進め，最終的には偶発戦争や第3世界からの小規模な攻撃に備えるものにする，というものであった。しかしながらレーガンの戦略的意図は，あくまで核の恐怖を除くということであった。そこで2人で役割を分担し，大統領が一般国民向けに彼の信念を説き，マクファーレンが連邦議会の有力議員に『裏の目的』を説明して回った[11]。

こうしたマクファーレンの説明を換言すると，ソ連が破壊力拡大で先行したICBMの分野で同じような競争を続けるのではなく，米国が得意なハイテクで分野の軍備拡充でソ連に対抗しようとする戦略が企図されていたのである。

ホワイトハウス，米国国務省においてはマクファーレンらの実務担当者は，「核兵器を無力で，時代遅れのものにする」というレーガン的ビジョンはともかく，現実的な視点から「拒否的抑止」にパワーベースを求める意見が大勢を占めた。SDIを発表したレーガン演説の後，ソ連の変化を背景にINF条約が成立し，G・H・W・ブッシュ（George H.W. Bush）政権になって第一次戦略兵器削減条約（START I 条約）も締結された。G・H・W・ブッシュ政権のもとでSDIは，ソ連からの大規模核攻撃を想定した当初の目的を離れ，偶発的な核発射や第三世界からの核ミサイルに対応する改定版SDIである「限定的攻撃に対するグローバル防御」（GPALS）に変質した。ミサイル防衛構想はこうして時代の変化に応じて姿を変えたが，この間の動きは概ね，マクファーレンが目指した戦略的目的に符号する形で進んだと考えられる。どこまで実現可能か定かではないSDIという「拒否的抑止」構想を強く打ち出すことで，米国の「懲罰的抑止」能力を相対的に高めたばかりでなく，冷戦が終わってからは，偶発戦争や第三世界からの小規模な攻撃に備えるミサイル防衛構想が示されたからである。

「比較優位」戦略としてのSDI戦略がどこまで奏功したかは，次節で紹介するゴルバチョフの反論にも見られるように評価を下すのは難しい面もある。し

---

(11) Interview with McFarlane, Washington D.C., September 15, 1990.

かしながら，SDIという研究開発構想が，米ソ関係，核軍縮交渉を大きく揺り動かし，少なくとも時代の変化を促す触媒となったと言えるだろう。ギャディスはこうしたレーガン・シフトの歴史的な意義に着目して評価したと考えられ，その意味において説得力を有する。

3　ゴルバチョフ要因

　レーガンは既存の枠組みを超えた構想に意欲を示し，時代の変化を加速したが，その原動力はレーガンだけのものではなく，1985年にソ連共産党書記長となったゴルバチョフも変化を促す構想力，行動力があった。ソ連に先駆けて，既存の戦略的安定論への問題提起をしたのはレーガンであったが，レーガンの2期目にソ連の指導者となったゴルバチョフとの，核兵器に関する価値観の共振がなければINF条約，START条約はなかったと言っても過言ではないだろう。ギャディスは，ゴルバチョフの登場がなくてもソ連の変化は不可避だったとの見解を示しているが，それでもやはりゴルバチョフの存在抜きにはレーガン2期目の核軍縮交渉の進展は語れないだろう。

　米ソの核軍備管理交渉が動き出したのは1985年1月の米ソ外相会談でのことであった。この際，両国は戦略核・宇宙兵器交渉とINFを含めた包括的交渉（Umbrella Talks）を開始することで合意した。しかしながら，その段階では交渉の展望は開けていなかった。米ソ関係，とりわけ核軍備管理交渉の行方を大きく左右したのはゴルバチョフがソ連の指導者になってからのことである。

　ソ連国防省の条約局長をつとめ，ゴルバチョフのブレーンの1人となったチェルボフ（Nicholai Cherbov）によると，ゴルバチョフはソ連共産党書記長に就任する以前から，核軍縮に大きな関心を抱いていた。1984年3月に，ソ連共産党政治局員として英国首相のサッチャー（Margaret H. Thatcher）との会談のためにロンドンを訪問する直前のことだった。チェルボフは，1週間余にわたってゴルバチョフの執務室に呼ばれ，米ソの核軍備管理交渉の争点や課題を説明した。ゴルバチョフはその時，机の上にノートを広げ，こまめにメモを取った。チェルボフは「私の説明は連日，2〜3時間におよんだ。核軍備管理問題で包括的な説明を聞くのは初めての様子で，熱心に聴き入り，要所を次々にのみこ

6　核軍備管理における「レーガン再評価」の考察〔吉田文彦〕

んでいった」と振り返る(12)。

　ソ連共産党書記長に就任したゴルバチョフは「新思考」を強調し，ペレストロイカ（改革）やグラスノスチ（情報公開）とともに核軍縮を重要課題に掲げた。1986年1月初旬，チェルボフは黒海沿岸で冬期休暇中のゴルバチョフを訪ねた。書記長の指示を受け，事務レベルで練った新たな核軍縮構想について裁可を仰ぐためだった。ゴルバチョフはじっくり考えた後，これなら単なる宣伝と受け止められることはないだろうとうなずいた。ただし，化学兵器の廃止，それに核実験凍結を盛り込むよう注文をつけた。同月15日にゴルバチョフは，①第1段階で米ソの核兵器を半減させ，第2段階では他の核兵器保有国も核軍備管理に加わる，②20世紀末までに，地球上のすべての核兵器を廃絶する，③核実験凍結を継続する――など，実施期限つきの核廃絶構想を発表した。ただ，その構想はあまりに野心的で米側の反応は冷たく，核軍縮交渉はすぐには軌道に乗らなかった。

　しかし，1985年のジュネーヴでの米ソ首脳会談でレーガンとゴルバチョフは，「核戦争に勝者はなく，決して（核兵器で）戦ってはならない」との点で一致した。1983年にはソ連を「悪の帝国」と呼んでいたレーガンがゴルバチョフとなら交渉できると判断した首脳会議でもあった。1986年のレイキャビクでの米ソ首脳会談では，戦略核弾頭を5年以内に50%削減し，10年以内にすべての弾道ミサイルを全廃することではぼ意見が一致し，ある時点では「核兵器全廃」というゴルバチョフ提案をレーガンが受け入れる寸前まで話が進んだ。SDIをめぐる両首脳の見解の相違のせいで，合意を文書化するには至らなかったものの，双方の基本的見解の距離が多くの点で縮まった瞬間であった。核軍備管理条約は「別の手段で行う防衛政策である」というタルボットの規定が無意味になったわけではない。それを基底に置きつつも，レーガン，ゴルバチョフの核兵器に関する価値観が基本的な部分で共振し，首脳会談ごとに核軍縮交渉が新たな局面を迎えるという構図が定式化していった。

　SDIはゴルバチョフにとって阻止したい存在であったわけだが，やがてソ連はSDIとINF，STARTを完全に切り離して核軍縮条約を受け入れていく。そ

───────
(12)　Interview with Cherbov, Moscow, April 2, 1996.

れはなぜだったのだろうか。ソ連側の軍縮首席代表，カルポフ（Victor Karpov）は1989年9月の米ソ外相会談終了後，SDIをめぐっていつまでも実りのない論議を繰り返すより，ペレストロイカ路線にとって重要な核軍縮という果実を収穫する選択をしたと説明した。それは，冷戦構造の軟化が進むにつれ，米国内でSDIが一段と浮力を失い，G・H・W・ブッシュ政権下で「死に体」になっていくのを確信し，SDIはもはや恐れるに足らないとの判断が働いたからだろう。事実，SDI予算は表のように伸び悩み状態が続いており，ゴルバチョフには現実的な脅威と映らなくなったと考えられる。

表　SDI予算の推移（単位10億ドル）

米国財政年度	政府要求額	議会が認めた支出額
1985	1.8	1.4
86	3.8	2.7
87	4.8	3.3
88	5.2	3.6
89	4.5	3.6
90	4.6	3.6
91	4.5	2.9

出典：吉田文彦『証言　核抑止の世紀』（朝日新聞社，2000年）249頁。

4　チェルノブイリ原発事故の影響

　上記のようにレーガン時代においてはSDIが大きな戦略的課題であり，SDIの存在が，(I) SALT路線，MADに基づく戦略的安定は本質的には核兵器への依存であり，核の危機の固定化でしかないとの確信をレーガンが抱いていたこと，(II)ソ連よりも米国の技術力の方が優位であることを知らせて米国との競争をあきらめさせる戦略をとり，その一環としてSDIも進められたこと，というギャディスの評価の根底にあると考えられる。

　しかしながら，別な角度から考えてみると大きな疑問が残る。SDIを打ち出したレーガンへの，上記のようなギャディスの評価に論理的根拠は認められるにせよ，果たしてSDIが核軍縮に決定的な影響を及ぼしたと判断できるのだ

ろうか、という疑問である。

　ソ連外相をつとめたベススメルトヌイフ（Aleksandr A. Bessmertnykh）は、中ソ対立の際に中国の力を過大評価したようにSDIを過大評価したことは大きな誤解だったと、存在の大きさを指摘している(13)。ただ、そのことが、SDIが核軍縮に決定的な影響を及ぼしたことには直結しない。ゴルバチョフに対して、「米国には、INF条約を可能にしたのは米国がSDIを推し進めたためとの意見がある」と質問したところ、「決して、SDIのおかげで実現したわけではない」と断言しており、SDIが核軍縮に決定的な要因となったとは言い難い面がある。

　では、SDI以外の要因で、核軍縮に重大な影響を与えたものは何だろうか。ギャディスは、1986年4月に起きたチェルノブイリ原発事故が、核戦争が起きた場合の「共通の危険」を米ソ双方に劇的に示したと指摘する。レーガン、ゴルバチョフとも、もともとこうした危機意識を持っていたが、ゴルバチョフの場合は自国内で起きたこの事故を受けて、核依存から抜け出そうとする意識が一段と強まったとの見方を示している(14)。

　チェルノブイリ原発事故から約10年を経た1996年4月にゴルバチョフにインタビューした。その時、ゴルバチョフは、ギャディスの分析を裏付けるように、「チェルノブイリがなかったら、レイキャビクはなかった」と明言した。インタビューの概要は次の通りである(15)。

　——チェルノブイリ原発事故は核軍縮を加速させたのか。

　疑いもなく、そうである。チェルノブイリがなかったら、レイキャビクはなかった。そしてレイキャビクがなかったら、核軍縮は進まなかっただろう。チェルノブイリがレイキャビクへの道を開き、レイキャビクは現実的な軍縮の道を開いたのである。

　——なぜだったのか。

　広島・長崎の悲劇が次第に忘れられていた時に、この事故が起き、核の恐ろしさを改めて人類に思い起こさせたからである。放射能が飛んだ欧州の人々に、

---

(13) Interview with Bessmertnykh, Moscow, April 4, 1996.
(14) Gaddis, *Strategies of Containment*, p.365.
(15) Interview with Gorbachev, Moscow, April 5, 1996.

核兵器はどういうものであるか，核戦争が生じたら，どういう結果になりうるかについて考えを新たにさせたのである。

私は1984年，ソ連共産党政治局員として，ロンドンでサッチャー英首相と話した時，一千の区画に分けられた世界地図を見せた。各区画に，当時世界にあった核兵器の千分の一が置かれている地図だった。そして，1つの区画に置かれた核弾頭で世界を破滅に追い込むほどの威力があることを彼女に説いた。その当時から私は，すでに核の脅威をよく承知していた。だが，チェルノブイリ原発事故で，それが，よりはっきりと分かった。こうした体験を経て私は，事故の3カ月前の1986年1月に示した「非核世界をつくらなければならない」というアプローチが正しいと確信するようになった。

——事故の教訓は何か。

事故当時，ソ連は膨大な人的・科学的・物質的な力を持った大国だった。そのソ連が，巨額の費用を投じて取り組んでも，事故の被害を十分に食い止めることが出来なかった。たった1基の原子炉事故であったのにもかかわらずである。1基の原子炉の放射能に対してさえも，十分に対応できなかったのに，ソ連全土や，米国，日本で核爆発がどんどん起きたら，どうなるか。放射能汚染への対応など，とても手に負えない。もう，おしまいである。

このように，チェリノブイリ原発事故がゴルバチョフの核政策に大きな影響を与えたわけであるが，それは放射能被害が「核戦争後」と二重写しになったからである。チェルボフは，「事故直後，国防省やソ連軍上層部は異様なほどの緊迫感に包まれた。陣頭指揮にあたったアフロメーエフ（Sergei Akhromeyev）ソ連軍参謀総長が第2次大戦の開戦直後と同じような忙しさだと語ったのを覚えている」と振り返る[16]。原発事故で核戦争時の惨事をリアルに想起させられたゴルバチョフは1986年8月のテレビ演説で，「最も小さな核弾頭の爆発でも，放射能の強さの点で，3つのチェルノブイリ原発事故に相当する。蓄積された核弾頭のほんの一部の爆発でも破局につながるだろう」と強調し，核軍拡競争を停止する必要性を訴えた。

欧州同盟諸国への米国のINF配備に関して，欧州の反核NGOは核戦争によ

---

(16) Interview with Cherbov, Moscow, April 2, 1996.

る「ユーロシマ」化を懸念した。ゴルバチョフはチェルノブイリ原発事故でソ連の「ユーロシマ」化を疑似体験したわけで，それがレイキャビク首脳会談開催への重要な要因となった。その意味で，あのタイミングでのレイキャビク首脳会談開催はレーガン効果でも SDI 効果でもなく，むしろチェルノブイリ効果の色彩が濃かったと考えられる。核軍備管理の動向を左右した決定的な要因を考える際，SDI だけでなくチェルノブイリ原発事故の与えたインパクトを十分に考察していく必要があることは間違いないだろう。

5　レーガン戦略のリスク

　ギャディスは，軍事力ではなく外交でソ連を説得するという「封じ込め戦略」の原型が持っていた目的に近づいたことも，レーガン時代の成果と評価する。その根底には，ソ連型システムより，米国型システムの方が優位であることを知らせる戦略をとったことへの評価があると考えられる。単なる核軍備増強競争ではなく，自由や民主主義を重んじる米国型システムの方が普遍的価値観や人間本来の創造的欲求を満たしていくのにふさわしいとの確信のもとで，米国型システムの徹底によって冷戦に勝利するという戦略への評価である。しかしながら，こうしたシステム間競争，とりわけ歴史的な軍拡シフトを敷いての競争にはリスクも潜んでいた。先述のようにギャディスは，ゴルバチョフの登場がなくてもソ連の変化は不可避だったとの見解を示しているが，ソ連の変化までの時間が長引いていればそれだけリスクが高まり，「封じ込め戦略」の原型に近づくことが困難となった可能性もある。

　たとえば，SDI と核軍縮の微妙な関係である。SDI に反対していたゴルバチョフは，ミサイル防衛を規制した ABM 条約を活用することで，SDI 関連の実験・開発に歯止めをかけようとした。だが，そうした当初方針を修正して，SDI 問題とは切り離して INF 条約の合意を受け入れることにした。SDI と核軍縮の関連についてゴルバチョフに聞くと，次のように答えている。

　――米国には，INF 条約を可能にしたのは，米国が SDI を推し進めたためとの意見がある。

　米国は何でも自分が勝利者でないと気がすまないようだ。決して，SDI のお

かげで実現したわけではない。ソ連は，SDIへの対抗手段をもっていた。詳細は公表できないが，レイキャビクでのレーガン大統領との首脳会談でも，そのことをはっきりと伝えた。それに，SDIはいずれ下火になるだろうと考えていた。そこで，SDIの宇宙実験を禁止するABM条約を7〜10年間，お互いに遵守するよう調整を試みた。予想通り，この間にSDIは失速した。

このゴルバチョフの説明を言い換えると，①米国が本格的にSDIの実験・開発・配備に突き進むならばSDIへの対抗手段を導入していく戦略であった，②だが，レーガン政権末期にはSDIが失速したため，SDIが核軍縮の根本的阻害要因にはならないと判断した，ということだろう。本章第3節で記したように，冷戦構造の軟化が進むに連れて米国内でSDIが一段と浮力を失い，レーガン政権末期からG・H・W・ブッシュ政権にかけて次第に「死に体」になっていった。そうした傾向を見てソ連は，SDIはもはや恐れるに足らないと判断したと考えられる。事実，米国の連邦議会は，レーガンとゴルバチョフの米ソ首脳会談を約3週間後に控えた1987年11月，SDI予算を政府要求額の3分の2しか認めない国防予算を可決した。しかも，この国防予算には，レーガンの任期中にはABM条約の狭義解釈で認められる以外の宇宙実験を禁止するという修正条項が含まれていた。米ソの条約で縛るまでもなく，SDIは国防予算の歳出面ですでに強い制約が加えられていたのである。こうした動きを見てゴルバチョフ政権は，核軍縮交渉を通じてSDIを葬り去ることに固執しなくても，膨大な予算を必要とするSDIが，米国の連邦議会などの反対で後退していくとの判断をもち始めた[17]。だからこそ，SDI論議を脇に置いて，軍事費削減に役立つ核軍縮という実を米ソ交渉で取る戦略に転換したのである。

このようにSDI予算の頭打ちが核軍縮交渉に大きな影響を与えたわけだが，SDI予算にブレーキがかかった背景には，当時の連邦議会上院外交委員長だったナン（Sam Nunn，民主党）らがSDIに慎重な態度を取り続けたことがあった。その意味では，党派的対立の要素の含みながら，共和党政権に対抗して民主党優位の連邦議会がSDI予算を規制してことが，核軍縮条約成立を実現する重要な動因となったわけである。逆に言うと，SDIがレーガンの期待通りに進ん

---

(17) Ibid.

でいれば，核軍縮条約交渉，米ソ関係全般が異なった展開を見せていた可能性もあり，そこにレーガン戦略のリスクが潜んでいたと言えるだろう。

　第4節で記したように，チェルノブイリ原発事故が核軍縮条約交渉に多大な影響を与えた。だがこれは企図した戦略的成果ではなく，ましてやレーガン政権の政策の範疇にある要因でもなかった。チェルノブイリ原発事故はソ連システムの弱点の象徴との見方もあり，その意味で，この原発事故が核軍縮を加速させたことはソ連システムの限界の具現化であったととらえることも可能だろう。とは言っても，チェルノブイリ原発事故という甚大な政治的，経済的コストがゴルバチョフ政権を揺り動かし，それが核軍縮を加速する要因となったことは，レーガン政権にとって「敵失」による得点のようなものであった。SDIをめぐる米ソ対立のリスクを回避できた要因としてチェルノブイリ原発事故が存在したことは重要な点であるが，それと同時にレーガン政権の計算外のところで起きた事象であったことも想起しておく必要がある。

　レーガン戦略がリスク回避できた遠因として，歴史的な偶然性も指摘しておく必要があるだろう。相対的に米国のパワーが減衰した1970年代は米国にとって，ベトナム戦争の政治的，経済的後遺症と，ウォーターゲート事件による失望感などが敷き積もった時期であった。他方で，レーガン政権が強いアメリカの再生を掲げていた1980年代は，ソ連にとって失速の時期であった。1979年にアフガニスタンに侵攻した後，イスラム勢力からの抵抗が続いて軍事費がかさんだ。1982年にブレジネフ（Leonid Brezhnev）が死亡した後，アンドロポフ（Vladimirovich Andropov），チェルネンコ（Konstantin Chernenko）という権力基盤の弱い指導部が続いたことも，ソ連失速の一因となった。こうしたソ連の停滞時期に登場したのがゴルバチョフであり，レーガン政権の8年間が冷戦末期におけるソ連の苦境の時代と重なっていた。以上のような米ソ双方におけるパワー盛衰の波長の巡り合わせが，強い米国の再生を掲げた政策の効果を高める背景として存在したことも忘れてはならない点と考えられる。

6　21世紀への含意

　核軍縮条約が締結されたとは言え，レーガンとゴルバチョフの間では激しい

「核戦略摩擦」が起きた。ここで言う核戦略摩擦とは，核兵器，あるいは核兵器に関する兵器システムに関する認識，位置づけをめぐる戦略が，米国とソ連（現在はロシア）の間で異なることで生じる摩擦である。核戦略摩擦がこうじると，2国間関係が悪化して軍拡競争の誘因ともなる。

「拒否的抑止」を将来的に定着させようとしたレーガンと，「懲罰的抑止」にこだわったゴルバチョフはレイキャビク会談に象徴されるように，戦略上の指向性が大きく異なった。SDIの失速，新たな核軍備管理条約の締結によって，こうした核戦略摩擦は急速に減衰したかに見えたが，冷戦終結後も「懲罰的抑止」対「拒否的抑止」の摩擦は形を変えて続いている。ここでは，レーガンとゴルバチョフの間でひとつの頂点に達した核戦略摩擦が持つ，21世紀への含意について考えておきたい。

「懲罰的抑止」対「拒否的抑止」という文脈では，クリントン政権時代にもABM条約をめぐる微調整があった。しかしながら，「拒否的抑止」劣勢の流れを21世紀になって大きく変えてきたのがブッシュ（George W. Bush）政権である。

2001年に発足したブッシュ政権は，ミサイル防衛システムを強く推進した。冷戦後，独裁的な潜在的核保有国をいかに抑止していくかが大きな課題となり，ミサイル防衛システムを推す力が改めて強まったのである。独裁的な国の中には，自国民が大量に犠牲になることや，経済基盤が破壊されることを避けようとする理性的な判断をしない国がある可能性もあり，「懲罰的抑止」が機能しない危険がある。そこで，そうした国が核弾頭や弾道ミサイルを保有した場合には，それらを無力化する「拒否的抑止」が必要になってくるとの政策志向が強まったのである。

こうした傾向に拍車をかけたのが，9.11テロであった。いわゆる「ならず者国家」やテロ集団が，弾道ミサイルに大量破壊兵器を搭載して米国や同盟国を攻撃する事態を想定して，ミサイル防衛導入を加速する方針を打ち出したのである。その結果，米国は2001年12月，ミサイル防衛を推進するためにABM条約から脱退することを正式にロシアへ通告した。ロシアのプーチン（Vladimir Putin）大統領は，この決定について「間違い」であると批判しつつも，9.11テロ後の国際社会における連帯の必要性も意識して，ABM条約の消滅はロシアの安全保障に脅威とはならないとの考えを示し，過敏な対応を控えた。

6 核軍備管理における「レーガン再評価」の考察〔吉田文彦〕

　ABM条約の消滅は，1972年のSALT I暫定協定で確認されたMADの枠組みが基本的に変わる可能性を秘めていた。そこで，新しい核軍拡競争に突入するのを避けるねらいも込めて，米ロ首脳は2002年5月の会談で新たな戦略核兵器の削減に関する条約に署名した。戦略攻撃能力削減条約で，通称名はモスクワ条約である。合意内容は，①戦略核弾頭の配備数を2012年までに双方とも1,700〜2,200発まで削減する，②配備できる核弾頭のタイプや，運搬手段の内訳の規制はない，③複数個別誘導弾頭（MIRV）を搭載する弾道ミサイルの配備も，①の上限内であれば認められる，④削減した核弾頭の廃棄は義務付けられておらず，両国とも削減した弾頭の保管が可能である，というものである。

　モスクワ条約は，米ロ双方の戦略的利害に配慮した。米国にとっては，ABM条約を廃棄したことで，ABMによって「拒否的抑止」を進めるうえでの法的な縛りがなくなった。さらに，ABM条約の無い新たな環境のもとで，戦略核弾頭の配備数の上限をロシアとの間で設定できたことも利点であった。ロシアの方は，得意としてきたICBMのMIRV化という選択肢を復活させることができた。ICBMのMIRV化は1993年に署名された第二次戦略兵器削減条約（START II 条約，未発効）で禁止されていたが，モスクワ条約ではMIRV化が容認された。その結果，米国がミサイル防衛を進めた場合には，ICBMのMIRV化によってロシアの「懲罰的抑止」力を確保できるという利点があった。こうして，冷戦時代には国際社会の行方を左右しかねなかった「懲罰的抑止」と「拒否的抑止」をめぐる議論が，一定の均衡状態に入っていくかに見えた。

　ところが，ブッシュ政権が2007年になって，ポーランドとチェコにミサイル防衛システムを配備する計画を打ち出したことから，核戦略摩擦が新たな展開を見せ始めた。イランで核開発疑惑が続き，最悪の場合にはイランが核兵器を実際に保有する可能性もゼロとは言い難い。しかもイランはすでに中距離の弾道ミサイルを保有しており，これらに核弾頭が搭載される事態になった場合に備えて，東欧にミサイル防衛システムを配備して同盟国を守る——というのが米国の考え方である。これに対してロシアは，新たなミサイル防衛システムがロシアの核抑止を弱める目的にも活用される恐れがあると，米国の計画に強く反発した。

　ロシアのイワノフ（Igor Ivanov）第1副首相は，米国がプーチン提案を受け

第2部　核軍縮

入れずに東欧へのミサイル防衛システム配備を進めれば，欧州に近いロシアの領土内に新型ミサイルを配備して対抗する考えを示した。イタル・タス通信などによると，イワノフ副首相は，①提案が受け入れられれば，ポーランドとリトアニアにはさまれたロシアの飛び地，カリーニングラード州を含む欧州地域に新型ミサイルを配備する必要性はなくなる，②ロシアが計画する新型ミサイルの配備は，ポーランドとチェコにミサイル防衛システムが配備された場合に生じる脅威を払しょくするためである，と述べた。

ロシアは2007年5月末，新型ICBM「RS24」の発射実験を成功させた。MIRV化ICBMで，イタル・タス通信によると，ロシア軍当局者は「RS24はミサイル防衛への突破能力を向上させ，戦略核戦力を強化する」との考えを示した。実際に配備されれば，モスクワ条約で許容されたICBMのMIRV化という選択肢を利用して，欧州を標的にした核戦力の増強がはかられることになる。

もちろん，冷戦期のようなイデオロギー対立が背景にあるわけではなく，今後も米ロ間で意見調整が試みられるだろう。ただ，ABM条約が消えてなくなり，しかもモスクワ条約がMIRV化ICBMを禁止していない状態のままでは，米国が技術的に優位に立つミサイル防衛システムを展開し，ロシア側は技術的蓄積が多いMIRV化ICBMで対抗するという図式が定着化しかねない。米国のミサイル防衛システムは今や，核拡散対策になっているわけだが，実際に配備が進んでいけば米国とロシアの間では，冷戦さながらの「懲罰的抑止」対「拒否的抑止」の核戦略摩擦が強まることになりかねない。核拡散対策の結果，核軍拡が進むのかどうか。それとも核軍縮を進め，それを梃子にして核不拡散体制を強化するのか。国際社会が重要な岐路に立っていることを，現在の核戦略摩擦は強く示唆している。

おわりに——政治指導者の決意——

最後に，「レーガン再評価」において不可欠と思われる視点について記しておきたい。

レーガンの告別式が行われた2004年6月，参列のために訪米したゴルバチョフはワシントンポスト紙のインタビューに応じた。この中でゴルバチョフは，

「平和の創設者」にならんとした「傑出した指導者」だったと、レーガンを高く評価した。ゴルバチョフ自身も「平和の創設者」を目指していたが、レーガンが同じような価値観を持っていたことの重要性を強調し、「われわれの利害は一致した」と振り返った。しかし、「冷戦で勝ったのはレーガンか」との質問に、ゴルバチョフは「われわれすべてが冷戦の敗者であると思う。とくに、ソ連がそうである」と語ったうえで、冷戦時代の米ソが費やした軍拡予算に触れながら、「ともに100兆ドルを無駄に使った」との見方を示した。そして、「われわれは冷戦終結によって、ともに勝利したのだ」と語った[18]。

米国では、核政策に関して強い信条、信念を持つ大統領が政権に就くと、前政権の政策との相違が大きく増幅される傾向がある。国家安全保障担当補佐官にキッシンジャーを起用したニクソン（Richard M. Nixon）は、米ソのデタントと米中接近によって世界秩序の新たな安定化を指向し、SALT I 暫定協定の締結を可能にした。次の大統領となったカーター（Jimmy Carter）は、キッシンジャー流のパワーポリティクス、地政学的アプローチは好まず、多国間主義の推進や問題の解決を協議によって試みる外交を信条とし、核政策を変える動因ともなった。カーターの後継となったレーガンはMADへの拒否意識が強く、「拒否的抑止」を政治哲学的に重んじる大統領であった。本稿で記してきたように、このことが重要な動因となってレーガン時代における米国の核政策は大きく進化した。

上記のワシントンポスト紙のインタビューが示すように、MAD に基づく核抑止への危機意識はゴルバチョフも共有し、レイキャビックでの会談で2人の首脳が核兵器の廃絶で基本的に意見が一致した。この基本合意はSDIをめぐる意見対立で最終合意に至らなかったものの、政治指導者の信条、信念に基づく判断が核政策を短時間のうちに大きく動かしうることを歴史に刻んだ。

「レーガン評価」に関するギャディスの(I)(II)(III)の指摘はいずれも論理的根拠を持つと考えられるが、その一方で第5節に記したように核政策におけるレーガン戦略にはリスクが潜んでいた。だが、リスクの存在はそのまま、戦略の全否定に直結するわけでもない。戦略に付随するリスクを回避すること、さらに

---

(18) *The Washington Post*, June 11, 2004 <http://www.washingtonpost.com/wp-dyn/articles/A32927-2004Jun10.html> accessed on September 9, 2007.

はリスクを好機に転換することも含めて，政治指導者が核政策に関して強い信条，信念を持って取り組めば，安全保障戦略のパラダイムシフトを指向するのも非現実的ではないことをレーガン，そしてゴルバチョフは示して見せた。「レーガン再評価」で最も問われるべき点はまさにその点，すなわち政治指導者の政治的意思であるように思える。

　今後，どのような政治指導者が，核政策に関してどのような信条，信念を持ってポスト冷戦の核戦略摩擦に対応し，1985年のジュネーヴでレーガンとゴルバチョフが一致した「核戦争に勝者はなく，決して（核兵器で）戦ってはならない」との基本認識を共有していけるのか。冷戦期のような作用・反作用による軍拡路線に引き戻されることなく，強い政治的意思に基づいて，核軍縮を主要課題とした首脳会議による問題解決能力を高めていく必要があるだろう。

7　米国核政策の展開

梅本　哲也

　　はじめに　　　　4　運用政策
　1　戦略環境　　　5　議　論
　2　役割規定　　　むすび
　3　戦力態勢

はじめに

　本稿は米国の核軍備を巡るブッシュ（George W. Bush）政権の政策について，その輪郭を辿ろうとするものである。ブッシュ政権は戦略環境の特質をどのように捉え，核兵器の役割をどのように考えてきたのであろうか。それによって核戦力の規模や構成，そして運用に関する施策はどのような影響を受けているのであろうか。また，そのような核兵器の役割規定や戦力態勢，運用政策の動向は米国内でどのような議論を呼び起こしてきたのであろうか[1]。

1　戦略環境

　冷戦期の米国では，ソ連という特定の敵に注目し，その対米攻撃や西欧侵攻に備えていれば，それ以外の事態にも自ずから対処することが出来ると考えられた。そこにおいては必要に応じて核戦力を発動する能力および意思を示すことが圧倒的な重要性を帯びていた。ソ連との対決は米国の国家としての存立を左右するものであったことから，本格的な軍事衝突に際して核攻撃を敢行する旨の威嚇に信憑性を付与することは――相対的には――容易と言えた。
　1960年代以来，米ソは戦略核の軍備管理に取り組むようになった。米国に

（1）　本章の内容全般に関連するものとして，日本国際問題研究所　軍縮・不拡散促進センター『米国の核政策および核軍縮・不拡散政策』（平成19年3月）が参考になる。

とって，その主たる意義は戦力態勢の調整を通じて「相互確証破壊」（mutual assured destruction）状況の維持を図るところにあった。米ソの一方が先制攻撃を加えても他方に相当規模の戦力——都市や産業施設を対象とする「対価値攻撃」（countervalue）の戦力でよい——が残り，後者がそれを用いて報復攻撃を掛ければ前者の国土，国民に絶大な損害を与えることが出来る——という状態を保とうとしたのである。

報復戦力の確保という点からは，飛来するミサイルを撃ち落とす戦略防衛および敵本土の軍事能力とりわけ核戦力に照準を合わせる「対兵力打撃」（counterforce）の能力向上に制動を掛けることが肝要と考えられた。弾道弾迎撃ミサイル（ABM）条約の締結（1972年）により，防御体系の開発，展開には厳しい制約が加えられた。また，戦略兵器制限交渉（SALT）および戦略兵器削減交渉（START）の過程を通じて，米国は複数個別誘導弾頭（MIRV）を装着した大陸間弾道ミサイル（ICBM）の規制を追求し続けた。

しかし，ソ連が「相互確証破壊」状況を受容しているとは断言し得ず，米国でも限定的な核攻撃の能力に関心が高まった。また，米国の核戦力を実際に運用する際の想定においては，一貫して対兵力打撃が大きな位置を占めていた。核戦争が起こった場合に米国にもたらされる損害を減らすためにはソ連の戦争遂行能力を迅速に破壊することが求められ，またそうした態勢を整えることが対ソ抑止を確実にすると見られたのである。1980年代には核兵器を「無力かつ時代遅れ」にするとの触れ込みで，戦略防衛構想（SDI）の研究も始まった。

このように，米国の核政策においては整合の難しい２つの立場が併存することとなった。国土，国民への報復攻撃の威嚇に依存する抑止を前面に打ち出す立場，および（抑止のためではあれ）敵国における戦争遂行能力の減殺を優先する立場である。前者は対兵力打撃や戦略防衛の抑制に意を用い，後者はそれらを積極的に推進しようとした。

ところが，冷戦の終結を機に戦略環境に関する米国の認識は一変した。米国はイラン，イラク，北朝鮮を始めとする地域の敵性国家——それらは「ならず者国家」（rogue state）と呼ばれることが多かった——およびテロリスト集団を含む敵性非国家主体を当面最も危険と看做すようになった。また，技術伝播が容易となったことを一因として，核兵器その他大量破壊兵器およびこれを運搬

し得る弾道ミサイルの拡散が進みつつあった。敵性の国家や非国家主体が大量破壊兵器やその運搬手段を入手した場合，まずは米国の同盟国や友好国，在外米軍の安全が脅かされ，それだけ地域紛争への米国の介入は難しくなりかねなかった。のみならず，やがては米国本土に多大の損害を及ぼすような攻撃も可能になると恐れられた。

そうした中で，戦略環境はますます不確実，不可測なものになっていると考えられるようになった。脅威となり得る存在が——短期的には「ならず者国家」やテロリスト集団に懸念が集まるものの，中・長期的には再興したロシア，擡頭する中国，あるいはその他の主要国も含まれてくる，といった具合に——多様となり，また価値観の不明瞭な敵対者が登場する——既に敵性の国家や非国家主体が一部そうであると見られているように——ことも想定せねばならなくなった。それに軍事技術における激変の可能性を重ね合わせると，米国が突如として思いも掛けない態様の攻撃に晒される危険も排除し得なくなったのである。

2001年9月に米国の政治・経済中枢を襲ったテロ攻撃（9.11テロ）は，そうした認識の妥当性を裏書きするものと捉えられた。狂信的な価値観を奉ずる敵対者が全く想定外の手段によって衝撃的な被害をもたらしたからである。また，9.11テロでは大量破壊兵器は用いられなかったが，テロリストがそれを手に入れた場合，その使用を躊躇するとは考えられなかった。これに対し，ロシア——9.11テロ以前に「敵ではない」と宣言されていた[2]——中国を含む主要国の大半はむしろ米国と「同一の側」に立っており，「テロの暴力および渾沌という共通の脅威によって結ばれている」とさえ思われた[3]。

一方，地域の敵性国家や敵性非国家主体からの挑戦に際して核戦力を発動する旨の威嚇に信憑性を与えることは容易とは言えなかった。地域紛争への介入には米国の存亡が懸かっていない場合も少なくないからであり，また——米国の国土，国民が直接脅かされる場合であっても——自爆を厭わないようなテロ

---

(2) "Remarks by the President to Students and Faculty at National Defense University," May 1, 2001 <www.whitehouse.gov>.

(3) George W. Bush, *The National Security Strategy of the United States of America*, September 2002, cover letter.

リストに関してはそもそも抑止が効き難く，また国境横断的な組織に対しては標的の選定が難しいからである。

その上，国際社会では安全保障の手段としての核兵器の役割そのものに対して疑問が投ぜられるようになった。核兵器不拡散条約（NPT）の運用検討・延長会議（1995年）は同条約の無期限延長を決定すると同時に，核兵器国に対して「核兵器の廃絶」に向けた核削減の「体系的かつ漸進的な努力」を要求した。そして，2000年の運用検討会議では，そのための「実際的措置」の一環として，核兵器国は核全廃への「明確な約束」，「安全保障政策における核兵器の役割低減」等に同意したのである。また，国際司法裁判所は核兵器の使用（またはその威嚇）について，「一般に」は国際法に違反するという勧告的意見を提示した（1996年）。

冷戦の終結を受けて，実際にも核軍備の縮減が進むこととなった。米・ソ／ロの間では第一次・第二次戦略兵器削減条約（START I，II条約）が妥結を見た（1991年，93年）。この中，START II条約は米国が「相互確証破壊」状況の保全にとって有害と看做してきたMIRV化ICBMの全廃を謳うものとなった。また，両国は非戦略核の削減を促進すると同時に，核実験を自発的に停止し，包括的核実験禁止条約（CTBT）に署名した（1996年）。

その間，米国の通常戦力は「情報革命」の成果を取り入れて長足の進歩を遂げるようになっていた。戦闘に係る状況を的確に把握し，これを全軍に迅速に伝える能力の発達が著しく，また射程が長く，精度が高く，隠密に行動し得る等の特長を有する兵器やその発射母体の開発に目覚ましいものがあったのである。

2　役割規定

ブッシュ政権は安全保障の手段としての核兵器の役割を一面では縮小し，他面では拡大しようとしてきた[4]。

ブッシュ政権によれば，戦略環境の不確実性，不可測性は米国の国防戦略を

（4）　核軍備に関するブッシュ政権の考え方を極めて明快に説明したものに，Keith Payne, "The Nuclear Posture Review: Setting the Record Straight," *Washington Quarterly*, vol. 28, no. 3 (Summer 2005) がある。

「脅威対応」(threat-based) 型から「能力対応」(capabilities-based) 型に変えることを求めるものであった。「誰が敵対者であるか」あるいは「どこで戦争が起こるか」ではなく、「敵対者が如何に戦うか」に焦点を据えるべきだというのである。そうした接近を通じて、核戦力を含む米国の軍事力は、様々な事態が生起し得ることを前提としつつ、①同盟国、友好国に「安心供与」(assure) し、②将来の軍事競争を「諫止」(dissuade) し、③米国の利益に対する脅威や威圧を「抑止」(deter) し、④抑止が失敗した場合には敵対者を決定的に「撃破」(defeat) する——ことの出来る態勢を整えることとされた[5]。

しかし、価値観の明瞭でない敵対者に対しては抑止が効きにくくなることが想定された。そこで、「抑止」の破綻を前提とした戦争遂行による「撃破」に関心が集まる傾向が現れた。また、「抑止」の中では「懲罰的」抑止 (deterrence by punishment) から「拒否的」抑止 (deterrence by denial) に重心が移ることとなった。報復攻撃によって敵性国家の社会を壊滅させる旨の威嚇がどこまで有効か分からなくなったため、敵対者による軍事目的の達成を「拒否」する能力の誇示を通じて攻撃を思い止まらせようというのである[6]。

さらに、敵性の国家や非国家主体に一度でもテロ攻撃や大量破壊兵器の使用を許した場合、絶大な被害に繋がりかねないことから、「先制」(preemption) が前面に押し出される結果となった。「脅威が大きいほど行動しないことの危険も大きくなる」ので、「敵の攻撃の日時や場所について不確実性が残っていたとしても」、米国としては「必要であれば先制的に行動する」と言うのである[7]。加えて、敵対者の大量破壊兵器に「先制」攻撃を掛ける旨の威嚇は、かかる兵器の配備を抑止する効果を有するかもしれなかった。

---

(5) 「能力対応」型の接近および「安心供与」等の目標については、Donald H. Rumsfeld, *Quadrennial Defense Review Report*, September 30, 2001, pp. 11-14 を参照。

(6) Payne, "Nuclear Posture Review" によれば、冷戦期の対ソ抑止は「恐怖の均衡」が機能する条件が充たされているとの仮定の下で展開されたが、冷戦後における敵対者との関係に関してそのような仮定を置くことは無理だと言う。ただ、ペインは冷戦期において「恐怖の均衡」に依拠した対ソ抑止を最も厳しく批判していた一人であった。なお、「懲罰的」抑止と「拒否的」抑止との区別については、Glenn H. Snyder, *Deterrence and Defense: Toward a Theory of National Security* (Princeton, NJ: Princeton University Press, 1961), pp. 14-16 を参照。

(7) 引用は Bush, *National Security Strategy*, p. 15 より。

第 2 部　核 軍 縮

　もとより核戦力のみでは多様な状況に対応して「安心供与」から「撃破」（さらには「先制」）に至る機能を果たすことは困難と目された。他方，通常戦力に関しては——ミサイル防衛の能力を含め——引き続き著しい向上を期待することが出来ると考えられた。

　そこで，ブッシュ政権は2001年に実施した「核態勢見直し」で「新たな三本柱」（new triad）の概念を打ち出した。〔「核態勢見直し」報告は2002年1月にその概要が説明されたのみで，本文は非公開とされたが，3月にはその「抜粋」とされるものが民間の研究機関によって公表された[8]。〕冷戦期にはICBM，潜水艦発射弾道ミサイル（SLBM），および戦略爆撃機が核戦力の「三本柱」を構成していた。これに対し，「新たな三本柱」とは，①核および非核の攻撃能力，②防御体系，ならびに③「応答的国防基盤」（responsive infrastructure）から成るものであった[9]。

　それはある意味で安全保障の手段としての核兵器の役割を縮小しようとするものと言えた。冷戦期のように専ら核軍備に頼るのではなく，核戦力と非核戦力，および攻撃戦力と防御体系との協働を通じて喫緊の課題に対処することが目指されているからである。防御能力への依存が組み込まれる分だけ攻撃能力への依存が低下し，また攻撃能力の領域では非核戦力への依存が組み込まれる分だけ核戦力への依存が低下することになるわけである。なお，戦略防衛の促進を可能にすべく，米国はABM条約からの脱退を通告した（2001年12月）。

　実際，ブッシュ政権は一貫して核兵器の役割が縮小することを強調してきた。「核態勢見直し」の概要説明に際してクラウチ（J.D. Crouch）国防次官補は「新たな三本柱」が「核兵器への我が国の依存を低下させることが出来る」と語っており，またラムズフェルド（Donald H. Rumsfeld）国防長官の「核態勢見直し」報告「序文」にも同様に述べた箇所がある[10]。2007年になっても，

---

(8)　クラウチ国防次官補等による概要説明およびその際に使われたスライドは，それぞれ "Special Briefing on the Nuclear Posture Review," January 9, 2002 <www.defenselink.mil>; "Findings of the Nuclear Posture Review," January 9, 2002 <www.defenselink.mil> である。また，在野の研究機関が公表した「抜粋」は "Nuclear Posture Review [Excerpts]: Submitted to Congress on 31 December 2001," January 8, 2002 <www.globalsecurity.org> を参照。

(9)　"Findings of the Nuclear Posture Review," p. 9.

(10)　"Special Briefing on the Nuclear Posture Review"; Donald H. Rumsfeld, "Nuclear Pos-

NPT運用検討会議準備委員会において，米国の代表は，「核態勢見直し」に沿って抑止の必要を核兵器（大量破壊兵器）以外の方法で充たす手段の開発に邁進していることを挙げて，核兵器への依存低減を表すものと主張しているのである[11]。

しかし，ブッシュ政権によって核兵器の役割が拡大されようとしてきた面のあることも否定し得ない。冷戦期の如くひたすら「懲罰的」抑止を正面に押し立てるのではなく（但し，上述した通り，運用政策においてはソ連の戦争遂行能力制圧に重点が置かれており，またそうした態勢を取ることが「拒否的」抑止に資することにも考慮が及んでいた），今日の戦略環境に即した「拒否的」抑止および戦争遂行——「先制」（威嚇）によるものを含む——の新たな任務が与えられたからである。

核兵器に課せられた新たな任務を一言で言い表せば，「ならず者国家」その他の敵性国家（や敵性非国家主体）への対兵力打撃である。その焦点は敵対者の大量破壊兵器に関連する標的とりわけ地下に建設された堅牢な施設（大量破壊兵器を貯蔵する施設や弾道ミサイルを配置した施設，それらの使用に必要な指揮・統制のための施設等）——および地上の標的としては移動式発射装置等——への攻撃であった。

「核態勢見直し」報告「抜粋」によれば，そのような地下施設が世界には1,400以上存在すると推定されたが，これを既存の通常兵器で破砕することは困難であった。また，通常兵器によって地下施設を崩壊させただけでは化学兵器，生物兵器を構成する物質の殺傷性は除去されず，それが地上に飛散すれば大きな被害が出ることも予想されたのに対し，核兵器を用いれば熱効果と放射能で化学剤・生物剤を無力化することが期待し得た。

他方——特に米国の存亡が懸かっていないと看做される状況において——核攻撃の威嚇による「拒否的」抑止（「先制」威嚇によるそれを含む）が信憑性を保持するためには，非戦闘員に及ぼす「随伴被害」（collateral damage）を限定

---

ture Review: Foreword" <www.defenselink.mil>.
(11) Christopher A. Ford, "Statement at 2007 Preparatory Committee Meeting of the Treaty on the Nonproliferation of Nuclear Weapons: Cluster 1: Disarmament," May 8, 2007 <www.state.gov>.

第2部　核軍縮

する能力が必須と考えられた。また，威嚇が実行に移されても，随伴被害が限られたものであれば，核兵器を使用しての戦争遂行が呼び起こすであろう国際的な非難を抑えることが出来るかもしれなかった。

　実際のところ，「核態勢見直し」報告「抜粋」の求める「新たな能力」とは，①「堅牢で地中深く埋設された標的」（HDBT），②移動式および再配置可能の標的，③化学剤や生物剤を攻撃，撃破する能力，ならびに随伴被害を局限する能力を指すものであった。また，そうした観点から言えば，現存の核軍備は「冷戦という起源を反映し続けて」おり，命中精度や地中貫通能力，標的変更能力が不足している他，出力が過大な弾頭しかないといった限界を抱えているとされた[12]。

3　戦力態勢

　核兵器の役割規定における変化——そして，それを促した戦略環境の変容——は，当然ながら核軍備の規模や構成に多大の影響を及ぼしてきた。一方でロシアが「敵ではな」くなったことにより，戦力態勢の縮小が継続する運びとなった。他方で戦略環境の不確実性，不可測性が強まったことから，核戦力を速やかに再構築する能力の維持に重きが置かれ，また核兵器に新たな任務が付与されたことに対応して，新型核兵器の開発を推進する構えが取られたのである。

　冷戦の終結からブッシュ政権の登場までの間に，米国の核軍備は大幅に縮減した。2万発を超えていた保有核兵器の総量は1万発強へとほぼ半減した。配備された戦略核はSTART方式で計算して1万発以上に上っていたが，STARTⅠ条約に則って6,000発以下への削減が進められた（同条約の履行は2001年12月までに完了した）。朝鮮半島や海洋に配備されていた非戦略核は撤去され，4,000発内外を数えていた欧州配備の非戦略核も480発程度へと急減するに至った[13]。

---

(12) 引用は "Nuclear Posture Review [Excerpts]," p. 46（位置関係から推定）より。
(13) 保有核総量の推移については "Nuclear Notebook: U.S. Nuclear Reductions," *Bulletin of the Atomic Scientists*, vol. 60, no. 5（September/October 2004）等を，欧州配備の非戦略核については "Nuclear Notebook: U.S. Nuclcar Weapons in Europe, 1954-2004," *Bulletin of the Atomic Scientists*, vol. 60, no. 6（November/December 2004）等をそれぞれ参照。

ブッシュ政権は「核態勢見直し」において「MAD（相互確証破壊）に基づくロシアとの関係を終わらせ」,「安全保障上の必要に合致する最少数の核兵器を配備する」方針を示し,「実戦配備」(operationally deployed) される戦略核を2012年までに1,700～2,200発に削減することを打ち出した[14]。配備戦略核の上限を3,000～3,500発と規定したSTART II 条約は——米国がABM条約からの脱退を決めたことにより——遂に発効しなかったが,それに代わって2002年5月に締結された戦略攻撃能力削減条約（モスクワ条約）には1,700～2,200発という数字が盛り込まれた。〔他方,モスクワ条約には戦力構成に関する規定はなく,従ってMIRV化ICBMの配備も許容されることとなった。〕

　また,「核態勢見直し」報告「抜粋」によれば,2012年における実戦配備戦力の運搬手段は,ミニットマン III ICBM500基,トライデント型弾道ミサイル搭載原子力潜水艦（SSBN）14隻（うち常時2隻が整備点検中),B-52爆撃機76機,B-2爆撃機21機という態勢になるとされた。現に配備されている運搬手段の中,ピースキーパーICBM（50基）をすべて退役させ,トライデント型SSBN4隻を非核任務に転換（通常弾頭装着巡航ミサイルまたは特殊作戦部隊を搭載）する他,B-1爆撃機の核任務回帰能力を除去するというのである。

　ただ,実戦配備戦力1,700～2,200発というのは,クリントン政権がロシアとの間で結んだ「ヘルシンキ合意」(1997年3月)の想定する戦略核の戦力規模と実質的に同じであった。他方,「ヘルシンキ合意」では配備を解かれた弾頭の破壊が検討される運びとなっていたが,モスクワ条約にはそうした規定は取り入れられなかった。また,「核態勢見直し」で提示された運搬手段についての施策も,クリントン政権時代の構想をそのまま引き継いだものと言わざるを得なかった。

　その後,2004年6月には2012年までに保有核総量を「殆ど半分」に減らすという核軍備の削減計画が議会に提出されたが,その詳細は公表されていない[15]。さらに,2006年2月の『四年期国防見直し』(QDR)報告では,実戦配

---

(14) 引用は "Findings of the Nuclear Posture Review," p. 6 より。
(15) 引用は Linton F. Brooks, "U.S. Nuclear Weapons Policies and Programs," presented to the Carnegie International Nonproliferation Conference, June 21, 2004, p. 5 <www.nnsa.doe.gov> より。

備のミニットマンⅢを450基，B-52を56機へとさらに削り込み，また少数のトライデント SLBM に（核弾頭に代えて）精密誘導の通常弾頭を装着する方針が明らかにされた(16)。なお，SSBN14隻の中，9隻は太平洋に配備されることとなった(17)。

　他方，配備された核戦力の削減を続けていくためにも，核能力を臨機に再構築する態勢を保つことが重要と考えられてきた。「応答的戦力」(responsive force) の維持が求められ，また「応答的国防基盤」が「新たな三本柱」の一角に収められた所以である。

　「核態勢見直し」によれば，実戦配備戦力とは「当面の（immediate）事態」および「突発的（unexpected）事態」に当たるためのものであり，それ以外に「潜在的（potential）事態」に備えるための「応答的戦力」を保持する必要があった(18)。実戦配備戦力の削減は主として弾道ミサイルが実際に装着する弾頭の削減（「低減搭載」〈downloading〉）および爆撃機基地で積み込み可能な核兵器の削減を通じて実施し，少なくとも「低減搭載」で配備から外された弾頭は必要に応じて「応答的戦力」に組み入れられることになった。

　こうした「応答的戦力」は――現在は配備を解かれているものの――数日ないし数カ月で再配備されればそのまま使える既存の核兵器から成るものである。「応答的戦力」の規模がどの程度になるのかは明らかでないが，かつて2,400発という数字が挙げられたことがある(19)。また，2004年6月の削減計画に関して，2012年には実戦配備戦力と「応答的戦力」とが概ね同数（約2,200発）になるという分析も見られる(20)。

---

(16)　Donald H. Rumsfeld, *Quadrennial Defense Review Report*, February 6, 2006, pp. 6, 46, 50.

(17)　一方，欧州配備の非戦略核は480発からさらに削減されている可能性がある。"Nuclear Notebook: Where the Bombs Are, 2006," *Bulletin of the Atomic Scientists*, vol. 62, no. 6 (November/December 2006), p. 57.

(18)　"Findings of the Nuclear Posture Review," p. 10; "Nuclear Posture Review [Excerpts]," p. 17（一部は位置関係より推定）。

(19)　Philipp C. Bleek, "Nuclear Posture Review Leaks; Outline Targets, Contingencies," *Arms Control Today*, vol. 32, no. 3 (April 2002), p. 20.

(20)　Robert S. Norris and Hans M. Kristensen, "What's Behind Bush's Nuclear Cuts?" *Arms Control Today*, vol. 34, no. 8 (October 2004), p. 9.

加えて，ブッシュ政権は「応答的国防基盤」の建設を通じて，核兵器を必要に即して開発，製造する能力の維持，回復を図ってきた。「ピット」(最初に核爆発する部分) 製造工場の新設を含め施設の拡充，そして要員の確保 (技術の継承) に努め，劣化の目立つ核兵器関連複合体を再建しようとしている。また，老朽化した弾頭については――単に部品を交換して寿命を伸ばすのではなく――(核実験なしで) 弾頭を新たに設計，製造してこれと取り替える――そのためにも新たな「ピット」が必要となる――「信頼性のある代替核弾頭」(RRW) 計画が進められている。さらに，敵性国家への対兵力打撃を念頭に置いた新型核兵器として，低出力核兵器および「強壮地中貫通核兵器」(RNEP) の開発が企てられてきた。

通常，新型核兵器の開発――RRW も実質的には新型核兵器と言える場合があるかもしれない――には核実験が付き物である。ブッシュ政権は1992年以来継続する核実験の自制を支持してきた。他方，CTBT の批准には一貫して反対しており，また核実験の再開が決定された場合，その実施に必要となる準備期間について，クリントン (Bill J. Clinton) 政権下での24～36カ月を18カ月に短縮することを目指すこととなった。もっとも，ブッシュ政権によれば，RRW計画は弾頭の抱える問題を発見し，処理するために核実験が必要になる可能性をむしろ低下させることになると言う[21]。

ところが，こうした方策はいずれも議会の抵抗に遭って修正を余儀なくされてきた。2003年，議会は10年ぶりに低出力核兵器の研究を解禁したものの，その本格的な開発は改めて禁止した。2006年までに，ブッシュ政権は RNEP 予算要求を断念し，核実験準備期間18カ月態勢への移行を放棄した他，新たな「ピット」製造工場の建設をも棚上げせざるを得なくなった。2007年になると，議会では RRW 計画に掣肘を加えようとする傾向が強まっていった。

また，新型核兵器の開発を巡る動向如何にかかわらず，ブッシュ政権の想定

---

[21] 低出力核兵器，RNEP，核実験準備態勢を巡る動向については Jonathan Medalia, *Nuclear Weapon Initiatives: Low-Yield R&D, Advanced Concepts, Earth Penetrators, Test Readiness*, Congressional Research Service, updated March 8, 2004, RRW を巡る動向については Do., *Nuclear Warheads: The Reliable Replacement Warhead Program and the Life Extension Program*, Congressional Research Service, updated April 4, 2007 がそれぞれ詳しい。

第2部　核軍縮

するような核戦力——特に実戦配備戦力——の規模を将来に亘って維持することは，経費の観点から困難を伴うことになるかもしれない。既存の国防計画をすべて実現するためには国防予算を大幅に増額する必要があると考えられるが，巨額の財政赤字が続く中では——戦略環境が再び激変しない限り——それは望み薄であろう。国防総省が優先順位の決定を迫られた場合，核軍備を優遇するという保証は全くないのである(22)。

4　運用政策

　核兵器の役割に関して指摘された2つの側面は核戦力の運用に係る政策にも反映されることとなった。一方で，敵性国家における大量破壊兵器関連標的の破壊——「先制」によるそれを含む——という新たな任務に応える準備が整えられつつある。他方で，そうした任務の遂行に当たっては，核戦力のみに依るのではなく，通常戦力が一定の役割を果たすことが想定されているのである。

　「核態勢見直し」報告「抜粋」には，（中国に加えて）北朝鮮，イラク，イラン，リビア，シリアが「当面の事態」に関係するかもしれないとの記述があった(23)。それは取りも直さずこれらの「ならず者国家」——いずれも大量破壊兵器の開発，保有が疑われた——に対して核攻撃の計画が立てられる可能性のあることを示唆するものであった。

　また，2002年12月に公表された『大量破壊兵器と戦うための国家戦略』は，大量破壊兵器の使用に対して「圧倒的な戦力——我々のすべての選択肢に訴えることを含む——を以て応答する権利を留保する」ことを告げるものであった(24)。しかも，同報告の基となった非公開の国家安全保障大統領指令17号（NSPD17）（2002年9月）においては，「我々のすべての選択肢に訴えることを

---

(22) 高橋杉雄「米国の『新たな三本柱』と戦略核戦力の将来」〔軍縮・不拡散促進センター『米国の核政策及び核軍縮・不拡散政策』〕42-43頁，Steven M. Kosiak, *Spending on US Strategic Nuclear Forces: Plans & Options for the 21st Century,* Center for Strategic and Budgetary Assessments, 2006, pp. 17-20.

(23) "Nuclear Posture Review [Excerpts]," p. 16.

(24) White House, *National Strategy to Combat Weapons of Mass Destruction,* December 2002, p. 3.

含む」の部分が「潜在的には核兵器に訴えることを含む」となっていたと言われる[25]。

　大量破壊兵器関連標的に対する核使用の計画は「世界打撃」(Global Strike)の一環とされてきた[26]。2003年，戦略核の運用を司る戦略軍司令部に「世界打撃」に関する任務が付与された。核戦力，通常戦力，および宇宙・情報作戦能力によって「迅速で広範囲の精密運動性……および非運動性の……効果を送達」することを可能にしようというのである。戦略軍司令部は「世界打撃」を具現するものとしてCONPLAN（概念計画）8022の策定を主導した。CONPLAN 8022には核使用の選択肢も含まれており，それに対応する形で，2004年以降，一部のICBM，SLBM，爆撃機が敵性国家における特定の標的に指向されるに至った。なお，2005年には，戦略軍司令部は大量破壊兵器に対抗する努力を調整する任務をも担うこととなった。

　一方，冷戦期このかた戦略核による攻撃の計画を代表してきたのは「単一統合作戦計画」(SIOP)であり，冷戦後には戦略軍司令部がこれを作成するようになっていた。しかし，2003年にSIOPの名称は廃止され，OPLAN（作戦計画）8044に取って代わられた。こうした動きも，戦略環境の変容に即して，より小規模で柔軟な打撃を重視する傾向を表すものと解釈される[27]。

---

(25) Hans M. Kristensen, "The Role of U.S. Nuclear Weapons: The Doctrine Falls Short of Bush Pledge," *Arms Control Today*, vol. 35, no. 7 (September 2005), p. 16.

(26) 以下，運用政策の展開に関する記述は，主としてKristensen, "The Role of U.S. Nuclear Weapons" の他，Hans M. Kristensen, *Global Strike: A Chronology of the Pentagon's New Offensive Strike Plan*, Federation of American Scientists, March 15, 2006; Do., "U.S. Nuclear Weapons Guidance" <www.nukestrat.com> に依拠している。「世界打撃」については，William Arkin, "Not Just a Last Resort?: A Global Strike Plan, With a Nuclear Option," *Washington Post*, May 15, 2005; Dennis M. Gormley, "Securing Nuclear Obsolescence," *Survival*, vol. 48, no. 3 (Autumn 2006) をも参照。

(27) Hans M. Kristensen, "U.S. Strategic War Planning after 9/11," *Nonproliferation Review*, vol. 14, no. 2 (July 2007), pp. 379-380 によれば，SIOPは元来OPLAN 8044の一部（戦闘運用部分）であったことから，混乱を避けるために，従来SIOPと呼ばれていたものを表す場合には，OPLAN 8044 Revision 03等と，それが発効した年度に対応する改定番号を付することになった。また，OPLAN 8044とCONPLAN 8022とは正式には別個のものであるが，両者の計画作業は密接に絡み合っており，実際の相違は前者が報復（あるいは抑止）のためのものであるのに対し，後者は「先制」（または「予防」〈prevention〉）を含む迅速攻撃を想定したものだということのみであるように見えると言う。

第2部　核軍縮

　核攻撃の計画が「先制」の選択肢を排除するものでないことは，2005年3月統合参謀本部によって取り纏められた『統合核作戦教義』の「第2次最終調整案」からも窺われる。「第2次最終調整案」の内容が専門誌に取り上げられて間もなく，2006年初頭に『統合核作戦教義』は撤回されることとなったが，「第2次最終調整案」は核使用に関するブッシュ政権の考え方を映し出したものとして注目に値する(28)。

　「第2次最終調整案」は各戦域の戦闘司令官が大統領に対して核使用の承認を求める可能性のある状況を8つ例示したが，その中には①敵対者が大量破壊兵器の使用を意図している場合，②核攻撃によってのみ安全に破壊し得る生物兵器を用いた攻撃が差し迫っている場合，③潜在的に圧倒的な敵対者の通常戦力に対抗しようとする場合，④核兵器を使用する意図および能力を誇示しようとする場合――が含まれていた。そうした場合には，敵対者が大量破壊兵器の使用に至っていない段階でも，核戦力を発動することが考えられるわけである(29)。

　また，「第2次最終調整案」は柔軟に標的を選定し，あるいは攻撃の優先順位を変更することを可能にする計画作業を改めて前面に据えたものであった。周到に準備された「慎重な計画」（deliberate planning）を基礎に臨機に作成する「適応的計画」（adaptive planning）や，「適応」し得る「慎重な計画」が存在しない場合に急いで作成する「危機行動計画」（crisis action planning）に力点が置かれたのである(30)。

　とは言え，「世界打撃」の任務はあくまでも核戦力と通常戦力との協働――そこではむしろ通常戦力が主役を演ずる――を前提とするものである。『統合核作戦教義』の「第2次最終調整案」にも，核戦力と通常戦力との融合は国防戦略の成功にとって「決定的」であるとの記述があった。それによって標的選定が最善となり，随伴被害が極小となると同時に，紛争規模拡大の危険を抑制することが出来るというのである(31)。

---

(28)　「第2次最終調整案」を俎上に載せたのがKristensen, "The Role of U.S. Nuclear Weapons" に他ならない。

(29)　U.S. Department of Defense, Joint Staff, *Doctrine for Joint Nucler Operations: Final Coordination (2)*, March 15, 2005, p. III-2.

(30)　Joint Staff, *Doctrine for Joint Nuclear Operations*, II-3～8.

「世界打撃」のための通常戦力として取り敢えず想定されるのは、通常弾頭を装着した既存の弾道ミサイルや巡航ミサイル、それに精密誘導兵器を搭載した既存の爆撃機である。SSBNを改造した通常弾頭装着巡航ミサイル搭載の潜水艦や通常弾頭への換装が計画されている一部のSLBMは「世界打撃」に寄与し得るであろうし、またピースキーパーの退役に際しては、これを非核任務で活用することも提案された。それ以外にも様々な兵器が「世界打撃」関連で研究・開発の途上にある[32]。

最後に、ロシアはもはや「敵ではない」と言われ、また米国の核兵器に課せられた新たな任務が地域の敵性国家（や敵性非国家主体）に照準を合わせたものであることは、必ずしもロシアが核攻撃の標的から外されたことを意味していない。「核態勢見直し」以来、実戦配備戦力1,700～2,200発はロシアの関与する「当面の事態」を想定して決定されたものではない旨が強調されてきた[33]。しかし、それと概ね同等の「ヘルシンキ合意」の戦力態勢の下でも、ロシアに対する迅速な対兵力打撃を引き続き想定した運用政策が取られることとなっていたのである[34]。一方、中国は「当面の事態」に関係し得るとされており、また実際に太平洋方面のSSBN 9隻体制は中国を対象とする標的選定の所要増大を反映するものと見られている。

5 議　論

ブッシュ政権の核政策は米国の内外で様々な反響を呼んできた。特に、米国

---

(31) 引用はJoint Staff, *Doctrine for Joint Nuclear Operations*, II-8～9より。
(32) Dennis M. Gormley, "Securing Nuclear Obsolescence," *Survival*, vol. 48, no. 3 (Autumn 2006), p. 141はそのような研究・開発計画の例として、通常兵器を装着した高度に機動的な飛翔体を大陸間の距離に射出する小型で使い捨てのロケット推進装置、および5,500キログラムの搭載物を2時間以内に1万4,500キロメートル運搬する再利用可能な超音速巡航ミサイルのそれを挙げている。
(33) "Findings of the Nuclear Posture Review," p. 10; Payne, "Nuclear Posture Review," pp. 147-148.
(34) Richard Sokolsky, "Demystifying the US Nuclear Posture Review," *Survival*, vol. 44, no. 3 (Autumn 2002) は、大規模な「応答的戦力」の維持にも触れつつ、「核態勢見直し」に「冷戦的な標的選定思想の持続」を見ている（引用はp. 141より）。

内では核兵器への新たな役割の付与,およびその遂行を助けると目される新型核兵器の開発に疑問が呈せられることとなった(35)。関連する施策に対して議会の抵抗が強まっていることは,そうした批判が影響を増しつつあることを反映するものと言えよう。〔もちろん,核兵器に新たな任務を課し,新型核兵器を導入するという基本的な方針を是認した上で,具体的な方策——戦力規模の縮小や核実験停止の継続——がそれに合致していないという角度からの批判もある。〕

　第1に,米国に対兵力打撃の能力が整っていなくても,敵対者による大量破壊兵器の使用を抑止することは難しくないという議論がある。米国は敵性国家の社会を完全に崩壊させる——そうすればその支配者の権力基盤も消失する——に足る核報復の能力を備えているばかりでなく,圧倒的な通常戦力を活用して支配者を取り除くことも出来るからである。敵対者に大量破壊兵器の使用を思い止まらせることが可能であれば,「先制」の必要もそれだけ低下することになる。

　ただ,特に敵性国家が大量破壊兵器で米国本土を攻撃する能力を有している状況にあっては,対価値攻撃の戦力や通常戦力のみによって大量破壊兵器の使用を抑止することは容易でないかもしれない。そうした戦力による報復に対して,敵対者は大量破壊兵器を使って米国に再報復すると見られることから,特に米国の命運を左右しないような地域紛争に際しては,米国に報復を思い止まらせる誘因が働く——と,敵性国家の支配者が考えがちとなる——ためである。

　第2に,米国の核軍備が新たな任務に応える能力を高めたとしても,それで直ちにテロリスト集団の脅威に対抗し得るようになるかどうかは疑問だとも言われる。先述の如く,自爆を恐れず,また国境を越えて活動するテロリストはもともと核兵器による「抑止」に——また「撃破」にも——馴染まないからである。

　しかしながら,テロリスト集団が大量破壊兵器とりわけ核兵器を使うとすれ

---

(35) そうした疑問を纏めて提示したものに,例えば Roger Speed and Michael May, "Dangerous Doctrine," *Bulletin of the Atomic Scientists*, vol. 61, no. 2 (March/April 2005); Charles L. Glaser and Steve Fetter, "Counterforce Revisited. Assessing the Nuclear Posture Review's New Missions," *International Security*, vol. 30, no. 2 (Fall 2005) がある。

ば，それは「ならず者国家」等から入手したものである場合が少なくないであろう。従って，テロリストが核兵器を用いて攻撃してきた際には，これを供与した国に対して然るべく——状況によっては核攻撃を以て——報復する意思を予め示しておくことによって，テロリストによる核兵器の取得をある程度は抑えることが出来るかもしれない。

実際，米国政府部内では，テロリストに核兵器を供給した国が判明した場合，その国を核爆発の帰結に対して「全面的に責任ある」ものとして扱う旨の警告を発することが検討されていると報ぜられる。2006年10月，北朝鮮の核実験に際して，ブッシュ大統領が「国家または非国家実体への兵器・物質の移転」を「重大な脅威」と宣言し，その結果について北朝鮮を「全面的に責任ある」ものとすると言明した(36)のは，核爆発が起こった場合，これを北朝鮮から出た核兵器，核物質によるものと判定することが可能と考えられたからである。但し，一般には，そうした「核の帰属」（nuclear attribution）の問題は情報不足のため充分に解決していないと言う(37)。

第3に，そもそも大量破壊兵器関連標的を破壊する能力の達成には多大の困難が伴うとの指摘もなされる。HDBTへの攻撃について言えば，地中貫通核兵器の開発が成ったとしても，現実的には硬い岩盤を掘り進むのは数メートルが限度と見られる。核爆発がその程度の深さで起こったのでは，数百キロトンという出力の高い弾頭を使っても数百メートルの地下に埋設された施設を崩壊させることは覚束ないのである(38)。

また，堅牢な標的を破砕するためには，その位置を正確に知ることが何よりも重要である。核爆発の地点が標的から離れるに伴って，その効果は極めて急速に減少するからである(39)。地下壕に貯蔵された化学剤，生物剤を無力化す

---

(36) "President Bush's Statement on North Korea Nuclear Test," October 9, 2006. <www.whitehouse.gov>

(37) David E. Sanger and Thom Shanker, "U.S. Debates Deterrence for Terrorist Nuclear Threat," *New York Times*, May 8, 2007.

(38) National Research Council of the National Academies, *Effects of Nuclear Earth-Penetrator and Other Weapons*（Washington, DC: National Academies Press, 2005), p. 2 によれば，300キロトンの地中貫通核兵器を用いて硬化された標的を叩こうとする場合，高い確率で危険に晒すことが出来るのは約200メートルより浅い地下に設けられたものである。1メガトンの弾頭を使った際の限界は300メートルである。

るには特に精度の高い情報が必要となる。高熱や放射能によって化学剤，生物剤を変質させるためには，それらの貯蔵形態を把握した上で，火球が地下壕に入る位置で核爆発を起こさねばならないからである。

　他方，標的に関してそれほど正確な情報が得られるのであれば，浅い地下に設けられた施設の破壊は地中貫通の通常兵器によっても可能となるかもしれない。また，より深い地下に造られた施設であっても，通常兵器で地上部分（トンネル出口，給電系統，通信回線・アンテナ等）を使えなくすることによって，その機能を阻むことが出来る場合も少なくないであろう。

　第4に，随伴被害の限定も簡単ではないと説かれる。地中を掘り進む能力の限界に照らせば，仮に地中貫通核兵器が導入されたとしても，核爆発の影響を封じ込めることは全く期待し得ない。また，核兵器の出力が同じであれば，数メートルの地下で爆発しても地表で爆発しても犠牲者数は殆ど変わらないとされる。

　ただ，地下で爆発する核兵器は地表で爆発する核兵器と比べ，地下施設の攻撃に際して相当低い出力で同じ効果を顕すので，その分だけ随伴被害を抑えることが出来る。とは言え，特にそうした標的が都市部に所在する場合，数千人から百万人以上の死傷者が出ると予想されている[40]。

　上記第3，第4の論点から示唆されるのは，米国が対兵力打撃の能力を向上させたとしても，敵対者には有効な対抗措置を講ずる余地が残されているということである。重要な施設を数百メートルの地下に建設したり，標的の位置を特定しにくくし，また予想される随伴被害を拡大するために，大量破壊兵器を都市部に分散配置したりすればよいのである。

　第5に，核兵器に新たな任務を与え，新型核兵器の開発に乗り出すことは，核不拡散の努力にとって有害だという批判がある。米国が大量破壊兵器関連標

---

(39)　例えば，300キロトンの地中貫通核兵器で地下225メートルの標的を高い確率で危険に晒すには半数必中界が110メートル以下であることが必要だと言う（National Research Council, *Effects of Nuclear Earth-Penetrator,* p. 4）。

(40)　National Research Council, *Effects of Nuclear Earth-Penetrator,* p. 2に従えば，人里離れた場所での爆発でも出力が高く，風向きが悪ければ数十万人が死傷する結果となり得る。また，Speed and May, "Dangerous Doctrine," p. 49, n. 3は，出力5キロトンの核兵器を都市部の地下5メートルで爆発させた場合，24時間以内に約15平方キロメートルに亘って人口の5割を死亡させる放射能が放出されるとの試算を紹介している。

的を無力化し得るようになれば敵対者が大量破壊兵器の取得を諦めるという前提は歴史に照らして根拠が疑わしく，むしろ「先制」を視野に入れた対兵力打撃への関心は敵対者の側で大量破壊兵器の能力を追求する誘因を強めかねない。また，核兵器の役割を拡大することはNPTの精神に反する——少なくとも2000年運用検討会議における約束とは整合し難い——と評価されがちであり，その面から核不拡散体制の弱化をもたらしかねない。

他方，米国の核政策と大量破壊兵器に関する他国の政策との関係はさほど密接ではないかもしれない。地域の敵性国家に大量破壊兵器の取得に向けた誘因を与えるのは，むしろ通常戦力における米国の優越——あるいはそれを基盤として地域紛争に介入しようとする姿勢——である場合が多かろう。また，米国が対兵力打撃の能力向上を断念した場合，同盟国，友好国を大量破壊兵器による攻撃から守る意思，能力が失われたと解釈されると，同盟国，友好国が独自に大量破壊兵器の開発に踏み出す恐れも出てこよう。

また，新型核兵器の開発が核実験の再開に繋った場合，核不拡散体制が大きく動揺するだけでなく，既存の核保有国とりわけロシア，中国も核軍備の増強に駆られる可能性が出てくるであろう。そうでなくとも，米国は——戦力規模の縮小を続けてはいるものの——ロシアおよび中国に対して「核の卓越」（nuclear primacy）を確立しつつあるとも見られているのである。ブッシュ政権の核政策に関して提起され得る第6の論点は，核軍縮への含意である。

「核の卓越」論によれば，米国の核政策は表向きとは裏腹に「ならず者国家」やテロリスト集団に焦点を据えたものではなく，ロシア，中国その他に対する軍事的な優位の確保を主眼としている。一方，ロシアの核戦力は早期警戒体系の弱体化も相俟って急速に脆弱性を増しており，米国が奇襲攻撃を掛ければ戦略核はことごとく破壊される結果となる公算が大きい。〔果たしてそういう形で「MADに基づくロシアとの関係を終わらせる」ことが出来るとすれば，ロシアはもはや（米国に敵わないという意味で）米国の「敵ではない」ということになる。〕より小規模な中国の核軍備はさらに脆弱であり，同国が警戒態勢を取っている場合でも，米国の先制攻撃は成功し得るとされるのである[41]。

---

(41) 「核の卓越」論は Keir A. Lieber and Daryl G. Press, "The Rise of U.S. Nuclear Primacy," *Foreign Affairs*, vol. 85, no. 2 (March/April 2006); Do., "The End of MAD? The Nu-

ただし,「核の卓越」論に対しては, 米国の政策を誤解しており, またロシアの核戦力を過小評価しているとの批判が寄せられている(42)。また, ロシア, 中国を念頭に置いた核戦力の重視が核軍縮を阻害するとしても, それでは防御体系や非核の攻撃戦力への依存拡大を通じて核兵器の役割を縮小していけば, ロシア, 中国との戦略関係が安定するのかと言えば, 問題はそう単純ではない。

仮に「核の卓越」論が何がしかの妥当性を有するほどロシアの核能力が衰退しており, また中国の核戦力が弱体だとすれば, ミサイル防衛の推進はロシアや中国の報復戦力に深刻な影響を与えることになろう。実際, 東欧に防御体系を展開しようとする米国の計画はロシアの強い反発を呼ぶこととなった。また, 通常弾頭を装着した弾道ミサイル——例えばトライデント SLBM——の発射はロシアや中国によって核攻撃と誤認される危険を孕んでいる。その結果, 偶発的な核戦争が勃発する恐れがないとは断言し得ないのである。〔加えて, 弾道ミサイルに新たな用途を与えて重用することはその拡散を押し止める努力に逆行するとも言える。〕

む す び

本稿の議論は以下のように纏められよう。

当今の戦略環境を一口で言えば, 全体として不確実性, 不可測性が増大する中で,「ならず者国家」やテロリスト集団の挑戦が浮上し, 大量破壊兵器の拡散が進行している——といったものである。また, 核兵器に依存した安全保障に対して国際社会から疑義が呈せられる一方, 通常戦力の進歩は急速である。

これを受けて,「拒否的」抑止および「撃破」(そして「先制」) を重きを置くブッシュ政権は,「新たな三本柱」の下, 核兵器に対して敵性の国家 (や非国家主体) への対兵力打撃という新たな任務を与える——その限りで核兵器の役割を拡大する——と同時に, 非核の攻撃能力や戦略防衛への依存を押し立てる

---

clear Dimension of U.S. Primacy," *International Security*, vol. 30, no. 4 (Spring 2006) を参照。

(42) そうした批判は "Nuclear Exchange: Does Washington Really Have (or Want) Nuclear Primacy?" *Foreign Affairs*, vol. 85, no. 5 (September/October 2006) に収められている。

――この面では核兵器の役割を縮小する――こととなった。

　戦力態勢の縮小は継続されているが，それは核戦力を早期に再構築する態勢の保全と抱き合わせのものとなっており，また新型核兵器の開発が目論まれてきた。運用政策も変化しつつあり，敵性国家に対する核使用の計画――「先制」の想定をも含む――が推進される一方，通常戦力との融合が追求されている。

　このような米国の核政策を巡っては様々な議論が展開されており，米国内では敵性国家に照準を合わせた対兵力打撃の能力構築の必要性や実現性，またそうした施策が核不拡散や核軍縮に与える影響――を中心に疑問が示されてきた。

8 中国と核軍縮

小川　伸一

はじめに
1　核軍縮に対する中国の基本的な姿勢や考え方
2　核兵器の量的削減
3　核兵器の「先行不使用」と「消極的安全保証宣言」
4　包括的核実験禁止条約（CTBT）
5　兵器用核分裂性物質の生産禁止
おわりに

はじめに

　核兵器不拡散条約（NPT）第6条は，米ロ英仏中の5核兵器国を含めすべてのNPT締約国に対し，核軍備の縮小に関する効果的な措置，ならびに全面的かつ完全な軍備縮小に関する条約の成立に向けて誠実に交渉を行うことを義務づけている[1]。核軍縮に繋がる措置を講じることはすべてのNPT締約国に課せられている責務であるものの，一義的には実際に核兵器を保有・配備している5核兵器国にそうした責務を果たすことが期待されている。また，一部締約国の核兵器開発疑惑やNPTからの脱退，さらには非締約国による核兵器保有など，重大な挑戦を受けている核不拡散体制の信頼性と安定性を回復するためには，核兵器の安全保障上の役割を極限化して核軍縮を進めることが不可欠であることも論を待たない。

　中国は，長年，核兵器の完全廃棄とこれを実現するための「核兵器禁止条約」の締結を唱道してきている。その一方，核軍縮につながる個別的事案の促進や課題の解決に関しては原則的に賛意を示しているものの，その実現や履行に関しては様々な条件を付けたり，あるいは他の関連課題とのリンケージを主

（1）　NPT第6条は，「各締約国は，核軍備競争の早期の停止及び核軍備の縮小に関する効果的な措置につき，並びに厳重かつ効果的な国際管理の下における全面的かつ完全な軍備縮小に関する条約について，誠実に交渉を行うことを約束する」と規定している。

張して，進捗を遅延させる姿勢を見せることもある。本稿では，核軍縮に繋がるいくつかの懸案事例をとりあげ，それぞれの課題に対する中国の政策を検討し，核軍縮に対する中国の考え方や姿勢を探ることにする。

なお本稿では，核兵器と保有する国家について，「核兵器国」と「核兵器保有国」の2通りの表現を用いているが，前者はNPTで当面核兵器の保有を容認されている米ロ英仏中の5カ国を指し，後者はNPT上の核兵器国に加えNPTの枠外で核兵器を保有するに至ったインド，パキスタン，イスラエルを含めた呼称である。

1 核軍縮に対する中国の基本的な姿勢や考え方

中国は，長年，核軍縮と核廃絶，さらには核廃絶を法制化するための核兵器禁止条約の締結を唱えているが，核軍縮に関する今日の中国の基本的姿勢や考え方は，2005年春に開催されたNPT運用検討会議で中国が提出した作業文書「核軍縮と核戦争の危険の低減」の中で簡潔に示されている。まず，核軍縮を可能とする安全保障環境を構築することの重要性を指摘し，そうした安全保障環境を構築するためには，各国が「共通の安全（common security）」を確保すべく，相互信頼，互恵，平等，協力に基づく安全保障概念を追求すべきと主張している[2]。

続いて，核軍縮を進めるにあたってのいくつかの原則的立場を明らかにしている。第1に，既存の軍備管理，軍縮，不拡散を律する国際的な法的枠組みを維持すること，第2に，核軍縮は，より低レベルの均衡に向けての公正かつ道理にかなった（reasonable）漸進的な削減プロセスであるべきこと，第3に，最も多くの核兵器を保有している国家（米ロ）が核軍縮に特別の責任を有し，検証可能で，不可逆的な，そして法的拘束力を伴った形で核兵器を大幅に（drastically）削減すべきこと，そして第4に，核軍縮は，グローバルな戦略的

（2） NPT/CONF. 2005/WP. 2 (Nuclear Disarmament and Reduction of the Danger of Nuclear War), April 26, 2005. なお，2006年4月の国連総会軍縮委員会において中国が提出した作業文書 "Recommendations for Achieving the Objective of Nuclear Disarmament and Non-Proliferation of Nuclear Weapons" の前半部（Nuclear Disarmament）にも，ほぼ同様の記述が為されている。

バランスと戦略的安定を促進するとともに、すべての国の安全を損なわないという指針の下で進めるべき、と述べている[3]。

また、核軍縮を進めるにあたっては、各国の国防政策における核兵器の意義と役割を局限化することの重要性を指摘し、ジュネーヴ軍縮会議（CD）[4]において以下の項目の措置をとることを求めている。第1に、核兵器の「先行使用（first-use）」や核の敷居を低下させることによる核抑止政策を放棄すること、第2に、核攻撃目標としていかなる国もリストアップしないこと、第3に、無条件の核兵器の「先行不使用（no-first-use）」および無条件の「消極的安全保証（negative security assurance）」体制を構築し、これらを制度化する条約を締結すること、第4に、使い易い低威力核兵器を開発しないこと、第5に、自国の領域外に配備した核兵器を撤去すること、第6に、「核の傘」や「核の共有（sharing）」政策を放棄すること、第7に、事故や権限外の核発射を回避すべくあらゆる施策をとること、の7項目である[5]。

また中国は、米国が進めているミサイル防衛の研究・開発を核軍縮の視点から否定的に捉え、ミサイル防衛がグローバルな戦略バランスや戦略的安定に悪影響を与えたり、地域の平和と安定を損なってはならない、と釘を刺している。同時に、ミサイル防衛網の一翼を担う宇宙配備のミサイル迎撃体の開発を阻止することを念頭に、宇宙の兵器化や宇宙空間での軍備競争を防止するとともに、できるだけ早期に関連条約を交渉し、締結すべきであるとの主張を展開している。さらに、1996年に国連総会で採択された包括的核実験禁止条約（CTBT）を核軍縮プロセスの重要なステップであると位置づけ、CTBTの早期発効を期すべく未署名、未批准の国家に対し署名・批准を促している[6]。このように中国はCTBTの早期発効を主張しているが、中国自身は、CTBT署名後10年以

---
(3) Ibid.
(4) ジュネーヴ軍縮会議は、2007年5月現在、65カ国で構成され（その他オブザーバーとして37カ国）、毎年1〜9月の間、それぞれ約6〜7週間の会期を3セッション行っている。マンデートの決定や特別委員会の立ち上げなど、交渉・作業計画を含め交渉案件の採択は全会一致を原則としている。また、特別委員会など軍縮会議の補助機関や交渉は暦年単位で効力を持ち、翌年には持ち越されない。翌年に改めて補助機関の立ち上げを決議し、交渉を開始することになっている。
(5) NPT/CONF. 2005/WP. 2.
(6) Ibid.

上経た今日にあっても同条約の批准に踏み切っていないことに注意しなければならない。

2　核兵器の量的削減

　中国は，核兵器を開発する前から核兵器の廃絶を唱えている。遠くは，最初の核実験の1年3カ月前の1963年7月，核廃絶を達成するための世界会議の開催を要求したことがあるし[7]，また，近年にあっては，2005年NPT運用検討会議においても，また2005年9月に公表された『軍備管理，軍縮及び不拡散に関する中国の努力』においても核廃絶と核兵器禁止条約の締結を唱道している[8]。

　また中国は，今日まで，米ロ（ソ）が率先して核軍縮を進めるべきとの姿勢をとり続けているが，1983年の秋頃からの一時期，米ソが核兵器を半減すれば，中国も核軍縮交渉に応じるとの姿勢を見せたことがあった[9]。しかしながら1985年の10月になると，米ソが核戦力を半減しても世界を壊滅させる核兵器が残ることに変わりがないとの理由から半減では不十分であり，それ以上の「大幅な（substantial）」削減という表現を用いて米ロ（ソ）に核軍縮を求めるようになった[10]。

（7）　中国は，そうした会議の開催を要求するとともに，核兵器を廃絶するためのステップとして①海外に配備した核兵器の撤去，②非核兵器地帯をアジア・太平洋，中欧，アフリカ，ラテンアメリカに創設，③核兵器と関連技術情報の輸出入の禁止，④地下での実験も含めすべての核実験の禁止，を提案している。<http://www.nti.org/e_research/profiles/China/Nuclear/5630.html>, accessed on May 19, 2007.

（8）　The Information Office of China's State Council, *China's Endeavors for Arms Control, Disarmament and Non-Proliferation*, September 1, 2005 <http://www.fmprc.gov.cn/eng/zxxx/t209613.htm>, accessed on April 6, 2007.

（9）　例えば，1983年9月，当時の中国外相呉学謙（Wu Xueqian）は，国連総会での演説で，米ソが核兵器を半減した暁には，中国も含めた核兵器国の参加を得てさらなる核軍縮のための国際会議の開催を求めるとの意向を示した。<http://www.nti.org/e_research/profiles/China/Nuclear/5630.html>, accessed on May19, 2007.

（10）　旧ソ連のゴルバチョフ（Mikhail Gorbachev）書記長が米国に核兵器の半減を提案したことを受けて，鄧小平は，米ソが核兵器を50パーセント削減しても，世界を壊滅できる核兵器が残るのであれば十分な削減ではないとコメントしている。<http://www.nti.org/e_research/profiles/China/Nuclear/5630.html>, accessed on May 19, 2007.

中国は，1987年に調印された米ソ間の中距離核戦力（INF）条約について，INF条約の締結は核軍縮への第1歩であると歓迎する一方，さらなる核兵器の削減を期待するとの声明を出している。また翌1988年には，当時進められていた米ソ戦略兵器削減交渉（START）に対し，核軍縮のための「三停止と一削減」原則，すなわち核兵器の実験，生産，新たな配備の停止（三停止）と戦略核戦力の大幅削減（一削減）を提案している(11)。1995年には，米ロが核兵器の先行不使用政策を採択すること，戦略核戦力を第二次戦略兵器削減条約（START II）レベルよりさらに削減するとともに戦術核戦力を廃棄すること，さらにミサイル防衛の研究・開発を放棄することを核軍縮交渉に応じる条件とした(12)。1999年3月には，江沢民がジュネーヴ軍縮会議において，米ロによる核戦力の大幅削減が多国間核軍縮交渉の前提条件である旨を繰り返している(13)。

このように，核軍縮に関する中国の姿勢の大きな特徴は，米ロの核戦力の削減に焦点を当てるとともに，検証可能で不可逆性を備えた核軍縮を求めていることである。他方，中国自身の核軍縮努力については，透明性の欠如から具体的内容については不明のままである。ただし，中国は，潜在力を擁しているにも拘わらず(14)，量的には目立った核戦力の増強を図っていない。弾頭数で見る限り，1980年代末頃の約430発から2006年には約200発に削減されたとの見方もある(15)。このように，核戦力の量的増強にさほど熱心でない理由の1つは，中国の為政者が核戦力の量的均衡を戦略的安定の必須条件と見なしていないからであろう。例えば，中国は，大陸間能力を持つ弾道ミサイルの量的増強に熱心ではない。このことは，米国本土に届く射程約13,000kmのDF-5A・大陸間弾道ミサイル（ICBM）が約20基のままの状況が1999年以降続いている事実か

---

(11) Ibid.
(12) Robert A. Manning, Ronald Montaperto, Brad Roberts, *China, Nuclear Weapons, and Arms Control: A Preliminary Assessment* (New York: Council on Foreign Relations, 2000), p. 66.
(13) Ibid.
(14) 中国は，年間10～12基のICBMを建造できる能力を備えているとの見方など，弾道ミサイル及び核弾頭に関する中国の潜在的生産能力を紹介している文献としては，Ibid., pp. 35-37 を参照。
(15) Natural Resources Defense Council, "Nuclear Notebook: Global Nuclear Stockpiles, 1945-2006," *Bulletin of the Atomic Scientists*, vol. 62, no. 4 (July/August 2006), p. 66.

第2部　核軍縮

らも窺える(16)。中国の為政者から見て納得できる報復能力があれば、量的不均衡にはそれほど注意を払わず、「不均衡だが安定した核関係」で事が足りると考えているようである。言い換えれば、中国に対する核威嚇を無効化でき、また中国に核攻撃を加える国家に対して一定の核報復ができれば、核弾頭の多寡に関わりなく戦略的安定を確保できると考えているようである。

　こうした考え方の背景には中国独自の核抑止観があるように思われる。核の先行使用などに基づく核抑止政策を放棄すべきとの主張から窺えるように、中国は、公式的には欧米流の核抑止の考え方をそのまま取り入れていない(17)。核兵器の役割を核戦争遂行のための兵器ではなく、狭い意味での抑止、言い換えれば中国に対する核威嚇の防止や核攻撃に対する「報復」のみという受動的、防勢的任務を与えることに留めている。核兵器を報復手段としてのみ捉えているが故に、戦略核戦力を低レベルに留め、しかも無条件の核の先行不使用、さらには同じく無条件の消極的安全保証を宣言することになる。中国の為政者が核報復の態様や対象について言及することはないが、命中精度が高くない弾道ミサイルに爆発威力の大きな核弾頭を搭載していることから、敵対国の大都市を報復攻撃の対象としているものと想定される。報復攻撃の対象となる都市の数については不確かであるものの、その数は、中国の大陸間能力を持つ弾道ミサイル数とその残存性によって決定されることになる。

　中国がICBMなど大陸間能力を持つ核戦力の量的増強に舵を切る場合があるとすれば、それは約20基程度の僅かの数量のICBMでは米国の本土ミサイル防衛網を突破できないと中国の為政者が判断するほど米国の本土ミサイル防衛能力が飛躍的に向上した場合である(18)。また、中国に害を為そうとする国家の

---

(16) Stockholm International Peace Research Institute, *SIPRI Yearbook 1999: Armaments, Disarmament and International Security* (New York: Oxford University Press, 1999), p. 555; Stockholm International Peace Research Institute, *SIPRI Yearbook 2007: Armaments, Disarmament and International Security* (New York: Oxford University Press, 2007), p. 536 を参照。

(17) 例えば、Joanne Tompkins, "How U.S. Strategic Policy is Changing China's Nuclear Plans," *Arms Control Today*, vol. 33, no. 1 (January/February 2003), p. 11.

(18) 米国のミサイル防衛に対する中国の対応を簡潔に述べた文献として、Manning, Montaperto, Roberts, *China, Nuclear Weapons, and Arms Control*, pp. 45-50 を参照。

核戦力の対兵力打撃（counterforce）能力の向上によって中国の弾道ミサイル戦力の残存性が脅かされる事態に直面した場合も，残存性向上のための施策に加えて，量的増強のインセンティヴが働くと考えられる。

他方，そのペースは決して早くはないものの，戦略核戦力の残存性の向上を含め中国は核戦力の質的増強の手をゆるめてはいない。中国は，陸上配備弾道ミサイルのうち，DF-3A，DF-4，DF-5A，DF-21，DF-21Aと5種類の弾道ミサイルに核弾頭を搭載している。液体燃料のDF-3A（射程3,100km）は退役の途上にあるが，大陸間能力を有する旧DF-5に関しては，投射重量を増大させるとともに射程を延長したDF-5A（射程13,000km）に改装し終えたと見なされている[19]。中国は，新型ICBMとして固体燃料で道路移動式のDF-31（射程約7,200〜8,000km）やDF-31A（射程約12,000km）を開発しており，DF-31は液体燃料のDF-4（射程5,500km）の後継ミサイルと見なされている[20]。

また，弾道ミサイル搭載原子力潜水艦（SSBN）／潜水艦発射弾道ミサイル（SLBM）戦力については，ほとんど港に係留されたままの状態にある夏級SSBNに替わり，新たに「094」SSBN計画を進めている。その新型SSBNに搭載するSLBMとして，DF-31をモデルとした射程7,200〜8,000kmのSLBM（巨浪2）の開発を進めている[21]。なお中国海軍は，2005年6月，ゴルフ級原潜をプラットフォームとして巨浪2の発射実験を実施し，成功している[22]。

中国空軍は，核兵器の運用任務をおびた特定の爆撃機部隊や戦闘機部隊を保有していないが，過去において大気圏内核実験に関わったHong-6爆撃機の一部が核爆弾を運用しているものと想定されている[23]。また，Hong-6は，対艦，対地攻撃用の巡航ミサイルのプラットホームの役割を果たしている[24]。中国の巡航ミサイルに核弾頭が搭載されているとの情報はないが，新世代の対地攻撃用巡航ミサイルの研究・開発が進められていることに鑑み[25]，将来，核能

---

(19) Robert S. Norris and Hans M. Kristensen, "Nuclear Notebook: Chinese Nuclear Forces, 2006," *Bulletin of the Atomic Scientists*, vol. 63, no. 3 (May/June 2006), p. 60.
(20) Ibid.
(21) Ibid., p. 61.
(22) ちなみに2004年に行われた発射実験は失敗している。
(23) Norris and Kristensen, "Nuclear Notebook: Chinese Nuclear Forces, 2006," p. 61.
(24) Ibid.

力巡航ミサイルが配備される可能性は否定できない。なお，Quan- 5 戦闘機も核爆弾を投下する形で核実験に参加したことがあるが，現在，核任務を付与されているか否か明らかではない(26)。また，中国は，Su-30戦闘爆撃機をライセンス生産しているが，現在までのところ，Su-30が核任務を付与されているとの証拠は見あたらない(27)。

　こうして見れば，中国が，経済発展やそれに伴う国防費の増額に見合ったペースでその核戦力の量的規模を急速に増強してゆくことは考えにくいが，質的増強を中心に近代化を図り続けることは疑いない。こうした動向を裏付けるいくつかの事実として，中国の戦略核戦力を運用する第 2 砲兵部隊に投入される予算が過去10年の間に急激に増大していること(28)，第 2 砲兵部隊の司令員が2004年 9 月に海・空軍司令員とともに中央軍事委員会委員に選任されるなど政治的地位を高めていること(29)，さらには2006年12月に発表された中国国防報告において，第 2 砲兵部隊が地上および海洋発射の核戦力の強化を急いでいるとの記述があること(30)，などを挙げることができる。中国が核軍縮や核廃絶を唱える一方で，核戦力の質的増強を進めていることに鑑み，今後中国が一方的に核兵器を削減してゆくことは考えにくい。核兵器の役割を中国に対する核威嚇の防止や核攻撃の抑止と位置づけている限り，中国以外の核兵器保有国が核兵器の廃棄に向けて動かなければ，中国も核兵器を保持し続けるとともに，近代化を進めてゆくと考えられる。

---

(25)　新型対地攻撃用巡航ミサイルの名称は，「紅鳥（Hong Niao）」。詳しくは，阿部純一「中国の核ミサイル戦力－その発展と現状」『東亜』480号（2007年 6 月号）34頁。また，Ying Ji-63 とも称されている。Norris and Kristensen, "Nuclear Notebook: Chinese Nuclear Forces, 2006," p. 61 を参照。
(26)　Norris and Kristensen, "Nuclear Notebook: Chinese Nuclear Forces, 2006," p. 62.
(27)　Ibid.
(28)　Brad Roberts, "Book Review: Nuclear Minimalism," *Arms Control Today*, vol. 37, no. 4 (May 2007), p. 41.
(29)　阿部「中国の核ミサイル戦力」27頁。
(30)　The Information Office of the State Council, China, *China's National Defense in 2006* (December 29, 2006), 第 4 章 The People's Liberation Army の "Development of the Services and Arms" <http://www.fas.org/nuke/guide/china/doctrine/wp2006.html#4>, accessed on June 12, 2007 を参照。

3　核兵器の「先行不使用」と「消極的安全保証宣言」

　中国は，1964年10月の核実験直後から今日まで一貫して，何時，いかなる場合においても核兵器を先に使用しないという無条件の核兵器の先行不使用を宣言している(31)。同時に中国は，NPT上の他の核兵器国に先行不使用政策を採るよう促すとともに，そうした体制の構築を唱えている。先行不使用とは，核兵器を相手に先んじて使用することはないが，相手の核使用に対しては報復使用の選択肢を留保するというものである。NPT上の核兵器国も含め，すべての核兵器保有国が中国の主張する核兵器の先行不使用に同意し，グローバルな核兵器の先行不使用体制を構築すれば，核兵器の役割は，単に他の核兵器保有国の核兵器を抑止するのみとなる。核兵器の役割を他国の核使用の抑止に限定できれば，核兵器保有国が一律に核兵器の削減に踏み切っても，安全保障上，失うものはないことになる。このように核兵器の先行不使用体制は，核軍縮を促す大きな契機となるのである。こうして見れば，中国が一貫して主張している無条件の核兵器の先行不使用は，それが制度化されれば核軍縮を促進する潜在力を秘めていると言ってよい。

　また中国は，核兵器の先行不使用宣言と同様，1964年10月の核実験直後から今日まで一貫して，何時，いかなる場合においても非核兵器国に核威嚇や核攻撃を加えないという無条件の消極的安全保証を宣言し，条約化することを唱道している(32)。こうした消極的安全保証を制度化できれば，非核兵器国は原則的には核威嚇や核攻撃を恐れる必要がなくなり，核不拡散体制の最も大きな懸案事項である核兵器国と非核兵器国の間に見られる政治・安全保障上の不平等性の緩和に繋がることになる。また，核兵器開発の最も大きな動機が核脅威であることを考慮すれば，こうした消極的安全保証は核兵器の拡散防止に役立つ

---

(31) *China's Endeavors for Arms Control, Disarmament and Non-Proliferation*, September 1, 2005.

(32) Ibid. なお，中国と同じくNPT上の核兵器国である米，英，仏，ロの4カ国も消極的安全保証宣言を表明しているが，いずれも同趣旨の条件を付している。すなわち，他の核兵器国と同盟あるいは連携して自国，自国の軍隊，あるいは同盟国に武力攻撃を加えない限り，NPT，あるいはそれに類する核兵器禁止協定に加盟している非核兵器国に対しては，核兵器を使用しない，というものである。

と考えられる。さらに、核拡散の危険が低下すれば、核戦力維持の理由の1つである新たな核兵器保有国の登場への備えという必要性もなくなり、核軍縮の機運を高めることも期待される。

このように、中国が主張しているような無条件の核兵器の先行不使用や消極的安全保証を制度化できれば、核軍縮を促す効果が大きい。しかしながら、現下の安全保障環境を考慮すると、中国の主張には戦略的に無理がある。第1に、核兵器の先行不使用は、核報復の機会を大きく規制するが故に、生物・化学兵器の拡散をもたらす危険を孕んでいる。生物・化学兵器は、生物・毒素兵器禁止条約（BWC）、化学兵器禁止条約（CWC）で違法化され、世界190有余の国家のうち、締約国はそれぞれ2007年5月現在156カ国[33]、2007年4月現在179カ国[34]となっている。両条約の締約国には核兵器国も非核兵器国も含まれるが、核の先行不使用体制にあっては、両条約の締約国にとって、生物兵器攻撃、あるいは化学兵器攻撃を抑止する手段は、通常兵器のみとなる。しかし、核兵器と異なり、決定的なインパクトを持たない通常兵器による報復は、本質的に相手に訴える力が弱いため、大規模な生物・化学兵器攻撃をも視野に入れた抑止力を創り上げることは容易ではない。このように、BWC、CWCとも普遍性の点で、依然、不十分な状況において、生物・化学兵器に対する抑止手段の放棄を意味する核兵器の先行不使用体制の構築を急げば、BWCやCWC加盟へのインセンティヴを削ぐのみならず、生物・化学兵器の拡散を促すことになりかねない。

第2に、上で述べたように、核の先行不使用は核報復の機会を局限化するために、「核の傘」の役割を大きく狭めてしまう。核の先行不使用体制を構築した場合、核報復の威嚇をもって同盟国に対する核攻撃を抑止することは依然可能だが、同盟国に対する通常攻撃や生物・化学兵器攻撃を抑止する手段として核兵器に依存することはできなくなるからである。冷戦時代、ワルシャワ条約機構軍に対し通常戦力面で劣勢にあると判断した北大西洋条約機構（NATO）

---

(33) 外務省「生物兵器禁止条約の概要」（平成19年5月）<http://www.mofa.go.jp/mofaj/gaiko/bwc/bwc/gaiyo.html> 2007年6月9日アクセス。

(34) Arms Control Association, "Fact Sheets: Chemical Weapons Convention Signatories and States-Parties," (April 2007) <http://www.armscontrol.org/factsheets/cwcsig.asp>, accessed on June 9, 2007.

は，核兵器の先行使用とその後の核エスカレーションの威嚇を前面に押し出し，ワルシャワ条約機構軍の軍事侵攻を抑止しようとした。核兵器の先行不使用体制にあっては，こうした抑止戦略をとることができなくなる。冷戦後，一部の国の通常戦力のハイテク化が見られ，通常戦力バランスの維持が冷戦時代にもまして困難になることが予想されることから，核兵器の先行不使用体制を構築することの困難さは却って増加するかもしれない。

　第3に，核兵器を国の存亡がかかる軍事侵攻に直面した場合の究極的な自衛手段と位置づける考えが根強く残っている。こうした考え方を裏書きするがごとく，1996年7月，国際司法裁判所は，「核兵器による威嚇及び使用の合法性」に関する勧告的意見の中で，核兵器による威嚇や使用は一般的に戦時国際法，なかんずく国際人道法の原則に反するが，国家の存亡がかかる自衛のための極限状況での核使用は，合法，違法とも言えないと述べ[35]，核兵器の先行使用，報復使用を問わず，また核使用の対象国を特定することなくこれを明確に違法と断じていないのである。

　以上述べたように，核軍縮や核兵器の廃絶につながる核兵器の先行不使用体制の構築は，その前提として少なくとも生物・化学兵器の廃絶や，地域毎あるいは対立する国家間での通常戦力バランスを確保することが不可欠となっている。核軍縮の成否が他の兵器システムに関する軍備管理・軍縮の進捗度合いと密接に関連しているのである。また，実際的な問題として，核兵器の先行不使用や消極的安全保証の条約化を図っても，そうした合意を検証する手段が見あたらないことにも注意する必要がある。

　こうして見れば，中国が一貫して主張し続けている無条件の核兵器の先行不使用体制や無条件の消極的安全保証体制の構築は，実現可能性の乏しい主張であり，先行不使用については単に中国の核戦力の劣勢を考慮した戦術的オプション，消極的安全保証については非核兵器国に対する配慮からの政治的プロパガンダと見ることもできる。実際，中国が核兵器の先行不使用に固執し，他の核兵器国にその採用を促している理由の1つは，先行不使用体制下にあって

---

(35) International Court of Justice, "Legality of the Threat or Use of Nuclear Weapons," Advisory Opinion of 8 July 1996 <http://www.icjcij.org/docket/index.php?sum=498&code=unan&p1=3&p2=4&case=95&k= e1&p3=5>, accessed on June 9, 2007.

は，相手の戦略核戦力を可能な限り破壊しようとする先制的な大規模核攻撃の選択肢がとれなくなるため，自国の限られた数量の戦略核兵器の残存性を図ることが可能と位置づけているためであろう。無条件の消極的安全保証宣言に関しては，生物・化学兵器やハイテク通常戦力を備えた非核兵器国に対する中国の抑止力に疑問が残ること，さらには中国が日本のミサイル防衛計画に執拗に反対し続けている事実を考慮すれば，中国の国防・安全保障上の要請から練り上げられた戦略とは言い難い。

こうした問題点を考慮してか，中国国内においては，無条件の核兵器の先行不使用および消極的安全保証を再検討すべきとの意見が散見されるという[36]。これに対し，核兵器の先行不使用という考え方は，核戦力の役割を核攻撃に対する報復のみと捉える中国の考え方から論理的に導き出されるものであり，変更することはできないとの意見も見受けられる[37]。こうした中国国内の論争が諸国に与える影響を意識してか，中国の成競業（Cheng Jingye）軍縮会議大使は，2007年4月，国連軍縮委員会での演説で，従来からの無条件の核兵器の先行不使用および消極的安全保証を変更することはないと言明している[38]。

4 包括的核実験禁止条約（CTBT）

1970年にNPTが発効して以来，非同盟諸国を中心とする非核兵器国の大半は，NPTの履行状況を検討する5年毎の運用検討会議において地下核実験の禁止を含む包括的な核実験の禁止を求め続けた。非核兵器国にとって，核兵器国がCTBT交渉に乗り出すか否かは，NPT第6条に規定してある核軍縮義務に対する核兵器国の誠意を測るリトマス試験紙であったのである。その意味で，

---

(36) 例えば，Shen Dingli, "Nuclear Deterrence in the 21st Century," *China Security*, no. 1 (Autumn 2005), pp. 10-14.

(37) Pan Zhenqiang, "China Insistence on No-First-Use of Nuclear Weapons," *China Security*, no. 1 (Autumn 2005), pp. 5-6.

(38) Statement by H.E. Ambassador CHENG Jingye, Head of the Chinese Delegation, at the 2007 Substantive Session of the United Nations Disarmament Commission, April 10, 2007 <http://www.fmprc.gov.cn/eng/wjb/zzjg/jks/kjfywj/t310724.htm>, accessed on May 4, 2007.

CTBT の成否は核不拡散体制の信頼性と安定性を左右すると言っても過言ではなかった。

　冷戦の終結を契機に，CTBT 交渉の再開を求める国際世論が高まったが，この動向を後押ししたのが NPT の延長問題であった。すなわち，メキシコを中心とする非同盟諸国が，CTBT の成立を NPT の延長問題に連動させる動きを見せたのである。こうした非同盟諸国の姿勢は，その勢力が冷戦終了直後の1990年当時，141カ国を数えた NPT 締約国の過半数を超えるものであったが故に，NPT の無期限延長を望む核兵器国に対し，少なからざる影響を与えたのである。また，冷戦の終結という戦略環境の転換により，ソ連（1991年10月），仏（1992年4月），米（1992年10月）と相次いで核実験のモラトリアムを打ち出したため，CTBT の交渉開始に向けての気運が徐々に高まっていった。

　中国は，1980年代末から1990年代初頭にかけて，条件を付して CTBT に賛意を表明していた。すなわち，CTBT 交渉を完全核軍縮への取り組みの中に位置づけるとともに，他の核兵器国が核兵器の先行不使用を約束することを条件に CTBT に賛成するとの立場をとっていたのである[39]。実際，中国は，CTBT の締結を求める1990年の国連総会決議に棄権投票を投じている[40]。しかしながら，1993年に入ると，中国は上記の条件を取り下げ，ジュネーヴ軍縮会議に CTBT 交渉のための特別委員会の立ち上げに賛成するに至った。また，同年10月には，CTBT を遅くとも1996年中に成立するよう努力する旨の声明も出している[41]。非同盟諸国を中心として高まった CTBT を求める国際世論を考慮したものと想定される。

　1994年1月にジュネーヴ軍縮会議で CTBT 交渉が開始されたが，中国は，1996年中に CTBT の成立を目指すと公言していたにも拘わらず，交渉妥結の遅延化を図っているのではと疑われるような姿勢をとることがあった。例えば，妥結しそうもない核実験の定義を求めたり，査察・検証上，核兵器の爆発実験と識別が困難な平和目的核爆発の容認を求め続けた。核実験の定義に関しては，

---

(39) Nuclear Threat Initiative (NTI) <http://www.nti.org/db/china/ctbtorg.htm>, accessed on May 19, 2007.
(40) Ibid.
(41) Ibid.

核反応には様々な形態があり，核爆発を定義することが困難なこと，また，核兵器に関わる実験には，核爆発を伴う実験のほか，核爆発を伴わない各種実験も開発されているため，核実験を厳密に定義することが困難であることは，部分的核実験禁止条約（PTBT）交渉，NPT 交渉で既に実証済みの問題であった[42]。また，平和目的核爆発を容認することは論外であり，いずれの国家も中国の主張を支持しなかった。核兵器の爆発実験と平和目的の核爆発の識別が容易でないこと，さらに放射能による環境汚染を考慮すれば，平和目的核爆発を容認するわけにはゆかなかったのである。

また中国は，CTBT の査察・検証制度のうち，現地査察に対して消極的な姿勢をとった。中国は，諜報活動に基づく現地査察はスパイ活動を容認するものであり，中国の主権を侵害すると主張し[43]，厳格な発動条件を求めた。さらに他の核兵器国の反対にも拘わらず，条約前文に非核兵器国に対する消極的安全保証，それに核兵器の先行使用を禁ずる文言を盛り込むことを執拗に求め続けた[44]。たしかに，消極的安全保証の制度化や核兵器の先行使用の禁止は重要な案件であるが，これらの課題と CTBT の関連性は希薄であり，これらの課題を CTBT 交渉の場に持ち出すことには疑問が残った。このように，合意に達することの難しい難題を持ちかける中国は，ジュネーヴ軍縮会議の場で次第に孤立の度を深めていったのである。

ジュネーヴ軍縮会議が1996年度会期に入ると，中国は，それまでの遅延作戦に代えて，CTBT の成立を前提とした条件闘争にその交渉姿勢を変えつつあった。交渉進展のスピードが予想外に早く，1996年中の妥結という大勢に抗しきれないと判断したためであろう。CTBT 交渉が大詰めを迎えていた1996年6月6日，中国は核兵器の先行不使用と消極的安全保証を CTBT に盛り込むべきとの主張を取り下げた。また同時に，平和目的核爆発に関しては，CTBT 発効10年後に開催される CTBT 運用検討会議で改めてその妥当性を協議すること

---

(42) Arms Control Association, "An Interview with Miguel Marin-Bosch," *Arms Control Today*, vol. 24, no. 5 (June 1994), p. 4.

(43) Nuclear Threat Initiative (NTI) <http://www.nti.org/db/china/ctbtorg.htm>, accessed on May 19, 2007.

(44) Rebecca Johnson, "CTBT: Now or Never," A Report on the 1995 Conference on Disarmament Negotiations, *Acronym*, no. 8 (October 1995), p. 11.

を条件に,「一時的な禁止」を受け入れるとの声明を出したのである。そして中国は,その2日後の6月8日,核実験を実施した。合意に達する見込みのない案件を呈示し続け,核実験の直前に取り下げたことは,核実験の準備のための時間稼ぎと,国際社会に中国の譲歩を印象づけ,核実験に対する批判を和らげる狙いがあったのかもしれない。

もっとも,中国がCTBT交渉の進捗に消極的であったのは決して不思議ではない。CTBTが成立すれば核爆発実験が全面禁止となることから,核兵器の質的向上を図ることは容易でなくなる。言い換えれば,CTBTは,中国の核戦力の対米劣位を固定化することにも繋がりかねない。従って,中国がCTBTに慎重にならざるを得ないことも理解できないわけではない。技術基盤が弱く,しかも後発核兵器国として出発した中国は,未だ核弾頭のMIRV化にも成功していない。他の核兵器国に比べ,核実験の必要性が高いことは明らかであった。中国が,核爆発実験を停止する時期を,CTBTの署名時ではなく,CTBTの発効時としていたのも,可能な限り核爆発実験を続けようとする意図の現れであった。

しかしながら,CTBTの不成立は,長期的に見ると,必ずしも中国の安全保障を高めることにはつながらないことも事実であった。中国にとって安全保障上の懸念国となり得るロシアやインドの核兵器の質的向上を許すことになるのみならず,中国の周辺に新たな核兵器保有国が登場した場合,核実験の禁止というその国の核兵器の質的向上を強力に抑制する手段を失ってしまうからである。また,CTBTに中国が消極的姿勢をとっているとの印象を抱かせることは,長年にわたってCTBTを求め続けている非同盟諸国の反発を招くことになり,中国が築き上げた非同盟諸国との連携が崩壊することも考えられたのである。

2006年12月1日現在,CTBTに署名した国家は177カ国にのぼり,そのうち137カ国が批准を終えている[45]。しかし,44カ国の発効要件国すべてが署名・批准を終えていないために,依然,未発効のままである[46]。NPT上の5核兵

---

(45) 外務省,「包括的核実験禁止条約」<http://www.mofa.go.jp/mofaj/gaiko/kaku/ctbt/gaiyo.html> 2007年6月13日アクセス。
(46) 44発効要件国のうち,署名したが未批准の国は,米中のほかインドネシア,エジプ

器国のうち，英仏ロの3カ国は署名・批准を終えているが，米国と中国は署名のみで批准していない。中国は，1996年9月，CTBTが署名のために開放された時，米国に次いで2番目に署名した国である。ところが，その後10年以上経た今日にあっても，批准に踏み切る気配を見せていない。過去6～7年，CTBTを全国人民代表者大会に上程し，審議・批准を求めているとの説明が繰り返されている。例えば，2000年10月に発表された中国の国防報告によると，「目下，中国政府はすでに必要な準備作業を終え，正式に条約を全国人民代表大会に上程し，その審議・批准を求めている」(47)と記されていた。また，2007年にあっても，「目下，中国政府はすでに必要な準備作業を終え，正式に条約を全国人民代表大会に上程し，その審議と批准を求めている」(48)と同じ文言を並べているに過ぎない。中国がCTBTの批准に逡巡している理由として，米国上院が条件を付してCWCを承認した先例に倣い，中国の全国人民代表者会議がCTBTを承認するにあたって付すべき留保条件を検討しているとの見方もあるが(49)，CTBTに関し同じく未批准のままの状況にある米国の動向を見極めているものと想定される。

5 兵器用核分裂性物質の生産禁止

　プルトニウムと高濃縮ウランなど兵器用核分裂性物質の生産禁止は，核兵器のコアとなる材料の生産禁止であり，これを条約化できれば，核軍縮の推進や核不拡散の維持・強化に資するところが大きい。また，核兵器国，非核兵器国を問わずすべての国々にこうした生産禁止条約の締結を求めることから，NPT上の不平等性が緩和されることになり，核不拡散体制の信頼性や安定性を高めることにつながる。

　　　ト，イラン，イスラエル。また，未署名・未批准国は，インド，パキスタン，北朝鮮の3カ国。
(47)　中華人民共和国国務院新聞弁公室『二〇〇〇年の中国の国防』，30頁。
(48)　在京中国大使館「中国の核兵器と核軍縮政策」<http://www.china-embassy.or.jp/jpn/zgbk/gfzc/t62868.htm>, accessed on April 12, 2007.
(49)　Li Bin, "China: A Crucial Bridge for the 2005 NPT Review Conference," *Arms Control Today*, vol. 35, no. 1 (January/February 2005), p. 23.

米国のアイゼンハワー（Dwight Eisenhower）大統領は，1956年，米ソ間の軍備管理措置の1つとして初めて兵器用核分裂性物質の生産禁止を提案した。しかしながら，当時のソ連政府は，こうした米国による生産禁止提案をソ連の核戦力の劣位を固定化するものと捉え，拒絶している(50)。1989年1月になると，ソ連のゴルバチョフ（Mikhail Gorbachev）政権が兵器用核分裂性物質の生産禁止に意欲を見せ始めたが，当時のG・H・W・ブッシュ（George H. W. Bush）政権は，多くの国々が賛意を示したにも拘わらず，査察・検証の難しさの故か，消極的な姿勢を見せた(51)。ところが，1993年1月に発足したクリントン（Bill J. Clinton）政権は，米国の不拡散政策を再検討した後，1993年9月，兵器用核分裂性物質の生産禁止を実現すべく努力する方向に転じた(52)。米国が方針を転換して3カ月後の12月，国連総会は，核兵器その他の核爆発装置のための核分裂性物質の生産を禁止する非差別的，多国間，そして効果的に検証可能な条約の交渉を求める決議案を反対票なしで採択した(53)。

　兵器用核分裂性物質生産禁止条約（FMCT）をめぐるこうした国際社会の動きに対する当初の中国の姿勢は興味深い。中国は，1993年12月の国連総会の決議案に対して棄権し，賛成票を投じなかった(54)。さらに1994年3月には，ジュネーヴ軍縮会議においてFMCT交渉を開始するための特別委員会の設立に反対の意向を示した(55)。ところが，同年7月になると，中国は，姿勢を変え，FMCTを「核軍縮のための重要なステップ」と位置づけるようになり，10月には，当時の銭其琛（Qian Qichen）外相は，クリストファー（Warren Christopher）米国務長官との共同声明の中でFMCTの早期成立を促すとの意見を表明

---

(50) Steve Fetter and Frank von Hippel, "A Step-By-Step Approach to a Global Fissile Materials Cutoff," *Arms Control Today*, vol. 25, no. 8 (October 1995), p. 3.
(51) Ibid.
(52) Ibid.
(53) Nuclear Threat Initiative (NTI) <http://www.nti.org/db/china/fmctorg.htm>, accessed on May 19, 2007. また，Fetter and von Hippel, "A Step-By-Step Approach to a Global Fissile Materials Cutoff," p. 3 を見よ。
(54) Nuclear Threat Initiative (NTI) <http://www.nti.org/db/china/fmctorg.htm>, accessed on May 19, 2007.
(55) Ibid. また，Dunbar Lockwood, "News and Negotiations: Fissile Materials Ban Gains Support But Still Seeks Mandate," *Arms Control Today*, vol. 24, no. 4 (May 1994), p. 17.

している(56)。FMCT をめぐる中国の姿勢の変化の理由は定かではないが，おそらく前年の FMCT を求める国連総会決議など，国際社会の動向を考慮してのことであろう。

　CTBT の交渉を終えたジュネーヴ軍縮会議は，1997年以降，FMCT を含め，年来の核軍備管理・軍縮課題にとりかかる好機にあった。しかしながらその後数年，FMCT 交渉を早期に開始すべきとする米英仏ロの核兵器国と，FMCT を核軍縮の一環と位置づけ，核軍縮交渉のなかで FMCT を取り扱うことを主張するインドなど非同盟諸国の間で意見が一致せず(57)，FMCT 交渉のための特別委員会は設立されることはなかった(58)。米国など一部の核兵器国は，核軍縮は，当面，米ロ間で進めるべきであり，多国間の核軍縮交渉については，その他の核兵器国が核軍縮交渉に参加できるほど米ロの核戦力が削減されてから開始すべきとの立場であった。

　1998年5月，インドとパキスタンは核実験を行ったが，インドは核実験直後に，またパキスタンは7月末に，それまでの姿勢を翻し FMCT の交渉開始に賛意を示すようになった(59)。同年8月から軍縮会議で FMCT 交渉が始まったが，翌1999年の会期ではワーク・プログラム（交渉手順）で合意できず，FMCT 交渉を再開することができなかった。その最も大きな要因は，「宇宙空間における軍備競争の防止（PAROS）」をジュネーヴ軍縮会議での交渉テーマとすべきという中国の主張であった。中国がこうした主張をし始めたのは，当時の米国の軍縮会議大使 グレイ（Robert T. Grey, Jr.）によると，1999年3月のNATO によるコソボ軍事介入の前後からであるという(60)。この結果，FMCT

---

(56)　"Joint United States—People's Republic of China Statement on Stopping Production of Fissile Materials for Nuclear Weapons"<http://www.nti.org/db/china/engdocs/mtcrusch.htm>, accessed on May 22, 2007.

(57)　とりわけインドは，核兵器国が期限を設定した核軍縮交渉の開始に合意しない限り，FMCT 交渉の開始に応じないとの姿勢をとった。

(58)　Howard Diamond, "News and Negotiations: CD Ends First Session of 1997 without Mandates for Negotiations," *Arms Control Today*, vol. 27, no. 1（March 1997）, p. 27.

(59)　Wade Boese, "News and Negotiations: Pakistan Supports Cutoff Talks at Opening of Third CD Session," *Arms Control Today*, vol. 28, no. 5（June/July 1998）, p. 27. ただし，パキスタンは既存の兵器級核分裂性物質を放置した場合の不平等性に何らかの対策をを求めることには変わりはない，と述べている。

(60)　Arms Control Association, "Deadlocked and Waiting at the U.N. Conference on Disar-

を交渉することについては軍縮会議で意見の一致を見ていたが，中国が強く求めるようになったPAROSなどその他の交渉案件の取り扱いやプライオリティの置き方をめぐって軍縮会議メンバー国の間，とりわけ米中間で合意に達することが困難な状況になった。中国は，FMCTを含め，PAROS，核軍縮，消極的安全保証などの事項は相互に関連しており，FMCTだけを別個に交渉することは不適切との立場をとったが，米国は核軍縮とPAROSを公式に交渉することに反対する姿勢を崩さなかった[61]。とりわけ，PAROSに関しては，「機が熟していない」と述べ，協議には応じるものの，交渉に入ることは拒絶し続けた[62]。

　FMCTと並行してPAROS問題を交渉課題とすべきという中国の主張は，米国によるミサイル防衛の研究・開発活動が活発になるにしたがい益々強固なものになっていった。中国がPAROS問題に固執するのは，米国のミサイル防衛，なかんずくミサイル迎撃体を宇宙に配備することを視野に入れている米国の本土ミサイル防衛の研究・開発を阻止する意図があることは明白であった。こうした中国の姿勢に対しては，中国と同様に米国の本土ミサイル防衛を危惧しているロシアも支持していた[63]。

　2003年1月に入ると，交渉案件の優先順位をめぐる行き詰まりを打開するために，ベルギー，アルジェリア，チリ，コロンビア，それにスウェーデンの5カ国大使が，核軍縮，FMCT，PAROS，それに消極的安全保証の4案件の特別委員会の設立を求めるいわゆる「5大使提案」を発表した。中国は，この「5大使提案」に賛成したが，米国など一部の国の賛同を得られなかった。

　2004年7月，米国のブッシュ政権は，クリントン政権以来の姿勢を転換し，兵器用核分裂性物質の生産禁止に関して信頼できる査察・検証規定を構築する

---

　　mament," An Interview with Ambassador Robert T. Grey, Jr., *Arms Control Today*, vol. 30, no. 10 (December 2000), p. 4.
(61)　Wade Boese, "News and Negotiations: CD Remains in Stalemate; U.S. Criticized for NMD Plans," *Arms Control Today*, vol. 29, no. 3 (April/May 1999), p. 44. ただし米国は，非公式な場で宇宙における軍備競争の防止を協議することには賛意を表明していた。
(62)　Wade Boese, "News and Negotiations: Conference on Disarmament Starts 2001 Session in Stalemate," *Arms Control Today*, vol. 31, no. 2 (March 2001), p. 30
(63)　Ibid.

ことは技術的に困難との理由で，当面検証規定を伴わない FMCT の交渉を呼びかけるようになった。しかしながら中国は，FMCT の有効性を確保するためとの理由で FMCT 交渉に厳格かつ詳細な査察・検証規定を盛り込むことを訴えている。中国の姿勢は，米国など FMCT の査察・検証を疑問視する国家から見ると，単に FMCT 交渉の妥結を遅らせることを意図していると映っているようである[64]。

なお中国は，今日，NPT 上の他の核兵器国と同様，兵器級核分裂性物質を生産していない。一説には，兵器級濃縮ウランについては1987年，軍事用のプルトニウムに関しては1991年にそれぞれ生産を停止したと言われているが[65]，NPT 上の5核兵器国のうち，中国のみが兵器用核物質の生産停止を公式に表明していない。その理由として中国は，兵器用核分裂性物質の生産モラトリアムを宣言すると，それだけ FMCT 交渉への意欲が損なわれ，条約成立の妨げになるからとしている[66]。

FMCT 交渉の妥結は，中国が声高に唱えている核軍縮を促進するほか，NPT 上の核兵器国に対しても IAEA の保障措置に類する検証措置が適用されることになるために，NPT の二重構造を緩和する意義を持つものである。こうした意義が期待される FMCT を米国のミサイル防衛計画を阻止するための人質とすることには疑問を持たざるを得ない。ましてや，中国が既に約2,700発の核弾頭・核爆弾を製造するのに十分な兵器級核分裂性物質を蓄えているとの情報があるが[67]，その情報が正しいとすれば，FMCT 交渉を進めること自体，中

---

(64) Stephen G. Rademaker, "The Conference on Disarmament: Time is Running Out," *Arms Control Today*, vol. 36, no. 10 (December 2006), pp. 14-15.

(65) Nuclear Threat Initiative (NTI) <http://www.nti.org/db/china/fmctorg.htm>, accessed on May 19, 2007.

(66) The People's Republic of China, Ministry of Foreign Affairs, "Negotiation of the 'Fissile Material Cut-off Treaty,'" <http://www.fmprc.gov.cn>, accessed on February 1, 2001. 最近では，モラトリアムは，兵器用核分裂性物質の生産問題を解決しないばかりか，FMCT 交渉に新たな課題を生み出す，と述べて拒絶している。「核軍縮関連措置に対する中国の姿勢」<http://www.reachingcriticalwill.org/about/pubs/Inventory/NWSCompliance.pdf>, accessed on April 12, 2007.

(67) Rodney W. Jones et al., *Tracking Nuclear Proliferation: A Guide in Maps and Charts, 1998* (Washington, D.C.: Carnegie Endowment for International Peace, 1998), p. 54. ちなみに，約2,700発の数字は，核弾頭・爆弾を1発製造するためには，高濃縮ウラン15キ

国の安全保障を損ねるとは考えにくい。FMCT に関連して明らかになった点は，中国は，米国のミサイル防衛の開発阻止という自国の安全保障上の利益を守るためであれば，国際安全保障環境の改善に資する軍備管理・軍縮案件であっても，その成立を妨害するという事実である(68)。

おわりに

　中国の軍事力は，一般的に，他国に比べ透明性に欠けるが，とりわけその核戦力や核兵器の運用政策，核軍縮政策に関してはその透明度がさらに低い。核軍備管理・軍縮に関して時折発表される政府文書にしても，基本的なスタンスを繰り返し説明していることが多い。畢竟，個々の核軍備管理・軍縮交渉における中国の交渉姿勢を検討して，中国の意図するところや考え方を探る以外に有効な手だてが見あたらない。

　こうした状況の下で，敢えて核軍縮に対する中国の姿勢を特徴づけると，次のことが言えよう。第1に，CTBT 交渉中の姿勢や FMCT に対する態度の変化などから窺えるように，状況対応的な姿勢が随所に見受けられる。CTBT や FMCT は核軍縮を進めるための極めて重要な取り組みであるが，中国はいずれに関しても国際社会をリードして纏め上げようという姿勢を見せてはいない。CTBT に関しては，本稿で指摘したように，その交渉中，条約成立を遅延させようとしているのではないかとの疑惑を持たれる時期もあったが，1996年までに交渉を妥結させるという形で交渉が進むと，強固に主張してきた要求を取り下げ，そうした大勢に順応するようになっている。さらに，CTBT の批准に関しても，批准に背を向けている米国の動向を見極めて判断する姿勢をみせている。また，FMCT に関しても，当初の否定的姿勢から，米国など主要国が FMCT 交渉に前向きであることが判明すると，交渉開始に賛意を示すようになっている。

　ログラム，あるいはプルトニウムを5キログラムを要するとの基準で算出。
(68)　もっとも，自国の国防政策を優先して多数が賛意を示している軍備管理上の案件を阻止する姿勢は米国にも見受けられる。中国やロシアが主張している PAROS に関しては，軍縮会議メンバー65カ国中，米国のみが交渉に取りあげることに反対し続けているのである。

第2部　核軍縮

　第2に，これは中国に限ったことではないが，普遍的な国際安全保障上の利益よりも自国の国防・安全保障上の利益を優先する姿勢が見られる。換言すれば，自国の国防・安全保障政策に合致する限りにおいて，核軍縮につながる条約や国際的な取り組みに賛意を示すのである。その好例は，FMCT交渉の開始とPAROSのリンケージである。

　中国は，独立と主権の擁護，領土保全，核戦争の防止のほか，核廃絶を達成するために核兵器を開発・保有したと述べている。たしかに，核軍備管理・軍縮交渉においては，交渉相手に自国が受けているのと同じ脅威を与えてはじめて真剣な交渉が可能となることに鑑み，核兵器を廃絶するために核兵器を開発したという主張はそれなりの説得力を有している。しかし，核軍縮に関するこれまでの中国の姿勢を顧みるならば，中国が核廃絶に向けて積極的に具体的行動をとったとは言い難い。

　中国は，他の核兵器国と異なり，長年，核軍縮のみならず核廃絶を唱え，核兵器禁止条約の締結を訴えている。しかしながらその一方で，上で指摘したように個別の問題になると状況対応的，戦術的な姿勢をとるなど，核軍縮に関する中国の姿勢は必ずしも一貫していない。そもそも核軍備管理・軍縮は，核兵器保有国間の核使用が共倒れをもたらす危険が高く，そうした危険を回避するためには，いかに政治的に対立していても，核軍備に関して協調行動をとらざるを得ないとの認識に基づいている。言い換えれば，核軍備に関し他の核兵器保有国と協調行動を進めることにより，お互いに安全保障を高めることができるとの認識である。また，核軍縮は核兵器保有国間のみの交渉で達成できるものではない。核軍縮を進めるためには，核兵器の安全保障上の役割を可能な限り絞り込むことが不可欠であり，そのためには，生物・化学兵器の廃絶を追求することや，地域毎，あるいは対立国間の通常戦力バランスの維持を図らねばならない。こうした取り組みを進めるためには，当然のことながら非核兵器国の積極的な関与が不可欠である。中国がこうした核軍備管理・軍縮の理念に基づき，核軍縮政策を追求してゆくことを望みたい。

⑨ 欧州における核軍縮・不拡散
——地域的アプローチとその限界——

佐渡　紀子

はじめに
1　欧州における核開発と米欧関係
2　欧州における核軍縮の進展
3　世界的な核軍縮・不拡散と欧州
おわりに

はじめに

　欧州は冷戦期，米ソ対立の象徴的な場であり，その後は米ソ和解の象徴となった。冷戦構造崩壊後の1980年代末から1990年代初頭にかけては，欧州は民族紛争が頻発し，それへの対応に苦悩する地域ともなった。そしてコソボやモルドバなど，分離独立をめぐる長期的な課題を抱えつつも，安全保障上の大きな混乱は想定されない環境下で，欧州は2000年を迎えた。「共通の安全保障」概念を打ち立て，冷戦期唯一の東西間の安全保障対話枠組みであった欧州安全保障協力会議（CSCE）／欧州安全保障協力機構（OSCE）は，国内民族紛争へ対処が主要な活動領域となった[1]。冷戦構造を一方で支えた北大西洋条約機構（NATO）は東方拡大が実現し，防衛枠組みとしてよりもむしろ，安全保障にかかわる対話枠組みとしての機能が重要なものとみなされるまでになった。また，欧州連合（EU）も，共通の外交政策やEU憲法条約の導入を目指すまでに統合が深化した。このような欧州地域では，国家間の信頼醸成がすすみ，国家間戦争はもはや想定されないとさえ言われ，核兵器のみならず通常兵器に関しても大幅な軍縮が進んだ。

　冷戦構造のもとで多くの核兵器が配備され欧州において，近年のこのような安全保障環境の変化は，欧州諸国の核兵器に対する政策転換を生んだのだろう

（1）　CSCE/OSCEにおける共通の安全保障概念ついては，次を参照。吉川元『ヨーロッパ安全保障協力会議』（三嶺書房，1994年）5-9頁。

か。また，欧州地域における安全保障環境の変化は，欧州における核軍縮・不拡散政策にどのような変化をもたらすのだろうか。さらには，欧州諸国による核軍縮・不拡散政策は，グローバルレベルでの核軍縮・不拡散にいかなる影響を与えるのだろうか。

そこで本稿では国際安全保障の変化が欧州の核兵器の位置づけに与えた影響を概観したうえで欧州における核軍縮・不拡散の方向性を導出し，その世界的な核軍縮・不拡散に対する影響を検討する。

1　欧州における核開発と米欧関係

(1)　米国による欧州への核配備と米欧関係

欧州には，第2次世界大戦が終わるとともに核兵器との接点が生まれた。それは英仏による核開発と，NATO枠組みを通じた米国の核の欧州配備という形態をとった。これらの在欧核兵器がソ連の保有する核と対峙する構図が，1950年代初頭には成立した。

米国が1940年代，核兵器の使用を前提とした軍事戦略を立案していたことは，通常戦力における対ソ劣勢という自己認識があったためである。そのような安全保障状況下で行われた1949年のソ連による核実験は，米国による核の独占が崩れたことと，西側の核による対ソ優位の維持が重要な課題になったことを意味する。このことが米国による核保有数の増大をもたらしたのは言うまでもない。同年に設立されたNATOは，したがって，通常戦力で劣勢にある欧州諸国に安全を保証する枠組みとして，当初から核の活用が模索されざるを得なかったといえる。その際，欧州における核兵器の果たす役割について，欧州諸国が核抑止に重きを置いたことに対して，米国は大規模核戦争の回避を主要命題として，核戦略上，戦域核の使用を肯定的に位置づけた。

NATO枠内での米国の役割は，自国の軍事能力に基づいて対ソ抑止を機能させ，同時に欧州諸国に安全を保証することにある。しかしながら，米国による核抑止は，欧州諸国からの2種類の不安感によってその信頼性に疑問が提起された。すなわち，「見捨てられ」と「巻き込まれ」の不安である。見捨てられと巻き込まれの不安は，いずれも欧州における対ソ核使用のあり方についての

議論をもたらした。「見捨てられ」は，対ソ戦略において，戦略核と在欧戦域核のいずれも，米国によって用いられない事態を危惧するものであった。また「巻き込まれ」は，米国の戦略核の使用を避けるために，在欧戦域核の使用が促進され，欧州のみが対ソ戦の戦場となることを恐れるものといえる[2]。対ソ防衛を NATO を通じた米国による拡大抑止に依存しながらも，実効性を確保するための手法において，米欧間には大きな対立を抱えていたといわざるを得ない。

米国の提供する拡大抑止に対する欧州諸国の信頼は，米ソ間の対立と和解，軍拡と軍備管理のありようによって影響を受けた。特に1970年代には，米ソ間での戦略兵器制限交渉（SALT）が始まると，欧州における軍事戦略は在欧戦域核に依存することが予測でき，欧州諸国は「見捨てられ」を恐れた。そして1980年代に新冷戦が始まると，反対に「巻き込まれ」を恐れたのである。

米国の政策に対するこのような不安は，欧州の防衛にとって米国による関与が不可欠であり続けたことの裏返しである。拡大抑止への信頼を強化するために，1954年には欧州における戦域核が，NATO の防衛政策に組み込まれた。さらに核使用の「二重の鍵」方式が象徴するように，核の運用に関する欧州諸国の関与の度合いが強化された。在欧核兵器は欧州にとって，対ソ抑止力を意味すると同時に，米国が欧州の安全保障に関与することの象徴という，2つの役割を担っていたのである。

NATO を通じて行われた米国の核兵器の欧州配備は，1954年に英国にはじまり，1960年代に順次ドイツ，イタリア，フランス，トルコ，オランダ，ギリシャ，ベルギーへと配備された。そして1970年代初頭には，配備弾頭数はピークを迎える。この時期欧州には，約7,300の核弾頭が NATO を通じて配備されていた[3]。

（2） 梅本哲也『核兵器と国際政治――1945－1995』（日本国際問題研究所，1996年）139頁。
（3） 弾頭数の変化について，次を参照。Robert S. Norris and Hans M. Kristensen, "U.S. Nuclear Weapons in Europe: 1954-2004," *Bulletin of the Atomic Scientists*, vol. 60, no. 6 (November/December 2004), pp. 76-77.

(2) 英仏による核開発とその役割

英国の核開発は米国による核開発と切り離しえないものである。米国でのマンハッタン計画は英国人技術者の参加を得て実行され，英国は核兵器開発に高い関心を示してきた。しかしながら第2次世界大戦後，米英の二国間共同核開発が実現することはなかった。その結果，英国は独自で開発を目指すことを決定し，1952年に核実験を行い，欧州における最初の核兵器保有国となった。1960年代に入ると英国においてソ連への脅威認識が高まり，自国核の増強が必要とされた。1958年には米英は核兵器開発に関する研究協力協定に合意し，核にかかる技術の共有が可能な状況が整った。その結果英国の核兵器は，1962年に急激に増加し，その後漸増を続けた。

英国の核開発は，米国との特別な関係を維持することで大国としての影響力を維持することと，米国の提供する拡大抑止に対する不信によって，動機付けられたといわれる[4]。そして英国の核兵器には，3つの役割が与えられた。すなわち，英国本土への攻撃に対して独自の抑止力を持つこと，NATOの核政策に貢献すること，そしてNATO域外への拡散を防止することである[5]。

フランスは1960年に核実験を成功させた。フランスは自国の核武装について，対ソ連核抑止の確保を主張していたが，その背景には英国におけるものと同様に，対米関係が影響を及ぼしているといわれる。フランスの核保有数は一貫して米ソに劣り，対ソ抑止力維持のための核保有という論理は，必ずしも説得的ではないためである。核大国によって自国の安全保障に関係ある事項が決定されることを防止し，核大国に中小国の利益を尊重させるという，政治的機能に期待した面が否定できない[6]。むしろフランスの核開発もまた，英国と同様に，米国による核の傘への不信と，自国の米国からの相対的な独立性の強化によって動機付けられていたと言うべきである[7]。

1966年にフランスはNATOの統合軍事機構から脱退をし，それ以降冷戦期

---

(4) Lawrence Freedman, *The Evolution of Nuclear Strategy, 3rd ed.* (New York: Palgrave Macmillan, 2003), pp. 292-297; 梅本『核兵器と国際政治』72-78頁。

(5) ジョン・シンプソン「英国の核政策と核軍縮政策」広島平和研究所編『21世紀の核軍縮――広島からの発信』(法律文化社，2002年) 168-198頁。

(6) 山田浩『核抑止戦略の歴史と理論』(法律文化社，1979年) 311-315頁。

(7) Freedman, *The Evolution of Nuclear Strategy*, pp. 298-309.

において，核兵器は同国にとって独力での対ソ抑止の中心的役割を担うものと位置づけられてきた。そしてフランスの核は1973年には弾頭数が100を超え，19991年から1992年の保有弾頭数はピークの540へと増加した。

このようにして欧州では，ソ連への抑止という軍事的要素と，対米関係を念頭に置いた影響力維持という政治的要素の，2つの要素に影響をうけ，英仏が独自核の増強を進めた。そして1974年のオタワ宣言以降NATO加盟国からは，英国とフランスの核もまた，米国の核抑止とともに，地域に安全を保証するものとして認識されてきた(8)。その結果，冷戦期を通じて英国およびフランスの核による抑止，そして米国の在欧核による抑止が並存する地域安全保障体制が定着したのである。

2 欧州における核軍縮の進展

(1) 安全保障環境の変化と欧州における核軍縮

冷戦構造の崩壊は，欧州の安全保障環境を大幅に変化させた。例えば1975年以降漸進的に発展してきた東西間の信頼醸成措置は，1990年以降，東西の軍事能力に制限を課すものにまで発展した(9)。さらに1990年の欧州通常戦力(CFE)条約合意により，通常戦力の大幅な削減も実現した(10)。このような欧州では，1990年代以降，国家間戦争はもはや起き得ないとまで評され，欧州諸国の関心はもっぱら，域内の地域紛争へと移っていった。国家間戦争の脅威が去ったことで，核が用いられる可能性は著しく低下し，米ソ間核軍縮交渉も進展した。米ソ間では1991年には第一次戦略兵器削減条約（START I 条約）が，1993年には第二次戦略兵器削減条約（START II 条約）が合意された。この米ソ

---

(8) Bruno Tertrais, "Nuclear Proliferation in Europe: Could It Still Happen?" *Nonproliferation Review*, vol. 13, no. 3 (November 2006), p. 571.

(9) 欧州における信頼醸成措置については，佐渡紀子「信頼安全醸成措置」吉川元編著『予防外交』（三嶺書房，2000年）149-169頁。

(10) CFE条約については詳しくは，次を参照。Jane M. O. Sharp, *Striving for Military Stability in Europe: Negotiation, Implementation and Adaption of the CFE Treaty* (London, New York: Routledge, 2006); Richard A. Falkenrath, *Shaping Europe's New Military Order: The Origins and Consequences of the CFE Treaty* (Cambridge, MA.: MIT Press, 1995).

間軍縮交渉と並行して，欧州における核軍縮が進展したのである。

1980年代末から1990年代初頭は，欧州諸国および米ソが欧州の新しい安全保障環境に対して，冷戦型安全保障政策の再検討を行った時期といえる。例えばNATO諸国は1990年に，将来的に欧州における核配備数を削減することを表明した(11)。翌1991年には，G・H・W・ブッシュ（George H.W. Bush）政権によって，同国外に配備された地上発射戦術核兵器の撤去および廃棄，また，海洋発射の戦術核兵器の撤去および一部廃棄が決定された(12)。そして，これらの決定をうけ，欧州における地上発射戦術核兵器システムはすべて撤去され，さらにNATO枠内で爆撃機搭載用に備蓄する弾頭数の削減も決定された。このことで，欧州における準戦略兵器（Sub-strategic）の備蓄量は20％削減されることとなった(13)。

その後，米国は1994年に欧州配備の核弾頭数を480とすることを確認した(14)。NATOの枠組みを通じた米国の在欧核弾頭数は，ピーク時にあたる1971年には7,300発にまで増加していた。しかし一連の削減によって，現在ではベルギー，ドイツ，イタリア，オランダ，トルコ，英国の6カ国8カ所に，合計400前後の弾頭が配備される状況であり，欧州配備の米国の核は大幅に削減されたと言える。

NATOを通じて欧州に配備される米国の核兵器の削減に続き，英国，フランスもまた，自国の核兵器の再検討に着手した。フランスは初めて核実験を行った1964年以降，1,260発の弾頭を生産してきたと見られている。同国の核の再検討は1991年頃始まり，その結果，海上発射戦域ミサイルの廃棄に着手し，1992年にはNPTに批准した。また同年には兵器用プルトニウムの生産を停止する。1996年には国際社会からの大きな批判をうけながら核実験を実施したの

---

(11) North Atlantic Council, "London Declaration on a Transformed North Atlantic Alliance" July 6, 1990 <http://www.nato.int/docu/comm/49-95/c900706.htm>, accessed on August 30, 2007.

(12) アメリカ側の一方的廃棄の発表に対し，ソ連側も呼応し，すべての地上発射戦術核兵器および海洋発射の戦術核兵器の撤去・廃棄を発表した。

(13) "Nuclear Planning Group, Final Communiqué" October 18, 1991, paras. 4 and 5 <http://www.nato.int/docu/comm/49-95/c911018a.htm>, accessed on August 30, 2007.

(14) Department of Defense, *Nuclear Posture Review* (1994); Presidential Decision Directive / NSC-74 (November 2000).

ち，1998年に包括的核実験禁止条約（CTBT）に署名した。同年には，兵器用核分裂性物質の生産施設と太平洋地域の核実験場の閉鎖を発表している。さらに弾道ミサイル搭載原子力潜水艦（SSBN）を5隻から4隻へと削減し，ミラージュ戦闘機への核搭載終了と地対地ミサイルの廃棄も宣言した。このようにフランスは重爆撃機搭載の核兵器と3種類の地上発射核運搬システムを廃棄し，現在ではおおよそ350の核弾頭を保有している。これはフランスの核保有数のピークであった1991年から1992年の540から，約35％の削減である[15]。

英国の核をめぐる政策は，1990年代末に変化が見られる。核戦略の再検討が行われ，1998年に「国防戦略見直し（Strategic Defence Review）」が公表された。そこで英国は，核兵器の保有数の一方的削減を明らかにする。具体的には，保有する唯一の核戦力である潜水艦発射弾道ミサイル（SLBM）用核弾頭数を200以下に削減することを明らかにし，SSBNの哨戒体制を1隻とした。さらに，ミサイルの照準の解除や搭載核ミサイルの弾頭数の削減も決定されている。2002年には，「国防戦略見直し」の改訂版が発表された。ここでさらに英国は，核弾頭の保有数を160まで削減することを明らかにした[16]。これは保有する核兵器の，さらに2割削減に相当する。

以上のように欧州では，1990年代初頭にNATOを通じた核配備数の削減が実現し，同後半に，独自核を保有する英国，フランスにおける核軍縮が実現した。英国およびフランスによる核軍縮は，一方的措置として実施されていることが特徴的である。

(2) 欧州における安全保障環境の変化と核兵器の位置づけ

欧州における核開発と核配備が，主にソ連を念頭に置いた抑止政策のためであったことに鑑みると，ソ連の崩壊と冷戦の終焉によって，欧州諸国が欧州における核兵器の役割は失われたと評価することも可能であった。冷戦の終焉後，核兵器国は自国の核と核戦略について新たな方針を模索し，同時に，同盟にお

---

(15) Natural Resources Defense Council, "Global Nuclear Stockpile: 1945-2006," *Bulletin of the Atomic Scientists*, vol. 62, no. 4 (July/August 2006), pp. 64-66.

(16) The Secretary of State Department and the Secretary of State for Foreign and Commonwealth Affairs, *The Future of the UK's Nuclear Deterrence: Defence White Paper* (December 2006).

ける核戦略の再検討を行った。

　欧州における核兵器の役割の再検討は、まずNATOの枠組みにおいて着手された。通常戦力の対ソ劣勢をうけて冷戦中、NATOは核の先制使用も辞さないとしてきた。この核に対する評価がどのように変化するのかが、1990年初頭に注目を集めた。しかしながらNATOでは核の使用に関する、大きな政策転換は実現していない。

　たとえば東欧地域からのソ連軍の撤退をもたらすCFE条約の合意が見られた1990年にNATOの北大西洋理事会（NAC）会議が開催され、安全保障環境の改善を踏まえ、新たな軍事戦略構想の研究に着手することが合意された。しかし同会議の最終文書であるロンドン宣言では、核兵器の戦争防止機能が強調され、その使用は最終手段と位置づけるものの、当面の間欧州では核兵器の維持が必要であることが確認されもした[17]。そして翌1991年11月に発表されたNATOの新戦略概念でも、核兵器の位置づけに変化は見られなかった。そこでは核兵器の目的は政治的なものであると位置づけ、核兵器の配備によって同盟国に対する侵略が合理的選択肢ではないことを示すことで、平和を維持し、威圧や戦争を防止すると説明された[18]。また核の抑止機能は米国による欧州への核配備によって確保されるが、同時に英国およびフランスの独自核も抑止と安全保障の強化に貢献するものであるとして、3カ国の核配備に積極的な意味を残した。さらに、米国による核配備は、欧州と米国の間に不可欠な政治的および軍事的なつながりを提供するものと評価された。このようなNATOにおける核兵器の位置づけは、1999年に改定されたNATO新戦略概念でも踏襲されている[19]。

　欧州における核配備は、対ソ連抑止力の確保という軍事戦略上の意味ととも

---

(17) North Atlantic Council, "London Declaration on a Transformed North Atlantic Alliance" July 6, 1990, paras. 15 and 16 <http://www.nato.int/docu/comm/49-95/c900706a.htm>, accessed on August 30, 2007.

(18) North Atlantic Council, "The Alliance's New Strategic Concept" November 8, 1991, paras. 38, 54-56 <http://www.nato.int/docu/comm/49-95/c911197ahtm>, accessed on August 30, 2007.

(19) North Atlantic Council, "The Alliance's Strategic Concept" April 24, 1999, paras.62-64 <http://www.nato.int/docu.pr/1999/p99-065e.htm>, accessed on August 30, 2007.

に、米国が欧州の安全保障に関与することを象徴するという、政治的な意味合いも持ち合わせていた。1990年代に入って作成された新戦略概念のいずれでも、核兵器のこれら2つの意義が再確認されている。欧州に対する米国の核兵器配備の重要性が強調され続けていることから、この核兵器に託された政治的な意味合いは、冷戦構造崩壊後も引き続きNATO諸国に重要視されていることがわかる。そしてこのことが、欧州における米国の核撤去を困難にするひとつの要因といえよう。

次に、冷戦期一貫して独自核による自立と防衛を志向してきたフランスもまた、国際環境の変化に合わせて軍事戦略を再検討したものの、核抑止政策の転換は行わなかった。1994年の国防白書では、核兵器をフランスの死活的利益の保護のために必要であるとし、核は他国からの恫喝や政治的圧力を防止するために不可欠であるとした。フランスは従来、通常兵力による抑止という考え方に懐疑的であったが、冷戦構造崩壊後においてもその傾向には変化が見られなかった。1999年のシラク（Jacques Chirac）大統領によるコミュニケでも、核は防衛目的であり、死活的国益を守るためにフランスは核抑止力を保有すると確認している。さらに2001年のシラク大統領スピーチは核抑止政策を再評価し、新たに大量破壊兵器の拡散国を、フランスにとっての脅威と明確に位置づけた。そして2006年には、新しい核抑止ドクトリンが発表され、大統領はその演説の中で、テロ的手段や大量破壊兵器を使用する国の指導者については、通常兵器のみならず核兵器による攻撃の対象になることを明言している[20]。

フランスの核抑止政策は、冷戦期と対比すると、新たに地域大国が脅威となる可能性に注意を払い、同国への攻撃に対しては都市のみならず、政治・経済・軍事の中心を反撃の対象とするとしたことが新しい特徴であった[21]。そ

---

(20) Speech by Jacques Chirac, President of the French Republic, during his visit to the Stategic Air and Maritime Forces at Landivisiau / L'Ile Longue (January 19, 2006) <http://www.elysee.fr/elysee/elysee.fr/anglais/speechs_and_documents/2006/speech_by_jacques_chirac_president_of_the_french_republic_during_his_visit_to_the_strategic_corce.38447.html>, accessed on August 30, 2007.

(21) Davis S. Yost, "New Approaches to Deterrence in Britain, France, and the United States," *International Affairs*, vol. 81, no. 1 (January 2005), p. 89; David S. Yost, "France's New Nuclear Doctrine," *International Affairs*, vol.82, no. 4 (2006), pp. 701-721.

して新しい戦略では，核兵器の近代化と適合化が必要であることが示されている。すなわちフランスでは核兵器の弾頭数削減は行ってきたものの，その背後で兵器システムの近代化を推し進めるなど，核抑止政策から大きく政策転換する兆しは確認できない[22]。

さらに英国においても，1990年代後半から安全保障政策の改定が行われたが，核抑止政策については大幅な変更はない。2002年に公表された「国防戦略見直し」改訂版では，フランスと同様に，英国の核の役割として従来の核兵器による攻撃を抑止することに加え，生物，化学兵器による攻撃を試みる国に対する核の使用に明確に言及した[23]。さらに2006年には核抑止に関する白書を発表し，将来の不確実性に鑑み核抑止の維持が必要であるとして，改めて核抑止政策の維持を確認した[24]。

将来的な英国の核政策の方向性を測るひとつの指標は，核兵器システムの更新の有無であった。2006年は，英国が保有する唯一の核兵器であるSLBM「トライデント」を搭載する原子力潜水艦システムを更新するか否かが決断される時期であった[25]。結果としてブレア（Anthony Charles Lynton Blair）政権は同年，トライデントおよびSSBNの更新を決定し，2007年3月には下院によりこの方針が承認された。このことは，英国が近い将来において，核政策の大幅な変更を行う可能性が低いことを示すものとして受け止めることができる。

3　世界的な核軍縮・不拡散と欧州

(1)　欧州域内の分断と核軍縮枠組み

在欧核に関する核兵器国の政策は，ソ連による脅威が消滅した後も，核の抑

---

(22) Bruno Tertrais, "Nuclear Policy: France Stands Alone," *Bulletin of the Atomic Scientists*, vol.60, no. 4 (July/August 2004), pp. 48-55.
(23) Ministry of Defence, *The Strategic Defence Review: A New Chapter*, July 2002.
(24) The Secretary of State Department and the Secretary of State for Foreign and Commonwealth Affairs, *The Future of the UK's Nuclear Deterrence: Defence White Paper* (December 2006).
(25) イギリスが保有する4隻のSSBNのうち，1隻が2024年に耐用年限が切れることを受けての議論。新型原潜の開発と建造には17年の歳月を要するといわれており，現状の核戦略を維持するためには後継原潜の建造を2007年度中には決断する必要があった。

止機能を否定するものとはならなかった。しかしながら欧州の非核兵器国からは，冷戦構造の崩壊を受け，核兵器の果たす役割の再検討を明確に求める国が出てきた。たとえば1998年，NATOの新戦略概念の交渉過程において，ドイツが核の先制不使用を盛り込むことを提案したのはその一例と言える。先制不使用政策の導入は，核抑止を否定するものではないものの，核を使用する選択肢を制限するものであり，核軍縮・不拡散を補完する有効な取り組みのひとつといえる[26]。ただし，ドイツの提案はNATOの核兵器国，特に米国の支持を得られず，新戦略概念に核の先制不使用が盛り込まれることはなかった。

さらに欧州における軍縮志向の国家が，核軍縮を求める域外の非核兵器国と連動し，明確に声を上げ始めた。具体的には，スウェーデンやアイルランドの新アジェンダ連合（NAC）構成国としての動きが挙げられる。NACは1998年および1999年には国連総会において，核軍縮の進展に向けた核兵器国の責任を強調する決議案を提出した。NACは2000年および2005年のNPT運用検討会議においても，核兵器国に対して核軍縮を強く求めている[27]。特に2000年会議ではNACは，核軍縮への「明確な約束」を最終文書に盛り込む原動力となった。

核軍縮に対する姿勢の違いは，欧州に課題を突きつけると言える。なぜなら欧州共通外交・安全保障政策（CFSP）の導入に象徴されるように，域外との関係において統合された欧州として行動することを目指しているにもかかわらず，EUは核軍縮については，加盟国の意見調整が困難な状況にあるためである。実際，2005年のNPT運用検討会議では，核軍縮に積極的な構成国と，核抑止政策を堅持し不拡散に重点をおく傾向のある核兵器国の間で意見が分かれ，会議に対するEUの共通ポジションは，運用検討会議開催の直前になってようやく合意できた。このようにEU内では，核軍縮をめぐっての協調は，困難が伴うのである[28]。

---

(26) 黒澤満『軍縮国際法』（信山社，2003年）344-355頁。
(27) 2000年NPT運用検討会議については黒澤満「核不拡散体制と核軍縮——2000年最終文書の履行」『阪大法学』第53巻第3・4号（2003年11月）653-676頁参照。また2005年運用検討会議については，黒澤満「2005年NPT再検討会議と核軍縮」『阪大法学』第55巻第2号（2005年8月）267-311頁参照。
(28) Oliver Meier and Gerrard Quille, "Testing Time for Europe's Nonproliferation Strate-

(2) 欧州における共通アジェンダとしての不拡散

EU加盟国は核軍縮の面では必ずしも協調歩調が取れないものの、核不拡散には加盟国間の意見対立は少ない。例えば2000年および2005年のNPT運用検討会議を振り返ると、NAC、英国、フランスともに核不拡散を重要視し、いずれもがCTBTの早期発効、兵器用核分裂性物質生産禁止条約（FMCT）の早期交渉開始を支持することを明確に表明した。核軍縮において統一した立場を形成できない欧州諸国は、協調可能な核不拡散をEUの重要なアジェンダとし、地域的な取り組みを強化している[29]。

欧州においてEUが不拡散にむけた取り組みの受け皿となりえたのは、その前身のひとつである欧州原子力共同体（EURATOM）が核の平和利用の管理・促進を目的として、保障措置制度を備えて発足したことに由来する。1973年にはEURATOMとIAEAの間で保障措置協定が締結され、EURATOM加盟国はNPTに基づくIAEA保障措置とEURATOMによる保障措置の両者を受け入れてきた[30]。さらに2004年には、EURATOM加盟国はIAEA保障措置協定追加議定書を受け入れた。EURATOMに焦点をあてるとき、EUは、核の平和利用と拡散防止に取り組む、地域的枠組みと位置づけることができるのである。

さらにEUの不拡散政策は近年、核に限定するものではなく、大量破壊兵器全体を念頭に置いて発展している。大量破壊兵器の不拡散政策がEUにおいて進展を見たのは、2001年以降である。2001年12月のEU外相会議で大量破壊兵器の拡散が脅威であることが強調され、2002年4月には、欧州理事会が拡散に対処するために必要な措置を示した。その2002年の議論をさらに具体化させたのが2003年6月に採択された「大量破壊兵器の拡散に対するEU戦略の基本原則」[31]、および「大量破壊兵器の拡散に対するEU戦略の基本原則遂行のため

---

gy," *Arms Control Today*, vol. 35, no. 4 (May 2005), pp. 6-12.
(29) EUの不拡散政策については、次を参照。Clara Portel, "The EU and the NPT: Testing the New European Nonproliferation Strategy," *Disarmament Review*, no.78 (July/August 2004) <http://www.acronym.org.uk/dd/dd78/78cp.htm>, accessed on July 27, 2007.
(30) EURATOMの保障措置については、次を参照。菊池昌廣「国際保障措置強化に向けて」黒澤満編『大量破壊兵器の軍縮論』（信山社、2004年）177-204頁。
(31) Council of European Union, "Basic Principle for and EU Strategy against Proliferation of Weapons of Mass Destruction," June 2003.

の行動計画」である⁽³²⁾。これらの文書は2003年12月には,「大量破壊兵器の拡散に対するEU戦略」として確定された⁽³³⁾。これらの文書は,欧州にとっての脅威として,テロ,大量破壊兵器の拡散,地域紛争,破綻国家,国際組織犯罪の5つを挙げる。そして特に大量破壊兵器の不拡散に向けて,軍縮・不拡散に関する合意の普遍化,不拡散に関する取り決めの履行確保と検証,輸出管理の強化,関係国との間で不拡散に関する要素の導入,拡散懸念国との対話,協調的脅威削減計画の拡大などに取り組むことを定めた。また欧州安全保障・防衛政策(ESDP)の基準ともなる,EUにとって初めての安全保障戦略(いわゆる「ソラナ・ペーパー」)では,大量破壊兵器の拡散は欧州共通の脅威のひとつと位置づけられた⁽³⁴⁾。

　EUによる不拡散対策は,いくつかの特徴を指摘することができる。まず予防措置を重視する点である。これは,大量破壊兵器の取得を促す環境を改善することにより,拡散を防止するという考え方である。欧州の安全保障強化において予防措置を重視するのは,CSCE/OSCEを通じて欧州に定着したアプローチである。次に,多国間枠組みの重視である。軍縮・不拡散の合意作りと履行確保は,多国間で行われることを評価し,また,既存の国際機関の活用を重視している。さらにEUの不拡散政策は,武力の使用を容認しているものの,その武力の行使は最終手段であり,かつ,国際法にのっとって実施されるべきことを強調している。このようなEU戦略の履行は順調であるといわれる⁽³⁵⁾。さらに,「EU不拡散条項」を採択し,EU加盟国が域外国との関係において,相手国に不拡散に向けた取り組みを求めることも合意されている⁽³⁶⁾。

　不拡散を共通のアジェンダと位置づけ,加盟国政府の不拡散政策の強化を求

---

(32) Council of European Union, "Action Plan for the Implementation of the Basic Principles for an EU Strategy against the Proliferation of Weapons of Mass Destruction," 10354/03, June 2003.

(33) Council of European Union, "EU Strategy against Proliferation of Weapons of Mass Destruction," December 2003.

(34) "A Secure Europe in a Better World: European Security Strategy," December 12, 2003 <http://www.consilium.europa.eu/uedocs/cmsUpload/78367.pdf>, accessed on August 30, 2007.

(35) Portel, "The EU and the NPT."

(36) Council of the European Union, "Annex to EU Policy as regards the Non-proliferation

めるEUは、不拡散を促進するひとつのレジームとなっていると言える[37]。EUが不拡散を重視する政策を採用した背景には、いくつかの要因が考えられる。第1に、核抑止政策を継続する核兵器国も不拡散を重視した政策を採り始めており、不拡散は核兵器国と非核兵器国が協調できる分野であった。第2に、2001年9月11日の米国同時多発テロを契機として、世界的に大量破壊兵器の拡散に対する関心が高まったことが挙げられる。第3に、イラク戦争を機に、米欧間および欧州内の分断が深まっていたことがある。大量破壊兵器の拡散に関心を高める米国と協調歩調をとり、域内諸国でも不拡散問題で協働することで、これらの分断を緩和させる効果を期待したと考えられる[38]。

このようにEUでは大量破壊兵器の不拡散が重要なアジェンダとして位置づけられ、EURATOMによって欧州に導入された地域的な核不拡散機能が、拡大されている。そして、欧州域内のみならず域外での不拡散問題へもEUとして対処することを目指している。このようなEUの取り組みは、EUがグローバルなレベルでの不拡散の重要な推進役として、役割を果たす可能性を示している。

(3) 欧州の安全保障要因と核軍縮・不拡散への影響

欧州の安全保障環境は、今後の核軍縮・不拡散にどのような影響を与えるのであろうか。

欧州がグローバルレベルでの核軍縮・不拡散に与える影響力には、2つの点で制約があると考えるべきであろう。まず、グローバルレベルでの核軍縮・不拡散に関与する際、欧州のリーダーシップへの阻害要因が欧州内部に存在することである。欧州の核兵器国は、核開発を動機付けた核兵器に対する抑止力への期待と、政治的な価値への期待のいずれも、放棄する予兆は見られない。すなわち、核兵器国と非核兵器国の並存する欧州において、核軍縮に向けた共通ポジションを形成することは困難なのである。

Element in the EU's Relationships with Third Countries," 14997/03, November 19, 2003.
(37) Bruno Tertrais, "Nuclear Proliferation in Europe: Could it Still Happen?" *Nonproliferation Review*, vol. 13, no. 3 (November 2006), pp. 569-571.
(38) Portel, "The EU and the NPT."

さらに共通のアジェンダと位置づけている不拡散分野においても，核兵器国と非核兵器国の分断の余地が残されている。例えば，EUは不拡散にむけてCTBTの早期発効とFMCTの早期交渉開始を主張している。しかしながらFMCTをめぐっては，米国が主張する検証措置なしでのFMCTに対して英国が理解を示す一方で，NAC諸国は検証の重要性を主張するなど，内部は必ずしも一枚岩ではない。したがってグローバルレベルで不拡散問題を議論する際，欧州，特にEUが統一されたアクターとしてリーダーシップを発揮できるか否かは，核軍縮分野と同様に，域内での協調をどこまで達成できるかに依存すると言えよう。

なお不拡散に対しては，不拡散政策がはらむ能力の不均衡問題を，欧州域内においても克服しえていないことは，注意すべきである。EUは不拡散強化に向けた輸出管理制度の強化，核関連施設の防護，違反行為の取り締まりに関する国内法整備などを加盟国に求めている。しかしEUの拡大に伴い，これらの取り組みを実施する能力には加盟国間で差があるといわざるを得ない。このような能力の差は，国連安全保障理事会が決議1540によって，国連加盟国に大量破壊兵器の非国家主体への移転を防止する国内法整備を義務付けた際にも指摘された[39]，同様の問題は地域レベルでの取り組みでも生じる。実際EUは輸出管理に関する能力強化のための支援を，加盟国および非加盟国を対象として実施している[40]。核不拡散に関する欧州の地域的な取り組みが，今後実効性をさらに高めることができれば，欧州によるアプローチは普遍的な不拡散レジームを補完するものとして，重要な役割を果たすものとなろう。

2つ目の制約として，外的な要因を考慮する必要がある。すなわち欧州安全保障に関するロシアとの関係である。たとえば，1995年以降のNPT運用検討会議で複数の欧州諸国によって強調されたように，非戦略核兵器削減に取り組

---

(39) 浅田正彦「安保理決議1540と国際立法——大量破壊兵器テロの新しい脅威をめぐって」『国際問題』第547号（2005年10月）35-64頁。
(40) 輸出管理に関する支援対象は，ブルガリアやルーマニアといったEUの新規加盟国や，クロアチア，マケドニアなどの加盟候補国にとどまらず，バルカン，コーカサス，中央アジア，アフリカ，ロシア，中国など，広範囲にわたる。Council of the European Union, "Six-monthly Progress Report on the Implementation of the EU Strategy against the Proliferation of Weapons of Mass Destruction (2007/I)," 11024/07, June 19, 2007.

むことが必要であると指摘されている。非戦略核兵器の役割を制限することを期待する欧州諸国や，核軍縮に積極的なNAC諸国などは，欧州における核兵器国とロシアを念頭に，その削減を強く求めている(41)。しかしながら欧州地域における安全保障状況に近年ロシアは不満を強めており，このような認識は，同国の軍備管理・軍縮政策に影響を与える。

たとえばNATOの東方拡大やCFE適合条約（1999年合意）のNATO側の未批准問題は，ロシアの不満を高めてきた。さらに欧州諸国が2002年以降，ミサイル防衛に対して肯定的評価に転じ，2007年1月には米国がポーランドおよびチェコにミサイル防衛システムを配備することを明らかにしたことで，欧州地域での軍備管理に対するロシアの態度はさらに硬化している(42)。そしてロシアは2007年4月に，15年以上にわたって欧州の軍事的な透明性を強化してきたCFE条約の履行を，一時停止すると決定した(43)。

ロシアはこのたびの決定を「脱退（withdraw）」ではなく，「一時停止（suspend）」と表現し，CFE締約国との対話も継続していることから，欧州における軍備管理と信頼醸成が深刻な危機に直面していると評価すべきではない。しかし，ロシアによる条約の義務履行停止の背後には，NATOの拡大や中央アジア諸国との協力強化により，米国によるロシア周辺地域への影響力拡大への不満が見て取れる。安全保障に関する不満が，核戦略を含む安全保障政策にどのような影響を与えるのかを，注視する必要がある。実際ロシアは通常戦力の劣勢を補うために，核兵器への依存傾向を強めている。このようなロシアの核兵器への依存傾向は，核軍縮への阻害要因となろう(44)。冷戦期を通じて作り

---

(41) 非戦略核兵器の削減は，英国が比較的肯定的な姿勢を示すのに対し，フランスが消極的であるなど，欧州諸国でも評価が分かれている。

(42) 2002年のNATOリガ・サミットにおいて，実用可能性の研究を行うことが合意され，2006年にはNATO諸国は，MDが実用可能であるとの結論を導いている。MDの効果について懐疑的であったフランスも，実用可能性に関する研究に参加し，2006年の有用性の確認には，同意している。

(43) 2007年4月27日にプーチン大統領がCFE条約の履行停止を発表した。履行停止によって，ロシアはCFE条約で定められた査察受け入れと軍事関連情報の交換を行う義務は停止される。ロシアによるCFE条約の履行停止の法的効果については，次を参照。Duncan B. Hollis, "Russia Suspends CFE Treaty Participation," *ASIL Insight*, vol. 11, issue 19 (July 23, 2007) <http://asil.org/insights/2007/07/insight070723html>, accessed on July 27 2007.

上げてきた協調的安全保障概念に基づき，欧州諸国が欧州安全保障をめぐる米ロの対立を緩和させることができるか否かは，欧州地域での軍備管理・軍縮はもちろんのこと，グローバルレベルでの核軍縮へも影響を与えると考えるべきである。

おわりに

　欧州地域では，米ソ対立の緩和によって1990年代以降，核軍縮が進んだ。核軍縮の傾向は英国，フランスの核に関しても，NATOを通じて配備される米国の核に関しても同様であった。しかしながら，核兵器の位置づけそのものは，欧州の核兵器国においても，大きく転換されることはなく，テロや大量破壊兵器の拡散といった新しい脅威に言及することで，核抑止政策を温存している。これに対して欧州の非核兵器国の一部からは，核の果たす役割を縮小し，核軍縮を推し進めるべきであるとの主張が出てきている。核兵器の役割や核軍縮に関して，核兵器国と非核兵器国の間に分断が生じているのである。そのため，グローバルレベルでの核軍縮において，欧州がひとつのアクターとして影響力を発揮することは困難であるといわざるを得ない。

　しかしながら不拡散に関しては核兵器国も含めた欧州諸国が協調をし，これを共通のアジェンダと位置づけ，EUを通じて先進的な取り組みがなされている。EUによる不拡散政策は域内にとどまらず，域外諸国への輸出管理支援に象徴されるように，域外諸国を含めた拡散防止政策へと拡大している。不拡散は拡散を禁止するルール作りのみでは，成果が挙がることは期待できない。大量破壊兵器の拡散防止にかかる各国の能力の格差を踏まえ，実践のための支援が不可欠である。EUによる取り組みは，この両者を進めるものでもある。地域的な取り組みを実現した欧州はその成果を基に，グローバルレベルでの不拡散分野で，規制のあり方や支援の手法についての発言力を増していく可能性がある。

　欧州における核軍縮・不拡散は，これまでロシアや米国という外部アクター

---

(44)　山田浩『現代アメリカの軍事戦略と日本』（法律文化社，2002年）295-300頁。

の影響を大きく受けてきた。今後も両国の動向が，欧州の軍縮・不拡散に影響するだろう。テロと大量破壊兵器拡散への対抗という米国の安全保障政策は，一方で欧州の不拡散政策を促進した。しかしながら米国の政策は他方で，欧州地域の安定をめぐってロシアと欧州諸国との摩擦を生んでいる。1980年代から90年代にかけて築きあげたロシアとの軍事的な信頼関係が揺らげば，核軍縮，さらには通常兵器を含めた軍縮への歩みは鈍ることとなりかねない。

　地域統合の深度，重層的安全保障体制の存在，協調的安全保障概念の定着など，安全保障強化に向けた制度の成熟度の点で，欧州は先進的な地域であることに間違いはない。しかし核兵器国と非核兵器国が並存する欧州において示される，核軍縮に関する国家間の綱引きは，まさにNPTの枠組みで展開される意見対立そのものである。そして欧州諸国がEUを通じて見せる不拡散への傾倒もまた，グローバルレベルでの傾向と同様である。欧州が核軍縮・不拡散に関する世界の縮図であるとするならば，欧州の今後の動向は，グローバルレベルでの核軍縮・不拡散を進める方策を導く上で，今後とも注視する価値はあるといえよう。

10　多国間核軍縮・不拡散交渉と核敷居国問題

広 瀬　訓

はじめに
1　「核敷居国」の再検討
2　新しい核軍縮・不拡散の枠組

み
おわりに

はじめに——問題の所在——

(1)　「核敷居国」のゆらぎ

　2006年10月の北朝鮮による核実験実施の発表は，国際的な核不拡散体制に対して深刻な疑念を投げかける結果となった。この北朝鮮の核実験に対し，国連安全保障理事会（安保理）は，決議1718を全会一致で採択し，北朝鮮に対する核兵器開発計画の放棄と，各国による経済制裁の実施を求め，国際社会は，北朝鮮に対して厳しい態度で臨む姿勢を示した。しかし，以前同様に核実験を実施したインドとパキスタンに対しては，国際社会は，必ずしもそこまで強い態度を見せたわけではなかった。

　このような態度の違いの背景には，当然，北朝鮮の核実験と，インド，パキスタンによる核実験が国際情勢に与えた影響の程度の違いがあると考えられるが，同時に，インド，パキスタンが，核兵器不拡散条約（NPT）およびその他の国際的な核不拡散に関する法的な枠組みに参加していないのに対して，北朝鮮の場合には，まず非核兵器国としてNPTに参加していたにもかかわらず，その義務の履行について国際的な疑義が生じ，問題視されたことが，一連の問題の発端となったという事実も反映されているであろう。

　北朝鮮は，NPTの規定上，非核兵器国として自国内の核関連施設および物資をIAEAに対して申告し，査察を受け入れる義務を負っていたにもかかわらず，申告に不明瞭な点があることを指摘された際に，十分な説明を提供せず，

さらにその問題に関する国際原子力機関（IAEA）の査察要求を拒否し，逆にNPTからの脱退を表明した。その後の米朝交渉による合意の成立に基づくNPTからの脱退の「凍結」，合意の履行をめぐる北朝鮮と関係国との対立を理由とした再度の脱退通告，と北朝鮮の態度は推移し，最終的に北朝鮮はNPTから脱退したことにより，もはや法的には核不拡散の義務を負わない立場にあるとの主張を行っている。しかし，その脱退手続きには法的に疑問の余地もあり，北朝鮮がまだ法的に不拡散義務を負っているという主張も可能であろう。この点に関しては，NPTの規定上，いつの時点で条約からの脱退が法的に成立したのか有権的に判定する責任の所在が明文で示されておらず，曖昧な部分があるからである。国連安保理決議1718も，北朝鮮による核実験の実施が，ただちにNPTに違反しているとは断定せず，また，北朝鮮によるNPT脱退が有効かどうかには言及せずに，北朝鮮に対し，NPTからの脱退宣言を撤回し，NPT体制に復帰するように求めているに止まっている。

　このように，同じように核実験を実施しても，インド，パキスタンと北朝鮮の間には，法的には微妙な違いがあると言ってもよい。同様に，「事実上の核兵器国」として国際的に扱われているイスラエルや，一時的に核爆発装置を開発，保有した後で，それを放棄し，非核兵器国としてNPTに参加した南アフリカなども，それぞれ国際的には異なる評価を受けていると言えるであろう。これら，従来はしばしば「核敷居国」とも呼ばれてきた，核兵器を保有しつつある国々をまとめて扱うことが可能な法的な枠組みは，現在のところまだ成立していないのである。そのために，同じ核兵器の不拡散の問題であっても，統一した基準で論じることができず，いわゆる「二重基準」，「三重基準」の問題が発生し，それが国際的な核不拡散体制の信頼性と有効性に大きな打撃を与える結果となっていることは否定できない。本論では，この問題の背景と実状を検討することにより，解決へ向けての望ましい方向性を模索してみたいと考えている。

(2)　核軍縮・不拡散の「死角」としての「核敷居国」

　従来，「核敷居国」あるいは「敷居国」とは，広い意味で，まだ核兵器の保有は確認されていないものの，核兵器の開発，製造，保有を行うことが可能な技術的，工業的な段階に達し，あるいは達しつつある国々を，もっぱらその能

力に着目して分類するカテゴリーとして用いられてきた。その意味では、日本を含む多くの先進工業諸国は「核敷居国」であると言ってよい。しかし、より狭い意味では、上記のような能力を持ちながら、NPTのような核兵器の開発、生産、保有を法的に規制する国際的な枠組みに参加していないか、あるいは参加していても、核兵器の開発、生産、保有を肯定するような意思を示したり、政策を展開したりすることによって、核武装の能力だけでなく、その意思も持つ国々、具体的には、インド、パキスタン、イスラエル、北朝鮮、イラクなどを指すカテゴリーとしても用いられてきた。国際的な核兵器の不拡散を論じる際に、大きな障害として論じられてきたのは、もっぱら後者の狭い意味での「核敷居国」の問題である。

「核敷居国」が、NPTや地域的な非核兵器地帯条約等に基づく、国際的な不拡散体制の下で、誠実にIAEAとの保障措置協定を履行している限り、仮に核兵器を開発できるだけの技術および施設、物資を保有していたとしても、それが軍事転用される可能性は低く、国際社会においては、さほど深刻な問題であるとはみなされない。実際に、すでに原子力発電所を建設、運営するレベルの原子力関連技術を有する国は、先進工業諸国を中心として、20カ国を超えているが、これらの国々については、現在に至るまで原子力の軍事転用の疑惑が国際的に真剣に問題にされたことはないと言ってもよい。技術的な可能性を有していても、国家の政策方針として非核兵器国としての立場を堅持し、その検証を国際的なシステムに適切に委ねることにより保証するという政策は、国際的な不拡散体制の信頼性を支える柱なのである。

しかし、そのような国際的な保証のない「核敷居国」に関しては、現在に至るまで様々な問題が発生し続けている。1つは、イラン、イラク、北朝鮮のように、NPTに代表される国際的な不拡散体制の枠組みに参加していながら、それを欺くような核兵器開発を進める場合であり、もう1つはインド、パキスタン、イスラエルやかつての南アフリカのように、最初から不拡散の法的義務を拒否している場合である。条約上の不拡散義務に違反している場合には、当然のことながら「条約違反」という大きな問題が発生し、場合によっては、国際的な制裁が科されることにもなる。その意味では、これらの国々に関する問題は、本質的には、履行確保に関するものであり、技術的な対応が可能である。

具体的には、そのような違反をより効率的に IAEA が発見できるように、査察体制を強化するといったような対応策を講じればよいことになる。法的に「違反」という明白な事実の指摘さえできれば、国際的に適切な対応を検討することは可能なのである。

ところが、最初からそのような法律上の不拡散義務を拒否している場合は、仮に核兵器の開発が明らかになった場合でも、条約違反とは異なり、その事実をもってただちに法的な責任を問うことは困難であろう。さらに、「核敷居国」という曖昧な立場にある限り、NPT で認定されている5核兵器国とは異なり、核軍縮へ向けての何らかの法的な義務を負っているとも必ずしも言えないのである。例えば、インドは長年国連総会に核兵器の凍結と軍縮に関する決議を提案し、成立させているが、そこでインドが主張していることは、核兵器の凍結、軍縮義務を負うべきなのは5核兵器国であり、自国を含む「核敷居国」も核兵器の凍結に関し、何らかの義務を負うべき旨の記述を含めることを巧妙に回避し、インドには核軍縮に応じる義務は現在のところ無いとの立場を取っている。

つまり、この問題となっている「核敷居国」は、核兵器の不拡散においても、軍縮においても、国際的な法的枠組みの外に置かれ、核軍縮・不拡散を論じるうえで、いわば死角となっているのである。従って、この「核敷居国」の問題に関し、国際社会が何らかの方向性を打ち出すことが出来なければ、国際的な核軍縮・不拡散体制が、そこから崩壊に至る可能性すら指摘できるであろう。現実に、一部の国からは「NPT から脱退しさえすれば、核に関するフリーハンドが得られる」と言わんばかりの主張が散見されている。一刻も早くこの問題に対して的確に対処し、核軍縮・不拡散体制の抜け穴を埋めることは、国際社会にとって急務だと言わなければならない。

1 「核敷居国」の再検討

(1) 「核敷居国」と「核兵器国」

すでに述べたように、国際的に確立された「核敷居国」の定義がすでに存在しているとは必ずしも言えないのである。技術的な面のみに注目しても、果たしてどのレベルの原子力関連技術、施設、物資を保有する国が「核敷居国」に

該当するのか，明確な基準があるとは言い難い。もちろんすでに自力で原子力発電所を建設したり，核爆発実験を実施した国々がほぼ「敷居国」に該当するであろうことには異論はほとんどないし，逆にまだまったく原子力分野での技術者を持たないような国が該当しないことも明白である。また，国によっては，原子力関連分野の技術水準に関し，必ずしも透明性が確保されていない場合もあり，外部からそのレベルを判断するのが難しい場合もある。特に軍事関連の核技術のレベルに関しては，各国とも秘密にされていることが普通で，「核敷居国」の範囲を確定することは，実際にはさらに難しいと言わなければならない。

同様の難しさは，「核兵器国」の定義に関しても当てはまる。従来，「核兵器国」と言えば，一般的には，米，英，仏，ロ，中の，NPTで定められている5核兵器国を指す場合が多かった。しかし，これはあくまでもNPT上で規定されている核兵器国であり，現実に核兵器を保有している国々がすべて含まれているわけではないことは，現在では明白である。

万が一の際に，核兵器による報復攻撃を行う能力を有することが前提となっている核抑止戦略においては，仮想敵国に対し，核兵器による強力な反撃の可能性を予め示唆しておくことが不可欠である。従って，核兵器を保有しているか，いないか，あるいはどのレベルの核兵器を，どのぐらい保有しているか等をあえて曖昧にしておくことによって，相手に出来る限り大きな警戒感を与えておくことも，抑止戦略においては重要な手段の１つとなっており，本当に核兵器を保有しているかどうかを確認することは現実には容易なことではない。

(2) 法的な「非核兵器国」としての核敷居国

NPTや非核兵器地帯条約等により，核兵器の放棄を国際法的に義務付けられ，国際的な検証制度が機能している場合には，いかにしてその国際的な検証・査察制度をより効果的で信頼性の高いものとしてゆくかという技術的な問題を除けば，仮に原子力分野において高い技術力を有する場合でも，「非核兵器国」としての地位は，一応国際的に確認されたものとして分類しても大きな問題は無いであろう。

もちろん，そのような条約から脱退し，非核兵器国としての条約上の義務か

ら免れようとする国が現れる可能性は否定できないが，それはほとんどあらゆる条約にも言えることであり，また，現実にそのような国が現れた場合，核兵器の保有に関して，別のカテゴリーの国家としての取り扱いが必要になり，単純に「非核兵器国」として扱うことは不適当であろう。非核兵器国としての義務から脱退する国々に対する対応は，最初からそのような義務の枠外にあった国々と併せて，別の角度から考えなければならない問題なのである。

(3) 法的な保証の無い核敷居国

　法的な保証の無い「核敷居国」というグループは，現在の国際社会において，法的には核兵器の開発，保有に関し，かなり大きな自由を行使できる立場にあると言わなければならない。そのような国に対して，核兵器の保有を前提として核軍縮を求めることは，核兵器国として国際的に公認する行為となりかねない。しかし，非核兵器国として不拡散に協力するように求めることは，現在までの経過を考えるならば，まったく非現実的であろう。

　したがって，そのような国々に対して，どのように法的なカテゴリーを設定するかは，極めて微妙な問題なのである[1]。現実には「事実上の核兵器国」として扱うことになるとしても，核軍縮・不拡散に関する条約の中で，そのようなカテゴリーを設けることは不可能であろう。また，そのような国々に対して，条約上特別な地位を与えたり，あるいは特別な義務を課そうとすれば，ただちに「差別的」との批判が出されるだけでなく，その差別性を口実として条約への参加を拒否する国が現れることは十分に予想されることである。

　また，ある国が核爆発実験を実施することは，その国の核開発技術が一定のレベルに達していることを示す重要な指標の１つであることは否定できないが，核爆発実験の実施がそのまま核兵器保有と同義であるとは必ずしも言えない。単なる核爆発の実現だけであれば，それほど高いレベルの核技術が無くとも，十分な量の核分裂性物質を確保することによって可能になると言える面があるからである。しかし，単なる核爆発の成功を，核兵器の製造に結びつけるためには，兵器として実用レベルに達するまでの小型化や信頼性，安全性の確保が

（１）　黒沢満「核不拡散体制の新たな展開」藤田久一，松井芳郎，坂元茂樹編『人権法と人道法の新世紀』（東信堂，2001年）303頁。

必要であり，それに要する技術は，ある面では単なる核爆発の成功に必要な技術よりも開発が難しいとも言えるのである[2]。また，逆に，核爆発を伴う実験を実施せずに，核兵器の開発に密かに踏み切った国が無いとは断言できない。現実にイスラエルに関しては，現在までに核爆発実験を実施したという事実は確認されていないが，核兵器を実用化し，生産，保有していることはほぼ疑問の余地が無いと言われている。

このような観点からも，どの国が実際に核兵器を保有しているのかを第三者が確認することは，該当する国が自発的に必要な情報を公開し，場合によっては査察を受け入れるような協力抜きには，極めて難しいと言わなければならない。しかし，核兵器に関する曖昧さが核抑止戦略において重要な要素となっている限り，そのような自発的な協力を期待することはあまり現実的ではない。結局のところ，核兵器を開発，保有するのに十分な技術を持っていると考えられている国の場合，信頼性の高い国際的な検証メカニズムに自発的に服していないかぎり，限りなく核保有の疑いの強い灰色の核敷居国とみなされざるを得ない場合が多くなると言えるだろう。

(4) 「敷居」を設定する意義

このような視点から考えると，実はどの国がどの時点で核保有の敷居を越えているかどうかを一元的に判断することは極めて難しいといわなければならない。つまり，従来漠然と使われてきた，「核兵器国」，「核敷居国」，「非核兵器国」というカテゴリーは，すでに現在の国際情勢を分析する概念としては不十分であり，かといってそれに代わる新しいカテゴリーは現在まだ提唱されていないと言わなければならないのである。

現在完全に停滞している多国間の核軍縮・不拡散の交渉においては，むしろ，すでに大きく揺らいでいる「核兵器国」，「非核兵器国」および「核敷居国」のような区分をあえて持ち込まず，すべての締約国に一律の規制を適用するか，あるいは包括的核実験禁止条約（CTBT）第14条のように，核兵器ではなく，原子力関連のできる限り客観的で統一した基準を導入することにより，二重基

（2） 広瀬訓「核実験の禁止」黒沢満編著『新版　軍縮問題入門』（東信堂，2005年） 72頁。

準あるいは差別的との批判を回避することが極めて重要になってくると考えるべきであろう。さらにこの議論を進めるならば，すでに CTBT にもその傾向をみることができるが(3)，核軍縮と不拡散の問題を分けて検討し，規制するという枠組み自体，現在の情況では国際的な核軍縮・不拡散の交渉や条約の内容としてはすでに無理があり，この軍縮か不拡散かという2つの側面を区別せず，統一して規定する必要があると言わなければならない。

2　新しい核軍縮・不拡散の枠組み

(1)　真の包括的枠組み

　潜在的あるいは現実に核兵器の開発・製造能力をすでに持っている国々を，「核敷居国」として分類し続けることは，該当する国々が，非核兵器国としての法的に義務を受け入れ，何らかの有効な国際的な保障措置の下に置かれない限り，実質的にはあまり意味の無いことだと言わなくてはならない。もちろんこのことは，法的に規制を受けていない核敷居国に対して，NPT 上で認められている5核兵器国と同等の地位を国際的に認めるということではない。しかし，非核兵器国としての義務を負わず，また，核兵器国としての核軍縮への取り組みにも加わらないという，「死角」を国際的な核軍縮・不拡散体制の中に作らないためには，あえて実際に核兵器をすでに保有しているかどうかを基準として区別せずに，該当する国家の原子力分野における能力と，核不拡散関連条約への加入情況によってのみ区別するほうが合理的であり，また，効果的であると考えられるのである。そのうえで，すべての国に対して，基本的に同様の権利義務を規定する包括的な核軍縮・不拡散の枠組みを構築することが最も望ましいことは明白である。

　極論すれば，そのような枠組みの基本的な性格が，核軍縮であるか，あるい

（3）　CTBT 前文には，核軍縮および不拡散の両方に言及があり，CTBT の目標が，主に核軍縮と不拡散のどちらにあるのか明確には定義されていない。これは CTBT の性格が核軍縮・不拡散の両方の側面に貢献する機能を果たすと同時に，CTBT が核兵器国あるいは非核兵器国のいずれかを主な規制の対象としているとの差別的な印象を回避するためであると考えることができる。　堀江訓『包括的核実験禁止条約（CTBT）の現状と展望』(財)日本国際問題研究所軍縮・不拡散促進センター，2000年，1-2頁。

は核不拡散であるかを論じること自体，あまり意味の無いことであろう。もはや，「非核兵器国に対する不拡散，核兵器国に対する軍縮」という考え方自体，極めて曖昧な「核敷居国」の出現により，見直しを迫られているからである。むしろ，NPTのような不拡散と軍縮の義務を区別する発想が，「核敷居国」という死角を生む背景となってしまったと言うべきであろう。今必要とされているのは，客観的な技術レベルに対応した，あるいは，理想的には，すべての国を対象として核兵器の開発，製造に同一の規制をかけることによって，真に普遍性をもった核軍備管理の枠組みなのである。もちろん，すでに国際的な保障措置に誠実に服している国々にとっては，そのような核軍縮・不拡散の枠組みを設けようとすることは，「屋上屋を架す」ことだとの反発が出ることは十分に予想される。しかし，核保有という選択肢を排除した国々にとって，核兵器国による脅威を極力削減することは，極めて重要な安全保障上の要請であり，それに十分に見合うだけの効果が期待できる内容のものであれば，それほど大きな抵抗が出るとは考え難い。むしろ問題となるのは，ある程度国際的な非難を覚悟のうえで，国際的な核軍縮・不拡散の枠組みに入らず，あるいは脱退することで，事実上の核兵器国となり，核兵器の開発・保有を追求している一部の核敷居国である。そのような国々に，「法的には核兵器国でもなく，非核兵器国でもない」という抜け道を許さず，国際的な枠組みの中に入るように国際的に効果的な圧力をかけられるようにするためには，「すべての国が共通の基準に基づく，共通の義務に服している」という普遍性の確保が極めて重要な条件となると言わなければならない。

　このような観点から考えた場合，現時点で何らかの具体性を持って国際的に検討されている条約としては，やはりCTBTと兵器用核分裂性物質生産停止条約（FMCT）が挙げられるであろう。それ以外にも，核軍縮・不拡散，あるいは核兵器の不使用に関する提案はいくつかあるが，いずれも具体性に乏しく，まだ単なるアイデアの段階を超えるものではなく，国際的な交渉のテーマとなっているとは言い難い。したがって，この2つの条約をどのように実現してゆくかを検討することが，もっとも現実的であろうと思われる[4]。

（4）　John Freeman, "Is Arms Control Law in Crisis?" *Journal of Conflict & Security Law*, vol. 9, no. 3 (2004), p. 311.

(2) 包括的核実験禁止条約（CTBT）

CTBTは，部分的核実験禁止条約で認められていた地下核実験を含め，目的を問わずにすべての核爆発を伴う実験を一律に禁止しようとするものである。すでに核兵器を保有している国が，核兵器の改良を進めたり，新型の核兵器を開発する際にも，また，まだ核兵器を保有していない国が新たに核兵器を開発しようとする際にも，実際に核兵器を爆発させて，その性能を確認する実験は，技術的にも非常に重要だと考えられている。また，抑止戦略の一環として，核兵器を製造，使用する能力があることを核実験によりデモンストレーションする場合もあり，核実験を禁止することは，核兵器の開発を規制するだけでなく，その開発，保有のもたらす効果にも一定の規制を設けることが期待されている。実際に成立したCTBTでは，その目的として核軍縮と核不拡散の両方の目的に資することが挙げられている。

CTBTは，1993年からジュネーヴ軍縮会議（CD）で交渉が始まり，1995年に条約草案が完成したものの，インドの反対によりCDでは採択できず，条約草案をそのままオーストラリアを中心とする国々が1996年に国連総会に提案し，国連総会において賛成多数で可決，採択するという変則的な方法で成立したものである。CDにおいて作成されたCTBTの採択に失敗したのは，条約の発効に必要な要件として，交渉に参加したCDの加盟国および一定レベル以上の原子力関連施設を持つとIAEAに登録されている44カ国による批准が規定されているが，インドがこの規定に反発し，コンセンサスへの参加を拒否したためであった。インドの主張は，インドの合意のないままで，条約の発効に批准が必要な44カ国の中にインドが含まれていることが，インドに対して批准を迫る不当な圧力であり，インドの主権を侵害する行為だとして，受け入れられないというのがその理由であった[5]。

しかし，その後の展開を見ると，インドによる地下核実験の実施と，「事実上の核兵器国」として国際社会への受け入れを求めようとする外交など，実際には自国の核兵器開発計画への規制を嫌っての反対ではなかったのかと考えられる。また，インドの核実験と事実上の核兵器保有は，当然の結果として隣国

---

(5) UNGA/50/PV. 123, p. 13-16; UNGA/50/PV.125, p. 4 CD/1425, p. 19-20.

パキスタンの核実験と，事実上の核兵器保有という連鎖反応を生み出してしまった。さらに，2001年9月11日の同時多発テロの発生による国際情勢の変化と，ブッシュ（George W. Bush）政権下での米国の方針の変更は，インドとパキスタンによる実質的な核兵器の保有を認める方向への動きを見せた。

　米国自身も，クリントン（Bill J. Clinton）政権はCTBT交渉に対して極めて積極的な姿勢を見せたものの，ブッシュ政権はCTBTに反対する姿勢を鮮明にし，上院は批准を否決した。米国は核兵器国であり，またCDの加盟国でもあることから，当然CTBTの発効に必要な44カ国に含まれている。したがって，このインドと米国のCTBT反対は，CTBTの早期発効を不可能とし，国連総会での採択からすでに10年以上経過しているにもかかわらず，現在でもまだ正式発効の見通しはまったくたっていないのが実情である。むしろ最近では，インドの核実験を半ば肯定するかのような米国の姿勢に，米国自身の核実験の再開へ向けての布石ではないかという疑念すら否定できない状況であり，CTBTへの逆風は強まるばかりと言わなくてはならないかもしれない。

　しかし，ある意味では，核兵器の不拡散体制に対する一貫した反対で知られているインドと，自国の核戦力の維持による安全保障を追求するブッシュ政権下の米国が同様にCTBTに反対する姿勢を見せたことは，CTBTが核不拡散と核軍縮の両分野において有効な規制として機能することを警戒したためであると言うことも可能であり，正式に発効した場合には，新しい核軍縮・不拡散の効果的な国際的な枠組みとして成立することが期待できるとも言える。

　CTBTの発効要件には，核兵器国，法的な非核兵器国および法的には何の義務も負っていない核敷居国を含め，一定レベル以上の原子力関連施設を有する国すべての批准が必要とされている。この点については，1カ国でも批准が遅れれば，それが直接条約の発効を阻害し，速やかな発効を困難にするとの指摘が交渉時よりなされていた。しかし，条約の目的に照らして，発効要件を緩やかにするよりも，より実効性の高い核軍縮，不拡散の枠組みを構築するために，あえて44カ国を羅列したのである[6]。この点に関し，現実にインドと米国が条約の発効に対して事実上の拒否権を行使したような形になり，CTBTの批准

（6）　堀江訓「核軍縮・不拡散における普遍性と差別性」『北陸学院短期大学紀要』第28号（1997年）217-218頁。

国会議等により，発効を促す措置の検討が続けられているにもかかわらず，まったく発効の見通しが立たない。この発効の遅れを指摘し，批判することは容易である。また，あえて法的な非核兵器国も44カ国の中に含めることに関しても，不必要であるとの批判も可能であろう。しかし，現実に核実験を実施する可能性を持つ国々を含まない限り，CTBTの有効性には大きな疑問が残るうえ，核兵器国と法的に非核兵器国を保障されていない少数の敷居国のみを発効の条件としたのでは，やはり対象となった国から「一部の国のみに特別な負担を課す差別的な内容」としての批判が出され，拒否される可能性が極めて高いと考えられたからこそ，このような規定となったのである。このような観点からすれば，「一定レベル以上の原子力関連施設」という客観性の高い基準に基づいて，法的なカテゴリーとは無関係に44カ国を含めたことは，少なくとも，非差別的で合理的な条件であると考えることができる。実際に，NPTの場合とは違って，インドも，CTBTに対しては内容が一方的であるとの批判は行なっても，差別的であるとの批判を大きく展開することは無かったのである。

このように考えると，CTBTは，核軍縮・不拡散の新しい枠組みとして，潜在的にかなり高い普遍性を確保できる可能性を持っていたと言うことができる。しかし，ブッシュ政権下での米国の政策変更により，CTBTの成立に強硬に反対していたインドに対する国際的な圧力は事実上崩壊し，議論は言わば振り出しに戻るような形になってしまった。しかし，その基本的な構造自体は，普遍的，合理的に構築されており，米国の政策如何によっては，国際世論を再度喚起し，インドのような国に圧力をかけることにより，CTBTを甦生させる可能性も絶対にありえないとは言えないであろう。ただ，残念なことに，現時点では，CTBTの実現へ向けての国際世論は必ずしも高いとは言えず，現実に米国やインド，特に米国に対して，その政策を転換するように説得できるだけの有効な材料が見つからないため，CTBT発効へ向けての動きは，当分の間停滞を余儀なくされると言わなければならない。

(3) 兵器用核分裂性物質生産停止条約（FMCT）

FMCT，いわゆる「カットオフ条約」とは，核兵器の製造に必要な高濃縮のウランやプルトニウムの生産を禁止することを目的とする条約のことであり，

一応1995年にCDにおいて条約交渉の開始に合意が成立している。しかし，その具体的な交渉内容をめぐる各国間の意見の相違や，CD自体の，議題をめぐる各国間，特に米国と中国の間の対立とそれに起因する実質的な空転状態の継続により，交渉開始の合意より10年以上経過した現在でも，事実上条約交渉はまったく進んでいないと言わざるを得ない状態に置かれたままである。

FMCTをめぐる交渉が停滞したままである最大の理由の1つは，CDの空転である。当然CDの議題の中でFMCT交渉をどのように処理するかということも各国に間の駆け引きの重要な要因の1つであるとはいえ，直接的にはCD内部での複雑なパッケージディールの問題が解決しないことには，FMCT交渉の促進は期待できない。しかし，この問題は，直接FMCT自体に含まれる問題とは必ずしも言えないので，ここでは詳述しないことにしておきたい[7]。

FMCT自体の問題として，交渉開始の前提として，激しく意見が対立した点は，すでに生産され，貯蔵されている兵器級核分裂性物質，いわゆる「ストックパイル」の問題である。このストックパイルを条約の中で，どのように扱うかをめぐり，具体的な交渉開始に先立ち，意見が激しく対立する様相を見せたのである。

当然のことであるが，FMCTの基本的な目的が，核兵器の製造に必要な高濃縮の核分裂性物質の生産を規制し，原則的に禁止することにより，核兵器の量的拡大を防ぎ，また，新しく核兵器を開発，製造する国が出現することを防止することにある限り，兵器用核分裂性物質の新規生産が条約の規制対象となることに関しては，完全な禁止とするか，一部に例外を認めるかという点で多少の議論はあるものの，各国の間でも理解が成立していると考えても差し支えないであろう[8]。しかし，すでに生産され，貯蔵されている兵器級の核分裂性物質も規制の対象とするかどうかについては，いくつもの疑問と，対立する見解が提出されている。

その意見を大きく分けるならば，ストックパイルは条約に含めるべきではな

（7） 黒沢満「軍縮条約の交渉・起草過程の特徴」山手治之，香西茂編『現代国際法における人権と平和の維持』（東信堂，2003年）378頁。
（8） 核兵器国からは，水爆の起爆用に用いるポロニウムは半減期が短く，定期的に更新する必要性があるために，ポロニウムの生産は例外的として扱われるべきとの指摘が出されている。

く，新規生産のみを対象とすべきとの主張と，ストックパイルに関しても，その廃棄や制限，兵器への利用の禁止や制限を含め，何らかの規制を条約中に含めるべきとの意見の対立である。現実の問題としては，日本のようにNPTに非核兵器国として参加している国々にとっては，すでにIAEAの保障措置の下で，兵器用の核分裂性物質の生産や保有はありえないことが国際的に確認されているので，ストックパイルを含めるかどうかは，直接的にはほとんど影響がない問題である。また，圧倒的な量の核兵器を保有している米ロにとっても，現実に核兵器の量的削減を進める姿勢を見せており，当面ストックパイルの問題は，付随する技術的ないくつかの問題を除いて，さほど深刻な影響をもたらすものではないと考えられるのである(9)。

したがって，FMCTの成立によって最も大きな影響を受けると考えられるのは，現在依然として核戦力の量的拡大を進めている中国，およびNPTの枠外で核兵器の開発，生産を進めようとしているインド，パキスタン，イスラエル，北朝鮮のような国々である。当然のことながら，これらの国々のFMCT交渉に対する関心は極めて高いものがあると言ってもよい。しかし，これらの国々の間でも，FMCTの内容および交渉のタイミングをめぐっては，意見の対立があることは明らかであり，また，それが交渉促進の大きな障害となっている。簡単に言ってしまえば，FMCTが成立すれば，兵器用核分裂性物質の新規生産

---

(9) 核兵器の削減を計画している米ロにとっては，むしろ解体した核兵器から取り出された高濃縮のウランやプルトニウムをどのように処理するかは大きな問題である。そのままの状態で貯蔵すれば，容易に兵器に再装填することが可能であり，兵器用に再利用不可能な状態にしたうえで，原子力発電や原子力機関の燃料として使用するためには，核分裂性物質の濃度を大幅に「薄める」必要性がある。しかし，解体した核兵器から取り出したウランやプルトニウムすべてにただちにそのような処理を施すことは，特にロシアの場合，技術面，財政面から現実的には困難であろうと指摘されている。また，核兵器を解体した場合に，そのような処理が義務付けられると，あえて解体せずに，高濃縮のウランやプルトニウムの「保存容器」として既存の核兵器を利用し，新型の核兵器を開発，更新する際に，旧い核兵器から新しい核兵器へとウランやプルトニウムを詰め替えるプロセスが定着し，かえって核兵器の数量の削減にブレーキがかかる可能性も否定できない。もっとも，このような懸念は，核兵器が事実上「ダブついている」米ロ両国に限って発生する特殊な問題であり，いずれにしても，米ロの場合には，普通のストックパイルに頼らずとも，大量に保有する核兵器の一部分ずつの更新を繰り返すことで，実質的には既存の核戦力の水準を下げることなく維持することはさほど難しいことではないと考えられる。

がほぼ不可能になることは明白であり，そのことは，FMCT が発効した時点で，各国の保有する核兵器の上限がほぼ決定されることを意味している。したがって，少しでも核戦力の分野で他国よりも優位に立とうとする場合，自国の保有する核分裂性物質の量が多く，他国の保有する核分裂性物質の量が少ないというタイミングで，その格差を固定する手段として FMCT を用いようとする意図が，特にこれらの国々の間で展開されている議論の背後に働いていると考えるのが自然である(10)。

　核軍縮・不拡散の観点からすれば，兵器用核分裂性物質の総量を極力減らすことは，そのまま核兵器の量を減らすことにつながるわけであり，望ましいことである。理想を言えば，できる限り早い時期に，新規生産を完全に禁止し，ストックパイルの処理・廃棄を義務付ければ，既存の核兵器の更新・改良を除く新規の核兵器の製造は理論上不可能になり，ただちに核兵器の削減にはつながらないにしても，事実上地球上に存在する核兵器に量的な上限が設けられたのと同じ効果が期待できるのである。しかし，現実には，核兵器の生産，保有を拡大しようとしている国々にとって，おそらくこれをそのまま受け入れることは困難であろう。そのために，FMCT の実質的な交渉が，当初から激しい意見の対立によりほとんど進展が見られない状態に陥ってしまったという側面がある。

　このような状況の下で，FMCT をできる限り早期に成立させ，核軍縮・不拡散のための新しい国際的な枠組みとするためには，いかに交渉を円滑に進めるかがポイントになるであろう。ここで，特に，FMCT の成立によっても，直接的には大きな影響を受けない法的な非核兵器国が数のうえでは圧倒的多数を占めていることに留意しなくてはならない。これらの法的な非核兵器国の大半の国にとっては，これ以上核兵器の数が増加したり，新しい核兵器国が現れたりすることは，決して歓迎すべきことではない。その観点からすれば，兵器用核分裂性物質の生産および貯蔵にはできる限り厳しい規制を設けた上で，条約の早期成立，発効を望むのが基本的な姿勢となることが予想される。この基本姿勢自体は，核軍縮・不拡散の強化へ向けてむしろ当然のものであり，特に問題

---

(10) 森本敏「インドの核開発」今井隆吉，田久保忠衛，平松茂雄編『ポスト冷戦と核』（勁草書房，1995年）191-192頁。

があるわけではない。しかし，FMCTの具体的な交渉の中で，核兵器の生産を継続，拡大しようと試みる国，あるいはすでに触れたように，核兵器の生産，保有に関し，他の国より優位な立場を確保し，また，格差を固定しようと試みる国が，FMCTの規制の範囲および成立，発効のタイミングをめぐって駆け引きを展開した場合，その意見の対立の中に巻き込まれ，法的な非核兵器国の間でも意見の対立が顕在化し，交渉がいたずらに混乱，長期化するような事態は絶対に避けるべきである。もちろん完璧な規制を規定したFMCTが早期に成立することを最大限目指すべきではあるが，それが困難な場合に，交渉の決裂もやむなしという，二者択一の姿勢は，交渉技術の点からも回避すべきである。もしFMCTに極めて高いレベルの規制を要求し，そのポジションに固執する法的な非核兵器国が相当数になれば，激しい意見の対立を引き起こし，交渉が決裂ないし完全に停滞する可能性は，現在までの各国間の意見の応酬を見るかぎり，極めて高いと言わざるを得ないからである。

　現在の国際情勢を考えるならば，FMCTにまず期待すべきなのは，多国間の核軍縮・不拡散の大きな前進ではなく，その抜け穴をふさぎ，NPTに代表される既存の核軍縮・不拡散体制の死角を埋めるような新しい枠組みの基盤を提供することだと言うべきであろう。具体的にその主な対象となるのは，すでに述べたように，法的に何ら核軍縮・不拡散の義務を負っていない少数の国々である。しかし，これらの国々のみを特に区別して取り扱おうとするならば，間違いなく再び「差別的」という理由により，参加を拒否することは明白である。そのためにも，すでにNPTに参加している国々にとっては，「屋上屋を架す」の感のあるFMCTの早期成立が必要なのである。したがって，FMCTの具体的な内容として最も重要なのは，いかにして普遍性を確保し，現在まで国際的な核軍縮・不拡散の枠組みに参加することを拒否してきた国々を組み入れることができるかという点になるだろう。極論すれば，この点において合意が成立するならば，NPTで認められた5核兵器国以外に，事実上いくつかの国々に最低限の核兵器の保有を短期的には認めることになっても，それらの国々に対して，現在米国がインドに対して認めようとしているような，事実上核に関するフリーハンドを与えるような政策が，個別の状況に応じて肯定されてゆくようなリスクを放置するよりは，はるかに望ましいと言ってもよいであろう。も

ちろん、このような発想は、核兵器の廃絶や全面完全軍縮を求める立場からすれば、理想とは程遠いものである。しかし、インド、パキスタン、北朝鮮による核実験の実施や、米国の政策転換、中国の核戦略の増強等により、危機的な状況に陥りつつあるといってもよい国際的な核軍縮・不拡散体制の動揺をこれ以上拡大しないためには、まず現実的なアプローチとして、死角の無い核軍縮・不拡散の新しい枠組みを作り、それを最低限の基礎として、その上にさらに厳しい規制を積み上げてゆくことにより[11]、国際社会における核兵器の正当性を漸進的に掘り崩してゆく他はないであろう。どれほど優れた内容の条約ができたとしても、その条約に参加しようとせず、その枠外で核兵器の開発、製造を続けようとする国が現れた場合、国際的な核軍縮・不拡散体制はそこに大きな抜け穴を作ってしまうのである。そのような抜け穴を作らないためには、場合によっては建設的な妥協と、一部の国々に不参加の口実を与えるような、締約国を区分するような規定を回避する努力がFMCTの交渉においては必要であると言わなくてはならない。

おわりに——今後の展望——

　国際的な核軍縮・不拡散の現状は、決して楽観できるものではない。特に米国の国際的な不拡散体制への不信感の表明と、インド、パキスタンおよび北朝鮮による核実験の実施、米国を中心とした国々による2度にわたる武力行使によってのイラクの核兵器開発計画の阻止、イランによる事実上の核兵器の開発宣言など、特に核不拡散にとっては、深刻な問題が続出している。また、米ロ間の核軍縮交渉はそれなりの進展をみせ、かなりの数の核兵器が削減される見通しではあるが、依然としてこの2カ国が圧倒的な核戦力を維持し続ける状況には大きな変化は無い。英仏にしても、核戦力の大幅な削減は行わず、現在のレベルを維持する見込みであり、中国はその経済力の拡大と相俟って、核戦力の整備、増強を続ける様子である。

　このような状況の下で、一気に核軍縮・不拡散を進めることができるような

---

(11) 黒沢満『核軍縮と国際平和』(有斐閣、1999年) 150頁。

可能性は現実的に極めて乏しいだけでなく，そのような交渉を促進するためのインセンティヴにも乏しいと言わざるを得ない。そこでまず検討しなければならないのは，何故このような事態を招いてしまったかということであろう。その大きな理由は，やはりNPTを基盤とした既存の核軍縮・不拡散体制の中に，「持てる国と持てない国」という区別を導入したことにより，一部の国々から「差別的である」との批判を招いてしまったことである。そして，それが米国の対イスラエル政策とも併せて，核兵器国として誠実に核軍縮交渉を進める義務も，また非核兵器国として核不拡散を遵守する義務をも負わない，法的にはフリーな「核敷居国」を生み出してしまったのである。その中でもインド，パキスタン，北朝鮮は，核実験を実施することによって，「事実上の核兵器国」となる意思と能力を世界に示すことで，国際的な核軍縮・不拡散体制に大きな打撃を与え，もしイランのように追随する国が次々と現れるならば，国際的な核軍縮・不拡散の枠組みが崩壊しかねない深刻な情況が現実に存在している。それらNPT体制の枠外にある国々を含めて，核軍縮・不拡散体制を補強するべく交渉が進められたのが，核兵器をすでに保有している国と保有していない国を区別せず，交渉参加国と一定レベル以上の原子力関連施設を持つ国による批准を発効要件とした，より非差別性が高く，合理的な基準を持ったCTBTであったが，残念なことに，インドの反対と，米国の政策変更により，これも事実上頓挫したままで，正式発効の見通しは全く立たないままである。

　言うまでも無く，このような情況の下で，FMCT交渉もまったく停滞したまま，進展の見通しは暗いであろう。また，仮に交渉が実質的に始まったとしても，兵器用核分裂性物質の生産や保有に関し，厳しい規制を設けることは，現在の情況では到底期待できない。しかし，このような情況であるからこそ，NPTよりも普遍性が高く，死角を持たない核軍縮・不拡散の枠組みを構築することが急務であると言わなければならない。そのためには，厳しい規制を盛り込もうとするよりも，むしろ，できる限り合理的で，無差別的な内容の条約を早期に成立させることが何よりも望ましいと言うべきであろう。別の言葉で言うならば，特定の国が差別的あるいは一方的であるとして拒否することを正当化するのが困難であり，そのような態度を取る国が極めて不合理な印象を与え，到底国際社会で理解を得ることができないようなシンプルな論理に従って

条約の具体的な規定が設けられることが最も重要なのである。具体的には，核兵器国と非核兵器国との区別，あるいはすでに核実験を実施した国とそうではない国の区別などはあえて設けず，また，条約の目的自体も，核軍縮なのか，不拡散なのか明確に定義する必要は無い。単純にすべての締約国に兵器用核分裂物質の生産および保有に関し，平等な，最低限の義務を課すだけで，当面は妥協しなくてはならないであろう。言うまでも無く，NPT等で，すでに法的に非核兵器国である義務を課されている国々にとっては，事実上このようなFMCTに新たに加入したとしても，新しい義務は条約の運営にかかわるものを除けば，ほとんど発生しないはずである。しかし，核兵器国および法的に核軍縮・不拡散の義務を負っていない一部の敷居国にとっては，国際的な法的枠組みの中で，核軍縮・不拡散に関する新しい義務が発生することになる。たとえそれがあまり大きな義務ではなくとも，共通の法的な枠組みの中に組み入れられるという意義は決して小さいとは言えないであろう。

　もちろんそれでは国際的な核軍縮・不拡散の新しい枠組みとして，理想的であるとは到底言えない。むしろ，新しい核軍縮・不拡散に関する国際的な取り組みを進めるうえで，まずスタートラインを設定する役割を担うことを期待し，その基盤の上にさらなる核軍縮・不拡散の国際的な進展が積み重ねられてゆかなければならない。しかし，そのような本格的で普遍的な核軍縮・不拡散の進展を期待するためには，現在の法的な規制，義務と現実の核兵器の開発，保有の情況が複雑に交錯し，そこに核兵器国として核軍縮の義務も負わず，非核器国として不拡散の義務を負わないという，曖昧な「核敷居国」のような死角を持たない核軍縮・不拡散のためのシンプルな国際的な基盤を構築することがまず必要なのである。

〔参考文献〕
黒澤満『現代軍縮国際法』西村書店，1986年
黒沢満『核軍縮と国際法』有信堂高文社，1992年
黒沢満『核軍縮と国際平和』有斐閣，1999年
黒沢満『大量破壊兵器の軍縮論』信山社，2004年
黒澤満『軍縮国際法』信山社，2003年
黒沢満『軍縮をどう進めるか』大阪大学出版会，2001年

第 2 部　核 軍 縮

黒沢満『核軍縮と国際平和』有斐閣，1999年
黒沢満『核軍縮と国際法』有信堂，1992年
黒沢満『軍縮国際法の新しい視座』有信堂高文社，1986年
黒沢満編著『新版　軍縮問題入門』東信堂，2005年
黒沢満編著『新しい国際秩序を求めて』信山社，1994年
黒沢満「核不拡散体制の新たな展開」藤田久一，松井芳郎，坂元茂樹編『人権法と人道法の新世紀』東信堂，2001年
黒沢満「軍縮」国際法学会編『安全保障』三省堂，2001年
黒沢満「軍縮条約の交渉・起草過程の特徴」山手治之，香西茂編『現代国際法における人権と平和の維持』東信堂，2003年
浅田正彦「未発効条約の可能性と限界」山手治之，香西茂編『現代国際法における人権と平和の維持』東信堂，2003年
今井隆吉，田久保忠衛，平松茂雄編『ポスト冷戦と核』勁草書房，1995年
藤田久一『国連法』東京大学出版会，1998年
藤田久一・浅田正彦編『軍縮条約・資料集　第二版』有信堂高文社，1997年
藤田久一『軍縮の国際法』日本評論社，1985年
ゴールドブラッド，ジョセフ著，浅田正彦訳『軍縮条約ハンドブック』日本評論社，1999年
堀江訓「核軍縮・不拡散における普遍性と差別性」『北陸学院短期大学紀要』第28号，1997年
堀江訓「包括的核実験禁止条約（CTBT）の現状と展望」（財）日本国際問題研究所軍縮・不拡散促進センター，2000年
Freeman, John, "Is Arms Control Law in Crisis?" *Journal of Conflict & Security Law*, Vol. 9 No. 3, 2004
Asada, Masahiko, "Arms Control Law in Crisis? A Study of the North Korean Nuclear Issue," Journal of Conflict & Security Law, Vol. 9 No. 3, 2004
Kuppuswamy, Chamundeeswari, "Is the Nuclear Non-Proliferation Treaty Shaking at its Foundations?" *Journal of Conflict & Security Law*, Vol.11 No. 1, 2006

11 核実験の禁止と検証
── 包括的核実験禁止条約 (CTBT) を中心に ──

一政 祐行

はじめに
1 核実験の検証・査察制度の歴史的変遷
2 CTBT の検証制度整備の現状
3 CTBT 発効促進と検証制度整備と課題
おわりに

はじめに

　一般的に，軍縮・不拡散条約における検証制度は，条約違反の防止と違反の早期発見を目的としており[1]，それが多国間条約で実施される場合には，締約国が合意に基づき義務を遵守することを確立するプロセス[2]をも意味する。本稿の主題である核実験の禁止と検証の場合，足掛け50年にも渡っていかに実効性を担保するかが議論の対象となっており，その意味においては，核実験禁止への国際社会の取り組みを支える基盤はまさに検証制度にあると言っても過言ではない。1996年に署名開放された包括的核実験禁止条約 (CTBT) でも，条約交渉の過程で様々な議論が行われた結果，極めて高度な検証技術を重層的に導入することが合意された。特に国際監視制度 (IMS) と現地査察 (OSI) の導入は，いずれも歴史的に見て画期的な検証のアプローチである。IMS は，部分的核実験禁止条約 (PTBT) の検討段階からその必要性が認識されていた，核実験の遠隔探知技術の集大成とも言えるものであり，違反の早期発見のために有力な手掛かりとなることが期待されている。他方，潜在的な違反者に対する強い抑止力であり[3]，核実験検証の「最後の砦」と位置づけられる OSI は，

---

(1) 黒沢満『核軍縮と国際平和』（有斐閣，1999年）170-171頁。
(2) UN Department for Disarmament Affairs, *Study on the Role of the United Nations in the Field of Verification* (New York: United Nations Press, 1991), p. 4.

干渉の度合いが高い (intrusive) 査察活動が行える仕組みになっている。本稿ではCTBTの検証制度を中心に，核実験の禁止とその検証手段の歴史的発展，今日のCTBTの検証制度が置かれた状況，そして将来への課題について考察する。

1 核実験の検証・査察制度の歴史的変遷

まずは核実験禁止に関する長い歴史において，検証手段がどのように発展してきたかを概観したい。言うまでもなく，核実験禁止は核軍縮・核不拡散への取り組みにおいて重要な位置付けにあるが，1960年代初頭に行われた最初の核実験禁止に掛かる交渉の背景として，核実験に伴うフォールアウト（放射性降下物）の問題の深刻化から，大気圏内核実験に対する国際社会の批判が高まっていたことを踏まえる必要がある。また，以下に述べるPTBTの検討過程では核実験探知技術が争点となるとともに，地下核実験の技術的水準に達していない国から核実験の機会を取り上げようという，米英ソ3ヶ国による核不拡散への思惑も存在した。

(1) PTBTと検証制度

1963年に米英ソ3カ国により大気圏内，宇宙空間および水中における核実験を禁止するPTBTが締結された[4]。この条約交渉に先立ち，1958年からジュネーヴ専門家会議[5]が開催され，空中での核爆発で生じる音波，大気中や地表での爆発で広範囲に撒き散らされる放射性生成物や電磁パルス，そして地

---

(3) Mordechai Melamud, "Background Paper on On-Site Inspection Main Elements and Expectation," Independent Commission on the Verifiability of the Comprehensive Nuclear Test Ban Treaty <http://www.ctbtcommission.org/melamudpaper.htm>, accessed on October 24, 2006.

(4) PTBT以後，全ての核実験が地下に移行したが，PTBT未批准であった中仏2カ国はその後も大気圏内核実験を継続した。中国は実験形態に不明な点が多いが，1980年までは大気圏内核実験を実施している。他方，仏は1974年を境に地下核実験へと移行している。

(5) ジュネーヴ専門家会議には東西の専門家（西側：米，英，仏，加。東側：ソ連，ポーランド，チェコスロバキア，ルーマニア）が参集した。

上や地下，水中での核爆発で生じる地震波など，核実験探知の様々な手掛かりから，条約の検証の在り方について検討が行われた[6]。このうち地震波については一般的に震源から遠くなるにつれて減衰するため，地下核実験に起因する地震波も観測点までの距離に比例して探知が困難なものとなるとして，その探知と識別が会議の最大の焦点となった。しかし，当時は地下核実験のデータが乏しかったこと，そして地下核実験に起因する事象への認識にも東西の専門家間で相当の開きがあったことから，検討は難航した。また，この時に「地下爆発エネルギーが地震エネルギーに伝わる結合の度合いが小さくなる現象」[7]を起こすデカップリング（decoupling）技術[8]も検証上の課題とされたが，ソ連側はこうした核実験の隠蔽技術に関する議論を一切拒否した[9]。

仮に地震波が捉えられても，それが自然地震によるものか，核実験によるものかを識別することは非常に困難である。当時検討された識別方法として①掘削の限界はおおよそ5km（なお，現在までに知られている地下核実験のなかで，最大の深度で実施されたものは2km前後と言われる[10]）との前提にて識別する方法，②比較的地震活動度の低い地域での事象は人工地震と考える方法，③爆発が主に圧縮波（P波）を生成するとの理論に基づき識別を行う方法などがあったが[11]，いずれも閾値（threshold）の設定が問題となり，この時点で有効な核実験監視網を構築することは困難であった。ジュネーヴ専門家会議では，最終的にユーラシア大陸から北米大陸にかけて170ヶ所の観測点を設け，1kt

---

(6) ブルースA.ボルト『地下核実験探知』小林芳正監訳（古今書院，1986年）141頁。

(7) 小山謹二「包括的核実験禁止条約（CTBT）と検証制度について：(2)米ソ地下核実験制限条約（TTBT）の発効に向けて」『CPDNPワーキングペーパー』（2006年）13頁<http://www.cpdnp.jp/pdf/CTBT-2-TTBT.pdf>2007年11月7日アクセス。

(8) National Academy of Science, *Technical Issues Related to the Comprehensive Nuclear-Test-Ban Treaty* (Washington, D.C.: National Academies Press, 2002), p. 58. なお，核実験のデカップリング技術は高度の機微情報であり，今日に到るまで全容は公開されていない。

(9) ボルト『地下核実験探知』152頁。

(10) Steve Jarpe, Peter Goldstein and J.J Zucca, "Comparison of the Non-Proliferation Event Aftershocks with other Nevada Test Site Events," Paper Presented at the Non-Proliferation Experiment Symposium, Maryland, United States of America, 19-21 April 1994 <http://www.osti.gov/bridge/servlets/purl/10180364-0WK0Pq/native/10180364.pdf>, accessed on October 17, 2006.

(11) ボルト『地下核実験探知』149-150頁。

までの爆発規模の全ての大気圏内核実験と5ktまでの地下核実験を90%程度の確率で探知できるとする核実験探知・識別のための監視システム案（ジュネーヴ案）[12]を纏める一方で、最終的な事象判断のためにはOSIが不可欠だとする指摘を提出して閉幕した[13]。

こうした指摘を踏まえ、PTBTの条約交渉で米国はOSIの導入を提案したが、ソ連は外国によるOSIは受け入れられないとしてこれを拒否した。1963年7月にモスクワで行われたPTBTの条約交渉では、OSIはもとよりジュネーヴ案による核実験監視網も盛り込まれず、国の検証技術手段（NTM）[14]以外には国際的な検証・査察制度を必要としない、即ち地下核実験を除くその他の核実験を禁止することとなった[15]。こうしたPTBTの禁止範囲と検証手段との関係は、後のCTBTとその検証制度の成り立ちを読み解く上で重要なポイントとなる。

(2) TTBTおよびPNETの検証・査察制度

1974年7月3日、米ソはモスクワサミットで爆発規模が150kt以上の地下核実験について制限を設ける地下核実験制限条約（TTBT）に合意した。しかし、1974年時点で米ソ両国とも条約に署名はすれども批准は保留し、結果的に1990年12月11日に漸く両国が批准し、TTBTは発効した。条約発効にこれほど時間を要した一因としては、検証・査察における新展開、即ち1987年に米ソが交渉を開始し、1990年6月に追加的に検証制度を規定した議定書に合意したことが指摘される[16]。

---

(12) Burr William and Hector Montford, eds., "The Making of the Limited Test Ban Treaty, 1958-1963," National Security Archive <http://www.gwu.edu/~nsarchiv/NSAEBB/NSAEBB94/>, accessed on October 17, 2006.
(13) Oliver Meier, "Nuclear Test Ban Verification: Work in Progress," in Trevor Findlay and Oliver Meier, eds., *Verification Year Book 2002* (London: VERTIC, 2002), p. 26 <http://www.vertic.org/assets/VY00_Meier.pdf>, accessed on October 17, 2006.
(14) UNIDIR & VERTIC, *Coming to Terms with Security: A Handbook on Verification and Compliance* (New York: United Nations Publications, 2003), p. 66.
(15) 黒澤満『現代軍縮国際法』（西村書店、1986年）59頁。
(16) U.S. Department of State Bureau of Verification Compliance and Implementation, "Treaty between the United States of America and the Union of Soviet Socialist Republics on the Limitation of Underground Nuclear Weapon Tests (and Protocol Thereto)," U.S. De-

TTBTでは当初NTM[17]のみを検証手段として規定し，核実験の実施日時と場所，深度，実験場の地質学的情報，また検証に用いる機器の較正（calibration）のための爆発規模等の情報を相互に交換することと定めていた。しかし，議定書では新たに相手国に対して35kt以上の核実験の年間実施計画や，核実験実施の200日前に計画詳細を通報することを義務づけ，通報を受けた国は原則として20日以内に流体力学的（hydrodynamic）手法[18]，地震学的手法ならびにOSIのうち，使用を予定している検証・査察手法を実験実施国に通報するよう規定した。相手国の通報を受けた実験実施国は①実験場の地質学的・地球物理学的な特徴と，地下の断層等の情報を含む2万5千分の1以上の精密地図，②流体力学的手法の使用のための測定機器の設置場所，③流体力学的手法を使用するための測定実施区域内の空洞（$1.0m^3$以上）の位置情報とその他の実験用の空洞を塞ぐために使用する材質とその密度，密閉容器（canister）を敷設する実験孔から半径300m以内に設けられた実験用の空洞の情報等について連絡を返すことを義務づけている。

　OSIについては議定書第7章に全6項目からなる規定が設けられ，情報交換された指定の実験場でのコア試料と岩片の採取について，諜報活動には転用しにくい測定機器[19]に限り使用を認める試みが盛り込まれた[20]。

　TTBT議定書に基づく検証は，ネバダ（米国）およびセミパラチンスク（ソ連）両実験場でそれぞれ1回ずつ実施されたが，実質的には米ソ両国による共

---

　　　partment of State <http://www.state.gov/t/ac/trt/5204.htm>, accessed on October 17, 2006.
(17)　条約第2条第1項および同第2項を参照。
(18)　米国の流体力学的手法はCORRTEX（Continuous Reflectometry for Radius versus Time Experiments）という手法を用いて爆発規模を測定する。それまでは，ネバダとセミパラチンスク両実験場間で，核実験時の爆発規模の同定における誤差が大きかったため，従来の地震学的手法にのみ依存することなく，米ソ2国間で爆発規模の同定の仕方を共有するために，CORRTEXの使用が検討された経緯がある。1988年に行われた米ソ共同実験を経て，両国が爆発規模の同定のために同一の基準を共有するに到った。最終的に，CORRTEXはTTBTの新議定書を批准するために大きな役割を果たした。小山「包括的核実験禁止条約（CTBT）と検証制度について」7頁。
(19)　γ線，中性子線，電気抵抗，磁化率（Magnetic susceptibility），重力，音響，遠隔モニター用テレビ，キャリパー（口径）検層（Caliper logging），起爆装置の設置深度およびその設置場所の横断面，座標および設置場所の空洞のサイズの測定等が規定された。
(20)　George L. Rueckert, *On-site Inspection in Theory and Practice: a Primer on Modern Arms Control Regimes* (London: Praeger, 1998), p. 19.

同実験の色彩が濃かった。OSIが導入されたことは画期的な成果だったが，その内容・規模はコア掘削および記録活動が最長15日間認められる（第7条第5項）に留まり，査察のための指定された要員も同時に23名を超えないこと（同第6項）など，後のCTBTのOSIとは異なり限定的なものであった。

また，TTBTで禁止対象に含まれなかった平和目的核爆発について，1976年には爆発規模を150ktまでに制限を設ける平和目的地下核爆発制限条約（PNET）が米ソ2国間で署名されたが，やはり有効な検証手段が欠如していることを理由に，同条約の批准は大幅に遅れ，1990年6月1日にTTBTと同様の検証手段を盛り込んだ議定書が署名されたことを受けて，1990年12月11日に発効した。TTBTおよびPNETでは，1995年の米国による核実験モラトリアムの無期限延長以降，核実験場における輸送作業者の監視一覧表や，不定期航空便の経路等に関する米口間での年次通知[21]のみが行われている。

2　CTBTの検証制度整備の現状と課題

CTBTはその名の通り，包括的にあらゆる核実験を禁止した条約である。しかし，未臨界核実験や実験室でのコンピューターシミュレーションのように，実際に核爆発を伴わない実験は禁止の対象とはならない[22]。

CTBTの検証制度は条約第4条第1項で規定され，国際監視制度（IMS），協議と説明（C&C），信頼醸成措置（CBM），現地査察（OSI）の4つから重層的に成り立っている。このうち核実験の探知と検証に直接係わる検証手段はIMSとOSIである。他方でC&CはOSIの発動において核実験の疑いがもたれている締約国に対し，OSI発動の要請締約国を交えた協議と説明の機会を与えるも

---

(21) DTRA Link, "On-Site Inspection Operations: Threshold Test-Ban Treaty (TTBT)," U.S. Defense Threat Reduction Agency <http://www.dtra.mil/oe/osi/programs/ops/nuclear/ttbt.cfm>, accessed on October 5, 2006.

(22) CTBTには核爆発の定義が示されていない。条約の禁止対象を巡る交渉の際，米国は禁止の対象とはならないゼロイールド（Zero Yield）という政治的な概念を提案し，これに各国が合意したという経緯がある。一政祐行「CTBT発効へ向けたロードマップ：米国の批准が他の発効要件国に及ぼす影響力の分析」『CPDNPワーキングペーパー』（2004年），6頁 <http://www.iijnet.or.jp/JIIA-CPDNP/pdf/OpEd/Ichimasa.pdf> 2006年9月25日アクセス。

のであり，また CBM は平時における締約国間での信頼醸成を目的としている。本稿では，C&C と CBM はあくまでも核実験検証の補助的な手段であることに鑑み，その詳細は割愛する。以下，IMS と OSI の整備状況とその課題を考察するとともに，CTBT の検証制度において NTM がどのような位置付けにあるかを分析する。

(1) 国際監視制度 (IMS)

IMS とは過去にも例のない[23]，条約の遵守を検証するために設けられる独立した遠隔観測所の集合によって成り立つシステムである。IMS は，全世界 321 カ所の監視網（IMS 監視網）と 16 カ所の放射性核種実験施設に加え，グローバル通信基盤（GCI）および国際データセンター（IDC）からなる。IMS の監視技術とは以下の 4 つを指す。

- 地震学的監視：核実験に起因する人工地震の探知が任務。全世界に 50 カ所の主要観測施設と 120 カ所の補助の観測所が設置される。
- 放射性核種監視：大気中の粒子状物質の存在を監視することが任務。全世界に 80 ヶ所の観測所（うち 40 カ所の観測所では条約発効後に希ガスの存在を監視することとなる）が設置される。
- 水中音波監視：海洋における核爆発で引き起こされた音波の監視が任務。全世界で 6 カ所の水中聴音器観測所と，5 カ所の T 相観測所が設置される。
- 微気圧振動監視：核爆発に起因する大気中の非常に低い周波数の音波を監視することが任務。全世界に 60 カ所の観測所が設置される。

また，IDC では，すべての締約国による IDC データへのアクセスに対応すべく，各 IMS 観測施設から送られてくる生データを受信し，集積・処理し，分析結果を報告し，かつ蓄積している。なお，IMS も IDC も核実験が行われたか否かを直接判定するためのシステムとしてはデザインされていないことに注意すべきである。IMS と IDC のマンデートとは，24 時間 365 日間に渡り，IMS 観測施設から GCI 経由で送信されてくる生データに異常が存在するか否かを確認することにあり，またもし異常が存在した場合には，それが人工的な

---

[23] Jun Wang, "CTBT Verification Regime: Preparations and Requirements," *Disarmament Forum*, no. 3 (1999), p. 2.

事象なのか否かを締約国が識別する指標(indication)を示すことにある。条約の遵守を巡る判断はあくまでも締約国に委ねられており，OSI の発動要請等の政治的な判断を伴う行動は，IMS や IDC の所掌範囲外となる。

　IMS の中核の１つである地震学的監視は，地球の内部構造を地震学的に研究しようとする学術上の取り組みに始まり，地震計を網の目のように配置することにより地下核実験で生じる地震波を捉える手法へと発展した技術[24]である。全世界を核実験監視網で覆うという発想は，地震計ネットワークによって地下核実験の探知能力を高めんとする国際的な科学専門家グループ(GSE)の長年の努力[25]によるものが大きい。GSE は1976年にジュネーヴ軍縮会議で設置され，地震学の専門家を中心に核実験の地震学的監視の在り方を検討し，最終的に CTBT 交渉の際には GSE として IMS の基本デザインを提案した[26]。実際に1995年に行われた第３回の GSE 技術試験(GSETT-3)[27]では，既にプロトタイプの IDC から得たデータを用いてアレイ地震観測装置の実証試験が行われていたなど，GSE の取り組みはまさしく CTBT の核実験監視網の礎となった[28]。

　全米科学アカデミー(NAS)[29]が2002年に発表した報告では，６段階の核爆発の基準と爆発規模(yield)とに照らして，IMS の能力を以下のとおり評価している。

　(a)　未臨界実験：CTBT では禁止されない

---

(24)　Ola Dahlman and Hans Israelson, *Monitoring Underground Nuclear Explosion* (Amsterdam: Elsevier Scientific Publishing Company, 1977).

(25)　ACRONYM Reports, "Comprehensive Test Ban Treaty: Now or Never," *ACRONYM Report*, no. 8 (1995), p. 14 <http://www.acronym.org.uk/acrorep/a08comp.htm>, accessed on October 3, 2006.

(26)　Peter D Marshall, "Synergy and the International Monitoring System," Independent Commission on the Verifiability of the CTBT <http://www.ctbtcommission.org/marshallpaper.htm>, accessed on June 19, 2007.

(27)　R.J. Willemann, "Amplitude Biases of Stations Participating in GSETT-3," International Seismological Centre <http://www.isc.ac.uk/Documents/Analysis/egs99.html>, accessed on September 25, 2006.

(28)　Rebecca Johnson, "CTBT Moves to Vienna," *Disarmament Diplomacy*, no. 13 (1997), p. 2 <http://www.acronym.org.uk/dd/dd13/13ctbt.htm>, accessed on October 19, 2006.

(29)　National Academy of Science, *Technical Issues Related to the Comprehensive Nuclear-Test-Ban Treaty*, p. 68.

(b)　流体核実験（hydronuclear Testing[30]，0.1t の TNT 爆発以下）：IMS では殆ど探知不能

(c)　極度に低出力な実験（爆発規模0.1t 以上10t 未満）：IMS では殆ど探知不能

(d)　非常に低出力な実験（爆発規模10t 以上1‐2kt 未満）：ある種の環境下では IMS の能力から秘匿が可能

(e)　低出力な実験（爆発規模1‐2kt 以上20Kt 未満）：IMS の能力に対し秘匿は殆ど不可能

(f)　高出力な実験（爆発規模20kt 以上）：IMS の能力に対して秘匿は不可能

　この NAS 報告では(b)と(c)の場合，核実験に関する豊富な知見を有する国が NTM で検証を行う以外，探知は困難との見方を示している。これは即ち，秘密裏に核実験を敢行しようとする将来の条約違反者は，デカップリング等の核実験隠蔽技術を駆使して自然地震を装うか，あるいは IMS の探知限界（1kt）以下を狙う以外に無い状況が作り上げられつつあることを意味している。

　1998年のインドおよびパキスタンでの核実験の際には，暫定運用中であった IMS が爆発時刻や爆心地の推定に関わる高精度のデータ収集に成功し[31]，署名国に結果を報告している。IMS は，国が初めて核実験を行う場合，その爆発規模は20kt 前後になるとの統計学的な考慮のもと，1kt 以上であれば全世界を監視下に置けるようデザインされ[32]，実際にインド・パキスタンによる核実験では，この考え方が正しかったことを裏付ける結果を出した。他方で，爆発規模が1kt 以下と思しきケースにおいても，IMS 監視網の有用性は発揮されている。2006年10月9日の北朝鮮外務省発表による核実験の後，10月21日に

---

(30)　未臨界実験の延長線上として，核実験探知の黎明期に政治的に命名された核実験の態様を指す。Global Security, "Weapons of Mass Destruction: Nuclear Weapon Hydronuclear Testing," Global Security Org <http://www.globalsecurity.org/wmd/intro/hydronuclear.htm>, accessed on November 6, 2006.

(31)　W.R. Walter et al., "Seismic Monitoring Techniques Put to a Test," Lawrence Livermore National Laboratory <http://www.llnl.gov/str/Walter.html>, accessed on September 25, 2006.

(32)　Yury Khokhlov, "Credible Scenarios to Evade Detection of Nuclear Explosions by the CTBT's Verification System," Independent Commission on the Verifiability of the Comprehensive Nuclear Test Ban Treaty <http://www.ctbtcommission.org/khokhlovpaper.htm>, accessed on September 25, 2006.

IMS 監視網の一端であるカナダのオタワ・イエローナイフ[33]の放射性核種観測所で，通常のバックグラウンドレベルより明らかに高い Xe-133 が検出された。長距離大気輸送モデル（Atmospheric Transport Modeling）を用いた分析の結果，Xe-133 が北朝鮮の核実験場と思しき方角から放出されたとの結論を CTBT 機関（CTBTO）準備委員会（以下準備委）暫定技術事務局（PTS）は発表している。地震波以外で地下核実験の証拠となりうるのは，Ba-140, Cs-137, I-131 等の放射性核種および Xe や Ar 等の放射性希ガスである。特に放射性希ガスは IMS 監視網と OSI の両方で探知対象となる核実験の手掛かりであり[34]，北朝鮮でのケースでは放射性希ガス監視の重要性を国際社会に広く知らしめたと言える。このように，IMS 監視網は折に触れてその検証能力を示すことで，国際社会からも一定の評価を獲得するに至っている。

(2) 現地査察（OSI）

IMS 監視網で疑わしい事象が認識された時点で，締約国は事象が発生した座標と深度から特定した締約国に対して C&C を要求するか，あるいは直接 OSI の発動を執行理事会に要請することとなる。OSI は条約違反の抑止力として有効な措置[35]である一方で，条約違反の地下核実験が行われたことを明確にし，条約違反者を同定するための関連情報の収集を行う重要な検証手段である。実際に①爆心地付近に生成される地下空洞，②地下空洞の崩落により発生する余震群，③地盤の破砕によって生じる表層岩および土砂，④植生に見られる変化，そして⑤大気中に噴出する粒子状核分裂性物質や各種のガスおよび放射化生成物は，それぞれ核実験が行われた証拠の一部として，唯一 OSI を通してのみ確認できる可能性がある。

CTBT では締約国のみが OSI の発動を要請でき，執行理事会がその要請を承

---

(33) DTRA, "Weekly Treaty Review," Defense Treaty Inspection Readiness Program <http://dtirp.dtra.mil/tic/WTR/wtr_11jan07.pdf>, accessed on November 15, 2007.

(34) Christine Comley and Owen Price, "CTBT Radionuclide Verification and the British Laboratory," in Trevor Findlay ed., *Verification Yearbook 2003* (London: VERTIC, 2003), pp.144-145 <http://www.vertic.org/assets/YB03/VY03_Comley.pdf>, accessed on September 25, 2006.

(35) Thanos P. Dokos, *Negotiations for a CTBT 1958-1994 Analysis and Evaluation of American Policy* (Lanham: University Press of America, 1995), p.210.

認する仕組みとなっている。国際原子力機関（IAEA）や化学兵器禁止機関（OPCW）とは異なり、査察団員はCTBTOには常駐せず、CTBTOの実施する研修を受けた技術専門家がロスター登録され、OSIの実施が承認された際に事務局長が査察員として招集・任命する。査察団員は執行理事会がOSIを決定してから6日以内に被査察国の入国地点に集合し、被査察国の代表に査察命令書を手交した後、72時間以内に査察区域に移動してOSI活動を開始しなくてはならない。査察団は1,000km^{2}からなる査察区域内（議定書第Ⅱ部第3項）で、アクセスの最終決定権を持つ被査察国（議定書第Ⅱ部第88項(c)）と交渉しつつ、OSIの目的に関連した情報のみを収集せねばならない[36]。他方で、被査察国は国家の安全保障上の利益を保護しおよび査察の目的に関係しない秘密の情報の開示を防止するために必要と認める措置をとる権利（条約第4条第57項(b)）を有しており、そのために機微にかかる表示、貯蔵品および設備を覆う（shrouding）ことや、放射性核種の放射能の測定に関してOSIの目的以外の放射性核種の存在を目隠し（blinding）すること等の管理されたアクセス（議定書第Ⅱ部第86項から同第96項）を行使することが認められている。これは即ち、OSIには査察団と被査察国との権利義務上の対立構造が内在しており、査察の全期間を通じて、査察団と被査察国は査察の目的に関連する情報を巡って交渉を行わねばならないことを意味している[37]。

　査察団は最大40名で構成されるが、目視による異常の確認、放射性核種の測定、能動的／受動的地震観測、電気伝導率の測定、重力異常の測定、磁場のマッピング、地中貫通レーダーでの測定など、査察技術が複数の専門的分野に渡るため、各査察技術に割り当てられる人数は自ずと限定される。また、査察技術毎に観測機器を展開させるためのロジスティクス、電源の安定供給、機器

---

(36) 現地査察の唯一の目的は、核兵器の実験的爆発又は他の核爆発が第1条の規定に違反して実施されたか否かを明らかにし及び違反した可能性のある者の特定に資する事実を可能な限り収集することとする（CTBT第4条第35項）。

(37) ジュネーヴ軍縮会議での条約交渉時、関心国間での妥協が図られた結果、特にOSIの目的に関連した情報の同定を巡る査察団と被査察国との権利義務は、条約と議定書のいずれにおいても明確に規定されなかった。この問題はOSI運用手引書の策定においても大きな問題となっている。Sukeyuki Ichimasa, "CTBT On-Site Inspection: Protection of Confidentiality and Information Relevancy," *CPDNP Working Paper* (2006), pp. 9-11 <http://www.iijnet.or.jp/JIIA-CPDNP/pdf/OSI/OSI.pdf.pdf>, accessed on September 27, 2006.

の操作に必要な人数，観測され収集されたデータの解析に要する時間や解析に従事する人数等の要求も生じるため，査察団は査察区域へのアクセスを巡る被査察国と協議に加え，多くの時間を査察技術の使用とその測定結果の解析に割かねばならない[38]。

　こうしたOSIの全ての詳細を規定する運用手引書（Operational Manual）の策定が，2001年以来ウィーンのCTBTO準備委・作業部会Bで進められている。しかし，条約上のOSIに掛かる規定には一部に解釈の余地があり[39]，またOSI自体が締約国の安全保障上の利益に大きく関わる問題だけに，運用手引書への合意形成は容易ではない。そこでは，査察団の権限を強化することで干渉の度合いが高まるとしても，OSIの有効性・効率性を追求すべきとの立場と，被査察国の主権を守り，OSIの目的に関係しない秘密情報の開示を防ぐべく，被査察国の権限強化を重視すべきとの立場が対立することもしばしばである。

　軍縮・不拡散条約での査察は，時間的にも資源的にも限られた条件内で干渉の度合いが高い活動を行うため，査察命令書の履行と被査察国の主権の尊重という，まさに条約が提供する国際公益と，被査察国の国家主権とがせめぎ合う事態となる。場合によっては査察が濫用され，被査察国に対する不当なスパイ行為につながる懸念も生じる。また万全の態勢で査察に臨んでも，条約違反の証拠が見つからない可能性もある。CTBTの場合，条約違反の証拠が押さえられる可能性を少しでも高めようとする立場からは，より干渉の度合いが高い査察制度を導入することが1つの解決策となる。しかし，被査察国の権利が制限され，場合によっては主権の侵害を惹起する措置には，多くの締約国からの強

---

(38) 一般に，地震計アレイの連続解析データ解析には多大な時間と労力を要するが，OSIでは人員も作業可能な日数も限られているため，ウィーンの技術事務局が解析支援にあたるべき，との考え方もある。条約第4条第43項(f)によれば事務局が技術上の支援を行うことは認められているが，その場合に被査察国によるOSIとは無関係の秘密情報保護の権利をどのように両立させるかが問題となる。

(39) 例えば，上空飛行で使用できる技術（議定書第II部第79項，同第80項）の規定は，査察技術の包括リストにおける上空からの適用が可能な技術（議定書第II部第69項(a), (c), (g)）と一致していない。また上空飛行における制限・禁止措置（議定書第II部第75項）は，管理されたアクセスにおいて設置されるアクセス制限区域（議定書第II部第92項から第96項）と同一か否かが明らかではない。これらの条項はあくまでも一例ではあるが，OSI運用手引書策定に際し，各署名国が政治的な思惑のもと，条約解釈を巡り対立する一因となっている。

い抵抗が予想される。即ち，国家主権と国際公益との対立構造が存在する中で，いかに核実験禁止という国際公益を実現しつつ，被査察国の主権の侵害を最小限に食い止めるか，という根本的な課題が突きつけられることになる。

　暫定運用試験が可能なIMSとは異なり，OSIが発動できるのは条約発効後に限られる。OSIでは運用手引書が全ての詳細（査察に使用する機器，査察員の養成，査察手法の開発）を規定するが，査察機器の仕様や査察手法等の技術面での詳細が決まらないことには，OSI運用手引書もその文言が詰められないというジレンマがある。しかし，近年このジレンマを解消するための取り組みも進められている。例えば将来導入が検討される査察機器を野外で試験して仕様を検討するプロセスは，PTSと一部の関心国を中心に積極的に進められている。また，OPCWで実施されている申し立て査察演習に倣い，実際のOSIに近い規模で野外演習を行いつつ，同時に査察員の養成カリキュラムの検討を行うなど，OSI運用手引書の作成に建設的なフィードバックを試みるアプローチも推進されている。

(3)　IMSとOSIの限界と国の検証技術手段（NTM）

　多くの期待を背負って生れたIMSとOSIだが，核実験の探知を行う上で，これらの検証手段は必ずしも万能ではない。例えばIMSの場合，仮にIMS監視網で核実験に特有の放射性核種が検知されたとしても，それが最近の疑わしい事象に起因するものなのか，それとも過去の核実験で放出された長半減期の放射性核種なのかを見分けることは困難である。IMSもIDCも核実験の証拠を発見するためのシステムとしてデザインされておらず，あくまでも異常が観測された場合に，それが人工的な事象か否かを識別することがその任務である。即ちOSIを行い，被査察国の査察区域で核実験の痕跡を発見しない限り，CTBTの検証制度は完全に機能したとは言えないのである。OSIにより核実験が行われた証拠を収集し，最終的には爆心地の直上から起爆装置が爆発した地点まで掘削を行い，土壌試料を採取・分析することで条約の違反を確定するに足る証拠を集めねばならない（条約第4条第48項および議定書第Ⅱ部第69項(h)）。

　OSIが探す核実験の証拠は，地下空洞の崩落で発生する余震群や，核実験に特有の放射性核種である。しかし，空洞の崩落に伴う余震群は数時間から数日

でそのプロセスを終える可能性があり，放射性希ガスの場合も放射能の半減期は Ar-37で35日間，Xe-133で 5 日間，Xe-135に到っては僅か 9 時間と非常に短い[40]。即ち，OSI で証明すべきものは検証技術によって探知ができる僅かな兆候であり，査察自体がまさしく時間との戦いとなる。このように，IMS と OSI がいかに画期的な検証手段であろうとも，そこには技術的に明らかな限界が存在していることも事実なのである。

　こうしたなかで，PTBT，TTBT を経て CTBT にも受け継がれた NTM（条約第 4 条第 5 項）は，IMS や OSI を補完する有力な検証手段となり得る。特に核実験実施準備の兆候を早期に探知する役割は，NTM に寄せられる期待の 1 つであり[41]，この例としては諜報や写真偵察衛星等で得られた情報が挙げられる。また，核実験が行われたことを検証するために，NTM として大気収集機を運用するケースもある。北朝鮮の核開発疑惑が高まった2003年前後から，米国は大気収集機[42]を飛ばして寧辺の核関連施設周辺の上空で情報収集を行ってきた[43]。一定期間に渡って大気収集を行い，環境中の放射能バックグラウンドの測定データを確保していれば，万一核実験が行われた場合には捕集した大気のサンプルの比較対象として用いることができる上に，こうした情報は OSI 発動要請の根拠（議定書第Ⅱ部第41項(f)）として極めて有用なものとなり得る。

　また，PTBT で NTM が規定されて以来，核実験探知のための写真による機密情報収集（IMINT）や信号情報収集（SIGINT）[44]の手段として，核実験監視

---

(40) ACRONYM Reports, "Comprehensive Test Ban Treaty: The Endgame," *ACRONYM Report*, no.9 (1996), p.19 <http://www.acronym.org.uk/acrorep/a09comp.htm>, accessed on September 25, 2006. なお，地下核実験に際して，放射性希ガスが地表に噴出しないように地下に封じ込める技術的措置が講じられている可能性もある。

(41) Eric Arnett, "Introduction and Executive Summary," in Eric Arnett ed., *SIPRI Research Report No. 8, Implementing the Comprehensive Test Ban: New Aspects of Definition, Organization and Verification* (New York: Oxford University Press, 1994), p. 7.

(42) Air Force Link, "WC-135 Constant Phoenix," Official Website of the United States Air Force <http://www.af.mil/factsheets/factsheet.asp?fsID=192>, accessed on September 25, 2006.

(43) 星野俊也「危険水域に入った北朝鮮の核」『グローバル・ヴィジョン』9 月号（2003年），1 頁 <http://www2.osipp.osaka-u.ac.jp/~hoshino/essay/2003-9.html> 2006年 9 月25日アクセス。

用の衛星を運用するケースも見られる。この一例としては，1963年10月に PTBT の核実験監視のために米国エネルギー省（DOE）が打ち上げたベラ（Vela）衛星がある。最終的に12機まで打ち上げられたこの衛星は，1979年に南アフリカ沖67,000マイルもの上空から，核実験の疑いがある異常な閃光をバングメーター（Bhangmeters）と呼ばれる光学機器によって観測し，その際大気中核爆発に伴うγ線やＸ線，中性子などの多くの核実験の証拠を捉えたとされる[45]。また，米国国家核安全保障局（NNSA）国防核不拡散室では，1993年に核実験監視用途として低エネルギーＸ線画像化センサーアレイ（ALEXIS）衛星を打ち上げたほか，1997年に実験用の軌道上での高速過渡事象記録（FORTE）衛星を打ち上げている[46]。FORTE 衛星は，大気中での核実験により発生する電磁パルスを探知・識別することがその目的[47]とされており，特に高密度の無線周波数バックグラウンドノイズを誤って検出しない新技術[48]を用いた。また電磁パルスの探知・識別という点では，ナブスター（Navstar）全地球測位システム（GPS）衛星にも同様の機能が搭載されており，大気圏内核実験監視の役割を担っている。なお，CTBT では将来の追加的な検証手段として，電磁パルス監視と衛星による監視を検討の対象に挙げている（条約第4条第11項）ことは，ここに付け加えておく必要がある。

---

(44) Eric Arnett, "The Proscription on Preparing to Test: Consequences for Verification," in Eric Arnett ed., *SIPRI Research Report No.8 Implementing the Comprehensive Test Ban: New Aspects of Definition, Organization and Verification* (New York: Oxford University Press, 1994), pp. 49-53.

(45) Jeffrey T Richelson, "The Vela Incident Nuclear Test or Meteoroid?" *National Security Archive Electronic Briefing Book*, no. 190 (2006), pp. 3-5 <http://www.gwu.edu/~nsarchiv/NSAEBB/NSAEBB190/index.htm>, accessed on September 25, 2006.

(46) The Office of Defense Nuclear Nonproliferation, "Nuclear Explosion Monitoring Research and Engineering," National Nuclear Security Administration <http://www.nnsa.doe.gov/na-20/monitor.shtml>, accessed on September 25, 2006.

(47) "Statement of Rose E. Gottemoeller, Director Office of Non-proliferation and National Security, U.S. Department of Energy before the Subcommittee on Military Procurement Committee on National Security United States House of Representatives," 19 March 1998 <http://dosfan.lib.uic.edu/acda/ctbtpage/gottemo.htm>, accessed on September 25, 2006.

(48) A Department of Energy University California Laboratory, "Daily News Bulletin Friday Oct. 15, 1999," Los Alamos National Laboratory <http://www.lanl.gov/orgs/pa/News/101599.html>, accessed on September 25, 2006.

このように，NTMにはIMSやOSIとは異なった期待が持たれているが，NTMに独自の高度な監視技術が適用される⁽⁴⁹⁾ケースもあり，NTM情報の存在自体が機微情報として扱われる可能性もある。特に，被査察国の核実験場に関連したNTM情報は，情報提供国の有する諜報手段により得られた可能性が高く，万一その情報源が公開されれば，同国による諜報活動に甚大な影響が及ぶ恐れがある。また別な観点としては，NTM情報の真正性の問題や，場合によっては意図的な偽情報（disinformation）の提供により検証活動が攪乱されることも懸念される。さらに，NTM情報提供国と被査察国との外交関係にも政治的配慮が求められる⁽⁵⁰⁾ため，NTM情報には一定のメリットもある一方で，その管理運用は必ずしも容易ではないと言わざるを得ない。

3 CTBT発効促進と検証制度整備
―特異な発効要件と暫定運用が長引くことの問題点―

　CTBTは条約第14条第1項の規定に基づき，付属書2に定められた44カ国の発効要件国全ての批准書が寄託されない限り，条約が発効しないシステムになっている。この特異な発効要件のために，2008年1月末時点でCTBTは署名国数が178カ国，批准国数は144カ国を数えるものの，発効要件国のうち35カ国しか批准を完了しておらず，条約は未発効である。発効要件国のうち北朝鮮，インド，パキスタンは未署名であり，中国，エジプト，インドネシア，イラン，イスラエル，米国が未批准である。

　また，同第14条第2項は，条約が署名開放後3年を経過しても効力を生じない場合，寄託者は既に批准書を寄託している国の過半数の要請によってこれらの国の会議（発効促進会議）を招集すること，そして発効促進会議は条約の早期発効のために，国際法に適合するいかなる措置をとることができるかについ

---

(49) Rueckert, *On-site Inspection in Theory and Practice*, p. 44.
(50) OPCWでの申し立て査察の発動にまつわる問題として，しばしば指摘されてきた被査察国への政治的配慮と同様に，CTBTのOSIでもNTM情報の提供国の扱い（とその匿名性への配慮）には慎重であることが求められよう。Serguei Batsanov, "Briefing Series the CWC: Issues for the First Review Conference," Center for Nonproliferation Studies <http://cns.miis.edu/pubs/dc/briefs/032001.htm>, accessed on September 27, 2006.

て検討し、およびコンセンサス方式によって決定するとしている。

　これらの国々が批准しない理由は様々であり、その政治的な意図が必ずしも明らかな訳ではない国もあるが、一部の発効要件国は安全保障上の理由からCTBTの検証・査察制度の在り方を問題視してきた。例えば、イスラエルはOSI運用手引書がどのように整備されるかが条約批准の鍵であるとしている[51]。イランは、OSI運用手引書が規定する査察団の権限が被査察国の国家主権を脅かさぬよう、OSI活動の干渉の度合いを低減することに関心を示している[52]。他方で中国は条約交渉時、NTMを検証手段に盛り込むことを巡り、衛星運用能力で突出する米ロの諜報行為を検証の枠内で合法化する恐れがあるとして、懸念を表明している[53]。インドについても同様であり、被査察国の機微に関するNTM情報が、検証手段という名目で歯止め無くCTBTO技術事務局（TS）に提供される可能性を指摘したことがある[54]。

　CTBT発効のロードマップの上で特に重要な位置付けにある米国だが[55]、ブッシュ（George W. Bush）政権下の2001年のCTBTO準備委会合以来、OSIの整備について一切分担金[56]を拠出しない[57]姿勢を貫いてきたことは、CTBTの発効促進とその検証制度整備を考える上で特に注目すべき事柄である。1999年に米国上院は①核兵器のストックパイルの信頼性を維持することと、②OSI

---

(51) U.S. Department of State Bureau of Arms Control, "CTBT: Regional Issues and U.S. Interests," U.S. Department of State <http://www.fas.org/nuke/control/ctbt/news/fs_991008_adherence.htm>, accessed on September 27, 2006.

(52) イランCTBT関係筋、筆者によるインタビュー、於クロアチアスルーニャ、2007年7月18日。

(53) NTI, "Comprehensive Nuclear Test Ban Treaty (CTBT)," NTI Research Library Databases <http://www.nti.org/db/china/ctbtorg.htm>, accessed on September 28, 2006.

(54) Sean West, "The CTBT: Lack of Progress in the Middle East and South Asia," *Trust & Verify*, no. 121 (2005), p. 2 <http://www.vertic.org/assets/TV121.pdf#search=%22intrusiveness%20on-site%20inspection%20CTBT%22>, accessed on September 25, 2006.

(55) 一政「CTBT発効へ向けたロードマップ」3-4頁。

(56) 国連方式の採用により、今日の米国の分担金は全体の22％にのぼる。CTBTO準備委・PTSの経常予算のうち、約4分の3が固定費であるため、同国の分担金の一部拠出停止はPTSの運営に甚大な影響を及ぼす。

(57) "Statement by Ambassador Stephen J. Ledogar (Ret.) Prepared for the U.S. Senate Foreign Relations Committee Hearing on the CTBT," 7 October 1999 <http://www.fas.org/nuke/control/ctbt/text/100799ledogar%20.htm>, accessed on September 25, 2006.

第2部　核軍縮

の有効性に疑問があることを理由に挙げ，条約の批准を拒否してしまった。米国には，自国のみでは設置できない地域にも各種の観測施設を置けるIMS整備に価値を見出し，その検証能力の向上とともに評価を高めてきた経緯(58)がある。その一方で，核実験に起因する事象に関して最も豊富な知見を有する米国は，OSIが持つ潜在的なリスク，即ち査察が実施できても，必ずしも条約違反の根拠が発見できるとは限らないことをよく理解していた。

しかしながら，こうした理由とは別に，CTBT発効後に万一米国自身が被査察国となった場合，OSIの目的に関係しない機微情報に不用意にアクセスされることを警戒し，条約批准とOSI整備に対して前向きでなかったと考えられる節もある。OSIから撤退するより以前，米国はγ線スペクトル測定装置の運用に関して，核実験の証明に必要な元素の情報のみを表示し，核実験に無関係な情報は「目隠し（blinding）」する機能の導入を求めていた。CTBT以前の核実験で環境中に放出された放射性核種は，当然ながらCTBTのターゲットではない。しかし核実験に用いた高濃縮ウランやプルトニウムは，軍事上の高度の機微情報を含んでおり，こうした情報がOSIのγ線スペクトル測定で検知され，万一不正に流出する事態に陥れば，米国が被るであろう被害は計り知れない。このように米国がCTBTを批准しない要因は政治的・技術的側面で様々であるが，その一方で昨今では核不拡散を食い止めるためにCTBTを批准すべき，とする見方が一部の実務家や有識者らから指摘(59)されはじめていることは，ある種の変化の兆しと捉えることもできる。

---

(58) Daryl Kimball, "Maintaining U.S. Support for the CTBT Verification System," Paper Presented at the VERTIC Seminar, Vienna, Austria, 18 March 2002 <http://www.armscontrol.org/aca/ctbtver.asp>, accessed on September 25, 2006.

(59) ウォールストリートジャーナルに掲載されたキッシンジャー，ペリー，シュルツ，ナンら4名による論文は，ブッシュ政権の核不拡散政策見直しと，その一環としてのCTBT批准を提唱し，米国内外でも大きな反響を呼んだ。George P. Shultz, William J. Perry, Henry A. Kissinger and Sam Nunn, "A World Free of Nuclear Weapons," *The Wall Street Journal*, January 4, 2007. 上記の論文から1年後の2008年1月15日，再びウォールストリートジャーナルに発表された同4名の論文では，CTBT批准の重要性を改めて指摘すると同時に，IMSによる地下核実験探知の事例および核兵器ストックパイルの信頼性維持に関する過去10年の技術発展について，超党派による評価を行うよう提言している。George P. Shultz, William J. Perry, Henry A. Kissinger and Sam Nunn, "Toward a Nuclear-Free World," *The Wall Street Journal*, January 15, 2008.

しかしながら、このように条約が長く発効しない状況は、CTBTO 準備委・PTS の活動を少しずつ、だが確実に蝕んできたと言える。CTBT では、CTBTO 準備委・PTS に対する締約国の財政的負担を適当な方法により、通常予算に対する同締約国の分担金から控除することが条約に定められている（条約第2条第10項）。条約が発効した際、検証制度整備のために署名国が10年以上に渡って拠出してきた分担金をどう返還するかという問題は、将来 CTBTO が抱えるであろう、行財政面での大きな課題である。また条約第2条第11項では、分担金の未払い額が当該年に先立つ2年の間に支払われるべき分担金の額に等しい場合またはこれを超える場合に投票権を失うと規定している。CTBTO 準備委が公開している署名国の分担金納付状況[60]によれば、2008年1月時点で米国、イラン、コロンビアを含む76カ国が投票権停止の状態にあり、これは実に全署名国の約42％に相当する。2007年当初では、IMS 監視網を2012年に完成させるという整備中期計画[61]が打ち出されていたが、今後も分担金未納が横行すればこの計画も修正を余儀なくされる恐れがある。またこの点について言えば、IMS データの民生応用[62]が近年注目される[63]など、暫定運用中の IMS の国際公共財としての価値が高まっている一方で、投票権が停止された国でも

---

(60) "Information about State Signatories' Assessed Payments to the CTBTO PrepCom," CTBTO Preparatory Commission <http://www.ctbto.org/prepcom/0507_collections.pdf>, accessed on January 31, 2008.

(61) *Medium Term Plan: 2008-2012 CTBT/PTS/INF.872*, 29 January 2007.

(62) 途上国を主な対象に、発効促進のアウトリーチ活動の一環として検証技術を民生応用するアプローチがアピールされており、関係各国の関心も高まりつつある。CTBT の検証技術の民生応用については以下を参照。Peter Marshall, "CTBT: The Arms Control Holy Grail," *CTBTO Spectrum*, no. 1 (2002), p. 10 <http://www.ctbto.org/reference/outreach/31202_issue1_spectrum_internet.pdf>, accessed on September 25, 2006.

(63) 例えば、2003年9月3日から5日にかけてオーストリア・ウィーンで開催された第3回発効促進会議においても、検証技術の民生応用に焦点を当てたセミナーが2日に渡って開催されており、主に開発途上国を対象にして自然災害に対する情報収集や予防措置といった目的に、CTBT の検証技術が有効に機能することをアピールしている。また、2004年5月には CTBT 検証技術の民生および科学への応用に関するシンポジウムがベルリン日独センターで開催されており、津波情報や航空路火山灰情報などに CTBT の検証技術を民生応用することが検討された。こうしたアウトリーチ活動は、特に2004年のスマトラ島沖地震による津波被害以後、CTBTO 準備委においても吃緊に検討すべき課題として重要視されている。

IDC には自由にアクセスできるため，国際公共財へのただ乗りの発生が問題となる。CTBTO 準備委・PTS の場合，毎年 1 億米ドル近い予算を計上しているが，このような分担金滞納と IMS 暫定運用へのただ乗りの蔓延が今後も続けば，CTBTO 準備委・PTS の運営に重大な支障を来すと言わざるを得ない。

　他方で，核実験禁止のためのフォーラムとしても機能している CTBTO 準備委・PTS は，1996年11月19日の CTBTO 準備委員会設立決議（CTBT/MSS/RES/1）に基づき検証制度整備を進めているが，条約発効後はその全資源を TS に継承することになっている。最後の発効要件国が批准書を寄託してから180日後に条約が発効するまでの間に，全ての検証制度を稼働可能にせねばならない[64]が，検証関連のハードウェアは日進月歩で進歩するため，相応のコストをかけた機材更新が定期的に必要となる。しかし条約発効が先行き不透明であるため，こうした機材更新のタイミングの問題は，検証制度整備自体の費用対効果という，より根本的かつ深刻な問題に取って代わりつつある。条約発効の遅れによる影響は，ハードウェアの問題だけに留まらない。PTS 職員についても，国連の雇用 7 年ルールの適用によって2005年前後から離職者が相次いでいる。しかし，PTS の活動は技術的色彩が濃いため，CTBTO の立ち上げに向けて奔走してきた組織の記憶を今後どう維持するかが問題となっている。こうした事情を背景に，近年では CTBT を暫定適用させる提案が各国の研究者や核軍縮・核不拡散に携わる有識者から指摘され，その是非を巡って議論になっている[65]。

---

(64) United Nations Press Release (DC/2992), "World Community not Rising to Challenge of Disarmament, Non-Proliferation, says Secretary-General, as Headquarters Test-Ban Treaty Conference Opens Three-Day Meeting Intended to Facilitate Treaty's Entry into Force," Conference on Comprehensive Nuclear-Test-Ban Treaty 1st Meeting, 21 September 2005 <http://www.un.org/News/Press/docs/2005/dc2992.doc.htm>, accessed on September 27, 2006.

(65) 　ジョンソンのウィーン条約法条約第25条に基づく CTBT 暫定適用案では，IMS 以外の検証制度，例えば OSI をどのように運用するかが十分論じられていないが，条約交渉時から CTBT をモニターしてきた同女史の研究には定評がある。Rebecca Johnson, "Is It Time to Consider Provisional Application of the CTBT?" *Disarmament Forum* no. 2 (2006), p. 31. また近年オクスフォード研究グループ（ORG）から発表された論文では，OSI や信頼醸成活動を視野に入れた，より包括的な暫定適用を提案している。A BASIC/ORG project, "Briefing 4: Test Moratorium and the Comprehensive Test Ban Treaty," British American Security Information Council Oxford Research Group <http://www.oxfordresearchgroup.org.uk/publications/briefing_papers/pdf/npt04.pdf>, ac-

おわりに
——核実験の禁止と検証制度の今日的な意義，そして将来への課題——

かつてPTBTを推進した米国のケネディ（John. F. Kennedy）大統領が，人類の生存のためにCTBTが必要だと訴えてから[66]早40年が過ぎた。1970年に発効した核兵器不拡散条約（NPT）が前文に「1963年の大気圏内，宇宙空間及び水中における核兵器実験を禁止する条約の締約国が，同条約前文において，核兵器のすべての実験的爆発の永久的停止の達成を求め及びそのために交渉を継続する決意を表明したことを想起し」と明記しているように，CTBTは核の脅威に晒されてきた国際社会の悲願であり，NPTを中心とする核不拡散体制の一翼を担う重要な存在であった。しかし皮肉にも，CTBTが国連総会で採択・署名開放されてからの10年間で，核不拡散を巡る状況には大きな変動が起こった。それはNPTの不平等性を糾弾したインドとパキスタンによる核実験に始まり，カーン（Abdul Qadeer Khan）の闇のネットワークの露呈とイランの核開発疑惑，そして北朝鮮の核実験に至って，核不拡散体制はその根幹から大きく揺さぶられた。

しかし，こうして核不拡散体制がかつてない逆境に直面する中で，CTBTは折に触れてその核実験検証能力の片鱗を示し，国際社会から一定の評価を獲得してきた。分担金滞納が深刻化し，また長期間に渡り条約が発効しない悪影響が認識されてゆく過程で，条約の暫定適用が提案され，また米国では政権に近い有識者らから核拡散を食い止めるためにCTBT批准が改めて提唱されるなど，CTBTを巡る国際社会の姿勢にも，微かに好転の兆しがある。こうした気運を奇貨と捉え，各国ハイレベルが出席する発効促進会議の機会に，暫定適用

---

cessed on June 28, 2007. 元IAEA事務局長のブリックス（H. Blix）らによる大量破壊兵器委員会（WMDC）の2006年の最終報告書でも，CTBTの暫定発効（provisional entry into force）について2007年の発効促進会議で検討するよう提言された。The Weapons of Mass Destruction Commission 2006, *Weapons of Terror: Freeing the World of Nuclear, Biological and Chemical Arms* (Stockholm: EO Grafiska, 2006), pp. 107-108.

(66) John F. Kennedy, "Commencement Address at American University," John F. Kennedy Presidential Library & Museum <http://www.jfklibrary.org/Historical+Resources/Archives/Reference+Desk/Speeches/JFK/003POF03AmericanUniversity06101963.htm>, accessed on June 28, 2007.

の可能性も含めた抜本的な打開策を協議し，核拡散が進む中でのCTBTの意義を改めて問い直すことは，政治的にも大きなインパクトが期待できる。

　また，逆風に煽られていることを逆手にとり，国際社会の注目をCTBTに集めるという発想も必要である。このような逆境にあっても，CTBTO準備委・PTSが粘り強く検証制度整備に邁進しているという事実そのものに，時として大きな意味合いが生じることもある。特にインド，パキスタンそして北朝鮮の核実験で高まったIMSへの評価は，その民生応用の可能性も含めて，多くの国々の条約批准を後押ししてきた。即ち，こうした検証関連インフラが着実に整備されている事実をアピールし続けることは，核不拡散体制の重要な柱であるCTBTが死文化していないことを国際社会に強く印象付ける効果があると言える。そのためにも，CTBTO準備委・PTSの活動が維持できるよう，全ての署名国が分担金滞納を速やかに解消するべく努力することが求められる。

　これからの世界においては，かつてPTBTやTTBTの時代に想定されていたように，秘密裏の核兵器の性能向上試験や，核爆発装置の開発だけが核実験の目的になるとは限らない。核実験のブラフ効果を期待して，通常火薬を大規模に爆発させ，あたかも核実験を行ったかに見せかけつつ，核実験を宣言する者が出現することも十分想定しうる。こうした事態においては，核実験の事実関係確認のために説得力ある科学的根拠が求められる可能性もある。その際に，IMSやOSIが有効に機能すれば地域の安全保障環境の向上に貢献するであろうし，またC&CやCBMが透明性を高める一助ともなり得るであろう。

　さらに政治的な観点からすれば，CTBTが発効していない現状でも，核実験を禁止する規範は署名国・批准国数の増加とともに着実に強まっていると見ることもできる。CTBTが採択される前に5核兵器国は核実験のモラトリアムを宣言し，爾来10年に渡ってこれらの宣言は破られていない。無論，5核兵器国全てがCTBT，ならびに核実験禁止に関する規範を考慮してモラトリアムを維持しているとは必ずしも断言できないが，例えばCTBT署名開放を前にして中仏が駆け込みで核実験を行ったことは，中仏ともにCTBTが自国の核開発に及ぼす影響を重要視していた証左だと言える。将来，もし5核兵器国のいずれかが核実験再開に踏み切った場合，連鎖反応的なモラトリアム放棄を誘発する恐れもある。5核兵器国によるモラトリアムの維持は今日においても依然と

して重要であり，そのためにも CTBT は死文化させてはならないのである。

　条約の署名開放以来，CTBT は核実験を敢行する政治的コストを高めることで核の水平・垂直拡散を防止し，核兵器開発にかかる理論的妥当性を検証する機会を低減させ，さらに核実験を禁忌とする国際的な規範を形成する一助となってきた。核拡散が進みつつあると懸念される今日の世界において，CTBT に課された役割は未だ失われておらず，核実験禁止の規範と，それを支える基盤，即ち IMS や OSI による核実験の早期探知や抑止効果の重要性は，むしろ高まっているのである。

12 核軍縮と広島・長崎
──核の危険性と被爆地の課題──

水本　和実

はじめに
1　被爆体験に見る核兵器の危険性
2　被爆体験と原爆投下正当論
3　被爆体験と核兵器の違法性
おわりに

はじめに

　核軍縮を促進すべきだという考えの背景には，当然ながら，核兵器は人類に危険をもたらすという認識が存在する。核軍縮を支持する立場の中にも，核兵器に安全保障上の一定の効用を認める立場と，そうでない立場がある。だが少なくとも，核兵器が扱い方次第では人類に著しい危険を与え得るという点について，国際社会は一定の認識を共有していると考えていいだろう。そして核軍縮を支持する人々とは，核兵器の効用よりも危険性の方が大きいと考える人々である。

　核兵器がもたらすさまざまな危険のうち，最も端的で顕著なものは，核兵器の実戦使用によるすさまじい破壊である。そしてこれまで人類が歴史の上で経験した，核兵器の実戦使用のたった2つの事例が，米国による広島・長崎への原爆投下である。原爆を投下された広島・長崎では，その被害の総体を「被爆体験」と呼び，戦後の国際社会に対し，核兵器の危険についての警鐘を鳴らし続けてきた[1]。

　国際社会における核兵器の危険性に関する認識は，こうした広島・長崎の被

（1）　原爆被爆の実相に関しては膨大な文献や記録，資料が存在しているが，組織ごとにバラバラに管理されていて全体像がつかみにくいとの指摘もある。行政や研究機関，被爆者関連団体，平和団体などの縦割り構造は，今日も残っており，その克服は緊急の課題である。

爆体験を土台に形成されてきたといっていいだろう。だが，被爆体験に根ざした核兵器否定の考えや核廃絶運動は，核軍縮を促す一定の原動力にはなり得ても，今日の核軍縮の停滞が物語っているように，大幅な核軍縮の前進をもたらすほど決定的な役割を果たしてはいない[2]。

言うまでもなく，国際政治外交の場における核軍縮の取り決めの大半は，核弾頭数の削減にせよ，核実験の禁止にせよ，核兵器国を含む当事国同士による現実的な交渉を経て成立する。そして交渉の行方を直接左右するのは，当事国が直面している安全保障上の脅威や対立をめぐる駆け引きであり，広島・長崎の被爆体験が規範として機能する余地はあまりない。

だがその一方，たとえば被爆60周年の2005年には，核兵器不拡散条約（NPT）運用検討会議で広島・長崎市長が講演したほか，広島・長崎でパグウォッシュ会議をはじめ核軍縮をテーマにしたさまざまな国際会議が開催され，さらに日本原水爆被害者団体協議会（日本被団協）がノーベル平和賞候補として推薦を受けるなど，広島・長崎に対して国際社会が一定の役割を期待していることが示された。

このように，核軍縮の分野における広島・長崎の被爆体験の位置づけは，微妙である。核軍縮の促進へ向け，一定の影響力はあり，積極的な役割を期待されているが，決定力にはなり得ていない。

その原因は，いくつか考えられるが，まず挙げられるのは，「被爆体験」という言葉が示す内容の曖昧さである。それが核兵器のいかなる危険性を示しているのか，という論点から被爆体験を整理しない限り，核兵器の危険に関する有効な警鐘とはなりにくい。

次に，被爆体験を土台にした核兵器の危険の訴えに対しては，それを相殺するいくつかの制約要因の存在を指摘できる。そもそも被爆体験は，米国による原爆投下と表裏一体の出来事である。そして最大の制約要因とは，米国国内における原爆投下正当論である。世界で最初の被爆体験ゆえに広島・長崎は核廃

（2） ジャーナリストの船橋洋一は「日本が『非核』国家であることを，なかでも『唯一の被爆国』であることをにじませると，それに対しては直ちに『理解』がこだましてくる。そして，ただそれだけだ」と記している。船橋洋一「『非核』『対核』戦略を日本は構築せよ」『Foresight』（1998年7月）9頁。

絶を訴えるが，世界で最初に原爆を開発し使用した米国は，その原爆投下を正当化し自らの核兵器保有を今もなお擁護し続けている。

　最後に，被爆体験に基づく訴えは，個人の苦難の体験のアピールになりがちで，個々人の良心や感性に対する働きかけとしては有効だが，国際法に照らして違法性を問う努力は，被爆地からはあまりなされてこなかった。

　本稿は，以上のような問題意識のもと，核軍縮と被爆体験の関係に焦点をあて，なぜ被爆体験が核軍縮促進へ向けた決定力を持ち得ていないのか，という問題について考察する。その際，まず「被爆体験」と呼ばれる，原爆投下によってもたらされた被害について取り上げ，それが核兵器の持ついかなる危険性を示しているのかを再検討する。

　次に，被爆体験と表裏一体をなす米国の原爆投下に関する，米国国内の正当論を取り上げ，その経緯や主要論点を整理し，被爆体験を通じた核兵器の危険性の訴えが相殺されている構造の分析を試みる。

　最後に，被爆体験によって具体的に示された核兵器の危険性ゆえに，その使用を規制する手段となり得るはずの国際法が，これまで核兵器の行使をどう扱ってきたのかについて，数少ない事例を取り上げて概観し，国際法に基づく訴えの有効性について探る。

　なお，本稿で取り上げる被爆体験および原爆投下は，基本的に広島を主要な考察の対象とすることをあらかじめお断りしておく。

1　被爆体験に見る核兵器の危険性

　被爆体験が核軍縮促進へ向けて影響力を持ち得るためには，被爆体験と呼ばれる，原爆投下によってもたらされた被害の総体が，核兵器の危険性を明確に示せるよう，整理されていることが必要だ。原爆の被害や被爆体験に関しては，これまで膨大な数の資料，文献，記録，手記などが表されている[3]。だが，

（3）　原爆被爆に関する資料を網羅したリストとしては，宇吹暁編著『原爆手記掲載図書・雑誌総目録　1945−1995』（日外アソーシエーツ，1999年）；黒古一夫監修，文献情報研究会編『原爆文献大事典　1945（昭和20）年〜2002（平成14）年』（日本図書センター，2004年）などがある。

第2部　核軍縮

広島で被爆問題の調査・研究を行う者が最初に直面するのが，「最も基本的な資料は何か」という問題である。

結論からいえば，発行されてすでに30年近くになる『広島・長崎の原爆災害』(4)が今日でも広島の関係者の間では，被爆の実相を最も包括的に整理・分析した基本的資料と位置づけられている。

この中では原爆による被害を「第Ⅰ部 物理的破壊」「第Ⅱ部 身体の障害」「第Ⅲ部 社会生活への影響」と分類し，第Ⅱ部では急性期障害と，放射線による後期障害や遺伝的影響について分析しているほか，第Ⅲ部では被爆者の受けた心理的・精神的影響についても掘り下げている。

『広島・長崎の原爆災害』は，米国のジャーナリスト，シェル（Jonathan Shell）が1980年代初めに核戦争の危険を警告してベストセラーになった『地球の運命』の中で，核戦争被害に関する優れた5つの研究の1つとしても紹介されている(5)。

これ以外にももちろん，被爆の実態を明らかにした資料は数多く存在する(6)。だが，原爆がもたらした影響に関する研究領域は多分野にわたるため，被爆体験に基づき核兵器の危険性を明快にアピールするためには，それら資料の整理・統合や，数多くの組織(7)に存在するデータの一元化が求められている。

---

(4) 広島市・長崎市原爆災害誌編集委員会編『広島・長崎の原爆災害』（岩波書店，1979年）。英語版は The Committee for the Compilation of Materials on Damage Caused by the Atomic Bombs in Hiroshima and Nagasaki, ed., *Hiroshima and Nagasaki: The Physical, Medical, and Social Effects of the Atomic Bombings*, trans. Eisei Ishikawa and David L. Swain (Tokyo: Iwanami Shoten, 1981).

(5) Jonathan Shell, *The Fate of the Earth* (New York: Alfred A. Knopf, Inc., 1982), p. 5. 邦訳はジョナサン・シェル『地球の運命』斎田一路，西俣総平訳（朝日新聞社，1982年）9-10頁。

(6) このほか包括的資料としては仁科記念財団編纂『原子爆弾　広島・長崎の写真と記録』（光風社書店，1973年）；沢田昭二他『共同研究　広島・長崎原爆被害の実相』（新日本出版社，1999年）など。市民向けの代表的資料は小堺吉光『ヒロシマ読本』平和図書 No.1（財団法人広島平和文化センター，1978年）など。被爆行政全般に関しては，広島市社会局原爆被害対策部『原爆被爆者対策事業概要』（各年度版，広島市）が基本資料。広島平和記念資料館の展示をまとめた葉佐井博巳他監修『図録　広島平和記念資料館　ヒロシマを世界に』（1999年，広島平和記念資料館）126-127頁にも基本資料を網羅した参考文献あり。

(7) 代表的な組織としては，広島平和記念資料館，広島大学原爆放射線医科学研究所，財団法人広島原爆障害対策協議会，放射線被曝者医療国際協力推進協議会，財団法人放

(1) 被爆体験の特殊性

広島に存在する被爆に関連する膨大な量の文献，資料，記録が物語る広島の体験すべてが，原爆投下のみにより起こりうる，特殊な体験だとは断定できないだろう。第2次大戦中，日本国内では215の都市が何らかの戦災を受け，一般市民が死傷し，街の多くが焼け野原となった[8]。広島の経験の中には，それらの「戦争体験」や「大空襲の体験」と共通する部分もある。だが被爆体験には，他の戦争体験と比べて明らかに異なる側面も存在する。

圧倒的に高い死亡率

原爆の被害の危険性を雄弁に物語る数字として，被災地域における死亡率があげられる。経済安定本部が1949年4月に発表した『太平洋戦争による我国の被害総合報告書』は，広島，長崎を含む主要都市における戦災の死者数を1944年2月の人口と比較し，死亡率を推計している[9]。それによると広島市の死亡率は23.2％，長崎市の死亡率は8.8％と際立って高いのがわかる。他の都市は「東京都区域」の1.4％をのぞくといずれも1％以下だ。

このデータは広島市の死者を86,141人，長崎市の死者を26,238人とかなり低く見積もっているが，その後の推計によれば広島市の死者は約14万人±1万人[10]，長崎市の死者は約7万4千人（いずれも1945年12月末まで）[11]であり，その数字をあてはめれば，死亡率は広島市が41.6％±3％，長崎市が27.4％になる。通常兵器による空襲を受けた他都市の死亡率と比較すると，原爆が持つ無差別大量の殺傷力の大きさがあらためて浮き彫りになる（252頁の表を参照）。

広島市は「原爆による社会的被害の状況を死亡率の観点から考察すれば，約40％以上の高い死亡率を推計することができる。この数値は，歴史上他に類をみない高い値であり，このことから原子爆弾の非人間性，特異性を推測するの

　　射線影響研究所など。
(8) 広島市編『広島新史　都市文化編』（広島市，1983年）5頁。
(9) 日本の空襲編集委員会編『日本の空襲――十　補巻　資料編』（三省堂，1981年）107-108頁。
(10) 広島市社会局原爆被害対策部編『原爆被爆者対策事業概要』（平成19年（2007年）版）（広島市，2007年）14頁。
(11) 「原爆Q＆A　Q1原爆の人的被害について」長崎市原爆資料館ホームページ <http://www1.city.nagasaki.nagasaki.jp/na-bomb/museum/qa/index.html> 2007年8月3日アクセス。

は容易なのである」と記している(12)。

表　太平洋戦争による主要都市の死亡率

都市名	死者数	1944年2月の人口	死亡率	現在の推定死者数に基づく死亡率
広島市	78,150	336,483	23.2%	41.6%±3%
長崎市	23,753	270,063	8.8%	27.4%
東京都区域	95,374	6,657,620	1.4%	―
神戸市	6,789	918,032	0.7%	―
名古屋市	8,076	1,349,740	0.6%	―
横浜市	4,616	1,034,740	0.4%	―
大阪市	9,246	2,833,342	0.3%	―

経済安定本部『太平洋戦争による我国の被害総合報告書』（1949年4月）をもとに筆者作成

(2) 物理的影響——特異な破壊力——

こうした死亡率をもたらす原爆の圧倒的な破壊力を構成する要素として通常，指摘されるのは「爆風」「熱線」「放射線」の3つであり，これらに加えて衝撃波や高熱火災などをあげている資料もあるが，衝撃波は爆風の一部，高熱火災は爆風と熱線の複合被害と見ることができる(13)。いずれにせよこれらの要素が単独で，あるいは複合して，通常兵器では不可能な原爆特有の破壊力をもたらした。

(3) 医学的影響——放射線被曝の危険性——

そうした破壊力の中で，核兵器の危険性を最も端的に物語っているのは，いうまでもなく放射線被曝(14)である。被爆直後から被爆者は，放射線に起因すると考えられるさまざまな障害に苦しんできた。身体的障害は，被爆直後から

(12) 広島市社会局原爆被害対策部編『原爆被爆者対策事業概要』14頁。
(13) 同上1-13頁；広島市・長崎市原爆災害誌編集委員会編『広島・長崎の原爆災害』8-49頁。
(14) 通常，「被爆」は原爆の爆撃を受けること，「被曝」は放射線の照射を受けることを指しており，本書の表記もそれに従う。

252

ほぼ4カ月後までに起きる「急性障害」と，それ以降に起きる「後障害」に分けられ，内容も脱毛や下痢，発熱，嘔吐から白血病，白内障，各部位の癌，「原爆ぶらぶら病」と呼ばれる虚脱症状など多岐にわたり，それら全体が「原爆病」「原爆症」と呼ばれたが，放射線との因果関係の立証が当初は困難なものもあった。

しかし，放射線医学を専門とする研究者らの努力でその構造が次第に解明されてきた。かつて広島大学原爆放射能医学研究所（現・原爆放射線医科学研究所）の所長を務めた鎌田七男氏は放射線が引き起こす障害について「一言でいえば，放射線が遺伝子に傷をつけること」に起因するという[15]。被爆者が浴びた放射線量の強さに応じて，何年後にどの部位の癌の発生率が高くなるか，というメカニズムもほぼ明らかにされている[16]。鎌田氏によると，被爆後60年を経て，1つの癌からの細胞の転移でなく，別個の部位に複数の癌が発症する「重複癌」も放射線被曝の特徴である[17]。

外部被曝と内部被曝

放射線被曝には，体外から皮膚を通して被曝する「外部被曝」と，放射性降下物の微粒子が口や鼻から体内に入って被曝する「内部被曝」がある。前者を引き起こすのは，爆発直後の初期放射線（直接放射線）と，地面や建物から出る残留放射線で，後者を引き起こすのは「死の灰」と呼ばれる放射性降下物である。

こうした区別はあるものの，従来の放射線被曝の分析では，外部被曝と内部被曝の区別よりも，浴びた放射線の強さ（線量）と発生した障害の関係の解明に主眼がおかれていた[18]。だが最近の研究では，体内に入った放射性微粒子

---

(15) 2007年6月11日，広島市立大学の広島・長崎講座『平和と人権A』における鎌田七男氏の講義「医学から見た被爆体験」より。
(16) 代表的な資料としては，放射線被曝者医療国際協力推進協議会編『原爆放射線の人体影響1992』（文光堂，1992年）など。
(17) NHK総合テレビ「NHKスペシャル『被爆者 命の記録――放射線と闘う人々の60年』」2005年8月6日放送。
(18) 従来の原爆被爆関連資料には，内部被曝に関する記述は少ない。広島市・長崎市原爆災害誌編集委員会編『広島・長崎の原爆災害』42頁；放射線被曝者医療国際協力推進協議会編『原爆放射線の人体影響1992』7頁，354-355頁など参照。国内や海外の放射線事故における内部被曝に関しては，松岡理『放射性物質の人体摂取障害の記録――過

第2部　核軍縮

による低線量の放射線に長時間さらされると，遺伝子の修復能力が損なわれ，細胞周期の早い生殖細胞や造血機能（骨髄），胎児などに障害を生じる可能性が指摘されている[19]。

自らも広島で被爆した医師・肥田舜太郎氏は，長年行ってきた入市被爆者[20]と内部被曝の関係に関する研究をふまえ，1972年にカナダの研究者ペトカウ（Abram Petkau）によって発見された「長時間の低線量放射線被曝の方が短時間の高線量放射線被曝に比べ，はるかに生体組織を破壊する」というペトカウ効果[21]や，アメリカ人研究者スターングラス（Ernest J. Sternglass）らによる「ごく微量の放射線でも体内から放射されると健康に深刻な影響をおよぼす」という説[22]を重視する。その上で，核実験被害や原発事故，劣化ウラン兵器に関連するとみられる深刻な健康障害がいずれも内部被曝による可能性が高いことを警告し，分子生物学などによるメカニズム解明の必要性を主張している[23]。

もちろんこうした主張に対しては，さまざまな反論が予想される[24]。だが，被爆体験と戦後の核実験，原発事故，劣化ウラン兵器[25]による被害に，いず

　　　ちの歴史に何を学ぶか』（日刊工業新聞社，1995年）など参照。
(19)　肥田舜太郎，鎌仲ひとみ『内部被曝の脅威――原爆から劣化ウランまで』ちくま新書541（筑摩書房，2005年）73-76頁。
(20)　「被爆者援護法」は被爆者を「直接被爆者」「入市者」「死体処理及び救護に従事した者」「胎児」に分類し，入市（被爆）者とは，原爆投下2週間以内に爆心から2キロ以内に入った人をいう。広島市社会局原爆被害対策部編『原爆被爆者対策事業概要』51-52頁。
(21)　Ralph Graeub, *The Petkau Effect: The Devastating Effect of Nuclear Radiation on Human Health and the Environment* (New York: Four Walls Eight Windows, 1994) など参照。
(22)　Ernest J. Sternglass, *Secret Fallout: Low-level Radiation from Hiroshima to Three Mile Island* (New York: McGraw-Hill Book Company, 1981) など参照。
(23)　肥田，鎌仲『内部被曝の脅威』71-99頁。被爆者のデータから低線量放射線の影響を評価する上での制約については，沢田他『広島・長崎原爆被害の実相』207-210頁参照。
(24)　在日米国大使館ホームページ『劣化ウランに関する情報』には「劣化ウランがイラクの新生児がんの原因だという非難は，事実無根」との記載がある。<http://japan.usembassy.gov/j/p/tpj-j20030401d1.html> 2007年7月28日アクセス。
(25)　ベルギー議会本会議は2007年3月22日，「劣化ウラン弾禁止法案」を全会一致で可決した。国会の議決としては世界で初めて。The International Coalition to Ban Uranium

れも内部被曝という共通の危険性が存在する疑いが強いという問題提起は，被爆後60年以上を経てなお医学面での被爆体験の解明に，今日的な重要性があることを物語っている。

(4) 心理学的影響

　被爆60年以上が過ぎた現在も多くの被爆者を苦しめている1つが，心の苦しみやトラウマ（心理的外傷）である。だが，原爆によってもたらされた障害の中で最も研究が遅れているのが，こうした心理学的，精神神経学的な影響であろう。原爆被爆の実相に関する基本的資料においてもその記述はわずかで[26]，「被曝の精神科的，心理学的影響については未知な部分が多く今後の研究が期待される」[27]という。

　そうした中，数少ない研究の1つと見なされているのが，アメリカ人精神医学者リフトン（Robert J. Lifton）の著作"Death in Life"（邦訳は『死の内の生命』）である[28]。リフトンは1962年に6カ月間広島に滞在して行なった75人の被爆者との面接調査に基づき，この研究をまとめた。被爆者の心理研究で初めてトラウマの存在を明らかにした著作として，今日でも内外の研究者の間で評価されている。

　鎌田七男氏はリフトンの分析をもとに，被爆者が受けた心理的影響を，①自分だけが生き残ったという「後悔と罪の意識」，②いつ放射線の障害が現れるかもしれぬという「限りない不安」，③地獄絵のような場面に再び遭遇したくないという「あの場面からの逃避」の意識，④「死者への尊敬と畏敬の念」の4点に整理している[29]。

　　Weapons, *Friendly Fire*, Issue 5, March 2007, p. 1.
(26)　広島市・長崎市原爆災害誌編集委員会編『広島・長崎の原爆災害』369-383頁；沢田他『広島・長崎原爆被害の実相』171-174頁；放射線被曝者医療国際協力推進協議会編『原爆放射線の人体影響1992』144-148頁など参照。
(27)　『原爆放射線の人体影響1992』148頁。
(28)　Robert Jay Lifton, *Death in Life: Survivors of Hiroshima* (New York: Random House, Inc., 1967). 邦訳は，ロバート・J. リフトン『死の内の生命――ヒロシマの生存者』桝井迪夫監修（朝日新聞社，1971年）。
(29)　鎌田七男『広島のおばあちゃん』（鎌田七男シフトプロジェクト，2005年）63頁。英語版は Nanao Kamada, *One Day In Hiroshima* (Hiroshima: Japanese Physicians for

だが，長い間被爆者と接している広島の研究者の間では，リフトンの視点に対する疑問も存在する。舟橋喜惠・広島大学名誉教授（社会思想史）は，Death in Life というタイトルの本来の意味が「生ける屍」であり，その著作の中で被爆者は罪の意識にさいなまれ，生きる意欲を限りなく失った存在としてのみ描かれており，罪意識を持ちつつ「死者の分までも生きようとしてきた被爆者」の懸命な前向きの姿勢を理解していない，と指摘する[30]。

こうした中，全国の被爆者が原爆による「体の傷」「心の傷」「不安」と闘いながらいかに「生きる支え」を得たかを解明する研究が2005年，濱谷正晴・一橋大学大学院教授（社会調査論）により『原爆体験』としてまとめられた[31]。日本原水爆被害者団体協議会が1985〜1986年に全国47都道府県の被爆者約1万3千人を対象に行なった『原爆被害者調査』の中から，「体の傷」「心の傷」「不安」「生きる支え」に関連する質問項目全てに回答のあった6,744人を抽出し，その内容を細かく分析している。

濱谷氏の言葉を借りれば，その実態には「＜原爆地獄＞がもたらす＜心の傷＞にさいなまれ，＜体の傷＞と＜不安＞に苦しみおびえながら，語る苦痛をのりこえて，＜原爆・核兵器の反人間性＞を世界の人びとにつたえ，核兵器の廃絶と戦争のない社会の実現をうったえつづけてきた被爆者たちの営み」が集約されている[32]。

ところで，被爆による心理学的な影響の1つではないかといわれる症状の1つに，「原爆ぶらぶら病」がある。一部の被爆者が倦怠感を訴え，労働をせずぶらぶらしている，というのが語源と見られ，これまで医学的には病気としての実体は否定されてきた[33]。しかし米国による大気圏核実験で被曝した米兵や，チェルノブイリ原発事故被災者，劣化ウランに被曝した疑いのある湾岸戦

---

the Prevention of Nuclear War, 2007), p. 61.
(30) 舟橋喜惠「あたらしい被爆者像を求めて」秋葉忠利編『人間の心ヒロシマの心』（三友社出版，1988年）79-91頁；舟橋喜惠「核時代の人間像―― R. J. リフトンの被爆者研究をめぐって」『社会科学研究年報』第9号（1986年）など参照。
(31) 濱谷正晴『原爆体験――六七四四人・死と生の証言』（岩波書店，2005年）。
(32) 同上，258頁。被爆者の「心の傷」に関する最近の報告としては，中澤正夫『ヒバクシャの心の傷を追って』（岩波書店，2007年）。
(33) 沢田他『広島・長崎原爆被害の実相』172頁。

争帰還兵の間で，原爆ぶらぶら病（bura-bura disease）に類似した倦怠症状（fatigue syndrome）があることが指摘されている。それらと放射線被曝との因果関係については，低線量放射線被曝で変形した赤血球が引き起こすとの説[34]もあるが，まだ十分立証されたとはいえない[35]。しかし，内部被曝と同様，被爆後60年以上を経てなお未解明であり，かつ今日の核被害と共通する可能性を持つ重要な問題である。

2　被爆体験と原爆投下正当論

　久間章生防衛大臣は2007年6月30日，千葉県の麗澤大学で講演を行い，アメリカによる原爆投下について「原爆を落とされて長崎は本当に無数の人が悲惨な目にあったが，あれで戦争が終わったんだ，という頭の整理で今，しょうがないなと思っている[36]」と述べた。しかしこの発言に対し，日本の世論が一斉に反発しただけでなく，安倍晋三首相や閣僚内部からも批判が相次ぎ，久間防衛大臣は7月3日に辞任に追い込まれた。

　同じ7月3日，ジョゼフ（Robert Joseph）米核不拡散担当特使（前国務次官）は米ワシントンで広島，長崎への原爆投下について「原爆の使用が終戦をもたらし，連合国側の万単位の人命だけでなく，文字通り，何百万人もの日本人の命を救ったという点では，ほとんどの歴史家の見解は一致する[37]」と述べ，正当論を強調した。

　この2つの事例は，原爆投下に関する日本と米国での評価が，原爆投下後60年以上たった今もなお，真っ二つに分かれていることを示している。

　広島・長崎における被爆体験は，米国による原爆投下という行為と表裏一体

---

(34) Dr. Rosalie Bertell, *Gulf War Syndrome, Depleted Uranium and the Dangers of Low-Level Radiation* <http://www.ratical.org/radiation/DU/bertell_book.html>, accessed on July 29, 2007.
(35) 肥田，鎌仲『内部被曝の脅威』108-111頁；Donnel W. Boardman, *Radiation Impact*, Pre-publication Draft (Cambridge, Massachusetts: Center for Atomic Radiation Studies, Inc., 1991).
(36) 『朝日新聞』2007年7月1日。
(37) 『朝日新聞』2007年7月5日。

である。そして広島・長崎の被爆者が核兵器の危険性に関する警鐘を鳴らしてきたとすれば、原爆を投下した側の米国では、こうした原爆投下正当論が戦後形成されて支配的な世論となり、そのことが核兵器の危険性に関する警鐘を相殺し隠蔽する役割を果たしてきた。本節では、原爆投下正当論が形成された経緯を振り返り、主要な議論を分析する。

(1) トルーマン大統領の声明

米国の指導者による、原爆投下に関する最初の見解が示されたのは、1945年8月6日に大統領のトルーマン（Harry S. Truman）が発表した声明である。

「16時間前、米国航空機一機が日本陸軍の重要基地である広島に爆弾一発を投下した」「日本は、パールハーバーにおいて空から戦争を開始した。彼らは、何倍もの報復をこうむった」「最後通告がポツダムで出されたのは、全面的破滅から日本国民を救うためであった。彼らの指導者は、たちどころにその通告を拒否した。もし彼らが今われわれの条件を受け容れなければ（略）この空からの攻撃に続いて海軍および地上軍が、日本の指導者がまだ見たこともないほどの大兵力（略）をもって侵攻するであろう」[38]

筆者が米国トルーマン図書館で入手した声明草案のコピー[39]には「日本陸軍の重要基地」との記述はない。リフトンらによるとどの草案にもその表現は含まれておらず、最後の瞬間にマンハッタン計画責任者グローブズ（Leslie R. Groves）によって書き加えられたと推測している[40]。米国政府はこの後、一貫して広島を「軍事基地」と呼び続けた[41]。またこの声明は原爆投下が「報復」であり、大規模な本土上陸作戦が続く事を示唆している。

トルーマンは2日後の8月9日に国民に対して行なった「ポツダム会談報告」の中で、原爆と「報復」の関係をより直裁に表現している。

---

(38) 「資料229 トルーマン大統領声明 ホワイトハウス新聞発表 1945年8月6日」山極晃、立花誠逸編『資料 マンハッタン計画』岡田良之助訳（大月書店、1993年）605-607頁。

(39) "Statement by Truman, August 6, 1945," PSF General File, Box No. 112, Atomic Bomb [2 of 2], Papers of Harry S. Truman, Harry S. Truman Library.

(40) R・J・リフトン、G・ミッチェル『アメリカの中のヒロシマ（上）』大塚隆訳（朝日新聞社、1995年）5頁。

(41) 仲晃『黙殺（下）』NHKブックス892（日本放送出版協会、2000年）216頁。

「われわれは，予告なしにパールハーバーでわれわれを攻撃した者たちに対し，また，米国人捕虜を餓死させ，殴打し，処刑した者たちや，戦争に関する国際法規に従うふりをする態度すらもかなぐり捨てた者たちに対して原爆を使用したのであります。われわれは，戦争の苦悶を早く終らせるために，何千何万もの米国青年の生命を救うためにそれを使用したのであります」[42]。

またトルーマンは，同じ日に米国キリスト教会連邦評議会から原爆投下に批判的な電報[43]を受け取ると，8月11日に「野獣に対処する時は野獣扱いすべきだ」と返信している[44]。

このように，原爆投下直後のトルーマン大統領自身の説明は，日本を「野獣」ととらえ，広島の軍事的役割を強調し，真珠湾攻撃への報復として原爆を使用したと位置づけており，原爆で救われる米兵の数については「何千何万」としか触れていない。

(2) 「報復」から「100万人救済論」へ

ところが原爆投下から2年後の1947年ごろから，米国政府の主張は，対日報復よりも原爆投下で地上戦が回避されて大勢の人命が救済された点を強調するようになる。そのさきがけとなったのが，スティムソン（Henry L. Stimson）元陸軍長官の「原爆投下の決定」[45]という論文である。この中でスティムソンは「もし米国が計画[46]を最後まで実施せざるを得なかったら，主要な戦闘は少な

---

[42] 「資料235 トルーマン大統領のポツダム会談報告 1945年8月9日」山極，立花『資料 マンハッタン計画』630頁。

[43] Dennis Merrill, ed., *Documentary History of the Truman Presidency, Vol. 1, The Decision to Drop the Atomic Bomb on Japan* (University Publications of America, 1995), p. 214.

[44] Ibid., p. 213.

[45] Henry L. Stimson, "The Decision to Use the Atomic Bomb," *Harper's Magazine*, vol. 194, no. 1161 (February 1947), pp. 97-107. この論文は，マンハッタン計画の中心人物の1人，コナント（James B. Conant）ハーバード大学学長が原爆投下正当化の目的でスティムソンとバンディ（McGeorge Bundy）同大学研究員に命じて書かせ，最後まで内容に手を入れた。リフトン，ミッチェル『アメリカの中のヒロシマ（上）』129-148頁；フィリップ・ノビーレ，バートン・J・バーンステイン『葬られた原爆展』三国隆志他訳（五月書房，1995年）13-14頁。

[46] 日本本土上陸作戦をさす。

くとも1946年の後半までは続いただろう。そうなれば，米軍だけで100万人の死傷者が出たはずだと私は知らされた。(略) 日本側には我々よりはるかに多い死傷者が出ていたはずである」と説明した。原爆投下直後の米国国内世論は当初，原爆に関する情報が極めて制限されていたこともあって，賛否両論だったが，スティムソン論文が登場すると国内世論は急速に原爆投下擁護に傾いていき，いわゆる「100万人救済論」が世論に定着していった。

なお，トルーマン大統領自身は原爆投下10年後に出版した『回顧録』の中で，「100万人の死傷者」ではなく「50万人の米国人の命」が失われずに済んだと記している[47]が，基本的には同じ主旨と考えられる。

これに対し，50～100万人という死(傷)者予測自体に根拠がないとの見方も，米国の歴史研究者の間では1960年代から有力になっているが，「正統的」歴史解釈に逆らうという意味で，しばしば「修正主義学派」(Revisionist) と評されることがある[48]。いくつかの見方があるが，ほぼ共通して最終的な論拠とされているのが，1945年6月18日にホワイトハウスで開かれた大統領と統合参謀本部との会議である。席上，統合戦争計画委員会が作成した日本上陸作戦に関する大統領宛のメモランダムが配布されたが，その中には，上陸作戦を南九州および関東平野で行なった場合の死者は4万人，南九州および九州北西部で行なった場合の死者は2万5千人，南九州，九州北西部および関東平野で行なった場合の死者は4万6千人と記されている[49]。

この数字を土台に，米国の歴史学者バーンステイン (Barton J. Bernstein) は「米国の指導者は原爆で50万人を救うとは考えていなかった。当時の愛国的な雰囲気の中，日本上陸作戦で死ぬかもしれない2万5千から4万6千人の米国人を救うため，大勢の日本人を殺す原爆を投下することに何のためらいもな

---

(47) Harry S. Truman, *Memoirs by Harry S. Truman: 1945: Year of Decisions* (New York: SMITHMARK Publishers, 1955), p. 417.

(48) 代表的な研究者は，Gar Alperobitz, Barton J. Bernstein, Martin J. Sherwin など。「修正主義学派」への反論については Robert James Maddox ed., *Hiroshima in History: The Myths of Revisionism* (Missouri: University of Missouri Press, 2007) など参照。

(49) "Joint War Plans Committee, Details of the Campaign Against Japan, June 15, 1945," in Martin J. Sherwin, *A World Destroyed: Hiroshima and its Legacies*, Third Edition (Stanford: Stanford University Press, 2003), p. 342.

かった」と述べている⁽⁵⁰⁾。

(3) 原爆展中止で再燃した論争

　だが，米国社会では依然，「100万人救済論」を論拠にした原爆投下正当論という「公式見解」が多数派を占めている。それが最も顕著に示されたのが，1995年のスミソニアン航空宇宙博物館における原爆展の中止である。同博物館が，広島に原爆を投下したB29爆撃機エノラ・ゲイ号の復元機体とともに，米国の原爆開発および投下，広島・長崎の被爆の惨状などの歴史を紹介する展示を企画したところ，議会や退役軍人らの圧力で中止に追い込まれた⁽⁵¹⁾。その際，米国国内における原爆投下をめぐる認識の対立が，日本国内でも関心を集めたが，さらに8年後の2003年12月からは，完全に復元されたエノラ・ゲイ号の機体がワシントン郊外の同博物館新館に展示され，波紋を呼んでいる。

　一方，米国の中学生，高校生たちが使う社会科の教科書には，原爆投下をめぐる記述があるが，ほとんどの教科書に，この「100万人救済論」に関する言及がある。最初からこの説が正しいと教えているわけではないが，「軍事顧問は，日本本土侵攻ともなれば，100万人もの連合国軍兵士の生命が犠牲になるかもしれない，と警告した」などの記述とともに，トルーマン大統領の原爆投下の決定が正しいかどうかを考えさせる内容となっている⁽⁵²⁾。一見，客観的なデータをもとに生徒達に判断させようとする形式を取っているが，教科書には被爆体験の具体的な記述は乏しく，原爆投下決定を支持する生徒が多い⁽⁵³⁾。

---

(50)　Barton J. Bernstein, "The Atomic Bombings Reconsidered," *Foreign Affairs*, vol. 74, no. 1 (January/February 1995), p. 149.

(51)　マーティン・ハーウィット『拒絶された原爆展――歴史のなかの「エノラ・ゲイ」』山岡清二監訳（みすず書房，1997年）；ノビーレ，バーンステイン『葬られた原爆展』；トム・エンゲルハート，エドワード・T・リネンソール『戦争と正義――エノラ・ゲイ展論争から』朝日選書607（朝日新聞社，1998年）など参照。

(52)　吉澤柳子『外国の教科書と日本――子どもたちが学ぶ日本像』丸善ブックス78（丸善，1999年）123-125頁；「世界の教科書にみる「原爆投下」」（アメリカ），広島平和教育研究所 <http://www1.ocn.ne.jp/~hipe/textbook/america.htm>，2007年7月31日アクセス。

(53)　NHK総合テレビ「クローズアップ現代『"ヒロシマ"が伝わらない』」2005年8月4日放送。シカゴ郊外の高校の授業で，原爆投下の決定を支持した生徒らの多くは，広島平和記念資料館の図録を見て，教科書から与えられる情報が限られているとの認識を

以上見たように，原爆投下正当論を支える論拠は「報復」から「人命救済」へと移ったが，教育現場も巻き込んで，米国の世論形成に一定の影響力を与えている。原爆投下正当論は一般市民の間に根を下ろし，被爆の実情を通して核兵器の危険性を伝えようとする広島・長崎市民の活動が受け入れられにくい土壌を，米国国内に形成している。

3　被爆体験と核兵器の違法性

被爆体験が示す核兵器の危険性とは，核兵器が使用された場合，爆心から一定範囲内にいる人間に対し，爆風・熱戦・放射線により，深刻で長期間継続する被害を無差別にもたらす，ということである。にもかかわらず，そうした危険性を根拠に核兵器そのものを一括して禁止する国際レベルの取り決めは存在しない。1996年の国際司法裁判所（ICJ）の勧告的意見は核兵器の使用・威嚇について，前段で国際法・人道法に一般的に違反するとしたが，後段で国家の存亡が危機にある状況では合法か違法かは判断できないと述べている[54]。このため核軍縮の進展を期待する市民社会には期待はずれの見方もあった。

(1)　核兵器の使用と国際法

しかし，被爆体験を通じて核兵器の危険性を訴えることの目的の1つは，国際社会において核兵器の使用による被害が「国際法・人道法に一般的に違反する」との認識を強化し高めることであろう。そうした規範意識が高まれば，核軍縮を促進する土壌となりうるからである。しかし，広島・長崎における被爆体験に根ざしたさまざまな活動が抱える課題の1つに，国際法・人道法の原則に照らして原爆投下や被爆体験を検証する努力が，最近まで不十分であったことが指摘できよう[55]。

　　　持った。
(54)　藤田久一，浅田正彦編『軍縮条約・資料集〔第2版〕』（有信堂，1997年）202頁。
(55)　広島の被爆者，市民，研究者，法律家，医学関係者らがよびかけ人となって2004年12月「原爆投下を裁く国際民衆法廷・広島」実行委員会が発足し，原爆投下当時の米国の政府・軍部指導者らの行為を裁く同民衆法廷の判決公判が2007年7月開かれ，日本・米国・コスタリカの学者からなる判事団は，原爆投下は国際法違反との判断を下した。

国際法上，核兵器の使用が問題となりうる可能性がある，以下の原則が存在する(56)。
・無差別攻撃（破壊）の禁止
・文民や非軍事物の攻撃からの保護
・不必要の苦痛を与える外敵手段・方法の禁止
・背信の禁止

原爆投下以前の国際的取り決めで，これらの原則が盛り込まれていると考えられるのは，以下の条約である(57)。
・サンクト・ペテルブルク宣言（1868年）
　　「すでに戦闘外におかれた者の苦痛を無益に増大し又はその死を不可避ならしめる兵器の使用」の禁止
・陸戦ノ法規慣例ニ関スル条約（1899年，1907年に一部修正）
　　条約で規定されていない戦争手段への慣習法や人道規則の適用（前文マルテンス条項(58)）
　　毒または毒を施したる兵器や不必要の苦痛を与える兵器の使用禁止（23条）
　　防守せざる都市への攻撃または砲撃の禁止（25条）
　　砲撃の事前通告が必要（26条），軍事目標のみを攻撃（27条）
・ダムダム弾使用禁止宣言，毒ガス禁止宣言，気球による空爆禁止宣言（1899年）
・潜水艦および毒ガスに関する5カ国条約（1922年）
・空戦に関する規則案（1922年）
　　非戦闘員への空爆の禁止（22条）
　　爆撃は軍事目標に限定（24条）

　原爆投下や核兵器の国際法上の問題に関する市民レベルの関心が少しずつ高まっていることを反映している。「原爆投下を裁く国際民衆法廷・広島」ホームページ <http://www.k3.dion.ne.jp/~a-bomb/index.htm> 2007年8月1日アクセス。
(56)　藤田久一『新版　国際人道法　増補』（有信堂，2000年）83，99頁。
(57)　条約名は原則として藤田，浅田『軍縮条約・資料集［第2版］』に準拠。
(58)　江藤淳一「マルテンス条項——百年の軌跡」村瀬信也・真山全編『武力紛争の国際法』（東信堂，2004年）58-84頁参照。

宗教施設，学校，歴史的建造物，病院などの爆撃からの保護（25条）
・ジュネーヴ毒ガス議定書（1925年）
毒ガスまたは類似のガス，液体，物質などの使用禁止
・ジュネーヴ2条約（1929年）
戦場における傷者・病者の状態改善に関する条約
捕虜の状態改善に関する条約
・国際連盟軍縮会議（1932−33年）[59]
軍縮条約案に空襲の完全な廃止（34条）や焼夷兵器の使用禁止（48条）明記
一般住民に対するあらゆる空襲の禁止・廃止など決議（1932年7月23日の一般委員会）

第2次大戦後に成立した取り決めでは，以下のものが核兵器の使用に関連する可能性がありうると考えられる。
・ジェノサイド条約（1948年）
・ジュネーヴ4条約（1949年）
戦地の軍隊の傷者・病者の状態改善に関する条約（第1条約）
海上にある軍隊の傷者・病者の状態改善に関する条約（第2条約）
捕虜の待遇に関する条約（第3条約または捕虜条約）
戦時における文民の保護に関する条約（第4条約または文民条約）
・ジュネーヴ条約追加議定書（1977年）
国際武力紛争における犠牲者の保護に関する第1追加議定書
非国際武力紛争の犠牲者の保護に関する第2追加議定書

(2) 違法性が問われた例

これまで原爆投下や核兵器使用と国際法上の関係が，国家レベルや国際社会で問題視された事例が無かったわけではない。

(a) 日本政府による原爆投下後の抗議

広島への原爆投下から4日後の1945年8月10日，日本政府はスイス駐在の加

---
[59] 藤田『新版 国際人道法 増補』23頁。

瀬公使に対し，スイス政府を通じて米国政府に「米機の新型爆弾による攻撃に対する抗議文」を提出するよう訓令している。この中で日本政府は原爆投下について「新奇にして，かつ従来のいかなる兵器，投射物にも比し得ざる無差別性惨虐性を有する本件爆弾を使用せるは人類文化に対する新たな罪状なり」「かかる非人道的兵器の使用を放棄すべきことを厳重に要求す」[60]と記した。日本政府が原爆投下について抗議した唯一の例である。

(b) 原爆裁判

次に原爆投下と国際法の関係が問われたのは，いわゆる「原爆裁判」である。1955年，広島と長崎の被爆者計5人が日本政府を相手取り，原爆投下により被った財産的損害および精神的苦痛に対する賠償を求める訴訟を東京，大阪地裁に起こし，東京地裁で併合審理された。米国の原爆投下は国際法違反であり，本来，原告は米国政府に対して損害賠償請求権を有するが，日本政府は1951年のサンフランシスコ講和条約19条で，戦争から生じた連合国へのすべての請求権を放棄したので，日本政府は憲法に基づき被爆者に賠償または補償せよ，というのが原告側の主張であった。

これに対し，日本政府は原爆が投下まで未知の兵器で規制する国際法は存在しないから国際法違反ではなく，従って損害賠償請求権も発生しない，と反論して争った。

東京地裁は1963年に判決を言い渡した。この中で原告側が求めた損害賠償については退けたが，原爆投下については，サンクト・ペテルブルク宣言，陸戦ノ法規慣例ニ関スル条約，ダムダム弾使用禁止宣言，空戦に関する規則案，毒ガス禁止宣言，気球による空爆禁止宣言，潜水艦および毒ガスに関する5カ国条約，ジュネーヴ毒ガス議定書に照らし合わせて判断し，原爆投下は無防備都市に対する無差別爆撃であり，国際法上違法な戦闘行為であること，原爆のもたらす苦痛は毒ガス以上で，こうした残虐な爆弾の投下は不必要な苦痛を与えてはならないという戦争法の基本原則に反していると述べた[61]。

原告，被告双方が控訴しなかったため，この判決は日本の裁判所が，広島・長崎への原爆投下に関する国際法上の違法性について判断を下した唯一の判例

---

(60) 藤田，浅田『軍縮条約・資料集［第2版］』473頁
(61) 同上，473-478頁。

となった[62]。判決からすでに40年以上がたち，広島・長崎においてこの判決もまた「風化」している観があるが，その持つ意味は少なくない。

(c) ICJ の勧告的意見

すでに述べたように，1996年の ICJ の勧告的意見は核兵器の使用・威嚇について，国際法・人道法に一般的に違反するが，国家が存亡の危機にある状況では合法・違法は判断できないとした[63]。審理の過程で日本政府を代表して河村武和・外務省軍備管理・科学審議官は，核兵器の使用は人道主義の精神に合致しないと述べたが，違法だとは主張しなかった。一方，平岡敬・広島市長は，原爆投下は市民の無差別大量殺戮であり，今日に至るまで放射線障害による苦痛を与える国際法違反だと主張した[64]。米国により戦争の「早期」終結をめざす手段として使われた核兵器が，大勢の非戦闘員に60年以上を経てなお深刻で治癒困難な苦痛を与え，増大させていることこそ，核兵器の非人道性の中核である事を示す証言である。

おわりに

被爆体験に基づき核軍縮を訴える事が，なぜ決定打となり得ないのか。その問題を考えるため，本稿ではまず被爆体験が示す核兵器の危険性について，分析した。核兵器の破壊力が持つ特殊性は，他の戦争体験と異なる圧倒的に高い死亡率，物理的な破壊力，医学的影響（とりわけ放射線被爆による影響），心理学的影響などに分けることができる。

その結果，それぞれの側面に関する解明は，原爆投下後60年以上たった今も，現在進行形であり，完結していないことがうかがえた。原爆がもたらす破壊の特殊な危険性や，今日の世界に広がる放射線被害との共通性は十分うかがえる

---

[62] 原爆裁判については，松井康浩『戦争と国際法――原爆裁判からラッセル裁判へ』三省堂新書33（三省堂，1968年）；松井康浩『原爆裁判――核兵器廃絶と被爆者援護の法理』（新日本出版社，1986年）など参照。

[63] ICJ の勧告的意見については，ジョン・バロース『核兵器使用の違法性――国際司法裁判所の勧告的意見』浦田賢治監訳，早稲田大学比較法研究所叢書27（早稲田大学比較法研究所，2001年）など参照。

[64] 同上，117-118頁。

のだが，内部被曝の問題にしても，心理学的なトラウマの内容にしても，ぶらぶら病の原因にしても，因果関係の立証や，実態の確実な把握は，今後の課題であり，専門家によって意見が必ずしも一致していないことが明らかになった。

　そのことが，被爆体験を土台に核の危険性を訴える際に，相殺要因として働くことが容易に想像できる。被爆地においては，物理学，医学，心理学，社会学といったさまざまな専門家が被爆体験の分析に関わっているが，それらを統合して，被爆体験が示す核兵器の危険性を，より明瞭にする努力が求められる。

　次に，今日もなお米国内の多数意見として存在する「原爆投下正当論」の経過や背景などについて概観した。正当論の最大の論拠とされる「100万人救済論」の客観的根拠は乏しいことが，米国内の歴史学研究者からも指摘されているにもかかわらず，教育を通じて維持されている。そのことは，被爆体験に基づく核軍縮の訴えを，最大の核兵器国が別の側面から相殺していることに他ならない。原爆投下正当論に対する実証的な視点での再検証を，日本の研究者も積極的に行なう必要があろう[65]。

　また，被爆体験の危険性を，国際法上の違法性と関連付けて捉える試みは，被爆地では1960年前半の「原爆裁判」を最後に，ほとんど行われてこなかった。ICJの勧告的意見を求める運動も，被爆地から起こったものではない。国際法上の違法性といっても，当然，各国の立場により意見は分かれ，国際法のみを盾に核兵器国に核軍縮を迫ることは，現実には困難だろう。だが，被爆体験が示す核兵器の危険性を，国際法のルールの中に積極的に位置づけていくための模索は，必要である。

　核軍縮を進展させるための出発点が，核兵器の危険性に関する明確な認識であることは，いうまでもない。被爆地の役割は，被爆体験に明確に示されたその危険性を，世界に具体的に示し続けることであり，そのためには，さまざまな学問的専門領域での研究を今後も深めると同時に，それらを統合して普遍的

---

[65] 最近の日本人研究者によるこの分野での研究としては，Tsuyoshi Hasegawa, *Racing the Enemy: Stalin, Truman, and the Surrender of Japan* (Cambridge, Massachusetts: The Belknap Press of Harvard University Press, 2005). 邦訳は長谷川毅『暗闘――スターリン，トルーマンと日本降伏』（中央公論新社，2006年）。米国の原爆投下の目的については，山田康博「原爆投下の目的」山田浩・吉川元編『なぜ核はなくならないのか――核兵器と国際関係』（法律文化社，2000年）17-30頁など参照。

な言葉で明快に提示する必要がある。本稿では触れなかったが，核軍縮教育が可能だとしたら，その根底には，核兵器の危険性に関する共通認識がなければならない。

その共通認識の上に立ちつつ，核兵器の危険性以外のさまざまな要素を考慮して，核軍縮の現実的可能性を探るのが，政治や外交，安全保障などの分野の役割であろう。そして，被爆地広島・長崎に今後ますます求められるのは，「反核意識」[66]の培養よりもむしろ，核兵器の危険性に関する情報を，日々アップデートして具体的に世界に提示し続けることである。

（参考文献）

宇吹暁編著『原爆手記掲載図書・雑誌総目録 1945−1995』（日外アソーシエーツ，1999年）

黒古一夫監修，文献情報研究会編著『原爆文献大事典 1945（昭和20）年〜2002（平成14）年』（日本図書センター，2004年）

広島市・長崎市原爆災害誌編集委員会編『広島・長崎の原爆災害』（岩波書店，1979年）

The Committee for the Compilation of Materials on Damage Caused by the Atomic Bombs in Hiroshima and Nagasaki ed., *Hiroshima and Nagasaki: The Physical, Medical, and Social Effects of the Atomic Bombings*, trans. Eisei Ishikawa and David L. Swain (Tokyo: Iwanami Shoten, 1981)

Jonathan Shell, *The Fate of the Earth* (New York: Alfred A. Knopf, Inc., 1982)

ジョナサン・シェル『地球の運命』斎田一路，西俣総平訳（朝日新聞社，1982年）

仁科記念財団編纂『原子爆弾 広島・長崎の写真と記録』（光風社書店，1973年）

沢田昭二他『共同研究 広島・長崎原爆被害の実相』（新日本出版社，1999年）

小堺吉光著『ヒロシマ読本』平和図書 No. 1（財団法人広島平和文化センター，1978年）

広島市社会局原爆被害対策部『原爆被爆者対策事業概要』（各年度版，広島市）

葉佐井博巳他監修『図録 広島平和記念資料館 ヒロシマを世界に』（1999年，広島平和記念資料館）

広島市編『広島新史 都市文化編』（広島市，1983年）

日本の空襲編集委員会編『日本の空襲——十 補巻 資料編』（三省堂，1981年）

放射線被曝者医療国際協力推進協議会編『原爆放射線の人体影響1992』（文光堂，1992年）

---

[66] 土岐雅子「軍縮・不拡散教育の役割と課題」黒澤満編『大量破壊兵器の軍縮論』（信山社，2004年）391頁。

松岡理『放射性物質の人体摂取障害の記録——過ちの歴史に何を学ぶか』(日刊工業新聞社, 1995年)
肥田舜太郎, 鎌仲ひとみ『内部被曝の脅威——原爆から劣化ウランまで』ちくま新書(筑摩書房, 2005年)
Ralph Graeub, *The Petkau Effect: The Devastating Effect of Nuclear Radiation on Human Health and the Environment* (New York: Four Walls Eight Windows, 1994)
Ernest J. Sternglass, *Secret Fallout: Low-level Radiation from Hiroshima to Three Mile Island* (New York: McGraw-Hill Book Company, 1981)
The International Coalition to Ban Uranium Weapons, *Friendly Fire*, Issue 5, March 2007
Robert Jay Lifton, *Death in Life: Survivors of Hiroshima* (New York: Random House, Inc., 1967)
ロバート・J. リフトン『死の内の生命——ヒロシマの生存者』桝井迪夫監修(朝日新聞社, 1971年)
鎌田七男『広島のおばあちゃん』(鎌田七男シフトプロジェクト, 2005年)
Nanao Kamada, *One Day In Hiroshima* (Hiroshima: Japanese Physicians for the Prevention of Nuclear War, 2007)
秋葉忠利編『人間の心ヒロシマの心』(三友社出版, 1988年)
舟橋喜惠「核時代の人間像——R・J・リフトンの被爆者研究をめぐって」『社会科学研究年報』第9号(1986年)
濱谷正晴『原爆体験——六七四四人・死と生の証言』(岩波書店, 2005年)
中澤正夫『ヒバクシャの心の傷を追って』(岩波書店, 2007年)
山極晃, 立花誠逸編『資料 マンハッタン計画』岡田良之助訳(大月書店, 1993年)
"Statement by Truman, August 6, 1945," PSF General File, Box No. 112, Atomic Bomb [2 of 2], Papers of Harry S. Truman, Harry S. Truman Library
R・J・リフトン, G・ミッチェル『アメリカの中のヒロシマ』(上)(下)大塚隆訳(朝日新聞社, 1995年)
仲晃『黙殺』(上)(下), NHKブックス892, 892(日本放送出版協会, 2000年)
Dennis Merrill ed., *Documentary History of the Truman Presidency, Vol.1, The Decision to Drop the Atomic Bomb on Japan* (University Publications of America, 1995)
Henry L. Stimson, "The Decision to Use the Atomic Bomb," *Harper's Magazine*, vol. 194, no. 1161 (February 1947)
フィリップ・ノビーレ, バートン・J・バーンステイン『葬られた原爆展』三国隆志他訳(五月書房, 1995年)
Harry S. Truman, *Memoirs by Harry S. Truman: 1945: Year of Decisions* (New York: SMITHMARK Publishers, 1955)

第2部　核 軍 縮

Robert James Maddox ed., *Hiroshima in History: The Myths of Revisionism* (Missouri: University of Missouri Press, 2007)

Martin J. Sherwin, *A World Destroyed: Hiroshima and its Legacies*, Third Edition (Stanford: Stanford University Press, 2003)

Barton J. Bernstein, "The Atomic Bombings Reconsidered," *Foreign Affairs*, vol. 74, no. 1, January/February 1995

マーティン・ハーウィット『拒絶された原爆展——歴史のなかの「エノラ・ゲイ」』山岡清二監訳（みすず書房，1997年）

トム・エンゲルハート，エドワード・T・リネンソール『戦争と正義——エノラ・ゲイ展論争から』朝日選書607（朝日新聞社，1998年）

吉澤柳子『外国の教科書と日本——子どもたちが学ぶ日本像』丸善ブックス78（丸善，1999年）

藤田久一，浅田正彦編『軍縮条約・資料集〔第2版〕』（有信堂，1997年）

藤田久一『新版 国際人道法 増補』（有信堂，2000年）

村瀬信也・真山全編『武力紛争の国際法』（東信堂，2004年）

松井康浩『戦争と国際法——原爆裁判からラッセル裁判へ』三省堂新書33（三省堂，1968年）

松井康浩『原爆裁判——核兵器廃絶と被爆者援護の法理』（新日本出版社，1986年）

ジョン・バロース『核兵器使用の違法性——国際司法裁判所の勧告的意見』浦田賢治監訳，早稲田大学比較法研究所叢書27（早稲田大学比較法研究所，2001年）

Tsuyoshi Hasegawa, *Racing the Enemy: Stalin, Truman, and the Surrender of Japan* (Cambridge, Massachusetts: The Belknap Press of Harvard University Press, 2005)

長谷川毅『暗闘——スターリン，トルーマンと日本降伏』（中央公論新社，2006年）

山田浩・吉川元編『なぜ核はなくならないのか——核兵器と国際関係』（法律文化社，2000年）

黒澤満編『大量破壊兵器の軍縮論』（信山社，2004年）

第3部

核不拡散

13　核兵器拡散防止のアプローチ
14　核拡散問題と検証措置
15　平和利用の推進と不拡散の両立
16　中国向け輸出管理
17　核不拡散の新しいイニシアティヴ
18　米国の核不拡散政策
19　6者会談と北朝鮮の原子力「平和利用」の権利
20　中東の核問題と核不拡散体制
21　非核兵器地帯
22　北東アジア非核兵器地帯の設立を求めるNGOの挑戦
23　核テロリズム
24　核セキュリティと核不拡散体制

13　核兵器拡散防止のアプローチ
――「決然たる拡散国」への対応を中心に――

戸崎　洋史

はじめに
1　国際的アプローチと個別的・地域的アプローチ
2　供給側アプローチと需要側アプローチ
3　予防型アプローチと対処型アプローチ
おわりに

はじめに

　米国が1945年に核兵器を取得し，さらに4カ国に核兵器が拡散した後，核兵器不拡散条約（NPT）が1968年に署名され，1970年に発効した。NPTは国連加盟国193カ国中190（北朝鮮を含む）の締約国を有し，軍縮・不拡散関連条約のなかで唯一，ほぼ普遍的な拡がりを持つものとなった。そして非核兵器国のほとんどが，核兵器その他の核爆発装置を取得しないという義務を誠実に遵守してきた。

　しかしながら，NPTを中心とする核不拡散体制の成立で核兵器の拡散が完全になくなったわけではなかった。冷戦期には，NPT未加盟のインド，パキスタン，イスラエルおよび南アフリカが，未公表ながら核兵器を保有しているとみられた。冷戦終結直後，南アフリカが核兵器を全廃し非核兵器国としてNPTに加盟する一方で，新たな問題としてイラクおよび北朝鮮というNPT締約国である非核兵器国の秘密裏の核兵器開発活動が発覚した。1998年には，印パが相次いで地下核爆発実験を実施して核兵器の保有を公表した。

　核不拡散体制に対する挑戦は，21世紀に入ってからも続いている。北朝鮮は，瀬戸際外交を繰り返しつつ核兵器の保有を宣言し，2006年10月には地下核爆発実験を実施した。イランは，国連安全保障理事会（安保理）決議1737（2006年12月）の決定に反してウラン濃縮活動を停止せず，逆に拡大している。「核の

273

闇市場」や核テロなど核兵器拡散問題への非国家主体の関与は，核不拡散体制が当初は必ずしも想定していなかった問題である。エネルギー問題や地球温暖化問題という世界的な課題への対応が迫られるなかで原子力平和利用への国際的な関心が高まっているが，核関連資機材・技術にアクセスする国が増えれば，それだけ核兵器を製造する潜在能力を有する国も増大することになる。国連ハイレベル・パネルの報告書『より安全な世界』では，「既存のコミットメントを遵守する姿勢の欠如，そうしたコミットメントから逃れるためのNPT脱退とその脅威，国際安全保障環境の変化，技術の拡散などにより，核不拡散体制は危険に晒されている。核不拡散体制の衰退が逆転できず，核拡散の連続という結果に終わるポイントに近づきつつある」[1]との懸念が示された。

　核兵器拡散防止に関しては，すでに様々な施策が実施されるとともに，NPT運用検討プロセスなどの場で多くの提案がなされてきた[2]。それらは，適用される対象という観点から国際的アプローチと個別的・地域的アプローチに，実施内容という観点から供給側（サプライサイド）アプローチと需要側（ディマンドサイド）アプローチに，また実施方法という観点から予防型アプローチと対処型アプローチに，それぞれ大別できよう。その中心的なアプローチは，「国際的」に，主として「供給側」の観点から拡散を「予防」するというものであった。他方で，とくに核兵器拡散問題の緊張度が高まる際には，「特定国・地域」に焦点を当て，核兵器保有・取得を模索する「需要側」の観点も重視し，必要であれば「対処」するアプローチが求められることも少なくない。それらは，概して中心的なアプローチを「補完」するものとして捉えられてきたものの，実際には核兵器拡散防止を実質的に担保するものとして機能してきた。同時に，そうしたアプローチでも，核不拡散体制にとって喫緊に対応すべき課題である「事実上の核兵器国」（インド，パキスタン，イスラエル）や「NPT違反国」（北朝鮮およびイランなど）といった，とりわけ核兵器保有・取

---

(1) *A More Secure World: Our Shared Responsibility*, Report of the Secretary-General's High-Level Panel on Threats, Challenges and Change (New York: United Nations, 2004), p. 40.
(2) NPT運用検討プロセスにおける各国の演説や作業文書は，「Reaching Critical Will」のホームページ（〈http://www.reachingcriticalwill.org/legal/npt/nptindex1.html〉, accessed on July 31, 2007）に掲載されている。

得の強い意思を持つ「決然たる拡散国」(determined proliferators) の問題の解決をもたらしてきたわけではなかった。

本稿では，核兵器拡散防止の国際的アプローチと個別的・地域的アプローチ，供給側アプローチと需要側アプローチ，ならびに予防型アプローチと対処型アプローチをそれぞれ対比しつつ，主として「決然たる拡散国」の問題における有用性と課題および限界を検討することとしたい。その上で，「決然たる拡散国」の問題にいかなる対応が考えうるかを改めて考察してみたい。

1 国際的アプローチと個別的・地域的アプローチ

(1) 国際的アプローチ

他の兵器を圧倒する破壊力を有する核兵器は，第 2 次大戦後の国際関係に決定的な影響を与えると考えられたことから，冷戦期の二極構造を支えた米国とソ連は，自らは核兵器を保有する一方で，他国による核兵器の保有を世界的に阻止しようと試みた。アイゼンハワー (Dwight D. Eisenhower) 米大統領による「平和のための原子力」(Atoms for Peace) 演説を受けて1957年に設立された国際原子力機関 (IAEA) は，原子力平和利用の促進とともに，核兵器を含む軍事利用への転用の防止を主眼とするものであった。

18カ国軍縮委員会 (ENDC) において核兵器拡散防止に関する条約の交渉が行われた当時，核兵器拡散は現在以上に世界的な問題として捉えられていた。ケネディ (John F. Kennedy) 大統領は1963年に，「1970年までに10カ国，そして1975年までに15～20カ国の核兵器国が存在することになるかもしれない」[3]との有名な警告を発したが，世界のほぼすべての地域に核兵器を製造する潜在能力を持つ非核兵器国が存在し，しかも核兵器拡散を防止する包括的な枠組みがほぼ皆無であったなかで，核兵器の拡散と，その世界的な連鎖が強く懸念された。米ソが二極構造安定化の重要な施策と位置づけて核兵器拡散防止問題に

---

(3) John F. Kennedy, "News Conference," State Department Auditorium, Washington D.C., March 21, 1963 〈http://www.jfklibrary.org/Historical+Resources/Archives/Reference+Desk/Press+Conferences/003POFO5Pressconference52_03211963.htm〉, accessed on July 31, 2007.

協調的に対応したことなどにより，NPTが成立し，発効後はこの条約を中心に，また実際的にはIAEAによる保障措置や原子力供給国グループ（NSG）による輸出管理などを通じて，国際社会全体を対象に核兵器拡散防止が実施された。

NPT成立後の核兵器拡散の状況は，ケネディ大統領の上述の警告と比べれば，まだ穏やかなものであったといえる。核兵器拡散防止は国際的アプローチのみによって確保されてきたわけではないものの，NPTにより核不拡散規範が条約の形で明示されるとともに核関連活動に一定のルールが設定され，NPT締約国の増加という形でそうした規範やルールがほぼ普遍的に受諾されてきたことが，国家が核兵器取得を抑制あるいは断念してきた要因の1つにあげられよう。冷戦期の二極構造の下で構築された核不拡散体制は，冷戦の終了とともに終焉する可能性も指摘されたが[4]，多くの非核兵器国にとって国際的な核不拡散規範から逸脱することは容易ではなく，核兵器拡散防止が大多数の国にとって安全保障上の利益であることとも相俟って，現在に至るまで存続してきた。

もちろん，核不拡散体制に挑戦する国は皆無ではなかった。少数ながらも「決然たる拡散国」は残り，核兵器拡散防止の焦点はそれらの問題への対応に移っていった。そうした問題はまた，国際的アプローチの限界も明らかにしてきた。たとえばインド，パキスタンおよびイスラエルというNPT未加盟の「事実上の核兵器国」には，核兵器を取得しないという義務が生じず，それらの国々にNPT加盟を強制することもできない。もちろん，NPTがほぼ普遍化を達成していることで，「事実上の核兵器国」に核兵器を放棄してNPTに非核兵器国として加盟するよう求めることが，一定の正当性を持つものとして受け止められてきた。またNSGの下では，IAEA包括的保障措置協定を締結していない国でもある「事実上の核兵器国」への原子力専用品・技術の輸出は原則として認められてこなかった。ただ，これらが「事実上の核兵器国」に核兵器オプションの放棄をもたらす可能性は高いとは言い難い。NPT締約国の北朝鮮，イラクおよびイランによる，平和利用を名目とした，あるいは秘密裏の核（兵

（4） たとえば，佐藤栄一，木村修三『核防条約　核拡散と不拡散の論理』（日本国際問題研究所，1974年）219-224頁を参照。

器）開発問題は，国際的アプローチの下での施策が厳格さに欠けていたり，悪用の余地や抜け穴を残していたりすることを示すものでもあった(5)。

限界に直面した制度については，1992年のNSGガイドラインの強化や1997年のIAEA保障措置協定追加議定書の採択などのように，その欠陥を補うべく国際的アプローチの下で核不拡散義務や施策の強化が図られることもある。これらが，将来の核兵器拡散を防止するのに果たす役割は決して小さくないものの，強化の契機にもなった「決然たる拡散国」の問題の解決を導くものとはなってこなかった。また国際的アプローチの下では，柔軟な対応は難しい。すべての拡散問題は特定国・地域に固有の状況や性格を有しており，それらを十分に考慮した施策が講じられる必要があるが，国際的アプローチは当然ながら特定国・地域の問題への対応を想定して構築あるいは実施されるものではない。逆に国際的アプローチに大きな柔軟性を求めれば，二重基準による，あるいは恣意的な対応がなされると受け取られ，その信頼性が低下する可能性がある。

「事実上の核兵器国」の問題に関しては，他の非核兵器国に対するように核兵器オプションの放棄を迫るのではなく，核兵器の保有を現実として認めつつ輸出管理など一部の核不拡散義務を受諾させるために新しい核不拡散体制を構築する必要があるとの主張や(6)，NPTの改正あるいはNPT議定書の策定により国際的な核不拡散体制に取り込むといった提案もある(7)。しかしながら，これらは核兵器国を5カ国のみに制限する既存の核不拡散体制の根本的な変更を意味し，反対も少なくない。NPT改正は条約の規定からきわめて難しく，議定書の採択とその普遍的な加盟も容易ではないであろう。仮にこれらが実現

---

(5) 北朝鮮およびイランの核（兵器）開発問題と核不拡散体制との関係については，それぞれ戸﨑洋史「核兵器拡散問題と核不拡散体制」日本国際問題研究所『北東アジアの安全保障と日本』平成16年度研究会報告書（2005年3月）11-29頁；戸﨑洋史「核不拡散体制に対するイラン核問題のインプリケーション」『INMM日本支部第27回年次大会論文集』（2006年11月）を参照。

(6) たとえば，George Perkovich, "Strengthening Non-Proliferation Rules and Norms: The Three-State Problem," *Disarmament Forum*, no. 4, p. 23（2004）; Jean du Preez, "The 2005 NPT Review Conference: Can It Meet the Nuclear Challenge?" *Arms Control Today*, vol. 35, no. 3（April 2005), pp. 6-7 を参照。

(7) たとえば，Avner Cohen and Thomas Graham Jr., "An NPT for Non-Members," *Bulletin of the Atomic Scientists*, vol. 60, no. 3（May/June 2004), pp. 40-44 を参照。

したとしても，NPT 締約国である非核兵器国が条約から脱退して核兵器を保有し，「事実上の核兵器国」として再び NPT に加盟する道を作るものともなりかねない。

「決然たる拡散国」の核兵器拡散問題に対しては，国際的アプローチだけにその解決のすべてを委ねることは現実的ではない。特定国・地域に固有の状況を考慮しつつ一定の柔軟性を持って対応することが可能な個別的・地域的アプローチには，国際的アプローチを「補完」して，そうした問題を解決することが期待されてきた。

(2) 個別的・地域的アプローチ

核兵器を製造する潜在的な能力を持つ非核兵器国の多くが核兵器オプションを放棄し，NPT に加盟した要因には，NPT を中心とする国際的な核不拡散体制の発展に加えて，米ソがそれぞれの同盟国・友好国に「核の傘」を含む安全の保証を提供するとともに，核兵器オプションの放棄と NPT 加盟を個別に働きかけ，また米国が1970年代に韓国や台湾に対して行ったように時に圧力を行使するといった個別的・地域的アプローチが有効に働いたこともあげられよう。こうした個別的・地域的アプローチのほうが，より実質的に非核兵器国の核不拡散コミットメントを引き出していったとすれば，国際的アプローチを「補完」する以上の役割を担ってきたともいえよう。

核不拡散の地域的アプローチを代表するのが非核兵器地帯である。非核兵器地帯条約はラテンアメリカ，南太平洋，東南アジア，アフリカおよび中央アジアで成立し，地帯内における「核兵器の完全な不存在」を確保するとともに，地帯内の諸国が共有する関心や政策を実現するための施策が盛り込まれている。たとえば非同盟諸国などが求める消極的安全保証の国際条約化が実現していないなかで，非核兵器地帯条約議定書ではこれが法的拘束力のある形で規定されてきた。包括的核実験禁止条約（CTBT）成立以前に地帯内での核実験の実施を禁止した非核兵器地帯条約もあった。

北朝鮮の核兵器問題は，1993年の同国による NPT 脱退通告以降，国際的アプローチの限界に加えて，北朝鮮が国際的アプローチの枠組みを離れて米国との直接交渉を望んだこともあり，個別的・地域的アプローチによる解決が模索

されてきた。北朝鮮によるNPT脱退の「停止」(1993年)，ならびに核活動の凍結を定めた米朝「枠組み合意」の締結（1994年）をもたらしたのは，米朝二国間協議であった。また2003年以降，北朝鮮が再びNPT脱退を宣言し，核兵器保有を明らかにし，2006年10月には地下核爆発実験を実施するなど緊張が高まる中で，6者協議が断続的に開催され，2005年9月には北朝鮮による「核兵器および既存の核計画の放棄の約束」を盛り込んだ共同声明が，また2007年2月には「共同声明の実施のための初期段階の措置」が合意された。イラン核問題については，IAEAがイランに対して保障措置により明らかになった疑義の解明と濃縮・再処理活動の停止を求めるのと並行して，英仏独のEU-3，あるいは安保理常任理事国（P5）にドイツを加えたP5+1も，イランに解決策を提示してきた。

　個別的・地域的アプローチを優先するか，これと国際的アプローチとを並行して追求するかという違いはあるものの，個別的・地域的アプローチの下で，北朝鮮には軽水炉や重油などの供与，イランには軽水炉建設や他の政治・経済分野での支援といった，国際的アプローチに欠けるインセンティヴを示して核不拡散義務の遵守を促すとともに，北朝鮮に対しては「核計画の完全かつ検証可能で不可逆的な廃棄」(CVID)，イランに対しては濃縮・再処理活動の停止という，NPTを超える義務が要求されてきた。また当初，6者協議，EU-3あるいはP5+1は，両問題の安保理での対応を回避しつつ地域的に解決を図る枠組みとして用いられたものの，両国に非軍事的措置を課す安保理決議が採択された後，それらは核問題解決のいわば「出口」を探るものへと変容しつつある。

　「事実上の核兵器国」に対しては，北朝鮮やイランに対して行われているような核兵器保有の放棄を求める個別的・地域的アプローチは，必ずしも積極的に講じられてきたわけではない。南アジアや中東では長く非核兵器地帯の設置が提案されてきたが，パキスタンあるいはアラブ諸国には，対立するインドやイスラエルの核兵器問題を世界的に喧伝したいという意図も見え隠れしていた。1998年の印パ核実験に対しては日米などが経済制裁を課したものの，核不拡散義務を遵守させるというよりは，むしろ両国に対する抗議あるいは懲罰的な意味合いが強いといえた。こうしたなかで，米印間で合意された原子力協力には，

後述するように批判も少なくないものの，NPT に一貫して反対してきたインドを国際的な核不拡散体制に部分的ながら取り込む意義を持つ措置であるとの主張もなされてきた[8]。また日米は，「核の闇市場」の1つであるカーン・ネットワークの中心的な舞台となったパキスタンに対して，輸出管理体制の強化に関する協力を行った。

「決然たる拡散国」の核兵器拡散問題の解決には，他の大量破壊兵器問題やミサイル問題を含む，地域の安全保障問題への取り組みも欠かせない。朝鮮半島和平，印パ間のカシミール問題の解決，あるいは中東和平の追求が，核兵器拡散問題解決の取り組みとも関連付けられつつ模索されてきた。また南アフリカをはじめとする諸国の核兵器オプション放棄の事例が示すように，「最終的な不拡散の実現は各国の国内政治経済体制の変革にかかわっていた」[9]ともいえる。その意味では，米国が提唱する民主主義の拡大，あるいは「ならず者国家」に対する体制転覆（regime change）や体制変革（regime transformation）といった外部からの働きかけや強制も，「最終的な不拡散の実現」のための個別的・地域的アプローチの1つに数えられよう。

個別的・地域的アプローチでは，国際的アプローチよりも，特定国・地域の核兵器拡散問題に固有の状況を反映した柔軟な対応を講じやすい。とはいえ，それでも「決然たる拡散国」の問題の解決をもたらすのは容易ではない。そこには個別的・地域的アプローチとしてとられることの多い，後述する需要側アプローチや対処型アプローチの限界も大きく影響しているのであろう。また，北東アジアも含め，核兵器拡散問題の焦点となっている地域では，非核兵器地帯が実現した他の地域とは異なり，地域諸国や核兵器国が持つ核兵器が，域内の国家の統一，国家の存在，あるいは国境線を巡るゼロサム的な対立と密接に結びついていることもあり，非核兵器地帯の成立は容易ではない[10]。

---

(8) たとえば，Condoleezza Rice, Secretary of State, "The U.S.-India Civilian Nuclear Cooperation Agreement," Opening Remarks Before the Senate Foreign Relations Committee, April 5, 2006 〈http://www.state.gov/secretary/rm/2006/64136.htm〉, accessed on July 31, 2007 を参照。

(9) 納家政嗣「冷戦後の核不拡散問題」『国際政治』第108号（1995年3月）127頁。

(10) 戸崎洋史「非核兵器地帯と核不拡散」納家政嗣，梅本哲也編『大量破壊兵器不拡散の国際政治学』（有信堂，2000年）289-294頁を参照。

個別的・地域的アプローチの下での施策が，国際的アプローチの下でのそれと齟齬をきたす場合がありうることも留意すべきであろう。米朝「枠組み合意」あるいは「初期段階の措置」は，北朝鮮による核兵器オプション放棄に向けた段階的な措置ではあるものの，その核不拡散義務違反を「凍結」という形で黙認するものともいえた。米印原子力協力には，結果としてインドを「核兵器国」として認めることになり，そのことが他の核兵器拡散問題に好ましくない影響を与えかねないという強い懸念がある[11]。また後述するように，核不拡散義務・規範に反する国へのインセンティヴの提供は，そうした行為に「褒賞」を与えるものと受け取られかねない。これらのような個別的アプローチは，とくに国際的アプローチを重視する立場などからの批判に晒されやすく，仮にそうした対応が核不拡散にとって有益であるとしても，実施に対する支持が得られずに失敗することもありえる。

　もちろん，国際的アプローチをすべてのケースに例外なく厳格に適用しようとしても限界がある。国際的な核不拡散義務の画一的な受諾を求めるのではなく，受け入れ可能なレベルでの核不拡散体制への参加を認めるといった提案[12]，あるいは安定的な方法で核兵器を管理する国は支援する一方で不安定な拡散は積極的に防止するという「管理された拡散」を容認すべきであるといった主張[13]は，そうした現実を踏まえてのものなのであろう。しかしながら，これらは，自らの核兵器取得も容認されると考える非核兵器国が増えるなど，核兵器拡散を逆に助長することにもなりかねない。国際的アプローチと齟齬をきたす可能性のある個別的・地域的アプローチの下での施策が核兵器拡散

---

(11)　米印原子力協力にこうした観点から反対するものとして，たとえば，黒澤満「米印原子力協力合意と核不拡散」『海外事情』第54巻第10号（2006年10月）2-11頁 ; Strobe Talbott, "A Bad Day for Nonproliferation," *International Herald Tribune*, July 23, 2005 〈http://www.iht.com/articles/2005/07/22/opinion/edtalbot.php〉, accessed on July 31, 2007; "An Open Letter to Mohamed ElBaradei, Director General, International Atomic Energy Agency," July 24, 2006 を参照。

(12)　たとえば，Jacques E.C. Hymans, *The Psychology of Nuclear Proliferation: Identity, Emotions, and Foreign Policy* (Cambridge: Cambridge University Press, 2006), p. 221 を参照。

(13)　たとえば，William C. Martel, "The End of Non-Proliferation?" *Strategic Review*, vol. XXVIII, no. 4 (Fall 2000), pp. 16-21 を参照。

防止全体の努力に好ましくない影響を与えないようにするためには、そうした施策が特殊な事例における特殊な対応であること、ならびにその目的が適用される国の核兵器オプション放棄に直結することという最低限の原則に沿ったものである必要があろう。

容易ではないとはいえ、「決然たる拡散国」の問題に対しては、今後も個別的・地域的アプローチを軸に解決を模索するほうが現実的なのであろう。ただ、核兵器拡散問題は「決然たる拡散国」の問題に収斂されたと決め付けることはできない。「決然たる拡散国」の問題への主要国や国際社会の対応を注視するアクターがありうることを考えると、個別的・地域的アプローチが国際的な核兵器拡散防止の取り組みに好ましくない影響を与えることは、可能な限り避けなければならない。国際的アプローチは、「決然たる拡散国」に核兵器オプションを放棄するよう強く要求し、そのために必要な施策を講じる基盤になるとともに、個別的・地域的アプローチが国際的な核不拡散義務・規範から逸脱しないよう歯止めを提供するものとしての役割を果たすといえよう。

2　供給側アプローチと需要側アプローチ

(1)　供給側アプローチ

兵器級核分裂性物質をはじめとした核兵器関連資機材・技術がなければ、核兵器取得の意思を有していたとしても、これを実現することはできない。核不拡散体制では、核兵器関連資機材・技術へのアクセス、ならびにそれらの核兵器への転用を抑制または阻止するという供給側アプローチを中心に核兵器拡散防止が図られてきた。NPTでは、平和目的で利用する核分裂性物質が核兵器に転用されないよう、非核兵器国にIAEA包括的保障措置の受諾を義務付けている。またNSGは、輸出される核関連資機材・技術が核兵器関連活動に利用されないよう、それらの供給国たるNSGメンバー国に輸出に際して守るべき指針を示している。

供給側アプローチは、核兵器拡散への懸念の高まりとともに強化されてきた。NSGは1974年のインドによる核実験を契機に原子力専用品・技術の輸出管理を目的として成立し、イラクによる核兵器開発の発覚を受けて汎用品・技術を

輸出管理の対象に含めるべく1992年に強化された。1990年代初頭のイラクおよび北朝鮮の核問題ではIAEA包括的保障措置の限界も明らかになったことから，IAEAに新たな査察の権限を付与するものとして，1997年に追加議定書が策定された。2003年に米国が提唱し，有志国により実施されている「拡散に対する安全保障構想（PSI）」は，大量破壊兵器や弾道ミサイル，それらの関連資機材の不法な移転を阻止できないケースが少なからずあることを受けたものであったし[14]。北朝鮮やイランの核（兵器）開発問題は，冷戦期にも議論された濃縮・再処理技術の拡散防止が2004年にエルバラダイ（Mohamed ElBaradei）IAEA事務局長による「マルチラテラル・ニュークリア・アプローチ」（MNA）やブッシュ（George W. Bush）米大統領による核不拡散7項目提案の1つとして，再び提案される契機にもなった。「核の闇市場」や核テロへの懸念の高まりは，核関連資機材・技術への非国家主体の不法なアクセスを防止する国内実施法・措置を各国が整備する必要性を高め，これを国際社会として実施すべく，安保理決議1540（2004年4月）や核テロリズム防止条約（2005年4月）が採択された。

　ブラジルおよびアルゼンチンが核兵器オプションを放棄した要因の1つに核兵器製造能力を十分には獲得できなかったことがあげられているように，こうした供給側アプローチは，核兵器取得の意思を持つ国が核兵器を自ら製造するのを物理的・技術的に阻止することで，そうした国の意思にも一定の影響を与えるものにもなりうる[15]。また供給側アプローチは，非核兵器国による核不拡散義務・規範に反する活動を探知して警告を発する役割も担っており，そうした活動を諫止する効果も期待できよう。

　しかしながら，すでに核兵器あるいは一定の核兵器関連資機材・技術を保有する「決然たる拡散国」に対しては，供給側アプローチは核兵器関連能力の増強を抑制するという効果しか期待しえない。また核兵器関連技術は，もはや「ハイテク」に属するものとはいえず，供給側アプローチが課される中でも非核兵器国が核兵器製造の技術的なハードルを克服する可能性は排除できない。

---

(14) PSIが提唱され実施される契機となった事案に関しては，Mark J. Valencia, "The Proliferation Security Initiative: Making Waves in Asia," *Adelphi Paper*, no. 376（October 2005）, pp. 33-36 を参照。

(15) Joseph Cirincione, *Bomb Scare: The History of Nuclear Weapons*（New York: Columbia University Press, 2007）, pp. 74-76 を参照。

北朝鮮，イランおよびパキスタンの間では弾道ミサイルや核兵器の拡散に関する協力関係が構築され[16]，またパキスタンのカーン（Abdul Qadeer Khan）博士を中心とする「核の闇市場」ネットワークが摘発された後も他の「核の闇市場」は依然として活動を続けていると考えられている。これらを活用した核兵器関連資機材・技術の調達は核兵器拡散あるいは増強までの時間とコストを大きく短縮させるものとなり[17]，「既存の伝統的な不拡散体制の中心であった供給側アプローチに大きな挑戦をもたらしている」[18]。

供給側アプローチの強化が「持てる国」と「持たざる国」の分別など差別性を内包するものとなる場合，その強化の動きに対して駆け込み的に「持てる国」としての地位を既成事実化しようとする国も出てこよう。濃縮・再処理技術の拡散防止が検討される中で，イランなどいくつかの国がそうした能力の獲得や増強に向けた動きを加速させている。それらが仮に核兵器拡散に直接的には結びつかないとしても，潜在的な能力を持つ国が急速に増えることになれば，そうした措置の意義も少なからず損なわれかねない。

核兵器を保有する国，あるいは取得を模索する国が核兵器オプションを最終的に放棄するためには，その意思に関する変化が不可欠である。そして供給側アプローチには，「決然たる拡散国」の意思を変えさせるだけの力はない。このことが，とりわけ「決然たる拡散国」の核兵器拡散問題に関して，核兵器保有・取得の動機や意思の側面に直接的に働きかける需要側アプローチの必要性に対する認識，あるいはこれにより核兵器オプションの放棄をもたらすことへの期待を高めてきたといえよう。

---

(16) そうした拡散協力に関しては，Chaim Braun and Christopher F. Chyba, "Proliferation Rings: New Challneges to the Nuclear Nonproliferation Regime," *International Security*, vol. 29, no. 2（Fall 2004），pp. 5-49; Sharon A. Squassoni, "Weapons of Mass Destruction: Trade Between North Korea and Pakistan," *CRS Report for Congress*, RL31900（Updated October 11, 2006）を参照。

(17) Pierre Goldschmidt, "The Increasing Risk of Nuclear Proliferation: Lessons Learned," *IAEA Bulletin*, vol. 45, no. 2（December 2003），p. 24.

(18) Braun and Chyba, "Proliferation Rings," p. 6.

(2) 需要側アプローチ

　国家が核兵器を取得する動機には，国家安全保障の強化，地域的または世界的な大国としての地位やプレステージの確保，あるいは国内政治問題への対応があげられる。そうした動機に繋がりうる要因を除去すること，あるいは核兵器オプションの放棄が国益に資するように働きかけたり（インセンティヴ），逆にその維持が不利益になることを認識させたりする（ディスインセンティヴ）ことが，需要側アプローチに含まれる。

　NPT には，核不拡散とともに「原子力平和利用の奪い得ない権利」および「核軍縮の推進」が盛り込まれている。これらは核兵器国と非核兵器国に異なる義務を課す NPT の不平等性を緩和し，非核兵器国を条約に加盟させるインセンティヴとして働くことが期待されてきた。また核兵器国が核兵器を使用された非核兵器国に支援を提供すること（積極的安全保証），ならびに非核兵器国に対して核兵器の使用や使用の威嚇をしないこと（消極的安全保証）を約束する「非核兵器国に対する安全保証（security assurances）」は，NPT には規定されていないものの，非核兵器国が核兵器の脅威に自ら核兵器を取得して対抗するという誘因を取り除こうとする，需要側アプローチを代表する施策である。

　そうした施策を除いては，需要側アプローチは，主として個別的・地域的アプローチの下で行われてきた。核兵器保有・取得の最も重要な動機が国家安全保障の強化であるとすれば，特定国・地域を取り巻く安全保障環境の改善は，核兵器オプションの必要性を大きく減じるものとなろう。前述のように，米国が同盟国に提供する「核の傘」は，その同盟国が独自に核兵器取得を模索する誘因を低減するという効果も持ってきた。

　インセンティヴには，安全保障以外の領域が用いられることも少なくない。ベラルーシ，カザフスタンおよびウクライナには，非核兵器国としての NPT 加盟に対して，「安全の保証」に加えて経済およびエネルギー支援が提供された。またリビアの大量破壊兵器計画の放棄は，インセンティヴ（経済制裁などの解除，経済支援，国際社会への復帰）とディスインセンティヴ（制裁の継続，体制転覆の可能性）の効果的な組み合わせの成果であった。

　需要側アプローチが有効に機能するためには，対象国が核兵器保有・取得の意思を持つに至る動機は何か，またその国が核兵器オプションの放棄に見合う

と考えるインセンティヴ，あるいは核兵器取得による利益よりも不利益のほうが大きいと判断するのに十分なディスインセンティヴとはどのようなものかといったことが，まずは的確に把握されなければならない。ただ，当然ながらそれらを正確に読み取ることは難しく，誤った推測がなされる可能性もある。多くの場合，核兵器保有・取得の動機には複雑な要素が絡み合っており，その時々の状況によっても変化する。インセンティヴあるいはディスインセンティヴを提供できる各国のパワーや資源には限りがあり，その内容が不十分であったり，提示し実行するタイミングなどが場当たり的であったりすれば，十分な効果は望めない。また動機や意思への働きかけには時間を要することが少なくなく，需要側アプローチが講じられている間に核兵器拡散問題を巡る状況が悪化するかもしれない。

核不拡散義務の履行を促す目的で提供されるインセンティヴは，違反に対する「褒賞」とも受け取られかねない。他国がそうした「先例」を模倣して，核不拡散義務に違反しつつ「褒賞」を得ようと画策するかもしれない。またインセンティヴの受領国が，「褒賞」を得た後で合意の実施を遅らせ，または合意自体を破棄しつつ，さらなる「褒賞」を得ようとしたり，核兵器オプションを放棄する意思がなく「褒賞」のみを得ようとしたりすることもありえよう。核兵器オプションを有しているからこそインセンティヴという「褒賞」が得られると受領国が考えれば，その「褒賞」を受領し続けるために核兵器オプションを維持し続けようとするかもしれない。

インセンティヴの提供国側に，「褒賞」の供与に対する疑問や反対が高まれば，解決に至る前の段階でインセンティヴの供与が遅延あるいは終了されるかもしれない。そうした対応は，受領国の不信感を一層高め，解決の可能性を低くするものとなろう。また受領国は，提供国の意図を疑えば，容易には取引に応じない。イランは，濃縮活動の停止が交渉開始の前提条件とされたことについて，提供国側が何らかの口実をつけてインセンティヴを提供せず，イランに対する要求をさらに高めると考えているとみられ[19]，北朝鮮も，インセンティヴと引き換えに核兵器を放棄すれば，その後で米国が体制転覆を図るので

---

(19) Mark Fitzpatrick, "Can Iran's Nuclear Capability Be Kept Latent?" *Survival*, vol. 49, no. 1 (Spring 2007), p. 41 を参照。

はないかと考えているかもしれない。

　インセンティヴが「褒賞」であると捉えられにくくするためには，提供国側が求める措置や義務の実施と並行して段階的に提供することのほかに，受領国が核不拡散義務や合意に違反すればインセンティヴの提供を停止する，あるいはさらなる不利益をもたらすなどといったディスインセンティヴと組み合わせることも考えられよう[20]。ディスインセンティヴには，核不拡散義務・規範や合意への違反に対する「懲罰」という意味あいもあり，相手国を利する施策であるとの批判や反対，あるいは第三国が模倣して核不拡散義務違反を行うという懸念は生じない。

　ただ，ディスインセンティヴの提示は，とくに「決然たる拡散国」に対しては，期待された効果が得られないばかりか，逆効果にもなりかねないという難しさがある。非軍事的措置を代表する経済制裁は，たとえば段階的に強化されていくことで，一層の義務違反に対する警告にもなる。北朝鮮やイランのケースでは，とくに金融措置が両国政府に少なからず打撃を与えているとされる。しかしながら，「決然たる拡散国」は，しばしば経済的な困難を受忍して核兵器を保有・取得しようとする。経済よりも，まずは核兵器を保有・取得するほうが国益に資するという強い信念を持つ国に，経済制裁はディスインセンティヴとはなりがたい。むしろ，そうした困難が「決然たる拡散国」内の結束を固めたり，強硬派や過激派の台頭を招いて状況の一層の悪化をもたらしたりすることもありえる。

　軍事的措置による核不拡散義務の強制は，いわば最後の手段であり，「決然たる拡散国」にとっても重大な脅威となりうる。それだけに，ディスインセンティヴとしても高い効果が期待される。しかしながら，核兵器をすでに保有する国に対してはもちろん，核兵器は保有していないが一定の反撃・報復能力を持つ国に対する軍事的措置の実施はリスクが大きい。核兵器関連活動に多く用

---

[20] たとえば，David Cortright and George A. Lopez, "Bombs, Carrots, and Sticks: The Use of Incentives and Sanctions," *Arms Control Today*, vol. 35, no. 2（March 2005），p. 24 を参照。「タカ派的関与（hawk engagement）」は，そうした施策の1つともいえよう。Victor D. Cha, "Korea's Place in the Axis," *Foreign Affairs*, vol. 81, no. 3（May/June 2002），pp. 79-92; Victor D. Cha, "Hawk Engagement and Preventive Defense on the Korean Peninsula," *International Security*, vol. 27, no. 1（Summer 2002），pp. 40-78 を参照。

いられる地下施設や秘密の施設は，攻撃による破壊を免れるかもしれない。「事実上の核兵器国」は自国に対して強制的武装解除が実施されるとは考えておらず，北朝鮮やイランも米国が軍事的措置に踏み切る可能性はイラクにおける苦境とも相俟って低いと判断しているとすれば，そうした措置の実施を示唆したとしても，ディスインセンティヴとしては働かないであろう。「事実上の核兵器国」に対する米国など主要国の態度から，「北朝鮮とイランは，米国が核兵器を保有している国を，保有していない国とは全く異なって扱うと気付いて」[21]おり，また両国は，イラク戦争という米国による強制的武装解除や体制転覆を目の当たりにして，対米抑止力としての核兵器の取得に固執しているとも考えられる。

　核兵器保有・取得の動機，そうした動機を生み出す原因のすべてを取り除くのは，とりわけ「決然たる拡散国」のケースでは現実的とはいえず，需要側アプローチには上述してきたような難しさもある。ただ，その時点で講じることのできる需要側アプローチを積み重ねていく努力は，時間を要するにせよ「決然たる拡散国」の核兵器保有・取得に関する認識を変えさせる数少ない方途の1つでもある。供給側アプローチには，需要側アプローチよりもさらに，核兵器オプションを有する国が持つ意思を変えさせるだけの力はないが，核兵器取得あるいは増強といった状況の悪化を多少なりとも遅らせることができるとすれば，需要側アプローチが具体的な成果を生むまでの次善の，あるいは時間稼ぎの策としての効用があるといえよう。

3　予防型アプローチと対処型アプローチ

　核兵器の拡散を未然に防ぐ予防型アプローチと，これが失敗した場合にとられる対処型アプローチは，相互補完的な関係にあるものとして，核兵器拡散防止の取り組みにおいてともに重視されるべきである。予防型アプローチが機能すれば，対処型アプローチを講じなければならないケースは少なくなり，それだけ対処型アプローチの実施に要するパワーや資源を効果的に集中でき，その

---

[21]　Ted Galen Carpenter and Charles V. Pena, "Rethinking Non-Proliferation," *The National Interest*, no. 80 (Summer 2005), p. 81.

実効性を高めることができよう。また実効性のある対処型アプローチが講じられる可能性は，予防型アプローチに反する行動を抑制あるいは抑止するものとなる。逆に核不拡散義務違反に適切に対処できなければ，核不拡散体制の信頼性は大きく低下し，同様の行為を助長することにもなりかねない。

　しかしながら核不拡散体制では，様々な予防型措置が構築・強化されてきた一方で，対処型措置はさほど発展してこなかった。NPTにおいて最も重要な義務の1つは非核兵器国による核兵器の受領，製造および取得の禁止（第2条）であるが，NPTにはある国の行為が条約違反であるか否かを判断し，違反である場合にいかに対処するかを決定するメカニズムはない。また，NPT第2条を厳格に解釈すれば，非核兵器国が核兵器を取得した時点ではじめてNPT違反となるが，その段階で取得した核兵器を放棄させる効果的な措置を講じるのが極めて難しいことはいうまでもない。米国は，「平和的核活動と兵器活動を分ける最も重要な要素は，『態度』である」[22]とし，NPT「第2条…のあからさまで曖昧でない違反を待つことは，NPTを弱体化させ，国際安全保障を脅かす」として，未申告の核施設の存在，民生用核計画と合致しない調達パターン，保障措置協定違反のパターン，あるいは平和目的よりも兵器目的に結びつく核計画といった秘密の核兵器開発を示す要素があれば，NPT第2条違反を構成すると主張している[23]。しかしながら，NPT第2条の「あからさまで曖昧でない違反」に至らない段階で疑惑国の「意思」や「態度」を客観的に評価する基準を策定するのは容易ではない。

　またNPTには脱退の権利が規定されており（第10条1），原子力平和利用を通じて核兵器を製造する潜在的な能力を獲得した非核兵器国がNPTから脱退した場合，その後は原則として条約の義務には拘束されず，保有する設備，資

---

(22) Christopher A. Ford, Principal Deputy Assistant Secretary of State, Bureau of Verification & Compliance, "NPT Compliance Enforcement: After Detection, What Indeed?" Presented to the Nuclear Posture Panel, Carnegie International Non-Proliferation Conference, June 22, 2004.

(23) John S. Wolf, Assistant Secretary for Nonproliferation, Alternate Representative of the United States of America, "NPT: Article I and II," Statement to the Third Session of the Preparatory Committee for the 2005 Review Conference of the Treaty on the Non-Proliferation of Nuclear Weapons, New York, April 30, 2004 〈http://www.state.gov/t/np/rls/rm/32290.htm〉, accessed on July 31, 2007.

機材あるいは技術などを活用して「合法的」に核兵器を製造することも可能となる。北朝鮮およびイランの核問題は，そうした試みを阻止する手段がNPTにはないという問題を国際社会に突きつけるものでもあった。

NPTを対処型アプローチという観点で補完する役割を担ってきたのは，IAEAと安保理である。IAEA包括的保障措置には，非核兵器国の申告内容に疑義がないか，とくに平和目的の核分裂性物質が核兵器に転用されていないかを検認し，適時の警告を発することが期待されてきた。またIAEA保障措置協定追加議定書には，未申告活動の探知を目的とした措置が盛り込まれている。IAEA保障措置協定違反国に対してIAEAは，IAEA「加盟国としての特権及び権利の行使を停止すること」，ならびに「機関又は加盟国が提供する援助の削減又は停止を命ずる措置並びに受領加盟国又は受領加盟国群に提供された物質および設備の返還を要求する措置のうちの一方又は双方をとることができ」，さらに「違反のすべてを加盟国並びに国際連合の安全保障理事会及び総会に報告しなければならない」（IAEA憲章第12条C）。安保理では，IAEAによる報告や国連加盟国による付託を受けた核兵器拡散問題について，理事国が国際の平和と安全に対する脅威であると認定した場合，安保理決議により国連憲章第7章下での非軍事的措置，さらには軍事的措置を課すことができる。

ただ，IAEAがとりうる措置に，「決然たる拡散国」の違反を止めるだけの力があるとは考えにくい。また安保理は，特に拒否権を持つ常任理事国の国益や常任理事国間の対立などから，効果的な対処型措置を打ち出せないことも少なくない。1993年の北朝鮮核危機，あるいは1998年の印パ核実験では，安保理決議は採択されたものの，これらの国に対する非難や要請のほかには，実質的な対処型措置は盛り込まれなかった。イラン核問題では，IAEAは未申告活動が発覚してから約3年にわたって保障措置協定「違反（non-compliance）」とせず，2005年9月にようやく「違反」を認定したものの安保理への報告は先送りした。そこには，IAEAとしてこの問題を解決したいということのほかに，安保理において適切な対応がなされる確証がなく，その場合はイランに誤ったメッセージを送ることになりかねないという懸念もあったのであろう。

核不拡散体制は，「実質的には核不拡散規範への各国の自発的コミットメントに多くを依存した」[24]実効性の弱い体制といえ，そうした現実は，核不拡散

義務・規範に逸脱する国に対して、「条約やレジームの外で、国際社会あるいは個々の国家により政治的あるいは軍事的行動がとられる必然性」[25]を生み出してきた。冷戦後、そのような行動を主導してきたのは、核兵器の拡散が自国の安全保障に重大な脅威をもたらすとともに、国際安全保障秩序再構築の障害になるとも考えた米国であった。クリントン（Bill J. Clinton）政権が1993年に打ち出した拡散対抗政策は、米国およびその同盟国・友好国を拡散した大量破壊兵器から守ることを主眼として、米国により決定され実施されるものであり、あくまでも米国の国益にしたがって行われるという意味で「私的」な政策であった。しかしながら同時に、拡散対抗政策は、不拡散義務違反国に対する武装解除まで含めた強制措置が想定されており、不拡散体制に欠ける強制力を提供するという意味で「公的」な性格を帯びたものでもあった。1994年に米国が真剣に検討した北朝鮮核施設に対する外科的爆撃、あるいはイラクに対する国連イラク特別委員会（UNSCOM）査察の妨害を理由とした米英による1998年のイラク空爆は、拡散対抗政策の持つ「公的」および「私的」な性格の二面性を表すものであった。

続くブッシュ政権は、対処型アプローチとしての拡散対抗の重視を前政権以上に鮮明にしていった。そうしたブッシュ政権の政策を代表するのが、大量破壊兵器関連資機材の不法移転に対処する措置としてのPSI、ならびに大量破壊兵器の取得や使用を試みるテロ組織およびテロ支援国家による「敵対行動を未然に防止するために必要であれば米国は先制的に行動する」[26]という先制行動ドクトリンであった。またブッシュ政権は、国連安保理決議1540などにより、大量破壊兵器関連活動を各国がそれぞれ違法化し、適切に法執行措置を講じるよう義務付けることで、対処型アプローチを重層化しようと試みた。

ブッシュ政権では、予防型アプローチと対処型アプローチとが、前者の実効性を強く問題視することによって、なかば対立的に捉えられてきたといえよう。

---

(24) 神谷万丈「核不拡散体制の再検討」『核物質管理センターニュース』第29巻第5号（2000年5月）3頁。

(25) Avis Bohlen, "The Rise and Fall of Arms Control," *Survival*, vol. 45, no. 3（Autumn 2003）, p. 32.

(26) United States of America, *The National Security Strategy of the United States of America*, September 2002, p. 15.

これを象徴するのが,「伝統的な(拡散)防止努力では,われわれが直面する最も困難な拡散の挑戦を解決できないという認識」(27)(括弧内筆者),「面倒な条約ベースの官僚主義に依存するのではなく」(28)行動を重視するという姿勢,あるいは「直面する真の問題に,国際的なパートナーと結束して,現実主義的かつ断固とした態度で立ち向かう」という「実効的多国間主義(effective multilateralism)」(29)の表明であった。そこには,新たな予防型措置により自国の手を縛られたくないという考慮,あるいは単極構造が強まる中で米国が単独で,または有志連合により対処することへの制約が低下したとの認識もあったのだろう。こうした点は,多くの国による懸念や批判の対象となった。ただ,核不拡散体制における対処型アプローチの不備というブッシュ政権が提起した問題意識は,程度の差はあれ,少なからぬ国に共有されていった。NPT運用検討プロセスでは,西側諸国を中心に不遵守問題への対処の重要性が主張され,また2007年のNPT運用検討会議準備委員会では「特定問題」として「第10条を含む条約の他の条項」に時間が割り当てられてNPT脱退問題への対応策が議論された。PSI参加国が約80カ国にまで拡大していることも,その表れの1つといえよう。

とはいえ,実効的な対処型アプローチを講じていくことは,今後も容易ではないのであろう。大量破壊兵器関連活動の各国における違法化と法執行の実施の程度には,大きなばらつきがある。実施が遅れている国の中には,核兵器拡散問題の優先順位の低い国,あるいは法執行能力や統治能力に欠けるものも少なくなく,そうした国が「核の闇市場」にも利用されてきた(30)。日本など西

---

(27) *At the Crossroads: Counterproliferation and National Security Strategy*, A Report of the Center for Counterproliferation Research (Washington DC: National Defense University Press, 2004), p. 17.

(28) John Bolton, "An All-Out War on Proliferation," *Financial Times*, September 8, 2004 〈http://news.ft.com/cms/s/9ca25ffc-006b-11d9-ad31-00000e2511c8.html〉, accessed on July 31, 2007.

(29) Andrew K. Semmel, Deputy Assistant Secretary for Nuclear Nonproliferation, "Effective Multilateralism: The U.S. Strategy for Dealing with Global Nuclear Proliferation," Address to the National Strategy Forum, Chicago, Illinois, November 14, 2005 〈http://www.state.gov/t/isn/rls/rm/56942.htm〉, accessed on July 31, 2007.

(30) David Albright and Corey Hinderstein, "Unraveling the A.Q. Khan and Future Proliferation Networks," *The Washington Quarterly*, vol. 28, no. 2 (Spring 2005), p. 120.

側諸国はそれらの国に対するアウトリーチ活動，国内法・制度の確立，法執行能力の強化といった支援・協力を進めているが，目に見える成果が現れるまでには少なからず時間を要する。

PSIによる阻止事案について，米国はPSIの２周年記念（2005年５月）までの９カ月間に11件[31]，あるいは2005年４月から2006年４月の間に「約２ダース」[32]あったとしている。その多寡については議論の分かれるところであろう。2003年11月，リビアに向けて航行していたドイツ船籍BBCチャイナ号をイタリアが臨検し，積載していた密輸品の遠心分離機部品を押収したことは，リビアの大量破壊兵器計画の放棄を後押しするとともに，「核の闇市場」の存在を暴露する契機にもなった，重要な成果であった。PSIは，米国が提唱した当初は，主に非同盟諸国からの，国際法を軽視した単独主義的な措置であるとの懸念や批判が少なくなかったものの，その必要性，ならびに国際法および各国国内法の範囲内での実施といったことについて日米などが精力的に説明した結果，多くの国の支持や理解を得つつある。他方で，懸念国に出入りするすべての船舶について積荷を正確に把握することは容易でないし，陸路や空路による不法な移転を阻止するのはさらに難しく，PSIが今後，どれだけ実効性を高めていくことができるかは定かではない。

経済制裁など非軍事的措置や軍事的措置の難しさは前節でも言及したが，ここでは誰がそうした措置をどのように主導し，実行するのかという問題をあげておきたい。とりわけ軍事的措置には，実施の裏付けとなるパワーを提供する国が欠かせない。それが可能な国は唯一の超大国である米国以外には見当たらないが，その米国ですら，あらゆる拡散問題に軍事的措置を講じることができるわけではないし，国益の観点からそうした対応を選択しないこともある。また，米国の主導する軍事的措置が正当性に欠けると判断されれば，短期的には成果を得たとしても，中長期的には米国にとっても，また核兵器拡散防止の取

---

(31) Condoleezza Rice, Secretary of State, "Remarks on the Second Anniversary of the Proliferation Security Initiative," Washington, D.C., May 31, 2005〈http://www.state.gov/secretary/rm/2005/46951.htm〉, accessed on July 31, 2007.

(32) Robert G. Joseph, Undersecretary for Arms Control and International Security, "Broadening and Deepening Our Proliferation Security Initiative Cooperation," Warsaw, Poland, June 23, 2006〈http://www.state.gov/t/us/rm/68269.htm〉, accessed on July 31, 2007.

り組みにとってもマイナスとなりうる(33)。

　イラク戦争は、イラクの大量破壊兵器保有に関して米国などが示した情報の不正確さに加えて、米国の単独主義的な行動であると受け止められたこともあり、米国に深刻な正当性の問題を突きつけている。とくに欧州と中東では「米国のパワーの妥当性および目的に対する信頼が急激に低下し、回復の兆しはない」(34)とすらされている。またイラク戦争後も同国の治安回復に手間取るなかで、米国は他の拡散問題にパワーと資源を振り向けることが難しくなっている。そもそも先制行動を含む拡散対抗としての軍事的措置は稀にしか実施できないと指摘されてきたが(35)、その難しさはイラク戦争後、一層高まっているといえよう。こうしたことが、「イラン、北朝鮮の核開発問題が未解決のまま長期化してきたことの一背景にもなっていると言えよう」(36)。

　従来のように予防型アプローチに多くを依存しても、またブッシュ政権のように対処型アプローチに偏重しても、効果的な核兵器拡散防止は望めない。また「決然たる拡散国」に対しては、対処型アプローチ、とくに軍事的措置の実施には大きなリスクが伴う。超国家的機構の存在しない国際社会において効果的な対処型アプローチを講じることが容易ではないという問題は、核兵器拡散問題に限られたものではない。しかしながら、「決然たる拡散国」がすでに核兵器、あるいは少なくとも一定の反撃・報復能力を有していることにより、他の安全保障問題よりも対処型アプローチの困難性が際立つものになっているといえよう。

　それでも対処型アプローチは、予防型アプローチ、あるいは核不拡散義務・規範に反する行為に対する外交的な取り組みの後ろ盾として、また必要であれば不拡散義務を強制するものとして、軽視することはできない。予見しうる将

---

(33) Michael A. Levi and Michael E. O'Hanlon, *The Future of Arms Control*（Washington DC: Brookings Institution Press, 2005）, p. 98 を参照。

(34) Robert W. Tucker and David C. Hendrickson, "The Sources of American Legitimacy," *Foreign Affairs*, vol. 83, no. 6（November/December 2004）, p. 18.

(35) Robert S. Litwak, "Nonproliferation and the Use of Force," in Janne E. Nolan, Bernard I. Finel and Brian D. Finlay, eds., *Ultimate Security: Combating Weapons of Mass Destruction*（New York: The Century Foundation Press, 2003）, pp. 102-103.

(36) 石川卓「核不拡散戦略の現状と新展開―アメリカの政策を中心に」『国際問題』第554号（2006年9月）11-12頁。

来，米国が引き続き対処型アプローチのイニシアティヴをとる能力を持つ唯一の国であり，そのことが米国の国益にも資するのであれば，まずは米国が，失われた正当性を回復する努力を講じる必要があろう。米国が他国の主張にも耳を傾けるとともに，自国の政策を精刻に説明することが求められる[37]。また米国が，「パワーの行使を，より抑制的で規則化したものにするが，より耐久性を増し，規律正しく，正当なものにすることもできる」[38]ものとして，国際制度に再び重きをおくことも重要である。

他方，国際社会に求められているのは，米国に多数国間の枠組みを重視するよう説得していくことだけではない。米国が単独でも行動することを決意したとき，これに正当性が認められない場合には強く反対しなければならないが，逆に国際の平和と安全，あるいは核不拡散体制の規範などと照らして正当性が高いと判断される場合には，これを支持し協力する覚悟も持たなければならない。米国の行動をただ批判あるいは支持するだけでは，核不拡散体制における実効性の強化は望めないといえよう。

おわりに

核兵器拡散防止のいかなるアプローチによっても，「決然たる拡散国」の核兵器拡散問題を少なくとも短期的に解決に導くのは容易ではない。このことは，核兵器拡散防止には可能な限り早期に対応する必要があることを，改めて認識させるものといえよう。核兵器拡散防止の様々なアプローチは，これまでも，核兵器製造の潜在的な能力を持つ国が「決然たる拡散国」となる前の段階で適切に講じられる場合には効果的に機能してきた。核関連資機材・技術の拡散に加えて，今後の安全保障情勢が不透明な中で，そうした国の能力，動向あるいは意思の変化といったものをできるだけ早期かつ的確に把握し，必要な施策を講じていく努力が，従前以上に求められている[39]。

---

(37) John Lewis Gaddis, "Grand Strategy in the Second Term," *Foreign Affairs*, vol. 84, no. 1 (January/February 2005), pp. 11-12.
(38) G. John Ikenberry, *After Victory: Institutions, Strategic Restraint, and the Rebuilding of Order after Major Wars* (Princeton: Princeton University Press, 2001), p. 273.
(39) Lewis A. Dunn, "Countering Proliferation: Insights from Past 'Wins, Losses, and

もちろん，地域的または国際的な安全保障，あるいは他の核兵器拡散問題に及ぼしうる影響を考えると「決然たる拡散国」の核兵器拡散問題の解決を諦めたり，放置したり，あるいは核兵器保有・取得を黙認または容認したりすることはできない。「決然たる拡散国」であった南アフリカの核兵器放棄は冷戦の終結とアパルトヘイト政策の終了によるところが大きかったし，イラクの核兵器開発も湾岸戦争での敗北とその停戦決議である安保理決議687によって壊滅することとなった。最善の策ではないものの，「決然たる拡散国」の核兵器保有・取得には今後も反対するという国際社会の明確な姿勢を継続するとともに，それらの国による核兵器能力の増強を防止するなど核兵器拡散問題の一層の悪化を可能な限り封じ込め，とりうる施策をわずかずつでも積み重ねつつ，そうした核兵器拡散問題を取り巻く状況の好転を待つことが，現実的なのかもしれない。核兵器拡散防止のアプローチは，そうした中・長期にわたる取り組みをも見据えて維持，強化および実施されていく必要があるといえよう。

（付記）本稿は，科学研究費補助金基盤研究Ｂ（2006年度～2007年度，黒澤満研究代表）による研究成果の一部である。

Draws," *The Nonproliferation Review*, vol. 13, no. 3（November 2006）, p. 483; Robert J. Einhorn, "Identifying Nuclear Aspirants and Their Pathways to the Bomb," *The Nonproliferation Review*, vol. 13, no. 3（November 2006）, p. 499 ではともに，そのためのインテリジェンス能力の重要性が論じられている。

14 核拡散問題と検証措置[1]

菊地　昌廣

はじめに
1　歴史的な軍縮や不拡散条約における検証機能
2　検証機能強化と効率化のための新たな手段
3　新たな軍縮・不拡散問題と検証措置
おわりに

は じ め に

　最近，企業あるいは機関が社会的責任を果たすべく，その組織の存在や役割を規定する法律や規則を遵守（コンプライアンス）することの重要性が数多く主張されている。国内の場合，この遵守の履行状況の監視は，自らの監査機能ないしは組織的な社会からの評価あるいは中央集権的な警察権により実施され，違法行為が公訴等により顕在化したときに，検察による捜査および司直による裁判が行われる。

　国際社会においては，組織的な社会構造や中央集権的な警察権や違法行為に対する捜査権限等が確立されていないことから，一般に，2国間あるいは多国間の法的取り決めにおいて，その取り決め内容の遵守状況を監視する機能が，検証措置として規定され，合意されている。

　「軍縮や不拡散」に関する締約国の履行内容が規定される国際条約あるいは協定においては，締約国が条約等に規定されている義務を誠実に履行していることを確認し，締約国間の信頼関係を醸成するための措置として継続的な検証機能が要求される[2]。客観的な検証活動を通して，遵守状況が保証されなけ

（1）　本論文は，筆者独自の見解を示したものであり筆者が所属する組織や団体の見解とは無関係である。
（2）　黒澤満「国際条約と検証」『アジア地域の安全保障と原子力平和利用』（社団法人原

れば、国際条約等の権威を維持することができない。特に、国家の安全保障や国際社会全体の不利益の回避に直接的に効果のある国際条約や議定書の場合、ある締約国の違反行為を検知した後の制裁を含む秩序の回復に多くの時間を要することから、近年、違反検知機能だけでなく、違反予防機能（抑止効果）としての検証機能の重要性が認識されるようになって来ている。

本稿では、まず、歴史的な軍縮や不拡散条約における検証機能を分析する。次いで、これまでの検証機能をさらに強化あるいは効率化するための新たな手段を考察する。最後に、今後核不拡散に大いに寄与することが期待される核分裂性物質生産禁止条約（FMCT）を事例に、検証措置の構築方法を議論する。

1　歴史的な軍縮や不拡散条約における検証機能

軍縮あるいは不拡散に関する国際条約や協定等において、その条約等の実効性と効果を客観的に締約国間で共有しあうことは、互いの信頼性を醸成する上で重要なことである。このために、締約国の約束履行責任の遵守状況を互いに確認し合う行為が、必須の要件となっている。この確認行為を、多くの国際法では「検証（Verification）」と称している。

オックスフォード辞典では、「検証」を、「確証あるいは証拠を提示することにより合法性の実態を証明する行為：正当性の正規の論証」と解説している。また、国連軍縮委員会では、以下のように定義している。

>「検証は、条約締約国が合意された義務を遵守しているかどうかを確認するためのプロセスである。これは、軍備制限及び縮小に関する合意及びその合意事項の実施に関する義務の履行を約束した締約国の最高の権限において実施される。検証のプロセスは、軍備制限及び軍縮合意下の義務に関連する情報の監視や収集及び合意で特定されている事項が満足されているかどうかの判定を含む複合した連続的手段から構成される。関連情報は、自国の検証技術手段や現地査察のような協調下の活動によって取得することができる[3]。」

子燃料政策研究会，2000年），<http://www.cnfc.or.jp/asia00/kurosawa.html> 2007年9月1日アクセス。

このような見解がまとめられたのは，1991年のことであるが，これ以前に成立した歴史的な軍縮や不拡散に関連する条約や協定においても，それぞれ検証機能ないしは検証を実施する手続きが明示され，歴史的な議論の段階を経て検証の概念が定着化してきた。代表的な事例を成立年代に沿って表−1にまとめる[4]。

(1) 代表的な軍縮および不拡散条約の特徴
(a) ワシントン海軍軍備制限条約
第一次世界大戦が終結した後も戦勝国である連合国は海軍力の増強を進めてきた。一方，戦後発足した国際連盟の規約において，軍備縮少が規定されたことから[5]，ワシントン海軍軍備制限条約は，1921年11月11日から当該条約交渉が開始され，1923年4月4日に発効した。本条約の目的は，当時の列強国5カ国が保有する戦闘艦の総トン数を制限することにより，軍縮を図ろうとするものであった。この条約には，削減目標および条件が列強国毎に詳細に規定されているが，削減状況の検証措置は規定されていない。

(b) 核兵器不拡散条約（NPT）
NPTは非核兵器国に対する核兵器の拡散防止と，核兵器国に対する核軍備競争の早期停止と核軍備縮小の要請を目的とした条約である。非核兵器国に対しては，条約履行状況を確認するために，国際原子力機関（IAEA）による保障措置の受諾を求めている。しかし，核兵器国に対しては核軍縮に関する効果的な措置や条約交渉を誠実に行うことを約束させているのみである。条約履行

（3） United Nations, *Verification in All its Aspects: Study on the Role of the United Nations in the Field of Verification*, UN document A/45/372, 28 August 1990.
（4） 国際的な軍縮・不拡散条約で規定されている検証機能の特徴を表形式で整理した論文や文献は，数多く見られる。事例として，Allan S Krass, "Verification: How Much Is Enough?" *SIPRI*, 1985, pp.4-5; Andre Poucet, "Arms Control and Non-Proliferation Treaties: An Ontology of Concepts and Characteristics", Rudolf Avenhaus, Nicholas Kyriakopoulos, Michel Richard, Gotthard Steln, eds., *Verifying Treaty Complince*（Berlin-Heidelberg, Springer, 2006), p. 42がある。ここでは，筆者が日本核物質管理学会年次大会論文（菊地昌廣「国際条約における検証措置とカットオフ条約において期待される検証措置」『第18回核物質管理学会日本支部年次大会論文集』（1997年11月）102頁に掲載した表を改定したものを使用した。
（5） 国際聯盟規約第8条の規定

第3部 核不拡散

表－1　主な軍縮及び不拡散条約における検証機能の整理

内　容	条約名	ワシントン軍縮	NPT	ABM条約	SALT	BWC	INF	Open-Sky	START	CWC	CTBT
発効年月日		'23.4.4	'70.3.4	'72.10.3	'72.10.3	'75.3.26	'88.6.1	'92.3.25	'94.12.5	'97.4.29	
多国間／二国間		多国間	多国間	米ソニ国間	米ソニ国間	多国間	米ソニ国間	多国間	米ソニ国間	多国間	多国間
条約の目的		主要戦闘艦艇の削減	核兵器の拡散禁止	弾道ミサイルシステム制限	戦略攻撃兵器制限	生物毒素兵器禁止	中距離核戦力廃止	軍配備透明性確保	戦略攻撃兵器削減	化学兵器禁止	包括的核実験禁止
検証活動の範囲		―	核物質の転用検知	弾道ミサイル展開制限	戦略兵器移転確認	―	中型ミサイル廃棄確認	ヨーロッパ域上空偵察	ミサイル重爆機と運搬具廃棄確認	貯蔵製品解体確認	監視システム連携確認
検証方法		―	IAEAによる情報分析、査察手段（NTM）の／補完的なアクセス	自国検証技術手段（NTM）の活用	同左	―	NTM／偵察衛星と相互査察	合意された偵察機による上空からの確認	NTM、現地査察と継続監視	通常査察、チャレンジ査察	監視結果による現地査察とチャレンジ査察
実施機関		―	国際機関（IAEA）	締約国が相互実施	同左	―	締約国が相互実施	加盟国が相互実施	締約国が相互実施	国際機関（OPCW）	技術実施事務局
検証実施の権限		―	加盟国が協定等締結	締約国が相互付与	同左	―	締約国が相互付与	加盟国が相互付与	締約国が相互付与	加盟国がOPCWに付与	加盟国が事務局に付与
検証対象情報の事前提供／相互交換		―	IAEAへ定期的に申告	必要情報自発提供	同左	苦情によるUNSCの調査実施	合意情報相互通報	―	合意情報相互通報	検証付属書に基づく	信頼醸成措置
検証結果の通報		―	IAEA理事会へ	常設協議委員会へ	同左	―	特別検証委員会へ	検証内容のOSCEによる確認	共同査察委員会へ	OPCW理事会へ	CTBT理事会へ
他機関との関連		―	IAEA理事会とUNSCとの連携	―	―	―	他国の条約脱退	―	―	理事会がUNSCへ注意喚起	理事会からUNへ注意喚起
制裁の有無		―	IAEA憲章と連携	―	―	―	―	―	―	―	加盟国独自の判断

の検証措置は条約でIAEAに付託しており，その具体的な実施内容は，NPT加盟国とIAEAとが個別に締結する保障措置協定のモデル（INFCIRC/153）において規定されている。

保障措置協定では，締約国である非核兵器国内のすべての核物質を対象に，IAEAへ定期的にその存在箇所と品質と量を申告（報告）し，IAEAは，この申告内容の正当性を技術的に確認するために申告対象となった箇所へ査察を実施している。1990年代にイラクや北朝鮮によるNPT違反が顕在化した後，保障措置の強化を目的とした保障措置協定の追加議定書が開発され，運用されるようになった（そのモデルはINFCIRC/540）。この追加議定書は，締約国内の原子力活動に関する申告の完全性を検証するための活動，すなわち，未申告の原子力活動を検知するための活動を規定している。

(c) 弾道弾迎撃ミサイル（ABM）条約

ABM条約は，NPT第6条の義務に留意して，核兵器の運搬装置である弾道ミサイルシステムを制限し展開を禁止するための米ソ間の軍縮条約である。この条約で禁止対象となった弾道ミサイルシステムの破壊または撤去は自国で実施するが，その手続きとその期間の合意は条約で設置された常設協議委員会が行い，義務の遵守についての信頼を確実なものとするために，必要な情報を自発的に同委員会へ提供する。そして，条約の規定の遵守を確保するために，「一般的に認められた国際法の諸原則に合致する方法での自国の検証技術手段（NTM）」の使用権限も認められた。間接的ながら，相手国の条約遵守を確認するという検証機能が導入された。

(d) 第一次戦略兵器制限暫定協定（SALT I）

SALT I暫定協定は，米ソ間で，弾道ミサイルシステムの制限に加えて戦略攻撃兵器の制限にまで拡大した軍縮条約である。検証に関する規定は，ABM条約と同様である。

(e) 生物・毒素兵器禁止条約（BWC）

BWCは，生物および毒素兵器の開発，生産および貯蔵を禁止すると共に，規制対象となるすべての微生物剤，その他の生物剤および毒素等を廃棄または平和的目的に転用することを約束する多国間条約である。1975年3月26日に発効したが，この時期以前に成立した他の軍縮条約に規定されているような検証

措置は含まれていない。

　唯一，ある締約国が他の締約国が条約の義務に違反していると認めるときは，国連安全保障理事会（安保理）へ苦情を申し立てることができ，安保理が調査することができるように規定されている。

(f) 中距離核戦力（INF）条約

　INF条約は，中距離および準中距離ミサイルの廃棄と不所有を規定し，1998年6月1日に発効した米ソ間の軍縮条約である。検証機能は，これまでの2国間の軍縮条約から大きく拡大された。従来のNTM活用の権利に加えて，新たに設置が合意された核危機低減センターを通じて，本条約により要求されるデータの最新情報を相互通告することになり，また，条約に規定された事項の遵守を検証するための現地査察の実施が規定された。現地査察実施のために，別途実施議定書が作成された。

　これまでの軍縮条約においては，締約国が独自に行うミサイルシステムの廃棄や解体作業を間接的にNTMによって確認してきたが，INF条約において初めて，この確認行為を，直接的な現地査察によって実施するという規定が盛り込まれた。

(g) オープンスカイ条約

　オープンスカイ条約は，ヨーロッパ域内で不用意な軍事衝突を回避するために，各国の軍事活動の公開性と透明性を確保することによる安全保障の向上を目的として，欧州安全保障協力機構（OSCE）加盟国間で締約した信頼性醸成のための多国間条約である。具体的には，バンクーバーからウラジオストックまでの安全保障を担保するために，締約国が軍事配備状況などを相互に偵察することによって確認することを合意した。

　この条約は，航空機による上空からの偵察手続きを取り決めたものであり，条約自体の規定内容は，むしろ実施議定書に近いものである。条約内の検証事項としては，合意された偵察用センサー機能の検証が規定されている。

(h) 第一次戦略兵器削減条約（START I 条約）

　START I 条約は，戦略攻撃兵器を削減および制限することを目的として米ソ間で締結した軍縮条約である。検証は，INF条約において確立された機能を踏襲している。検証に必要なデータの提供は，通告内容や方法を詳細規定した

議定書に従って核危機低減センターに通報され，検証のための査察はその実施内容を規定した査察議定書に従って相互に実施される。NTM の使用も INF 条約と同様に合意されている。

(i) 化学兵器禁止条約（CWC）

CWC は，化学兵器の開発，生産および保有などを包括的に禁止すると共に，締約国内で既に保有している化学兵器や，他国に遺棄した化学兵器を一定の期間内に全廃することを定めた条約である。

化学兵器に使用される化学物質は，たとえ毒性を有していたとしても民生用にも使用可能であるために，条約では，そのような毒性化学物質及びその前駆物質[6]，さらにその物質を取り扱う施設の種類を特定し，対象物質や施設について締約国が申告し，これらを検証措置下に置くように規定している。

化学兵器禁止機関（OPCW）が設置され，この機関により検証のための査察が行われる。検証に関する詳細な付属書が作成されており，民生用の毒性化学物質や前駆物質および特定された種類の施設が化学兵器開発や製造のために使用されていないことを確認するための通常査察と，条約違反の可能性を締約国から申し立てられた場合に行われるチャレンジ査察の実施が規定されている。

これら検証活動によって重大な違法行為が認められた場合には，国連総会および安保理に OPCW 理事会が報告し，注意を喚起する。

(j) 包括的核実験禁止条約（CTBT）

CTBT は，すべての核爆発実験を禁止した多国間条約であるが，現時点では未発効である。CWC と同様に条約運営と核実験の監視および査察実施のために包括的核実験禁止機関（CTBTO）暫定事務局が設立されている。検証制度は，事務局の下に設置された国際データセンターによる監視制度および現地査察の実施が規定されている。現地査察は，監視制度と締約国の NTM とにより違反の疑義（核実験の実施）が惹起された場合，締約国からの要請によって実施さ

---

(6) CWC 第2条の定義および基準によると，「前駆物質」とは，毒性化学物質の生産（製法のいかんを問わない）のいずれかの段階で関与する化学反応体をいうものとし，二成分又は多成分の化学系の必須成分を含むとされている。また，「二成分又は多成分の化学系の必須成分」とは，最終生成物の毒性を決定する上で最も重要な役割を果たし，かつ，二成分または多成分の化学系の中で他の化学物質と速やかに反応する前駆物質をいうとされている。

れる。現地査察実施のための議定書が作成されている。

検証対象情報の提供は規定されていない。しかし，信頼醸成措置として，化学爆薬による爆発を核実験と誤認されないようなデータの提供を含む貢献が求められている。

監視や検証により条約違反と判断されたときは，締約国会議または理事会が国連（安保理を限定していない）に注意を喚起する。

(2) 条約の特徴分析
(a) 条約の分類と検証形態の相違

検証機能に関する取り決めの形態は，その条約や協定の目的によって異なり，また，時代と共に変遷してきている。核兵器が誕生する以前の軍縮条約は，主な軍事力であった主力戦闘艦の保有規模削減が交渉の対象であったが，検証機構は取り決められていない。これは，ある締約国の条約不遵守が他の締約国にもたらす損害が顕在化するまでの時間的な制約，換言すれば，脅威の緊急性が現代より緩やかであったことによる。

第2次世界大戦終結以降の軍縮および不拡散条約は，米ソ二国間条約の場合は，冷戦時代の両国間の核戦争の脅威を低減するために，核実験から弾頭運搬手段までの核戦略の各段階に対して軍縮提案がなされ，合意可能な段階から順次具現化されてきた。これは，両国がそれぞれの段階で軍縮可能な最小公倍数の合意を意図したことによる。検証機能は初期段階から要請されてきた。このために，NTMのような間接的な方法による確認手段の活用権限と，この手段行使の不妨害が合意された。さらに，後年になって，さらなる信頼醸成措置として相互査察の実施が導入された。

一方，多国間条約の場合は，条約で規定する内容不履行の場合に締約国が被る不利益は，途上国や先進国によって緊急性や規模の点で大きな差異があるが，条約による制約は平等であることから，規制内容は最大公約数の合意を意図している。このために，実施事務局に検証措置を実施させ，実施内容も平等である。

(b) 検証対象情報の申告

検証活動は捜査ではない。締約国が表明した国際約束の履行状況の確認を目

的としていることから，履行状況に関連する情報の締約国からの申告や提供が重要となる。情報の申告(declaration)は締約国による公式な表明である[7]。そこで，条約を起草する段階で，履行状況の裏付けとなる事項を明確にし，関連情報を特定し，これら情報の締約国からの申告を義務付けることが必要となる。

申告が義務化された情報以外の関連情報の積極的な提供 (provision) は，締約国の活動の透明性を向上させる役割を持つ[8]。国家安全保障の観点から情報の機微性，機密性は配慮されるべきであるが，締約国からの関連情報の積極的な提供は，その国の条約遵守の精神を国際社会に対して示すことになり，結果として透明性を向上させることになる[9]。

(c) NTM の活用

NTM の定義は不明瞭である[10]。しかし，使用される技術をあげると，一般に航空機や衛星からの偵察画像や赤外線検知，各種地上設置型高性能レーダ，無線傍受，振動検知器，放出核種検知装置などがある[11]。

1960年代の ABM 条約交渉の際に，米国が偵察衛星からの画像利用を含む NTM の活用を，互いの遵守状況を保証しあう手段として提案した。しかし，ソ連は国際慣例に反すると主張してこのような技術の導入に反対し，その結果，「一般的に認められた国際法の諸原則に合致する」という文言が条件として付加された[12]。この条件により，国際法の諸原則から逸脱する諜報活動を介した情報の収集は，基本的には NTM には含まれない。

---

(7) *Coming to Terms with Security: A Handbook on Verification and Compliance*, UNIDIR, 23, July 2003 では，申告 (declaration) について，「現状や状況ないしは義務の履行状況を証明するために，条約で合意した情報の締約国による表明」であると解説している。
(8) 同上の文献では，透明性 (transparency) について，「透明性は公開性を意味し，透明性の高い情報とは，公開の原則から機密扱いの情報ではなく，どの締約国においても利用可能な情報を指す。情報の透明性は，効果的な検証には不可欠な要因である」としている。
(9) Trevor Findlay, *WMD Verification & Compliance: The State of Play, the Weapons of Mass Destruction Commission* (London: UERTIC, 2004), p. 46
(10) Allan S Krass, "Verification: How Much Is Enough?" *SIPRI* (London: V Jaylar & Francis, 1985), p. 182.
(11) Ibid., pp.16-78.
(12) Thomas Graham Jr., *DISARMAMENT SKETCHES: Three Decades of Arms Control and International Law*, Institute for Global and Regional Security Studies, Seattle University, of Washington Press, 2002, p. 37.

第3部　核不拡散

　IAEAは，保障措置強化手段として，保障措置協定締約国内の未申告原子力活動の検知に有効な情報分析を新たに導入した。このような情報分析は，諜報機関によってこれまで行われていることは知られていた。1992年のIAEA理事会においても，従来の査察による現場確認に先立って，十分な情報分析を行うようにと勧告された。これにより，事務局は，様々な公開情報や原子力資機材の輸出情報および加盟国から提供される様々な情報を活用した情報分析を行うこととなった。当初は，このような情報を，「加盟国のNTMによる情報」と呼ばれていたが，その後，「加盟国から提供される情報」と呼ばれるようになり，現在では，公開情報なども含めて，「IAEAが入手可能な情報（available information to the IAEA）」と称されている[13]。

(d)　査察手段

　二国間条約においては，相互査察が前提となり，合意可能な範囲で査察実施議定書が作成された。この際，米ソ両国は，査察実施の条約履行上の利益を，軍備拡張による安全保障よりも優先し，実施議定書により具体的な軍縮内容と確認のための活動事項を記載した。

　一方，多国間の不拡散条約の場合は，条約遵守の姿勢は締約国の政治情勢によって異なることから，査察の頻度（frequency）と強度（intensity）には，本来その締約国の政治情勢が斟酌されるべきである。しかし，平等性の原則から，査察実施の可能性もすべての締約国に対し平等に規定された。例えば，IAEA保障措置協定では，締約国が保有する核物質の量や質の有意性に基づき，査察実施の頻度が規定されている（INFCIRC/153，第18条）。これにより，査察頻度が，締約国の政治的安定性や条約遵守の姿勢に関係なく，保有する核物質量に従って決定されるという事態を安易に生み出してしまった。

　一般に，査察形態は，条約で規定されている内容の遵守状況を確認することを目的として定型的に実施される通常査察と，違反の疑義が提起された時にその有無を確認するために実施される特別査察ないしはチャレンジ査察とに分類される。前者は，実施内容や採用する手段が詳細に規定されるが，後者は，提

---

(13)　Para. 12. 1 of IAEA Safeguards Glossary, 2001 Edition, International Nuclear Verification Series No. 3, International Atomic Energy Agency Vienna, 2002.

起された違反行為の内容によって，確認すべき範囲や内容が異なるために，事前に詳細には規定されない。

(e) **他機関との連携と制裁手段**

　二国間条約の場合，ある国が条約内容に違反した時に，一方の国も条約から脱退することにより利害を均衡化することが可能であるが，多国間条約の場合，違反国に対して何らかの制裁措置を講ずることによって是正を求め，他の締約国の利益を維持する。このために，制裁機能を有する他の機関との連携を条約内に明示する必要がある。

　NPTの場合，検証機関であるIAEAの理事会と連携し，さらに，IAEA憲章を介して国連安保理と連携している。IAEA事務局長のエルバラダイ（Mohamed ElBaradei）は，2004年12月4日に米国スタンフォード大学で行った講演の中で，核拡散に係る集団安全保障の枠組みに触れ，制裁機能を有する安保理の積極的な関与を期待した[14]。しかし，2007年5月24日にルクセンブルグで行われた原子力災害の防止に関する国際会合で，「NPTとIAEA憲章において核不拡散義務の遵守を保証するためのIAEAと国連安保理との信頼関係は明確であり，現行のシステムでは制裁活動に関する議論を進めることができるように規定されているが，この規定は政治的な色彩が強く，その過程については不明確である」とも述べている[15]。

2　検証機能強化と効率化のための新たな手段

(1) 信頼醸成措置から違反抑止効果としての期待へ

　1970年に成立したNPTおよびIAEA保障措置は，1990年初頭までの約20年間は，NPTに加盟しIAEAと保障措置協定を締結するという国家の誓約を尊重し，国際約束履行の意思の信頼性（confidence）をIAEAの客観的な確認手段

---

[14]　Mohamed ElBaradei, "In Serach of Security: Finding an Alternative to Nuclear Deterrence," Stanford University Center for International Security and Cooperation, Remarks as Prepared for the Drell Lecture, 4 November 2004, pp. 8-9.

[15]　Mohamed ElBaradei, "Preventing Nuclear Catastrophe: Where Do We Go From Hear?" 24 May 2007, Luxembourg <http://www.iaea.org/NewsCenter?Statements/2007/ebsp>, accessed on September 1, 2007.

を介して醸成するという思想に基づいて運営されてきた(16)。しかし,イラクおよび北朝鮮の核兵器開発や,イランおよびリビアに見られる保障措置協定履行の不備発覚により,国際的な核不拡散対策は,NPTに加盟し保障措置協定を締結した国家の国際約束遵守状況(compliance)を,IAEAがより信頼性の高い手段で確認し,国際社会に対して保証する(credible assurance)という視点へ移行した(17)。

　この方向性は,追加議定書の成立によるIAEA保障措置強化策の国際的な合意という形で具現化された。従来のIAEA保障措置は,締約国の保障措置協定遵守を前提に,協定の義務として申告された情報の正確性(correctness)を検証して来た。保障措置の強化は,締約国による申告の完全性(completeness)を保証すること,すなわち,「締約国が隠蔽を意図した未申告の(秘密裏の)原子力活動を実施する」あるいは「未申告の核物質を保有する」という仮説を検証等の方法を通して棄却すること(18)により,締約国の国際約束の完全な履行を確認することを意味する。

　IAEAは,申告の完全性を確認するために,公開された情報やその他の締約国から提供される情報を入手し,確認のために現地への立ち入り(補完的なアクセス)を行う権限を追加議定書で付与された。IAEAは,現地への立ち入りの場所と時間をランダムに選択し,立ち入りを短期の事前通告で実施することができる。また,この補完的なアクセスからの敷衍として,無通告査察の実施も視野に入れた保障措置の強化を図ってきている。

　IAEAは,保障措置強化に関する検討を行い,この構成要素である無通告査察は有望な手段として期待しているとの見解を表明するとともに,無通告査察

---

(16) Ben Sanders, "IAEA Safeguards: A Short Historical Background," *A New Nuclear Triad: The Non-Proliferation of Nuclear Weapons, International Verification and the IAEA*, PPNN STUDY THREE, Mountoltatten Centre for International Studies Unversity of Sauthampton, p. 2.

(17) Jill N. Cooley, "The Conceptual Framework for Integrated Safeguard," *Proceedings of INMM 43rd Annual Meeting*, July 2002, p.1; Pierre Goldschmidt, "The Proliferation Challenge of the Nuclear Fuel Cycle in Non-Nuclear Weapons States," 26 April 2004, Paris, France, Institut Francais des Relations Internationales, p. 2.

(18) Document GOV/2784, "Strengthening the Effectiveness and Improving the Efficiency of the Safeguards System," 21 February 1995, Para. 6.

が締約国および事業者に対して査察実施時期の予測困難性（unpredictability）を有していることから，核物質の転用および施設の申告外不法使用（misuse）の検知だけでなく，これらへの抑止に対しても効果があるとも述べている[19]。

保障措置協定においても，転用の検知だけでなく，早期検知のリスクを介した抑止効果を保障措置の目的（INFCIRC/153，第28条）に上げていることから，予測困難性は，抑止効果の面からIAEAの検知能力に影響を与える要因として以前から期待されていた。無通告査察は，保障措置協定では次のように規定されている（INFCIRC/153，第84条）。

　（事前通告査察の）補完的手段として，IAEAは，ランダムサンプリングの原理に基づき，事前通告を伴わない通常査察の一部を実施する可能性がある。無通告査察を実施するにあたっては，IAEAは，締約国から提供された事業計画を十分勘案し，締約国および事業者の実際の障害を最小とするために可能な限り努力し，同様に，締約国は，この査察業務を満足させるために可能な限り努力する。

このように，既にIAEAは無通告査察実施の権限を締約国との間で合意していたが，無通告で通常査察を実施する環境が整備されていなかったことから，事実上この条項に基づく査察は実施されることがなかった。

整備されていなかった環境の代表的な事項は，IAEA査察員の入国査証の発給問題である。これまで，多くの保障措置協定締約国では，IAEA査察員の入国査証を，査察実施の通告をIAEAから受理した時点で発給しており，締約国へ無通告の状態でIAEA査察員が入国できなかった。しかし，追加議定書において，補完的なアクセスの実施環境を整備する上から，IAEA査察員は数次査証の発給を受けることとなった（INFCIRC/540，第12条）。これは，無通告査察の事実上の運用を可能とする大きな環境の変化となった。

ここで，無通告査察の効果を整理して置く必要があろう。従来の通常査察は，IAEAにより事前に計画され，かつ事前に締約国政府に実施時期が通告されていた。一方，無通告査察は，締約国に通告無しに，あるいは査察の効果を損な

---

(19) Richard Hooper, "Nuclear Erification in the Years Ahead: New Roles and New Initiatives" <http://www.opanal.org/Articles/Jamaica/jam-Hooper1.htm>, accessed on September 1, 2007.

わない範囲での短期事前通告により査察を実施することを意味する。実施される箇所とその時期が被査察者に通告されないとの環境から，いつ，どの箇所が査察対象となるか予測困難な状態になるという抑止効果が期待できるようになった。

　理論的には，査察実施を通告した場合にも，検証システムがより高い違反検知能力を有する場合（高頻度で査察を実施する場合）には，条約不履行を虎視眈々と意図している国に対して高い抑止効果をもつことは分かっている。しかし，このような検証システムは，多くの費用を要する。一方，無通告査察に対しては，抑止効果は期待されているが，高い検知能力は要求されない。ある締約国が違反行為を開始した時点から，早期にこの行為を察知することができる情報分析などと連携した検証能力（early detection capability）と，無通告査察とを組み合わせることにより，より高い抑止効果を期待できる[20]。

　さらに，制裁機能を有する他の機関，例えば，安保理との連携が強化され，違反行為への制裁メカニズムが明示できれば，違反防止措置（preventive act）としての機能にまで拡大できる。

(2)　階層化された遵守メカニズムに裏打ちされた独立検証

　国際的に条約遵守を表明した国家の責任に着目し，締約国内に遵守メカニズムを構築し，このメカニズムが正常に運用されていることを，検証機関が入手可能な情報の分析や無通告の査察を介して独立に検証する方法である。これは，最近の一般に言うマネジメントシステムに導入されている考え方の敷衍である。

　環境マネジメントシステム[21]は，企業や自治体が地球環境保全のための活動を一般社会に表明し，このために構築するシステムで，然るべき機関がこのシステムの機能を審査し，要求事項が適合していれば合格として認証（certification）する。また，内部監査制度を確立すると共に外部監査を受験し，システム機能と遵守状況との客観性を評価する。

　保障措置においても，このような考え方は核物質の計量管理に関する国の制

---

(20)　*Coming to Terms with Security: A Handbook on Verification and Compliance*, UNIDIR, 23 July 2003, p. 3.

度（SSAC）として導入されていた（INFCIRC/153, 第7条）。締約国は，このシステムを設立し，維持すると共に，IAEAは核物質が平和利用から核兵器その他の核爆発装置に転用されていないことの確認のために，SSACの認定（findings）を検証することが可能となるような方法で保障措置を適用し，その際には，その国のSSACの技術的な有効性を斟酌することとなっている。

これは，NPT第2条にて非核兵器国である加盟国が，核兵器の受領と製造の禁止を国際社会に対して約束したことを受けて，保障措置協定で明確に国家の責任としてこのような制度の設立と維持を求め，責任ある認定の表明を期待したものである。

環境マネジメントシステムの規定と同様に，SSAC機能を監査し認証するための判断基準と認証の原則および手順[22]の開発が必要であったが未開発であったことと，SSAC機能への信頼性が疑問視された（国によってはSSACに査察機能が具備されていない場合がある）ことから，IAEAは独立した検証システムを維持してきた。

締約国は，既に核物質を転用しないこと，すなわちNPTや保障措置協定の遵守を国際社会に約束し，適切に平和利用を実施している。この平和利用のメカニズムは，環境マネジメントシステムにおける「環境方針及び計画実施」に相当する。また，この実施状況を締約国として確認すること，すなわち，SSACの査察機能は，「内部監査」に相当する。内部監査員は，監査する力量（能力）が求められ，これは，SSACの査察員の能力に相当する。マネジメントシステムとして要求される「外部監査」は，SSACの査察機能の評価と技術的な客観性を保証するためのIAEAによる独立検証に相当する。

一般化して，このような階層化された遵守メカニズムに裏打ちされた独立検証手段を導入する場合には，検証事務局は，締約国に設置される国の監査機能（査察機能）の評価基準を策定する必要があり，また，効果的な独立検証を行うために，締約国の予測困難性が高く抑止効果がある無通告による現地査察の

---

(21) 吉沢正編『ISO14000環境マネジメント便覧』（日本規格協会, 1999年）。
(22) "Guidelines for Environmental Auditing- General Principles," ISO14010; "Guidelines for Environmental Auditing- Audit Procedures- Auditing of Environmental Management Systems," ISO14011.

実施方法や，遵守メカニズムを構成する各要素（報告システム運用状況等）に対する監査方法を確立する必要がある。

階層化された遵守メカニズムの透明性が重要であり，このメカニズムの各基本要素が一体となって機能していることを各段階で独立検証することよって，違反行為を検知する可能性は増大する。

3 新たな軍縮・不拡散問題と検証措置
―― FMCT における検証機能 ――

(1) 条約交渉の経緯

FMCT は，米国クリントン（Bill J. Clinton）大統領が，1993年9月の国連総会演説にて兵器用核分裂性物質の生産を禁止する提案を行ったことに端を発する[23]。同年11月の国連総会で，条約交渉を適当な国際フォーラムで実施する勧告が採択され，この交渉の場をジュネーヴの軍縮会議（CD）とすることが合意された。1995年に開催されたCDの会合で特別委員会の設置とシャノン・マンデート[24]と呼ばれる交渉委任範囲が合意された。条約の構想として，シャノン・マンデートでは，「核兵器あるいはその他の核爆発装置のための核分裂性物質生産禁止に関する無差別で多数国参加の国際的にかつ効果的な検証可能な条約」の成立を示唆した。

しかし，1995年にはこの特別委員会の議長が指名されなかったことから，特別委員会は開催されず，1998年に2回の会合が開催されたものの意見交換の域を出なかった。1999年には，特別委員会は設置されず，2000年4月のNPT運用検討会議の最終文書で，「CDにおけるFMCTの即時交渉開始と5年以内の妥結を含む作業計画への合意」が奨励されたが，「宇宙空間における軍備競争防止」（PAROS）の交渉開始を主張する中国と米国との対立により，交渉開始には至らなかった。その後，2004年に米国が，CDにおいて法的拘束力のある

---
(23) The White House, Office of the Press Secretary, "Non-Proliferation and Export Control Policy," 28 September 1993.

(24) "Report of Ambassador Gerald E. Shannon of Canada on consultations on the most appropriate arrangement to negotiate a treaty banning the production of fissile material for nuclear weapons or other nuclear explosive devices."

条約交渉を開始すべきとの立場を表明したが，会期内の合意はできず，2006年5月に久々の集中検討が行われた[25]。この集中検討において，米国は条約案を提案したが，その内容は，将来の生産のみを禁止対象とし，既存ストックは条約の対象外とし，有効な検証は不可欠であるとの立場から，検証規定を盛り込まないとするものであった[26]。

(2) 条約を効果的なものとするための論点

シャノン・マンデートでは，FMCTの構想を「核兵器あるいはその他の核爆発装置のための核分裂性物質生産禁止に関する無差別で多数国参加の国際的にかつ効果的な検証可能な条約」としているだけで，規制対象となる核分裂性物質や生産禁止活動についての詳細な事項を示唆しておらず，検証方法も具体的な提示は無い。

この構想の解釈について論点を以下に整理する。

(a) どのような核物質を規制対象物質とすべきか

原子力活動は，第2次世界大戦終結直前に軍事目的から開始されたことから，その発展の歴史から見て，軍事利用と平和利用との間で，ウラン濃縮や使用済燃料再処理技術等の技術的な差異を明確に分別することはできない。もちろん，利用される核物質も，物理的な特性から軍事利用と平和利用とに区別することはできない。

過去に，核物質の同位体組成比によって，兵器級の核物質と発電炉級の核物質とに区別しようとする主張があった。これは，少量で瞬時に超臨界状態（核爆発状態）となる核兵器と長期間臨界状態（熱出力状態）を保持する発電炉とでは，使用されるプルトニウム純度（分裂する同位体の含有比）に，特徴的な相違があると主張するものであった[27]。しかし，核兵器国の経験から，発電

---

(25) 外務省ホームページ『核兵器用核分裂性物質生産禁止条約（カットオフ条約：FMCT）の概要』<http://www.mofa.go.jp/mofaj/gaiko/kaku/fmct/gaiyo.html>，2007年9月1日アクセス。

(26) 外務省ホームページ『ジュネーヴ軍縮会議（CD）における兵器用核分裂性物質生産禁止条約に関する集中討議——概要と評価』<http://www.mofa.go.jp/mofaj/gaiko/kaku/fmct/tougi_gh.html>，2007年9月1日アクセス。

(27) 社団法人原子燃料政策研究会『原子炉級プルトニウムと兵器級プルトニウム調査報告書』，2001年5月 <http://www.cnfc.or.jp/j/proposal/reports/index.html>，2007年9月1

炉用プルトニウムでも，一定の臨界条件を満たすように爆発装置を設計することができれば，粗製ながらも十分に核爆発する装置の原料になり得るとの報告も出されている[28]。

IAEA憲章では，核分裂を起こす核物質の同位体を特殊核分裂性物質と定義しており，その同位体の含有率までは規定していない。また，NPTも，核兵器だけでなくその他の核爆発装置の製造や移転を禁止対象としており，粗製ながらも核爆発を起こす可能性のある装置に使用することができる核物質も，IAEAの検証下に置かれている。

核兵器だけでなく核爆発装置の製造を禁止対象とするIAEA憲章及びNPT等との概念的整合をとるために，FMCTで規制対象とする核物質は，IAEAの検証活動で「直接利用物質」と定義されている核物質の規定を準用すべきであろう[29]。すなわち，「核変換又はそれ以上の同位体濃縮をせずに核爆発装置製造に用いることが可能な物質」で，この物質には，プルトニウム238（筆者註：核分裂を起こさないプルトニウム同位体）含有量が80%未満のプルトニウム，高濃縮ウラン（筆者註：ウラン235の濃縮度が20%以上のもの）およびウラン233が含まれる。IAEAでは，ウランとプルトニウムの混合酸化物（MOX）も直接利用物質と規定しているが，MOXは，元来，発電炉用燃料に使用されるものであり，少量で瞬時に超臨界状態とすることは困難であることから，FMCTの規制からは免除することができよう。

一方，最近IAEA理事会を中心に，IAEA憲章の定義を越えてネプツニウムおよびアメリシウムなど核物理的にさらに核分裂する可能性のある物質の規制について検討が進められている[30]。これらの物質は，代替核物質（ANM）と呼ばれ，プルトニウムと同様に発電炉におけるウランの中性子照射によって生産されるないしはプルトニウムの核変化によって発生する物質であり，高度な

日アクセス。

[28] J. Carson Mark, "Explosive Properties of reactor-Grade Plutonium," *Science & Global Security,* vol. 4 (1993), pp. 111-128.

[29] Para. 4. 25 of IAEA Safeguards Glossary, 2001 Edition, International Nuclear Verification Series No. 3, International Atomic Energy Agency, Vienna, 2002.

[30] Para.50 of Safeguards Statement for 2006, Background to safeguards Statement and Executive Summary of the safeguards implementation Report for 2006 <http://www.iaea.org/OurWork/SV/Safeguards/es2006.html, accessed on September 1, 2007.

設計の起爆装置を使用した場合に，核爆発装置の原料となる危険性をもつ。平和利用下のネプツニウムおよびアメリシウムをIAEAの適切な検証の下に置くための活動は既に開始されており，FMCTにおいてもこれらの物質の生産が核爆発装置製造のための抜け道とならないような対策を講ずる必要があろう。

(b) どのような活動を規制対象とすべきか

IAEAが直接利用物質と定義している核物質は既に平和利用にて発電炉等で使用されており，このような核物質を生産禁止とし，利用できない状況をFMCTで規定してしまうと，NPTで規定したIAEAの検証を条件とした平和利用の容認に矛盾することになる。平和利用下のこのような物質は，既にIAEAの保障措置下におかれ，検証活動の対象となっていることから，このような核物質は，FMCTの範疇とすべきではない。

この解釈を明確にするために，シャノン・マンデートにあるFMCTによる規制条件を「核兵器および核爆発装置のための核物質の生産禁止」から，「核兵器および核爆発装置製造を目的とした核物質の生産禁止」へと拡大解釈し，目的に使用者の意図が明確となるようにし，平和利用目的を除外した活動，すなわち，「軍事目的その他テロなど不法行為のための核爆発装置製造を目的とした上記核物質の生産禁止」と理解を進めるべきであろう。これは，FMCTを核軍縮促進の証として1995年のNPT運用検討・延長会議で合意された「核不拡散及び核軍縮の原則と目標」や2000年のNPT運用検討会議における最終文書の精神と合致する。

ここで，規制対象とするプルトニウムおよび高濃縮ウランの生産方法を分析するために，核兵器国で想定される軍事利用核物質の流れを見てみよう。

プルトニウムに特化した流れを見ると，核兵器等へ組み込むことを目的とした生産および再処理による回収は共に禁止される。

核兵器国の保障措置協定においては，国家安全保障上の重要性（national security significance）により平和利用下の核物質もIAEA保障措置の対象から撤回（withdraw）する権利が認められている[31]。核兵器国は，平和利用の核物質を軍事目的に転用することができるという保障措置協定上の権利もFMCTを

---

[31] 事例として，米国がIAEAとボランタリー・サブミッションとして締結している保障措置協定（INFCIRC/288）の12条に見られる。

第3部　核不拡散

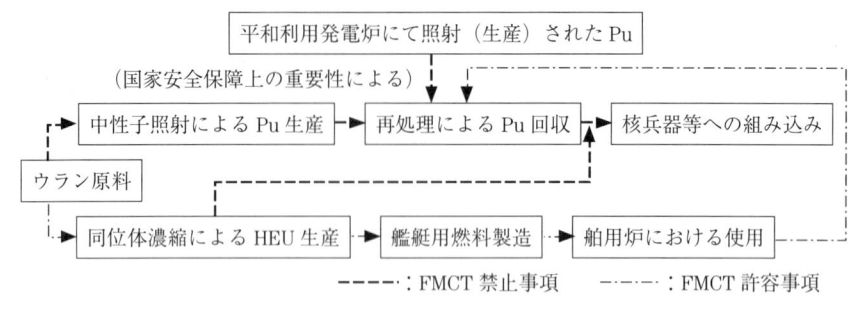

```
                    ┌─平和利用発電炉にて照射（生産）された Pu─┐
                    │                                          │
         （国家安全保障上の重要性による）                        │
   ┌──┬─────────────┐  ┌─────────────┐  ┌─────────────┐
   │  │中性子照射による Pu 生産│→│再処理による Pu 回収│→│核兵器等への組み込み│
   │  └─────────────┘  └─────────────┘  └─────────────┘
ウラン原料                              │
   │  ┌─────────────┐  ┌─────────────┐  ┌─────────────┐
   └──┤同位体濃縮による HEU 生産├→┤艦艇用燃料製造├→┤舶用炉における使用│
      └─────────────┘  └─────────────┘  └─────────────┘
```

――――：FMCT 禁止事項　　―・―・―：FMCT 許容事項

図－1　想定される核兵器国における軍事利用核物質の流れ

通して停止すべきであろう。これは，保障措置協定における核兵器国と非核兵器国との間にある差別性を解消することとなり，ひいては，NPTの差別性の一部の解消にも貢献する。

　一方，ウランに特化した流れでは，軍事舶用炉用燃料となる高濃縮ウランの使用は，シャノン・マンデートでは禁止されていないことから，高濃縮ウラン生産は禁止されない。すなわち，高濃縮ウラン燃料の舶用炉サイクルは許容される。禁止される事項は，生産された高濃縮ウランの核爆発装置への転用（目的外使用）と，舶用炉使用済燃料から回収されたプルトニウムおよびウランの核兵器等への利用である。

(c)　ストックされている核物質の再精製（Refining）も禁止対象とするか

　核兵器国におけるストック（nuclear warhead stockpile）は，まだ戦略的な地位を維持し短期間に実戦配備可能な状態にあるものと，実戦配備からは外されたが有効期間長期保管されているものとの2つに分類される。この分類以外に，米国には既に戦略的な意味を失い，実戦配備から外された核兵器が貯蔵されている(32)。現時点で核兵器国が実戦配備しているとする核兵器の削減は，別途交渉の促進を要求する必要があるが，既に戦略的な意味を失い，実戦配備から外された核兵器に組み込まれている核物質を再精製して実戦配備可能（核爆発装置に組み込むことが可能）な状態にし，結果として核兵器数を増加ないしは維持することは，「核兵器ないしはその他の核爆発装置のための核分裂性物質

---

(32) Shannon N. Kile, Vitaly Fedchenko and Hans M. Kristensen, "World Nuclear Forces, 2006," *SIPRI Yearbook 2006* (New York: Oxford University Press, 2006), pp. 645-646.

を生産禁止」するとの視点からFMCTでは禁止されるべきである。

核軍縮および解体核兵器から派生した核物質の管理は，①実戦配備核兵器数の削減，②戦略的に意味を失った余剰核兵器の管理，③核弾頭から回収された兵器級核物質の管理，および，④兵器起源の核物質の平和利用への移行の4つの段階から構成される。

①は，核軍縮条約等で対応すべきである。②のような戦略的な意味を失い長期にわたって保管管理されている核兵器は，これが実戦配備に逆行しないように，FMCTの規制対象とすべきである。③の対応は，既に，米ロの戦略的な意味を失った核兵器から回収された核物質を，IAEAの検証下に置く「トライラテラル・イニシアチヴ」活動として1996年から開始されている。この活動の目的は，核兵器国が余剰であると申告した核物質を検証下におき，一度IAEAの検証下に置かれた核物質は，核兵器使用には戻さないという枠組みの構築である[33]。戦略的意味を失った核兵器から取り出された余剰核物質は，速やかにIAEAに申告され，この枠組みに組み込まれるべきである。④は，平和利用下の核物質として，ボランタリー・サブミッションとして核兵器国が受諾しているIAEA保障措置の対象となる。

(3) 期待される検証措置
(a) 検証対象事項（違法シナリオ）

図－1に示した流れ図から，次の違法シナリオを想定することができる。
① 秘密裏のプルトニウム生産
・秘密裏にプルトニウム生産炉を建設し，プルトニウムを生産する
・既に運転停止を宣言している既存のプルトニウム生産炉を秘密裏に運転し，プルトニウムを生産する
② 秘密裏のプルトニウム回収
・秘密裏にプルトニウム回収施設を建設し，プルトニウムを回収する
・既に運転停止を宣言しているプルトニウム回収施設を秘密裏に運転し，プ

---

[33] Thomas E. Shea, "Report on the Trilateral Initiative? IAEA Verification on Weapon-Origin Material in the Russian Federation & the United States," *IAEA Bulletin*, vol. 43, no. 4 (2001), pp. 49-53.

ルトニウムを回収する
③ 生産された高濃縮ウランの舶用炉用燃料以外への転用
　・舶用炉用に生産された高濃縮ウランを，核兵器等に転用する
　・秘密裏のウラン濃縮施設を建設し，核兵器等に使用する高濃縮ウランを製造する
④ 舶用炉使用済燃料から回収したプルトニウムおよび高濃縮ウランの核兵器等への転用
　・既に運転している舶用炉使用済燃料再処理施設において回収したプルトニウムおよび高濃縮ウランを核兵器等に転用する
　・秘密裏に再処理施設を建設し，舶用炉使用済燃料からプルトニウムおよび高濃縮ウランを回収し，核兵器等に転用する
⑤ 余剰核物質の核兵器等への逆行および平和利用核物質の転用
　・既に運転停止を宣言しているプルトニウム回収施設を秘密裏に運転する，あるいは秘密裏のプルトニウム回収施設を建設する，さらに民生利用のプルトニウム回収施設を使用して，余剰として保管されている核物質を再精製し，あるいは，平和利用核物質を再処理し，核兵器等へ転用する

(b) **検証手法（検証アプローチ）**

検証手法は，想定した違法シナリオに基づく活動が検知可能となるように策定されるべきである。注意すべき事項は，適用箇所の多くが軍事利用施設であり，対象核物質には核兵器使用目的の軍事機密が含まれることである。

上記①と②のシナリオは，既存の軍事目的のプルトニウム生産炉およびプルトニウム回収施設が停止状態にあることを確認する，および，これらの種類の施設が秘密裏に建設されていないことを確認することが検証目的となる。プルトニウム生産炉およびプルトニウム回収施設の停止状態の確認は，今後北朝鮮を事例に開発され実証されることになろう。一般に，当該施設に対象となる核物質が存在しないこと，および，運転を開始するための駆動装置（プルトニウム生産炉であれば，制御棒引き抜き装置）などを封印し運転が困難な状態にあること等の監視を継続することにより，その目的を達成することはできよう。

一方，秘密裏の施設建設の検知は，IAEA保障措置において既に対応されていることから，IAEAの追加議定書適用の事例を参照し，NTMを含む入手可能

な情報や環境サンプリング[34]を活用することによって対応することは可能である。

　③の既存のウラン濃縮施設を介した違反シナリオは，生産された高濃縮ウランの量と使用目的を検証することが必要となる。生産目的にかなうウランの品質（濃縮度）および量が共に適切に管理され，舶用炉へ装荷されていることの理論的な立証が必要となる。しかし，このような情報は，軍事艦艇の航行距離や推進能力等の軍事機密に触れるものであることから，検証は容易ではない。③の秘密裏のウラン濃縮施設の検知は，上述①と②の未申告施設と同様の対応を採ることができよう。

　④の既に運転している舶用炉使用済燃料再処理施設で回収されたウランおよびプルトニウムの核爆発装置への転用検知は，技術的には，現時点で平和利用を目的とした再処理施設に対して適用されているIAEA保障措置の検証手段を準用することで対応は可能である。しかし，検証の対象となる使用済燃料が，軍事艦艇から排出され，軍事機密に触れるものであることから，回収されるプルトニウムやウランの品質等の検証は容易ではない。④の秘密裏の再処理施設の検知は，上述①と②の秘密裏に建設された施設の検知と同様の対応を採ることができよう。

　舶用炉用燃料の検証を除外する場合には，保障措置協定第14条「平和利用以外の活動に使用される核物質に対する保障措置の不適用」の条項を拡大準用することが考えられる。これは，NPTで禁止されていない軍事舶用炉用燃料への保障措置適用除外を規定したものであり，FMCTにおいても参照可能であろう。

　⑤の余剰核物質の核兵器への逆行検知は，まず，対象となる核物質を同定し，その後保管状態の監視を継続することによりその目的を達成することができる。この際の注意点は，保管中の核物質を低品位の核物質とすり替え，高品位の（即核爆発装置へ組み込むことができる）核物質を転用するという可能性を払拭することである。このために，監視対象下にある核物質の品質と量を確認する

---

(34) W.D. Lauppe, I. Niemeyer, "Wide Area Environmental Monitoring For IAEA Safeguards: Use of Existing Monitoring System," TASK A.21/E1068 JOPAG, January 2000.

という検証行為が必要となる。しかし，これら対象となる核物質は，核弾頭から回収された状態のものであるために，核物質の品質については軍事機密に属する。

監視下に置かれた保管施設から不法移動された核物質を再精製しプルトニウムを回収する過程について，既に停止中の施設の未申告運転や秘密裏に建設された施設を使用することを想定する場合には，上述と同様の対応で検証目的を達成することができよう。民生利用のプルトニウム回収施設を使用することを想定した場合には，既にIAEAの保障措置下にあるこの施設の計量管理および検証活動を強化することによって対応することができる。また，平和利用下の核物質の転用は，IAEA保障措置で対応できる。

(c) **申告情報の特定**

条約で規制される事項を検証するために必要となる申告情報を特定する必要がある。想定される情報は以下の通りである。

① 運転が停止されているプルトニウム生産炉の場所，その規模および施設の設計情報
② 運転が停止されているプルトニウム回収施設の場所，その規模および施設の設計情報
③ 舶用炉使用済燃料のウランおよびプルトニウム回収施設の場所，その規模および施設の設計情報
④ ウラン濃縮施設の場所，その規模および生産される高濃縮ウランの種類，品質，量およびその使用目的
⑤ 上記施設に保管されている核物質の種類，品質および量
⑥ 余剰核物質保管施設の場所，その規模および設計情報
⑦ 上記施設に保管されている核物質の種類，品質および量

(d) **検証技術**

検証技術は，禁止対象となる行為によって次の3種類に分類することができよう。

① 施設の運転停止の検証技術

この技術は，運転が禁止された施設の状態を検証するために活用される。施設の設計情報の分析により，運転停止を確認できる箇所の封印，施設の運

転を示す特徴的な指標（生産炉であれば照射用中性子の発生の有無）を監視するための各種放射線測定用機器や光学的監視装置，および，これら設置した装置の運転状況を遠隔地で監視するモニターシステムなどが必要な検証技術として上げられる。このような技術は IAEA 保障措置実施において既に確立され運用されているものを準用することは可能である。

② 未申告施設検知技術

この技術は，秘密裏に建設された施設を検知するために活用される。従来の NTM として使用されてきた衛星情報や IAEA が採用している利用可能なすべての情報及び環境サンプリング技術がこれに当たる。既に開発されている多くの技術を使用することは可能であろう。

③ 申告された核物質の計量検認技術

この技術は，ストックされた余剰核物質の保管状況や核兵器等への逆行の有無を検証するために使用される。対象となる核物質の種類と量を特定するために，放射線分析技術や化学分析技術などの計量検認技術が必要となる。これらの多くは，既に IAEA 保障措置において確立され運用されている。一方で，FMCT においては，検証対象となる核物質の品質（核兵器用核物質の同位体組成比）等，軍事機密に属する情報の検証活動を介した漏洩が懸念される。これら機密情報に触れない状態で検証に必要な情報を取得する技術は，既に IAEA のトライラテラル・イニシアチヴにおいて開発されている[35]。これらの技術を準用することは可能である。

(e) 検証メカニズム

ルーチン査察とチャレンジ査察の2種類を検証目的別に導入すべきであろう。ルーチン査察は，IAEA 保障措置の通常査察と同義で，締約国の申告内容の正確性と完全性，すなわち，運転停止中の施設（申告済み施設）が秘密裏に運

---

[35] D. Mangan, J. Matter, I. Waddoups, M. Abhold, G. Pshakin, I. Kuleshov, "Trilateral Initiative: Inventory Monitoring Systems for facilities storage classified forms of fissile material (IAEA-SM-367/17/03)," *Proceedings SYMPOSIUM ON INTERNATIONAL SAFEGUARDS*, 29 October-2 November 2001, Vienna; S. J. Luke, G. K. White, D. E. Archer, J. K. Wolford, T. B. Gosnell, "Verification of the Presence of Weapons-Quality Plutonium in Sealed Storage Containers for the Trilateral Initiative Demonstration (IAEA-SM-367/17/05)," *Proceedings SYMPOSIUM ON INTERNATIONAL SAFEGUARDS*, 29 October-2 November 2001, Vienna.

転再開されていないことの確認や余剰核物質の保管状況などを検証するために実施される。実施の形態は，事前通告による定期的な実施でも，無通告による不定期な実施でも容認できるが，検証実施の効率性を考慮した場合には，抑止効果が期待できる無通告査察の実施が推奨される。現地査察実施以前の情報分析もルーチン査察の一部に含まれる。

チャレンジ査察は，CWC や CTBT と同様に違反行為が提起された時点で発動される。実施目的は，秘密裏に建設された施設の検知に限られ，違反行為が提起された場合には，「いつでも（anytime），どこでも（anywhere）」の原則に沿って疑義解消のために実施される。

(f) **検証議定書ないしは補助取り決め**

検証対象となる個別の施設について，検証実施内容を締約国と合意するための検証議定書ないしは補助取り決めを条約に付帯する必要があろう。この形式は，保障措置協定の階層構造を準用することは可能であろう。IAEA 保障措置の場合，①協定本文，②議定書，③情報の提供内容を取り決めた補助取り決め総論部，④査察対象施設毎に検証活動内容を取り決めた施設附属書の 4 種類の文書から構成されている。

(g) **検証機関**

FMCT を無差別で多数国参加の国際的にかつ効果的に検証可能な条約とするためには，同条約の運用および検証実施を担当する中立な検証機関の設置ないしは指名が必須である。上記のような検証機能を想定した場合には，この検証内容を担当する技術能力を，既に IAEA は保有しており，IAEA の機能を有効活用することが最も費用対効果の高い選択であろう[36]。

おわりに

本稿では，検証措置の歴史的な変遷を紹介し，実績から俯瞰される検証措置の必要事項を整理した。また，事例として，FMCT を対象とした検証措置のあり方を議論した。

---

[36] David Fischer, "Some Aspects of a Cut off Convention," Paper for UNIDIR, 9 April 1994, p.12.

以上の議論から，軍縮および核不拡散関連条約の締約国の相互の利益を共有し維持するためには，締約国の条約遵守状況を監視し，相互の信頼性を醸成することができる費用対効果の高い検証措置が不可欠であることが分かる。

　検証措置の構築は，条約で合意された禁止事項を踏まえて，違反事項を特定し，抜け穴（loophole）がないように監視網を敷設することから開始される。そして，監視や違法行為を検知できる技術の選択や開発が求められる。検証技術には，客観性が不可欠である。技術的な客観性を持たない検証措置は，相互の誤解と不必要な論争を生み出すことになり，効果的ではないとの判断が下され，結果として条約そのものの権威を失墜させてしまうこととなる。

　検証措置は，本質的にすべての締約国に対して侵入的（intrusive）である。それゆえに、どの締約国の国益も代表しない中立的な実施機関を設置し、技術的な客観性を持って実施すべきである。一方、締約国は、条約運用から受ける国益を踏まえて検証措置を受諾すべきである。侵入的である検証措置を積極的に受諾することは、締約国の条約履行状況の透明性を向上させると共に、条約に対する敬意の表明に繋がることに留意すべきである。

15 平和利用の推進と不拡散の両立
―― 核の多国間管理構想に関する考察 ――

秋山　信将

はじめに
1　核不拡散をめぐる「秩序観」
2　「多国間管理構想」の史的展開
3　最近の多国間管理構想をめぐる動向
むすび

はじめに

　原子力の平和利用と核不拡散は常に緊張関係にある。両者は，核兵器不拡散条約（NPT）のいわゆる「グランド・バーゲン」として，核不拡散体制を構成する諸価値の中核をなす。現在190カ国が加盟しているNPTにおいては，核兵器国を5カ国に限定し，それ以外の非核兵器国は，核兵器の保有を断念する見返りとして，原子力の平和利用の「奪い得ない権利」を保証され，平和利用に係る協力を受けることができるとされている。しかし，はたしてこの2つの価値は究極的には両立可能なのかどうかという疑問は，1945年に米国が核開発競争の口火を切って以来，核不拡散政策に常に付きまとっている。たしかに1960年代はじめにケネディ（John F. Kennedy）大統領が恐れていたほどの核拡散は進まなかったとはいえ，インド，パキスタン，イスラエルというNPTに加盟していない核兵器保有国はもとより，当初平和利用と主張しながらもNPTを脱退して核保有を宣言した北朝鮮や，湾岸戦争前，秘密裏の核計画を進めていたイラク，現在国際社会が懸念する中で濃縮計画を進めるイランなど，核拡散の懸念（とりわけ平和利用から派生する核拡散の問題）は払しょくされていない。また，パキスタンのカーン（Abdul Qadeer Khan）博士が中心となっていたとされる「核の闇市場」は，国家間の拡散において民間組織（企業なども含む）や個人が媒介となりうることを示した。さらに，冷戦後の不拡散秩序において顕著になったのは，（国による）核拡散を抑制する従来の「誘因（利益）」と「制

裁」の論理が，冷戦後の世界の新しいタイプの拡散者，つまり「ならず者国家」やテロ組織に対しては適用できない，ということである。

こうした核拡散の懸念に対しては，NPTと国際原子力機関（IAEA）の保障措置の強化（追加議定書の普遍化を目指す取り組み）を基本とし，原子力供給国グループ（NSG）による輸出管理レジーム，拡散に対する安全保障イニシアティヴ（PSI）といった半公式の多国間取極めや，各国に非国家主体の大量破壊兵器（WMD）拡散関与を禁止する法体系の整備を要求する国連安全保障理事会決議1540，国連安保理決議によって正当化された不遵守に対する制裁，そして非公式かつアド・ホックな協議体（北朝鮮問題における6者会談やイラン問題におけるEU3+3）における対話を通じた解決など，核拡散問題に対処するさまざまな形態の国際的な枠組みや制度が構築されている。また，米国が主導する「グローバル原子力パートナーシップ（GNEP）」は，核拡散抵抗性の高い技術開発と，燃料供給保証を盛りこんだ長期的な国際協力の構想である[1]。このように多様な措置が取られている中で，燃料供給保証と核燃料サイクルの多国間管理の導入による濃縮・再処理技術と核物質拡散の防止の枠組みの提唱[2]も有力なオルタナティヴとして議論が進められている。

核燃料サイクル・核物質の多国間管理・供給保証のアイディア自体は，核が国際政治の舞台に登場して以降，何度か構想されてきた。これまでのところ実現することのなかった多国間管理構想だが，2000年代に入って，その実現を目

---

(1) GNEPについては，米エネルギー省のHPを参照。<http://www.GNEP.energy.gov/>, accessed on July 10, 2007.

(2) エルバラダイIAEA事務局長による提案（2003年10月），ブッシュ大統領の7項目提案（2004年2月），2005年IAEA総会での，「核燃料バンク」構想の提唱，それに，濃縮活動を商業規模で実施している各国と連携して，より多国間主義の性格を強めた，燃料供給保証と濃縮活動放棄の取引の枠組みの提唱などである。Mohamed ElBaradei, "Toward A Safer World," *The Economist*, October 16, 2003; *"President Announces New Measures to Counter the Threat of WMD,"* Remarks by the President on Weapons of Mass Destruction Proliferation, February 11, 2004; *Videotaped Remarks as Delivered by Secretary Bodman*, International Atomic Energy Agency, 49th Session of the General Conference, September 26, 2005; *Remarks Prepared for Energy Secretary Sam Bodman*, 2005 Carnegie International Nonproliferation Conference, November 7, 2005; "Six Country Concept for a Multilateral Mechanism for Reliable Access to Nuclear Fuel," Presented September 21, 2006 by Jim Timbic on behalf of France, Germany Russia, the Netherland, United Kingdom and United States.

指した政治的な動きがより加速し，多国間管理制度の設立が従来より現実味を帯びてきているように見受けられる。

そこで本稿では，現在，以前の構想よりも実現に近付いているように見える核燃料・核物質の多国間管理構想という核不拡散の手法の過去と現在の政策思想・背景を比較し，核不拡散を強化しながらも平和利用を推進する枠組みとなり得るのかどうか，国際環境の変化や核の秩序とそれを規定する政治力学の変化を歴史的に見ながら議論する。

1　核不拡散をめぐる「秩序観」

(1)　核不拡散措置の類型

現在の核不拡散体制の基礎を構成するNPTでは，第2条において非核兵器国の核保有を禁止するとともに，第4条においては原子力平和利用の「奪い得ない権利」を謳い，そのための協力について定めている。平和利用と核不拡散は両立すべきであり，第3条に定める保障措置を受けることによってそれが可能であるという考え方に立っている。しかしその一方で，現実には原子力技術が元来の性質として具有している汎用性（しかも，民生用にも軍事用にもその効用は大きい）ゆえに，平和利用に対するニーズと核不拡散の両者を同時に実現することは厳密には不可能なのではないかとの悲観論がある。

この2つの考え方は，極論すれば核拡散の本質は何か，という哲学的な問題に行きつく。すなわち，前者は核拡散問題の本質は民生用の施設を軍事用に転用しようとする政治的な意思が問題なのであり，たとえ機微な核技術の存在があったとしても，そこに制度的な障壁を設けて転用を規制・監視し，政治的な約束を国際的な枠組みで担保することで軍事転用の阻止（潜在能力の顕在化の阻止）は可能であるという，ある意味では性善説的アプローチを取る。科学技術の発展は人類全体の福祉の向上に資するものでありその成果は平等に共有されるべきであるという普遍的な理念を，巨大な破壊力を持つ核という危険な技術の分野においても実現すべきであるということになろう。このような思想は，不拡散への平等主義的制度的修正アプローチ（eagalitarian institutional fix approach）といえる[3]。一方，後者の悲観論に立てば，核拡散の問題は，核技術

第3部 核不拡散

表1 不拡散政策へのアプローチの類型

アプローチの種類	拡散リスクへの認識	規制のポイント	平和利用の権利	措置の例
平等主義的制度的修正アプローチ	機微技術の存在よりも、転用という行為とその意思が問題	国際的な規則や取極めの障壁によって軍事転用を防止 多国間の枠組みを重視 →潜在能力の顕在化防止	核燃料サイクルにおいても、権利は尊重し、技術移転の可能性は排除しない	保障措置の強化
結果主義的制度的修正アプローチ	機微技術の存在自体がすでにリスクを構成	機微な技術の移転そのものを規制する 有志国、2国間、あるいは一方的措置 →潜在能力の移転阻止	制限はやむなし	義務的多国間管理 NSG（特に技術移転モラトリアム）
政治的修正アプローチ	核保有に至らしめる動機と意思が拡散の最大の課題	核保有の動機の削減＝地域安全保障懸念の解消など 濃縮・再処理技術取得の動機の解消＝経済的合理性 →能力ではなく意思への働き掛け	権利の尊重が原則	拡大抑止 消極的安全保証 非核兵器地帯の設置 供給保証 GNEP など
技術的修正アプローチ	機微技術の存在	核拡散抵抗性の高い技術へのパラダイムの転換 保障措置技術の向上	平和利用の権利は前提	GNEPの核拡散抵抗性の高い核燃料サイクルの研究、保障措置技術開発、トリウム炉の実用化

は、汎用性という性質ゆえ軍民分離が不可能であり、民生用の施設であっても転用のリスクを完全に排除するのは不可能である以上、対象が誰であれ、機微な核技術が拡散すること自体を規制しなければいけないという、性悪説的な要素を取り入れたアプローチを取ることになる。つまり、核拡散を防止するため

---

(3) Ted Greenwood, Theodor Taylor and Harold Feiveson, *Nuclear Proliferation: Motivations, Capabilities and Strategies for Control* (New York: McGraw Hill, 1977) では、技術的修正 (technical fix：核拡散抵抗性の高い技術開発によって核拡散を防止する) と、政治的・制度的修正、という2つのカテゴリーからのアプローチを採用している。本稿では制度的修正と政治的修正は、受け手側に対して作用する力学が異なるために、別のものとして扱うこととした。

に普遍性や平等を犠牲にしてでも技術そのものの拡散を，強い制度的拘束力をもって阻止すべき（潜在能力そのものの拡散の阻止）であるという，結果主義的制度的修正アプローチ（result-oriented institutional fix approach，技術の取得をあきらめる強制とインセンティヴの両面で「パワー」に依拠する措置を取る）といえる。

また，政治的修正アプローチ（political fix approach）は，核兵器の保有においては，動機と意思が重要であるという点では，平等主義的制度的アプローチと共通しているが，制度的な規制への期待は低く，制度的アプローチに限界を見て，核拡散の動機となるような地域安全保障環境の改善や安全の保証の提供などによってその動機を抑制するというアプローチである。

これらは，既存の核技術の現状を所与のものとして組み立てられている議論であるが，それに加えて，核拡散抵抗性の高い核燃料技術の開発によって，そもそも核分裂性物質の生産をより困難にすることや，トリウムのようにウランやプルトニウムと違い，核兵器への転用が困難な物質を利用して原子炉を動かそうという，技術開発に主眼を置いた技術的修正アプローチ（technological fix approach）がある。

不拡散のための措置は，また，国際的な核不拡散体制に与えるインパクトの度合いによっておおまかに4段階のレベルに分類できる。第1のレベルは，既存の核不拡散体制にすでに備わっている措置やメカニズムを強化し，レジームの規範構造[4]自体は温存するものである。例えば，IAEA追加議定書の普遍化や検証の標準化，条文の解釈の軽微な変更などがこれに当たる。条文の解釈の変更についてはその程度にもよるが，例えば，2000年のNPT運用検討会議の最終文書においてNPT第5条の「平和的爆発」が包括的核実験禁止条約

（4）　規範とは，レジームに参加するアクターの意思の決定において判断の基準となる価値であり，また，アクター間の関係も一定程度規定する要因となりえる。国際的核不拡散体制の提供する「規範」は，NPTに規定された核軍縮，不拡散，平和利用という三本柱と，核兵器国と非核兵器国の区別であり，また，三本柱の間の「グランド・バーゲン」と呼ばれる，核兵器国と非核兵器国の間の一種の政治的権利義務関係を定めた政治的了解もそれに次ぐ重要な要素として存在する。また，NPTの運用検討会議やNSGなどで採用されている，コンセンサスに基づく意思決定のシステムも，アクターの行動を規定する要素として重要であると考えられる。

(CTBT)に照らして解釈されるべきとされた事例[5]や,「第一条及び第二条の規定に従って」原子力の平和的目的の利用をする限り奪い得ない権利が担保されるとする第4条の1は,現在,第1条,第2条のみならず,軍事転用を防止するため非核兵器国が包括的保障措置を受ける義務を定めた第3条の規定にも従うと解されることが主流となりつつある傾向などが,このレベルに属するものであろう。また,IAEA憲章第12条Cに規定された,理事会が憲章違反を全ての加盟国と国連安保理および総会に報告する義務(第3条B4も参照のこと)を厳格に運用し,違反国に対して安保理が断固とした措置を取るという手続きを標準化することによって,潜在的な違反国に対し,違反を思いとどまらせるようなディスインセンティヴを与えることもここに含まれる。

　第2のレベルは,既存のレジームの価値規範体系に変更は及ぼさないものの,核不拡散体制の中核となるNPTとIAEA保障措置協定の外の領域で,既存の規範に沿った措置により同体制を強化するものである。NSGやザンガー委員会による核関連の機微な資機材の移転の制限や輸出管理,あるいはPSIなどがこれに該当する。また,NPTからの脱退に際し手続きを厳格化して不拡散義務からの離脱を困難にするように求める議論がある。これ自体は規範の変更にはつながらないが,既存の制度やルールの適用だけではその運用に抜け穴ができるために,新たな制度運用のルールや適用方法を規定する試みである。

　第3のレベルは,既存のレジームの価値規範構造を変容させるインパクトを持つ方策である。これは,NPTが提供する価値の三本柱(核軍縮,核不拡散,平和利用)のあり方(それぞれの概念の意味するところや実質的内容,あるいは相互の「グランド・バーゲン」)に変更を加える措置である。例えば,NPTの改正・廃止が典型的な例であろう。燃料供給保証や核燃料サイクルの多国間管理構想については,もしそうした取極めへの参加が義務化されるとしたら,それは,NPT第4条の「奪い得ない権利」に係る解釈を変更し,その権利を享受できる領域を限定するという大きな意味を持つため,このレベルの政策とみられよう。他方,こうした取極めへの参加は自主的な判断によるものとする,と

---

(5) *NPT/CONF.2000/28 (Part I and II), 2000 Review Conference of the Parties to the Treaty on the Non-Proliferation of Nuclear Weapons, Final Document, Volume I, Part 1,* New York, 2000, P.13.

した場合には，第3のレベルに近い2のレベルの施策であるといえよう。つまり，ある制度を創設してその制度に自主的に参加を促し，自主的な参加によって加盟国の行動を規定することは，長期的には価値規範構造の変容につながる可能性は含むものの，その設立に際しては，既存の価値規範構造に基づくのである。

レジームに対して中立的である技術的アプローチについては，核拡散抵抗性の高い技術（特に濃縮，再処理の領域における技術）の開発・利用と，保障措置の能力向上のための技術開発がある。技術的アプローチには，既存の核不拡散体制における価値体系の変容を促すような効果はないが，副次的効果としてこうした技術が特定の国に占有されることがあれば，国際的な不平等感の拡大し，核不拡散体制に対する信頼性もしくは「忠誠」（adherence）の意識を低下させる可能性は残る。また，さらに，レジームの制度に依存しない政策措置によって拡散を阻止しようとするアプローチもある（レジーム非依存型アプローチ）。これは，ミサイル防衛といった，いわゆる「拡散対抗」の一部の措置や，各政府単独の法律や政令等による制裁（例えば米国の大統領令など），さらに核不拡散とは直接関係のない措置（たとえば，金融制度へのアクセスの制限など）による抑制などが含まれる。

実態としては，当然のことながら，これまで実施あるいは提案されてきた不拡散のための措置がこれらどれか1つの思想のみを反映しているということはなく，複数の側面を持ち合わせていることは間違いない。ただ，それぞれの政策や提案の本質を見極めようとすれば，国際秩序を構成する価値のうちどれを

表2　レジームへのインパクトに基づくアプローチの分類

レベル	レジームへのインパクト	政策の例
1	レジームの中核をなす既存のメカニズムや措置の強化	保障措置追加議定書の普遍化，安保理を通じたエンフォースメントの強化
2	レジームの規範に準拠したレジーム周辺のメカニズムや措置の創設・強化	NSG，自主的な多国間管理制度，PSI，安保理決議1540
3	既存のレジームの価値・規範体系とは異なるパラダイムの政策装置	義務的な多国間管理制度，NPTの改正・廃止
4	レジームの制度とは理論上価値中立的	技術開発，拡散対抗，経済制裁など

重視し，またそうした政策がどのように国際秩序に作用することを望むのかという意味で，政策や制度の設計思想において依拠するアプローチを整理してみると，政策の提案者の「秩序観」が見えてくる。

(2) 核秩序管理の手法をめぐる時代区分

政策技法から核の「秩序観」について見る視点以外に，誰が核を管理するのかという視点は，核開発の歴史的経緯からみて重要である。1945年に米国が初めて原爆の開発に成功して以降，核の技術とその成果を誰が保有できるのか，という命題は，核の国際秩序においては常に中心的な論点であった。その流れを特に米国の姿勢に力点を置きながら大まかに見てみると，次のように整理できるであろう。

① 1945年の原爆投下以降の米国による核の独占管理の追求の時代
② ソ連の核実験により核の独占が崩壊し，原子力協力（米の場合，「平和のための原子力（Atoms for Peace）」）を通じた米ソの寡占的共同管理へと転換する時代
③ 供給国（潜在的拡散源）の多元化に対応するための多国間の管理体制と核の寡占を正当化するためのNPT体制の構築の時代
④ 1974年のインドによる「平和的爆発」後の「平和のための原子力」路線の挫折とNSGによる輸出規制強化，国際核燃料サイクル評価（INCFE）による濃縮再処理の拡散防止の試み（と失敗）の時代
⑤ 冷戦の終焉とソ連の崩壊後の「ならず者国家」やテロリストによる核取得，非国家主体の拡散への関与という新しい脅威の出現から協調的脅威削減（CTR）や執行・強制（enforcement）強化の措置を重視する時代
⑥ エネルギー需要の増大と地球環境問題への関心が高まり，原子力が再び拡大へ向かう，「原子力ルネサンス」の中での多国間管理構想の高まりの時代

核拡散にはいくつかのパターンがあり（表3），表中の灰色に塗られた部分は，特に原子力の平和利用から派生する拡散のリスクを表す。最も懸念される拡散リスクに対する認識は，時代によってそのパターンは異なっている。また拡散の態様によって対処策も異なる。それを簡単にまとめると表4のようにな

る。

表3 核拡散のパターンと対処策

核拡散のパターン	主体	対処策
軍事用核施設での核物質の製造	国家	NPT, incentive（報酬）・disincentive（圧力・制裁）
民生用施設・物質の転用	国家	保障措置, incentive・disincentive
民生用と偽っての資機材・技術の獲得	国家	保障措置・輸出管理, incentive・disincentive
独自の技術開発・資源調達	国家	保障措置, incentive・disincentive
闇市場からの調達	非国家主体・国家	輸出管理, PSI, 安保理決議1540
核兵器の他からの移譲（購入・譲渡）	国家・非国家主体	PSI
核兵器・核物質の盗取	国家・非国家主体	核セキュリティ／物理的防護, PSI, CTR

表4 原子力・不拡散をめぐる国際秩序の時代区分と拡散リスクおよびその対抗措置

時代区分	米国による核の独占	Atoms for Peace（第1期原子力拡大期）	供給国多元化の時代	インド核実験（1974）以降	冷戦後（特に9.11以降）（冷戦の後始末）	原子力ルネサンス（第2期原子力拡大期）
拡散リスク	ソ連による核開発, その他の核先進国の核開発	工業国, 中堅国への拡散	技術供給源の多元化 途上国への拡散	途上国への拡散	ならず者国家 核テロ＝拡散, セキュリティ 平和利用の転用	ならず者国家, 核テロ 途上国への拡散＝拡散, セキュリティ, 安全性
導入もしくは検討された政策装置例	米国主導による国際管理（バルーク案）	IAEA包括的保障措置 二国間協定（協力と保障措置）	NPT	NSG INFCE	追加議定書 グローバル・パートナーシップ PSI 安保理決議1540	供給保証, 多国間管理構想, GNEP

このように，核不拡散をめぐる秩序は，核兵器や原子力をめぐる社会構造（原子力技術の進歩や伝播の状況），国際環境（安全保障環境やエネルギー安全保障）の変容に感応する。原子力の平和利用から派生するリスクに新しい態様が現出し，重要課題として認識されるたびに，制度への修正や新たな政策の策定

を通じて，レジームの構成を変容させていくという作業が繰り返されてきた。こうした作業のリーダーシップを握ってきたのは米国である。核不拡散秩序は，何度か破綻の危機に直面し，その都度米国が変革を試み，それに対して国際社会が対応する，というパターンを踏んでいるようである。ただ，核の便益をめぐる利害は，安全保障面においても平和利用面においても，その時々のカギとなるアクター間における隔たりが非常に大きい。それゆえ秩序の維持を優先して，制度的アプローチを取れば，米国の求める核の不拡散強化の追求を貫徹できず，したがって，国際秩序に対する修正は，妥協を重ねた上での制度の構築（NPTなど）か，あるいは非公式な修正（例えばNSGの形成や米国自身の政策のみの変更）にとどまり，ドラスティックな秩序構造の変革には至らない（場合によっては，政治的インセンティヴの変更にとどまる）という傾向も同時に示している。

2 「多国間管理構想」の史的展開

(1) 「平和のための原子力」と米ロ協調によるIAEA設立

　1945年8月，米国が世界で最初の原子爆弾を広島に投下した後，米国のトルーマン（Harry Truman）大統領は，「この新しい力の悪用を防ぎ，人類の役に立つよう導くため，我々（米国）はその番人（trustee）とならなければならない。……我々は，その責任が我々の敵ではなく，我々に与えられたことを神に感謝し，神の欲する方法により，神の欲する目的のために使用されるよう，お導き下さるように祈」り，この戦争を通じて「史上最強の国家となった」と述べた[6]。それはまさに米国の例外主義に立脚した「高潔な大国」としての強烈な自負であった。この「新しい力」の管理のあり方をめぐっては，1946年1月に国連で原子力委員会の設立に関する決議が採択され，3月には，いわゆる「アチソン―リリエンソール報告書」において，国際機関（Atomic Development Authority）がすべての核物質を管理すべきという提案を出している[7]。

---

(6) Harry Truman, Radio Report to the American People on the Potsdam Conference, August 9, 1945 <http://www.millercenter.virginia.edu/scripps/digitalarchive/speeches/spe_1945_0809_truman>, accessed on July 1, 2007.

この提案を受けて，1946年6月の国連原子力委員会の初会合では米国のバルーク（Bernard Baruch）代表から国際管理の構想案が提出された（バルーク案）(8)。これは，国際的な原子力管理機関を創設し，そこで原子力の管理を行うが，そのような方式が効果的に活動を開始し，規定の違反に対する制裁が定められてはじめて米国は原爆の製造を停止，既存の原爆を処分し原子力生産に関する情報の所有を設置された原子力機関に委譲する，というものであった。実態としてはソ連を含む世界のすべての原子力活動を国際機関の監視下に置きつつ米国が核開発と原爆を独占的に維持することを狙ったものといってもよいであろう。しかし，そのころにはすでに原爆の開発が佳境を迎えていたソ連は，対案（グロムイコ案）を提出し，国連原子力委員会での交渉はこう着状態に陥った。結局，米国による核の独占の目論見は，1949年のソ連の核実験成功によって完全に挫折する。ソ連が核実験に成功したことで米国による核の独占の時代は短期間で終わりを告げた。

　1953年12月，アイゼンハワー（Dwight D. Eisenhower）大統領は国連総会で「平和のための原子力」演説を行った。これは，米国がそれまでの核の秘密を独占することにより核拡散を防止し，同時に自国の優越性を維持するという方針を改め，ソ連との共存と米ソの信頼関係の構築および米ソによる核の共同管理をソ連に呼びかけるものであった(9)。演説は，IAEAの設立，IAEAが核分裂性物質を平和目的のために各国に配分する方法について工夫すること，そしてそれにソ連も主要関係国として参加することが重要であること，などが盛り込まれた(10)。この提案は，1954年1月の外交評議会におけるダレス（John

---

（7）　*A Report on the International Control of Atomic Energy*, Prepared for the Secretary of State's Committee on Atomic Energy, U. S. Government Printing Office, Washington, D.C., March 16, 1946 <http://www.learnworld.com/ZNW/LWText.Acheson-Lilienthal.html#source>, accessed on September 15, 2007.

（8）　バルーク案のテキストについては，以下のホームページを参照。<http://www.atomicarchive.com/Docs/Deterrence/BaruchPlan.shtml>, accessed on September 15, 2007.

（9）　川上幸一「核不拡散問題の歴史」垣花秀武・川上幸一共編『原子力と国際政治——核不拡散政策論』（白桃書房，1986年）15-16頁。

（10）　Address by Mr. Dwight D. Eisenhower, President of the United States of America, to the 470th Plenary Meeting of the United Nations General Assembly, December 8, 1953 <http://www.IAEA.org/About/history_speech.html>, accessed on June 19, 2007.

Foster Dulles）国務長官の「ニュー・ルック戦略」あるいは「大量核報復戦略」に関する演説によって米ソの核抑止時代到来が宣言されたタイミングとほぼ同時期に出された，ということを考慮せねばならない[11]。すなわち，米ソの核対立が不可避となる情勢の中で，米ソの共存と，米ソ以外の世界に核の保有を拡散させないという点においてソ連に協調を呼びかけたとみることができる。米ソ両国の協調によるIAEA設立は，核兵器が拡散すれば二極構造に挑戦する勢力が台頭し，二極構造，もしくは両陣営内の秩序の不安定化につながるため，そうした両国の主導的立場を維持するという観点から強調して核兵器拡散の防止を目指したあらわれである。

　その一方，アイゼンハワーの呼びかけの中にあった，IAEAの役割の1つである核物質の共同管理と配分は，米国国内の認識の変化により有名無実化された。米国は，すでに1954年には原子力法を改正し，核物質，資機材，技術情報の供与と，保障措置協定を盛りこんだ二国間協定を締結して実施することとした[12]。改正原子力法の成立にあたっての議会の関心は，IAEAを通じ米国の濃縮ウランが共産圏諸国にわたる懸念であり，また原子力の国際協力という世界の潮流の転換を米国が主導することの政治的なインパクトであった[13]。1957年のIAEA発足時，IAEA憲章には，核物質の配分に係る条項は残ったが（第9条物資の供給），それはすでに機能としてはそれほど重要な意味を持たなくなっていた[14]。また，保障措置についても，その実施自体はIAEAに移管されたが，二国間協定から保障措置の部分が削られたわけではなく，受領国は

---

(11) アイゼンハワー大統領の任期（1953年〜1961年）の間に，米国の核兵器の数は約1,000発から20,000発にまで増加している。ダレスは，「大量報復」能力とはすなわち「侵略抑止力」であると述べている。Ralph Lapp, *Kill and Overkill: The Strategy of Annihilation* (New York: Basic Books, 1962), esp. Chap. 7 を参照。

(12) IAEA設立の交渉においては，当初核兵器不使用協定を結ぶことを前提と主張するソ連と，保障措置を前提として平和利用のための協定としようとする米国の間での対立があった。ソ連がこの立場を転換し，核兵器不使用協定を前提としないことを表明した時には既に米国は平和利用の協力のチャネルについてIAEAから二国間協定へと政策転換をした後であった。

(13) 伊藤菜穂子「日米原子力政策のリンケージ——濃縮ウランの対米依存について」，『早稲田政治公法研究』第76号（2004年8月）1-36頁，特に25頁。

(14) 1959年に日本がウランの確保にあたってIAEAを仲介としてカナダとの間でアレンジメントを結んだという事例はある。

IAEAと米国という二重の保障措置を受けることになったのである。

　米国は，1955年から1956年にかけ，日本や西独をはじめとして約40カ国と二国間協定を締結して，保障措置を適用しつつ研究炉，核物質の供与，教育や訓練を提供するなど，原子力協力を積極的に行った。それに対してソ連も，ルーマニア，ポーランド，チェコスロヴァキア，東ドイツといった東欧諸国や中国との間で二国間の原子力協力協定を締結して対抗していく。

　米国にとって原子力協力は，「米国の世界的リーダーシップが強化され」，米国が「原子力を破壊目的に使用することにしか関心がない，という共産主義者のプロパガンダ的非難」が妥当でないことを示す効果を狙うものであった[15]。ここからは，米国の力の優越性への関心とともに，国際社会における道徳的正当性，道義性重視の姿勢が見て取れる。平和利用における協力の提供と保障措置というアメとムチを使い分け同時に核拡散を防止するという「同盟管理」的な原子力政策はこのように形作られたのであった。

　また，二国間協力への転換には，圧倒的な供給能力を有する米国の原子力の国際市場における優位の維持という誘因も働いていた。原子力ビジネスが拡大する一方で保障措置や輸出管理（使用済み燃料の回収，計量管理，査察体制の構築などの条件づけ）は厳格に適用されることはなかったため[16]，「インドのような国でさえも，いくばくかのプルトニウムの生産力をもてば，核兵器の製造に取り組むようになる」と，政策当局者にも核拡散の懸念はあった[17]。そして，この懸念は1974年のインドによる「平和的核爆発」の実験により現実のものとなる。核の独占・寡占から自由化への政策思想の転換は，平和利用に係る核拡散リスク構造の出現と表裏一体をなすものであった。

---

[15] National Security Council, "Peaceful Uses of Atomic Energy," NSC-5507/2, March 12, 1955, p. 2.

[16] Peter R. Lavoy, "The Enduring Effects of Atoms for Peace," *Arms Control Today*, (December 2003) <http://ww.armscontrol.org/act/2003_12/Lavoy.asp?print>, accessed on June 20, 2006.

[17] 1955年9月の，米国原子力委員会諮問委員会イサドア・ラビ委員長（当時）から国務省の核問題顧問ジェラルドC. スミス氏に対する発言。Gerald C. Smith, September 14, 1955, *FRUS, 1955-57*, vol. 20, p. 198 (memorandum for the file), cited in Lavoy, "The Enduring Effects of Atoms for Peace."

(2) 供給国の多元化と NPT

　原子力協力の推進は，世界的な原子力技術の普及と向上に寄与したが，結果として供給国の多元化，つまりは潜在的核保有国と拡散源の増加を招いた。

　西独[18]は，英国とは1956年に，また米国とは1957年に原子力協力協定を締結して先進諸国からの原子炉や核燃料供給を受ける一方，大規模な予算を投入して西独の原子力セクターの自立のために自主技術開発を行った。60年代後半までには遠心分離法によるウラン濃縮技術の開発に成功し，ブラジルに遠心分離器を輸出しようとするまでになった[19]（これは後に，核拡散を恐れた米国原子力委員会から濃縮技術の情報を公開しないよう圧力を受け中止された）。また，1950年代，積極的に経済開発を進めようとしていたブラジルでも，原子力開発への意欲は高く，1955年8月に，米国との間で，20％濃縮ウラン約6キロの貸与や原子力の平和利用に関する機密外の情報の提供などが盛り込まれた，「原子力の非軍事利用に関する協力協定」が調印された。その後，貧弱な研究体制や財政難等により独自の原子炉の開発にはなかなか成功しなかったが，外国からの炉の導入を進め，西独との間でまず，1969年に科学技術協力に関する合意を，1975年には原子力平和利用協定を結び，原子炉の製造のみならず，濃縮・再処理，それらに関する情報交換，そして信用供与を含めたファイナンスに関する協力を受けることになった。これに対しては，米国などから，ブラジルが核燃料サイクルの全工程に関する情報や技術を獲得することにより，核兵器製造能力を得ることになるという核拡散の懸念が表明され，交渉が進む間に米国は圧力をかけ続けた[20]。

　他方，70年代には，ブラジルをはじめ，アルゼンチン，韓国，パキスタン，イラン，南アフリカなど，いわゆる中進国同士の間でも大型の原子力発電計画と将来の核燃料サイクル確立を視野に入れた米ソを介さない国際協力の受け入

---

(18) 西ドイツの原子力開発の経緯については，山本武彦「「後発」核先進国の核政策の展開と対照性」，斉藤優，佐藤栄一共編『核エネルギー政策―現状分析と展望』（日本国際問題研究所1979年）101-153頁，に詳しい。

(19) Lee C. Nehrt, *International Marketing of Nuclear Power Plants* (Bloomington: Indiana University Press, 1966), pp. 180-181.

(20) Edward Wonder, "Nuclear Commerce and Nuclear Proliferation: Germany and Brazil," *Orbis,* vol. 21, no. 2 (1977).

れや原子力ビジネスが活発になった[21]。

　フランス，中国がそれぞれ，1960年，1964年に核実験に成功して核兵器国になり，また民生分野においても米ソ以外にも供給国となり得る国が出現（軽水炉において米国ライセンスから脱却する国が欧州において出現し，カナダや西独が独自に原子力商談を各国とまとめ，また英国，フランスは使用済み燃料の再処理の商業化に成功した）すると，米ソ協調による核秩序の共同管理は，二国間体制がNPTが規範を提供する多国間取極めへとその表の顔を変えた。振り返るに，米国やソ連にとって，核兵器を保有する国（秩序挑戦国の出現）がこれ以上増加しないこと，それによって国際秩序が不安定化することを避けることが主たる目標であったとすれば，その目標はある程度達成されたともいえる。

　ただし，NPTだけでそのような「成果」を挙げてきたわけではなく，NSGや政治的圧力など，その他の措置や要因に依拠する部分も大きい。同時に，NPTが核不拡散秩序の基礎構造として確立されたとはいえ，それによって核兵器国と非核兵器国の区別を法制化することで不平等性が固定化され，その不平等性がNPTの提供する価値に対する普遍的かつ無条件な支持を政治的に困難にしてきた。NPTは，問題解決機能を他のメカニズムに依存し，また存立基盤である普遍性への動機づけも脆弱であるがために，秩序を規定する「制度」としては皮肉なことに必ずしも安定的であり続けたわけではない。

(3)　「平和のための原子力」の終焉とINFCE

　供給国の多元化の流れの中で，1974年のインドによる「平和的核爆発」（＝核実験）は，出来上がったばかりのNPT体制に大きな動揺を与え，米国の核不拡散秩序管理の姿勢に大きな影響を与えた。インドの核実験は，「平和のための原子力」路線が不拡散の観点からは破綻したことを示している。インドの核実験は，カナダからの支援を受けて導入した研究用のCIRUS炉（重水炉）で自国産のウランを燃焼させて生産されたプルトニウムを使用したものであった。カナダとインドの間には，カナダが供給したウランの軍事利用を禁止する規定はあっても，提供された原子炉を核爆発目的に使用することを禁止する規定は

---

[21]　川上「核不拡散の歴史」28-32頁。

第3部　核不拡散

盛り込まれていなかった。そこでカナダは，核物質だけでなく，機材や技術も核爆発装置の製造に使用しないなど，「抜け道」をふさぐべく原子力輸出の条件について声明を出し，協定の改定を各国に申し入れた（ただし，インド，パキスタン，アルゼンチンから拒否）。

また米国も，自国の提供した重水がプルトニウム製造に使用されたということに衝撃を受けた。NPT の強化，普遍化により不拡散規範の正当性の根拠を強化する一方，米国自身は濃縮・再処理の推進を国内外において事実上禁止し，後に NSG の結成につながるロンドン供給国会議を呼びかけ（1975年6月），輸出管理を強化する制度的障壁のアプローチを組み合わせた，より厳格な不拡散政策を採用した。ロンドン供給国会議には，英国，ソ連，カナダ，フランス，西独，日本が参加した[22]が，米国はそこで，機微な技術・品目の輸出制限協定を供給国間で締結すること，および使用済み核燃料を引き取る多国籍再処理センターの設置を提案した[23]。同年末にまとまった合意事項は，輸出制限が先進国カルテルとみなされる懸念から秘密の交換公文とされたが，その内容は，資機材，核燃料などの輸出交渉にあたっては，他の6カ国と協議すべきことが盛り込まれた[24]。これは，米国にとって供給国となり得る国に対し，協議を通じて不拡散の強い働きかけを行う足がかりを得たことになる。

1978年3月に成立した不拡散法には，主として，①燃料供給保証の仕組みと核物質等の移転に対する，制裁措置も含む「さらに効果的」な国際規制，②タイムリーな輸出許可手続きによるアメリカの供給保証に対する信頼性の確立，③NPT 未批准国への早期批准の働き掛け，④途上国にとっての最適なエネルギー生産技術を原子力に代わる選択肢として提示，といった政策が盛り込まれていた[25]。本稿の主題である多国間管理・供給保証の部分について見ると，まず米国自身のウラン燃料供給能力の増強が謳われ，供給，受領各国と協議を

---

[22] 1977年までに参加国は15カ国に増え，現在 NSG には45カ国が加盟する。

[23] 多国間再処理センターの設置は，1975年5月の第1回 NPT 運用検討会議において，キッシンジャー国務長官が提唱した。

[24] 川上「核不拡散の歴史」29-30頁；『原子力産業新聞』昭和51年2月12日，松本特派員パリ電。

[25] Nuclear Non-Proliferation Act of 1978 <http://www.nti.org/db/china/engdocs/nnpa1978.htm>, accessed on September 15, 2007.

行って国際核燃料公社の設立と，国際的保護（auspices）と査察下に置かれる使用済み燃料貯蔵施設の設置を進めること，また非核兵器国の受領国は，自前の核燃料再処理をあきらめ，IAEAの保障措置を受け入れることを条件とすること，などが規定された。

しかし，すでに核技術の伝播がある程度まで進んだ当時においては，核拡散を防ぐには制度的障壁のみでは不十分であった。韓国，台湾，パキスタンなどの再処理計画が中止されたのは，米国の政治的な圧力によるものであるが，また，上述のように，西独の濃縮燃料加工技術分野における対ブラジル協力は米国も阻止することができなかった。これは，米国一国による強制では，対象が同盟国であったとしても拡散活動に歯止めをかけることが不可能になったことを示すものであった。そこで，供給国側における技術供給の制限に係る国際的なコンセンサス形成を通じた，平和利用と不拡散の関係をめぐる規範の変更へと方針を変更したのである。

米国は核燃料サイクルの国際管理を通じた供給の保証と核燃料サイクル活動の制限の可能性について検討するINFCEの開催を呼びかけ，1977年10月に初回会合が開かれた。その後会合を重ねたINFCEではあるが，核燃料サイクル活動を国際管理に置くことで規制と監視かけようという米国の当初の目論見とは反対に，各国の自主的な原子力計画を認め，保障措置はそれと両立する形で強化するという，核燃料サイクルも含めた平和利用の「奪い得ない権利」を確認する結果に終わった[26]。INFCEの報告書では結局，再処理・濃縮，プルトニウム利用を制限する内容は盛り込まれなかった。むしろ，再処理については，核燃料サイクルの必須条件としてその必要性を認定，濃縮についても施設の数を制限することが望ましいとしつつも，国際管理の導入の必要性については否定的で，むしろ，大規模な原子力計画および天然ウラン資源を持つ国には1国単位の濃縮施設を建設する商業的・工業的インセンティヴを認めている。原子力の幅広い利用，途上国のニーズへの対応，核不拡散への効果的な措置は，同時に達成可能であり，そうすべきであることが確認されたのである。また，同時期米国内における濃縮・再処理サービスをめぐる政策が動揺を見せ，ニクソ

---

[26] 川上幸一・若林宏明「米ソの不拡散政策」垣花・川上『原子力と国際政治』81-84頁。

第3部　核不拡散

ン政権時に濃縮サービスを削減した結果，国際市場における米国のシェアは低下を始めた。さらにカーター政権時の商業的再処理の延期，高速増殖炉計画の変更などが米国自身の供給能力への信頼性を低下させていた。これは，「供給保証」という政策枠組みが一見受領国への便益供与的な外形を有しているにもかかわらず，その実体としては核不拡散が主たる目的であり，米国は単なる拡散の規制監視・強制者であって，「平和利用」における国際秩序の中では便益を提供し制度を運営するだけのパワーを持ちあわせたパートナーたりえないことを示している。

INFCE という，ある種「強制・規制」的な性格をもつ，制度的アプローチが頓挫したのも，当時国際社会では石油ショックの影響によりエネルギー安全保障の文脈から原子力の利用に関心が高まる一方で，不拡散にその関心を特化し，体制運用能力（供給保証能力）の欠如した米国が，他国の懸念・関心に配慮を欠く形で市場管理の実現を目指そうとしたのだと見るならば，いわば当然の成り行きであったといえよう[27]。INFCE 失敗の後，米国の政策は，核兵器取得の動機を減少させるための誘因の減少，とりわけ世界的，地域的安全保障環境の改善を図るというより政治的アプローチに転換した[28]。

3　最近の多国間管理構想をめぐる動向

(1)　諸提案の概要

核燃料サイクル技術の移転制限や，「核燃料サイクルへのマルチラテラル・アプローチ」（MNA）を巡る議論が，近年再び盛り上がりを見せている。2006年9月のIAEA総会「特別イベント」でこの燃料供給保証と核不拡散の関係が「21世紀の原子力利用の新しい枠組み」として取り上げられたことはそのような国際社会の潮流を象徴する。このイベントでは，短期的には供給保証のメカニズムの構築の検討を進め，中期的には商業市場との統合やバックエンド（放

---

[27]　ただ，INFCE を通じて提起された制度的な問題については，それらを検討する国際会合が開催されている。国際プルトニウム貯蔵（IPS），国際使用済燃料管理（ISFM），核燃料供給保証委員会（CAS）などである。

[28]　*Statement on United States Nuclear Nonproliferation Policy,* July 16, 1981 <http://www.reagan.utexas.edu/archives/speeches/1981/71681a.htm>, accessed on July 10, 2007.

射性廃棄物の管理や処分）をも含む普遍的な多国間枠組みを検討，長期的には原子炉技術へのアクセスの保証，ウラン濃縮・再処理施設の多国間ベースでの運転，既存施設の多国間化などを検討する必要があるとされた(29)。

MNAを巡る議論は，2003年にIAEAのエルバラダイ事務局長が口火を切り(30)，2004年6月IAEAに専門家パネルが設置され，議論の末2005年4月に報告書が提出された。そこでは，既存の核燃料供給体制（市場メカニズム）を補完するMNAの役割が検討されている(31)。その後，各国から再処理，濃縮技術の拡散阻止のためにさまざまな構想が提案されている。主要な提案は次の通りである。

① ブッシュ提案（2004年2月　国防大学での演説）(32)
・濃縮・再処理を放棄した国に対しては，当該国が民生用原子炉用の燃料を妥当な費用で確実に入手できるように世界の主要な輸出国が保証すべき
・NSG加盟諸国は，フル・スケールの濃縮・再処理活動を保有しない国に対して濃縮・再処理設備や技術を売り渡すことを拒否すべき

② G8・NSGモラトリアム
・2004年G8サミットでの濃縮・再処理技術の移転のモラトリアムに合意，その後のサミット会合で再確認(33)
・2006年のサンクトペテルブルグサミットでも，モラトリアムを支持，また移転阻止のための措置の開発を支持と表明(34)。2007年のハイリゲンダム・サ

---

(29) 小林直樹他「IAEA特別イベント：供給保証と核不拡散報告」『原子力eye』52巻12号（2006年）。

(30) Mohamed ElBaradei, "Toward A Safer World," *The Economist*, October 16, 2003.

(31) *INFCIRC/640, Multilateral Approaches to the Nuclear Fuel Cycle: Expert Group Report submitted to the Director General of the International Atomic Energy Agency*, February 22, 2005.

(32) *President Announces New Measures to Counter the Threat of WMD*, Remarks by the President on Weapons of Mass Destruction Proliferation, Fort Lesley J. McNair - National Defense University, February 11, 2004, Washington, D.C. 演説では，そのほか，法執行における国際協力や国連安保理決議，IAEAの強化などが触れられている。

(33) *G8 Action Plan on Non-Proliferation*, June 9, 2004 <http://www.whitehouse.gov/news/releases/2004/06/20040609-28.html>, accessed on September 3, 2007.

(34) *Statement on Non-Proliferation*, St. Petersburg, July 16, 2006 <http://en.g8russia.ru/docs/20.html>, accessed on August 6, 2006. ただし，自国がウラン鉱石を産出するにもかかわらず，現在のところ商業的な濃縮活動を実施していないカナダや豪州は，将来

ミットの宣言は，この技術移転規制強化に関する議論が進まなかったことに対し遺憾の意を表明，NSG に対して作業を加速化しコンセンサスの形成を要求。さらに，2008年までにコンセンサスが得られない場合には別の戦略を模索するべきと，技術移転の制度構築を慫慂(35)

③　核燃料バンク構想

・ボドマン（Samuel Bodman）エネルギー省長官が2005年9月 IAEA 総会のビデオ演説の中で，17トンの高濃縮ウランを希釈して備蓄し，燃料供給の途絶に対処するための戦略備蓄を構築する構想を提案(36)

・不拡散義務違反が原因ではない国際燃料供給の途絶に対処するために米国が引き出し可能なウランの戦略備蓄を構築。大型軽水炉10基分の燃料を製造するのに十分な量といわれる

・IAEA が検証可能で確実な供給手配のためにエネルギー省が高濃縮ウラン（HEU）17.4トンを燃料級に希釈し，民間の転換事業者に移転。転換業者は見返りにエネルギー省に希釈ウランに対する帳簿上の債券勘定を与え，エネルギー省がこの勘定から引き出す必要が生じた場合にエネルギー省は希釈ウランを米国濃縮会社（USEC）または別の事業者に引き渡すように転換業者に要求

・さらに，同年11月のカーネギー財団の会議で20トンのリザーブを追加すると表明(37)。「ゆりかごから墓場まで」方式の燃料供給システムを想定

④　濃縮6カ国提案

・2006年6月，仏，独，蘭，英，露，米の「濃縮6カ国」が IAEA 理事会に「核燃料への信頼性のあるアクセスのための多国間メカニズム構想」（A Concept for a Multilateral Mechanism for Reliable Access to Nuclear Fuel）を提唱(38)

的に濃縮国となることを目指し，モラトリアム解除を希望している。

(35) 『不拡散に関するハイリゲンダム声明（仮訳）』，平成19年6月8日 <http://www.mofa.go.jp/mofaj/gaiko/summit/heiligendamm07/fukaku.html>, accessed on August 26, 2007.

(36) *Remarks prepared for Energy Secretary Samuel Bodman*, International Atomic Energy Agency 49th Session of the General Conference, September 26, 2005 <http://www.energy.gov/news/1948.htm>

(37) *Remarks prepared for Energy Secretary Sam Bodman*, 2005 Carnegie International Nonproliferation Conference, Washington, DC, November 7, 2005.

(38) *Six Country Concept for a Multilateral Mechanism for Reliable Access to Nuclear*

（i）IAEA 加盟国が多国間燃料供給保証メカニズムを IAEA に構築（包括的保障措置協定と追加議定書の締結，核防護条約の締結，機微な燃料サイクル活動を行わないと決定，などを条件とする）

（ii）供給国と受領国は，供給途絶の問題に対する解決策を見出すために多国間の枠組みの下で実施される協議に参加

（iii）供給国は相互のバックアップ制度を設定する商業濃縮ウラン供給者の取り決めを推進。さらに，こうしたメカニズムを，戦略備蓄によってさらに下支えする可能性も想定

⑤ ロシア国際ウラン濃縮センター

・ロシアは，アンガルスクの電気化学コンビナートにウラン濃縮センターを設立し，参加国に対してウラン濃縮能力（＝低濃縮ウラン）への保証されたアクセスを提供[39]

・2007年5月には同センターの最初の協定がロシアとカザフスタンの間で署名

⑥ IAEA 核燃料供給登録システム

・日本が，2006年9月の第50回 IAEA 総会特別イベントにおいて，「濃縮6カ国提案」を補完するものとして提案[40]

・濃縮役務のみならず，フロントエンドにおけるさまざまな機能（鉱山，備蓄，転換，濃縮，燃料製造）において各国の能力についての情報を自発的に IAEA に提供・登録

⑦ 濃縮ボンド構想

・英国は，特定の条件が満たされたことを IAEA が認定した場合，供給国政府は，自国の濃縮提供業者が受領国に対して濃縮サービスを提供することを妨げてはならないとする「濃縮ボンド」構想を提案[41]

Fuel, presented September 21, 2006 by Jim Timbie on behalf of France, Germany, Russia, the Netherlands, United Kingdom and United States.

(39) INFCIRC/708, "*Establishment, structure and operation of the International Uranium Enrichment Centre*," June 8, 2007.

(40) INFCIRC/683, "*Japan's Proposal: IAEA Standby Arrangements System for the Assurance of Nuclear Fuel Supply*," September 15, 2006.（received on 12 September 2006）

(41) INFCIRC/707, "*UK Food for Thought Non-paper, Enrichment Bonds: A Voluntary Scheme for Reliable Access to Nuclear Fuel*," June 4, 2007（received on May 30, 2007.）

⑧ GNEP

・米国エネルギー省は，2006年2月，放射性廃棄物の量を削減し，核拡散抵抗性に優れ，プルトニウムを単体で取り出させないような再処理技術の開発促進，そうして取り出したプルトニウムを燃焼させる高速炉の開発，核燃料供給保証などを国際的パートナーシップを通じて実現していくことを提唱
・2007年9月現在，16カ国がパートナー国として参加

その他，NGO「核脅威イニシアティヴ（NTI）」による，濃縮ウラン備蓄制度の創設のためのIAEAへの5,000万ドルの寄付や，治外法権的な地位を与えられたマルチラテラルな濃縮センターに関するドイツ提案など，政府，民間からの供給保証や核燃料サイクルの多国間管理に係る提案は10を超え，特に先進国側からの支持を得て推進論が力を増しているようにみえる。2006年サンクトペテルブルグG8サミットでの「不拡散に関する声明」でも，ロシアの核燃料国際センター構想，GNEP，濃縮6カ国提案を挙げ，それらのイニシアティヴを「評価」し，詳細の検討を進めることが打ち出されている[42]。また，2007年のハイリゲンダム・サミットの「不拡散に関する声明」においても，上記3つのイニシアティヴ以外に，日本の「供給登録システム」や英国の「取消不可能な事前輸出許可制度」等，新たな提案にも言及し，それらの提案を評価する旨の言及があった。

（2） 多国間管理構想の問題点[43]

過去の事例と同様，現在の濃縮・再処理の多国間管理構想にも，自国の将来の技術開発，経済的権益の将来の可能性を放棄することに対する懸念から慎重論も根強く，NPT第4条の「奪い得ない権利」に基づき，各国の自主的な核燃料サイクルの権利は保証されるべきという反対論がブラジル，アルゼンチン，あるいはエジプトなどから提起されている。同時に，カナダなど潜在力を持ち，

---

[42] *Statement on Non-Proliferation.*
[43] この小節の分析は，以下の論文に依拠する。秋山信将「原子力の平和利用に由来する拡散への対処―米国の「不拡散レジーム」観の考察」日本国際問題研究所軍縮・不拡散促進センター『国際安全保障秩序再構築と「核」：核政策および核軍縮・不拡散政策の変革』平成18年度研究報告書，2007年3月。

将来の濃縮活動可能性をつぶされたくない先進国からも，現状で濃縮・再処理のサービス提供国を固定化してしまうことに対する反対は根強い。

もしこのような燃料供給保証を核燃料サイクル技術の放棄と絡めて核拡散のリスクを低減させる国際的な枠組みを構築しようとした場合，現状のNPT第4条の解釈では，その枠組みへの加入を義務化させることは不可能であろう[44]。つまり，需要者側への「強制」という側面からは，制度的アプローチとしては有効な案だとは言い難い。

他方，このような枠組みへの加入を各国の自主性に委ねるならば，それは当該国の意思に働きかける，政治的アプローチということになる。その場合，本来加入するのがもっとも望ましい国，つまり拡散懸念国が加入するのかどうかが最大の課題になるであろう。供給保証を経済的なインセンティヴとして見た時，経済性，および安定度の観点から，このような枠組みが自国の原子力発電への燃料供給にとってプラスになるとわかっていても加入しなければ，それは拡散懸念のメルクマールになるともいえるが，第4条の原則を主張する限りにおいては，懸念があるからというだけでそのような国に対して何らかの制裁を課すことは制度上は不可能である。

また，インセンティヴとしての燃料供給保証の魅力度についても，疑問が残る。現在，燃料（ウラン）供給における市場メカニズムは機能しており，またウラン価格が燃料調達コストに占める割合は比較的小さい。さらに，過去に供給途絶が発生したのはほんの数回であり，それらは結局のところ政治問題（拡散懸念と人種問題）の結果起きた事例ばかりである[45]。しかもその全てが米国絡みとなれば，米国の主導によって創設される枠組みが，米国との関係が必ずしも緊密でない国にとって本当に燃料供給のバックアップとして，信頼性を持

---

(44) NPT起草の過程で，メキシコが第4条で濃縮・再処理についても「奪い得ない権利」としての平和利用として明示すべしとの提案をし，それが退けられた過程から，濃縮・再処理は「奪い得ない」平和利用には含まれない，との見解があるが，メキシコ提案が退けられた理由は，濃縮・再処理が明白に平和利用の中に含まれるとの理由からであり，上記主張は妥当性を持たない。NPT起草過程に詳しい米国不拡散問題専門家からの聞き取り（2007年2月28日，ワシントン）。

(45) ①インドによる「平和的爆発」への制裁としての協力停止，②ブラジルの濃縮活動に対する不同意の表示として，③南アフリカのアパルトヘイトへの制裁，の3つの事例である。

てるのか疑問である。さらに，米国の原子力産業がカーター政権時の民生用濃縮・再処理活動の縮小以来活力を失い，また，余剰核兵器から生じた濃縮ウランを希釈しての備蓄はあるものの，たとえ供給をすることができても，国内法の縛りから供給した使用済み燃料の処分に対する米国の責任があいまいな状況(46)においては，供給者としての能力に欠如していると言わざるを得ない。バックエンドの政策枠組みをどうするかという問題を抜きにして多国間管理を構想した場合，それが実現したとしても受領国の使用済み燃料の処分に関して配慮を欠く（もしくは使用済み燃料の処分問題を受領国に押し付ける）ような制度にはおのずと限界が見えてこよう。

むすび

　近年，エネルギー需要の世界的な高まりと石油価格の上昇や地球環境問題，とりわけ気候変動と温暖化の問題への関心の高まりの中で，原子力への注目が再び高まっている。世界各地において原子力発電の新規設置が計画されており，とりわけエネルギー消費量の増大が著しいアジア諸国において原子力の導入が積極的に検討されている。そうしたなか，各国の原子力への需要を満たすのと同時に，核不拡散の強化にも資するような原子力をめぐる国際秩序の枠組みの構築は，拡大する原子力市場（経済）の需要を満たすという価値への配慮をあらたに加える分だけ既存の核をめぐる秩序よりもさらに多様かつ複雑な利害得失への配慮が必要となるであろう。

　また，最近核不拡散体制においては，普遍的ではあるが外形標準的で効果の乏しい内容での合意の尊重よりも，政策が実際に効果をあげているのか，将来の拡散リスクの低減を担保できるのかといった「実効性」が重要な価値規範になりつつある。つまり，表5の灰色に塗られた領域（2(a)～2(c)）における政策手法が多く議論・実施されるようになってきているのである。多くの多国間管理構想では，NPT第4条の「平和的利用の奪い得ない権利」は各国に固有の権利として認め，それを享受することは原則として確認しているが，その権

---

(46) 現行法では，米国の提供した燃料は使用済みになっても米国内に持ち返って処分できない。しがって受領国自身で処分するか他国に引き受けてもらうことが必要となる。

利についてはより狭義の解釈を援用し，「平和的利用の権利」を原子力から得られる平和的「便益」の享受に絞り，研究開発や生産など「便益」が発生するまでの過程への関与を制限することは必ずしも権利の制限や侵害にはあたらない，と解釈する考え方も視野に入れる。つまり，レジームにおける成文化されたルールの変更ではなく，解釈とその運用に変更を加え，執行・強制の強化を図る措置である。

表5　アプローチ，レジームへのインパクトに基づく政策手段や措置の整理

	(1) 既存のレジーム内メカニズムの強化	(2) レジームに準拠した周辺メカニズムの強化	(3) 新しい規範とレジーム変容をもたらす措置	(4) レジームからは独立した措置
(a) 平等主義的制度的修正アプローチ（潜在能力の顕在化・転用防止）	IAEA保証措置（追加議定書）	国連安保理決議1540		
(b) 結果主義的制度的修正アプローチ（潜在能力の移転阻止）	脱退と保障措置適用の関係・条件の見直し	自主的多国間管理 NSG，PSI	義務的多国間管理，生産者カルテル的多国間管理（INFCE）NPT改正（もしあれば）	
(c) 政治的修正アプローチ（報酬・圧力・制裁）	安保理を通じた執行の強化	供給保証，GNEP 自主的多国間管理（「落とし所」として？）		単独の経済制裁 安全の保証 拡大抑止
(d) 技術的修正アプローチ	GNEPなど，核拡散抵抗性の高い技術，保証措置技術の開発			ミサイル防衛

　原子力という技術の汎用性とインパクト，および原子力分野ならびに国際政治における米国のパワーの相対化の傾向を考えたとき，一国もしくは限定された有志国のみでの強制や制裁による不拡散規範の担保にはおのずと限界がある。そもそも，1970年代以降，米国の原子力産業は衰退を続け，他の原子力先進国であるフランスやロシアなどと比べると，技術的にも国際協調体制の構築にお

いて提供できるものは少なく，したがって，核燃料サイクルの多国間管理を打ち出したとしても，その実施にはロシアやフランスなど，他の有力国との協調が必要となる。

　既存の核不拡散体制内でのさまざまな不拡散措置の中で，需要者側に働きかける措置においては，たとえば追加議定書の普遍化や標準化がなされず，それでは拡散対策としては十分な実効性が得られないとしたら，規範の遵守を徹底するためにはレジーム外部の執行・強制メカニズム（表5にある，グレイの部分（2(a)～2(c)），もしくは4(c), 4(d)にある政策措置）に依存せざるをえない。しかし，当面のレジームの規範と国家の関係を考えると飛躍的に遵守・検証能力が向上することも考えにくい。だとすれば需要者側の規制だけでなく，供給者側の規制が有力な手段であるという認識が維持され，NPTに立脚しつつ，多国間管理下での機微技術移転管理のシステムを備えた，大国間協調による核の国際的管理体制が成立する可能性もある。事実ロシアの国際ウラン濃縮センターは米国の同意も得て動きはじめている。あるいは，たとえ，こうした動きの中で多国間管理・供給保証体制が実際に確立されなかったとしても，70～80年代の INFCE のように平和利用の原則の確認という結果に終わるのではなく，なんらかの拡散措置の強化が必要であるという，規範の強化の必要性への幅広い国際社会の同意の形成（つまり，外形的には表5にある2(b)の措置の体裁をとりつつ，その効果の表れ方としては，2(c)になる）にはつながるであろう。そしてそのような国際社会の同意が醸成されれば，結果として多国間管理という政策概念が核の秩序管理体制の基軸となる可能性も秘めている。

　（付記）本稿は，科学研究費補助金基盤研究B（2006年度～2007年度，黒澤満研究代表）
　　　　による研究成果の一部である。

16 中国向け輸出管理
──両用技術をめぐる中国と日本──

村山　裕三

はじめに
1　中国における両用技術
2　日本における両用技術
3　両用技術の認識ギャップと中国向け技術の管理
おわりに

はじめに──中国の台頭と両用技術の管理──

　2006年度の貿易統計によると，日本と中国の貿易額は25兆4376億円となり，中国は日本の最大の貿易相手国となった。戦後，同盟国の米国が日本の最大の貿易相手国，すなわち，最大の経済パートナーであったことを考えると，この事実は，日本をめぐる国際政治経済上の1つの分水嶺を示している数字なのかもしれない（表1）。中国はすでに，日本企業にとって生産，消費の両面から欠かすことのできない市場となっており，近年は研究開発の機能を中国に移転

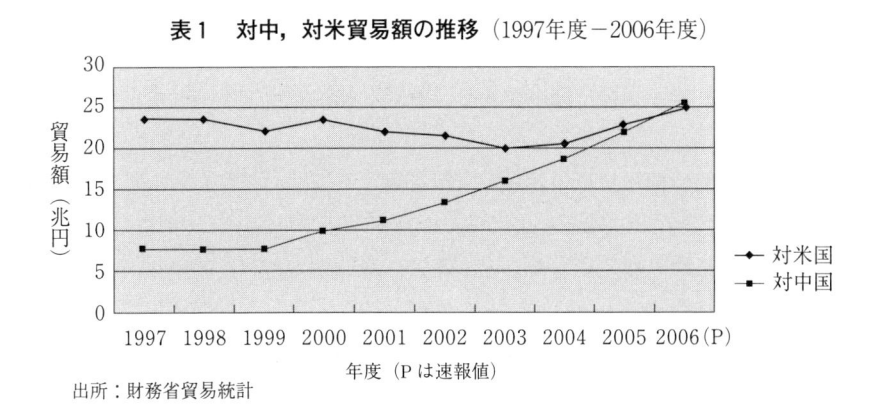

表1　対中，対米貿易額の推移（1997年度－2006年度）

出所：財務省貿易統計

する企業も出てきている。このように，経済面から中国を見ると，多面にわたり経済の相互依存関係が進展しており，すでに日本と中国は経済的に切り離すことができないところにまで関係は深化している。

ところが，外交，安全保障の側面から中国を眺めると，まったく別の中国像が浮かび上がってくる。日本と中国の間には，靖国神社をめぐる問題，教科書・歴史問題，尖閣諸島などをめぐる領土問題などに加えて，最近では東シナ海のガス田をめぐる資源問題も生じている。また，日本にとっては，10年以上にわたり年2桁のペースで軍事費を増加させ，核兵器をはじめとする兵器の近代化に正面から取り組む中国は潜在的な脅威であるし，台湾をめぐる問題は，中国と日米両国の間で紛争の種となっている。

今後の日本のアジア外交を展望してみると，日本が経済と外交・安全保障で異なった姿を見せる中国に対して，どのようなスタンスをとって臨むかが大きな鍵を握ることになる。この中国をめぐる経済と外交・安全保障の葛藤は，日本の中国観が問われるスケールの大きな課題と考えられがちであるが，現実には，すでにこの問題に対して対応が迫られている分野がある。これが，日本の両用技術を中国に対していかにして管理するか，という問題である。両用技術は，言葉の示すとおり，民生用途にも，軍事用途にも使える技術をさし，日本が国際競争力を誇る先端材料，エレクトロニクス部品，工作機械，計測・検査機器などは，いずれも代表的な両用技術である。日中間の経済的相互依存関係の深まりにより，両用技術が絡まる取引は増加しているが，ここでは1つの技術の上に経済と安全保障が相乗りしているのである。したがって，日本は中国との経済関係において，ただそれを自由貿易の原則に基づいて取引するだけではなく，そこに安全保障の観点を入れて適切な輸出管理することが望まれるのである。

日本企業が持つ両用技術の管理は，核軍縮・不拡散の視点からも重要であることは言うまでもない。中国は核兵器の複数個別誘導弾頭（MIRV）化などの兵器の近代化に取り組んでおり，その際に，海外から優れた両用技術を導入し，これを兵器の近代化のために使用する誘引は強い。事実，米国のシンクタンク，Wisconsin Project on Nuclear Arms Control による調査によると，1988年から98年の期間に，米国は150億ドルに上る戦略的に機微な輸出を中国向けに行い，

その中には核兵器の設計，核兵器の部品の製造，ミサイルの設計の改良，ミサイル部品の製造に転用できるものが含まれていた。さらには，これらがイランやパキスタンへの核やミサイル関連製品の供給につながった可能性が指摘されている[1]。

本稿では，この日本の両用技術の中国向け管理問題を，日中両国の両用技術に対する認識をベースにして考察する。日本と中国の間には，歴史的な経験から形成された両用技術認識の大きな差異があり，この要因を踏まえて，日本の両用技術管理政策が議論されなくてはならない。

1 中国における両用技術——歴史と現状——

(1) 軍民転換と両用技術

中国国防科学技術工業委員会（COSTIND）の科学技術委員会副秘書長のWang Shouyunによると，中国おける両用技術のコンセプトは，すでに1950年代に見られた。『科学技術発展長期計画：1956－1967年』の立案者は，「国民経済と国防に不可欠な」技術として，ジェット推進技術，コンピュータ技術，核技術，電子技術などを挙げていることを指摘している。この報告書では，「ジェット推進技術なしでは，近代的な航空も近代的な国防も存在しない」などの記述があり，ここには中国における両用技術の考え方の萌芽が見られるとしている。Wangは，この報告書では57の技術において，この種の両用技術的なコンセプトが存在していたことを指摘している[2]。

このように，両用技術の考え方自体は1950年代より存在していたが，この時代はこの考え方が実践に移されることはあまりなかったようである。この考え方が技術開発の現場で実際に試されるようになったのは，1970年代の終わりか

---

(1) Wisconsin Project on Nuclear Arms Control, *U.S. Exports to China 1988-1998: Fueling Proliferation*, April 1999.

(2) Wang Shouyun, "Conversion, Dual-Use and Transfer of Technology," in China Association for Peaceful Use of Military Industrial Technology and the United Nations Department of Development Support and Management Service, *Restructuring the Military Industry: Conversion for the Development of the Civilian Economy* (Beijin: Electronic Industry Publishing House, 1994), pp. 105-107. なお，本稿の中国に関する資料は，英語の文献を使用したため，報告書などのタイトルは英語名から日本語に直接翻訳した。

ら1980年代にかけての時期である。中国では，1978年に改革開放政策が打ち出され，翌79年より体制改革が本格化した。この改革の中で軍事部門には最低の優先度しか与えられなかった結果，政府による軍事品の調達は激減した[3]。

このような環境の下で採用されたのが軍民転換政策で，これには，政府需要の落ち込みを，民需品の生産により埋め合わせをさせようという意図があった。したがって，この軍民転換は，政策の転換により軍需産業に押し付けられ，産業側が進んで行ったものではなかった。このため，政府需要に慣れてきた国有企業の体質を，民需に対応させることはきわめて難しく，多くの出来上がった民生品は市場で競争力を持つものとはならなかったようである。米国のランド研究所の研究によると，造船やエレクトロニクスなどの一部の分野では，民生市場でも競争力のある製品を作る能力を示したが，多くの分野では成功したとは言い切れず，最も高く評価をしても「まだら模様の成功」であったと結論付けしている[4]。

このように，1980年代から90年代にかけての軍民転換自体は順調に行なわれたとは言い難い状況であったが，この軍民転換の試みが中国の両用技術に与えた影響は無視できない。というのは，軍需品からの民生品の開発・生産へと移行するためには，その企業が持つ軍事をベースとした技術力が，いかに民生分野で役立つかを検証し，これを実践に移すしか方法はない。これはまさに両用技術の発想そのものであり，この時代の中国の軍需企業はさまざまな分野でこの試みを実際に経験したのである。

政府もこのような企業の試みを後押ししている。1984年の国務院による報告書『新技術革命に対する方策』では，情報技術，宇宙技術，航空技術，核技術が，両用技術として強調され，軍民を統合させる政策には，技術の両用性の認識が必要としている[5]。核技術の原子力発電への転用も，このような流れを受けて実施に移され，軍事技術から民生技術を生み出す，いわゆるスピンオフ的な発想が，この時代の核開発の底流に流れていることが確認できる[6]。

---

(3)　Evans Medeiros, Roger Cliff, Keith Crane, and James Mulvenon, *A New Direction for China's Defense Industry*（RAND Corporation, 2005）, pp. 4-5.
(4)　Ibid., p. 6.
(5)　Wang, "Conversion, Dual-Use and Transfer of Technology," p. 105.

興味深いのは,このようなスピンオフ的な流れに加えて,一部のセクターでは,軍事用にも民生用にも使える両用技術を開発しようとする動きが出てきている点である。エレクトロニクス分野はこの好例で,電子工業部のSheng Shuiyanによると,「(エレクトロニクス分野の)ほとんどの企業と研究所は,軍事品のみを製造するだけの状況から軍事,民生の両方の製品を開発するようになり,閉鎖的な企業,研究所から,民生目的の製品を軍事品に統合する開かれた企業へと変身した」と述べている[7]。このような動きは,政策レベルでも見られ,事実,中国で最初に作成された「ハイテク研究開発プログラム」(1986年) は,民生分野に優先度をつけつつも,軍事と民生分野を統合させる両用技術の開発をめざしたプログラムであったといわれている。また,1989年に発表された「科学技術開発中長期概略 (1990-2000-2020年)」でも,「精力的に両用技術を開発すべき」として,両用技術を開発する重要性が強調され,そのための制度的な障害を取り除くための作業を進める必要性が指摘されている[8]。

これらの報告書からは,軍事技術と民生技術を隔てる壁を低くして,その間を先端技術が自由に流れようにしようとする,この時期の中国の両用技術をめぐる基本戦略がうかがえる。この動きは1990年代に入っても継続され,1990年には,COSTINDが「国家重要技術」を発表している。これは,国家にとって基幹的な技術をリストアップした米国の同種の報告書を真似たものと思われるが,この報告書の1992年版は,両用技術政策を進めるための,最初の重要技術リストという位置づけがされている[9]。

このようにして,中国では1980年代を通じて,政策,現場の両方のレベルにおける軍民転換の試みを通じて,しだいに両用技術のコンセプトが定着していったのである。

(2) 1998-99年の改革

---

(6) Yang Shuheng, "China's Nuclear Science and Technology Applied to the National Economy, in *Restructuring the Military Industry*, pp. 267-269.
(7) Sheng Shuiyan, "The Conversion Experience of the Chinese Military Electronic Industry," in *Restructuring the Military Industry*, pp. 245-249.
(8) Wang, "Conversion, Dual-Use and Transfer of Technology," p. 105.
(9) Ibid.

第3部　核不拡散

　1980年代は，両用技術一般において進歩は見られたものの，防衛産業のレベルは先進国と比べると見劣りし，他の国有企業と同様に非効率性が目立つ産業分野であった。このような防衛産業を取り巻く問題に対して，中国政府は1980年代，90年代を通じて改革を行なおうとした。その1つは，先に述べた軍民転換であり，もう1つは度重なる制度面の再編成である。この防衛産業の再編成は，1981年に始まり，その後，1982年には省単位に大幅に再編され，88年にはこれらの省が3つに統合されている。さらに，1993年には，これらの省が，省と企業単位に再び細分化する再編成が行われている。これらの再編の目的は，軍需企業の政府支援に頼る体質を変え，経済的なダイナミズムを引き起こし，イノベーションを促進する点にあった。ところが，これら再編の多くは単なる化粧直し的なものに終わり，期待された効果はなかなか上げられなかった[10]。

　このような事態を踏まえて，1998～99年に中国政府は，防衛産業の大幅な政策転換を行った。その内容は以下のようなものである[11]。

① 選別的な近代化──従来，中国はひと揃えのすべての兵器を自前で調達できる体制をめざしてきたが，これを転換し，特定の分野の兵器を集中的に開発する方針に切り替えた。その集中する分野として挙げられているのが，航空宇宙，ミサイル，エレクトロニクス分野（特に，指揮，統制，コンピュータ，情報，監視，偵察（C4ISR）分野）である。

② 軍民統合──軍事と民生分野を統合するために，新たな方向性を持ってこれに取り組む政策である。すなわち，以前の軍民転換では，軍事分野の資源を使って民生分野の製品を作り出すことに重点がおかれたが，この方針を変えて，軍需企業が民生分野に進出することにより，民生分野の両用技術品やノウハウを軍事生産に取り入れる方向へもってゆく。これにより，軍需企業の財政力を維持するとともに，政府の軍需企業への資金負担を減ずることもめざしている。

③ 海外からの先端的な武器，材料品，技術の導入──軍需産業を先進国並みに引き上げる早道として，海外からの最先端兵器，技術，ノウハウの導入を行い，これを最大限利用して軍需生産のレベルを引き上げる。しかし，

---

(10)　Medeiros et. al., *A New Direction for China's Defense Industry*, pp. 14-18.
(11)　以下の改革の詳細は，Ibid., pp. 22-31を参照。

これにより兵器の国産化路線を捨てたわけではなく，海外の優れた部分を最大限に活用して他に依存しない自主的な防衛生産を実現しようとしている。

ここで，両用技術の側面から注目されるのは，②の軍民統合戦略である。これまでに見てきたように，軍と民の間での技術の流れからみると，まず，80年代の軍民転換により，軍から民への技術の流れが重視され，それが80年代の後半から90年代前半にかけて，軍と民の両方に役立つ技術の開発へと移っていった。それが，1998～99年の改革により，民から軍への技術の流れ，いわゆるスピンオン重視へと転換したのである。

これに加えて，日本からの両用技術の管理問題を論じる際には，①選別的な近代化，③海外からの導入，の視点もおさえておかなければならない。というのは，選別的な近代化の対象となる航空宇宙，ミサイル，エレクトロニクスはいずれも代表的な先端両用技術であり，これらの基礎をなす製品，技術などを中国が海外からも積極的に導入する方針を打ち出したことは，日本の両用技術政策にとっても大きな意味合いがあるからである。

2　日本における両用技術——歴史と現状——

(1)　両用技術と日米技術摩擦

日本が両用技術を意識するようになるのは，1980年以降に生じた日米間の技術摩擦を通じてである。まず，1980年代前半には，日本企業の対米進出を契機として摩擦が生じ，これをきっかけにして，米国における産業と安全保障の結びつきを意識するようになった。例えば，1981年に富士通は，ニューヨーク・ボストン間の光通信システムのプロジェクトに入札するが，米議会などから「国防上重要な通信施設を外国に発注するのは疑問だ」とする声が上がり，結果的に富士通が最低価格を提示していたにもかかわらず，契約は得られなかった[12]。また，1983年には京セラの現地法人であり，戦闘機用の電子部品も製造するデクセル社の役員を京セラの社長が兼ねていたことが問題化し，最終的

---

(12)　*New York Times*, 12 December, 1981;『毎日新聞』1981年11月3日，および『日本経済新聞』1982年4月30日。

第3部 核不拡散

に京セラはデクセル社を米社に売却することになった(13)。

同様の安全保障が絡んだ通商問題は，日本企業が米国企業を買収する際にも生じた。例えば，1983年に新日鉄が，スペシャル・メタルズ社の買収に乗り出したが，同社の超合金が軍事用に使われていることもあり，国防総省からの反対意見が出て，新日鉄は買収を断念した。同様の問題は，1984年にミネベアが，ニューハンプシャー・ボール・ベアリング社を買収しようとしたときにも発生している(14)。

この種の安全保障が絡んだ技術摩擦は，1980年代の後半に入り，その頻度と激しさが増した。この背景には，80年代に入って急速にその技術競争力を向上させた日本企業に対する米国の懸念があり，これが安全保障と経済競争力問題が絡んだ両用技術摩擦を生み出したのである。

この典型が，富士通による米国の名門半導体企業，フェアチャイルド社の買収の試みに見られる。1986年10月，現地生産を含めた米国での事業拡大の必要に迫られた富士通は，フェアチャイルド社を買収することで，その親会社であるフランス企業，シュルンベルジェ社と合意に達した。ところが，フェアチャイルド社が，軍事用の半導体やスーパーコンピュータにも使われる半導体を製造していたため，この買収に対して，米議会のみならず，行政府でも国防総省，商務省，米国通商代表部（USTR）などから反対意見がわきあがった。富士通は，この買収が大きな政治問題となり，これが国防長官や商務長官まで巻き込むレベルにまで発展したことに懸念を持ち，1987年3月にはこの買収を断念する決定を行った(15)。同様の企業買収にともなう安全保障が絡んだ摩擦は，1990年日本酸素がセミ・ガス社を買収する際にも生じたし，また，80年代後半の工作機械をめぐる日米摩擦の裏にも，安全保障と経済競争力問題が絡んだ要因が存在していた(16)。

これらの一連の安全保障が絡んだ日米技術摩擦の背景にあったのは，米国製の兵器に日本製の部品や製品が使われるようになり，このような事態が進行す

---

(13) 『日本経済新聞』1983年2月26日，および1984年7月3日。
(14) 『日本経済新聞』1984年7月3日，9月12日，および10月5日。
(15) 富士通・フェアチャイルド事件の詳細については，村山裕三『アメリカの経済安全保障戦略：軍事偏重からの転換と日米摩擦』（PHP研究所，1996年）140-145頁を参照。
(16) 日本酸素のセミ・ガス買収の詳細は，同上，150-155頁を参照。

ると、米国の安全保障の基礎をなす防衛技術産業基盤が日本に依存することになるのではないか、という懸念であった。これは、1980年代に入って注目され始めた問題で、1980年に上院の軍事委員会が「苦悩する防衛産業基盤：危機対応への準備不足」と題された報告書を発表して、外国製部品への依存に対して警鐘を鳴らした(17)。そして、1985年には、全米科学委員会が「電子部品の海外生産と陸軍システムの脆弱性」を発表し、ここでは具体的に日本製電子部品への依存が進んでいることから生じる脆弱性などが論じられた(18)。この報告書をきっかけにして、この依存問題はワシントンで大きな注目を集めるようになり、87年には防衛科学委員会が「軍事用半導体の依存問題」と題された報告書を出し、ここでは日本が競争力をつけた半導体に焦点を絞り、外国の半導体技術に依存する安全保障上の危険性が指摘された(19)。このほかにも、80年代後半に多くの類した報告書が出され、ワシントンではこの問題が日米関係の絡みで大きく注目されるようになった。

　このような日米技術摩擦の過程を通じて、軍事にも転用できる技術を持つ日本企業は、技術の軍民両用性と向き合うこととなった。日本企業は従来、技術は自社の競争力のため、引いては日本の経済や技術競争力のため、という見方が一般的で、技術が持つ安全保障の側面にはふれることはなった。ところが、はからずも80年代の日米技術摩擦により、この問題が前面に出ることになったのである。

　注目しなければならないのは、当時の企業の一般的な反応が、技術の両用性を否定しようとするものであった点である。というのは、自社の技術が、軍事に使われると、これは企業の消費者に対するイメージの低下につながるし、また、この事実が国会などで攻撃される政治的な懸念も持っていた。技術の両用性の議論は、日米摩擦のコンテクストで出てきたものであり、このため日本企

---

(17) Defense Industrial Panel of the Committee on Armed Services, House of Representatives, *The Ailing Defense Industrial Base: Unready for Crisis* (Washington D.C.: U.S. Government Printing Office, 1980).

(18) National Research Council, *Foreign Production of Electronic Components and Army Systems Vulnerabilities* (Washington D.C.: National Academy Press, 1985).

(19) Defense Science Board Task Force, *Defense Semiconductor Dependency,* (Washington, D.C.: Office of the Undersecretary of Defense for Acquisition, 1987).

業は自社技術の軍事的な側面を否定する傾向を持つに至ったのである。
　このような経緯により，企業は両用技術についてネガティヴな印象を持つようになった。そして，政府もこの問題が武器輸出三原則との絡みで問題化するのを恐れ，日本企業の持つ技術の両用性を，積極的に評価することはなされなかった[20]。

(2)　「安全・安心」と両用技術

　1990年代の中頃から終わりにかけて，日本の両用技術に関する問題は日米両国で鳴りをひそめた。これは，90年代に入り，IT分野を中心して米国企業が競争力を急向上させる一方で，日本がいわゆる「失われた10年」の経済停滞に見舞われ，この結果，日本企業の技術力の脅威といった文脈は失われた。特に，この時期に米国では，世界的な競争力を持つ米国の民生技術を，軍事分野に引き入れる組織的な対応がなされ，軍事における革命（RMA）も進行した。そして，米国の軍事力は世界で圧倒的な強さを持つにいたり，日本の技術力の安全保障上の意味合いといったことは，ワシントンでは話題にならなくなったのである。また，この間は日本でも，低下した経済競争力，技術競争力の回復に政策の力が注がれ，技術力が安全保障の文脈で注目されることはなかった。
　2000年代に入り，日本では新たな動きが出てくる。政府は，2001年3月に第2期科学技術基本計画を発表するが，ここでは，科学技術政策の三本柱の1つとして，「安心・安全で質の高い生活ができる国」という目標が掲げられ，「安全」という1つのキーワードが使われた[21]。ところが，「安全」が目標に掲げられはしたが，この時点では予算的な対応は明確な形ではなされていなかった。
　このような状況を大きく変化させることになったのが，01年の9.11テロで，これをきっかけにして，日本でも「安全」問題が注目を集め始めた。まず03年に，文部科学省が「安全・安心な社会の構築に資する科学技術政策に関する懇談会」を立ち上げた。この懇談会では，多分野からの専門家が集められ，テロ問題，犯罪問題，感染症問題，自然災害，サイバー犯罪など，日本を取り巻く

(20)　日本企業と政府の依存問題に対する姿勢については，村山裕三『経済安全保障を考える：海洋国家日本の選択』（NHK出版，2003年）174-181頁を参照。
(21)　『科学技術基本計画』閣議決定，2001年3月30日。

安全問題が広く議論され,04年4月には報告書が出された。この報告書では,安全・安心のための技術基盤の強化が,「経済力・技術力を背景とした我が国の安全保障上,重要な方策である」と記され,科学技術を安全保障からとらえる視点が打ち出された。さらには,研究開発を進める際に「安全・安心分野への既存技術の転用」という視点が述べられ,両用技術的な発想がみられるようになった[22]。

一方,総合科学技術会議も,第3期科学技術基本計画の1つの柱として「安心・安全」問題をとらえ,03年に「安心・安全に関する常勤議員の勉強会」を実施した。これが,04年には「安全に資する科学技術推進プロジェクトチーム」へとつながり,総合科学技術会議の下部組織で,安全問題が議論されることになった。このプロジェクトチームは,06年6月に「安全に資する科学技術推進戦略」を発表した[23]。この報告書では,安全に資する科学技術推進の意義として「総合的な安全保障への貢献」を掲げ,「安全に資する科学技術については,我が国の科学技術力を駆使し,国際的な技術優位性を確立することにより,我が国の技術安全保障を強化し,総合的な安全保障に貢献することが重要である」と述べられている[24]。

一方,06年3月に発表された第3期科学技術基本計画では,目標の1つとして「安全が誇りとなる国——世界一安全な国・日本を実現」が掲げられ,予算的にも安全分野に資金が投入される環境が整った。さらには,基本計画の「分野別推進戦略」では,安全技術が含まれる社会基盤分野での研究開発体制を構築するにあたって「デュアルユース技術(軍民両用技術)の活用」が打ち出され,「積極的に民生技術を活用した研究開発の取組を推進する」ことが明記された[25]。

このような一連の動きは,経済産業省や防衛庁(当時)の報告書にも見られ

---

(22) 安全・安心な社会の構築に関する科学技術政策に関する懇談会『報告書』文部科学省,2004年3月。
(23) 総合科学技術会議,安全に資する科学技術推進プロジェクトチーム『安全に資する科学技術推進戦略』2006年6月14日。
(24) 同上,3‐4頁。
(25) 総合科学技術会議『第3期科学技術基本計画 分野別推進戦略』2006年3月28日,278頁。

る。例えば，経済産業省が05年5月に出した報告書「産業技術関連政策と我が国の安全保障に関する調査研究」や05年4月の防衛庁の報告書「新たな時代の装備取得を目指して：真に必要な防衛生産技術基盤の確立に向けて」では，総合科学技術会議と同様の安全技術重視の姿勢が見られるし，後者には両用技術活用の重要性が述べられている[26]。

このように，日本では，2000年の中頃より，技術が「安全」の側面から議論が行なわれるようになり，これによりようやく両用技術という言葉が政府の文書でも前向きな意味合いで使われるになった。そして，これを受けて，両用技術を活用した研究開発体制を構築しようとする動きが出てきたのである。

3 両用技術の認識ギャップと中国向け技術の管理

(1) 両用技術の認識の違い

中国と日本では，両用技術をめぐる歴史的な経緯に差があることが明らかになった。中国では，1950年代からすでに両用技術的な発想が科学技術の研究開発計画に見られ，80年代には軍民転換政策の採用により，現場レベルでもこの種の発想が浸透するに至った。そして，両用技術の考え方は90年代の終わりには，軍需産業の改革において採用され，民生技術を軍事分野に取り込むスピン・オン的な政策が実施されるようになった。このスピン・オン政策は，もちろん中国だけではなく，米国や欧州でも採用されている政策であるが，中国が欧米，特に米国の影響も受けて，この方向に舵を取り始めたのである。

一方，日本では，両用技術に対して否定的な見方からスタートした点に注目しなくてはならない。これは，日本の両用技術が日米技術摩擦の争点として取り上げられたことも関係しているし，また，日本の技術が米国の兵器に使われていることは，日本企業にとっては避けたい事実でもあった。一方，政府レベルでは，2000年代に入り，9.11テロを契機として，安全分野で両用技術を活用しようとする動きが出てきた。これは，第3期科学技術基本計画において現

---

[26] 産業研究所『産業技術関連政策と我が国の安全保障に関する調査研究』2005年5月；防衛装備取得戦略懇談会『新たな時代の装備取得を目指して：真に必要な防衛生産技術基盤の確立に向けて』2005年6月。

実のものとなり，2007年頃より，日本の得意とする技術を安全分野に活用しようとする政府プロジェクトも開始された[27]。

　日本において，もう1つの側面から両用技術が注目を集めることになったのは，輸出管理問題を通じてであった。2003年の米国上院の公聴会において，脱北者が北朝鮮のミサイル開発に日本の技術が使われていることを指摘した証言は，日本社会にショックを与えた。また，近年増加傾向にある輸出管理に関する外国為替法違反事件，特に，06年のヤマハ発動機が生物・化学兵器の散布にも転用が可能な無人ヘリコプターを，中国に不正に輸出していた事件は，マスコミでも大きく取り上げられた。また，同年の大手精密測定機器メーカー，ミツトヨが核兵器の開発に転用可能な三次元測定機器を懸念国に輸出していた事件も，大きな注目を集めた[28]（表2）。

(2)　中国向け輸出管理の課題

　このような日中間の両用技術の認識の差が，日本からの中国向け輸出管理に与える影響について考察してみよう。まず，指摘できるのは，2000年代に入り，日本から中国への輸出管理をより慎重に行う必要性が出てきた点である。というのは，90年代の終わりに，中国では海外からの技術を含む両用技術を軍事分野に積極的に取り入れる政策を採用したことにより，日本から輸出された技術や製品・部品が，中国で軍事に転用される可能性が高まったからである。また，日本でも，安全分野へ技術を振り向ける政策を採用したことにより，安全に活用できる技術ベースを構築することが必要になってきた。この技術ベースを構築するためには，日本の安全にとって重要となる技術の選定が必要となるし，この種の技術を自由に海外に流出させないためには，その効果的な管理が望まれるようになってきたのである。

　日中関係にとって皮肉なのは，2000年代に入って日中間の貿易額が急増し，その相互依存関係が深化するとともに，より慎重に輸出の管理を行う必要性が増してきた点である。このため，日本は，最大の貿易相手国となった中国での

---

(27)　例えば，文部科学省の「安全・安心科学技術プロジェクト」や内閣府の「科学技術連携施策群　テロ対策のための研究開発」など。

(28)　例えば，『朝日新聞』2007年2月23日；『日本経済新聞』2006年8月27日などを参照。

第3部　核不拡散

表2　主な外為法違反事例（2004-06年）

年月	会社名	違反内容	違反措置
2006年11月	セイシン企業	ミサイル開発に転用可能なジェットミルをイラン向けに輸出	輸出禁止
2006年11月	明昌洋行	生物兵器開発への転用が可能な凍結乾燥機を北朝鮮向けに輸出	輸出禁止
2006年9月	ミツトヨ	核兵器開発に転用可能な三次元測定器をマレーシア及びシンガポール向けに輸出	告発
2006年6月	上村工業	化学兵器開発に転用可能な熱交換器部分品をタイ等向けに輸出または輸出未遂	警告
2006年1月	ヤマハ発動機	生物・化学兵器の散布に転用可能な無人ヘリを中国向け等に輸出または輸出未遂	告発
2005年12月	東興	台湾向け2軸混練機の部分品輸出の際に異なる貨物設置図面等を作成し許可申請	警告
2005年10月	東洋炭素	核兵器の開発に転用可能な人造黒鉛等を中国向けに輸出	警告
2005年6月	オルガノ	化学兵器等の開発に転用可能な耐腐食性バルブを台湾向けに輸出	警告
2004年7月	神鋼商事	核や化学兵器等の開発に転用可能なアルミニウム合金等を韓国等向けに輸出	警告
2004年6月	アイ・ディー・サポート	核兵器等の開発に転用可能なインバーターを北朝鮮向けに輸出	輸出禁止
2004年3月	明伸	核兵器・ミサイルの開発に転用可能な直流安定化電源装置を北朝鮮向けに輸出	輸出禁止
2004年3月	黒坂鍍金工業所等3社	化学・生物兵器の開発に転用可能な耐腐食性ポンプ等をフィリピン等向けに輸出	警告

出所）経済産業省ニュースリリース等より作成

ビジネス機会を生かす一方で，中国での日本の技術の軍事転用を防ぎ，さらには日本の技術ベースを守る方向でも，中国との関係を考えなくてはならなくなったのである。これは，日本の経済安全保障にとって，大きなチャレンジといえる。

したがって，このような経済的な利害と安全保障面の利害をバランスさせるためには，日本はその持てる資源を最大限に活用して知恵を絞り，両者を効果的にバランスさせる，そして，時によっては両者を両立させる手段を考えなくてはならない。このような視点から注目されるのは，一部の工作機械メーカーの取り組みである。工作機械大手の森精機では，輸出した製品が軍事転用されるのを防ぐために，外部から取り外しのできない「衝撃感知センサー」を工作機械に取り付けている。このセンサーを搭載した工作機械は，移動や揺れを感じると使用不能になり，機能を回復させるためには，森精機の社員が直接制御コンピュータに暗号を打ち込むなどの操作が必要になるため，機械の軍事転用をかなりの程度防ぐことができる[29]。シチズン時計は，この種のセンサーを自社機械に取り付けるだけでなく，他社に対しても個別に技術供与契約を結んで外販を行っており，この種の技術を使った軍事転用防止策は，今後は広がりを見せることが予想される[30]。

　森精機はまた，工作機械に通信機器を組み込んでインターネットに常時接続することにより，24時間体制で機械の監視を行う計画も持っている。もちろん，これは，保守のためのアフターサービスを主目的として行なうものであるが，このシステムは，工作機械の軍事転用を防ぐ助けにもなる[31]。このアプローチが興味深いのは，通常は保守サービスの手段として使われるが，これが緊急時には軍事転用の防止手段に変わる点である。この組合せを行うことにより，企業は軍事転用防止に要するコストを，保守関連のコストとして吸収することができるのである。

　日本政府の軍事転用に関する情報力を強化することも重要である。輸出管理の世界は，輸出された技術や製品が民生用に使われる限りにおいて，これは歓迎されるべき取引であるが，これがいったん軍事を手がけるユーザーに渡ると，とたんに悪の取引となる。このため，輸出管理においては，最終的にどのようなユーザーに製品が渡るのか，すなわち，エンド・ユーザーを確認する作業がきわめて重要となる。ところが，輸出先の企業が軍事分野とつながっているか

---

(29) 『日本経済新聞』2006年9月8日。
(30) 『日本経済新聞』2006年12月12日。
(31) 『日本経済新聞』2007年2月24日。

どうかなどの情報は，一企業には入手が難しい場合が多い。もちろん，経済産業省の外国ユーザーリストは利用できるし，安全保障貿易情報センター（CIS-TEC）のような機関からも情報を得られる。ところが，日々変化する技術・経済環境のなかで的確な判断を下すためには，より精度の高い情報が必要になる場合も多いのである。エンド・ユーザーに関する情報の確度を上げることは，日本企業の中国での輸出機会を増やすことにつながるため，政府は中国市場における日本製製品の国際競争力に関わる問題として，この課題に正面から取り組む必要があるだろう。

　本稿の日中における両用技術に関する認識の違いは，中国向け輸出管理に関してもう1つの重要な視点を提供する。これは，先に見た歴史的な経緯から，中国は積極的に軍事に転用できる両用技術を政策的に取得しようとするのに対して，日本では政府や大企業を中心にして，両用技術を管理する重要性についての認識は高まりを見せているものの，まだ，それが中小企業レベルや大学の研究者などには及んでいない点である。このため，両用技術や輸出管理の認識の薄い企業や研究者を通じて，中国に機微な技術が流れる可能性は依然として高いといえる。

　このような事態を防ぐためには，中国向けの輸出管理の必要性に対する認識を高める努力が必要となる。経済産業省は効果的な輸出管理を行なうために，社内規程（コンプライアンス・プログラム）を作成することを要請しているが，基本的には輸出管理は企業の自主管理に任されている。また，大学では輸出管理に対する認識自体がきわめて低いし，安全保障的な思考を持つ研究者がきわめて少ないのが実情である。この問題に対して，今後は産学官が一体となり，輸出管理の認識と知識を広める試みがなされなくてはならないだろう。より広範な輸出管理の重要性の認識が，中国に対して有効な輸出管理を行うための基盤を提供するといえるのである。

おわりに——中国ビジネスと大量破壊兵器の不拡散——

　中国でビジネスを展開する企業にとって，自ら手がけるビジネスと，核兵器や生物・化学兵器，ミサイルといった大量破壊兵器を結び付けて考えることは難しいだろう。一方，中国の安全保障の専門家は，中国が日本の最大の貿易相手になったことに対して，多少の違和感を覚えるかもしれない。本稿が示しているのは，日本から中国を見る際には，これらの見方を統合して経済と安全保障の両方から中国をとらえなくてはならない，という点である。ここに，まさに日本の中国政策の難しさがあるのだが，この課題にすでに直面しているのが輸出管理の分野なのである。

　21世紀の日中関係を見据えると，中国市場において，経済と安全保障問題が交差する局面は，これからも増加することが予想される。例えば，日本では07年5月に三角合併が解禁され，株式交換により日本企業の買収が可能になったため，今後日本市場でも企業買収が増加することが予想されるが，買収先の企業として，欧米に加えて，今後は中国が台頭するだろう。経済成長とそれにともなう株式市場の活況により，中国企業の時価総額が，日本の同業種のそれを上回る場合も出てきており，中国企業が日本企業を買収できるチャンスは広がりを見せている。仮に，今後中国企業による日本企業の買収が増加した場合，中国企業による買収が日本の安全保障へ与える影響，といった文脈が出てくることは想像に難くない[32]。

　日本は，電子部品，工作機械，先端材料など，多くの両用技術分野で国際競争力を有する両用技術大国となった。この日本が持つ大きな資産を，経済，安全保障の両分野で有効利用できるかどうかは，この問題に対する日本の認識の深さと，実行に移される政策の質にかかっている。中国への輸出管理をめぐる問題は，今後増加することが予想される，中国に関わる経済安全保障問題の先鞭をなすものといえよう。

---

(32) 海外からの対内直接投資については，経済産業省が2007年9月に外為法の改正を行なっている。詳細については，村山裕三「M＆Aのグローバル化と安全保障上の規制：日本のケースを中心に」『国際問題』第567号（2007年12月号）を参照。

第3部　核不拡散

(参考文献)

村山裕三『アメリカの経済安全保障戦略：軍事偏重からの転換と日米摩擦』(PHP研究所, 1996年)

村山裕三『経済安全保障を考える：海洋国家日本の選択』(NHK出版, 2003年)

『科学技術基本計画』閣議決定, 2001年3月30日

安全・安心な社会の構築に関する科学技術政策に関する懇談会『報告書』文部科学省, 2004年3月

産業研究所『産業技術関連政策と我が国の安全保障に関する調査研究』2005年5月

防衛装備取得戦略懇談会『新たな時代の装備取得を目指して：真に必要な防衛生産技術基盤の確立に向けて』2005年6月

総合科学技術会議『第3期科学技術基本計画　分野別推進戦略』2006年3月28日

総合科学技術会議, 安全に資する科学技術推進プロジェクトチーム『安全に資する科学技術推進戦略』2006年6月14日

村山裕三「増加する輸出管理違反(上)(中)(下)」『日刊工業新聞』, 2007年5月16日, 5月23日, 5月30日

Defense Industrial Panel of the Committee on Armed Services, House of Representatives, *The Ailing Defense Industrial Base: Unready for Crisis* (Washington D.C.: U.S. Government Printing Office, 1980)

National Research Council, *Foreign Production of Electronic Components and Army Systems Vulnerabilities* (Washington D.C.: National Academy Press, 1985)

Defense Science Board Task Force, *Defense Semiconductor Dependency* (Washington, D.C.: Office of the Undersecretary of Defense for Acquisition, 1987)

China Association for Peaceful Use of Military Industrial Technology and the United Nations Department of Development Support and Management Service, *Restructuring the Military Industry: Conversion for the Development of the Civilian Economy* (Beijin: Electronic Industry Publishing House, 1994)

Wisconsin Project on Nuclear Arms Control, *U.S. Exports to China 1988-1998: Fueling Proliferation,* April 1999

Evans Medeiros, Roger Cliff, Keith Crane, and James Mulvenon, *A New Direction for China's Defense Industry* (RAND Corporation, 2005)

(付記) 本稿は, 科学研究費補助金基盤研究B (2006年度～2007年度, 黒澤満研究代表)による研究成果の一部である。

17　核不拡散の新しいイニシアティヴ
——PSI と安保理決議1540の挑戦——

青木　節子

はじめに
1　拡散対抗の主軸としての PSI
2　SIP の規制と現行国際法
3　不拡散措置にとどまった安保理決議1540
4　核拡散に対する国際法および国際枠組の進捗状況
おわりに

はじめに——問題の所在——

　国際法の観点から，不拡散イニシアティヴについての新しい展開は，米国のイニシアティヴにより国際社会に導入された「拡散に対する安全保障構想」（PSI）と安保理決議1540[1]である。

　核不拡散は，従来，核兵器不拡散条約（NPT）に基づく保障措置を中心に，それを補完するものとしてザンガー委員会や原子力供給国グループ（NSG）といったいわゆる輸出管理レジームの定める基準を国内履行することにより確保されることとなっていた。前者は，国家を対象とした不拡散措置であり，後者は国家および非国家主体の双方を対象とするという相違はあるものの，長い間，国際社会には，核兵器の製造またはそれ以外の方法での取得は国家のみに可能なことであるという暗黙の前提があり，規制の対象として認識されていたのは国家であった。しかし，1990年代後半になると，旧ソ連のずさんな核管理の下

（1）　安保理決議1540の由来として，2003年前半に英国が EU 内に配布したノン・ペーパーで，「拡散対抗委員会」設置を提案し，それが基本的賛同を得ていた事実も重要であるという指摘がある。英国外相は，また，2003年9月25日，国連総会演説でも不拡散に安保理が積極的に関与すべきであると発言したが，9月23日の米大統領発言の示す具体性には欠けていた。英国のイニシアティヴについては，例えば，Merav Datan, "Security Council Resolution 1540: WMD and Non-State Trafficking," *Disarmament Diplomacy,* no.79（April/May 2005）, p. 48；浅田正彦「安保理決議1540と国際立法——大量破壊兵器テロの新しい脅威をめぐって」『国際問題』547号（2005年10月）58頁を参照。

におかれた核兵器，関連物質，資材，技術等が，懸念国家，またはテロリストもしくはテロリストへの売却をもくろむ闇市場の武器商人に移転する可能性が真剣に考慮されるようになった。そして，2001年の9.11テロを経て，米国では，テロリストには抑止の概念が働かないため，国家よりもテロリストが核兵器を取得することが重大な脅威を米国および国際社会にもたらすという認識が表明されるようになった(2)。そのような認識に基づき，予防措置の総体としての「不拡散」(non-proliferation)(3)だけでは今日の危機には対処できず，不拡散が失敗した場合には，自国ならびに同盟国・友好国を防衛するために，テロリストや懸念国家に対する先制的な武力行使も含めた「拡散対抗」(counterproliferation)(4)措置をとることもあえて辞さないとする強い姿勢を打ち出した戦略が公表されるに至った(5)。

9.11テロの衝撃に基づいて米国主導で実現した新たな不拡散の国際枠組のうち，11カ国の有志連合として活動を開始したPSIは，上記拡散対抗概念を具体化したものである。また，PSIに実効性をもたせるために採択された安保理決議1540（2004年4月28日）は，すべての国に大量破壊兵器（WMD）やその運搬手段等の製造に資する関連物質の適切な国内管理（安全確保，防護措置，輸出，通過，積換，再輸出等についての適切な法令の制定と執行）等を国連憲章第7章に基づく法的拘束力のある義務として課すものである。同決議は，従来先進国が中心となって国際的な供給調整を行ってきた輸出管理レジームが定める基準と同程度に厳格な輸出管理を確実に実行することをすべての国に義務づけるとい

---

(2) White House, *National Security Strategy of the United States of America* (20 September 2002), pp.13-16 <http://www.whitehouse.gov/nsc/nss.pdf>, accessed on 6 June 2007 (hereafter NSS2002).
(3) 外交努力，軍備管理条約，その検証制度，輸出管理，制裁など広範な方法を用いるが，外交と国際法遵守の強調が特徴である。
(4) この用語は，1993年12月に米国防長官により初めて使用されたといわれる。Jeffery A. Larsen and James M. Smith, eds., *Historical Dictionary of Arms Control and Disarmament* (Maryland: Scarecrow Press, 2005), p. 67; Richard J. Samnuels, ed., *Encyclopedia of United States National Security* (California: Sage Publications, 2006), vol. 2, p. 523.「不拡散」と「拡散対抗」の異同については，たとえばDaniel H. Joyner, "The Proliferation Security Initiative: Nonproliferation, Counterproliferation, and International Law," *Yale Journal of International Law*, vol. 30 (2005), pp. 518-521.
(5) NSS2002, pp. 13-16.

う側面をもち，その意味では，輸出管理レジームの普遍化をめざすものという見方もできるであろう[6]。

　米国は，当初，決議案を拡散対抗措置や制裁・罰則を含むものとして起草した。しかし，検討の過程で，一部の常任理事国が拡散対抗措置を法的義務を伴う決議として採択することに躊躇し反発した[7]。武力行使を伴う域外法執行活動を本質とする拡散対抗措置は，国連憲章に規定する武力行使の原則と必ずしも合致しないからである。第2次世界大戦後，国連憲章に基づき，武力による威嚇または武力の行使は禁止されることとなった（第2条4項）。しかし，自衛権の行使（第51条）や集団安全保障下での武力の行使（第42条）については，例外的に違法性が阻却されることになっている。PSIが予定する陸，海，空での武力の行使を伴う域外法執行と，国連憲章下の武力の行使についての違法性阻却事由の不整合をどのように調整することが可能なのか不明瞭な現状では，拡散対抗措置を普遍的な命令として規定することには抵抗が強く，結局決議1540は，先進国並みの不拡散措置の普遍化義務にとどまったのである。

　WMD等拡散を防ぐために米国主導で進んだイニシアティヴとしては，他にも協調的脅威削減プログラム（CTR）の拡大深化としてのG8グローバル・パートナーシップの枠組，国際原子力機関（IAEA）内外での核燃料供給構想および多様な輸送・港湾セキュリティ・イニシアティヴなどが挙げられるが，それらは，確立した実定国際法の枠内での合意形成，政治的約束，または関係国省庁間の業務運用取極であり，既存の国際法生成過程の変化を伴うものではない[8]。その点がPSIや安保理決議1540と異なる。PSIは，自国領域外での法

（6）　Mohammed ElBaradei, "Nuclear Non-Proliferation: Global Security in a Rapidly Changing World," Statement at the Carnegie International Non-Proliferation Conference, 21 June 2004. Cited in Alistair Miller and Morten Bremer Mœrli, "Nuclear Non-Proliferation and United Nations Security Council Resolution 1540," *NUPI*（April 2005), p. 38.

（7）　たとえば，Christer Ahstöm, "Untied Nations Security Council Resolution 1540: Non-Proliferation by Means of International Legislation," *SIPRI Yearbook 2007 Armaments, Disarmament and International Security,*（Oxford: Oxford University Press, 2007), pp. 461-462; Colum Lynch, "US Urges Curb on Arms Traffic," *Washington Post*（25 March 2004）A20を参照。

（8）　もっとも，さまざまな輸送セキュリティ・イニシアティヴ，地域の反テロ協力行動およびその束がソフトローとしての機能を果たす可能性はあるが，本稿の検討の対象外とする。

執行活動が不可避的に武器を使用して行われ，また武力行使を伴うという新しい現象に特徴づけられ，その行使態様における適法な基準の模索という新たな課題を伴う。また，PSIと関連して採択された安保理決議1540は，従来の強制力のある安保理決議の特色であった①事態の個別性，②命令期間の限定，③個別事態解決のための制裁規定という性格を失い，かわりに①事態の一般性，②命令期間の無限定，③抽象的な行為規範，という性質を帯びるに至った[9]。個別国家の合意なしに安保理がすべての国を無期限に拘束する一般規則を採択することは新しい法現象であり[10]，立法府が一方的行為として管轄下のすべての主体に対して命令を定立する国内立法に類似する。そこで，本稿では，個別国家の同意を必要条件とせずに安保理が採択する個別国家への一定事項についての無期限の命令を，伝統的な多国間条約の締結による国際法の生成に対比するものとして（安保理による）「国際立法」と称する。

近年提唱され実行されているさまざまな不拡散のイニシアティヴの中でPSIと決議1540の2つだけが既存の国際法に挑戦する国際枠組という要素をもつことに注目して，本章の考察の対象はPSIと決議1540に限定する。その際，決議1540は，主としてPSIの実効性を高めるために試みられた国際立法という側面においてのみ考察する。したがって，同決議の政治的な正当性の考慮はPSIが国際社会で果たす役割との関連において注意を払うが，決議の国際法上の合法性の問題は扱わない[11]。本稿の目的は，既存の国際法に挑戦する国際枠組で

---

(9) たとえば，Bruno Simma, ed., *The Charter of the United Nations- A Commentary*, 2nd ed. (Oxford: Oxford University Press, 2002) pp. 701-716. また，浅田「安保理決議1540と国際立法」35-64頁。坂本一也「国連安全保障理事会による国際法の「立法」」『世界法年報』25号（2006年）138-162頁。

(10) 安保理決議1373も，テロリスト行為に対する資金供与を防止することなど，無期限で将来の不特定の事態に対してとるべき措置を全ての国に命令する。しかし，当時未発効であったものの，1999年に国連総会においてコンセンサスで採択された「テロリズムに対する資金供与の防止に関する国際条約」の重要部分を再録した決議であり，条約その他の国際合意をもたない事項について出現した決議1540とは異なる。

(11) 安保理による国際立法の合法性については，たとえば浅田「安保理決議1540と国際立法」50-62頁。坂本「安保理による国際法立法」146-152頁。Roberto Lavalle, "A Novel, If Awkward, Exercise in International Law-Making: Security Council Resolution 1540," *Netherlands International Law Review*, vol. 51 (2004), pp. 411-437; Paul Szaz, "The Security Council Starts Legislating", *American Journal of International Law*, vol. 96, no. 4 (2002), pp. 901-905; Stefan Talmon, "The Security Council As World Legislature", ibid.,

あるPSIが，発足後5年目の現在，国際法生成過程とその具体的規則にどのような影響を与えたのかを検討し，それに基づいて，今後，関連する国際法規則がいかなる発展を遂げるかを予想することである。

なお，PSI，安保理決議1540ともに核兵器のみではなくWMD，その運搬手段およびその関連物質等の不拡散を目的とするものである。本書は「核」を共通テーマとして構成されているが，本章では，PSIや決議1540関連文書からの引用について正確を期するため，特に核とそれ以外のWMDを区別して考える必要がない場合には，WMDという用語を使用する。当然，核が最も重要なWMDとして含まれるからである。

1 拡散対抗の主軸としてのPSI

(1) 米国主導のPSI発足

9.11テロ後の2002年1月8日に国防総省が議会に提出した「核態勢見直し報告」(NPR)[12]は，初めて米本土に対する主要な脅威を「テロリストまたは『ならず者国家』」[13]と記述し，非国家主体を脅威の中心と位置づけた点が注目される。その後，同年9月20日にブッシュ (George W. Bush) 米大統領が議会に提出した「米国の国家安全保障戦略」(NSS)（以下「NSS2002」）第V章[14]は，新しい敵としての「ならず者国家」とテロリストが，WMDを用いて米国，同盟国および友好国を威嚇することを防止するための行動指針を記載する。NSS2002第V章の詳述という形をとるのが，大統領が同年12月10日に提出した公開版の「大量破壊兵器と戦うための国家戦略」(National Security Strategy to Combat Weapons of Mass Destruction, National Security Presidential Directive 17)（以下「NSDP17」）[15]である。NSS2002と同様に，NSDP17は，「行動 (the path of

---

vol. 99, no.1, (2005), pp. 175-193 も参照。

(12) Department of Defense (DoD), *Nuclear Posture Review* (8 January 2002) <http://www.globalsecurity.org/wmd/library/policy/dod/npr.htm>, accessed on 8 February 2007.

(13) 2002年1月29日の一般教書演説で，ブッシュ大統領はイラン，イラク，北朝鮮を「悪の枢軸」と名指しで批判した。

(14) NSS2002, pp.13-16.

(15) White House, NSPD17, <http:www.hitehouse.gov/news/releases/2002/12/WMDStrategy.pdf>, accessed on 6 June 2007.

the action) こそが平和と安全への道である」[16]というテーゼを掲げ,「世界の最も危険な体制およびテロリスト」[17]からもたらされるWMDの脅威に対して「予防的な拡散対抗努力」,「不拡散努力の強化」,「効果的な被害管理」という三本柱で戦うと公表した。拡散対抗は,「阻止」(interdiction), 抑止 (deterrence), 防衛・軽減 (defense and mitigation)(抑止が失敗した場合の対応策) からなる。そのうちの「阻止」が輸出管理に失敗して非合法に国境を超えたWMD, その運搬手段, 関連物資や技術等を含む貨物を取り戻すために取る手段を含み, 約半年後の2003年5月31日に米大統領が訪問先のポーランドで発足をよびかけて実現したPSIがその中核を占める。

(2)「阻止原則宣言」(SIP) の規制対象
(a)「拡散懸念主体」の政治性

ブッシュ大統領の提唱に即座に応じたのは, 日, 英, 独, 仏, 伊, 西, 蘭, 豪, ポーランド, ポルトガルの10カ国であり, 2003年9月に仏で開催された第3回総会において参加国が活動において依拠すべき「阻止原則宣言」(SIP)[18]が採択された。SIPの特色は, 条約ではなく政治的合意であり, 輸出管理レジームの場合と同様, 有志国の国内履行を通して合意の履行確保が図られることである。SIPは, 参加国が各国の国内法, 現行国際法および安保理等の枠組に従って行動することを確認した上で, 遵守すべき4項目の義務を記す[19]。参加国が協力して阻止すべき対象は, ①化学兵器, 生物兵器または核兵器およびその運搬手段を開発し獲得する努力を通じて拡散に従事する主体ならびに②WMD, その運搬手段または関連物資 (related materials) の移転 (売却, 受領, または促進 (facilitating)) を通じて拡散に従事する主体 (第1項)(以下, 本稿で

---

(16) NSS2002 および NSPD17 の序文における言葉である。
(17) NSPD17, p.1.
(18) SIP全文はたとえば, SIPRI, *SIPRI Yearbook 2005 Armaments, Disarmament and International Security* (Oxford: Oxford Univ. Press, 2005), pp. 766-767. 仮訳は外務省軍縮不拡散・科学部『日本の軍縮・不拡散外交 [第3版]』(2006年) 376-377頁。なお, SIPを公表したのは米国務省である。
(19) PSI活動の根拠として, SIP前文は, WMDの拡散が国際の平和と安全への脅威であると宣言し国連加盟国による拡散防止の必要性を強調した安保理議長声明 (S/23500, 1992年1月31日), G8サミットにおけるWMD不拡散宣言等を挙げる。

は，WMD，その運搬手段および関連物質を「WMD等」という）であり，両者を「拡散懸念のある国または非国家主体」（以下「拡散懸念主体」）（第1項）という。上記拡散懸念主体には，インド，イラン，イスラエル，パキスタン，北朝鮮などが該当する可能性があるが，このうちインド，イスラエルはPSIにより阻止される主体とはなりえないであろう。パキスタンとなると若干微妙な要素が残るが米国の外交政策の選択肢を考えるとまずは除外されるであろうと推定される。一方，イラン，北朝鮮は直接のPSI活動の標的という印象をもたらす[20]。NPT外で核兵器を保有する国に対するPSIの姿勢がSIP第1項からは明確にはならず，しかし米国主導の枠組における「拡散懸念主体」の決定ということで，一定の傾向は予想されてしまうのである。これは，究極的には核兵器の違法化，中期的には核兵器保有資格の「二重基準」の問題解決を通じてのみ解決される根本的な問題であろう。しかし，それが現在，PSIの存立基盤の確保のために無視し得ない問題であるところにPSIが孕む弱点が見え隠れするのである。

(b) **WMD運搬手段の規制**

阻止対象にミサイル等WMDの運搬手段も含めているのは，ミサイル取引や拡散を禁止する国際条約が存在しないため，PSIで規制することを企図したからである。2002年12月9日に起きたソサン号（The So San）事件がPSIの直接の契機になったといわれることもあり[21]，ミサイル移転をいかに阻止するかは核物質，核兵器製造設備・技術の移転阻止と同様に重要視されていた。事件は，国旗を掲げないでイエメン沖を航行していた北朝鮮船舶ソサン号（カンボジアに登録）が，国籍確認の目的で（国連海洋法条約[22]第110条1項(d)）スペイ

---

(20) Mark R. Shulman, "The Proliferation Security Initiative and the Evolution of the Law of the Use of Force," *Houston Journal of International Law*, vol.28（2006），pp. 781-782.
(21) ソサン号とPSIのつながりについては，Mark, J. Valencia, *The Proliferation Security Initiative: Making Waves in Asia*（Oxford: Oxford University Press for the IISS, 2005）（Adelphi Paper no.376），pp. 35-36; David Anthony Denny, "Bolton Says Proliferation Security Initiative has 'Twofold Aim,'" *DOS Washington File*（19 December 2003），pp. 2-3 (hereafter "Bolton and PSI"). また，鈴木祐二「拡散安全保障イニシアティヴ（PSI）」『海外事情』（2004年1月）146頁を参照。
(22) 1982年署名開放，1994年発効。2007年7月現在，155カ国・地域が締結。米国は未加入である。

第3部　核不拡散

ン軍と米軍によって臨検[23]を受けたとき，同船舶からスカッドミサイル15基等が発見された，というものである。しかし，ミサイルの輸出入は国際法上禁止された行為ではないため，米，西にミサイルを押収する法的な権限はなく，両国海軍は，ソサン号を釈放せざるをえなかった[24]。そのため，旗国管轄権が原則である公海上の外国船舶に対しても，停船命令，乗船，立入，捜索を可能にし，発見された核兵器，その製造に資する設備・構成部品や原料物質等だけではなく，ミサイルとその関連物資も押収できる権限を阻止実施国が広範に保有できる仕組みを構築する必要が痛感されていたのである。

2　SIPの規制と現行国際法

(1)　SIPの内容

PSI参加国の任務は，単独でまたは他国と協調して，自国から拡散懸念主体に対して，または拡散懸念主体から自国に対してのWMD等の輸送や移転を阻止するために陸路，海上，航空路で実効的措置を取ることである（第1項）。その目的のため，参加国は，他国から与えられる機密情報の秘密保全に留意しつつ，迅速な情報交換のための手続きを採用し，各国の調整を最大化する（第2項）[25]。

---

(23)　本稿における「臨検」の定義については，注(27)参照。

(24)　Douglas Guilfoyle, "The Proliferation Security Initiative: Interdicting Vessels in International Waters to Prevent the Spread of Weapons of Mass Destruction?" *Melbourne University Law Review*, vol. 29 (2005), pp. 735-736.

(25)　後に米国務省国家安全保障拡散防止局（ISN）は，情報の伝達や受信のための適切な経路がない国は新たに設置する必要があり，他国とのデータ共有や国家情報保護についての適切な国内法を持たない国は必要な場合新たに策定することができると述べた。一方，PSI活動についての情報を参加国間で共有する計画については明確に否定し，PSIは米国と個別の参加国との2国間関係の束であるという実態を示唆するものともなっているDepartment of State (DoS), "Proliferation Security Initiative Frequently Asked Questions (FAQ)," <http://www.state.gov/t/isn/rls/fs/46839.htm>, accessed on 2 September 2006. PSI参加を通じて政府間の情報共有よりも国内の関係機関間の情報共有の方が進展したという指摘もある。Mayuka Yamazaki, "Origin, Developments and Prospects for the Proliferation Security Initiative," p. 10. <http://isd.georgetown.edu/JFD_2006_PSA_Yamazaki.pdf>, accessed on 1 August 2006. 日本国内においては，外務省，防衛省・自衛隊，財務省・税関，警察，法務省・入国管理局，国土交通省・海上保安庁などがPSIに

また，必要に応じて関連国内法を見直すとともに必要な場合には適切な方法により関連する国際法および国際的枠組を強化するために努力することを約束する（第3項）。現行法の枠組での有志国の自主的な活動としてのPSIではあるが，国内法のみならず，国際法規則の変更をも行う意思を表明している点が興味深い。反テロという現在国際社会が最重要課題の1つと位置づける事態に対する危機意識，WMD等の拡散が「世界全体に対する」(erga omnes) 義務違反であるとする主張を新たな法的根拠として形成し，管轄権の域外執行としての武力の行使を国際法上適法な行為と位置づける試みをPSI参加国がとる可能性があると予測させるからである。

具体的な行動は第4項のaからfに6つ規定される。参加国は，拡散懸念主体へのまたは拡散懸念主体からのWMD等の輸送等を行わず，自国管轄下の私人が同様の行為を行わないよう確保しなければならない（第4項a）。自国籍の船舶が疑惑の対象となるときには，自発的にまたは他国の要請および他国による正当な理由の提示に基づいて，自国の内水，領海，および他国の領海外の海域において，自国籍船舶に乗船し立入検査を行い（board and search），貨物が確認されたならばこれを押収する（同項b）。また，適切な状況下では他のPSI参加国が自国の船舶に乗船し立入検査を行うことに同意を与えることも真剣に考慮する（同項c）。疑惑がある船舶に対しては，その船籍を問わず，内水，領海，接続水域においてこれを停船させ，立入検査を行い（stop and /or search），また，自国の港，内水または領海に出入しようとする船舶について，乗船や立入検査を条件として出入を許可するなどして自国の管轄が及ぶ海域を管理することを含め適切な行動をとる（同項d）。

一方，WMD等運搬の合理的な疑いがもたれる航空機が自国領空を通航する場合に，検査のための着陸を求め確認された貨物を押収すること，また，このような航空機に対して事前に自国領空の通航権を拒否することなどが，空でのPSIとして参加国が約束する事項である(e)[26]。最後に，港湾，空港その他で

関係し得るが，省庁間の連携は不十分であり，機動的な対処は容易ではない。
[26] 陸および空のPSIについては，PSI発足以降に関係国間に新たな法的または政治的合意が成立したという公開の情報がないので，本稿の考察の対象に含めない。陸のPSIについては，国境管理，司法共助，逃亡犯罪人の強制移送等の問題が関係するであろう。航空阻止活動については，考察の中心は，外国民間航空機に対して国際空域および領空

積換国として自国が利用される合理的な疑いがある場合には，船舶，航空機その他の輸送手段を検査しかつ懸念物質を確認した場合は押収することが義務づけられる（同項f）。

(2) SIPと国連海洋法条約の不整合

SIP規定を一読して判明するのは，国際海洋法秩序，特に国連海洋法条約が規定する公海上の臨検の権利や領海の無害通航権などとの抵触や矛盾の目立つ規定となっていることである。

(a) 臨 検

米国は，PSIの第1回総会（2003年6月）において，SIP第4項に，公海上でのすべての船舶に，船籍を問わず臨検[27]の権利を規定するようよびかけた。しかし，現行国際法上WMD等を拡散懸念主体が公海上輸送していることを疑うに足る十分な根拠がある場合であっても，公海上で海上警察行動として臨検を許容する根拠とはならないとする他の参加国の主張を入れて，第2回総会（2005年7月）以降はこの点は議論されず，現在のSIP第4項b－dに落ち着いたといわれる[28]。

でどのような対処が可能かという問題ならびに航空機に対する追跡権の問題であろう。国内法令に違反した外国航空機に対する追跡権について国際法上の規則は不明瞭であり，軍用機に対する国内法や交戦規定をもつ国があるにとどまる。国際空域における外国機の要撃については，自衛権を除いて明確な規則は存在しない。外国民間航空機の領空侵入については，国は着陸を要求する権限があり，また多くの国が当該航空機に対して，国際民間航空条約の手続きに従って要撃を可能とする国内法を有する。従来，同条約の第2附属書添付A「民間航空機要撃」は，武器の不使用を規定していたが勧告的効力しかもたなかった。しかし，1983年の大韓航空機事件を契機として条約が改正され（第3条の2），また，「民間航空機に対する武器の不使用を定める議定書」（1998年発効。米国は未批准）により，武力を伴う要撃が否定された。要撃には，航空機に対する目的地の変更や着陸命令までも含める国もあるが，実際には，要撃に至る以前に，航空機国籍国との協力や航空交通管制指示が機能することが予想される。

(27) 臨検とは，広義には船舶，航空機により他の船舶，航空機を取り締まるときにその理由の存否を備付書類に基づいて検査することであり，平時における臨検と武力紛争時に捕獲理由の存否確認のために行う臨検がある。本稿では，後者は考察の対象から外し，平時に船舶を停止させ，乗船して，船舶・積荷・乗組員を捜索し，乗組員に質問をする行為を「臨検」という。

(28) 浅田正彦「ミサイル関連の輸出管理レジーム」浅田正彦編『兵器の拡散防止と輸出管理』（東信堂，2004年）97-98頁。

国連海洋法条約では，①海賊，②奴隷取引，③無許可放送，④無国籍船舶，⑤国旗濫用（他国の旗を掲げているが実際は臨検を行う船舶と同一国籍の船舶である場合）を疑うに足りる十分な根拠がある場合に限り臨検を許容する（国連海洋法条約第110条1項）[29]。上記5つの根拠以外では，麻薬・向精神薬の不正取引，移民密入国，公海漁業等がそれぞれ個別の条約に基づいて限定的ながら旗国以外にも執行管轄権の行使を認めるに過ぎない。たとえ国際の安全と平和に急迫した危険をもたらし得るWMD等の輸送であっても，そのこと自体で旗国以外の船舶が公海上で疑惑船舶に対する臨検を行うことは国際海洋法上容認されない[30]。

もっとも，国連海洋法条約第88条と第301条に規定される公海の平和利用規則に鑑みて，拡散懸念主体の輸送活動は条約に基づく平和利用とはいえず，条約上の「自由を権利の濫用とならないように行使」（第300条）しているとはいえないので，「この条約に基づく権利を行使」（第301条）して行う通航の自由は喪失することになると解釈し，したがって海洋法条約の精神に則ってPSI参加国による臨検も可能と説かれることがある[31]。この解釈は，平和利用の定義の問題，条約の解釈・適用に対する相違を解消する手段の限界に関する問題等を含む[32]。また，そもそも条約規定の違反が存在する場合の対抗措置として，一方的な実力行使を許容する解釈を採用することは到底できないであろう。だからこそ，海洋法条約を離れて[33]，臨検はPSI参加国による「集団的自衛権」や個別の自衛権を行使である，という主張が生まれてくるのである。SIP採択から約2カ月後の2003年11月13日，米国のボルトン（John R. Bolton）国務

---

(29) そのうち，無許可放送と無国籍船舶は，1958年の公海条約第22条1項では，臨検の正当な理由として規定されていない。

(30) 坂元茂樹「PSI（拡散防止構想）と国際法」『ジュリスト』no. 1279（2004年11月）56-57頁。山本草二『国際刑事法』（三省堂，1991年）318-333頁。なお，坂元茂樹「大量破壊兵器の拡散防止構想と日本—— PSIの参加をめぐって」外交法務研究班編『国際協力の時代の国際法』（関西大学法学研究所，2004年）1-33頁も参照。

(31) Samuel Logan, "The Proliferation Security Initiative: Navigating the Legal Challenges," *Journal of Transnational Law & Policy*, vol.14, (2004/2005), pp. 268-269 (hereafter "Navigating Legal Challenges").

(32) 国連海洋法条約第15部（第279条－第299条）参照。

(33) 米国は国連海洋法条約の当事国ではないが，臨検や無害通航についての条約規則のほとんどの部分は，現在までに慣習法となったと理解されている。

次官(軍備管理・安全保障担当)は,PSIの根拠を集団的自衛権にあると発言したが,後にこの主張は行わなくなった[34]。国連憲章第51条に規定する要件に合致しないからであろう。公海上または自国の領海で外国船舶の貨物を押収することを自衛権で説明しようとすると,結局はNSS2002にある「先制行動」(preemptive action)の採用とならざるを得ない[35]。そして,これは現行国際法上,正当な自衛権の行使とは認められていないのである[36]。

(b) 無害通航

また,外国船舶は沿岸国の領海において無害通航権を享有し(同条約第17条),その通航は「沿岸国の平和,秩序又は安全を害しない限り,無害とされる」(同第19条1項)という確立した国際法規則が存在する。沿岸国の平和,秩序または安全を害する行為として通航の無害性が否定されるのは,同条2項に規定される「(a)武力による威嚇又は武力の行使」をはじめとする12の行為に限定されるというのが通説となっている[37]。したがって,SIP第4項(d)に規定するように,自国の領海を通航する外国船舶がWMD関連の貨物を運輸しているという合理的な疑惑が存在するとして乗船し,立入検査を行い,貨物の疑惑が確認された場合にそれを押収するということは国際法上許容されないと考えられる。拡散懸念主体によるWMD等拡散は,国際社会の平和と安全に対する脅威を構成するとしても,沿岸国として「無害でない通航を防止するため」に必要な措置(第25条1項)をとる根拠とはなり得ないのである[38]。

(3) SIPに実効性をもたせる2国間協定

SIP第4項に規定される海上阻止行動の中で現行海洋法との明白な不整合に

---

[34] Shulman, "Evolution of the Use of Force," pp. 777-778.
[35] NSS2002, p.15. NSS2002では,数世紀にわたり,差し迫った脅威(imminent threat)が存在するときには危険をもたらす勢力に対して「先制行動」をとることが国際法上許容されてきたと主張する。なお,「先制的自衛権」と「先制行動論」の用語法について浅田正彦「国際法における先制的自衛権の位相——ブッシュ・ドクトリンを契機として——」同編『安藤仁介古稀記念 21世紀国際法の課題』(有信堂,2006年)289-292頁参照。
[36] Logan, "Navigating Legal Challenges," p. 270.
[37] 山本草二『海洋法』(三省堂,1992年)127頁。また,Logan, ibid., pp. 258-260.
[38] 坂元「PSIと国際法」54-56頁。また,接続水域においても,沿岸国の外国船舶臨検の根拠を否定するものとしてLogan, ibid., p. 256を参照。もっとも,この点については,事前にWMD等輸出入を禁止する国内法を制定するならば,国連海洋法条約第33条

陥らなくてすみそうな方法は，①自国の船舶への立入，検査，貨物の押収，②SIP を根拠として行われる他の PSI 参加国の船舶に対する臨検，③PSI 参加国でなかったとしても，臨検を可能とする内容の二国間協定を結んでいる場合，その相手国の船舶に対する臨検，であろう。

(a) PSI 参加国の範囲

現状では，②に該当する「他の PSI 参加国の船舶に対する臨検」を行おうとする場合を考えるとき，実際に阻止行動に及ぶべき事件が生起するまで，どの国が参加国であるのか互いに十分了知することが必ずしも容易ではないように思われる。PSI は，国際組織ではなく[39]，輸出管理レジームのような明確な枠組も存在しない。2007年7月末までに，机上訓練やワークショップを除くと合計26回の訓練を陸・海・空で行ったがそれぞれ参加国はオブザーバーも含め，20カ国を大きく上回ることはほぼなかったといってよい[40]。従来，ほとんどの阻止訓練に参加するという意味での「コア・メンバー」は15カ国と公表されていたが[41]，2005年にコア・メンバー制は廃止された[42]。そして，米国務省が2007年11月現在の PSI「参加国」として記載しているのは86カ国である[43]。

　　1項の「(a)自国の領土又は領海内における通関上」の法令の違反防止を根拠として，国際水域から沿岸国の接続水域に向かう外国船舶に対する立入検査が可能となる余地があるのではないかと考えられる。坂元「PSI と国際法」55頁参照。

[39] 米政府高官はしばしば PSI の特色を「組織ではなく行動」("action, not an organization") という文言で表現する。Denny, "Bolton and PSI," pp. 2-3; Jack I. Gravey, "The International Institutional Imperative for Countering the Spread of Weapons of Mass Destruction: Assessing the Proliferation Security Initiative", *Journal of Conflict & Security Law,* vol. 10, no. 2 (2005), pp. 129-130 を参照。

[40] DoS, "Calendar of Events," < http://www.state.gov/t/np/c10390.htm>, accessed on 26 July 2007. 海上阻止訓練7回，航空阻止訓練5回，陸上阻止訓練3回で，それ以外の11回は海と陸，空と海，陸海空の組み合わせなどである。

[41] 創設時の参加国に加え，カナダ，ノルウェー，シンガポール，ロシアを指す。

[42] <http://www.mofa.go.jp/mofaj/gaiko/fukaku_j/psi/psi.html>, accessed on 2 August 2006.

[43] DoS, "Proliferation Security Initiative Participants," 13 November 2007, P. 2. <http://www. state.gov/t/isn/c19310.htm>, accessed on 14 November 2007. 2006年の5月には，ジョセフ（Robert Joseph）米国務次官（軍備管理・国際安全保障担当）は，参加国は80カ国近くと公表した。アジア諸国からは，コア・メンバーであった日本とシンガポールのほかに，ブルネイ，カンボジア，モンゴル，フィリピン，スリランカの名がみられる。海上輸送量の多い国としては，中国，韓国，インド，マレーシア等の不参加がめだつ。<http://usinfo.state.gov/is/Archive/2006/May/03-622541.html>, accessed 2 September 2006.

第3部　核不拡散

コア・メンバー制が存在していた時期には，米政府は，PSI「支持国」の数として2004年2月に50カ国以上[44]，2005年1月に60カ国以上[45]と発表していた。阻止訓練にオブザーバー参加する国や発足記念式典に出席した国，公海上での臨検などを可能とするために米国と2国間協定を締結した国などが含まれていたと推定される[46]。米国務省は，かつて，PSIへの支持を表明する手続きとして，外交覚書その他の公式文書でPSIに明確な支持を表明し，加えて支持の公式声明を行うことが望ましいという見解を示したことがある[47]。

　公海上の臨検や外国が執行管轄権をもつ海域での取締を強化するために，米国はこれまでリベリア（2004年2月）[48]，パナマ（同年5月）[49]，マーシャル諸島（同年8月）[50]，クロアチア（2005年6月）[51]，キプロス（同年7月）[52]，ベ

(44)　ボルトン国務次官（軍備管理・国際安全保障担当）（当時）の発言による。<http://japan.unembassy.gov/e/p/tp-20050205-21.html>, accessed on 13 February 2004.
(45)　DoSが2005年1月11日に公表した数字である。<http://japan.unembassy.gov/j/p/tpj-j20050526-50html>, accessed on 2 September 2006. また，国防省の「4年ごとの国防見直し報告」にも同様の数字がみられる。DoD, *Quadrennial Defense Review Report*, 2 February 2006, p. 52.
(46)　ただし，2004年10月25～27日に日本で開催された海上阻止訓練にオブザーバー参加したタイや2005年8月15～19日にシンガポールで開催された海陸阻止訓練にオブザーバー参加したマレーシア，パキスタン，ベトナムは参加国に含まれていない。平和・安全保障研究所編『アジアの安全保障 2006-2007』（朝雲新聞社，2006年）294頁も参照。
(47)　DoS, "Calendar of Events." また，参加国の不明瞭さに関連するが，PSIは柔らかい枠組としても実態がわかりにくい。2004年5月31日から翌日にかけて開催された第6回総会（発足1周年記念総会）以降，総会は開かれず，臨検強化のためのオペレーション専門家会合（2007年3月末までに13回開催）とインテリジェンス専門家会合（公開情報なし）が開催されるだけである。
(48)　US-Liberia Agreement Concerning Cooperation to Suppress the Proliferation of Weapons of Mass Destruction, Their Delivery Systems, and Related Materials by Sea, cited in Dos, <http://www.state.gov/t/isn/trty/32403.htm>, accessed on 12 March 2004.（リベリアとの協定のみではなく，8つの二国間乗船協定は Proliferation Security Initiative Ship Boarding Agreement と通称されることが多い。）
(49)　米＝パナマ相互乗船協定については注(57)(58)参照。
(50)　US-Marshall Agreement Concerning Cooperation to Suppress the Proliferation of Weapons of Mass Destruction, Their Delivery Systems, and Related Materials by Sea, cited in DoS, <http://www.state.gov/t/isn/trty/35237.htm>, accessed on 20 July 2006.
(51)　US-Croatia Agreement Concerning Cooperation to Suppress the Proliferation of Weapons of Mass Destruction, Their Delivery Systems, and Related Materials by Sea, cited in DoS, <http://www.state.gov/t/isn/trty/47086.htm>, accessed on 29 July 2006.
(52)　US-Cyprus Agreement Concerning Cooperation to Suppress the Proliferation of Weapons of Mass Destruction, Their Delivery Systems, and Related Materials by Sea, cited in

リーズ（同年 8 月）⁽⁵³⁾，マルタ（2007年 3 月）⁽⁵⁴⁾，モンゴル（同年10月）⁽⁵⁵⁾と相互乗船協定を締結してきた。これらの国はいずれもコア・メンバー国とは数えられていず，たとえば第 5 回 PSI 総会（2004年 3 月）では，米国が便宜置籍国と締結する乗船協定を PSI アウトリーチ活動の「機能別アプローチ」ととらえ，日本や豪州がアジアにおいて，ポーランドが東欧において行う「地域別アプローチ」と対比して，両者の継続が奨励されていた⁽⁵⁶⁾。現在は，国務省 ISN はこの 8 カ国すべてを PSI 参加国と見なしている。PSI 参加国の認定機能は実質的には米国務省の専権事項となっていると言えないこともなく，そうであれば 2 国間関係の束としての拡散対抗ネットワークというのが実態という説を補強しそうである。

(b)　2 国間乗船協定による海洋法条約との調整

米国は，「③ PSI 参加国でなかったとしても，臨検を可能とする内容の二国間協定を結んでいる場合，その相手国の船舶に対する臨検」が可能となる，という方法を採用して，現行海洋法との不整合に陥らずに自国が本来執行管轄権をもたない水域や対象に対して実力行使を行い得る方途を模索した。PSI 以前に，麻薬取締や海洋環境保護などで利用した方法である。これまで米国が締結した 8 つの二国間乗船協定のうち，パナマとは，1991年に締結した麻薬等の密輸に関する「海上での法執行活動のための米国沿岸警備隊の援助に関する協定」（2002年に補足協定）⁽⁵⁷⁾を改正して WMD 等不拡散も条約の範囲に含めるこ

　　DoS, <http://www.state.gov/t/isn/trty/50274.htm>, accessed on 1 May 2006.
(53)　US-Belize Agreement Concerning Cooperation to Suppress the Proliferation of Weapons of Mass Destruction, Their Delivery Systems, and Related Materials by Sea, cited in DoS, <http://www.state.gov/t/isn/trty/50809.htm>, accessed on 1 March 2006.
(54)　US-Malta Agreement Concerning Cooperation to Suppress the Proliferation of Weapons of Mass Destruction, Their Delivery Systems, and Related Materials by Sea, cited in DoS, <http://www.state.gov/t/isn/trty/581883.htm>, accessed on 17 March 2007.
(55)　US-Mongolia Agreement Concerning Cooperation To Suppress The Proliferation Of Weapons Of Mass Destruction, Their Delivery Systems, And Related Materials by Sea, cited in DoS, <http://www.state.gov/t/isn/trty/94626.htm>, accessed on 5 November 2007.
(56)　日本が主導する PSI のアウトリーチとしては，アジア・太平洋不拡散協議（AS-TOP）（第 1 回2003年11月），日・ASEAN 不拡散協力ミッション（第 1 回2004年11月），日・ASEAN 協力ミッションの枠内でのアジア不拡散セミナー（海での協力）（第 1 回2004年 5 月），アジア輸出管理政策対話（第 1 回2003年10月）などが挙げられる。
(57)　US-Panama Supplementary Arrangement on U.S. Coast Guard Assistance, cited in DoS, <http://www.state.gov/t/isn/trty/32859.htm>, accessed on 10 June 2004.

ととなった（補足協定を改正する2004年の乗船協定第1条)[58]が，それ以外の協定はPSIに実効性をもたせる目的で新たに結んだものである。

2004年2月11日に署名された（同年12月9日発効。ただし，署名日より暫定適用）米＝リベリア乗船協定は，拡散懸念主体が，裸用船契約に基づいて当事国の一方の国内法によって登録された容疑船舶（第3条）を用いてWMD等の拡散に従事しているという疑惑が生じた場合には，国際水域（内水，領海，群島水域以外の海域）（第1条9項）において，当事国は乗船・立入検査，船舶や貨物の抑留，貨物等の押収，要員の逮捕，起訴等に関する「すべての権利」を相互に付与すると規定する（第4条，第5条，第12条等)[59]。これは，軍艦等に付与される乗船，捜索，抑留の際の国際法および国内法に従った「武力の行使」（第4条5項，第9条1～5項）を含む。また，WMD等輸送の合理的な疑惑が存在する場合には，自国領海内での容疑船舶への乗船，捜索の目的で，他方の当事国に技術的援助を要請することができ，要請を受けた国は要請国に援助を与えることができる（第16条1項)[60]。当事国の容疑船舶間で無害通航権の壁を乗りこえる仕組みである。米＝リベリア協定の規定は，大要，他の7つの協定と内容はほぼ同一であり，当事国の船舶同士で，公海上の臨検，領海など沿岸国が領域管轄権を行使する海域での技術協力はほぼ達成されることになる。PSI第4項b－dは二国間で相当程度実現されるといえるであろう。注目すべきなのは，米＝リベリア協定（第18条)，米＝パナマ改正協定（第Ⅱ条)，米＝マーシャル協定（第18条)，米＝モンゴル協定（第18条）は，協定に規定するすべての権利義務が相互主義に基づいて第三国にも拡大され得ると明記されている点である。

米国務省は，パナマとの協定が署名された2004年5月の時点[61]で，リベリ

---

(58)　US-Panama Agreement Concerning Cooperation to Suppress the Proliferation of Weapons of Mass Destruction, Their Delivery Systems, and Related Materials by Sea, cited in DoS, <http://www.state.gov/t/isn/tryty/32588.htm>, accessed on 10 June 2004.
(59)　第4条3項dは，容疑船舶の国籍の照会については，2時間以内に要請された国の権限ある機関から回答がない場合には要請国は，乗船，捜索等の権利を付与されたものとみなす，と規定する。
(60)　領空においても同様の技術援助や協力は排除されない（第16条2項)。
(61)　米＝パナマ二国間協定が発効したのは2004年12月だが，協定第Ⅲ条1項に基づいて署名時より協定の暫定適用が行われていた。

ア,パナマ,コア・メンバー国の商船船舶の総トン数は世界の約50パーセントを占めており,それが今や国際水域での乗船,捜索,押収を許容することになった意義は大きいとPSIの着実な発展を誇った[62]。このように,国連海洋法条約に反映される海洋法秩序との調整は,二国間条約の束で行う。一部の便宜置籍国とは二国間条約の条項を相互主義に基づいて第三国にも拡大することにより,PSI参加国の阻止行動は,国際法上その適法性に疑いがある「先制行動」としてではなく,特別条約に基づく国際協力としての域外法執行が可能になったのである。現在,米国はギリシャをはじめとして約20カ国と乗船協定の締結を交渉中であるいわれる[63]。

しかし,この方式にも欠点がないわけではない。①条約の締結に時間がかかり,②条約は必ずしも第三国への適用を保証せず,また,③個々の条約で適用条件が必ずしも同一ではなく,④実際の運用において条約締結国の国内法の相違に左右されやすい,という問題を残すからである。そこで,より簡便で普遍的な拡散対抗措置として考案されたのが,第7章に基づく安保理決議という国際立法である。

3 不拡散措置にとどまった安保理決議1540

(1) 決議1540の起草過程

第1回阻止訓練が豪州沖で行われた直後,2003年9月23日に米大統領は国連総会演説において,国連加盟国がWMD等の拡散を「犯罪化」し国際標準に合致した厳格な輸出管理の法整備を行い,かつ自国領域内におけるいかなる機微な物質をも防護することを要請する新しい「反拡散」(anti-proliferation)決議を安保理が採択するよう要請すると述べた。そして,いかなる国に対しても反拡散のための法律制定や法執行を援助すると確約した[64]。SIP第3項にある

---

(62) DoS, Fact Sheet (12 May 2004). <http://www.state.gov/r/pa/prs/ps/2004/32414.htm>, accessed on 12 November 2004. なお,リベリア,パナマの2国で全世界の約30パーセントの積荷を運送するとされる。

(63) DoS, "Proliferation Security Initiative (PSI)," p. 6, p. 8. cited in <http://www.exportcontrol.org/library/conferences/1379/002_Proliferation_Security_Initiative_Update.pdf>, accessed on 25 September 2006.

現行国際法の強化を発効までに多大な時間を要する多国間条約によってではなく，短期間で普遍的な法的拘束力をもたせることのできる安保理決議によって行おうという趣旨である(65)。

米国のイニシアティヴによる決議案は同年10月以降，2004年3月下旬まで常任理事国のみの間で協議され，その間にさまざまな妥協が行われたという(66)。たとえば，2月には中国の反対でWMD等輸送を理由として公海上で「阻止をする」(interdict)という米国原案が削除され，海域を特定せず，WMD等の不正取引を防止するために「協力行動をとる」よう要請する(call upon)という非常に弱められた表現が採用された（決議第10項）(67)。その後，3月下旬以降安保理全体での議論が始まり，4月28日に提出された最終決議案が同日午後コンセンサスで採択されて，決議1540として成立した(68)。

(2) 義務の内容

決議1540は，「第7章に基づいて行動する」安保理が加盟国に対して，非国家主体に対する法的拘束力を伴う拡散防止のための行動を規定するものである。PSIにおける拡散懸念主体は国家と非国家主体の双方を含むものであったのに

---

(64) A/58/PV.7 (23 September 2003), p.11; see, also <http://www.whitehouse.gov/news/release/2003/09/20030923-4.html>, accessed on 27 May 2005.

(65) ブッシュ大統領は，2004年2月11日に国防大学で新しい不拡散政策として7つの提案を行ったときにも，その1つとして安保理決議での決議採択を要請した。<http://www.whitehouse.gov/news/release/2004/20040211-4html>, accessed on 12 March 2004.

(66) もっとも2003年12月23日には非公式に安保理非常任理事国も決議案を受け取ったという。Sean D. Murphy, ed., "Contemporary Practice of the United Nations Relating to International Law," 98 *American Journal of International Law,* vol. 98, no. 3 (2005) p. 607; Lavalle, "A Novel, If Awkward, Exercise in International Law-Making," p. 425.

(67) S/PV. 4950 (22 April 2004) p. 6. 中国は，非公式に米国に対して「協力行動をとる」，という文言には船舶の阻止が含まれる，という認識であると伝えたとされるが，公海上の阻止行動を意図しているとは考えにくい。Lynch, "US Urges Curb on Arms Traffic," A20.

(68) 決議1540が前例のない「国際立法」の性質を有するため理事会を超えた幅広い支持をとりつける必要があるとされ，4月22日には安保理以外の国にも意見表明の機会が与えられた。日本を含む36カ国が出席し，このときの意見表明は最終決議案にも反映された。S/PV. 4950 & S/PV. 4950 (Resumption I) (22 April 2004); S/PV. 4956 & S/PV.4956/Corr.1 (28 April 2004); Press Release SC/8076 (28 April. 2004); 浅田「安保理決議1540と国際立法」53-62頁；坂本「安保理による国際法立法」141-143頁。

対し，決議1540は，対象を非国家主体に絞る。法的拘束力を有する「決定」として重要な規定は，第1～3項である。決議は，まずすべての国[69]にWMDおよびその運搬手段の開発，取得，製造，所持，輸送，移転または使用を企てる非国家主体に対していかなる形態の支援も差し控えるよう決定する（第1項）。続いて，すべての国は，前項に規定される事項を企図すること，共犯として参加すること，さらにそのような活動を援助しまたは資金を提供することを禁止する適切かつ効果的な法律を制定し執行することを決定する（第2項）。中心となるのは第3項である。すべての国は，関連物質に適切な国内管理を確立することを含めWMDおよびその運搬手段の拡散を防止するために，同項(a)(b)(c)(d)に以下を行わなければならないと規定する。すなわち(a)生産，使用，貯蔵または輸送において，当該品目の使途を明らかにし，安全を確保するための適切かつ効果的な措置を策定し維持すること，(b)適切で効果的な防護措置を策定し維持すること，(c)自国の国内法的権限および法律に従って，ならびに国際法に合致して，必要なときは国際的な協力によることを含め，当該品目の不正取引および不正仲介を探知し，抑止し，防止しおよび対処するための適切で効果的な国境管理および法執行の努力を策定し維持すること，(d)輸出，通過，積換および再輸出を管理する適切で効果的な法令，資金供与および拡散に貢献する輸送といった輸出および積換に関連する資金および役務の提供に対する管理ならびに最終使用者の確立も含め，当該品目に対する適切で効果的な自国の輸出および積換管理を確立し，発展させ，再検討し維持すること，また，そのような輸出管理法令の違反に対する適切な刑事上または民事上の罰則を確立しおよび執行すること，である。

決議1540が創設した法的義務の実質部分は第3項までに尽くされており，第4項は，決議内容の履行を確保するため，安保理全理事国で構成する「1540委員会」を2年間設置し，今後6カ月以内に国連加盟国が上記委員会に報告提出義務を有することを決定する[70]。第5項は，決議1540が既存の軍備管理・不

---

(69) 現在国連加盟国は192カ国であり，また，最も重要な非加盟国であるスイスは自律的基礎に基づいて憲章第7章に基づく措置の適用を受けるなど，「国連加盟国」イコール「すべての国」と読み替えることが可能な環境がほぼ達成された。Simma, "UN Charter," p. 715 を参照。

(70) 締切日までに報告を提出したのは59カ国であったが，2006年11月末までに133カ国

第3部　核不拡散

拡散条約や検証制度の権利義務を変更するものではないと決定し，解釈上の疑義が生じることを回避する。

　その他の規定は，既存の不拡散枠組の強化とそのための国際協力を要請するにとどまる。具体的には，決議の効果的な実施のために国家の規制リストを作ること（第6項），既存の軍備管理・不拡散諸条約への加盟や履行確保のための国内法整備を行うこと，必要な場合には当該条約を強化し，また，公衆や産業界との協働や情報提供の仕組みを発展させること（第8項(a)-(d)），WMD等の脅威を解決するために国内法および国際法に従った不拡散対話・協調を促進すること（第9項）である。また，決議実施のための適切な法制度等を具備していない国は，援助を要請することができると規定する（第7項）[71]。

　第10項は，ブッシュ大統領の企図の挫折にほかならない。同大統領は「WMD等の拡散」自体を国内法上の犯罪として位置づけ，締約国が処罰に向けて普遍的管轄権を設定する一連の反テロ型条約と同等の効果を安保理決議により実現させることを考えていた。直接的には，「WMD等の拡散」を「諸国の共通利益を害する犯罪」[72]として，公海上でのすべての国による臨検を可能とし，また，単に自国の領海を通過する外国船舶にも停戦命令を出し，確認された物資を押収できるような国内法の制定を義務づけることが決議1540の目的といっても過言ではなかったのである。しかし，前述のように中国等の是認が得られず，国内法に従いおよび国際法に合致して，WMD等の不正取引を防止するための協力行動をとるという規定にとどまり，執行管轄権の域外適用のためには，別途新たな多国間条約を発効させる必要に直面したのである。

　拡散対抗措置としてのPSIの実効性を高めるために，域外法執行活動での武器使用や武力の行使を一定基準に従って許す内容の国際法の生成が必要とされるが[73]，それを短期間に「国際立法」という方法で行おうとすることに失敗

　　およびEUが報告を行った。それ以後の実施状況については公表されていない。2006年4月下旬までに報告書を2回以上提出した国は79カ国である。<http://disarmament2.un.org/Committee 1540 .report.html>（以後 "1540 Committee Report"），accessed on 30 November 2006. 2006年4月27日には「1540委員会」の任期を2年延長する安保理決議1673が採択された。

(71)　この条項に基づいて2006年4月までに32カ国が他国に援助を求め，46カ国が援助を与えた。S/2006/257（25 April 2006），pp. 2 3.

(72)　山本「国際刑事法」，特に12-13頁，120頁，163-171頁。

したのである。安保理による「国際立法」という新しい現象の達成には成功したが，内容は既存の国際法の枠内にある強化された不拡散にとどまるものである。

4 核拡散に対する国際法および国際枠組の進捗状況

(1) 伝統的な国際立法による核拡散阻止

もっとも，公海上の臨検を WMD 等の輸送に対しても可能なものとする作業は，全く頓挫したわけでもない。しかし，それは，安保理ではなく，国際海事機関（IMO）において既存の条約の改正という形で行われた。決議1540採択から約１年半後の2005年10月に，1988年の「海洋航行の安全に対する不法な行為の防止に関する条約」（「SUA 条約」）（1992年発効）および「大陸棚に所在する固定プラットフォームの安全に対する不法な行為の防止に関する議定書」（「プラットフォーム議定書」）（1992年発効）の改正議定書が採択された。両文書は，対象犯罪を船舶の不法奪取，破壊行為等海洋航行に対する不法行為から，船舶に対するテロ犯罪，船舶を用いたテロ犯罪，WMD 等の輸送等を含めるものに拡大した。核に関連するものとして，以下が義務づけられた。すなわち，①WMD 等を船舶上で使用すること，②故意に WMD 等を輸送すること，③核分裂性物質等を核爆発に使用することを知りながら輸送すること，④WMD 等の設計や製造に実質的に貢献する設備，物質，ソフトウェア等をその用途を知りながら輸送すること，⑤SUA 条約で対象とする犯罪行為を行った者を輸送すること，⑥固定プラットフォーム上で，固定プラットフォームに対してまたは固定プラットフォームから WMD 等を発散し，または使用することを，締約国が国内法上の犯罪として裁判権を設定し，かつ引渡犯罪とすること，である[74]。SUA 条約改正議定書締約国は，上記対象犯罪が行われていると疑うに

---

(73) 村瀬信也「国際法における国家管轄権の域外執行──国際テロリズムへの対応」『上智法学論集』第49巻第３・４号（2006年）119-160頁参照。

(74) SUA 条約改正議定書（IMO, LEG/CONF.15/21（1 November 2005））の第３条２項(a)(i)-(iv), (b)(i)-(iv), また，プラットフォーム改正議定書（IMO, LEG/CONF.15/22（1 November 2005））の第２条から第５条等参照。日本は，1998年に SUA 条約およびプラットフォーム議定書を批准した。２つの改正議定書には未署名である。日本の外務省は，

第 3 部　核 不 拡 散

足る合理的理由がある船舶について，船舶の旗国の許可を得て臨検を行うことができる[75]。旗国が改正議定書批准時に（または批准後に），IMO 事務局に対して臨検を要望する国の照会に 4 時間以内に回答しなければ自動的に臨検を承諾することを通知していた場合は，旗国の承認を必要とせずに，臨検が可能となる。もっとも，拘留された船舶，貨物その他の物品に対して管轄権を執行する権限は旗国のみが保持する[76]。

(2)　個別国家の WMD 等拡散違反に対する国際社会の対応

ここでは，北朝鮮，イランという個別国家の具体的な WMD 等拡散やその不存在証明の失敗に対して，安保理はどのような法的拘束力のある命令を課すことが可能であったかを概観し，PSI の実効性を高めるための安保理決議1540との関係からその現象をどう評価すべきであるかを考える。

(a)　安保理決議1718

2005年 2 月に核保有宣言を行った北朝鮮は，翌年10月 3 日には核実験を予告した。核実験が挙行される場合には，安保理は国連憲章第 7 章を基礎として行動に移すことを示唆する議長声明が全会一致で採択されたが[77]，北朝鮮は，9 日には核実験成功を発表した。同日，安保理は非公式協議を開始した。13日に米国は，安保理議長国であった日本を含む 9 カ国の共同提案として安保理に修正決議案を提出した。同決議案は，中ロの修正を経た後，14日，「憲章第 7 章の下で行動し，同憲章第41条に基づく措置」を定める決議1718として全会一致で採択された[78]。

　　国際社会が一致団結して国際テロや不拡散に取り組む姿勢を示す上でも両議定書の批准は有意義なものであるとして，批准のための必要な検討作業を行う。寺西香澄「主要国における公共交通機関のテロ対策——ロンドン同時爆破テロ以降の動向」『レファレンス』（2006年 6 月号） 106-107頁。

(75)　改正議定書第 8 条の 2 (5)(b)。

(76)　改正議定書第 8 条の 2 (5)(d)。改正議定書は12カ国が批准した90日後に発効する。現在未発効。なお，プラットフォーム改正議定書は，3 カ国が批准した時に SUA 条約改正議定書が発効していれば発効する。

(77)　S/PRST/2006/41（6 October 2006）。

(78)　最初の米国案は，第 7 章に基づく制裁を規定したが，そのような制裁は武力行使に至る可能性があるとして中国が反対し，第41条に基づく措置を取るという限定的な制裁条項への修正を求めていた。たとえば，寺林裕介「北朝鮮の核実験と国連安保理決議1718

決議1718は，北朝鮮の核実験を非難し（第１項），NPT や IAEA への復帰を要求し（第３，４項），弾道ミサイル計画に関連するすべての活動を停止し，ミサイル発射モラトリアムに関する既存の約束を再確認することを決定し（第５項）[79]，核兵器およびその計画を完全，検証可能，かつ不可逆的方法で放棄することを決定する（第６，７項）。また，すべての国連加盟国は，WMD 等のみではなく，国連武器登録制度上の通常兵器等，および奢侈品を北朝鮮に移転しまたは北朝鮮から調達することを防止する法的義務を負うと決定し（第８項），この決議を履行し上記物資等の不正取引を阻止するために，「必要に応じ，自国の権限または国内法令に従い，かつ，国際法に適合する範囲内で，協力行動（北朝鮮へのまたは北朝鮮からの貨物検査（inspection of cargo）によるものを含む）をとることが要請される」と決定した（同(f)）。決議1540提案の場合と同様，旗国の同意なくして公海上での臨検を可能とすることをめざす米国に対して中国が妥協する可能性は皆無だったため，最終的には強制的な阻止行動を意味する「船舶検査」ではなく，国内法に従った陸上での広義の検査と読み込むことも可能な「貨物検査」とし，また，協力行動を「取る（shall）」（法的義務）ではなく「要請される」という文言に修正し，全会一致で決議を採択した[80]。採択直後に米国のボルトン国連大使は，決議1718は，決議履行を確保するために PSI が行う船舶検査レジームを規定していると述べた[81]。一方，中国の王光亜国連大使は採択された決議に規定されている「貨物検査」を是認することはできず，中国としては留保を付す旨を明らかにした。この発言は，ボルトン大使の評価を裏付けるものとも考えられる[82]。メディアは果たして決議が強制力のある貨物検査を授権するものであったのかについて注目したが[83]，決

―――核不拡散を目指す米国の布石」『立法と調査』no. 262（2006年12月）10頁を参照。
(79)　2006年７月５日の北朝鮮の７発の弾道ミサイル発射は，日朝平壌宣言および2005年９月19日の６者協議共同声明に反するとされる。日本は対抗措置として，即日，「特定船舶入港禁止法」（平成16年６月18日制定，同月28日施行。法律第125号）に基づいて，「万景峰92」の入港を半年禁止した。
(80)　S/PV.5551（14 October 2006), p. 2.
(81)　Ibid., p. 3.
(82)　Ibid., p.4; SC/8853（14 October 2006), cited in Ian Anthony and Sibylle Bauer, "Controls on Security-Related International Transfers," in SIPRI, *SIPRI Yearbook 2007 Armaments, Disarmament and International Security* (Oxford: Oxford University Press, 2007), p. 662.

議採択の翌日，ライス（Condoleezza Rice）米国務長官は，決議が国際海域での臨検を規定したものでなく，あくまで協力規定であると述べ，ボルトン大使とは一線を画した[84]。第8項(f)は，貨物検査を要請することが「決定」されているに過ぎないので，船舶検査は協力義務にとどまると解すべきであろう。決議1718第8項(f)は，決議1540第10項と同じく，現行国際法・国内法に基づく協力措置の要請にとどまったのであり，SIP第3項にいう関連する国際法の強化を達成することはできなかった，というのが適切な解釈であろう。

(b)　安保理決議1737および1747

イランの核兵器開発疑惑は2006年に入るといっそう高まった。3月29日に採択された安保理議長声明を経て，7月31日には，研究開発を含むすべてのウラン濃縮・再処理活動の停止を8月31日までに履行しないならば「憲章第7章第40条に基づいて」制裁を行うとする安保理決議1696が採択された。この決議を無視してイランはウラン濃縮活動を拡大したので，安保理では英仏の提出した制裁案に5回の修正が加えられた後，12月27日に「憲章第7章第41条に基づく」安保理決議1737が採択された。この決議はすべてのウラン濃縮・再処理活動ならびに重水関連計画の停止（第2項）等を決定した。また，すべての国が上記活動や運搬システム開発等に貢献する品目等をイランに移転することを防止するために必要な措置をとること，およびそれらの品目等をイランから調達すること等の禁止を決定した（第3, 4, 7項）。禁止行為を支援する団体や個人の自国領域内への入国または通過に対して警戒を要請し，安保理制裁委員会（同決議第18項に基づく）に通報することを要請したが（第10項），決議1718第8項(f)と異なり，「貨物検査」について言及した箇所はない。また，「憲章第7章第41条に基づき」，決議1696, 1737に実効性を付すことを目的とした2007年3月24日の決議1747においても，その点の変更はみられない（第2項）。

---

(83)　Colum Lynch and Glenn Kessler, "UN Votes to Impose Sanctions on N. Korea," *Washington Post*, (15 October 2006),. A1 を参照。

(84)　DoS, "Interview on CBS Face the Nation with Bob Schieffer and David Sanger of the New York Times," (15 October 2006) <http://www.state.gov/secretary/rm/2006/74015.htm>, accessed on 7 December 2006; DoS, "The Adoption of UN Security Council Resolution 1718" (14 October 2006), <http://www.state.gov/p/eap/rls/ot/74013.htm>, accessed on 1 March 2007.

おわりに

　以上，既存の国際法枠組に挑戦するものとしてのPSIが国際法の生成過程にどのような影響を与えつつあるかを検討した。その結果，海のPSIに実効性を与えるための方策は，伝統的な条約作成によってのみこれまでのところ可能であり，9.11テロという大惨事を経ても国際法生成過程はいささかも動揺していないという結論に到った。多国間条約としては，WMD等の拡散を犯罪化し普遍的管轄権を設定する新たな2つの反テロ条約が公海上の臨検等を可能にし，2国間条約としては，米国が一方の当事者となる8つの協定が，国際水域での臨検や貨物の没収，犯罪者の逮捕，起訴などを許容する。また，自国領海内に存在する他の当事国の容疑船舶に対して当事国同士が協力して国家管轄権を行使することにより，国際海洋法上確立した無害通航権という障壁を乗り越えることも可能となる。

　一方，安保理による国際立法は，現行国際法規則に明確に抵触する行為（たとえばWMD拡散を理由とする公海上の臨検），または当該行為に対する国際法上の評価が不明瞭な段階にとどまる見解（たとえばWMD等拡散を犯罪とみなすことの当否や，外国民間航空機に対する追跡権）[85]を法的義務として確立することはできなかった。安保理決議1540は，新たな国際法形成の方法についての可能性を示唆したとはいえるであろうが，規定する法的義務の内容は，それに対応して抑制されたものにとどまった。すなわち，拡散対抗に関するものではなく先進国間で実施されている不拡散措置の普遍的義務化に過ぎず，しかも，当該義務の不履行についても制裁ではなく，「1540委員会」の指導・援助を受けつつ，漸進的に事態の是正が要請されると解される規定ぶりとなっている[86]。設定期限（第4項）から2年以上経過した2006年11月末までに国連加盟国中59カ国――約3割の国――がいまだ一度も「1540委員会」に報告書を提出していないという事実が，新しい「国際立法」現象の正当性に対する国際社会の回答

---

(85) PSIのオペレーション専門家会合では討議されるが，決議1540の議論の俎上にはのぼらなかった。

(86) 1540委員会の指導・監督機能については，たとえば青木節子「非国家主体に対する軍縮・不拡散－国際法の可能性」『世界法年報』第26号（2007年）148-151頁参照。

第3部　核不拡散

を部分的に含んでいると判断し得るのではないか。

　さらに，安保理決議1718, 1737, 1747は，PSI参加国に現行国際法以上の行動の自由を付与してはいない。これらの決議が国際立法ではなく，個別具体的な事態に対する従来型の制裁決議であるという点を考慮するならば，国家管轄権を越える区域について国連加盟国に乗船，検査，捜索などを授権することは決議1540の場合と比べて容易であったと想像される。しかし，国際協力による貨物検査の要請にとどまった。あくまで平和的利用を主張するイランと異なり，北朝鮮は，NPTを正式に脱退していたとしても，核実験を挙行することにより不拡散体制に計り知れない打撃を与えた。その国に対して，貨物検査の授権が可能ではなかったということは，近い将来，安保理による国際立法により，PSIを含む拡散対抗における国家管轄権域外執行の基準が形成される可能性を期待することは到底できないことを示すであろう。個別国家のWMD等拡散は，他の法的要素または政治的背景と密接に関係しない限り，法規形成過程において現在確立した国際法規則を覆すほどの合意の成熟度は有していない，ということなのであろうか。

　最後に一定の成果は挙げたとされるPSIが今後，国際法および国際枠組にどのような影響を与えるのかを予測してみたい。1つには，2国間乗船協定方式の条約の網の目が生み出すソフトロー的な規範がPSIを「組織ではなく行動」という形態から脱却させ，新しいタイプの国際制度を生み出す可能性があるのではないか，という点である。米国を中心とした2国間関係の束としての拡散対抗ネットワークにとどまる場合よりも，その存在に「正当性」が付与されることが予想される。また，それと関連して，確固たる正当性を獲得した制度により繰り返される阻止活動に基づいて，国家管轄権の域外執行を国際法規則の中に取り込むための基準が見出される可能性が注目されるのではないか。これは，国連憲章の武力行使基準の不明確がもたらす国際法の停滞を突き崩す契機となり得るという点からも，PSIの今後の発展はいっそう興味深いものとなるであろう。

　　（付記）本稿は平成19年度「文部科学省学術フロンティア推進事業」による研究成果の一部である。

18 米国の核不拡散政策
―― 核不拡散体制の「再構成」と「危機」――

石 川　卓

はじめに
1　核拡散の「安全保障化」と不拡散体制再構成の始動
2　「安全保障化としての対テロ戦争」と核不拡散
3　「対テロ戦争」の行き詰まりと核不拡散政策の変調
4　「危機」の継続
おわりに

はじめに

　近年，米国は，核兵器不拡散条約（NPT）の「危機」を声高に主張してきた。その論拠はほぼ排他的に「不遵守」（non-compliance）の多発であった[1]。たとえば，ブッシュ（George W. Bush）政権の第1期に軍備管理・国際安全保障担当の国務次官を務めたボルトン（John R. Bolton）は，2004年のNPT運用検討会議準備委員会において，NPTは「不遵守の危機」にあると強い懸念を表明したが，その際，米国はNPT第6条の軍縮交渉義務を十分に果たしていると述べた上で，NPTの中心的な取引関係は，核兵器開発を放棄する代わりに，民生用原子力分野で協力を得られること，つまり第2条と第4条との取引関係であるとし，第2条の義務を遵守せずに第4条の権利を主張する加盟国の存在を非難していた[2]。

　他方で，その米国の核不拡散政策，これを含む外交・安全保障政策が，NPT，

---

(1)　この点については，Richard Price, "Nuclear Weapons Don't Kill People, Rogues Do," *International Politics*, vol. 44, no. 2-3 (March/May 2007), pp. 235-237 などを参照。

(2)　John R. Bolton, "The NPT: A Crisis of Non-Compliance," Statement to the Third Session of the Preparatory Committee for the 2005 Review Conference of the Treaty on the Non-Proliferation of Nuclear Weapons, April 27, 2004 <http://www.state.gov/t/us/rm/31848.htm>, accessed on July 3, 2007.

あるいはこれを中核とする核不拡散体制の「危機」を助長してきたとの見方も少なくない。周知のように，2005年のNPT運用検討会議は実質的な成果をほとんど残せないまま終幕したが，その行き詰まりを，NPT体制崩壊の危機の現れであると同時に，「ブッシュ政権の拡散対抗戦略が失敗したことの現れ」とする見方もある[3]。こうした見方の根底には，元パグウォッシュ会議議長ロートブラット（Joseph Rotblat）の言葉を借りれば，「もし軍事的にも経済的にも世界最強である米国がその安全のために核兵器が必要だというなら，どうやって本当に脆弱性を感じている国々にその安全を否定することができようか」という疑問が横たわっているといえよう[4]。

規範・原則・規則・手続に対する諸主体の期待の収斂というものを「レジーム」（体制）の要件とするならば[5]，以上のように相異なる観点から「危機」が論じられるようになっているという事実は，核不拡散体制に関して諸主体の期待の収斂度が低下していることを示しているといえる。これがまた別の意味で「危機」と呼べるほどのものであるかはともかく，米国の核不拡散政策がこの収斂度の低下を助長する一因になってきたことは否定しがたいように思われる。

本稿では，これと密接な関連を持つようになった国防戦略にも焦点を当てながら，冷戦終結以降の米国の核不拡散政策を振り返り，核不拡散体制の「危機」や期待の収斂度の低下が，必ずしも期せずして起こったことではなく，核不拡散体制の「再構成」（reframing）をめざした核拡散の「安全保障化」（securitization）というプロセスにおける過渡的な現象として，なかば必然的に生じてきたことを明らかにしていく。また，その途上で新たな安全保障化として展開され始めた「対テロ戦争」が[6]，核不拡散体制の再構成に及ぼした影響に

---

(3) Joseph Cirincione, "Nuclear Regime in Peril," *YaleGlobal Online*, May 17, 2005 <http://yaleglobal.yale.edu/display.article?id=5728>, accessed on July 3, 2007. なお，2005年の運用検討会議については，黒澤満「2005年NPT再検討会議と核軍縮」『阪大法学』第55巻第2号（2005年8月）1-45頁，が詳しい。

(4) Quoted in Helen Caldicott, *Nuclear Power Is Not the Answer* (New York: The New Press, 2006), p. 140.

(5) Stephen D. Krasner, "Structural Causes and Regime Consequences: Regimes as Intervening Variables," in Stephen D. Krasner, ed., *International Regimes* (Ithaca: Cornell University Press, 1983), p. 3 を参照。

(6) この点については，Barry Buzan, "Will the 'Global War on Terrorism' be the New

ついても言及することとしたい。

1　核拡散の「安全保障化」と不拡散体制再構成の始動

ブザン（Barry Buzan）らによると，安全保障化とは，「実質的な政治的効果を持つに足るだけの重要性を伴う実存的脅威の相互主観的な確立」を意味するとされるが[7]，冷戦後の米国は，まさにそのような意味で，核拡散ないしは大量破壊兵器（WMD）および弾道ミサイルの拡散の「安全保障化」を主導してきたといえる。無論，核拡散，WMD拡散は冷戦期から重要な安全保障問題の1つではあったが，その安全保障化が本格化した主たる契機は，冷戦終結そのものと，その過程で生じた湾岸戦争であった。

冷戦終結の効果は，ソ連軍のアフガニスタン撤退が完了した翌1990年，それまでパキスタンの核開発疑惑を事実上黙認してきた米国が，同国への軍事・経済援助の停止を決定したことにも象徴的に示されている[8]。ソ連封じ込めに比して，核不拡散の重要性が相対的に高まったのである。また，冷戦終結を決定づけたソ連解体およびその前後の内政不安は，いわゆる「核流出」（nuclear leakage）の懸念を生み出し，まもなく「協調的脅威削減」（CTR）計画へと発展することになる「ナン=ルーガー法」の制定に示されるように，米国は議会の主導で早速これに対応し始めた[9]。

　　Cold War?" *International Affairs*, vol. 82, no. 6 (November 2006), pp. 1101-1118 を参照。なお，ここでは，世界秩序全体を再構築するような「マクロな安全保障化」としての「テロに対するグローバル戦争」（GWoT）が取り上げられている。

（7）　Barry Buzan, Ole Wæver and Jaap de Wilde, *Security: A New Framework for Analysis* (Boulder: Lynne Rienner, 1998), p. 25.

（8）　これは，1985年のプレスラー修正条項がようやく発動されたもので，米国の政策転換を示すものであったとされる。Richard P. Cronin, Alan Kronstadt and Sharon Squassoni, "Pakistan's Nuclear Proliferation Activities and the Recommendations of the 9/11 Commission: U.S. Policy Constraints and Options," *CRS Report for Congress* (January 2005), pp. 7-9.

（9）　但し，CTRでは当初，米ソが合意していた核兵器削減の実行を促すことも重視されていた。Ashton B. Carter and Steven E. Miller, "Cooperative Security and the Former Soviet Union: Near-Term Challenges," in Janne E. Nolan, ed., *Global Engagement: Cooperation and Security in the 21st Century* (Washington, D.C.: Brookings Institution, 1994), p.547.

第3部　核不拡散

　湾岸戦争後には，周知のように，イラクの核開発が従前からの予想以上に進んでいたことが発覚し，これを十分に防ぐことのできなかった国際原子力機関（IAEA）の保障措置制度が強化される契機にもなった。1992年4月には，原子力供給国グループ（NSG）のロンドン・ガイドライン改訂も合意され，核関連技術・資機材の輸出管理が強化された。またイラン・イラク戦争に続き，湾岸戦争においてもイラクが弾道ミサイルを使用したこと，また化学兵器の使用実績を持つイラクが湾岸戦争時にも相当量の化学兵器を保有していたことは，特に第三世界にすでに拡散していた短・中距離弾道ミサイル，およびWMD全般の拡散に対する懸念を高めることとなった[10]。

　こうした状況を受けて，G・H・W・ブッシュ（George H. W. Bush）政権は，湾岸戦争の最中に，前レーガン（Ronald W. Reagan）政権以来の「戦略防衛構想」（SDI）を「限定的攻撃に対するグローバル防衛」（GPALS）へと修正することを打ち出した。これは，より現実的な脅威である短・中距離弾道ミサイルの迎撃に重点を移すものであった。また，ミサイル技術管理レジーム（MTCR）も，汎用技術を規制対象に含めるほか，核弾頭を搭載可能なミサイルに限定されていた規制対象を生物・化学兵器を含むあらゆるWMDを搭載可能なミサイルへと拡大する形で，強化された[11]。同じ頃すでに顕在化しており，後に危機へと発展する北朝鮮の核開発疑惑やミサイル開発も，このようなWMDおよびミサイル拡散の安全保障化に拍車をかけた。

　続くクリントン（Bill J. Clinton）政権も，拡散の脅威を国内外に向けて強調するとともに，数多ある不拡散枠組みの強化・拡充を進め，また拡散が生じた場合の対処手段の構築・増強を加速させていった。1993年10月の『ボトムアップ・リビュー』（BUR）では，「新たな危険」の筆頭にWMD拡散を掲げ[12]，同じ頃，国連総会で演説したクリントン大統領は，核兵器用核分裂性物質生産禁

---

(10)　1991年5月，米国は従来の姿勢を転換し，化学兵器禁止条約（CWC）の早期妥結を打ち出した。

(11)　1992年7月に合意されたMTCRガイドラインの改訂に至る過程，および米国の果たした主導的役割については，Wyn Bowen, *The Politics of Ballistic Missile Nonproliferation* (Basingstoke: Macmillan Press, 2000) が詳しい。

(12)　Les Aspin, *Report on the Bottom-Up Review* (Washington, D.C.: The Department of Defense, October 1993), secs.1, 2.

止条約（FMCT）の交渉開始など，不拡散体制の強化を呼びかけた。IAEA では，いわゆる「追加議定書」（INFCIRC/540）の採択に至る「93＋2計画」を主導し，翌94年1月に開始された包括的核実験禁止条約（CTBT）交渉に関しては，96年9月までの妥結を提案した。また，第1次北朝鮮核危機を94年10月の米朝枠組み合意で収束させ，翌95年に条約期限を迎えることになっていた NPT に関しては，無期限延長案で各国を説得し，これを実現した。その際に約束された CTBT の締結も，翌96年9月に実現されるなど，核不拡散体制の強化は着実に進んでいった。核拡散の安全保障化が，国際的にもかなりの進展を示したといえる。

他方で，それは，核不拡散体制の再構成をめざす動きでもあった。核不拡散体制には，水平拡散の防止をめざす「不拡散志向」と，NPT 第6条に象徴されるように，その代償として核兵器国側が課された「軍縮志向」とが併存してきた。そして，同等にではないにせよ，その両者を尊重することが核不拡散体制の維持にとってきわめて重要と考えられてきた。だが，冷戦終結以降，米国が主導してきた核拡散の安全保障化は，その不拡散志向を突出させる形で，核不拡散体制を再構成しようとするものであった。そして，それは，しばしば米国が自負する以上に，軍縮志向の後退を伴うものと認識されることになっていったといえる(13)。

また，このような体制の再構成は，上述したような多国間枠組みの強化だけではなく，軍事的な裏づけの付与という形でも進められた。それを象徴していたのが，1993年12月にクリントン政権が打ち出した拡散対抗イニシアティヴであった。その後，拡散対抗はかなり多様な形で展開されていくこととなるが(14)，当初より WMD 拡散への軍事的な対処手段に重点を置くものであった。

---

(13) この点については，David Mutimer, "Testing Times: Of Nuclear Tests, Test Bans and the Framing of Proliferation," *Contemporary Security Policy*, vol. 21, no.1 (April 2000), pp. 1-22 を参照。ここでは，1998年のインドの核実験は，こうした再構成への異議申立であったとされる。

(14) 拡散対抗の背景や概要については，佐藤丙午「拡散対抗措置（Counterproliferation）と米国の安全保障」日本国際問題研究所　軍縮・不拡散促進センター『米国の核政策および核軍縮・不拡散政策』平成18年度外務省委託研究（2007年3月）第7章；David S. McDonough, *Nuclear Superiority: The 'New Triad' and the Evolution of Nuclear Strategy*, Adelphi Paper, no. 383 (Abingdon: Routledge, 2006), chap. 2 などを参照。

第3部 核不拡散

発足後まもなく SDI を正式に終結させたクリントン政権は,「戦域ミサイル防衛」(TMD) を最優先する「弾道ミサイル防衛」(BMD) 計画を立ち上げ,これを拡散対抗の一支柱と位置づけた。クリントン政権は当初より「本土ミサイル防衛」(NMD) にはかなり消極的であったが,特に議会において共和党勢力の突き上げを受け,漸進的な積極化を余儀なくされていった。また1998年には,スーダンとイラクにおいて,WMD 拡散への対処を主たる目的として,限定的ながら空爆も行われた。こうした動きは,ボスニア,コソボのケースなど,WMD 拡散とは無関係な軍事介入の主導とも相俟って,拡散対抗の一環として武力行使も辞さないという米国の姿勢を強く印象づけるものであった。

こうして,不遵守に対する矯正メカニズムを十分に備えていなかった核不拡散体制は,1990年代を通じて,米国の主導により,その発動にはさまざまな障害を残しつつも,より明確に力の裏づけを伴うものへと変質していったのである。ここでは,クリントン政権の打ち出した「2つの大規模な地域紛争」(2MRC/2MTW) 戦略,ならびに人道的介入など他の目的のための武力行使との形態的類似性を背景に,拡散対抗措置としての武力行使が,米国の軍事戦略のより中心付近に位置づけられるようになったことも重要であった[15]。

2 「安全保障化としての対テロ戦争」と核不拡散

2001年1月に発足したブッシュ政権は,以上のような趨勢を引き継ぎ,かつこれを加速させていった。

ブッシュ政権は発足当初から,前クリントン政権が消極的だった NMD を含むミサイル防衛の積極的な推進を掲げるなど,特に拡散対抗の軍事的側面をより偏重する姿勢を明確に示した。2001年5月のブッシュ大統領による国防大学演説では,特に「世界で最も無責任な国々」の間で WMD 拡散が進んでいることに強い懸念が示され,冷戦期とは「まったく異なる世界」への軍事的な対応

---

[15] これは,冷戦後の WMD 不拡散政策において,国防省の役割が増す一因にもなったといえる。この点については,Janne E. Nolan, Bernard I. Finel, and Brian D. Finlay, "Introduction: The Transformation of America's Nonproliferation Policy," in Janne E. Nolan, Bernard I. Finel, and Brian D. Finlay, eds., *Ultimate Security: Combating Weapons of Mass Destruction* (New York: The Century Foundation Press, 2003), p. 4 も参照。

策として，「新戦略枠組み」の構築も掲げられた[16]。ここでは，「本土」と「戦域」を区別しない「ミサイル防衛」（MD）の重要性が，新戦略枠組みの一支柱をなすものとして強調された。これは，冷戦後もかなりの程度尊重されてきた相互確証破壊（MAD）状況に依拠する米ロ間の「戦略的安定性」という歯止めを超えて[17]，冷戦終結以降，漸進してきた拒否的抑止態勢への傾斜をさらに強めようとするものであった[18]。クリントン政権期から共和党多数議会において厳しく批判されてきた弾道弾迎撃ミサイル（ABM）制限条約は，もはや「戦略的安定性の礎石」などではなく，改廃の対象と認識されるに至っていた。

　9.11テロを契機に始まった「安全保障化としての対テロ戦争」は，こうした動きをさらに加速させることとなった。ただし，WMD拡散とテロの脅威とが密接に結びつけられ，すでに進行していた「核不拡散」という安全保障化が，より大規模な安全保障化としての「対テロ戦争」に組み込まれることになったという変化も見られた[19]。これによって，テロ脅威がWMD不拡散，特に拡散対抗の正当化事由にされる可能性，他方でWMD不拡散よりもテロ対策が優先される可能性が，程度の差はあれ，ともに高まることになったとも考えられる。

　その結果，米国の軍事戦略は，拒否的抑止態勢への傾斜をよりいっそう強め，さらにその延長線上で「先制行動」を強調するものになっていった。9.11テロ直後の『四年期国防見直し報告』（QDR 2001）で示された「能力ベース・アプローチ」[20]，およびこれに基づく兵器開発・調達面での「スパイラル・アプ

---

(16) George W. Bush, "Remarks by the President to Students and Faculty at National Defense University" (Washington, D.C.: The White House, May 1, 2001) <http://www.whitehouse.gov/news/releases/2001/05/20010501-10.html>, accessed on July 3, 2007.

(17) 国防大学演説でも，ロシアはもはや敵ではないとされ，ロシアとの戦略的安定性の無意味化が強調されていた。

(18) この点については，石川卓「冷戦後の抑止態勢と弾道ミサイル防衛」森本敏編『ミサイル防衛―新しい国際安全保障の構図』（日本国際問題研究所，2002年）207-231頁，を参照されたい。

(19) ブザンは，「安全保障化としての核不拡散」が先行していたことが，「マクロな安全保障化」としての対テロ戦争の進展に大きく寄与したと見ている。Buzan, "Will the 'Global War on Terrorism' be the New Cold War?" pp. 1104-1106.

(20) The Department of Defense, *Quadrennial Defense Review Report* (Washington,

ローチ」あるいは「ブロック・アプローチ」の導入,そして同年12月の ABM 条約脱退通告は,いずれも MD を一支柱とする新戦略枠組みの形成に向けた動きを加速させるものであった[21]。9.11テロに起因する追い風を受けて,国防費の中期的な大幅増も認められた。翌2002年1月には,能力ベース・アプローチおよびブロック・アプローチを前面に打ち出し,事実上,配備の前倒しを図る形で MD 計画が再編された[22]。また,米ロの戦略的関係の基礎としての MAD の終結を公式に宣言したともいわれる『核態勢見直し報告』(NPR) では[23],核戦力を含む攻撃力および柔軟な防衛基盤とならび,MD に代表される防御力が「新トライアド」の一角に据えられるとともに,先制核攻撃の可能性も示唆された[24]。

そして,同年6月のウェスト・ポイント演説では,「先制行動」の必要性および可能性を強調する「ブッシュ・ドクトリン」が示され,9月の『米国の国家安全保障戦略』(NSS 2002) では,これが成文化されるに至った。12月の『大量破壊兵器と戦うための国家戦略』でも,「戦略の三本柱」の1つとされた「拡散対抗」の一環として「先制措置」への言及がなされていた[25]。いずれも「先制攻撃」の可能性を強調することにより,2002年を通じて焦点となっていたイラクに圧力をかけるとともに,切迫していたイラク攻撃の正当性を国内外

  D.C.: The Department of Defense, September 30, 2001), esp. pp. 13-14.
(21) この点については,高橋杉雄「米国のミサイル防衛構想とポスト MAD の国際安全保障」『国際安全保障』第29巻第4号(2002年3月)1-18頁;戸崎洋史「能力ベース・アプローチに基づく米国のミサイル防衛計画――軍備管理および不拡散の重要性」『国際安全保障』第29巻第4号(2002年3月)19-39頁,などを参照。
(22) この頃の MD 政策の展開については,石川卓「米国のミサイル防衛政策――クリントン政権からブッシュ政権へ」平成13年度外務省委託研究『転換期の日米核軍備管理・軍縮・不拡散政策』日本国際問題研究所軍縮・不拡散促進センター(2002年3月)第3章,を参照されたい。
(23) James A. Russell and James J. Wirtz, "United States Nuclear Strategy in the Twenty-first Century," in Ian R. Kenyon and John Simpson, eds., *Deterrence and the New Global Security Environment* (Abingdon: Taylor and Francis, 2006), pp. 85-87.
(24) "Nuclear Posture Review [Excerpts]: Submitted to Congress on 31 December 2001" (Alexandria, VA: GlobalSecurity.org, January 2002) <http://www.globalsecurity.org/wmd/library/policy/dod/npr.htm>, accessed on July 3, 2007. なお,これは2002年3月にリークされたもので,核先制使用の可能性が批判的に論じられる契機にもなった。
(25) *National Strategy to Combat Weapons of Mass Destruction* (Washington, D.C.: The White House, December 2002), p. 3.

に訴えるという政策的な含意を持っていたが，同時に「対テロ戦争」を背景に，従前から進められてきた核不拡散体制の再構成を加速させるものでもあった。ブッシュ・ドクトリンは，しばしば戦略の「転換」とも評されたが，ブッシュ政権による「強制的武装解除」(forcible disarmament) 戦略の採用は，過去との決別というよりも，特に冷戦終結以降顕在化してきた趨勢が具現化したものであったとする見方もあるように[26]，その継続性にこそ目を向けるべきであろう。

また，「我が国が直面する最大の危険は，急進主義と技術の交錯点に存在する」としたウェスト・ポイント演説などにも示されるように[27]，WMD拡散とそれを試みる主体の性格・属性とを密接に関連づける傾向が強まったことも注目に値する。NSS 2002でも，1990年代に出現したとされる「ならず者国家」の特徴として，自国民の抑圧，WMDの追求，テロ支援，基本的な人類的価値の拒絶などが挙げられ[28]，主体の属性とWMD拡散，そしてテロとが，いわば一体として捉えられていた。これは，非国家主体が，抑止に最も必要となる「報復の標的」を奪うということとも密接に関係していたと考えられる[29]。テロおよびWMDと結びつけることにより，「ならず者国家」の「標的」としての脅威性を強調するとともに，本来的に対国家主体戦略としての性格が強かったブッシュ・ドクトリンに，対非国家主体あるいは対テロ戦略としての装いを

---

(26) Neil Cooper, "Putting Disarmament Back in the Frame," *Review of International Studies*, vol. 32, no. 2 (April 2006), p. 367. また，拡散対抗を目的とする介入と，国連もその推進役を担ってきた人道的介入との密接な関係を指摘し，ブッシュ・ドクトリンに至るまで米国の不拡散政策が趨勢的に変化してきたことを示唆するものとして，Simon Reich, "The Curious Case of Kofi Annan, George W. Bush, and the 'Preemptive' Military Force Doctrine," in William W. Keller and Gordon R. Mitchell, eds., *Hitting First: Preventive Force in U.S. Security Strategy* (Pittsburgh: University of Pittsburgh Press, 2006), chap. 3.

(27) George W. Bush, "President Bush Delivers Graduation Speech at West Point," (Washington, D.C.: The White House, June 1, 2002) <http://www.whitehouse.gov/news/releases/2002/06/20020601-3.html>, accessed on July 3, 2007.

(28) *The National Security Strategy of the United States of America* (Washington, D.C.: The White House, September 2002), pp. 13-14.

(29) Aaron Karp, "The New Indeterminacy of Deterrence and Missile Defence," in Ian R. Kenyon and John Simpson, eds., *Deterrence and the New Global Security Environment* (Abingdon: Taylor and Francis, 2006), p. 77.

加味することもできたからである。換言すれば，WMD 保有を志向する「ならず者国家」への対処を軍事戦略のさらに中核に位置づけるために[30]，テロがその正当化事由として利用されるという側面もあったと考えられるのである。

また，拡散懸念主体の性格・属性を強調するようになったことは，主体の置かれた安全保障環境やその脅威認識に配慮する「需要側アプローチ」の軽視を助長し[31]，この頃，ブッシュ政権が頻繁に口にした「体制転換」（regime change）を目的とする強制的武装解除という究極的な「供給側アプローチ」への傾斜を促す効果も持っていたといえる[32]。2003年3月に始まったイラク戦争は，その究極的な手段を強調したブッシュ・ドクトリンの発動であり，また冷戦終結以降の趨勢であり，9.11テロを契機に「安全保障化としての対テロ戦争」に組み込まれることになった「安全保障化としての核不拡散」の到達点であった。しかし，それは，おそらく2003年末のリビアのWMD開発放棄決定を促す一因にはなったものの，まもなく米国の核不拡散政策の限界を露呈させ，さらには核不拡散体制の「危機」を助長することにもなっていく。

3　「対テロ戦争」の行き詰まりと核不拡散政策の変調

まず，イラク戦争は，その後の占領・復興過程の難航を通じて，米国が強制的武装解除という選択肢のコストの高さを改めて認識する契機となった。また今日に至るまで十数万規模の米軍がイラク一国に釘づけにならざるをえなくなったことは，拡散対抗を目的とする場合に限らず，米国による武力行使の威嚇の信憑性を低下させることになり，核不拡散体制の再構成過程において，特に米国がより明示的に体制に組み込むべき要素として重視してきたといえる力の裏づけについても，不確実性が増すことになったと考えられる[33]。

---

(30)　それが中ロなど特に既存の核兵器国との間に軋轢を生むということが，冷戦後の安全保障環境の特徴の1つになっている。この点については，石川卓「国際安全保障環境と日米防衛協力」『国際問題』第543号（2005年6月）51-52頁，を参照。
(31)　核不拡散体制の強化策として，需要側プローチの重要性を説いたものとしては，小川伸一『「核」軍備管理・軍縮のゆくえ』（芦書房，1996年）252-263頁，など。
(32)　この点については，石川卓「核不拡散体制の動揺と米国の拡大抑止」『海外事情』第55巻第7・8号（2007年7・8月）31頁，を参照されたい。

他方で，イラク戦争は，戦争開始前から広く見られていた，その妥当性に対する疑念の増大を通じて，強制的武装解除オプションが組み込まれつつあった核不拡散体制の「正当性の危機」をも促すこととなった。それは，冒頭でも触れた2005年のNPT運用検討会議で顕著に見られたような，非核兵器国側の不平等感・被差別感の増大に留まるものではなかった。つまり，「正当性の危機」は，拡散懸念国に対する強制的な措置に国際的な支持を得られる可能性が低下していることを意味し，その結果，強制措置に参加する国それぞれにとってのコストを高め，核不拡散体制の「実効性の危機」をも助長する効果を持つものでもあったと考えられるのである(34)。

　そして，そのような意味で核不拡散体制の「危機」が顕在化したことは，少なくとも部分的には「安全保障化としての対テロ戦争」が行き詰まりつつあることを反映するものであったといえる。ブザンは，2004年刊行の著書で，「脅威を過大視し，過剰な対抗措置に訴える傾向」と定義される「過度の安全保障化」(hyper-securitization)が米国の行動の特徴となっていることを指摘したが(35)，まさにそれが意に反する結果を助長しうるということを米国自身も痛感せざるをえなくなったといえる。後にブザンは，イラク戦争を例に挙げ，「安全保障化としての対テロ戦争」は，テロとWMDとを結びつけることにより，特に米国内では成功したが，それ以外では広く批判されることとなり，これを契機に「対テロ戦争」は大きく正当性を低下させていったと論じている(36)。

　その結果，米国の政策は，限定的また漸進的にではあったが，単独行動主義の後退，あるいは多国間主義への傾斜という変調を示し始めた(37)。ブッシュ

---

(33) このような意味で対テロ戦争と不拡散政策のトレード・オフ関係を指摘したものとして，Robert Jervis, *American Foreign Policy in a New Era* (New York: Routledge, 2005), pp. 108-109.

(34) この点については，石川卓「核不拡散戦略の現状と新展開―アメリカの政策を中心に」『国際問題』第554号（2006年9月）9-13頁，も参照されたい。また，湾岸戦争とイラク戦争とを対比し，武力行使の実効性が正当性にも起因することを指摘したものとして，Allen S. Weiner, "The Use of Force and Contemporary Security Threats: Old Medicine for New Ills?" *Stanford Law Review*, vol.59, no. 2 (November 2006), pp. 490-494.

(35) Barry Buzan, *The United States and the Great Powers: World Politics in the Twenty-First Century* (Cambridge: Polity Press, 2004), pp. 172-173.

(36) Buzan, "Will the 'Global War on Terrorism' be the New Cold War?" p. 1113.

(37) WMD不拡散におけるブッシュ政権の多国間主義については，青木節子『第一期

政権は，まず2003年5月末にWMD関連資機材の移転阻止を旨とする「拡散に対する安全保障構想」(PSI) を打ち出した。PSIは，当初，ブッシュ・ドクトリンの具体策の1つである，あるいはこれに国際的な合意を付与する方策であるといった警戒感を広く惹起したが，実際にはかなり抑制されたものとなり，参加国・協力国も開始当初より大幅に増えるに至っている[38]。続いてブッシュ政権は，大統領による同年9月の国連演説および翌04年2月の不拡散7項目提案を経て，非国家主体へのWMD拡散の防止措置を各国に義務づける国連安全保障理事会決議第1540号の採択（2004年4月），および核物質防護条約の改正（2005年7月）を主導した。ブッシュ大統領による7項目提案には，フル・スケールで稼働中の濃縮・再処理施設を保有していない国に対しては，NSG諸国が関連資機材の供与を見合わせるべきとの提案も含まれていたが[39]，これは，いわゆる「エルバラダイ構想」とともに，「核燃料サイクルへのマルチラテラル・アプローチ」(MNA)，あるいは「核燃料供給保証」といった形で，再処理・濃縮など機微技術・部分の制限策が広く論じられる契機となった。04年5月には，米国エネルギー省が米ロ（ソ）起源の高濃縮ウランなどの回収をめざす「グローバル脅威削減イニシアティヴ」(GTRI) を打ち出したが，これは，2006年3月の『米国の国家安全保障戦略』(NSS 2006) でも示唆されているように[40]，再処理・濃縮の制限と軌を一にするものであった。

このように，イラク戦争後の米国は，再処理・濃縮の制限，ならびにこれと関連して特に非国家主体への核不拡散に寄与する「核セキュリティ」の向上に力点を置きながら，既存または新設の多国間枠組みを重用する傾向を強めた。

ブッシュ政権の大量破壊兵器管理政策にみる「多国間主義」』総合政策学ワーキングペーパー・シリーズ，第93号（2006年3月），も参照。

(38) また，PSIは安保理決議1540号の採択に寄与したとの見方もある。Siew Gay Ong, "The Proliferation Security Initiative and Counter-Proliferation: A View from Asia," in Olivia Bosch and Peter van Ham, eds., *Global Non-Proliferation and Counter-Terrorism: The Impact of UNSCR 1540* (Washington, D.C.: The Brookings Institution Press, 2007), chap. 11.

(39) George W. Bush, "Remarks by the President on Weapons of Mass Destruction Proliferation" (Washington, D.C.: The White House, February 11, 2004), <http://www.whitehouse.gov/news/releases/2004/02/20040211-4.html>, accessed on July 3, 2007.

(40) *The National Security Strategy of the United States of America* [hereafter *NSS 2006*] (Washington, D.C.: The White House, March 2006), p. 21.

また,「安全保障化としての対テロ戦争」がある程度後退したことを受けて,「ならず者国家」, WMD 拡散, テロとの関連づけは原則的に維持しつつも, 非国家レベルと国家レベルでの拡散を適宜, 区別する姿勢もより顕著になった。これは, 不可避的に重複する部分も残ったとはいえ,「対テロ戦争」と, これに組み込まれていた「安全保障化としての核不拡散」とを切り離すことによって, いわば双方を救おうとすることでもあったと考えられる。無論, 9.11テロの教訓の1つは, WMD を使用せずとも大規模テロは可能ということではあったが, それでもテロ組織への WMD 拡散, 特に核拡散の防止は最優先事項の1つと認識され, テロと結びつけられた国家主体を「標的」とする先制攻撃の威嚇に比すれば, より地道ではあるが, より着実な方策が追求されるようになったのである。テロにはさまざまな工程・段階があり, 特に核テロには抑止の効く段階も存在するとの指摘もあるが[41], 米国の変調の背景には, こうした認識もあったものと思われる。

たしかに, 2006年2月の『四年期国防見直し報告』(QDR 2006) および翌3月の NSS 2006でも, 拡散対抗のための武力行使, ないしは先制行動オプションの維持は明示されていたが[42], イラク以上に明確な拡散懸念国となっていた北朝鮮, そして, やはり明確に保障措置協定違反が認定されたイランに対する米国の姿勢は, 攻撃開始以前の対イラク姿勢に比して明らかに軟化していた。しかしながら, 米国の多国間主義への傾斜は, 特に核不拡散体制の「正当性の危機」を緩和するものとはならなかった。端的にいえば, それは, 米国が, 核不拡散体制に本来的に内在する不平等性の維持・拡大を伴う形で, ほぼ排他的に供給側アプローチを強化しようとしたためであった。

---

(41) Caitlin Talmadge, "Deterring a Nuclear 9/11," *The Washington Quarterly,* vol. 30, no. 2 (Spring 2007), pp. 23-25. また, Lawrence Freedman, *Deterrence* (Cambridge: Polity Press, 2004), pp. 121-124 なども参照。

(42) The Department of Defense, *Quadrennial Defense Review Report* (Washington, D.C.: The Department of Defense, February 6, 2006), p. 34; *NSS 2006,* p. 23.

4 「危機」の継続

　まず，これは伝統的な不平等性の源泉でもあったが，米国は，冷戦終結後もほぼ一貫して自国の核戦力に一定の役割を付与しつづけてきた。WMD 不拡散・拡散対抗においても，米国の核戦力は WMD 使用の抑止・対処という役割を担っており，これは米国が核先制不使用政策を公式化できない一因にもなってきた。また最近では，米国の軍事的な圧倒的優位により，拡散懸念国に WMD 保有を諦めさせるという「諌止」(dissuasion) も強調されるようになっているが，その圧倒的優位には強力な核戦力が必要であるとの認識が根強いともいわれている[43]。NPR の力点の1つは，核戦力の機能の一部を通常戦力に代替させることにあったとの見方もあるように[44]，たしかに米国は核戦力の役割を低下させようと努めてきたが，それも，おそらくは米国の自負に反し，NPT 第6条に関する国際社会の期待に応えるだけの核戦力削減には繋がっていないのである。

　このような認識の乖離は，2002年5月の戦略攻撃能力削減条約（モスクワ条約）の可逆性，不確実性にも起因しているといえるが[45]，米国には，逆にこの条約の存在により，ロシアとの核軍縮・核軍備管理交渉は不要になっているという向きも見られる[46]。他方で米国は，「信頼性のある代替核弾頭」(RRW) 計画に示されるように，核戦力の質的な維持・強化を進めており，RRW に

---

(43) David Holloway, "Deterrence, Preventive War, and Preemption," in George Bunn and Christopher F. Chyba, eds., *U.S. Nuclear Weapons Policy: Confronting Today's Threats* (Washington, D.C.: The Brookings Institution Press, 2006), p. 59.

(44) Keith B. Payne, "The Nuclear Posture Review: Setting the Record Straight," *The Washington Quarterly*, vol. 28, no. 3 (Summer 2005), esp. pp.140-142; Russell and Wirtz, "United States Nuclear Strategy in the Twenty-first Century," pp. 85-87.

(45) 同条約については、小川伸一「モスクワ条約の意義と課題」『防衛研究所紀要』第5巻第2号（2003年3月）93-110頁、などを参照。

(46) ただし、ロシアは2009年に期限の切れる第一次戦略兵器削減条約（START I 条約）の延長、または後継条約の交渉を呼びかけており、米国がこれに応じる可能性はある。ロシアは、兵器解体義務や検証規定のないモスクワ条約だけでは、新たな核軍拡を抑制しきれないという懸念を強めているとされる。Anatoli Diakov and Eugene Miasnikov, "ReSTART: The Need for a New U.S.-Russian Strategic Arms Agreement," *Arms Control Today*, vol. 36, no. 7 (September 2006), pp. 6-11.

は核実験は不要と喧伝しながらも，CTBT 批准への消極的姿勢を変えてはいない。

　また，不平等性の源泉になってきた他の政策にも，さしたる変化は見られていない。米国は，9.11テロ後，1998年の核実験後に科した経済制裁を解除し，インドとともにパキスタンの核保有を事実上容認したといえるが，原子力協力の要請を拒否するなどインドとの差異化は見られるものの，「カーン・ネットワーク」(核の闇市場) の露呈後も，非民主国家パキスタンの核保有を容認する姿勢を貫いている。同じくイスラエルの「核」についても，特に中東情勢へのさまざまな悪影響にもかかわらず，事実上これを黙認しつづけている。

　これに加えて，特に変調後の米国の核不拡散政策は，さらなる不平等性を核不拡散体制にもたらすものであった。前述したことからも分かるように，特に変調後の米国の政策の重点は，核分裂性物質へのアクセスの遮断に置かれるようになっている。これは，「関連物質」という一般的な記述に留まっていたNSS 2002とは対照的に，NSS 2006で，それ以外の核兵器の構成要素へのアクセスを遮断することははるかに難しいとした上で，兵器用核分裂性物質の生産能力の新規取得を防止すること，およびすでにこの能力を持つ国家から「ならず者国家」やテロ組織に核分裂性物質が移転されるのを抑止・阻止・予防することを二大目的に挙げていることからも明らかである[47]。

　ブッシュ大統領による再処理・濃縮の制限を含む7項目提案は，その具体的な現れであったといえる。また，核物質防護条約の改正は核物質の出所で，PSI は水際で，不法な移転を防止・阻止することをめざすものであった。非国家主体への WMD 拡散を違法化した安保理決議1540号は，国連を中心とするグローバル・ガバナンス・システムを対 WMD 拡散および対テロの両面で強化する重要な一歩とも評されるように[48]，こうした動きに最大限の国際的な正当性を付与するものであったと捉えられる[49]。さらに，GTRI は不法な移転が生

---

(47) *NSS 2006*, p. 20.
(48) Olivia Bosch and Peter van Ham, "UNSCR 1540: Its Future and Contribution to Global Non-Proliferation and Counter-Terrorism," in Olivia Bosch and Peter van Ham, eds., *Global Non-Proliferation and Counter-Terrorism: The Impact of UNSCR 1540* (Washington, D.C.: The Brookings Institution Press, 2007), chap. 14.
(49) ただし，同決議を増大する国連の「民主主義の赤字」の一例と見る向きもある。

第3部　核不拡散

じる蓋然性を低下させる試みであったといえる。

そして，特に再処理・濃縮の制限に関するブッシュ提案は，一定の諸国による機微技術・部分の寡占状況を固定化し，核不拡散体制に新たな不平等性を導入することを意味していた。2006年2月に米国が打ち出した「グローバル原子力パートナーシップ」（GNEP）も，きわめて長期的な構想である上に，技術面・財政面で相当な不確実性を伴うとはいえ，「燃料供給国グループ」と「燃料使用国グループ」とに世界を二分することを想定するものであった[50]。

また，2005年7月以来，難航しながらも前進を見せてきた米印原子力協力は，同じく多面的な構想であるGNEP以上に，核不拡散政策としてのみ評価すべきものではないが，1998年の核実験後3年余りで制裁を解除し，さらにその4年後には原子力協力を提起するといった米国の姿勢が，核不拡散体制に重大な挑戦をつきつけるものとなっていることは否定しがたい[51]。PSIに関しても，事実上イスラエル，インドを例外化しており，米国が「兵器自体よりも誰がそれを持つか」を重視していることを示しているという指摘もある[52]。またイラク情勢を最大の要因として，強制的武装解除オプションが発動される可能性は現時点ではかなり低下しているとはいえ，PSIにおける「移転阻止」も含め，WMD不拡散・拡散対抗における米軍の多様な役割も，軍事戦略上，かなり定着してきているように見受けられる[53]。このこと自体に対する安易な非難は

　　Thomas J. Biersteker, "The UN's Counter-Terrorism Efforts: Lessons for UNSCR 1540," in Olivia Bosch and Peter van Ham, eds., *Global Non-Proliferation and Counter-Terrorism: The Impact of UNSCR 1540* (Washington, D.C.: The Brookings Institution Press, 2007), p. 38 を参照。また同決議の国際立法としての問題点については，浅田正彦「安保理決議1540と国際立法――大量破壊兵器テロの新しい脅威をめぐって」『国際問題』第547号（2005年10月）35-64頁。

(50)　"The Global Nuclear Energy Partnership: Greater Energy Security in a Safer Cleaner World" (Washington, D.C.: Department of Energy, September 2006), p. 12, <http://www.gnep.energy.gov/pdfs/gnepPresentationRevSept2006.pdf>, accessed on July 3, 2007.

(51)　これを支持する議論は，核不拡散とは異なる観点，またはより総合的な観点に立つものが多いようである。Xenia Dormandy, "Is India, or Will It Be, a Responsible International Stakeholder?" *The Washington Quarterly*, vol. 30, no. 3 (Summer 2007), pp. 117-130; Ashton B. Carter, "America's New Strategic Partner?" *Foreign Affairs*, vol. 85, no. 4 (July/August 2006), pp. 33-44 など。

(52)　Mark J. Valencia, *The Proliferation Security Initiative: Making Waves in Asia*, Adelphi Paper, no. 376 (Abingdon: Routledge, 2005), p. 69.

慎むべきではあるが、いわゆる米国の「二重基準」はますます顕著になっているともいえるのである。

このように、変調後の米国の政策は、本来的に核不拡散体制に内在していた不平等性をさらに増大させるものとなっている[54]。無論、それは体制の実効性向上を図ろうとするものであり、NPT第4条で非核兵器国に認められた平和利用の権利に対する制約を強化する方向で軌道修正を図りつつ、核不拡散体制の再構成を継続・加速させようとするものであるといえる[55]。そして、それは、「対テロ戦争」に組み込まれた形での「核不拡散」という安全保障化、そして、いわばその象徴となっていたブッシュ・ドクトリンが行き詰まりを見せる中で、カーン・ネットワークの露呈を機に、いわゆる「潜伏的拡散」（latent proliferation）または「第二層での拡散」（second-tier proliferation）の深刻さが改めて認識されたことを重要な背景にしていたと考えられるのである[56]。

おわりに

以上、見てきたように、米国の核不拡散政策は、イラク戦争以降、一定の変調を示しながらも、核不拡散志向を突出させるという冷戦終結以降の趨勢を維持し、特に核不拡散体制の「正当性の危機」を少なからず助長するものとなってきた。ただし、その「危機」は、新たな差別性を加えて体制を再構成しよう

---

(53) 米軍の主な任務・役割については、Chairman of the Joint Chiefs of Staff, *National Military Strategy to Combat Weapons of Mass Destruction* (Washington, D.C., February 2006) <http://www.defenselink.mil/pdf/NMS-CWMD2006.pdf>, accessed on July 3, 2007, pp. 16, 22 などを参照。

(54) この点、および不平等性の増大がただちに体制の正当性低下を意味するものでないという点については、石川卓「核軍縮・不拡散への米国のアプローチと『不平等性』」平成18年度外務省委託研究報告書、日本国際問題研究所軍縮・不拡散促進センター（2007年3月）第5章、を参照されたい。

(55) 特にMNAおよびGNEPに関し、同様の見解を示すものとして、Mitsuru Kurosawa, "Full Compliance with the NPT: Effective Verification and Nuclear Fuel Cycle," *Osaka University Law Review*, no. 54 (February 2007), pp. 1-11.

(56) この点については、Chaim Braun and Christopher F. Chyba, "Proliferation Rings: New Challenges to the Nuclear Nonproliferation Regime," *International Security*, vol. 29, no. 2 (Fall 2004), pp. 5-49 などを参照。

とする意図的な動きの結果として，なかば必然的に生じていることでもある。また，そうした動きは，体制の実効性向上策としてすでに少なからぬ国際的支持も得ており，今後，支持がさらに拡大し，「正当性の危機」が大きく緩和される可能性もある。そうなれば，この「危機」は，少なくとも部分的には過渡的な現象であったと理解されることになろう。

　米国にとって，そして，おそらくは核不拡散体制全体にとっても，今後の焦点は，かつてNPTによって核兵器国と非核兵器国とが区別されたように，あるいはNSGが体制の一構成要素として定着していったように，再処理・濃縮など機微技術・部分を担う「核燃料供給国グループ」と「その他」との区別が，何らかの形式的な基準に従って公式化され，かつ体制に埋め込まれていくかという点に絞られてきているように思われる。つまり，後退を示し始めた「安全保障化としての対テロ戦争」から切り離された「安全保障化としての核不拡散」の当面の目的が，NPT第2条が，第6条だけではなく，第4条よりも優先される方向で，核不拡散体制を再構成することに絞り込まれるに至ったと考えられるのである。NPT第4条が依然として非核兵器国を不拡散にコミットさせる誘因として機能しているのか，あるいは「むしろ拡散の助長要因と見るべきもの」になっているのかを批判的に検討する必要があるという見解も見られるように[57]，今後は，特に平和利用の権利をめぐって，新たな「正当性」の基準が議論・模索されていくことになろう。

　そして，以上のように軌道修正された「安全保障化としての核不拡散」は，今日，イラク戦争後の米国の軟化もあって，若干なりとも国際的に受容される可能性を高めているように思われる。他方で，形式的には維持されている——それゆえ，特にイラク情勢次第では，実質的に再浮上しうる——ブッシュ・ドクトリンのイメージと，不平等性の増大を伴う核不拡散体制の再構成を主導する米国の姿勢が，一部で「対抗的な安全保障化」(counter-securitization) を促しているようにも見受けられる[58]。しかしながら，それは，米国の「覇権主

---

[57] Rebecca Johnson, "Looking Towards 2010: What Does the Nonproliferation Regime Need?" *Disarmament Diplomacy*, vol. 84 (Spring 2007), <http://www.acronym.org.uk/dd/dd84/84npt.htm>, accessed on July 3, 2007.

[58] まったく異なる文脈ではあるが，ある安全保障化が「対抗的な安全保障化」を促すという点については，Michael Levi and David S. Wall, "Technologies, Security, and Pri-

義」や「帝国」化に対する脅威感や懸念，あるいは増大する反米主義とも相俟って，時折，顕在化することはあるものの，「安全保障化としての核不拡散」ほどには，組織だった動きとして進展するには至っていない(59)，つまり安全保障化としてさほど成功してはいないといえる。近年，WMD 不拡散に関する安保理常任理事国 5 カ国の利益はますます一致するようになっているとの指摘もあるように(60)，むしろ「核不拡散」をめぐる国際社会の原則的な一致，不拡散規範の強靭性にこそ注目すべきであろう。

そうした意味でも，新たな差別性の導入が受容される形で，核不拡散体制の再構成が進展する可能性は決して低くはないと考えられるのである。再構成の焦点となるであろう NPT 第 4 条には，レジームの当為・規範を謳っているのか，あくまでも非核兵器国の権利を規定したにすぎないのか，もとより曖昧なところがあり，それゆえ諸主体の期待が収斂しにくいという側面がある。そのため，再構成も難航する可能性はあるが，米国をはじめとする主要国の支持も背景に，結局はかなりの進展を示すことになるのではないだろうか。いかなるレジームも，程度の差はあれ，力の分布状況の影響を免れるものではないのである(61)。

そして，再構成が進展すれば，核不拡散体制に関する諸主体の期待の収斂度も少なからず回復することとなろう。しかし，残念ながら，それがそのまま「実効性の危機」の克服に繋がる保証はない。再構成されたレジームは，技術・物質の移転をより困難にし，新規の拡散防止には寄与するであろうが，いわゆる「決然たる拡散主体」（determined proliferator）の国内開発に対しては十

---

vacy in the Post-Cold War European Information Society," *Journal of Law and Society*, vol. 31, no. 2 (June 2004), p. 213.

(59) この点については，石川卓「近代国家アメリカ主導の帝国型世界システム？」石川卓編『連鎖する世界—世界システムの変遷と展望』（森話社，2005年）第 9 章，を参照されたい。

(60) Weiner, "The Use of Force and Contemporary Security Threats," pp. 455, 464.

(61) オラン・ヤングは，レジームを形成過程によって分類し，その変容を促す要因が類型ごとに異なりうるとしつつも，力の分布状況はいずれの類型においても重要な変数になることを示唆している。Oran Young, "Regime Dynamics: The Rise and Fall of International Regimes," in Stephen D. Krasner, ed., *International Regimes* (Ithaca: Cornell University Press, 1983), pp. 107-111.

分な効力を発揮できない可能性が高い。力の裏づけが必要となる場面も生じうるといえるが，少なくとも現時点ではそれが十分に備わっているとはいいがたい状況にある。また，それは再構成の進展によって自動的に付加されるものでもない。他方で，力の裏づけの確保を強行しようとすれば，「正当性の危機」が助長されることにもなりかねない。

　一般的に，緩い一極構造（loose unipolarity）下では，力の突出を象徴するような行動は，それがたとえ秩序の維持・回復を意図したものであっても，しばしば反発・抵抗を惹起するといえるが，核不拡散体制は，今後しばらくの間，そしておそらく再構成が進展した後も，同様のディレンマを抱えていくこととなろう。レジームは，やはり力の分布状況を反映するといえる。それでも，「安全保障化としての核不拡散」に，反発・抵抗によって行き詰まりつつある「安全保障化としての対テロ戦争」と同じ轍を踏ませてはならないのである。

　（付記）本稿は，科学研究費補助金基盤研究B（2006年度～2007年度，黒澤満研究代表）による研究成果の一部である。

19　6者会談と北朝鮮の原子力「平和利用」の権利
――「凍結対補償」原則の展開とCVIDの後退――

倉田　秀也

はじめに
1　「凍結対補償」原則とCVID
2　第3回6者会談と「6月提案」
3　北朝鮮のCVID批判
おわりに

はじめに――北朝鮮の原子力「平和利用」言説――

　2002年10月，ケリー（James A. Kelly）国務次官補が訪朝した際，北朝鮮がその存在を認めたという高濃縮ウラン（HEU）計画は，国際原子力機関（IAEA）との保障措置協定（INFCIRC/403），米朝「枠組み合意」（1994年10月21日）など，北朝鮮がそれ以前に国際社会と交わした核不拡散取り決めのすべてに違反する。また，北朝鮮は韓国と「朝鮮半島の非核化に関する共同宣言」（1991年12月31日採択，1992年2月19日発効，以下「南北非核化共同宣言」）で「核再処理施設およびウラン濃縮施設を保有しない」（第3条）との誓約を交わしていた。米国の一部では，北朝鮮が認めたというHEU計画は核兵器計画ではなく，米朝「枠組み合意」の実施機関であった朝鮮半島エネルギー開発機構（KEDO）が軽水炉を供給した際，その燃料となる低濃縮ウラン（LEU）を生産する計画であったとする向きもある[1]。しかし，「南北非核化共同宣言」がウラン濃縮施設の

（1）　ハリソン（Selig S. Harrison）は，ブッシュ政権のいうHEU計画は，北朝鮮が国内の天然ウランでLEUを生産し，軽水炉の燃料を自力で調達しようとする計画であった可能性を指摘した。Selig S. Harrison, "Did North Korea Cheat?" *Foreign Affairs*, vol. 84, no. 1 (January/February 2005), p. 106. を参照。これに対して国務省政策企画局長のリース（Mitchell B. Reiss）と「第1次核危機」で米国首席代表を務めたガルーチ（Robert L. Gallucci）は数々の状況証拠を挙げ，北朝鮮の「ウラン濃縮計画」は，核兵器開発計画であったと反論した。Michell B. Reiss and Robert L. Gallucci, "Dead to Rights" in "Red-Handed, Responses: The Truth about North Korea's Weapons Program," *Foreign Affairs*,

保有自体を禁じている以上，LEU 計画であったとしても，「南北非核化共同宣言」違反であることに疑いの余地はない。

　北朝鮮の核兵器開発が不拡散義務不遵守にあたる以上，HEU 計画が発覚した時点で国連安全保障理事会が懲罰的措置をとることも考えられた。北朝鮮は核問題がブッシュ（George W. Bush）政権の「対朝鮮敵視政策」に由因するとして，2002年10月25日に米朝不可侵条約の締結を求めたが，米国が米朝2国間協議を拒絶すると，2003年1月10日に核兵器不拡散条約（NPT）脱退を表明した。これに対して米国は，中国との非公式協議を経て国連安保理審議をいったん回避し，米朝中3者会談（2003年4月23日－25日，北京）という地域レヴェルの多国間協議で核問題の解決を試みた。米朝中3者会談は後に日本，韓国，ロシアを交え6者会談に拡大するが，そこには北朝鮮が核保有に固執した場合，国連安保理で懲罰的措置を講じる可能性を示す集団的圧力と，北朝鮮の全面核放棄を前提に経済・エネルギー支援を行うだけでなく，朝鮮半島固有の安全保障に配慮する地域的措置をとる集団的融和という2つの効用が内在していた。6者会談は国連安保理との連動性を保ちつつ，それを地域的に代替して核問題の解決を試みる「地域的集団安保協議」であったと考えてよい[2]。

　1993年から94年にかけての「第1次核危機」が米朝2国間協議で展開したことを想起すると，今次核危機で6者会談という多国間協議が生まれたことは新

---

　　　vol. 84, no. 2 (March/April 2005), pp. 142-145 を参照。また，ケリーは上院での証言（2003年3月12日）で，北朝鮮が6ヵ月以内に相当量のプルトニウムを生産できるとした上で，HEU の生産能力も「引けをとらない（not so far behind）」と述べた。Prepared Statement of James A. Kelly, Assistant Secretary of State for East Asian and Pacific Affairs, Senate Foreign Relations Committee, "Regional Implications of the Changing Nuclear Equation on the Korean Peninsula," March 12, 2002, p. 5 を参照。この文献の日付は 'March 12, 2002' となっているが，'March 12, 2003' の誤りである。なお，ケリーはここで，北朝鮮が「ウラン濃縮計画で核分裂物質を生産しうるのは恐らく何カ月単位であり，何年単位ではない」と述べたという。Paul Kerr, "N. Korea's Uranium Program Moving Ahead, Kelly Says," *Arms Control Today*, vol. 33, no. 3 (April 2003), p. 28 を参照。

（2）　6者会談を「地域的集団安保協議」とする見解については，さしあたり，倉田秀也「6者会談の成立過程と米中関係──『非核化』と『安保上の懸念』をめぐる相互作用」高木誠一郎編『米中関係──冷戦後の構造と展開』（日本国際問題研究所，2007年）69-92頁を参照。文中の北朝鮮による米朝不可侵条約提案については，「朝鮮民主主義人民共和国外務省代弁人談話」『労働新聞』2002年10月26日，NPT 脱退表明は，「朝鮮民主主義人民共和国政府声明」『労働新聞』2003年1月11日を参照。

たな展開といってよい。しかし改めて想起すべきは、「第1次核危機」で北朝鮮が寧辺の核施設を終始、原子力「平和利用」のための施設と主張していたことである。これは危機の発端となったNPT脱退宣言（1993年3月12日）が効力を発する1日前、北朝鮮が米朝第1ラウンド高官協議の共同声明（1993年6月11日）でそれを「一方的に臨時停止」したことに関連していた。北朝鮮がNPT脱退宣言を自ら効力停止にしていた以上、原子力「平和利用」を「すべての締約国の奪い得ない権利」とするNPT第4条を享受でき、それを根拠に軽水炉供給の要求も正当化できた。北朝鮮は1994年6月にIAEAからも脱退したが、「保障措置の継続性（continuity of safeguards）」という特殊な概念の下、IAEA査察官が寧辺の核施設の「凍結」状態を「監視」することに合意し、それは米朝「枠組み合意」でも確認されていた。

　これに対し、今次核危機で北朝鮮は、2002年12月に寧辺の核施設からIAEA査察官を追放することで「保障措置の継続性」を断絶した上、NPT脱退表明の翌日、発効の1日前に「一方的に臨時停止」された10年前のNPT脱退宣言が効力を発したという解釈をとった。北朝鮮はNPT脱退表明では、「現段階においてわれわれの核活動は唯一、電力生産をはじめ平和的目的に限られるであろう」と述べながら、米朝「枠組み合意」で凍結されていた5MW黒鉛減速炉を再稼働させ、使用済み核燃料を再処理に付した。さらに北朝鮮は、HEU計画の存在を否認する立場に転じ、2003年10月の外務省代弁人談話を通じて、抽出したプルトニウムの用途を「核抑止力を強める方向に変更した」と述べた[3]。この談話はまた、北朝鮮の核放棄と米国の「対朝鮮敵視政策」撤回を段階的に連動させる「同時行動順序」の下、第1段階として「凍結対補償」原則を掲げ、それを6者会談の「基礎」とすることを提案していた。6者会談が国連安保理を地域的に代替する「地域的集団安保協議」であったことを考えるとき、6者会談で「凍結」に関する合意が成立しない限り、北朝鮮は国連安保理付託を免れつつ、核兵器開発の時間的猶予を与えられることになる。

　北朝鮮の「凍結対補償」原則は、米国のいうHEU計画を温存した上で、プルトニウム関連施設を再稼働できる余地を残す「凍結」の用意を示し、米国の

（3）「朝鮮民主主義人民共和国外務省代弁人談話」『労働新聞』2003年10月3日。

「対朝鮮敵視政策」撤回を段階的に連動させる点で，米朝「枠組み合意」と軌を一にしていた。しかも，北朝鮮はNPT脱退を主張しながらも，「平和的核動力工業」は「自主権」に属するとして，原子力「平和利用」の権利に固執していた。これに対して米国は，北朝鮮への融和的，地域的措置の必要性は知悉しつつも，それ以前に不拡散義務に違反しNPTから脱退したと主張する北朝鮮に，原子力「平和利用」の権利行使は認めない立場をとった。米国が掲げた「完全で検証可能で不可逆的な解体（Complete, Verifiable, and Irreversible Dismantlement: CVID）」は，寧辺の5MW黒鉛減速炉などのプルトニウム関連施設，HEU計画の廃棄を要求するだけでなく，原子力「平和利用」の施設の解体を要求する懲罰的な非核化原則であったといってよい。

6者会談での議論がHEU計画の認否で空転し，「凍結対補償」とCVIDの2つの原則が交錯して展開したことを考えるとき，6者会談でのHEU計画の位置づけとともに，北朝鮮の原子力「平和利用」の権利がいかに扱われたかを検証する必要がある。その後の展開が示すように，6者会談は共同声明（2005年9月19日）を発表しながらも，北朝鮮の核実験（2006年10月9日）を阻止できなかった。その後再開された6者会談で米国は，北朝鮮にそれ以上の核物質の生産させないことに力点を置き，当初のCVIDの主張を後退させざるをえなかった。その結果，6者会談では共同声明履行のための「初期段階措置」に合意することになったが，本稿では北朝鮮が核実験を強行する遠因とその後の6者会談の原型を第2回6者会談（2004年2月25日-29日，北京）と第3回6者会談（2004年6月23日-26日，北京）での議論に求めてみたい[4]。

（4）これ以前の経緯は，倉田秀也「北朝鮮の米朝『枠組み合意』離脱と『非核化』概念——新たな核開発問題と地域的解決の模索」黒澤満編『大量破壊兵器の軍縮論』（信山社，2004年）127-151頁を参照されたい。なお，本稿は6者会談における北朝鮮の原子力「平和利用」の権利とHEU計画の位置づけを考察するものであり，朝鮮半島固有の地域安全保障との関係についての言及は最小限にとどめる。これについては，イランの核問題をめぐる多国間協議との比較を試みた論考として，倉田秀也「核不拡散義務不遵守と多国間協議の力学——国際核不拡散レジームと地域安全保障との相関関係」武田康裕・丸川知雄・厳善平編『現代アジア研究第3巻（政策編）』（仮題）（慶應義塾大学出版会，2008年）を参照されたい。

1 「凍結対補償」原則と CVID──「平和的核動力工業」と HEU 計画──

(1) 第2回6者会談と「凍結」の範囲──「核動力政策」と天然ウラン──

「凍結対補償」原則についてまず指摘しておくべきは，北朝鮮がこれを6者会談の「基礎」としつつも，「凍結」の範囲をあえて明確に規定せず，伸縮性をもたせていたことである。第2回6者会談を前にして，『労働新聞』は論評で「平和的核動力工業」も「凍結」対象に含むと示唆していた[5]。北朝鮮がプルトニウムの用途を「核抑止力」強化のためと明言していた以上，使用済み核燃料を生み出す5MW黒鉛減速炉もまた，「核抑止力」強化に直結するはずであった[6]。したがって，寧辺の核施設を「平和的核動力工業」とする余地はなく，「平和的核動力工業」はそれ以外を指すことになる。それが「ウラン濃縮計画」を指すとすれば，北朝鮮はそれを「平和利用」計画として正当化することも考えられた。もとより，北朝鮮が提示した条件は「凍結」であり，「平和利用」計画を含むすべての核施設の解体を求める CVID には及ばなかったが，北朝鮮が「平和的核動力工業」を含む「凍結」の範囲を設定したこと自体，米国では新たな取引に臨む姿勢をみせたものと受け止められた。北朝鮮の立場は「朝鮮中央通信」論評でも繰り返されたが[7]，パウエル（Colin L. Powell）国務長官が「勇気づけられた」[8]と述べたのも，このような背景からであった。

さらに，米国が第2回6者会談に臨むにあたって好条件と考えられたのが，2003年12月19日にカダフィ（Mu'anmmar Muhammad al-Qadhāfī）大佐が大量破壊兵器（WMD）の開発放棄と弾道ミサイル開発の規制を受け入れ，米英両国と

---

(5) キム・ナムヒョク「われわれの同時一括妥結案を受け入れなければならない」『労働新聞』2003年12月15日。倉田「北朝鮮の米朝『枠組み合意』離脱と『非核化』概念」，143頁を参照。

(6) この点につき，北朝鮮は後の外務省代弁人談話で，米国が「凍結対補償」原則に同意するなら，「黒鉛減速炉による核活動を凍結する用意」があると述べた。これについては，「朝鮮民主主義人民共和国外務省代弁人回答」『民主朝鮮』2004年1月13日を参照。

(7) 「同時行動措置合意は会談の出発点（朝鮮中央通信論評，1. 6）」『朝鮮民主主義人民共和国月間論調』2004年1月，16頁。

(8) "Remarks with Tunisian Foreign Minister Habib Ben Yahia, Secretary Colin L. Powell, Washington, D.C., January 6, 2004" <http://www.state.gov/secretary/former/powell/remarks/27796.htm>, accessed on January 10, 2004.

の関係改善の意思を表明したことであった[9]。もとより，リビアはNPTの締約国であり，カダフィの決断はリビアがNPT第4条に謳われる原子力「平和利用」の権利を放棄することを意味しない。これに対して北朝鮮は，NPTからの脱退を主張していた上，その「核抑止力」の源泉となる寧辺の核施設についても「凍結」の用意はみせたものの，解体に言及したわけではなかった。北朝鮮が「平和的核動力工業」を「凍結」の範囲に含むことを提起したとはいえ，それがCVIDに及ばなかったことも指摘した通りである。しかし2004年2月4日，パキスタンのカーン（Abdul Qadeer Kahn）が，1990年代にリビアに加え北朝鮮にもウラン濃縮技術を供与していたと告白したことで，米国は北朝鮮に「ウラン濃縮計画」の存在を認めさせた上でその放棄を迫ることができると考えた。ケリーは北朝鮮の核問題にはCVID以外に解決の選択肢はないと強調した上で，カダフィの選択は北朝鮮の利益にも資するとも述べるとともに，カーンの告白を引きつつ，HEU計画が進展していることに注意を喚起し，北朝鮮にこの計画を含めた全面核放棄を求めた[10]。また，それまで中国は米国のいうHEU計画には懐疑的であり，傅瑩外交部アジア局長も2003年末の日本，韓国との高官協議でHEU計画に関して米国が提供した「証拠」は不十分と認識していたが[11]，米国はカダフィの決断とカーンの告白で，この計画について中国も説得できると考えたに違いない。

かくして，第2回6者会談の焦点は，北朝鮮が「ウラン濃縮計画」の存在を認めた上で，それを廃棄する用意をみせるかに集約された。北朝鮮はカーンの告白を「欺瞞劇」としながらも[12]，北朝鮮首席代表の金桂冠外務省副相が事

---

(9) カダフィの決断とそれに至る経緯については，Ronald Bruce St John, "Libya Is Not Iraq: Preemptive Strikes, WMD and Diplomacy," *The Middle East Journal*, vol. 58 no. 3 (Summer 2004)。また，Wyn Q. Bowen, *Adelphi Paper 380: Libya and Nuclear Proliferation: Stepping Back from the Brink* (London; International Institute of Strategic Studies), 2006 も参照。

(10) "Ensuring a Korean Peninsula Free of Nuclear Weapons, James A. Kelly, Assistant Secretary of State for East Asian and Pacific Affairs, Remarks to the Research Conference—North Korea: Towards a New International Engagement Framework, Washington, DC, February 13, 2004" <http://www.state.gov/p/eap/rls/rm/2004/29396.htm>, accessed on February 18, 2004.

(11) Glenn Kessler, "Chinese Not Convinced of North Korean Uranium Effort," *Washington Post*, January 7, 2004.

前に李肇星中国外交部長らと会見した際，HEU計画について「疑念を解消する必要性」に触れたとされ[13]，北朝鮮がその存在を認めることもありえないわけではなかった。しかし，実際の会談では，金桂冠が米朝「枠組み合意」と同様に核施設を再稼働できる余地を残した上で，「凍結対補償」を「同時行動順序」の第1段階とする段階的解決を求めていたのに対し，米国は「安全の保証」を提供する用意は示したものの，CVIDの受け入れを核問題解決の前提とする姿勢を崩さなかった[14]。したがって，北朝鮮の核施設が「凍結」された段階で，その名分はともかく「補償」を行うことは，CVIDという前提を崩すものと考えられた。韓国はこの会談で，北朝鮮の核放棄の段階に応じて多国間の暫定的な「安全の保証」を段階的に公式の「安全の保証」とする案を提示しつつ，その第1段階となる核活動の「凍結」段階でエネルギー支援を提案したが，米国はその案はCVIDを前提ではなく結果として位置づけるものとして却下したのである[15]。

　金桂冠がこの会談でHEU計画を否定したばかりか，5MW黒鉛減速炉を「平

---

(12) 「『濃縮ウラン計画』説は拙劣なデマ（朝鮮中央通信論評，2. 21）」『朝鮮民主主義人民共和国月間論調』2004年2月，11頁。なお，ムシャラフ（Pervez Musharraf）の回顧録によれば，パキスタン政府の調査により，カーンが20余のP-1・P-2型遠心分離機，流量計，遠心分離機用の特殊油を供与した上，北朝鮮技術者に極秘の遠心分離工場を訪問させ，技術指導も行った」ことが明らかとなったという。Pervez Musharraf, *In the Line of Fire: A Memoir,* New York: Free Press, 2006, p. 296 を参照。いわゆる「カーン・ネットワーク」と北朝鮮との関係についての概観は，Gordon Corerra, *Shopping for Bombs: Nuclear Proliferation, Global Insecurity and the Rise and Fall of the A. Q. Kahn Network* (Oxford: Oxford University Press, 2006), pp. 86-101 を参照。

(13) 『東京新聞』2004年2月22日。

(14) "Remarks on Day One of the Second Round of Six-Party Talks, James A. Kelly, Assistant Secretary for East Asian and Pacific Affairs, Beijing, China, February 25, 2004" <http://www.state.gov/p/eap/rls/rm/2004/30093.htm>, accessed on February 28, 2004. パウエルも会談終了後，CVIDの方針を確認していた。"Remarks with South Korean Minister of Foreign Affairs and Trade Ban Ki-Moon After Their Meeting, Secretary Colin L. Powell, C Street Entrance, Washington, DC, March 4, 2004" <http://www.state.gov/p/eap/rls/rm/2004/30093.htm>, accessed on March10, 2004 を参照。

(15) "Six-Party Talks, James A. Kelly, Assistant Secretary for East Asian and Pacific Affairs, Opening Remarks before the Senate Foreign Relations Committee, Washington, DC, March 2, 2004" <http://www.state.gov/p/eap/rls/rm/2004/29801.htm>, accessed on March10, 2004. ここで韓国が提示した「3段階解決案」は，「第2次6者会談結果（2004年3月2日）」<http://www.mofat.go.kr/file/division/div_issue…>, 2004年3月10日アクセスを参照。

和利用」目的としただけでなく「凍結」の範囲から外すと発言し[16]，それ以前の北朝鮮の立場を覆したのは，米国がCVIDに固執したことへの失望を示していた。その結果，第2回6者会談の議長声明は朝鮮半島「非核化」ではなく，「核兵器のない朝鮮半島（nuclear-weapon-free）」[17]という表現を用いざるをえなかった。北朝鮮外務省代弁人は「われわれの核動力政策は天然ウランを基礎にしており，濃縮ウランとは関係がない」[18]と述べたが，黒鉛減速炉が天然ウランを燃料を用いることを考えると，北朝鮮は5MW黒鉛減速炉を「平和利用」目的とし，ウランも燃料としてその一環に位置づけたといえよう。しかし，北朝鮮は6者会談から離脱しなかったばかりか，第3回6者会談を2004年6月末までに開催することに合意し，それまでの議論は作業部会を設置して行うことに異議を唱えなかった。北朝鮮外務省代弁人が「核問題の解決が遅れたとしても，われわれには不利にはならない」[19]と述べたように，北朝鮮はプルトニウムを蓄積することで，「凍結対補償」原則について米国に譲歩を求めることができると考えていたのである。

(2) 北朝鮮の軽水炉供給要求——CVIDと濃縮ウラン——

第2回6者会談で「凍結対補償」とCVIDの対立は明確となったが，韓国が「凍結」段階でエネルギー支援を提案したように，米国以外の参加国がCVIDをあくまでも核問題解決の前提と位置づけていたわけではなかった。6者会談で議長を務めた王毅外交部副部長は第2回6者会談を総括するなかで，核問題解決の第1段階となる措置を議論したとしつつ，韓国だけではなく中国とロシアも「一定の条件の下で」エネルギー支援の用意をみせたことを明らかにした[20]。したがって，これら3カ国は必ずしもCVIDを核問題解決の前提とし

---

(16) "The Bush Administration's Nonproliferation Policy: Successes and Future Challenges, Testimony by Under Secretary of State for Arms Control and International Security, John Bolton to the House International Relations Committee, 30 March 2004" <http://wwwc.house.gov/international_relations/108/bot033003.htm>, accessed on April 5, 2004.

(17) Chairman's Statement for the Second Round of Six-Party Talks, Beijing, February 28th, 2004.

(18) 『RP北朝鮮政策動向』2004年第4号（2004年3月25日）39頁。

(19) 「朝鮮民主主義人民共和国外務省代弁人回答」『民主朝鮮』2004年3月2日。

(20) 「中国代表団団長王毅指出：会談深入務実有益（2月28日）」劉金質・藩京初・藩榮

19　6者会談と北朝鮮の原子力「平和利用」の権利〔倉田秀也〕

て捉えていたわけではなく，北朝鮮が段階的にとる措置に対して支援もありうると考えていたことになる。また，北朝鮮は第2回6者会談終了後も，その範囲は不明確であるとはいえ，原子力「平和利用」の権利を主張していた。『労働新聞』論評は，「核の兵器化を放棄する用意はあるが，平和的原子力活動を止める意思は些かもない」とし，CVIDに変化がない限り，米国に「一層不利な状況がつくられることになる」[21]と警告していた。

その後，第2回6者会談の議長声明に従って，第1回作業部会（2004年5月12日－15日，北京），第2回作業部会（2004年6月21日－22日，北京）が開かれたが，第2回6者会談が原則に合意をみなかったため，形式上は作業部会であっても，原則をめぐる論争に終始した。また，第1回作業部会では，その後の6者会談の方向性を示す議論が展開されたことが明らかとなっている。たとえば，エレリ（Adam Ereli）国務省副報道官によれば，ここで李根外務省米州局副局長はデトラニ（Joseph R. DeTrani）朝鮮和平担当特使に対し，軽水炉供給を求めたという[22]。もとより，6者会談成立後に限ってみても，北朝鮮の軽水炉供給の要求はこれが初めてではない。すでに第1回6者会談（2003年8月27日－29日，北京）で金永日外務省副相が軽水炉の完工を米国に要求していた。そこで金永日が提示した「同時行動順序」は，米朝「枠組み合意」を念頭に置いた提案であったが[23]，第1回作業部会が開かれた2004年5月時点で，KEDOは重油提供の停止に続き，2003年11月には軽水炉事業を1年間停止する措置を下しており，すでに機能停止に陥っていた。

当初，エレリは北朝鮮を除く5者の間でCVIDに対する共通の認識を深めることが，作業部会の目的と述べていたが[24]，李根が軽水炉供給を要求したこ

英・李錫遇編『中国与朝鮮半島国家関係文献資料滙編（下）1991～2006』（北京，世界知識出版社，2006年）523頁。北朝鮮外務省代弁人は，「中国とロシアをはじめとする会談参加者らは，われわれの妥当な提案に支持と理解を示した」と述べたが，これも王毅の発言と符合する。これについては，以下の注(21)を参照。
(21)　チェ・ソングク「問題解決の鍵は米国の態度変化にある」『労働新聞』2004年3月8日。
(22)　"Daily Press Briefing, Adam Ereli, Deputy Spokesman, Washington, DC, May 19, 2004" <http://www.state.gov/r/pa/prs/dpb/2004/32624.html>, accessed on May 22, 2004.
(23)　「一括妥結図式と同時行動原則示す――朝米間の核問題に関する6者会談開催（朝鮮中央通信，8. 29)」『朝鮮民主主義人民共和国月間論調』2003年8月，15頁。

とが明らかにされると,米国が北朝鮮に対して核不拡散義務の遵守のために誘因を与えることはないと断りながらも,軽水炉供給を求める以前に北朝鮮がNPTに復帰しIAEAの追加議定書へ署名することが重要な第一歩となると述べた(25)。この発言はCVIDそれ自体を否定するものではないが,それまでCVIDの原則の下で北朝鮮に全面核放棄を求めていた米国が,北朝鮮に原子力「平和利用」の条件を示唆したことは大きな変化といってよい。

　エレリの発言はまた,作業部会でのCVIDに関する参加各国の意見の相違も反映していた。事実,韓国外交通商部の記録は,作業部会において参加国で異なる立場が再確認された「主要な問題」として,原子力「平和利用」の権利とHEU計画を挙げていた。中国とロシアは米国のCVIDに「直接的な疑義」は提出しなかったものの,原子力「平和利用」の権利については「米国とは多少異なる立場を堅持した」(26)という。さらに第1回作業部会の終了後,周文重中国外交部副部長はHEU計画に疑義を呈し,北朝鮮がNPTに復帰すれば,非核兵器国として原子力「平和利用」の権利をもつことを擁護した(27)。上述の通り,米国は以前からHEU計画について懐疑的な中国に対して,カーンの「告白」を根拠に説得を試みていた。第2回6者会談終了後も,チェイニー（Dick Chaney）副大統領が訪中し,胡錦涛国家主席にHEU計画についての「新しい証拠」を示したというが(28),周文重の発言によれば,米国はこの時期に至っ

---

(24)　"Daily Press Briefing, Adam Ereli, Deputy Spokesman, Washington, DC, May 17, 2004" <http://www.state.gov/r/pa/prs/dpb/2004/32541.html>, accessed on May 22, 2004.

(25)　"Daily Press Briefing, Adam Ereli, Deputy Spokesman, Washington, DC, May 19, 2004," *op. cit.*

(26)　「6者会談実務グループ会議結果」<http://www.mofat.go.kr/ko/division/am_2_view.mof?seq…>, 2004年6月17日アクセス。

(27)　Joseph Kahn and Susan Chira, "Chinese Official Challenges U. S. Stance on North Korea," *New York Times,* June 9, 2004. なお,この発言は「朝鮮中央通信」(2004年6月15日) 論評でも取り上げられた。これについては,「『先核放棄』主張は根本障害物（朝鮮中央通信論評,6.15)」『朝鮮民主主義人民共和国月間論調』2004年6月,14頁を参照。

(28)　Joseph Kahn, "Cheney Urges China to Press North Korea on A-Bombs," *New York Times,* April 15, 2004. なお,チェイニーは訪中の際,改めてCVIDが北朝鮮の核問題を解決する唯一の方法であると強調していた。"Office of the Vice President, April 15, 2004, Remarks by the Vice President at Fudan University Followed by Student Body Q&A, Fudan University, Shanghai, China" <http://www.whitehouse.gov/news/release/200404/20040415-1.html>, accessed on April 18, 2004 を参照。

てもHEU計画について中国を説得できていなかったことになる。韓国の藩基文外交通商部長もまた，北朝鮮の原子力「平和利用」の権利については，6者会談の将来の議題とするとして，CVIDとは一線を画す発言を行っていた[29]。

軽水炉供給について北朝鮮外務省代弁人は，ブッシュ政権が米朝「枠組み合意」を「完全に破棄したものと認め，それに対応した措置を講じ，現在は追加的措置も見越している」と断った上で，「当初から対朝鮮敵視政策が骨髄に徹したブッシュ政権が軽水炉建設を完成させるとは夢にも思ったことはない」[30]と述べていた。これをみる限り，北朝鮮がブッシュ政権の下で米朝「枠組み合意」が再履行されると期待していたとは考えにくい。「朝鮮中央通信」も「軽水炉提供を中核とする朝米基本合意文（米朝『枠組み合意』を指す）を破棄した米国政府とは信頼に基づいた関係が絶対にありえないという深刻な教訓をわれわれに与えている」（括弧内は引用者）[31]と述べた。しかし，李根が軽水炉供給を要求した事実を考えるとき，北朝鮮はKEDOとは別の形態であるにせよ，実際には軽水炉供給を米国が「対朝鮮敵視政策」を撤回したかを判断する基準の1つと考えていたことになる。これはまた，米国のいうHEU計画にも示唆を与えている。北朝鮮は第2回6者会談で5MW黒鉛減速炉を「平和利用」目的とした上で，その「核動力政策」が天然ウランを「基礎」としていると述べていた。これと同様に，軽水炉が供給されれば，その燃料として6フッ化ウラン（UF6）に転換した上で濃縮したLEUが必要となり，北朝鮮はHEU計画を軽水炉の燃料生産のための「平和利用」目的の計画であるとする口実を得ることができることになる[32]。

---

(29) 「長官，内外信記者ブリーフィング結果，2004年6月16日」<http://www.mofat.go.kr/mofat/mk_a006/mk_b36/mk_c066087_1530.html>，2004年6月17日アクセス。丁世鉉統一部長官はCVIDを「あまりに過酷な要求」とし，NPT復帰などを条件に北朝鮮に原子力「平和利用」の権利を認めるべきであると述べた（「共同＝ソウル，2004年6月28日」）。

(30) 「朝鮮民主主義人民共和国外務省代弁人回答」『民主朝鮮』2004年6月4日。

(31) 「米国は朝米基本合意文の破棄者（朝鮮中央通信論評，6.14）」『朝鮮民主主義人民共和国月間論調』2004年6月，12-13頁。

(32) ハリソンによれば，李根は2004年8月にニューヨークで開催されたセミナーで，「平和利用」目的としてLEUをもつ権利があると発言したという（Harrison, "Did North Korea Cheat?" p. 107を参照）。

2　第3回6者会談と「6月提案」
――「初期準備期間」とCVIDへの段階的接近――

　第2回作業部会と連続して第3回6者会談が開かれたが，米国側の「6月提案」と呼ばれる包括案はCVIDの原則に修正を加える内容となった。ケリーが上院で行った証言（2004年7月15日）[33]によれば，その提案は北朝鮮の核計画の廃棄と除去（dismantlement and removal）のため「初期準備期間（initial preparatory period）」として3カ月間を設定し，北朝鮮がその期間に，①「すべての核活動を網羅する完全なリストを提出し（listing），核活動をすべて稼働停止する（cease operation）こと」（傍点は引用者），②「すべての核分裂性物質を確保し，すべての燃料棒の監視を認めること」（傍点は引用者），③「すべての核兵器・兵器部品と主要な遠心分離機部品を公開で監視可能な形で無能力化（disablement）すること」（傍点は引用者）を要求していた。ケリーはここで「初期準備期間」に含める対象として「ウラン濃縮計画」を挙げており，③も遠心分離機部品に言及していることからも，いずれの要求事項にも冠されている「すべて」はHEU計画も含むことを指す。①でいう「完全なリスト」の「完全」も，CVIDのC（Complete）を意味すると考えてよい。

　また，従来の米国の提案にみられなかった要求として，①の核活動の「稼働停止」も特筆されるべきであろう。これが米朝「枠組み合意」でいう「凍結」と同義であるとすれば，米国は北朝鮮の「凍結対補償」原則を部分的に採り入れたことになる。振り返れば，米朝「枠組み合意」は，北朝鮮が使用済み燃料棒を再処理させないため核活動の「凍結」に力点が置かれ，「使用済み燃料棒を安全に保管する」ことを謳っていた。すでに述べた通り，その時点で北朝鮮は，IAEAとの保障措置協定に基づく査察ではなく，「保障措置の継続性」という特殊な概念の下，使用済み燃料棒の保管をIAEAが「監視」を受ける形になっていた。しかも，それ以前に抽出したとされるプルトニウムについては，北朝鮮が軽水炉の完工と同時にNPT／IAEAに完全復帰し，IAEAの特別査察

---

[33] Prepared Statement of James A. Kelly, Assistant Secretary for East Asian and Pacific Affairs, Senate Foreign Relations Committee, "Dealing with North Korea's Nuclear Program," July 15, 2004, p. 8. 以下，ケリーの上院での証言からの引用は，この文献による。

を受けた後に先送りされていた。これに対して「6月提案」では，「初期準備期間」に「すべての核分裂性物質」を確保するとされ，北朝鮮は——米朝「枠組み合意」以前に抽出したプルトニウムに加えて——寧辺の核施設が再稼動した後に抽出したプルトニウム，さらに HEU ——北朝鮮がすでにそれを生産していたとすれば——も含む「すべての核分裂物質」の確保のために協力しなければならない。ただし，②に言及される「すべての燃料棒の監視」については，今次核危機で北朝鮮は NPT からの脱退を主張している上，IAEA 査察官も追放していたため，米朝「枠組み合意」の際の「保障措置の継続性」はすでに断絶していると考えなければならない。したがって，「すべての燃料棒の監視」は CVID の V (Verifiable) に符合するにせよ，それは北朝鮮と保障措置についての新たな取り決めが交わされない限り，限定的な検証措置にとどまる。

　ところが，米朝「枠組み合意」が核活動の「凍結」に力点を置いていたのに対し，「6月提案」は北朝鮮の核活動を「稼動停止」させることが目標ではなく，目標はあくまでも CVID の実現にあった。ケリーはこの会談で CVID にあえて言及しなかったというが，それは北朝鮮の必要以上の反発を招かないためであって，ケリーは上院での証言でも CVID 以外のものは「一切認めない」と強調していた。そして，核活動の「稼動停止」が CVID 実現の一環であることを示すのが，③の「無能力化」であった。確かに，バウチャー (Richard A. Boucher) 国務省報道官が「すべての核関連施設と物質」が「無能力化」の対象となると明言したように，「無能力化」の対象は明確でありながら[34]，その方法が規定されたことはなかった。しかし，それを字義通り解釈すれば，「無能力化」は核計画を再開不能とし，核施設を再稼動不能とすることを意味し，その限りで CVID の I (Irreversible) を一定程度担保する措置といってよい。したがって，そこで北朝鮮は核計画の廃棄，核施設の解体を強いられるわけではなく，CVID の D (Dismantlement) を当面免れることができるが，「初期準備期間」が北朝鮮の核計画の廃棄と除去のために設定された以上，北朝鮮は「無能力化」を受け入れれば，いずれは核計画の廃棄と核施設の解体に応じなければならない。「6月提案」は CVID を核問題解決の前提ではなく結果に置き換え，

---

(34) "Daily Press Briefing, Richard Boucher, Spokesman, Washington, DC, June 23, 2004" <http://www.state.gov/r/pa/prs/dpb/2004/33845.html>, accessed on June 26, 2004.

段階的接近を試みて北朝鮮の「凍結対補償」原則との接点を求める米国の苦慮の産物であったと考えるべきであろう。

　他方，ケリーが証言で，「6月提案」を策定する過程で韓国と日本と調整したと述べたことにも注意が払われなければならない。米国が CVID に柔軟な姿勢をとった背景に，作業部会までの議論にみられた CVID に批判的な意見を取り入れたことも作用している。例えば，この会談で韓国首席代表の李秀赫は，北朝鮮が「凍結」を開始した時点で韓国が重油提供を行う意向を明らかにしたが(35)，これもまた「6月提案」の重要な構成要素となっていた。実際，ケリーは「永続的で完全かつ透明な方法ですべての核計画を放棄し，実行力がある検証を受けることに北朝鮮が同意することを含め，全般的なアプローチで同意が達成された後で，米国以外の当事者は北朝鮮に重油を提供する」（傍点は引用者）ことを提案していた。またケリーは，「北朝鮮のエネルギー需要を確定し，核以外のエネルギー計画でそれを満たす方法を特定するための調査を開始する」用意を表明したが，その条件は北朝鮮が申告を行うことであり，核計画の放棄と核施設の解体ではなかった。第2回6者会談で，米国が「凍結」段階でエネルギー支援案を行うとする韓国の提案を却下したのはすでに述べたが，米国は北朝鮮が「初期準備期間」の措置を受け入れた時点で——米国が参加するかはともかく——経済・エネルギー支援を行うことを容認したことになる。

　「6月提案」によれば，米国は北朝鮮が「凍結」の対象をプルトニウム関連施設に限定し，HEU 計画を認めない限り，「凍結対補償」原則を受け入れることはできなかった。しかし翻れば，これは北朝鮮が米国のいう HEU 計画の存在を認めた上で，それを「凍結」の範囲に含めれば，「補償」という名目かはともかく，経済・エネルギー支援も妨げないことになる。金桂冠は第3回6者会談で，協議に進展がなければ，北朝鮮内部で「核実験を行いたいとの考えをもつ者たち」が核実験に踏み切るであろうと述べたというが，北朝鮮がこれ以上プルトニウムを蓄積しないための最低限の要件は，北朝鮮が HEU 計画の存在を認め，それを「凍結」の対象に含めることに他ならなかったのである。

---

(35) 『東亜日報』2004年6月24日。また，李秀赫は「米国の新提案は韓国案が下地となった」とも述べていた（『朝鮮日報』2004年6月27日）。

3 北朝鮮のCVID批判——NPT復帰の意思と「平和的核動力工業」——

　他方の北朝鮮に目を転じてみて，金桂冠がHEU計画を否認する姿勢は，第3回6者会談でも変わることはなかった。北朝鮮外務省代弁人談話が，「6月提案」の「初期準備期間」を「非科学的で非現実的」と批判したように[36]，それは北朝鮮に容易に受け入れられるものではなかった。したがって，「6月提案」がCVID実現への段階的接近を試みたにせよ，この談話文の「『凍結対補償』問題を基本に検討することについて合意がなされたことは，今会談が遂げた1つの肯定的な進展になる」との一文は明らかに誇張がある。王毅は参加各国が「第1段階の達成に共通の認識が生まれたこと」を第3回6者会談の成果の1つに掲げ，その「第1段階」とは北朝鮮の「核施設の凍結とそれに伴う相応の措置」[37]と明言したが，議長声明では北朝鮮の核施設の「凍結」にも，経済・エネルギー支援にも言及できなかった[38]。王毅の発言にもかかわらず，ケリーは「6月提案」の「初期準備期間」には，HEU計画の「申告」，「無能力化」が含まれなければならないと考え，金桂冠はそれを否定し続けた。第3回6者会談は，これ以上6者会談が北朝鮮の核開発に時間的猶予を与えないためには，北朝鮮がHEU計画を認めなければならないことを改めて再確認する結果となったといってよい。

　ただし，第3回6者会談で金桂冠が行った5MW黒鉛減速炉についての発言は特筆されてよい。第2回6者会談で北朝鮮がこの原子炉を「平和的核動力工業」として「凍結」の対象から外していたが，ケリーの証言によれば，金桂冠は5MW黒鉛減速炉を「核兵器施設であることを明確に確認」し，「凍結」対象とすることに合意したという。金桂冠が第2回6者会談での自らの発言を撤回したのは，ケリーの「6月提案」が「初期準備期間」として「核活動のすべて」の「稼動停止」を要求した以上，北朝鮮も協議継続のためには「凍結」の範囲を示し，米国と協議上の接点をもつ必要があると考えたからであろう。

---

(36)　「朝鮮民主主義人民共和国外務省代弁人談話」『労働新聞』2004年6月29日。
(37)　「王毅談第三輪六方会談五点成果（6月26日）」劉金質他，前掲書，546頁。
(38)　Chairman's Statement for the Third Round of Six-Party Talks, Beijing, June 26, 2004. 以下，第3回6者会談での議長声明からの引用は，この文献による。

また，上の外務省代弁人談話によれば，金桂冠は「凍結」には必ず「補償」が伴わなければならないとした上で，「凍結期間は徹頭徹尾，補償如何によって決定される」と述べていた。ケリーが第2回6者会談の時から後退して，「凍結」段階で他の参加国による経済・エネルギー支援を許容したことを考えるとき，金桂冠もそれに応じて「凍結」期間だけではなく，その範囲についても5MW黒鉛減速炉を含めて対応しようとしたのかもしれない。

　5MW黒鉛減速炉を核兵器施設としたことで，第2回6者会談以前に北朝鮮が示唆したように，寧辺の核施設は「平和的核動力工業」から除外された。換言すれば，金桂冠の発言により，「平和的核動力工業」が意味する範囲は狭まったことになる。ただし，これで北朝鮮が，第2回6者会談直前の立場に全面的に回帰したわけではなかった。北朝鮮は第2回6者会談直前，「平和的核動力工業」も「凍結」対象に含むことを示唆していたが，第3回6者会談で金桂冠はこれを「凍結」の範囲から外していたからである。また，北朝鮮が「平和的核動力工業」を「自主権」に属するとする立場にも変化はなかった。これについて外務省代弁人談話も，「平和的核活動はわが国家の自主的権利に属する問題であり，凍結や廃棄の対象には含まれ得ない」[39]と明言していた。第3回6者会談の議長声明は，6者会談の目標を「朝鮮半島の非核化（denuclearization of the Korean Peninsula）」とすることに合意し，「核兵器のない朝鮮半島」との表現にとどまった第2回6者会談の議長声明から進展をみせたが，そこでいう「非核化」はCVIDを意味したわけではなかった。第3回6者会談は，「非核化」概念について米朝間に齟齬を残したまま閉会したことになる。

　北朝鮮が「平和的核動力工業」の継続を正当化する根拠については，上の外務省代弁人談話を再検討してみる必要がある。この談話は「今日，NPTの外にいる国々と非核地帯に属する国々が平和的核活動を行っているのは厳然たる現実である」とした上で，「NPT加盟国でないわが国がNPTに復帰する前であっても，これと同等の権利を享受することは至極当然なこと」と主張していた。これをみる限り，北朝鮮はNPTからの脱退を主張した立場として，核兵器開発に専念してもよかった。しかし，この談話は「米国がわれわれに対する

---

(39)　「朝鮮民主主義人民共和国外務省代弁人回答」『労働新聞』2004年7月14日。

敵視政策を撤回することにより，条件が整えば核兵器計画を放棄するであろう」と述べた上で，「わが方がNPTから脱退せざるをえなくなった根本要因（複数）が解消されるなら，わが方のNPT復帰問題は自然と解決されるようになっている」（括弧内は引用者）とも述べていたのである。

　この談話が「平和的核動力工業」の継続を正当化し，NPTへの復帰の意思をみせるにあたって，原子力「平和利用」を「すべての締約国の奪い得ない権利」としたNPT第4条を念頭に置かなかったとは考えにくい。北朝鮮は米国が原子力「平和利用」の権利行使を認めないCVIDを掲げたのに対してNPTへの復帰の意思を示しつつ，すべてのNPT加盟国に認められる第4条の普遍性を事後的に考え，それを6者会談の争点にしようとしたとも考えられる。北朝鮮がNPT脱退を表明したとき，米国の「対朝鮮敵視政策」を挙げながらNPT第4条に言及していなかったことを想起すると，この談話がNPTから脱退しなければならなかった「根本要因」を複数形で表記したのは，「対朝鮮敵視政策」の撤回以外にも米国が保証しなければならないものとして，原子力「平和利用」の権利もあることを訴えようとしたからであろう。別言すれば，この談話はNPT第4条の普遍性とそれを認めようとしない米国のCVIDとの間の矛盾を指摘したといってもよい。

　振り返ってみれば，北朝鮮は「第1次核危機」でNPT上の「特別な地位」を主張しつつ「保障措置の継続性」を維持し，NPTへの完全復帰と軽水炉の完工を連動させることで原子力「平和利用」の権利を行使しようとした。そのプロセスに米朝関係の段階的改善を組み込むことで米朝「枠組み合意」はその輪郭を整えた。今次核危機で北朝鮮はNPTから脱退したと主張しているが，「凍結対補償」原則を掲げつつ，NPT復帰の用意をみせて原子力「平和利用」の権利を主張する手法は，米朝「枠組み合意」に至る過程を想起させる。第3回6者会談で金桂冠は「重油，電力提供などで合計200万KW能力のエネルギー支援」を要求したが[40]，200万KWがかつてKEDOによる軽水炉2基の合計出力と同一であることを考えても，金桂冠が米朝「枠組み合意」を前例として念頭に置いていたことは明らかであった。この会談で金桂冠が軽水炉供給

---

(40) 注(36)に同じ。また，Charles L. Pritchard, Statement before the Senate Foreign Relations Committee, Hearing on North Korea, July 15, 2004, p. 2 も参照。

を要求したとする記録はないが，すでに作業部会で李根が軽水炉供給を要求していた事実をみても，北朝鮮がいずれ軽水炉供給を要求することは予告されていたと考えるべきである。軽水炉供給を「凍結対補償」原則に組み込めば，6者会談における北朝鮮の手法はさらに「第1次核危機」のそれに酷似することになる。北朝鮮は「6月提案」について，米国が「中東のある国を武装解除させるときに米国が打ち出した提案である」として「リビア・モデル」を批判したが[41]，北朝鮮が米国に求めていたのは，米朝「枠組み合意」を6者会談という多国間協議に適用することであったと考えてよい。

おわりに——北朝鮮の核実験と「6月提案」の修正——

第2回6者会談と第3回6者会談を通じて，北朝鮮はHEU計画を除外しつつ「凍結対補償」原則を掲げ，「対朝鮮敵視政策」撤回を求めてきた。第3回6者会談で北朝鮮が「核抑止力」の源泉となる5MW黒鉛減速炉を核兵器施設と認めた以上，「平和的核動力工業」はそれ以外を指すことになるが，「平和的核動力工業」がHEU計画に関連しているとすれば，北朝鮮はそれを正当化するために「平和的核動力工業」を「凍結」の範囲から外そうとしたと考えられる。第3回6者会談終了後，北朝鮮がNPTへの復帰の意思を示したのは，「平和的核動力工業」の放棄まで求めるCVIDの「不当性」を主張するためであった。また，6者会談が国連安保理を地域的に代替する「地域的集団安保協議」であった以上，北朝鮮は核問題の国連安保理付託を免れつつ，寧辺の核施設を稼働し続けることができた。

もとより，米国もこれに無策であったわけではなかった。米国は6者会談の経過とともに北朝鮮の核開発が進展するというジレンマから脱却するため，北朝鮮が核兵器計画でなくとも，原子力「平和利用」計画としてその存在を認めた上で放棄すれば，「完全」な核放棄とみなすとの方針を固めた。第4回6者会談第1セッション（2005年7月26日－8月7日，北京）で，米国は北朝鮮が原子力「平和利用」のLEU計画として認める余地を与えようとする意図から，

---

(41) リ・ヒョンド「われわれに他国の『方式』は通用しない」『労働新聞』2004年7月7日。

「濃縮ウラン計画」(Enriched Uranium Program) との表現を用いて北朝鮮にその存在を認めるよう迫った[42]。その関連で，金桂冠がここで米国首席代表のヒル (Christopher R. Hill) に軽水炉供給を要求した事実は強調されてよい。繰り返すまでもなく，金桂冠が第2回6者会談で5MW黒鉛減速炉を「平和利用」計画であると主張したとき，北朝鮮外務省代弁人は「核動力工業」が天然ウランを「基礎」としているとしてその主張を正当化していた。北朝鮮の「核動力工業」がウランを基礎としているのであれば，天然ウランと濃縮ウランの違いこそあれ，LEUが軽水炉という外部から導入される「核動力工業」の「基礎」となるとする論理も成り立つ。

　実際，再開後の第4回6者会談第2セッション（2005年9月13日－9月19日，北京）で，北朝鮮は6者会談の枠組みで軽水炉供給を要求した上で，それを米国が北朝鮮の「平和的核活動を実質的に認める証拠となる」と位置づけ，「朝米間の信頼造成の基本的尺度」となると述べていた[43]。さらにヒルによれば，金桂冠は軽水炉供給を求めつつ，北朝鮮には「十分な石油や天然ガスの備蓄はないがウランはある」[44]と述べたという。このように，北朝鮮は軽水炉を供給されることにより，原子力「平和利用」の権利を目にみえる形で行使している状態の保証を求めていた。北朝鮮が軽水炉という外部からの「核動力工業」の燃料となるLEU計画として，その存在を認める意思があったとすれば，米国が軽水炉供給を約束することで，北朝鮮がその計画の存在を認めることもあり

---

(42) Charles L. Pritchard, *Failed Diplomacy: The Tragic Story of How North Korea Got the Bomb* (Washington D.C. Brooking Institution Press, 2007), p. 113. 『毎日新聞』2007年3月15日（夕刊）によれば，北朝鮮は2004年8月に従来の姿勢から転じて，米国に対し「高濃縮ウランを（大量）生産する計画はない。あるのは（小規模な生産を行う）研究プログラム」（括弧内は引用文）であると伝えていたという。これを受け，2004年12月初旬のニューヨークでの米朝接触で，米国は北朝鮮が「平和利用」目的の「ウラン濃縮」計画としてであっても，その放棄を確約すれば，「完全核放棄」とみなすとの方針を固め，デトラニもそれを北朝鮮側に伝えた（「共同＝ワシントン」2004年12月11日）。
(43) 「われわれは絶対に『先核放棄』の主張を受け入れることはできない――6者会談わが方代弁人，記者会見で強調」『労働新聞』2005年9月17日。
(44) "Resumption of Fourth Round of Six-Party Talks: Evening Transit China World Hotel, Christopher R. Hill, Assistant Secretary for East Asian and Pacific Affairs, Beijing, China, September 14, 2005" <http://www.state.gov/p/eap/rls/rm/2005/53277.htm>, accessed on September 16, 2005.

えないわけではなかった。

　第4回6者会談は初の共同文書となる共同声明を採択したものの[(45)]，ここで他の参加国も北朝鮮の原子力「平和利用」の権利行使の主張を「尊重する」とのみ記すことに同意し，軽水炉供給については「適当な時期に軽水炉提供問題について議論を行う」（傍点は引用者）として留保条件を付けた。NPT第4条第2項では，NPT締約国が原子力資機材・情報を「可能な最大限度まで交換することを容易にすることを約束」するとあるものの，かかる支援は締約国の義務ではない上，北朝鮮が核不拡散義務の不遵守を重ね，NPTに復帰していない状態で軽水炉供給に留保条件が付くのは当然といってよい。ヒルもそこでいう「適当な時期」について，北朝鮮が「NPTとIAEA保障措置協定を完全に遵守し，協力と透明性に対する持続的な関与を支援し，核技術拡散を停止」[(46)]することが条件となると明言していた。しかし，北朝鮮がLEU計画としてその存在を認める意思をもっていたとすれば，軽水炉供給が約束されない限り，名分は何であれ，その存在を認めることはできなかった。共同声明で北朝鮮が「すべての核兵器と現存する核計画」を放棄すると誓約したとき，ヒルはそこにHEU計画が含まれると解釈したが，北朝鮮がその解釈に同意することはなかった。したがって，共同声明の採択にもかかわらず，米国は6者会談の経過とともに北朝鮮の核開発は進展するというジレンマから脱却することはできなかった。事実，共同声明の採択後も寧辺の核施設は「凍結」すらされず，これと同時期に発動された「金融制裁」によって6者会談が空転して以降，北朝鮮は「核抑止力」を誇示することで米国に多くの譲歩を強いることができると考えたのである。

　2006年7月5日のミサイル発射に続き，同年10月9日に北朝鮮が強行した核実験は，それまで蓄積されたプルトニウムなしには不可能であったろう。結局，

---

(45) Joint Statement of the Fourth Round of the Six-Party Talks, Beijing, September 19, 2005. 以下，共同声明からの引用は，この文献による。

(46) "Press Statement, Sean McCormack, Spokesman, New York City, NY, September 19, 2005, North Korea-U.S. Statement" <http://www.state.gov/r/pa/prs/ps/2005/53499.htm>, accessed on September 21 2005. なお，第4回6者会談の詳細については別稿で扱うが，共同声明と国際核不拡散レジームとの関係については，倉田「核不拡散義務不遵守と多国間協議の力学」を参照。

6者会談が北朝鮮の核開発に時間的猶予を与えるというジレンマは解消できなかったことになるが，核実験に対して国連安保理が決議第1718号（S/RES/1718）を採択することで，国連安保理を代替して展開してきた「地域的集団安保協議」としての6者会談の位置づけも変化した。冒頭で指摘した通り，6者会談には，北朝鮮が核保有に固執した場合，国連安保理で懲罰的措置を講じる可能性を示す集団的圧力と，全面核放棄を前提に経済・エネルギー支援などの融和的措置，朝鮮半島固有の安全保障に配慮する地域的措置をとる集団的融和の2つの効用が内在していた。ミサイル発射に対して国連安保理が第1695号（S/RES/1695）で非難決議を採択していた以上，北朝鮮は核実験にあたって制裁決議を予見したろうが，国連安保理決議第1718号が採択された時点で，6者会談は集団的圧力の効用をほぼ失ったと考えてよい。

このような背景で開かれた第5回6者会談第3セッション（2007年2月8日－13日，北京）では，米国が北朝鮮にHEU計画を含む「すべての核計画」を申告させるなど，「6月提案」の「初期準備段階」の要求を強要することは，北朝鮮をさらに核開発に追いやると考えられた。米国は北朝鮮を共同声明の「すべての核兵器および現存する核計画を放棄する」との誓約に立ち帰らせるため，HEU計画の認否よりも，北朝鮮が稼働中であった寧辺の核施設からのプルトニウムの増産を阻止することに力点を置かざるをえなかった。そこで採択された「北京合意」[47]は，共同声明を履行するため「初期段階（initial phase）」として60日間を設定し，そこでとられる行動を「初期段階措置」と呼んだ。「6月提案」は共同声明の採択以前の提案であるが，そこで示されたCVID実現のための段階的接近が，「北京合意」では共同声明の履行のための段階的接近として継承されたのである。

ただし，「6月提案」と「北京合意」を対比してみると，「6月提案」の「初期準備期間」で北朝鮮がとるべき措置が，「北京合意」ではその形態に変更が加えられた上，「初期段階措置」とそれ以降の「次の段階」でとられる措置に分散される形をとっている。例えば，「6月提案」が北朝鮮に「すべての核施

---

(47) "Office of the Spokesman, Washington, DC, February 13 2007, North Korea−Denuclearization Action Plan" <http://www.state.gov/r/pa/prs/ps/2007/february/80479.htm>, accessed on February 17 2004. 以下，「北京合意」からの引用は，この文献による。

設」の「稼動停止」を求めたのに対して，「北京合意」の「初期段階措置」で米国は，再処理施設を含む寧辺の核施設の「閉鎖および封印」を求めていた。「６月提案」が北朝鮮に求めた「稼動停止」が，「北京合意」では「閉鎖および封印」となっていることに注目したい。これは米国が寧辺の核施設が再稼動してプルトニウムが増産されないことを優先した結果でもあろうが，北朝鮮も寧辺の核施設からすでに核実験に必要なプルトニウムを抽出し終えていたため，もはや再稼働の余地を残すことに拘泥しなかった。

　また「北京合意」では，北朝鮮が「初期段階措置」として「核計画の一覧表を提示し，残りの５者と協議する」ことが求められていた。その「核計画」には「共同声明に言及され，放棄されることになっている」との一文が冠され，その定義は共同声明を援用する形になっていた。共同声明でいう「現存する核計画」にはHEU計画も含まれるというのが米国の解釈であるが，実際に北朝鮮が「核計画の一覧表」を提示したことはなく，「初期段階措置」は寧辺の核施設の「閉鎖および封印」で完了したとみなされた。事実，「初期段階」では，５者が最初の緊急エネルギー支援として北朝鮮に重油５万トン相当を輸送することになっていたが，北朝鮮による「核計画の一覧表」の提示を待たず，韓国が単独で重油５万トンの輸送を決定した(48)。「６月提案」では，北朝鮮が米国のいうHEU計画を含む「すべての核計画を網羅する完全なリストを提出し，核活動をすべて稼働停止する」などの「初期準備期間」が完了すれば，米国以外の参加国が北朝鮮に重油を提供するとされたが，「北京合意」後の６者会談では，HEU計画の認否を先送りして重油支援が行われたことになる。

　もとより，「北京合意」はHEU計画を等閑視したわけではない。「北京合意」は「初期段階」の後に設定された「次の段階」で，北朝鮮に「すべての核計画についての完全な申告」と「すべての現存する核施設の無能力化」を求めていた。「すべての核計画」もHEU計画を含むとされ，それに対して５者は重油95万トン規模を限度とする経済・エネルギーおよび人道支援を行うとされた。ここで確認すべきは，「６月提案」で「初期準備期間」に行うとされていた「申告」と「無能力化」が，「北京合意」では「初期段階」後の「次の段階」

---

(48)「長官内・外信定例記者会見 (6.20.)」<http://mofat.korea.kr/mofat/jsp/mofat1_branch.jsp?...>. 2007年６月22日アクセス。

の要求事項とされたことである。また,「6月提案」では,米国は北朝鮮への経済・エネルギー支援には加わらないとされたが,「北京合意」には「初期段階」における重油5万トン——これは韓国が単独で支援した——を含んで,米国がこれらの支援に加わらないとの文言はなかった。

さらに,「北京合意」では寧辺の核施設について,「すべての必要な監視および検証」のためにIAEA要員の復帰が求められ,北朝鮮が2002年末に寧辺の核施設から査察官を追放して以来,接点を失ったIAEAと関係を回復することになった。もとより,北朝鮮はその間NPTには復帰しておらず,IAEAと保障措置に関する別個の取り決めを交わしたわけではない。したがって,寧辺の核施設にIAEA要員が復帰したとしても,それは「第1次核危機」の際,北朝鮮がNPT上の「特殊な地位」を主張して生まれた「保障措置の継続性」によるものではない。それはIAEAが「北京合意」の内容を追認する措置であり,「6月提案」でも示唆されたように,「保障措置の継続性」とは異なる措置となる。これについてIAEA事務局長報告は,「北京合意」によるIAEA要員の復帰が,IAEA憲章第3条(A-5)でいう「2国間,多国間,あるいは1国の要請に基づく当該国の原子力領域の活動に適用される保障措置」であり,「軍事的目的を助長する方法で利用されないことを確保するため」の「封じ込めと監視(Containment and Surveillance)」(C/S)を行う特定の取り決め(ad hoc arrangement)であることを明記していた[49]。また,「初期段階措置」には,テロ支援国家指定解除などの米朝2国間の問題を解決し,完全な外交関係樹立のための協議を開始することが含まれ,米朝国交正常化のための作業部会の設置にも合意をみた。「保障措置の継続性」によるものではないとはいえ,IAEAの限定的な検証を受け入れつつ,それを米朝国交正常化に連動させる手法は米朝「枠組み合意」と軌を一にしている。見方を変えれば,「第1次核危機」で試みられた米朝2国間取引が,「北京合意」を通じて6者会談という多国間協議で試みられようとしているといってもよい。

振り返ってみると,北朝鮮はHEU計画の存在を否認し続けることで,「6月提案」と接点をもつことを拒絶し,その間寧辺の核施設から着実にプルトニ

---

(49) GOV/2007/36, 3 July 2007; GOV/2007/45-GC(51)/19, 17 August, 2007.

ウムを蓄積することができた。さらに北朝鮮は核実験を強行したにもかかわらず「北京合意」を交わし，プルトニウムを抽出し終わった寧辺の核施設を「閉鎖および封印」することで，米国と国交正常化のための協議を行う確約を得た。北朝鮮がHEU計画をもっていたことは確かであるにせよ，「北京合意」後，米国が推定したその計画の進展度に当局者からも疑義が提出されるなか[50]，HEU計画を含む「すべての核施設」の放棄を前提とした米国の対応が改めて問われなければならない。しかも「北京合意」には，北朝鮮が保有したとする核兵器の解体には言及はない。「北京合意」がすべて履行されたとしても，北朝鮮が保有したとする核兵器は温存され，その解体には新たな合意が必要となろう。しかし，「北京合意」が北朝鮮への融和的措置を盛り込んだ以上，北朝鮮を核解体に導くためには，5者は経済・エネルギー支援をはじめ融和的措置をとり続けなければならない。「北京合意」に従って，北朝鮮の核解体の段階に到達するためにとられる融和的措置が，むしろ北朝鮮の核保有を規制事実化する可能性は常に存在する。ここにこそ，「北京合意」後の6者会談が抱える新たなジレンマがある。

（付記）本稿は，科学研究費補助金基盤研究B（2006年度～2007年度，黒澤満研究代表）による研究成果の一部である。

---

(50) David E. Sanger and William J. Broad, "U.S. Concedes Uncertainty on Korean Uranium Effort: Shift in Intelligence View of 2nd Project ― Questions on White House Strategy," *New York Times*, March 1, 2007 を参照。また，Glenn Kessler, "New Doubts on Nuclear Efforts by North Korea," *Washington Post*, March 1, 2007; Paul Kerr, "Doubts Rise on North Korea's Uranium-Enrichment Program," *Arms Control Today*, vol. 37. no. 3 (April 2007), pp. 27-28 も参照。ただし，これで米国がHEU計画の申告を断念したわけではなく，ヒルは依然として北朝鮮の非核化のための原則としてCVIDの有効性を強調していた。これについては，"Briefing on His Recent Travel to the Region and the Six-Party Talks, Christopher R. Hill, Assistant Secretary for East Asian and Pacific Affairs Head of the U.S. Delegation to the Six-Party Talks, Washington, D.C. June 25, 2007" <http://www.state.gov/p/eap/rls/rm/2007/87332.htm>, accessed on June 30, 2007 を参照。なお，本稿では詳述できなかったが，第4回6者会談でのHEU計画，北朝鮮の原子力「平和利用」の権利をめぐる論議については別稿で扱いたい。また，本稿とは文脈が異なるが，核実験後の6者会談と国連安保理との関係などについては，Hideya Kurata, "A Conceptual Analysis of the Six-Party Talks: Building Peace through Security Assurances," *Asian Security*, vol. 3, no. 1 (2007) を参照。

20　中東の核問題と核不拡散体制
　――イランおよびイスラエルの核問題を中心として――

堀部　純子

はじめに
1　イランの核問題
2　イスラエルの核問題
3　中東の核問題とNPT
4　中東の核問題の展望と問題解決へ向けた対処
おわりに

はじめに

　リビアによる核兵器を含む大量破壊兵器（WMD）計画の放棄宣言，イランによる国際原子力機関（IAEA）保障措置協定追加議定書の署名および濃縮・再処理活動の自発的停止等，2003年末の中東地域は核不拡散の推進へと向かう好機に恵まれた。しかし，その後のイランの核問題を巡る展開は，中東地域を逆の方向へと向かわせており，国際社会は懸念を強めている。

　イランは，IAEAが同国の核活動は平和目的に限定されているとの結論を出していないなかで，2006年2月に核兵器の製造にも利用し得るウラン濃縮活動を再開させた。そして，この活動の停止を求め，3つの国連安全保障理事会（安保理）決議が採択されたにもかかわらず，濃縮活動を継続し，さらに拡大させている。アリソン（Graham Allison）は，このような状況を捉え，「イランが核武装に向けた最後の一線を越えれば，中東地域に新たな核兵器国を連鎖的に出現させ，複数の国が関与する地域的な核軍備競争を引き起こし得る」として，そうした競争は「地域的な核戦争の蓋然性を劇的に高めるだろう」と警告している[1]。

---

(1) Graham Allison, "The Will to Prevent Global Challenges of Nuclear Proliferation From Global Catastrophe," *Harvard International Review*, vol. 28, no. 3（Fall 2006）<http://hir.harvard.edu/articles/print.php?article=1580>, accessed on 31 July 2007.

第3部　核不拡散

　中東地域には，アラブ諸国・イスラエル間の対立，アラブ諸国とイラン，アラブ諸国同士の関係などの潜在的な紛争の火種があり，さらにこの地域では冷戦期を通じて化学兵器や弾道ミサイルが拡散したほか，イラン・イラク戦争では化学兵器が実際に使用された。こうした複雑な紛争構造や安全保障環境等に照らせば，核軍備競争を連鎖的に引き起こし得る土壌があると言え，アリソンの警告が現実に起こり得ないとは言い切れない。また，イランが核兵器を取得した後に，それらがテロリスト集団の手に渡り使用される危険性は完全には排除できないとの指摘もあり(2)，イランの核問題の解決は喫急の課題となっている。

　他方で中東には，民間の研究機関等によれば100〜200発の核弾頭を保有していると推定されるイスラエルの核問題がある。イスラエルは中東諸国の中で唯一，核兵器不拡散条約（NPT）に加入しておらず，中東アラブ諸国やイラン（中東イスラム諸国）は，このことが「中東地域を核の危険に晒し，平和を脅かしている」，また，「イスラエルの核兵器保有は地域に害をもたらす核軍拡競争につながり得る」と非難している(3)。年々こうした非難が高まっていることは，中東の核問題を根本的に解決するうえでイスラエルの核問題への対処が不可欠であることを示していると言えよう。

　中東地域の核拡散防止については，国際的な核不拡散体制の中心であるNPTが主要な役割を果たしてきている。しかし，その締約国であるイランが，条約上の平和利用の権利を悪用し核兵器の製造に必要な技術や物資の入手を企図しているのではないかという条約の遵守の問題や，上述のようにイスラエルがNPTに加入せず核兵器を保有しているとみられることに起因する問題があり，これらはNPTに対する大きな挑戦となっている。

　こうした認識の下，本稿ではまずイランおよびイスラエルの核問題を概観し，両国の核に関する意図を分析する。さらに，これらの核問題のNPTの枠組みにおける対処や議論について論じたうえで，中東の核問題を如何に解決すべき

（2）　Stephen Peter Rosen, "After Proliferation: What to Do If More States Go Nuclear," *Foreign Affairs*, vol. 85, no. 5 (September/October 2006), p. 10.
（3）　IAEA General Conference, "Israeli nuclear capabilities and threat," GC(47)/6, 21 July 2003.

かを検討し，問題解決における地域的アプローチの重要性について述べたい。

1 イランの核問題

(1) 経緯——核兵器開発疑惑と国際社会の対応——

イランの核問題は，2002年8月にイランが秘密裏に建設中の濃縮施設および重水製造施設の存在が発覚したことに端を発している。これを契機にIAEAが査察等を行った結果，IAEA事務局長は2003年6月に，イランによる核物質の輸入等に係る過去の申告漏れを指摘し，保障措置協定の履行上の不備をIAEA理事会に報告した[4]。その後，さらなる査察によりイランがIAEAに未申告でウラン濃縮やプルトニウム分離を含む活動を18年間に亘って行っていたこと，パキスタンのカーン (A.Q. Khan) 博士を中心とした「核の闇市場」から様々な核関連情報や資機材を調達していたことなどが明らかになった。さらに，2005年12月にはイランの核活動が軍事的側面を持つ可能性を示唆する「グリーンソルト・プロジェクト」[5]の存在が浮上するなど，核兵器開発の疑惑が一層強まった。

上述の2003年6月のIAEA事務局長の報告を受け，同年9月のIAEA理事会は，イランに対し，追加議定書の署名および批准，信頼醸成措置としての濃縮および再処理活動の停止等を求める決議 (GOV/2003/69) を採択した。当初イランはこの決議の受諾を拒んだが，英国，ドイツおよびフランスの欧州連合 (EU) 加盟の3カ国 (EU3) との協議を経て，同決議の主要事項を概ね受入れる内容の「テヘラン宣言」に合意した。その後，イランは不完全ながらも濃縮および再処理活動を停止し[6]，自国の原子力活動に関する「包括的かつ正確と期待される申告書」をIAEAに提出した。また，イランは同宣言に基づき12

---

(4) IAEA Board of Governors, GOV/2003/40, 6 June 2003.
(5) 二酸化ウランの四フッ化ウラン（別称グリーンソルト）への転換，高性能爆薬に関連する実験およびミサイル再突入体の設計図など，軍事的な側面を持ち得る内容を含む秘密裏の計画。IAEA, "Update Brief by the Deputy Director General for Safeguards," 31 January 2006.
(6) IAEAは，「イランによる濃縮関連および再処理活動の停止決定の実施を検証することができた」としながらも，「私企業数社が遠心分離機の製造を続けており，包括的な停止ではない」と報告している。IAEA Board of Governors, GOV/2004/34, 1 June 2004, p. 8.

月18日には追加議定書に署名し，これの暫定的な適用を開始した。

　イランは，IAEAに対するこうした協力的な行動にもかかわらず2004年2月のIAEA理事会がイランに不利な内容の査察結果を報告したことを不満として，翌月に濃縮の前段階に当たるウラン転換作業を開始した。EU3はこの作業の停止を求めたが，イランは「テヘラン宣言」の停止事項に転換は含まれないと主張し，これを継続した。こうして「テヘラン宣言」に基づく問題解決の試みが早くも打撃を受けると，同年10月，EU3はソラナ（Javier Solana）EU共通外交・安全保障上級代表とともに再びイランとの交渉に乗り出した。その結果，イランによる転換を含む濃縮関連活動の自発的停止，ならびに長期的な合意に関する交渉等を含む「パリ合意」が達せられた。そして，この合意に基づきイランは転換作業を停止した。

　2005年8月初旬，EU3とEU（EU3/EU）は，「パリ合意」に基づき，イランに対し「長期的な合意のための枠組み」（政治・安全保障分野における協力，イランの民生用核計画への長期的な支援，経済・技術分野における協力）を提案した。この提案には，例えばイランが実施すべき事項として，イランが加入している不拡散関連条約について，より一貫した監視および効果的な実施が求められている一方，EUがイランの軽水炉用燃料の供給保証の枠組み作りや世界貿易機関（WTO）加盟を支持することなどの内容が含まれていた。しかし，時期を同じくして保守強硬派として知られるアフマディネジャド（Mahmoud Ahmadinejad）大統領が就任すると，イランは「EU3/EUの提案はイランに対する要求事項が大半を占め，EUによる実施事項が滑稽なほど少ない……この提案はイランに対する侮辱である」[7]としてこれを拒否し，転換作業を再開した。こうして「パリ合意」に基づくEU3/EUによる交渉努力が頓挫すると，同年9月のIAEA理事会はイランの保障措置協定違反による不遵守を認定した[8]。その後，ロシアがイランの濃縮作業をイラン国内ではなくロシア国内に設立する合弁企

（7）「長期的な合意のための枠組み」提案に対するイランの反応のテキストは，英米安全保障情報評議会（BASIC）のホームページ <http://www.basicint.org/pubs/Notes/BN050811-IranEU.htm>, accessed on 31 July 2007 より入手可能。

（8）IAEA理事会は，IAEA憲章第12条C項に基づきイランの保障措置協定違反を国連安保理に報告しなければならないが，ロシアおよび中国の反対により報告の決定は見送られた。

業で行うことを提案したが，2006年1月初旬にイランは自国内で濃縮作業を実施することを強く主張し，この提案を拒否した[9]。そして間もなくして濃縮関連の研究開発活動再開のために施設の封印を撤去した。

　こうした事態を受け，2006年2月初旬に召集されたIAEA特別理事会がイランの核問題の安保理への報告を決定すると，イランは2月中旬に小規模の濃縮活動を再開した。安保理は3月下旬に議長声明を採択し，そのなかでイランによる研究開発を含むすべての濃縮関連および再処理活動の完全かつ継続的な停止等の重要性を強調した。しかし，イランは3.5パーセントの濃縮ウランの製造に成功したことを発表し，その後も濃縮活動を継続，拡大させていった。

　安保理議長声明にも動じないイランに対し，EU3，米国，ロシアおよび中国（EU3+3，またはP5+1）は，2006年6月初旬に「包括的提案」（核エネルギー分野での協力，燃料供給に関する法的拘束力のある保証，政治・安全保障・経済分野での今後の協力等）を提示し，外交努力による解決を目指した。しかし，イランの真摯な対応が得られなかったため，安保理は7月31日に決議1696を採択し，イランが期日までに同決議を遵守しない場合には経済制裁を含む適当な措置を取るとした。イランは，8月中旬に「包括的提案」に対する回答を行ったが，それは決議1696の要求に応えるものではなかったため，安保理は12月23日に決議1737を採択し，イランによる濃縮関連・再処理活動の遅延なき停止，すべての国による濃縮，再処理および重水関連の資機材等の対イラン供給防止のための措置実施などを義務付けることを決定した。イランはこの決議にも応じることなく濃縮関連活動を継続したため，安保理は2007年3月24日に，イランによる武器および武器関連物資の移転ならびに調達の禁止を含む決議1747を採択した。2007年8月現在，イランは一連の安保理決議に従う姿勢を見せておらず，濃縮活動を継続し，拡大させている。

（2）　イランの意図

　イランは，原子力の平和利用はNPT第4条で保証された「奪い得ない権利」であり，これを決して放棄しないとの立場をとる一方，自国の核活動は平和利

---

(9) "Iran rejects Russia nuclear plan," BBC News, 1 January 2006 <http://news.bbc.co.uk/2/hi/middle_east/4574226.stm>, accessed on 31 July 2007.

第3部　核不拡散

用のみを目的としていると主張し，核兵器開発の意図を一貫して否定している。

しかし，IAEA は2006年2月の報告（GOV/2006/15）において，「核兵器または他の核爆発装置への核物質の如何なる転換も発見していないが，現時点においてイランに未申告の核物質や活動が存在しないことを結論づける立場にない」と述べ，また2007年5月の査察の結果においても「イランの核計画の範囲と本質に関わる特定の側面の検証において依然として進展がない」と報告している（GOV/2007/22）ように，核計画の「本質」に疑念を抱いており，客観的に見てイランの核兵器開発疑惑は晴れていない。

イランの現体制に強い不信感を抱く米国は，その核活動は軍事目的であり，イランは核兵器を追求し，その取得を決意していると見ている[10]。この点に関し，ラドメーカー（Stephen G. Radmaker）軍備管理担当国務次官補（当時）は，「イランは20年近く秘密裏に核兵器計画を実施してきた」[11]として，イランによる核兵器開発を断定した発言を行っている。また，イランには安全保障，地域覇権，国家威信などの理由から核兵器を欲する強い動機があることが指摘されている[12]。

イランの意図を実際に検証することは困難であるが，原子炉が1基も稼働していない現状において濃縮・再処理活動を性急に進めようとするイランの行動

---

(10) J. Michael McConnell, "Annual Threat Assessment of the Director of National Intelligence for the Senate Armed Services Committee," 27 February 2007 <http://armed-services.senate.gov/statemnt/2007/February/McConnell%2002-27-07.pdf>, accessed on 31 July 2007; Nicholas Burns, "United States Policy Toward Iran," testimony before the Senate Foreign Relations Committee, 29 March 2007 <http://www.state.gov/p/us/rm/2007/82374.htm>, accessed on 31 July 2007 などを参照。

(11) "Statement by Stephen G. Radmaker to the 2005 Review Conference of the Treaty on the Non-Proliferation of Nuclear Weapons," 2 May 2005.

(12) 安全保障上の動機については，Robert Einhorn, "Curbing Nuclear Proliferation in the Middle East," *Arms Control Today,* vol. 34, no. 2（March 2004）, pp. 12-13; Scott D. Sagan, "How to Keep the Bomb from Iran," *Foreign Affairs,* vol. 85, no. 5（September/October 2006）, p. 47 などを参照。地域覇権および国家威信に関する動機については，Patrick Clawson, "Iran's Motives and Strategies: The Role of the Economy," Statement for Senate Foreign Relations Committee, 17 May 2006; Michael Ryan Kraig and Riad Kahwaji, "A Demand-Side Strategy for Regional Security and Nonproliferation in the Persian Gulf," in James A. Russell, ed., *Proliferation of Weapons of Mass Destruction in the Middle East: Directions and Policy Options in the New Century*（New York: Palgrave Macmillan 2006）, pp. 211-212 などを参照。

は理に適っておらず、このことは平和利用のみを目的としているというイランの主張を説得力のないものにしている。他方で、イランには国家を挙げて全力で核兵器製造に取組んでいることを示す突貫計画（crash program）が存在するようにも思われない[13]。したがって、イランは核兵器取得の決定までは行っておらず、濃縮および再処理能力（核燃料サイクル）を核兵器の製造を可能とする能力、すなわち「核兵器能力」とみなしたうえでその取得を目指し、必要に迫られた段階で核兵器を製造するか否かを決定する戦略を取っているのではないかとの見方がなされている[14]。イランは政権にかかわらず今までのところ核兵器製造の意図を一貫して否定し、NPTからの脱退を宣言していない。この点は、NPTからの脱退を宣言し、核兵器保有を公言した北朝鮮とは異なっている。イランについては、NPTに留まり原子力の平和利用の権利を法的根拠としつつ「核兵器能力」を取得するというのが、これまでの一貫した戦術であるとの見方がなされている[15]。

　この点に関し、英国のブレア（Tony Blair）首相（当時）は、「イランは核兵器能力を取得しようとしている」と述べているほか、ドイツのフィッシャー（Joschka Fischer）外相（当時）も「イランの野心が、核兵器能力の取得であることはもはや疑いがない」と述べているように[16]、「核兵器」と「核兵器能力」の表現の違いに配慮が見られる。そして、イランが「核兵器能力」を取得しようとする理由については、中東地域におけるリーダーシップ追求のため、また国際社会における発言権や影響力を高めるためであり、イランはそうした能力が「イランが独占的、覇権的かつ帝国支配的とみなす米国主導の地域秩序

---

[13] Joseph Cirincione, "Controlling Iran's Nuclear Program," *Issues Brief in Science and Technology*, (Spring 2006) <http://www.issues.org/22.3/cirincione.html>, accessed on 31 July 2007.

[14] Shahram Chubin, *Iran's Nuclear Ambitions* (Washington D.C.: Carnegie Endowment for International Peace 2006), pp. 11-12, 59-62; Cirincione, ibid.

[15] "The text of speech by Supreme National Security Council Secretary Hassan Rohani to the Supreme Cultural Revolution Council," quoted in Chen Kane, "Nuclear Decision-Making in Iran: A Rare Glimpse," *Middle East Brief*, no. 5 (May 2006), pp. 3-5.

[16] "Speech to Business Leaders in Dubai: World must 'wake up to challenge of Iran'," speech made by Tony Blair on 20 December 2006 <http://www.pm.gov.uk/output/Page10661>, accessed on 31 July 2007; Joschka Fisher, "The Case for Bargaining with Iran," *Washington Post*, 29 May 2006, A.26.

を阻止する手段」となると考えているとの見方がなされている[17]。

　2003年9月から2005年8月までハタミ（Mohammad Khatami）政権下で核交渉の責任者を務めたロハニ（Hassan Rohani）国家安全保障最高評議会書記は，イランが3.5パーセントのウラン濃縮に成功した際に，「ウランを3.5パーセントにまで濃縮することが可能な国には，それを90パーセント（兵器級）まで濃縮する能力もある」[18]（括弧内引用者）と，「核兵器能力」を意識した発言を行っている。また，ロハニ書記は，「パキスタンが核兵器を，ブラジルが核燃料サイクルを保有し，世界はこれら2つの国と協力し始めた」，そして「イランが核燃料サイクルを完成するに至っていないことは，我々にとって大きな問題だ」[19]と述べており，この発言からは，核兵器とまでは言わなくとも「核兵器能力」の保有により，イランは国際社会における影響力や地位を向上させることが可能と考えていると読み取ることもできる。イランの核兵器製造の意図に関連し，ポラック（Kenneth Pollack）は次のように分析している。

　　アフマディネジャド大統領に代表される強硬過激派は「核兵器の取得を決意している」一方，ラフサンジャニ（Hashemi Rafsanjani）元大統領に代表される実用主義テクノクラートは，「長きに亘ってイラン経済の再建を最優先課題に据え，そのためには西側諸国との関係改善が不可欠であると認識している。……彼らは確かに核兵器を欲しているが，もしそれがイランの経済に死活的に重要である西側諸国との関係改善の妨げとなるのであれば，核計画を犠牲にする意思があることを繰り返し示唆している。……ハメネイ（Ayatollah Ali Khamenei）は，イランの経済を崩壊させてはいけないことの重要性と，ハメネイ自身がその地位にあり続けるために最終的に重要となる強硬過激派を疎外してはならないことを理解している。そのため，1990年から2002年までハメネイは中道路線を取ってきた。……現在の核を巡る膠着状態においては，ハメネイは形勢傍観路線の継続を望み，兵器か経済か（bombs or butter）の選択を避けている」[20]。

---

(17) Chubin, *Iran's Nuclear Ambition*, pp. 134-137.
(18) Kane, "Nuclear Decision Making in Iran," p. 3.
(19) Ibid.
(20) Kenneth M. Pollack, "Iran: Three Alternative Futures," *The Middle East Review of*

この分析によれば，その中道路線というのが，核兵器製造の意図を否定しNPTに留まりつつ，「核兵器能力」を取得するというものであることになる。

　イランは「核兵器能力」の取得を意図しているという，チュービン（Sharam Chubin）らの分析にあるイランの意図については一貫性が観察されるが，そうした能力の取得に向けたアプローチには変化が見られる。ロハニ書記が核交渉責任者を務めていた間は，イランは安保理への報告を最大限に遅らせるよう慎重かつ計算深く行動し，EU3との交渉を「時間稼ぎ」として利用しつつ，濃縮技術の取得に向けて技術上の問題を着実に克服してきた[21]。他方，アフマディネジャド氏の大統領就任に伴い，ロハニ書記に代わって強硬派として知られるラリジャニ（Ali Larijani）国家安全保障最高評議会書記が核交渉責任者となると，EU3/EUによる「長期的な合意のための枠組み」提案を一蹴し，これらの国々との交渉に関心を示すことも安保理への報告や経済制裁も恐れることなく，濃縮関連活動を再開させ，これを一気に拡大させる強硬な態度に出た。

　アフマディネジャド政権による強硬路線の一方，それを懸念する向きもあり，ロハニ書記は交渉担当を外れた後，この政権による核問題の粗雑な取扱いにより生じた緊張の高まりやイランの国際社会からの孤立を緩和し，軌道修正を企図しているとも受け取れる投稿を西側のメディアに行い，交渉による解決の必要性を論じた[22]。こうした懸念を踏まえた動きか否かは定かではないが，最近では，安保理決議1747に基づく経済制裁措置が実施されると，イランはそれらの措置に断固として立ち向かう強気の発言を行う一方で，EU3+3との交渉に関心を示唆しつつ，「イランの核問題はIAEAにおいて解決されるべきだ」と度々主張し，未解決の問題を解決するためにIAEAと協力するとの姿勢に転じている。

　International Affairs, vol. 10, no. 2（June 2006）<http://www.brook.edu/views/articles/pollack/20060612.htm>, accessed on 31 July 2007.

(21)　"The text of speech by Supreme National Security Council Secretary Hassan Rohani to the Supreme Cultural Revolution Council," quoted in Kane, p. 3.

(22)　Hassan Rohani, "Iran's Nuclear Program: The Way Out," CNN, 9 May 2006 <http://www.time.com/time/world/article/0,8599,1192435,00.html>, accessed on 31 July 2007.

2　イスラエルの核問題

(1)　経　緯

イスラエルは，民間の研究機関等によれば，1950年代後半に核兵器開発を開始し，現在100～200発の核弾頭を保有していると推定されている[23]。

米国はイスラエルの核兵器保有を知った当初，これに反対し，NPTに加入するようイスラエル対して強い圧力を掛けたが，イスラエルは，自国が置かれた特異な安全保障環境，米国による安全の保証の提供がないこと等を理由にNPTに加入できないとの反応を示したと言われる[24]。イスラエルの核兵器保有を現実として受け止めざるを得ないと判断したニクソン（Richard Nixon）政権は，「イスラエルが核実験を実施せず，また核兵器を保有していることを宣言しない」限りにおいて，その核兵器保有を黙認する内容の秘密の合意を1969年にイスラエルと交わしたとされる[25]。その後，中東イスラム諸国は，米国がイスラエルに対しNPTに加入するよう圧力を掛けることを止め，イスラエルの核兵器保有を黙認する政策を取っている一方で，非核兵器国に対し不拡散義務の履行を強く求めることは「二重基準」であるとして強く批判している。

イスラエルの核問題については，「イスラエルの核兵器保有は脅威である」と主張する中東イスラム諸国により，グローバル，また地域的なレベルで主に次のような取り組みがなされてきている（NPTを通じた取り組みについては後述）。

グローバルなレベルでは，国連総会やIAEA総会における関連決議案の提出を通じた取り組みがある。国連総会では，エジプトおよびイランが1974年に中

---

[23] "Nuclear Weapons—Israel?," Federation of American Scientists <http://www.fas.org/nuke/guide/israel/nuke/>, accessed on 31 July 2007; "Table of Global Nuclear Weapons Stockpiles, 1945-2002," Natural Resources Defense Council <http://www.nrdc.org/nuclear/nudb/datab19.asp>, accessed on 31 July 2007.

[24] Avner Cohen, "Continuity and Change in Israeli Strategic Thinking: Reflections in the Wake of Operation Iraqi Freedom," in James A. Russell, ed., *Proliferation of Weapons of Mass Destruction in the Middle East: Direction and Policy Options in the New Century,* (New York: Palgrave Macmillan 2006), p. 38

[25] Avner Cohen, *Israel and the Bomb* (New York: Columbia University Press 1998), pp. 336-337.

東における非核兵器地帯の設置を求める決議案を提出した。この決議案では，イスラエルの核問題を念頭におきつつも，中東地域全体における核兵器の廃絶および核不拡散を進めることが目指され，1980年以降はイスラエルもこの決議案に賛成票を投じている。このように中東アラブ諸国，イスラエルの双方が中東における非核兵器地帯の設置という考えを支持しているが，中東アラブ諸国は，中東地域における平和と安全に不可欠な条件としてイスラエルの核問題の解決，特にイスラエルのNPT加入を挙げている一方，イスラエルは，すべての中東諸国との和解が達成され，地域の政治的・戦略的状況の根本的な変化が見られた後に初めて非核兵器地帯設置についての議論を開始できるとの立場[26]を取っており，両者のアプローチは異なっている。そのため，この決議案はコンセンサスで採択され続けてはいるものの，非核兵器地帯の設置に向けた実質的な進展は見られていない。また，エジプトは国連総会に「中東における核拡散の危険」に関する決議案も提出してきており[27]，この決議案では，イスラエルが遅延なくNPTに加入し核兵器保有を断念すること，イスラエルの保障措置下にないすべての核施設をIAEAの包括的保障措置下に置くことなどが求められている。

　イスラエルも加盟国となっているIAEAの総会においては，中東アラブ諸国により「中東におけるIAEA保障措置の適用」に関する決議案が提出されてきており，この決議案では，中東のNPT未加入国に対してNPTへの加入が求められ，またIAEA事務局長に対して中東のすべての核施設へのIAEA保障措置の早期適用の促進が求められている。この決議案は，中東和平に進展が見られた1992年以降，2004年までコンセンサスで採択されてきたが，その背景には，1991年まで中東アラブ諸国が提出してきた「イスラエルの核能力と脅威」と題する決議案提出の自粛という取引があった[28]。そのため，中東アラブ諸国が，

---

(26) Statement of Israel, Explanation of Vote on the Establishment of a NWFZ in the Middle East, UN General Assembly First Committee, 4 October 2006.
(27) この決議は，従来「イスラエルの核武装」と題されていたが，第49回総会において名称が変更された。基本的にイスラエルと米国が同決議案には反対票を投じている。
(28) この背景については，IAEA General Conference, "Explanatory Memorandum on Israeli Nuclear Capabilities and Threat Submitted by the Member States in the League of Arab States," GC(49)/10, 24 August 2005 を参照。

「現在のイスラエル政府の政策が,中東和平,ならびに中東をWMD,特に核のない地帯とするためのあらゆるイニシアティヴを妨害した」として,2005年に「イスラエルの核能力と脅威」決議案を提出すると,13年間続いた「中東におけるIAEA保障措置の適用」に関する決議案のコンセンサス採択は終わりを遂げた。

　これらのグローバルなレベルにおける取り組みに加え,イスラエルの核問題は,地域的な安全保障対話のなかでも取り上げられてきた。1991年10月のマドリード和平会議により開始され,中東和平プロセスの多国間の枠組みとして設置された作業部会の1つである軍備管理・地域安全保障（ACRS）に関する作業部会がそれである。中東地域ではそれまで地域の安全保障に関する多国間対話の枠組みが欠如していたことから,軍備管理という国家の安全保障にかかわる機微な問題を扱うACRSは画期的な取り組みであった。しかし,エジプトとイスラエルは,ACRSにおいて核問題をどのように扱うかについて激しく対立した。上述の中東非核兵器地帯の設置に関するイスラエルの立場は,中東和平が達成されるまで核問題についての議論を実質的に拒否するものであり,直ちにこの問題を議論することを求めるエジプトとの溝が深まり,ACRSは1995年に頓挫した。

(2) イスラエルの意図（核政策）

　イスラエルが核兵器を開発しているとすれば,それは国家威信や地域覇権を目的としたものではなく,国家の生存の確保という安全保障上の理由によるものであるとの分析がなされている[29]。その建国以来,イスラエルは,イスラエルの消滅を標榜するアラブ諸国に周囲を囲まれており,これら諸国と比較した際に通常兵器分野について量的に劣勢にあると感じていたとされる[30]。こうしたイスラエルの脅威認識は,ホロコーストの悲惨な経験とも相俟って,通常兵器分野におけるアラブ諸国との非対称性を相殺し,国家の生存を保証する「最終手段」として核兵器が必要であるとイスラエルが考えるに至らしめたと

---

(29) Avner Cohen, "The Nuclear Issue in the Middle East in a New World Order," *Contemporary Security Policy*, vol. 16, no. 1, (1995), p. 59.

(30) Cohen, "Regional Security and Arms Control in the Middle East," p. 78.

の分析がなされている[31]。

　他方，イスラエルは1960年代半ば以降，「中東で核兵器を導入する最初の国にならない」と繰り返し表明してきており，これが核兵器に関するイスラエル政府の唯一の公式な立場となっている。つまり，イスラエルは核兵器の保有については意図的に肯定も否定もせず，核に関する「不透明政策」を採用してきている。イスラエルが「不透明政策」を採用する理由は，第1にイスラエルの核兵器保有の公表がNPTを中心とした国際的な核不拡散を推進する米国に対する挑戦となることを回避するためであり，第2に，中東アラブ諸国が核兵器を取得する誘因を抑制することであるとされる[32]。

　この核の「不透明政策」は，それぞれ1967年，1973年の第3次，第4次中東戦争，1990-91年の湾岸戦争等，過去に何度かその変更が検討されたと言われるが[33]，実際に変更されることはなかった。今日，イランによる核武装の可能性が懸念されるなかで，イスラエルの核の「不透明政策」の変更の可能性についての関心は高まりをみせているが，この点に関し，イスラエル政府は，「この政策を変更する理由はない」と述べている[34]。他方，スタインバーグ（Gerald Steinberg）は，「イランが核兵器能力を開発し中東に核の多極化がもたらされれば，イスラエルの戦略的抑止の計算はすべての主要な側面において根本的に変化するだろう。そのような状況下では，潜水艦部隊を移動させ，航空機を拡散配備させるなど，第2撃能力の信頼性を明らかにさせることが必要となり，そうなればイスラエルの『不透明政策』の維持は困難となるであろう」と分析したうえで，「これらの高度な運搬手段システムに必要な小型化された，より高度な核弾頭は実験を必要とするかもしれず，これによりイスラエルの政策は根本的に変更されるかもしれない」と論じている[35]。

---

(31)　Cohen, "Continuity and Change in Israeli Strategic Thinking," pp. 34-36.
(32)　Cohen, ibid, pp. 36-38; Claudia Baumgart and Harald Müller, "A Nuclear Weapons-Free Zone in the Middle East: A Pie in the Sky?" *The Washington Quarterly*, vol. 28, no. 1 (Winter 2004-05), p. 46.
(33)　Cohen, "Continuity and Change in Israeli Strategic Thinking," pp. 37-40.
(34)　George Jahn, "U.N. nuclear agency freezes nearly 2 dozen technical assistance programs to Iran," *Associated Press Worldstream*, 8 March 2007 <http://www.lexis.com>, accessed on 31 July 2007.
(35)　Gerald Steinberg, "Walking the Tightrope: Israeli Options in Response to Iranian Nu-

3　中東の核問題とNPT

NPTの締約国であるイランおよびNPTに未加入であるイスラエルの核問題は，国際的な核不拡散体制の中心であるNPTに対し，条約の内側および外側から挑戦を与える問題として，NPT運用検討プロセス等において取り上げられてきている。

(1)　イランの核問題とNPT

2004年2月，米国のブッシュ（George W. Bush）大統領が国防大学における演説の中で，「国家が民生用の核計画を隠れ蓑として，核兵器の製造に利用可能な物質を製造することを許している（NPTの）抜け穴を塞がなければならない」[36]（括弧内引用者）と述べたように，NPTの下では核兵器製造にも利用し得る濃縮および再処理技術を平和利用目的として取得することが可能となっている。そして，NPTの締約国が秘密裏の核兵器開発を決意し，少なくとも濃縮・再処理技術を獲得するまでの間は少なくとも核兵器製造を開始しないという巧妙な戦略を取る場合には，その濃縮または再処理活動が軍事目的を意図したものであることを検証することは，ほぼ不可能である[37]。

イランは，暫定的とはいえ，核兵器開発が疑われる国に対して追加議定書が適用された初めてのケースとなった。追加議定書に基づく強化された権限の下で実施されたIAEAの査察活動によって，イランによる未申告の様々な核関連活動が見つかったことからも明らかなように，イランの核問題を通じて，未申告活動を探知するうえで追加議定書の有効性が実証されたことは確かである。

---

clear Developments," in Judith S. Yaphe and Charles D. Lutes, eds,. *Reassessing the Implications of a Nuclear-Armed Iran*, McNair paper, No. 69 (Washington, D.C.: National Defense University 2005), p. 79.

(36)　George W. Bush, "President Announces New Measures to Counter the Threat of WMD," remarks at the National Defense University, Fort McNair, Washington D.C., 11 February 2004 <http://www.whitehouse.gov/news/releases/2004/02/20040211-4.html>, accessed on 31 July 2007.

(37)　秋山信将「原子力の平和利用に由来する不拡散への対処──米国の『不拡散レジーム』観の考察」日本国際問題研究所軍縮・不拡散促進センター『米国の核政策および核軍縮・不拡散政策』平成18年度外務省委託研究（2007年3月），75頁。

IAEAが同議定書に基づく環境サンプリング等の検証技術を用いて低濃縮および高濃縮ウランの痕跡を発見したことに関し，ロハニ書記は，「我々は彼ら（IAEA）の（環境）サンプリングが如何に精密なものか，また我々の施設が実際にどの程度（濃縮ウランで）汚染されているかについて正確に承知していなかった」[(38)]（括弧内引用者）と語っており，イランが追加議定書の有効性を過小評価していたことが伺える。しかし，追加議定書が有効に機能したとしても，上述のように核活動の意図を検証することは不可能に近く，したがってこれをもってしてもブッシュ大統領が指摘したNPTの抜け穴を防ぐものではないことは明らかである。

このNPTの抜け穴の問題に対しては，特定国以外の国による濃縮および再処理技術の保有を禁止し，原子力発電用の燃料の供給を何らかの形で保証しようとする考えに基づいた複数の提案がなされている。例えば，2003年10月のエルバラダイ構想に基づく「核燃料サイクルへのマルチラテラル・アプローチ（MNA）」提案をはじめとして，2004年2月の国防大学におけるブッシュ大統領による提案，2006年6月の「核燃料への信頼性のあるアクセスのための多国間メカニズム構想」等の提案がある。しかし，これらの提案は基本的に，締約国を核兵器を「持つ国」と「持たざる国」に分類した不平等条約であるNPTについて，「持たざる国」の「奪い得ない権利」である平和利用の権利にさらなる制限を加えることとなるものであり，途上国を中心とした非核兵器国の間では不満も多く，これらの提案を基にした措置への合意は容易ではない。EU3+3がイランに提示した「包括的提案」にも，法的拘束力のある多層的な燃料供給保証が提起されているが，イランは国際的な燃料供給保証は信用できないと主張し，あくまで自国領土における燃料生産に固執している。

次に，平和利用を隠れ蓑として「核兵器能力」を取得した後に，NPT第10条に基づいて条約を脱退し，いわば「合法的に」核兵器を製造することをNPTは禁じていないという第2の抜け穴の問題がある。上述のように，イランの核活動は軍事目的であると見ている米国，ならびにイランの核活動に疑念を抱く他の西側諸国は，将来に必要が生じた時点でイランがNPTを脱退し，

---

(38) Kane, "Nuclear Decision-Making in Iran," p. 4.

核兵器を製造することを現実的かつ深刻な問題と捉えている。この脱退に関する問題は，2003年1月に北朝鮮が2度目の脱退宣言を行い，そのNPT上の地位が問題となった2003年NPT運用検討会議準備委員会以降，NPT運用検討プロセスにおいて重要な問題として取り上げられるようになった。そして，その後の運用検討プロセスのなかで，脱退の要件，脱退への対応メカニズム，脱退前の条約違反に関する脱退後の責任，NPT脱退前に取得した資機材や物質の無害化や返還などについての議論や提案がなされてきている(39)。しかし，第10条の解釈のための提案が法的曖昧さをもたらす形で行われてはならない，あるいは脱退に対する罰則を設けることは条約の改定を必要とするなどといった慎重論(40)があることや，議論が十分になされていないことなどにより，脱退問題に関する新たな合意が形成されるには至ってない。

(2) イスラエルの核問題とNPT

核兵器を保有していると言われているイスラエル，インドおよびパキスタンの3カ国(41)がNPTへの加入を拒否していること，すなわちNPTの普遍化の問題は，「レジームの『正当性』という核心にまで行き着く問題であり，条約の遵守や履行強化のための新たな取り組みにも影響を及ぼしている」(42)との指摘がなされているように，NPTが直面する重要な問題の1つとなっている。この問題については，NPTの改正あるいはNPTの議定書の策定によって，これらの3カ国に準締約国のような地位を付与しNPTに取り込むことなどが提

---

(39) 2005年NPT運用検討会議におけるEU，米国，豪州・ニュージーランド等の作業文書および2007年5月に開催された2010年NPT運用検討会議第1回準備委員会合クラスター3特別時間におけるステートメント等を参照。これらは国連軍縮部のNPT関連ホームページ <http://disarmament.un.org/wmd/npt/index.html> に掲載されている。

(40) "Statement by Republic of South Africa at the First Session of the Preparatory Committee for the 2010 Review Conference of the Parties to the Treaty on the Non-Proliferation of Nuclear Weapons," 11 May 2007.

(41) インドおよびパキスタンは，1998年に核実験を実施し核兵器保有国であることを表明している点において，核実験を実施せず，「不透明政策」を採用しているイスラエルとは異なる。

(42) Avner Cohen and Thomas Graham Jr., "WMD in the Middle East: A Diminishing Currency," *Disarmament Diplomacy*, No. 76 (March/April 2004) <http://www.acronym.org.uk/dd/dd76/76actg.htm>, accessed on 31 July 2007.

案されている[43]が，NPT上の核兵器国の核不拡散義務を受け入れさせることが重要との主張もある[44]。

この普遍化の問題を含めたイスラエルの核問題は，NPT運用検討プロセスにおいて，エジプトを中心とする中東アラブ諸国により地域問題としても取り上げられてきている。これら諸国は，イスラエルの核問題を取り上げる場としてNPT運用検討プロセスを利用してきているとも言える。

1995年のNPT運用検討・延長会議では，エジプトはイスラエルがNPTに加入するのでなければ，懸案となっていた条約の無期限延長を支持しないとの立場を表明した。これに対し，米国，英国およびロシアは，条約の無期限延長を投票なしでコンセンサスにより決定することを強く希望していたことから，その妨げとなるエジプトを中心とした中東アラブ諸国に対処する必要があった。そのため，これら3カ国は，中東アラブ諸国が当初起草したがコンセンサスを得られなかった中東に関する決議案[45]をトーンダウンさせた修正決議案（中東における非核および非WMD地帯設置の支持，NPT普遍化実現の重要性の再確認，すべての中東諸国に対するNPTへの早期加入の要請等の内容を含む）の共同提案国となり，これが無期限延長の決定の直後に「中東決議」として採択された。このように，条約の無期限延長の決定を無投票で採択するには，バーゲニングとして「中東決議」を採択することが不可欠であった。

2000年の会議で採択された最終文書では，1995年の「中東決議」の重要性が再確認され，この決議は条約の無期限延長の無投票での決定の基礎であることが明記されたほか，イスラエルを含むNPT未加入国名を明記したうえでNPTへの加入が求められた。この会議では，米国がイラクによるNPT違反を問題視し，最終文書におけるこれへの明確な言及を強く主張したが，それを可能とするうえでイスラエルを名指しするというエジプトの要求を米国は受け容れる

---

(43) Avner Cohen and Thomas Graham Jr., "An NPT for Non-Members," *Bulletin of the Atomic Scientists,* vol. 60, no. 3（May/June 2004），pp. 40-44.

(44) George Perkovich et al., *Universal Compliance: A Strategy for Nuclear Security,* （Washington D.C.: Carnegie Endowment for International Peace 2005），pp. 42-45.

(45) NPT/CONF.1995/L.7, 9 May 1995. この決議案は，イスラエルを名指ししたうえで，遅延なくNPTに加入するよう求めているほか，IAEAの保障措置下にないイスラエルの核施設について深い懸念を表明している。

必要があった。このように，2000年会議においても最終文書の採択を可能とするうえでイスラエルの核問題がバーゲニングとして重要であった(46)。

2005年の会議では，1995年および2000年の会議の成果を議題にいかに反映させるかを巡って大きな混乱となった(47)。米国は，会議開始前からそれらの成果，なかでも2000年の最終文書に言及した議題案を支持しないことを明確にしていたため，コンセンサスを得るとの観点から，議長はそれに言及のない議題案を提示した。他方，エジプトは1995年の中東決議および2000年の最終文書に明確に言及すべき旨を強く主張し，議題案の採択を10日間にわたり事実上阻止した。このように議題を巡る議論に多くの時間が費やされ，実質的討議の時間が不足したことなどから，会議は実質的な内容を含む最終文書を採択することができなかった。2005年の会議は，イスラエルの核問題への配慮がバーゲニングとして引き続き重要であったにもかかわらず，それがなされない場合，会議の結果に対する否定的な影響を免れないことを示した。

2007年4～5月にかけて開催された2010年NPT運用検討会議第1回準備委員会(48)では，議長の議題案に「条約の遵守」も検討されることが明記されていたことに関し，2005年9月にIAEA理事会による保障措置協定違反の認定を受けたイランが反発し，議題案の採択を巡ってこの問題に焦点が当たった。しかし，このことは，NPT運用検討プロセスにおける，イスラエルの核問題が占める重要性が減じたことを意味するものではない。なぜなら，議長は2005年会議の教訓を踏まえNPT運用検討プロセスにおける中東問題の重要性に配慮し，事前に主要関係国と入念な協議を行い，「最善の妥協」であり「デリケー

---

(46) Gerald M. Steinberg with Aharon Etengoff, *Arms Control and Non-Proliferation Developments in the Middle East: 2000-1* (Bar Ilan, Israel: Begin Sadat Center for Strategic Studies 2002), pp. 37-41.
(47) 2005年会議の議題を巡る詳細については，黒澤満「2005年NPT再検討会議と核軍縮」『阪大法学』55巻2号（2005年8月），1-45頁に詳しい。
(48) 2007年NPT準備委員会の会議の詳細については，黒澤満「核不拡散条約とその三本柱――2007年NPT準備委員会の議論を中心に」日本国際問題研究所軍縮・不拡散促進センター『オンライン版軍縮・不拡散問題シリーズ』No. 18（2007年7月）<http://www.iijnet.or.jp/JIIA-CPDNP/>，2007年7月31日アクセス；浅田正彦「二〇〇七年NPT再検討会議準備委員会――日本外交の面目躍如」『外交フォーラム』No. 229, pp. 74-81に詳しい。

トなバランス」の上に成り立つ議題案を提示したため，中東問題を巡る議論の紛糾を生じさせることはなかったからである。このように，この会合においても中東問題への配慮が不可欠だったのである。

4　中東の核問題の展望と問題解決へ向けた対処

　2007年7月現在，イランはIAEAとの間で過去の核活動に関する未解決の諸問題（低濃縮および高濃縮ウランの汚染，P2型遠心分離機計画関連の問題など）の解決のために協議を行っているところである。これら諸問題の解決は一連の安保理決議で要請されており重要ではあるが，それだけでは国際社会におけるイランの核活動についての信頼は確立されず，イランの核問題が解決されることを意味しない。

　イランの核活動の意図についての疑念は払拭されていないため，国際社会の信頼を得ることが先決である。イランの核問題を解決するためには，イランが，安保理諸決議，特にイランによる濃縮関連および再処理活動の停止を義務付けることを決定した安保理決議1737に従い，まずはそれらの活動を停止することが必要であり，そのうえで今後について協議すべきである。

　むろん，安保理決議1737の決定は，イランがこれまで最大の拠り所としてきたNPT上の原子力の平和利用の権利の行使を法的拘束力をもって停止させるものであり，その実現は容易なことではない。制裁措置を規定した2つの安保理決議にもかかわらず，イランが濃縮活動の停止に応じるどころか逆にこれを拡大させていることは，これが如何に困難かを物語っている。しかし，イランのケースは，将来に平和利用の権利を悪用し核兵器を製造するNPT締約国への対応のモデル・ケースとして，今後の核不拡散体制の命運を左右する試金石ともなる重要なものである[49]といえる。

　イランにこれらの活動を停止させるうえで，EU3+3による外交努力は不可欠であり，そのためには停止に対する見返り（「アメ」）を与えることが考えられる。それは既に「包括的提案」としてEU3+3により提示されているが，イ

---

(49)　浅田正彦「イランの核開発疑惑と核不拡散体制」『RIPS' Newsletter』(Spring 2007/No. 164)，1頁。

ランはこれを受け入れていない。このことは「包括的提案」が「アメ」としてイランにとり魅力的なものとなっていないことを示すのかもしれない。

　この点に関し、イランの核問題の解決に向けては、米国がイランに対し、その体制転換を意図していないことを明確に示し、二国間関係の改善に向けた努力を行う必要性が指摘されている(50)。米国は、「核の野心以外にも、イランの体制の攻撃的な外交政策および覇権の追求は、地域の安全保障ならびに米国の国益に対する大きな脅威となっている」とし、イランによるイラク安定化への妨害、ヒズボラやハマスといったイスラム過激組織への支援などを問題視している(51)。他方、イランについても米国に対する不信感には根強いものがあり、イランは、米国がイランを敵対視する理由はその核兵器開発疑惑にあるのではなく、イランの体制そのものにあると認識しており、そのため、たとえ核問題で譲歩しこの問題が解決したとしても、次にはテロ支援問題、人権問題といった具合に様々な理由を持ち出し、対イラン敵視政策を止めないと見ているとの分析がなされている(52)。相互不信を払拭するためにも二国間の対話は不可欠であり、米国が2006年5月にイランが検証可能な形で濃縮関連および再処理活動を停止すれば、いつでもイランと直接議論を行う用意があることを表明し、イランとの対話の道を開いたことは肯定的な一歩であった。また、2007年5月末には、イラク問題に関し、イラクを交えた3者対話が開始されたことは重要な進展であったと評価でき、今後はこれを更に発展させ、核問題も含めた両国の共通の関心事項への対話へとつながることが期待される。

　濃縮および再処理活動の停止についてイランの合意を得るには、上述の「アメ」と同時に、安保理1737および1747の主要国による厳格な実施および新たな安保理決議によるさらなる経済制裁措置の採択といった「ムチ」によりイランに対する圧力を強めることも必要となろう。そのためには、主要関係国間で一致した対応をすることが益々肝要となり、さらなる経済制裁措置に消極的なロ

---

(50) Ted Galen Carpenter, "Iran's Nuclear Program: America's Policy Option," *Policy Analysis*, Cato Institute, No. 578 (20 September 2006), pp. 12-15.
(51) Burns, ibid.
(52) Kane, "Nuclear Decision-Making in Iran," p. 3; Comments made by Mahmood Sariolghalam at Iran's Nuclear Program Symposium: Iran's Motives and Strategy taken place at Council on Foreign Relations in New York, 5 April 2006.

シアおよび中国を取り込めるかが鍵となる。しかし，米国によるロシア近隣諸国における弾道ミサイル防衛システムの配備を巡る問題等もあり，鍵となる国々の協力が得られるかについて，不確定要素は少なくない。

　中東地域において軍縮・不拡散をさらに促進していくためには，イスラエルの核問題，ならびに米国によるこの問題に対する「二重基準」への対処も不可欠である。イスラエルが輸出管理等の不拡散措置を強化してきていることは評価できるが，さらに進んで，包括的核実験禁止条約（CTBT）の批准，兵器用核分裂性物質生産モラトリアムの宣言など，軍縮につながる措置を講じるよう求めていく必要がある。米国についても，自ら CTBT を批准するとともにイスラエルに対してもその批准を求め，イスラエルの核問題を放置しておらず，「二重基準」を適用していないことを明確に示す努力が必要であろう。米国は「相互尊重および信頼に基づく環境の構築を追求することや NPT 未加入国に対して核の自制（nuclear restraint）を求めることによって，またすべての NPT 締約国が条約義務を遵守していると主張することによって，NPT 未加入国に対し NPT への加入を求める」[53]とのアプローチを取っているが，中東イスラム諸国の立場は，イスラエルの核問題が最大の脅威であり，まずこの問題が対処されなければならないというものであるため，特に，第 1 点目の環境の構築に向けた米国のコミットメントや努力が重要となろう。

　上述の取り組みや努力に加え，根本的に中東の核問題を解決していくためには，イランやイスラエルの核兵器取得の動機となり得る要因をなくすための努力が必要であり，そのために地域に軍備管理・軍縮・不拡散に適した政治・安全保障環境を構築するという中・長期的な観点からの地域的なアプローチに力点をおいた取り組みも求められる。具体的には，地域の多国間安全保障対話を開催し，相互の信頼を醸成することを通じて中東和平，湾岸地域の安全保障といった諸問題の解決に向け努力することが求められる。こうした安全保障対話には，すべての中東諸国が参加することが望ましい場合もあるが，中東諸国が抱える諸問題の多様性に鑑みれば，サブ地域の実情を勘案して対応することが

---

(53) "Statement at 2007 Preparatory Committee for the Treaty on the Non-Proliferation of Nuclear Weapons: Regional Issues," 10 May 2007 <http://www.state.gov/t/isn/rls/rm/85172.htm>, accessed on 31 July 2007.

望ましい場合もある。したがって，特定地域における対話から始め，徐々に対象を拡大していくことも一案である。例えば，2006年12月に湾岸協力理事会（GCC）は，湾岸地域における非WMD地帯設置へのコミットメントを表明したが(54)，この呼びかけに応えイランが少なくともそのための対話に参加することになれば，ひとつの有効な取り組みとなろう。

おわりに

複雑な紛争構造を持ち，不安定な安全保障環境にある中東地域において，イランの核問題に進展が見られなければ，地域をさらに不安定化させ，新たな「核兵器能力」保有国を連鎖的に出現させることが懸念される。具体的には，イランが「核兵器能力」を獲得することになれば，トルコ，エジプト，サウジアラビアといった中東諸国は自らも同等の能力を保有せねばならないとの圧力に晒されることになるだろう(55)。トルコおよびエジプトは2006年9月に原子力発電所建設計画を発表したほか(56)，同年12月にはさらに，エジプトおよびサウジアラビアを含むアラブ諸国6カ国(57)が原子力計画を発表した。こうした動きは必ずしも核兵器の追求を意味せず，エネルギー安全保障戦略，地球温暖化問題への対処等様々な理由があろう。しかし，この時期のこれら諸国による原子力計画の表明は，イランに対する牽制という戦略的な意味合いを持つも

---

(54) "Gulf States Want Status Quo In Middle East," Oxford Analytica, 5 January 2007 <http://www.forbes.com/business/2007/01/04/iran-hajj-saudis-biz-cx_0105oxford.html>, accessed on 31 July 2007.

(55) Kurt M. Campbell, Robert J. Einhorn and Mitchell B. Reiss, eds. *The Nuclear Tipping Point?: Why States Reconsider Their Nuclear Choices,* (Washington D.C.: Brookings, 2004), chap. 4, 6, and 7; Judith S. Yaphe and Charles D. Lutes, *Reassessing the Implications of a Nuclear-Armed Iran, McNair paper,* No. 69 (Washington, D.C.: National Defense University 2005), p. 32; Joseph Cirincione, "Lost Chances to Contain Nuclear Arms," *The Boston Globe,* 18 September 2006 <http://www.boston.com/news/globe/editorial_opinion/oped/articles/2006/09/18/lost_chances_to_contain_nuclear_arms/>, accessed on 31 July 2007 などを参照。

(56) Paul Reynolds, "Concern over Middle East Nuclear Plans," BBC, 25 September 2006 <http://news.bbc.co.uk/2/hi/middle_east/5378148.stm>, accessed on 31 July.

(57) アラブ首長国連邦，アルジェリア，チュニジアおよびモロッコが含まれる。

のと捉えられるという分析もある⁽⁵⁸⁾。

　イスラエルの核問題についても，これに対する中東イスラム諸国の不満の高まりが中東における核不拡散への取り組みに負の影響を及ぼしていることは否定できない。さらに，上述のように，イスラエルが「不透明政策」を変更するような事態になれば，イランのみならず複数の中東アラブ諸国による核兵器の取得に向けた動きが現実味を帯びることとなろう。

　このように，イランおよびイスラエルの核問題の行方は，当該地域における核拡散の方向性に影響を及ぼすものであり，結果的に中東地域に複数の小規模な核兵器保有国が乱立するドミノ現象が生起すれば，アリソンが警告した地域的な核戦争の悪夢が現実のものとなる可能性も否めない。このような悲観的な地域の核拡散の未来図が現実のものとならないようにするためには，イランおよびイスラエルの核問題に包括的かつ多層的に取り組んでいくことが重要となる。こうした取り組みにおいては，国際的な核不拡散体制の中核であるNPTの役割は引き続き重要であり，追加議定書の普遍化や輸出管理措置の強化等を通じて，核不拡散の規範の維持，向上を図っていく必要がある。他方で，イランやイスラエルの核問題といった地域的特徴を多分に持つ問題について，NPTを中心とした国際的なアプローチでは対応できない部分も多く，地域的特徴に手当てしたアプローチをもって補完することも必要である。政治的な意思やコミットメントの表明として国連総会等を通じ，中東における非核兵器地帯あるいは非WMD地帯の設置に向けた努力を続けていくことにも意義がある。

　これらの努力や取り組みには，中東諸国の核問題解決に向けた現実的かつ柔軟な姿勢を伴う新たな強い政治的意思が不可欠であるとともに，域外の関係主要国の継続的かつ積極的な関与が欠かせない。世界のエネルギー供給源であり，多くの国にとり戦略的に重要である中東地域における新たな核兵器保有国の出現，および核を含めたさらなるWMDの拡散を防止することは，国際社会全体の利益にもつながるものであり，中東核問題の解決へ向けた一層の努力が求められる。

---

(58) Richard Beeston, "Six Arab States Join Rush to Go Nuclear," *The Times*, 4 November 2006 <http://www.timesonline.co.uk/tol/news/world/middle_east/article624855.ece>, accessed on 31 July 2007.

21 非核兵器地帯
――中央アジア非核兵器地帯条約を中心に――

石　栗　　勉

はじめに
1　中央アジア非核兵器地帯の成立
2　中央アジア非核兵器地帯条約の細目
3　非核兵器地帯設置の条件および環境
4　中央アジア非核兵器地帯の特徴と課題
おわりに

はじめに

　核兵器不拡散条約（NPT）は，核不拡散，核軍縮，原子力平和利用の3本柱からなっており，核兵器国はNPT第6条により核軍縮努力に関する義務を負っている。他方，同条約第7条は「この条約のいかなる規定も，国の集団がそれらの国の領域に全く核兵器の存在しないことを確保するために地域的な条約を締結する権利に対し，影響を及ぼすものではない」として，締約国が非核兵器地帯を設置する権利を認めている。

　本稿では，筆者自身が条約起草，署名に直接係わった中央アジア非核兵器地帯条約を中心に，1999年に国連軍縮委員会（UNDC）が纏めた「非核兵器地帯設置の原則と指針」（以降「原則と指針」）を参考にしつつ，また，既存の非核兵器地帯条約と比較対比しながら非核兵器地帯問題を検討したい。「原則と指針」に拘束力はないが，既存の非核兵器地帯の現状，条約作成の経験，現在の慣行を列記したもので，非核兵器地帯設置の際の参考となる（同文書18項）。なお，既存の非核兵器地帯条約とは，ラテンアメリカおよびカリブ地域における核兵器の禁止に関する条約（トラテロルコ条約），南太平洋非核地帯条約（ラロトンガ条約），東南アジア非核兵器地帯条約（バンコク条約），アフリカ非核兵器地帯条約（ペリンダバ条約）である。

第3部　核不拡散

1　中央アジア非核兵器地帯の成立

　中央アジア非核兵器地帯設置構想は，1997年2月28日の中央アジア5カ国首脳会議（カザフスタン，キルギスタン，タジキスタン，トルクメニスタンおよびウズベキスタン）の際に発表された「アルマティー宣言」で初めて明らかにされた。宣言は主としてアラル海付近の重大な環境汚染の改善につき述べているが，同時に「5カ国の総意として中央アジアを非核兵器地帯とする必要性」を強調した。「宣言」採択で終わる構想も少なくないなかで，5カ国の意思は強固であった。1997年9月15日，ウズベキスタンのカリモフ（Islam Karimov）大統領は，5カ国外相，近隣諸国，国連も含む国際機関も参加した国際会議をタシケントで開催し，その結果「5カ国外相声明」の形で中央アジア非核兵器地帯構想を正式に打ち上げた。「外相声明」の趣旨は，同年の国連総会決議（52/38S）に反映された。

　通常は，5カ国自身が条約の協議交渉を始めるものだ。しかし，5カ国は，独立して日も浅く，専門知識も乏しく，それを駆使して交渉に当たる人材も不足しているとして，異例のことながら国連による条約起草，技術および財政的支援を求めた。部内調整の結果，筆者の担当する国連アジア太平洋平和軍縮センターが支援に当たることになった。支援をはじめて気が付いたことは，ソ連時代の独自の外交の不在（5カ国の外務省は，モスクワからの要人受け入れなどの儀典を中心としていた）に加えて，政治的な管理のために5カ国とモスクワが縦の線でのみ結ばれていたため，横の繋がり，意思疎通が全くといってなかったことだ。筆者の最初の仕事は，5カ国の代表を定期的に同じテーブルにつけて「対話の習慣」を作ることだった。これはコーヒーブレイク会合と称して，条約署名に至るまで60回余を数えた。

　要請に応じ，国連アジア太平洋平和軍縮センターは，5カ国専門家で構成する国連専門家グループを設置し，2000年4月まで，ジュネーヴ，ビシケック（キルギスタン），タシケント，札幌などで会合を重ねた。起草は，同センターが中心となって進めた。必要に応じて国連法務部（Office for Legal Affairs），国際原子力機関（IAEA）の支援を得た。なお，日本政府は専門家グループ会合の意義を評価し，財政支援を行った。

その後も断続的にニューヨークにて協議，交渉を継続し，2002年9月のサマルカンド（ウズベキスタン）会合で，5カ国間合意テキストができた。5カ国は，同年10月のアナン（Kofi Atta Annan）事務総長（当時）の初の中央アジア訪問に合わせて，事務総長出席の下，セミパラチンスク（カザフスタン）で条約署名を予定したが，フランス，英国，米国（以降「3核兵器国」）が，条約案検討の時間が必要だ，不明点が多いとして難色を示したため，署名に至らなかった。中国とロシアは原則的に賛成と表明した。その後，ニューヨークにおいて，5カ国は，「3核兵器国」のコメント，修正案を仔細に検討し，既に5カ国が合意済みのサマルカンド条約案を基に取捨選択，さらなる条文の改善を行った。

　2004年末には，7年越しの交渉を切り上げ，条約を纏めるべきだとの気運が盛り上がり，2005年2月にタシケントで開かれた各国外務次官級会議において，寄託国，非核兵器地帯の拡大，放射性廃棄物の取扱い，IAEA保障措置協定や追加議定書署名問題など，残っていた問題全てを解決し，条約は正式採択（仮署名）された。残された問題は条約の早期署名のみとなった。

　「3核兵器国」は署名阻止を狙い5カ国と国連に様々な圧力をかけたが，2006年3月，タシケントで開かれたウズベキスタン，カザフスタン首脳会談において条約採択時の合意に従い早期署名のため両国が努力するとされた。7月末，カザフスタンのナザルバイエフ（Nursaltan Nazarbayev）大統領が署名式開催を決定し，中央アジア4カ国の参加を招請した[1]。9月8日，5カ国外相がセミパラチンスクで条約に署名し，非核兵地帯条約として国際的な認知を得た（国連総会決議66/88も参照）。

2　中央アジア非核兵器地帯条約の細目

(1)　条約の構成

　中央アジア非核兵器条約（以降「条約」）は，18条の条約本体，付属議定書及

（1）　2005年冒頭，ウズベキスタンのカリモフ大統領は中央アジア非核兵器地帯条約署名が自国の最優先外交課題であると議会で演説。署名式開催提案に対しナザルバイエフ大統領は，中央アジアの他の4カ国の出席は確実かと外務大臣に確認させたという。

び条約履行のための手続規則からなる。条約は，前文，1条（用語の定義），2条（条約適用範囲），3条（基本的義務），4条（外国船舶，航空機および地上運搬），5条（核実験禁止），6条（環境安全保障），7条（原子力平和利用），8条（IAEA保障措置），9条（核物質及び装置の物理的防護），10条（協議委員会），11条（論争解決），12条（他の条約との関係），13条（留保），14条（署名および批准），15条（発効），16条（条約脱退），17条（改正），18条（寄託国）で構成されている。

(2) 目　的

「条約」前文は，目的に関し，①核不拡散体制強化，②原子力平和利用における協力促進，③放射能で汚染された領土の環境回復のための協力促進を列記している。③は「アルマティー宣言」のほとんどが環境汚染回復問題であったことの反映である。2006年の「条約」署名時に発表された5カ国外相声明では，さらに条約が国際的なテロとの戦い，またテロリストによる核物質や技術の取得防止に貢献すると述べている[2]。9.11テロ後の初の非核兵器地帯条約として，テロ防止の取り込みに注目したい[2]。

(3) 用語の定義

条約第1条では，「中央アジア非核兵器地帯」，「核兵器またはその他の核爆発装置」，「配置」，「核物質」，「放射性廃棄物」および「施設」に関して定義されている。これらの定義は，他の非核核兵器地帯条約のそれと基本的に大差はない。「条約」は放射性廃棄物の処理（disposal）を禁止しているが（第3条2項），「処理」に関する定義はない。バンコク条約（第3条2項），ペリンダバ条約（第7条），ラロトンガ条約（第7条）は投棄（dumping）を禁止している。このうち，バンコク条約のみ「投棄」の定義を有する。

禁止対象兵器を「核兵器」（トラテロルコおよびバンコク条約）とするか，あるいは「核爆発装置」（ラロトンガおよびペリンダバ条約）とするか議論が分か

---

[2] ファーガソン（Charles Ferguson）は，核テロリズム防止のため，高濃縮ウランの防護および削減，プルトニウム貯蔵の安全，既存の核兵器の安全，テロリストの使用可能性の高い核兵器の排除が重要であり，さらにテロリストが核兵器を保有し威嚇してくる場合には先制攻撃，単独または協調行動，国連安全保障理事会の行動につき十分な検討が必要であると指摘している（2007年第19回国連軍縮会議 in 札幌での発言）

れた。結局，包括的に禁止したいとの意向から，5カ国はNPTに従い「核兵器及びその他の核爆発装置」を禁止することにした。NPTは「核兵器及びその他の核爆発装置」の定義を欠いており，この条約でも定義不要との見解もあったが，協議の結果，ラロトンガ条約の定義が援用された。

(4) 条約の適用範囲

「条約」第2条で示された条約の適用範囲には，5カ国の領土，水域（港，湖沼，河川および小川）およびこれらの空域が含まれている。

この非核兵器地帯には，カザフスタンの強い主張もあり，カスピ海は含まれていない。カスピ海は内陸湖であり，海洋法の適用外である。また，その沿岸，領土，水域の保有を巡って関係国間に共通理解がないため条約適用範囲から除外された。域内関係国の将来の立場を制約しないように第2項で「この条約は，この非核兵器地帯に含まれるか否かを問わず，領土，水域上の保有または主権を巡る中央アジア諸国の権利を害したり，何ら影響を与えるものではない」とした。

条約交渉の過程で，この地帯と国境を接する国は中央アジア非核兵器地帯に加入できる旨の規定（所謂「地帯の拡大」）があった。「地帯の拡大」に関しては，「アルマティー宣言」主文2に「域内の他国の加入にも開放される中央アジアを非核兵器地帯と宣言する」とあることに注目すべきである。ウズベキスタンの専門家は，地理的に離れてはいるが同様な文化，歴史的経験を有する国々，例えばアゼルバイジャンを念頭に置いていた。交渉開始時には「中央アジア」の範囲，構成国が未だ曖昧であったことによるものだ。

核兵器国は，「地帯の拡大」の規定が，先例も無く，不明確であり，核兵器使用の戦略的な柔軟性を損なうとして反対した。例えば，非核兵器地帯に隣接するA国が入ると，A国に隣接するB国も加入資格を得るなど地理的な範囲が不安定になる。2005年2月の条約採択時に，ようやくにして「地帯の拡大」は削除された。

モンゴルは，この非核兵器地帯に入るべく1996年に中央アジア非核兵器地帯と題する国連決議案を準備したが，モンゴル領土が中国とロシアの領土である狭い回廊で非核兵器地帯と分断されているため，支持を得られず，これを断念

して1カ国非核兵器地帯（モンゴル非核兵器化）を目指した[3]。モンゴルを中央アジア非核兵器地帯の準締約国とし締約国同様の義務を負い，核兵器国より安全の保証を求める構想も提示されたが，これも5カ国が時期尚早として拒否した経緯がある。

(5) 基本的義務

NPT第2条は，非核兵器国の義務として，直接または間接的に，核兵器やその他の核爆発装置の移転，または管理を受けないこと，核兵器やその他の核爆発装置を生産または取得しないこと，核兵器やその他の核爆発装置の生産のための支援を求めたり，受けたりしないことを規定している。

締約国は非核兵器地帯条約に加盟することで，NPT以上の禁止事項を受け入れることになる。蓋し非核兵器地帯の効果といえよう（「条約」第3条）。「原則と指針」は「非核兵器地帯はNPTを補完する重要な取り決めである」としている（文書11項）が，実例の一端がこれである。

既存の非核兵器地帯条約下の禁止事項と大差はないが，「条約」はラロトンガ条約，バンコク条約，ペリンダバ条約と同様に，配置（stationing）を禁止している。すなわち，締約国の領土において核兵器またはその他の核爆発装置の備え付け，設置，貯蔵，保管，取り付け，配備を行わないことだ（「条約」第3条1(d)）。

「条約」ではペリンダバ条約と同様に核兵器の開発，生産，貯蔵などの禁止に加えて「研究」（research）も禁止した点に注目したい。「研究」を検証できるかは疑問であるが，核兵器に関する活動を包括的に禁止する意図は評価でき

---

[3] モンゴルは非核兵器化（Mongolia's nuclear weapon free status）を目指し，2000年2月，非核化に関する国内法を採択し，既存の非核兵器地帯条約締約国と同様の義務，すなわち，核兵器の研究，開発，保有，貯蔵などを行わず，他国の核兵器の展開を認めないことにした。これに対して5核兵器国は同年12月，モンゴルの非核兵器化に協力する趣旨で，それぞれが既に明らかにしている「非核兵器国に対する消極的安全保証声明」をモンゴルに適用すると述べた。モンゴルは5核兵器国の政治声明に謝意を表明する一方で，これらが供与する消極的安全保証に何らかの法的拘束力を持たせたいと考えた。その後，2001年9月国連アジア太平洋平和軍縮センター主催の非政府専門家札幌会合を経て，現在，モンゴルは中国およびロシアとの間で安全保証に関わる二国間「覚書」について協議を行っている。

る。また，ゴールドブラット（Jozef Goldblat）によれば，この条約は核攻撃の際の戦略的システムの一部をなす核関連支援施設（通信，探査，機密情報収集施設など）の存在を禁止していない[4]。

　包括的核実験禁止条約（CTBT）が1996年9月に署名のため開放されてから初の非核兵器地帯条約であるため，これを引用しつつ，核実験に関する包括的禁止を盛り込んだ（「条約」第5条）。なお「原則と指針」では，「非核兵器地帯は，核実験またはその他の核爆発を禁止する国際体制に対する有益な補完である」としている（文書13項）。

　ペリンダバ条約は，核施設に対する攻撃禁止（同条約11条）を含む唯一の非核兵器地帯条約である。

(6) 通過の問題

「条約」第4条は，「各締約国は，この条約の意図，目的を損なうことなく，自らの主権を行使して，外国船舶の寄港，外国航空機の空港着陸を含む，領土の上空，地上および水域の通過に関する問題を自由に決定することができる」と規定している。つまり，締約国は寄港などを認めることも，拒否することもできる。この条文は，ペリンダバ条約4条に準拠したものである（同4条中の海洋関連部分については削除）。

　フランス，英国，米国はできるだけ通過の範囲を広げよう，あるいはその余地を残そうとするのに対して，5カ国は基本的に禁止の立場である。また，3核兵器国は，中央アジア非核兵器地帯が内陸国のみで構成される唯一の地帯，すなわち海洋を含まないにも係わらず，海洋を含む既存の非核兵器地帯の場合同様の航行，移動の自由を求めているように思われる。また，この条約の「通過に関する問題を自由に解決する」という文言を嫌い「通過を認めるかどうか自由に決める」とするよう要請した。さらに，この条文冒頭の「この条約の意図および目的に従い」の削除を強く求めた。米国の見解は，条約の目的と意図は通過によって阻害されるべきではない，すなわち，別の見方をすれば，条約の意図と原則を厳格に適用すれば，非核兵器地帯の性格に鑑み，いかなる航空機，船舶の通過も認められないことに繋がる恐れがある。したがって「この条約の意図，目的に従い」は自由な通過に関する行動の余地を残すとの立場から

問題であるというものだ。

ゴールドブラットは，通過の回数や移動期間に制限がない以上，通過と配置は同じことになりかねないが，配置は条約で禁止済であり，しかも短期間でも核の持ち込みは，地域非核兵器化の目的に反する一方で，核兵器国の政策は核を搭載しているかどうか明らかにしない曖昧政策であるため，許可を求めることなく非核兵器地帯内に核を搭載して通過するであろうから，核搭載航空機などの締約国による通過拒否は事実上ないに等しいと指摘している。(4)。

(7) 環境安全保障

「条約」は「各締約国は，過去の核兵器またはその他の核爆発装置の開発，生産または貯蔵に関連して生じた汚染された領土，とりわけ，ウラン残留物貯蔵場所および核実験場の環境回復に向けてのあらゆる努力を支援することを約束する」と環境安全保障について独立した条項を立てている（「条約」第6条）。現在も環境，健康，経済面で深刻な被害をもたらしているセミパラチンスク核実験場やウラン鉱石採掘，精錬場などの環境改善に協力して対応しようとするもので，既存の非核兵器地帯条約に例を見ない（「原則と指針」17項参照）。「アルマティー宣言」は，アラル海の環境災害，セミパラチンスク実験場他の核実験の影響を受けた地域に言及し，「環境安全保障が国家安全保障の1つの戦略的要素であり，中央アジア諸国の利益および優先課題を守る上で極めて重要な要素であると考える」としている（「宣言」の前文3）。この精神が「条約」第6条をもたらした。

「条約」第6条実施のためには，協力の枠組み，具体的な行動計画が必要になる。条約交渉過程では，先ずは「条約」条文合意に全力を挙げるべきであるとし，行動計画などの作成は見送られた。条約発効後の重要な域内協力作業となろう。また「条約」第3条2項で，「各締約国は，その領土に他国の放射性廃棄物の処理を認めないことを約束する」としていることにも注目すべきだ(5)。

(4) Jozef Goldblat, "Denuclearization of Central Asia," *Disarmament Forun*, No. 4 (2007).
(5) 2005年2月に採択された条約にはカザフスタンの主張で，「高レベル放射性廃棄物を除き処理を認めない」旨が記されていた。同国の財界，政界の一部は，中低レベルの放射性廃棄物の処理で商業利益をあげることを考えていたとされる。セミパラチンスクでの署名式開催決定の時点で，この条件は削除された。

(8) 原子力平和利用

「条約」第 7 条は締約国の原子力平和利用の権利を認めている。これは NPT 第 4 条で認められた非核兵器国の権利である。また，原子力平和利用から核兵器およびその他の核爆発装置への転用防止のため NPT 第 3 条の趣旨を受けて，「条約」締約国は IAEA と保障措置協定を締結しなければならないと規定している。

ここで特筆すべきは，「条約」8 条が，条約発効後18カ月以内に保障措置協定と共に追加議定書を締結し発効させるとしていることだ。追加議定書は，NPT との関係では締結は義務ではないが，「条約」では，これが法的義務とされた点に大いに注目すべきだ。交渉の段階で，追加議定書に署名していない国より，同議定書の締結を第 8 条に加えることに反対があったものの，筆者や IAEA より，条約発効後の話であり，今直ぐの行動は不要だからと説得し，右が受け入れられた。

また核分裂性物質あるいは装置の提供に当たっては包括的保障措置と追加議定書締結を条件としたことで（「条約」第 8 条(c)）輸出規制の効果が高まったといえよう。但し，ここで規制の対象を非核兵器国のみに限定していることに注目したい。ラロトンガ条約（4 条(a)）とバンコク条約（4 条 3 項(a)(b)）は，特定の条件を付し，核兵器国も対象にしている。例えば前者は，締約国は，非核兵器国に対しては NPT 第 3 条 1 項に従わない限り，また，核兵器国に対しては適用しうる IAEA との保障措置協定に従う場合を除き，物質や装置など提供しないとする。ペリンダバ条約は，対象を非核兵器国に限定している。

「条約」の初期の草案には，ラロトンガ条約のように，非核兵器国とともに核兵器国への対応が記されていた。これに関し，核兵器国に物資や装置を提供しない規定は現行の核兵器国との二国間原子力協力にどのような影響を与えるか，ならびに締約国（5 カ国）から供給される物質や装置はこれを輸入する核兵器国において自動的に IAEA 保障措置下に置かれるかという 2 点が問題視された。

IAEA は，前者に関しては核兵器国との協力形態，条件によるとの見解を示した。また後者の「適用しうる IAEA 保障措置協定に従う場合を除き（except in conformity with applicable safeguards agreements with IAEA）」では，核兵器国に

第3部　核不拡散

物質，装置を提供するにあたり，「何が適用されるべき保障措置協定か」が問題となるとした。

「適用されるべき保障措置」につき，各締約国にとっては，NPT に基づき締結される保障措置が先ず適用されたことにより，締約国は物質等が国外に輸出されたことに伴う在庫の変動を IAEA に通報する。また，包括的保障措置協定に従うならば，IAEA の保障措置がかかっていない物質を例えば核兵器国に輸出する場合，輸出国（締約国）は，受領国が輸入したこれら物質に責任を負ってから3カ月以内に，受領国から移転の確認を求めるため IAEA と協定を結ぶことになる。

次に核兵器国との関連で適用される保障措置協定は各核兵器国と IAEA で締結された「任意提供協定」である。この協定では，例えば，中国，ロシアなど核兵器国から IAEA に提出されたリストから IAEA が選んだ平和目的核施設に置かれた物質などに保障措置が適用される。この場合，以下の例を除き輸入された物質などは，自動的に IAEA の保障措置の下に置かれるわけではない。すなわち，物質が核兵器国から IAEA に提出されたリストに掲載された施設に置かれた場合，ならびに IAEA が保障措置の適用される施設を自ら選んだ場合である。そこで，これら2つの例外の場合，核兵器国は「任意提供協定」の下にある施設，IAEA が選んだ平和目的施設を出入りする核物質の国際移転について IAEA に報告しなければならない。

上記説明を受けて議論を尽くした結果，核兵器国を対象とした場合，上述のように確実に保障措置がかかるかどうか不明であり，要すればどこに物質が置かれるか，いかなる施設が IAEA によって選択されるかにかかっており，非核兵器国である締約国から供給される物質が核兵器国内で IAEA 保障措置の下に置かれるかどうか十分確認できないことから，核兵器国への言及は「条約」からは削除された。

今日の核拡散懸念の1つは，原子力平和利用を隠れ蓑として，表面上合法的活動を装いながら，「核の闇市場」などから必要な技術，物質などを入手した時点で NPT を脱退し核兵器製造能力を持つというものだ。イラク，北朝鮮，大量破壊兵器計画を放棄したリビアがそうであったし，国際社会の再三にわたる要請に耳をかさずウラン濃縮続けるイランなどは，NPT を中心とする核不

拡散体制への重大な挑戦である[6]。また，拡大するエネルギー需要に対応するため原子力発電への依存度が高まることに伴う核拡散の可能性もある。こうした問題に対処するため，IAEAの場を中心に様々な提案がある。提案の中心となっているのが，核兵器開発に転用されうる濃縮・再処理技術や施設を未だ保有していない国は，その取得を放棄する一方で，そうしたの国には原子力発電所などに燃料を安定的に供給するというものである。「条約」も運用の過程で，こうした規制とエネルギー需要の増加にどのように対応するか求められるであろう。核の闇市場への効果的対策も欠かせない。

(9) 核物質および装置の物理的防護

「条約」では，核施設や核物質の国内使用，運搬，貯蔵および国際的運搬は1987年の核物質防護に関する条約（核物質防護条約）およびIAEAの勧告，指針の示した水準で防護されなければならないと規定されている（「条約」第9条）。核物質防護条約未加盟国より，その言及への反対があったが，これも「条約」成立前の署名を求めているわけではないとの説得により，第9条の合意が成立した。

既存非核兵器地帯条約では，ペリンダバ条約（第10条）のみが物理的防護に言及している。ペリンダバ条約ではさらに，核施設に対する武力攻撃禁止（第11条）が規定されている。またバンコク条約は，原子力事故の早期通報（第6条）を含んでいる。こうした規定は，他の既存の非核兵器地帯条約には含まれていない。

(10) 条約運用のための「協議委員会」

「条約」は条約運用に関し，「締約国は，この条約の遵守および条約実施に係わるその他の問題を検討するため，各国代表による年次総会を輪番で，またいかなる締約国からの要請により，特別会合を開催することに合意する」（第10条）とのみ記している。

（6）「核の闇市場」を抑制するため政府がとるべき措置として，ロード（Benjamin Rhode）は，輸出規制強化，核物質供給阻止，情報収集と共有の強化，航空機，船舶の航行阻止などをあげている（2007年第19回国連軍縮会議 in 札幌での発言）。

第3部　核不拡散

　条約起草の過程で筆者は，これは既存の非核兵器条約に照らしても，あまりにも簡素に過ぎないか，これで条約運用を効果的に管理できるかといった問題点を指摘した。カザフスタンを中心に，「条約」は締約国が5カ国にすぎず，また各自が国造りを進める中で，事務局を含め複雑かつ大規模な機構，メカニズムは不要であるとの見解が大勢を占め，上述のような規定となった。

　しかしながら，これだけでは条約運用を管理できないため，筆者より，年次総会の初会合開催国，開催国の責任（事務局を欠くため），意思決定の方法，代表団構成，費用分担など第10条実施の手続規則案を提示した。2005年2月にタシケントで開催された外務次官級会議で条約本体とともに採択される予定であったが，キルギスタン代表の急遽帰国したため手続規則の決定ができず，2006年の署名式前日，5カ国内で協議の上，条約の一部として採択された。

　他の条約が条約の運用に関し，詳細過ぎるほどの措置を設けているのと対照的である。ペリンダバ条約は「原子力に関するアフリカ委員会」を設置し，事務局も設けている。バンコク条約は10の全締約国で構成される東南アジア非核兵器地帯委員会を設け，その下部機構として「執行委員会」を置くとしている。また条約発効10年後の「運用検討会議」の開催に言及している（第8条，第9条，第20条）。ラロトンガ条約は，「条約」と同様，「協議委員会」が条約の履行管理に当たるが（付属書3），運用検討に関する規定（第10条）を設けている。

　これら3条約は，別途，「情報交換」に係わる条項を設け，ペリンダバ条約はアフリカ委員会に（第13条），バンコク条約は執行委員会に（第11条），ラロトンガ条約は南太平洋経済協力ビューロー事務局長（第9条）に対して，核活動や条約履行に影響を与える重大な出来事について報告することを定めている。トラテロルコ条約の下でも，条約実施機関として「ラテンアメリカ核兵器禁止機構（OPANAL）」が設置され，その機構本部はメキシコシティーに置かれている。機構は総会（2年毎の通常総会），理事会，事務局で構成（第7－11条）される。また，情報交換の一環として「締約国の報告」（第14条）を設け，締約国は条約で禁止されるいかなる活動も行わなかった旨の報告を半年毎に機構およびIAEAに提出する。

　「条約」に関しては，手続規則第2項により，最初の年次協議会を条約発効後2カ月以内にタジキスタンの首都ドゥシャンベで開くこととされた。また，

同8項で，締約国の同意の下，5核兵器国，国際機関の代表をオブザーバーとして年次，特別協議会に招待することができるとしている点に注目したい。協議過程で出された英国等の主張などを考慮したものである。

(11) 紛争の解決

「条約」は第11条で，「この条約の解釈または実施に関する締約国間の紛争は，交渉または締約国にとって必要と思われるその他の手段により解決する」として，基本原則のみを示し，その他の手段を明記していない。他の条約は紛争解決の手段として，仲裁，審査，調停，仲裁パネル，国際司法裁判所を想定している。「条約」には条約運用機関がなく，また第三者機関（例えば5カ国の地域協力機構）も存在しないことから，その他の手段に合意できない可能性もある。

他の条約では，次のような重層的な取り組みを示している。

ペリンダバ条約

条約付属書Ⅳで下記のような苦情処理手続および紛争解決を設けている。

(ア) 条約違反があると考えるA国は，苦情対象国Bに説明期間30日を与える
(イ) 問題が解決されない場合はA国は，アフリカ委員会に苦情を提示する
(ウ) 条約違反が指摘されたB国にさらに説明のための期間50日を与える
(エ) 委員会が査察を必要と考える場合はIAEAに早期査察を求める
(オ) IAEAの報告を受け，委員会はB国が違反したかどうかを決定する
(カ) 問題討議のための特別会合を開催する
(キ) 特別会合出席締約国は，B国が条約義務に違反したと判断した場合，A国およびアフリカ統一機構に勧告を行い，後者は，必要あらば，問題を国連安保理に付託する。

バンコク条約

(ア) A国はB国に説明を要請する。B国は，必要な情報を遅滞なく提供し，A国への回答を執行委員会に通報する
(イ) 締約国はB国に説明を求めるよう執行委員会に要請し，執行委員会はB国と協議する（第13条）
(ウ) 締約国は，執行委員会に対して事実調査団の派遣を要請できる（第13条）
(エ) 執行委員会がB国が条約に違反していると決定した場合には，B国は改

善措置をとる（第14条）

(オ) B国が改善措置を拒否した場合には委員会を開催し，事態打開のため措置を決定する（IAEAへの付託，国連安保理，総会など）。

ラロトンガ条約

条約付属書4で，下記のような苦情申立手続きを設けている。

(ア) A国は，苦情申立ての趣旨をB国に注意喚起し，B国に説明，問題解決のため十分な機会を与える

(イ) 苦情申立受理の場合は速やかに協議委員会を開催する

(ウ) 必要に応じ特別査察を実施する

(エ) 協議委員会がB国の条約義務違反等を認定した場合には，南太平洋フォーラムの会合を直ちに開催する

トラテロルコ条約

条約違反に関する措置（第21条）を設けている。

(ア) 総会は義務を完全に履行していない国に注意喚起し，勧告を行う

(イ) 条約不履行が平和と安全を危うくする場合には，総会は国連安保理，国連総会，米州機構理事会，ならびにIAEAにも報告する

「条約」が実際に運用されるに従い，これら，説明の要請と機会提供，事実調査団派遣，査察などの措置が必要となることが考えられる。

(12) 他の条約との関係

「条約」第12条で，この条約と条約発効前の他の条約の関係について述べている。極言すれば「条約」とCIS諸国の集団安全保障条約（1992年のタシケント条約）との関係である。このタシケント条約によれば，条約署名国は，同盟の1カ国に対する攻撃に対して軍事援助も含めあらゆる支援を行う義務がある。使用兵器についての規定はない。ロシアは，旧ソ連諸国に影響力を温存すべく，カザフスタンを通じ「この条約は，本条約の発効以前に締結された他の国際条約下での締約国の権利，義務に影響を与えるものではない」（12条1項）との規定を盛り込むよう提案した。

この条文に関し，ウズベキスタンとトルクメニスタンは，この条文案の下での非核兵器条約と他の条約の整合性を問題視した。「3核兵器国」も，これに

加えて，先例がない，「他の国際条約」は何を指すかが明確ではないと批判した。また米国などは，タシケント条約により，ロシアが非常事態の際にカザフスタンに戦術核を展開するのではないか，そのような密約があるのではないかとの疑念を示した[7]。

ゴールドブラットは，タシケント条約は同盟国防衛の条約であり，非核兵器地帯条約は核兵器の平時・戦時の配置を禁止しているが，戦時にミサイルを地帯外から発射できることを考えれば，攻撃を受ける国に核兵器を展開する意味はなく，2つの条約は必ずしも両立しないわけではないとしている[4]。

ウズベキスタン，トルクメニスタンの指摘，「3核兵器国」の批判を受け，5カ国は，上記条文に加えて，第2項として「締約国はこの条約に盛り込まれた主たる原則に従い，この条約の意図と目的の効果的実施のために全ての必要な措置をとることとする」とした。曖昧な表現ながら，政治的妥協を条文化したもので，玉虫色の決着となった。「3核兵器国」は依然として強く反対しており，この第12条がある限り，消極的安全保証に関する付属議定書に署名しないと公言している。

トラテロルコ条約は「他の協定の通報」(第24条)を設け，「非核兵器地帯条約発効後に，条約に関連した事項について締約国が締結する国際協定を事務局に通報する」とする。これに対して，「条約」が問題にしているのは，条約発効以前の条約である。第12条については，後段で更に述べることとする。

(13) 留 保

「条約」では留保は認めない(第13条)。また既存の非核兵器地帯条約でも，留保は認められていない(トラテロルコ条約第28条，ラロトンガ条約第14条，バンコク条約第17条，ペリンダバ条約第16条)。

---

(7) 例年国連総会に提出される核兵器の使用または使用の威嚇が合法かどうかに関する国際司法裁判所の勧告的意見に関する決議で，「厳格かつ効果的な国際管理下における核軍縮のあらゆる側面に繋がる交渉を締結する義務が存在するとの国際司法裁判所の全会一致の結論」に関する決議主文に対して，「3核兵器国」は，これは裁判所の勧告的意見の部分的引用であり均衡を欠くと指摘し，反対している。

(14) 署名および批准

「条約」は第14条で締約国の対象を中央アジア5カ国と規定した。例えばペリンダバ条約は、アフリカ非核兵器地帯に存在し、事実上あるは法律的上国際的に責任を有する領域への条約適用を掲げている。これは、この条約適用範囲にフランスとスペインの領土などが含まれているためである。中央アジア非核兵器地帯にはかかる領域は存在しない。

(15) 発効および有効期間

「条約」は5番目の批准書寄託日より30日後に発効する。対象が5カ国と少数ゆえの規定だが、1カ国でも批准しないと発効しない。5カ国の関係は必ずしも円滑ではないため、発効が遅れる可能性も排除できない。2007年9月現在、既にキルギスタン、ウズベキスタンは批准し、タジキスタンも議会で批准のため検討を行っている。

「条約」は、既存の非核兵器地帯条約（トラテロルコ条約第31条ラロトンガ条約13条、バンコク条約第22条、ペリンダバ条約第17条）と同様に無期限である。

(16) 脱退

「条約」は、締約国は、本条約に関連する異常な事態が国家の至高の利益を害すると決定した場合には条約から脱退（withdraw）できるとし、脱退は寄託国が通報を受理してから12カ月後に発効するとした（第16条）。

トラテロルコ条約は、条約などの内容に関連する事態で、1または2以上の締約国の至高の利益ならびに平和および安全に影響を及ぼすものが発生した場合はいずれの締約国も条約を廃棄（denounce）できるとし、廃棄は締約国の通告後3カ月で発効するとしている（第31条）。残りの3非核兵器地帯条約は「条約」と同趣旨の脱退規定を有す。

NPTは、他の締約国、国連安保理に通告後、3カ月で脱退できる（第10条）。北朝鮮が2003年1月にNPT脱退を宣言したことから、2005年のNPT運用検討会議では、同様の事態を防ぐため、様々な議論が行われた。但し、運用検討会議は最終文書を採択できず終わったため、具体的な決定はなされなかった。

「条約」が脱退期間を12カ月にしたことは評価できるが、既存の4条約は、

説明を求める，事実調査を行う等，苦情処理や情報交換システムを導入しており，これにより脱退を難しくし，可能な限り条約の枠内で問題解決を図ろうとしている点で優れているといえよう。

(17) 改　　正
「条約」第17条は，改正を5カ国のコンセンサスで決定し，寄託国が5カ国全てから改正の批准書を受領した時点で5カ国全てに発効すると定めている。ただし，先述のとおり，一国の反対，不作為でも改正の採択はできない可能性がある点に留意すべきである。既存の4条約も改正に関して，同様の規定を設けている。

(18) 寄　託　国
「条約」は，キルギスタンを寄託国とした。通常，寄託国，寄託者は，域内の一国あるいは域内地域機構の長などが務めるものである。しかし，全5カ国が加入する地域機構を欠き，加えて5カ国間には競争意識もあり，纏まりがない。こうした状況もあり，寄託国を決定できないため，5カ国は，問題を棚上げして，寄託者に国連事務総長を想定した。国連事務総長が寄託者となれば条約の権威も上がるという思惑もあった。

国連法務部は，一般的に世界全体に係わる条約では国連事務総長が寄託者となる可能性が高いものの，「条約」は5カ国のみを当事国として想定し，しかも特定地域の安全保障にかかわるものであるとして，国連事務総長が寄託者になることに消極的な見解を示した。この見解にも拘らず5カ国がさらに国連事務総長を寄託者に求めたため，法務部は条約採択後，改めて要請がきた場合は検討してみるも国連事務総長が寄託者になれるかは保証の限りではないと回答した。加えて法務部は，国連事務総長が寄託者になる場合には国連事務総長を法的に守るため様々な条件を付すとした。条文作成にあたり，法務部より時折助言を得ていたとはいえ，国連事務総長が寄託者となると，合意済みの条文をさらに見直し，場合によっては大幅書き換えを求めてくることも予想された。交渉の最終段階で一から出直すようなことは絶対に回避しなければならなかった。

こうした中で，筆者より，2005年2月のタシケント会議で，既存の非核兵器

地帯条約のように域内で問題を処理すべきであると強く繰り返し説得した結果，5カ国は丸1日かけて鋭意協議を行い，最終的に，国連事務総長ではなくキルギスタンを寄託国とすることで合意が成立した。

5カ国は競争意識が強い。条約署名地として既にセミパンチンスク（カザフスタン）が決まっていた。常識的に考えれば，1993年の国連総会でカリモフ大統領が中央アジア非核兵器地帯構想を最初に表明し，1997年タシケント国際会議で5カ国外相声明を出し，その後もタシケント，サマルカンドで専門家会議を開催し，5カ国の中では常に会議の牽引車の役割を果たしてきたウズベキスタンこそ寄託国に相応しい国であった。しかるにキルギスタンが譲らない状況が続いた。最後に条約を纏めることが最優先とのウズベキスタン大統領府の大局的判断により，寄託国がキルギスタンに落ちついた。

(19) 付属議定書と消極的安全保障

「原則と指針」14項は，核兵器国は条約議定書に署名，批准することで，非核兵器地帯の地位を尊重するとともに，非核兵器地帯および締約国に対して核兵器の使用または使用の威嚇を行わない（消極的安全保証）ことに法的拘束力ある誓約をすると述べている。

「条約」議定書は，消極的安全保証にのみ言及している。非核兵器地帯の地位の尊重については，条約案に不満を表明していた「3核兵器国」の支持を取り付けやすくするため，敢えて言及されなかった。同様な趣旨で，議定書原案に含まれていた「留保を認めない」との規定も削除された。

インドが5核兵器国に加えてこの議定書の署名国となる申し出をしたが，インドを法的に核兵器国とみなすことになる恐れがあるため，中央アジア5カ国はこれを認めなかった。

3　非核兵器地帯設置の条件および環境

中央アジア非核兵器地帯が成立した条件や環境としては，以下のような7つの要因が挙げられる。

第1に，「域内国の自由な発意」である。「原則と指針」とあるように，非核

兵器地帯設置の根本原則は「域内国の自由な発意」が基礎になっている。中央アジア諸国は非核兵器地帯の設置にあたり，隣国や核兵器国からの強制，干渉とは無縁であった。自らの意思に反してソ連の核実験場となり，核兵器の開発，生産，貯蔵，ウラン鉱採掘，貯蔵などで環境，健康，経済面で甚大な被害を受けたカザフスタンを中心とする中央アジアの人々の核廃絶への強い願いがあった。そのことは，他の条約にはない「環境安全保障」を設けていることに表れている。

　第2に，「非核兵器地帯設置のコンセンサス」である。5カ国は，1997年2月のアルマティー宣言，同年9月のタシケント会議と5カ国外相声明，同年の国連総会決議（52/38S）と，コンセンサスを1つ1つ確かなものにしていった。

　第3に，「首脳間の仲間意識」があげられよう。交渉過程で紆余曲折を経ながらも1カ国の脱落もなく条約署名に漕ぎ着けた背景として各国首脳が独立以前から要職にあり，仲間意識が強かったといわれている。

　第4に「独立および主権の強化」である。ソ連の崩壊という外的要因で独立した5カ国にとって，再びロシアに飲み込まれないことが極めて重要であった。アルマティー宣言で述べているように「独立および主権の強化」が域内共通願望であった。非核兵器地帯条約起草が目的の作業であったが，10年近くの作業が5カ国間の信頼醸成に繋がり，5カ国が一致しての「独立および主権」維持・強化，さらにはコミュニティー作りに貢献したといえよう。

　第5に「核軍縮，核不拡散への貢献」があげられる。2006年9月8日の署名式典で発表された5カ国外相声明は，条約の意義として，世界的・地域的な平和と安全に貢献すること，NPTの効果的実施の手段となること，ならびに近年の多国間軍縮・不拡散分野の危機克服に貢献することを強調している。またカザフスタンのトカエフ（Kasymjomart Tokaev）外相（当時）は，記者会見で，条約が国際的広がりを見せるテロとの戦い，テロリストによる核物質や技術取得防止に貢献する意義を強調した。

　第6に，「指導力の発揮」である。ウズベキスタンのカリモフ大統領による1997年の国際会議招請と非核兵器地帯構想を正式に打ち上げた5カ国外相声明採択，同大統領の決断によってウズベキスタンが寄託国をキルギスタンに譲っての条約採択（2005年2月），2006年3月のカザフスタンとの首脳会談での署

481

名式典早期開催要請，これに応えてのカザフスタンのナザルバイエフ大統領による署名式典挙行は，強力な指導力があればこその進展であった。

最後に「国連の役割」を指摘しておきたい。国連アジア太平洋平和軍縮センターは条約起草を主導したことは勿論，5カ国内の競争意識や立場の調整，交渉が停滞に陥った時の奨励や交渉機会の提供（2回の札幌専門家会合），そして何よりも定期的に協議，交渉の場を提供してきた（60回余のコーヒーブレイク会合）。交渉では幾度となく困難な場面に遭遇したが，言わば桶のたがのごとく，同センターの5カ国協議の要としての役割は交渉成立に不可欠であった。

4 　中央アジア非核兵器地帯の特徴と課題

「条約」の特徴を改めてまとめてみると，以下のとおりとなろう。
① 　北半球初の非核兵器地帯である。
② 　過去の核兵器国を含む非核兵器地帯。ソ連崩壊時，カザフスタンに置かれていた核弾頭数は，フランス，英国，中国の保有する核弾頭数の合計より多かったといわれる。なおカザフスタンは，核弾頭，ミサイルをロシアに引き渡し，非核兵器国としてNPTに加盟した。
③ 　内陸国のみで構成された地帯で，従って海洋法の適用外である。
④ 　環境安全保障を重視し，1つの条文を当てた。
⑤ 　IAEA保障措置に加えて追加議定書の締結を求めている点で先例がない。
⑥ 　CTBTが1996年に署名のために開放されたのを受けて，その条約の趣旨を反映した。
⑦ 　核物質防護条約への加入を法的義務としている。
⑧ 　核兵器国である中国とロシアに直接国境を接している。
⑨ 　「条約」と，既存の他の条約下の権利義務の関係に言及している。
⑩ 　早期合意を重視した結果，非常に短く，簡易な表現が多い（協議委員会，紛争解決など）。これは条約運用の過程で条約解釈論争の余地を残したともいえる。
⑪ 　意思決定はコンセンサス方式であるが，5カ国間の関係が円滑でないため，1カ国の不作為，妨害で事実上決定が行われない可能性が残る。これ

は紛争の解決にも該当しよう。
⑫　国連が，終始，また直接に関与した唯一の例である。また，共通目的に向かって国連と加盟国が協力した誇るべき成果である。

　他方で，大きな課題も残っている。そのひとつは，核兵器国との関係である。中国とロシアは条約に原則賛成の立場である。過去にソ連の一部であり対中国攻撃・防衛の前線だった中央アジアが独立し，緩衝地帯ができた上に非核化することから，中国にとって大きな利益である。ロシアはCIS集団安全保障条約の下，中立政策をとるトルクメニスタン以外と軍事，政治的に密接な関係を維持できることもあり，特に反対はなかった。

　残る「3核兵器国」は強く反対した。非核兵器地帯の一層の設置は，核兵器国にとって核兵器の使用の範囲が狭まり，戦略的柔軟性を失うとして，表面上の言辞とは裏腹に，非核兵器地帯の設置を必ずしも好んでいない。

　「3核兵器国」は，船舶，航空機などの通過（第4条）や他の条約との関係（第12条）などに関して様々な修正案を出したが未回答であり，さらなる協議が必要だとしている。これに対して中央アジア5カ国は，修正案は全て検討し，中央アジア5カ国で合意済みのサマルカンド案に照らし取捨選択したこと，「地帯の拡大」については「条約」の規定から削除したこと，通過に関しては中央アジア5カ国の立場は原則禁止と狭く運用するのに対して，「3核兵器国」は海洋が非核兵器地帯に含まれている既存の条約下で認められた柔軟な核兵器の移動を内陸国のみで構成されるこの非核兵器地帯に適用しようとするものであるとして，見解の相違だと主張した。

　また「3核兵器国」は，「原則と指針」に従い中央アジア諸国は「3核兵器国」と協議する義務がある，「3核兵器国」と満足の行く合意に至らない限り，「条約」の署名は認めないとした。中央アジア5カ国の反論は，以下のようなものであった。
①　「原則と指針」にあるように，非核兵器地帯設置の根本原則は「域内国の自由な発意」による設置である。第三者からの干渉，強制，圧力からは無縁であるべきところ，「3核兵器国」は自らの強圧的言動をどう説明するのか。
②　また「原則と指針」には，「核兵器国は議定書の署名，批准により非核

兵器地帯設置の義務を果たすべきである」ともある。3核兵器国は，文書の部分的引用を嫌うとしているにもかかわらず，自らに都合のよい原則のみに言及していないか[8]。

③ 3核兵器国からの数多くの要求をすべて受諾しない限り，「3核兵器国」にとって「満足の行く協議」にならず，条約の事実上の否定に繋がる。

④ 「条約」本体は中央アジア5カ国に属し，「3核兵器国」は議定書の署名国である。「3核兵器国」は「条約」本体に不満があるのであれば，今の時点では議定書に署名しなければよい（3カ国は署名式の前に，既に議定書に署名しないと表明）。

⑤ 「条約」署名式では3核兵器国の立場も考慮し，付属議定書を署名のために開放しなかった。

　もう1つの大きな課題は，「他の条約との関係」（第12条）の問題である。これについては既に概略を述べたが，端的にいえば，安全保障条約と非核兵器地帯条約の関係である。既存の非核兵器地帯条約でも同様の問題に直面したはずだが，第12条のような記載はない。中央アジア諸国の間でも疑問視する向きもあり，また3核兵器国の反対から3年近く，双方の立場の均衡をとるような表現がいくつか検討された[9]。

（9）(1)12条第1項に関し，国連法務部の見解を照会したところ，どのような表現になるにせよ，前提として，A国（中央アジア非核兵器地帯条約締約国）とB国（この非核兵器地帯条約の締約国でない）との間で結ばれたこの非核兵器地帯条約の発効済みの既存の条約から生じた権利・義務に，「条約」は影響を与えるものではなく，双方のいずれかが優位とするのではなく，既存の条約と中央アジア非核兵器地帯条約が並行して，また同時に適用されることを想定すべきであり，既存の条約下の権利義務は，中央アジア非核兵器地帯条約締約国にとって条約の基本的な概念を尊重した形で適用されるべきであるとした。
この点に関して，試みられた妥協案の一部は下記のとおりである
●「締約国は中央アジア非核兵器地帯条約締結以前に締結された条約，その他の国際取決め下の権利行使，義務の履行をこの非核兵器地帯条約の意図，目的の効果的な遂行にそった形で，また基本的原則の適用に影響を及ぼさない形で実施する」
●「各締約国は，他の締約国または第三国との間で結ばれたいかなる条約も本条約の規定と抵触しないこと，そしてこの条約と矛盾する条約を結ばないことを宣言する」
●「本条約締結以前に締結された他の条約の下での権利行使，義務の履行は，中央アジア非核兵器地帯条約の意図および目的の効果的実施と矛盾しない限りにおいて，この条約は本条約締結以前に締結された他の条約下での権利，義務を変更するものではない」
●文書「原則と指針」は，「非核兵器地帯条約は，既存の地域取決め，国際取決めの下で域内国が負っているその他の義務を十分勘案しつつ，もし該当するならば，締約国の個々の憲法上の要件を満たし，国際法，国連憲章下の権利，義務と一致した形で実施されなければならない。現存の非核兵器地帯条約の締約国は，それらの国の国際的，

既述のとおり，第12条1項のカザフスタンによる強硬な主張の裏には，ロシアが非常事態で戦術核兵器をカザフスタンに持ち込む密約があるのではないかとみられた[7]。そうだとすると，戦術核兵器が展開された時点でこの「条約」の目的に反することになる。そこで第12条に2項を加えることにより，中央アジア5カ国の間では問題を解決した。

第12条に反対している米国は，ラロトンガ条約批准の際の上院の推奨決議で，非核兵器地帯を支持する場合の条件を列記している。その1つは「地域および国際の安全を損なうような形で既存の安全保障取り決めを妨げないこと」である[10]。米国の第12条反対は自らの付した条件と矛盾しないのであろうか。また英国とフランスの核兵器は自国の防衛が目的で，両国の核兵器が中央アジアに展開される可能性は限りなくゼロに近い。そうであれば，両国にとって何故問題なのか。国連安保理常任理事国としての驕りがみられないか。

良し悪しは別としても，歴史的な経緯，地続きで国境を接している，緊密な経済関係，中央アジア諸国の一部はロシアを盟主とする安全保障条約下にあるなど，ロシアとの関係は切れないものがあることは留意すべきであろう。ロシアの核兵器の展開を問題視するならば，条約の枠外で協議メカニズムを設置することも検討すべきであろう。その原型を，1994年にロシア，英国，米国およびカザフスタンが取り交わした覚書の「協議」に見ることができる[11]。

地域的取決めの遵守が非核兵器地帯条約の義務に矛盾する義務を課さないよう保障しなければならない」と規定（32項）
　　筆者や外部専門家からは，第12条を削除し，例えばラロトンガ条約のように，この問題に直接触れないことを示唆した。カザフスタンが自国の安全保障上，第12条1は絶対必要であるとしたため，12条全体の削除は見送られた。
(10) 非核兵器条約判断に当たっての米国の7条件（1987年10月22日米国上院のラロトンガ条約推奨決議から）は下記のとおりである。
　1．設置の構想が域内から出されたものであること
　2．その参加が重要と思われる全ての国が参加すること
　3．条約遵守に関する十分な検証を有していること
　4．地域および国際の安全を損なう形で既存の安全保障取決めを妨げないこと
　5．全ての当事国は，いかなる目的にもせよ，あらゆる核爆発装置の開発，保有を禁止すること
　6．非核兵器地帯は，国際的に合法な海洋，空中航行の権利，自由にいかなる制限も付さないこと
　7．非核兵器地帯は，他国に対して，寄港及び上空飛行を含む通過特権を付与あるいは拒否する国際的に合法な権利に影響を及ぼさないこと
(11) 1994年12月ブタペストで署名された「カザフスタンのNPT加盟に関する安全保障覚書」は，独立，主権および国境の尊重，独立と主権への武力不行使，経済的威圧の回

第 3 部　核不拡散

おわりに

　独立してから15年しかたっていない中央アジア5カ国が困難な国造りをしつつ，結束を保ちながら1つの目的に向かって努力をし，中央アジア非核兵器地帯条約署名に至ったことは大いに注目されてよい。成果を欠いた2005年のNPT運用検討会議，核の闇市場，北朝鮮の核実験，不透明なイランによるウラン濃縮，核テロリズムの恐れ，核軍縮の欠如など，今日の核を巡る状況は厳しく，核不拡散体制は大きな挑戦を受けている。こうした逆風の中，中央アジア非核兵器地帯条約の署名は，核軍縮，核不拡散分野における久々の快挙であり，核兵器国も含め国際社会は正当な評価をすべきである。

　既に検討したとおり，「条約」は必ずしも完全なものではなく，弱点も多々ある。しかし5カ国が「条約」で決めたことを守ること自体が重要である。条約なかりせば，この地域は無統制な核物質の通過，流出や核テロリズムの温床になっていたかも知れない（アルマティー宣言主文4）。「3核兵器国」は，この条約が存在しない方がよかったと認識しているのだろうか。議定書に署名しないこれらの国々もこの条約から利益を得ていることを認識すべきである。

　中央アジアは，昔も今も東西の架け橋であり，大国の利害が交錯し，戦略あるいは安全保障上，複雑な地域である。域外国のエネルギー争奪戦も激化する今日，中立政策をとるトルクメニスタンも含め域内国の全てが交渉に参加してできたこの条約は，域内初の安全保障条約であり，疑いなく地域の安定に資するものである。

　　［付記］　本稿執筆にあたり，拙稿「核兵器よさらば—中央アジア非核兵器地帯条約の意味」『世界』2007年6月，および広島平和研究所主催シンポジウム「逆風の中，再び核軍縮を進めよう」(2007年8月5日)における筆者の基調講演テキストの一部を利用した。また，Nursultan Nazarbayev, *Epicenter of Peace*, 2001年，カザフスタン政府刊行物 "Kazakhstan: Reducing Nuclear Dangers, Increasing Global Security" (2004年夏)，ウズベキスタン政府刊行物 "Central Asia Nuclear Weapon Free Zone" (2006年10月)を参考にした。なお，本稿は筆者個人の見解である。

　　避，積極的安全保証ならびに消極的安全保証に言及するとともに，これら誓約につき疑義が生じた場合には協議するとある。覚書には，NPT 3寄託国(米英ロ)およびカザフスタンが署名した。

22　北東アジア非核兵器地帯の設立を求める NGO の挑戦

梅林　宏道

はじめに
1　2項対立の枠組みと非核兵器地帯
2　いくつかのスキームの提案
3　モデル「東北アジア非核兵器地帯条約」
4　第2世代の非核兵器地帯
5　「核兵器依存の非核国」の役割
むすび

はじめに

　地域的な非核兵器地帯を設立することの意義には，おおむね2つの文脈がある。グローバルな核軍縮の文脈と地域安全保障の文脈である。2000年9月，スウェーデンのウプサラで「非核兵器地帯：核のない世界に向けた重要なステップ」と題する国際セミナーが開催されたが，その冒頭の基調講演において，ダナパラ（Jayantha Dhanapala）国連事務次長（当時，軍縮担当）は，この2つの文脈を，「理想」と「利益」という言葉を使って次のように述べた。

　「世界的な核軍縮という理想は，それだけでもすでに十分に行動する理由となる。しかし，この理想が，もっとも懐疑的な現実主義者でさえも抱いている実際的な懸念に対して応えるという具体的な恩恵と結合したとき，非核兵器地帯の主張は強力なものとなる。これこそが，非核兵器地帯がずいぶん昔に始まって以来，多様性においても人気においても，増大し続けている理由である。
　非核兵器地帯は，それ自身を目的として存在しているのではない。それが存在しているのは，真の安全保障の利益に適い，国際の平和と安全を増進し，相互の利益，そして皆の利益のための集団的な行動を鼓舞するからである。」[1]

---

(1) Jayantha Dhanapala, "Nuclear Weapons-Free Zones: Challenges and Opportunities," *International Seminar: Nuclear Weapons-Free Zones: Crucial Steps Towards a*

ダナパラが述べるように,「非核兵器地帯」の重要な役割のひとつは,地域の人々の安全を保証し国際的な平和を守ることである。非政府組織(NGO)が北東アジア非核兵器地帯の設立のために努力を開始したのも,多くはこの地域的安全保障の文脈からであった。北東アジア非核兵器地帯に関して先駆的な取り組みを行ったエンディコット(John E. Endicott)らは,彼らの意図を「(効果的な地域的安全保障の)制度を共通の安全保障アジェンダから生み出す」試みであると述べ(2),1996年以後この問題に取り組んできた筆者たちもまた,「北東アジア非核兵器地帯条約の条項を履行する制度を確立することを通して,地域的な信頼醸成を前進させる」(3)と述べたことに,そのような問題意識が現れている。

しかし,その後の10年をこえる核軍縮に関する課題の進展によって,北東アジア非核兵器地帯,中東非大量破壊兵器地帯など新しい非核兵器地帯を設立する事業は,グローバルな核軍縮の課題と密接にかかわる課題であることが明らかになった。言い換えれば,新しい非核兵器地帯設立のために求められる地域社会の努力は,グローバルな核軍縮の課題を解くためにも大きく貢献する局面を迎えている。

本論では,このような地域的安全保障とグローバルな核軍縮という2つの文脈に触れながら,北東アジア非核兵器地帯設立のためのNGOの試みの現状と課題を論じる。

1　2項対立の枠組みと非核兵器地帯

核兵器の脅威に対する安全保障政策に関して,日本の場合,根本のところで「核武装」か「核の傘」かの2項対立の観念に縛られてきた。米国が北朝鮮に

Nuclear-Free World, 1-4 September, 2000, Uppsala, Sweden
(2) John E. Endicott and Alan G. Gorowitz, "Track-II Cooperative Regional Security Efforts: Lessons from the Limited Nuclear-Free Zone for Northeast Asia," *Pacific Review,* vol. 11, no. 3 (October 1999), p. 294.
(3) Hiromichi Umebayashi, "A Northeast Asia NWFZ: A Realistic and Attainable Goal," *INESAP Information Bulletin,* no. 10 (August, 1996). 最初にINESAP(拡散に反対する科学技術者国際ネットワーク)シンポジウム(1996年5月30日~6月2日,ユーテボリ(スウェーデン))において発表された。

対する安全の保証を与えることが話題になるなど，米国の「核の傘」が変更される兆しがあるとき，日本の核武装への懸念が内外でしばしば話題になった。また，核兵器不拡散条約（NPT）の無期限延長に日本政府が慎重であったときには，核武装の選択肢を残す意図が日本政府にあるというように，日本国内状況をこの2項対立の枠組みで理解する海外の論調が続いている。

1964年10月，中国が最初の核爆発実験を行ったが，それが日本の政治に与えた衝撃は絶大なものであった。侵略戦争によって多大な被害を与え，まだ国交の回復していなかった隣国が核兵器を持ったのであるから，日本の指導者たちが置かれた厳しい状況認識は十分に想像できる。直後に成立した佐藤栄作内閣は，ここで米国の「核の傘」への依存と日本自身の核武装を放棄する非核3原則などをセットで含む「核の4政策」[4]を選択した。

しばしば非核3原則だけが語られるが，佐藤首相が打ち出した政策のポイントは，むしろ米国の「核の傘」への依存であったと見るべきであろう。日本自身は核兵器を持たないが，米国が日本防衛のために核兵器を使用するという約束を米国から取り付けたのである。そのときに非核3原則を同時に言わせたのは，政府による積極的な非核の選択というよりも，広島，長崎の被爆体験に根ざした日本の強力な反核世論であったと考えられる。

以来，核兵器を巡る日本の政治選択は，「核武装」か「核の傘」か，という2項対立の枠組みの中に置かれた。45年ぶりに自民党政権に代わって首相となった細川護熙が，後に米国の『フォーリン・アフェアーズ』誌（1998年7／8月号）に投稿して，日本は「核武装を放棄した以上，同盟国の核の傘に依存するほか道がない」と述べたことは象徴的である[5]。細川が，非核兵器地帯の創設という第3の選択肢を述べなかったことは，2項対立の固定観念が日本の政治の中でいかに普遍的であったかを物語っている。

北朝鮮の核兵器開発を巡って行われている最近の議論もまた，同じ枠組みの中で繰り返されているように見える。2003年8月，北朝鮮の核問題解決のため

---

(4) 1. 非核三原則，2. 核軍縮努力，3. 米国の核抑止力への依存，4. 核エネルギーの平和利用の推進，を4本柱とする。

(5) Morihiro Hosokawa, "Are U.S. Troops in Japan Needed?" *Foreign Affairs* (July/August, 1998).

に6者会談が初めて開催される2週間前,現役の防衛大学校長であった西原正が『ワシントン・ポスト』紙に投稿して「米国は北朝鮮を核攻撃する意図がないことを述べる協定に署名してはならない」「(そうすれば)日本政府は米国との同盟に信頼できなくなり,報復のための核兵器の開発に踏み切るかもしれない」[6]と述べたことは記憶に新しい。

　このように,中国の核実験から43年の歳月を経た今も,日本の安全保障政策は,「核武装」か「核の傘」か,という2項対立の枠組みの中に置かれている。これは核に対する恐怖とそれに打ち勝つための威嚇という力の対決の枠組みである。

　問題は,日本の安保政策だけではない。現在,北朝鮮の核兵器開発問題がこの地域の安全保障に関する重大な関心事の1つであることに端的に示されているように,地域的緊張の根底に核兵器に起因する相互の脅威感がある。一面的な情報の流布によって北朝鮮の「不当な」行為がこの緊張を生みだしている根本原因であるかのように見られがちであるが,問題ははるかに複雑で歴史的なものである。

　まず,日本による朝鮮の植民地支配と侵略戦争,日本の敗戦,米ロによる南北朝鮮の分断,それに続く朝鮮戦争という北東アジアの戦争と不信の歴史が,厚い層となってこの地域の安全保障問題の下地を作っている。続く米ソ冷戦の数十年,米ソの軍事力がこの地域を支配し,この不信をいっそう強化し,分断を強化した。その頂点に核兵器による睨み合いがあったことは言うまでもない。事実,米国は90年代初頭まで,韓国領土に実際に使用することを前提とした戦術核兵器を配備していた。冷戦後には,唯一の超大国となった米国の軍事力が,地域的安全保障の圧倒的な決定因子として居座り,米国の核抑止力が,今も韓米,日米安保関係の核心部分を形成している。そのような中において,すでに述べたように,日本は中国や北朝鮮への不安から米国の核抑止力に依存し続けている。北朝鮮は,米国の核兵器が自国の政治体制の崩壊を狙っていると戦時体制を敷いている。その一方で,朝鮮半島においては,平和憲法がありながらも世界有数の近代軍事力を保有するに至った日本に対して,核兵器保有へといつでも転換できる能力を意図的に維持しているとの認識を抱きつつ警戒心が絶

（6） Masashi Nishihara, "North Korea's Trojan Horse," *Washington Post*, August 14, 2003, A19.

えることがない。北朝鮮はついに核実験を断行したが，韓国においても自国の独立を保証する究極兵器として核兵器保有を主張する「核主権」論が根強く存在している。

このように，北東アジア地域における各国は複雑に絡み合う核兵器に関する潜在的脅威を感じ合っており，諸国間にある積年の相互不信の関係を考えると，この地域には「核兵器競争の種」が増殖する温床があると言えるであろう。このような状況において，北東アジア非核兵器地帯を設置することは，地域的な核兵器開発競争を予防し，地域の軍事的緊張を緩和し，相互信頼に基づく地域的安全保障の枠組みを確保する上で，極めて重要な意味を持つと考えられるのである。現在，北朝鮮の核兵器計画の放棄を目指して6者会談が継続しているが，それは核兵器の「脅威」と「威嚇」の連鎖から抜け出すことを可能にする協議の場として極めて重要なものである。6者会談が直接的に目指す朝鮮半島の非核化は，北東アジア非核兵器地帯の設立にとって重要な前提となるものであるが，それに置き換わるものではない。これに関しては後述する。

2 いくつかのスキームの提案

単なる政治的主張，あるいは概念的提案を超えて，北東アジアにおける具体的な非核兵器地帯のスキームの提案が，冷戦後に登場した。その経過をたどっておこう。まず，年代順に提案者と内容の要約を箇条書きにすると次のようになる。

 1995年3月：エンディコットら。非戦略核兵器に限定した限定的非核兵器地帯案。板門店を中心に半径2,000キロメートルの円形案。その後，米国アラスカ州の一部を含む楕円形案を提案[7]

 1995年：マック（Andrew Mack）。韓国，北朝鮮，日本，台湾を含む非核兵器地帯案[8]

---

(7) Center for International Strategy, Technology, and Policy, Georgia Technical Institute, "The Bordeaux Protocol of the Limited Nuclear Weapon Free Zone for Northeast Asia," March 1997

(8) Andrew Mack, "A Northeast Asia Nuclear-Free Zone: Problems and Prospects," *Nuclear Policies in Northeast Asia* (UNIDIR/95/16, Geneva, 1995), Chapter 11, pp. 97-123

1996年3月：金子熊夫。板門店を中心に半径2,000キロメートルの円形案。核兵器国と非核兵器国に別々の義務を課す[9]

1996年5月：梅林宏道。3つの非核兵器国（日本，韓国，北朝鮮）と3つの核兵器国（中国，ロシア，米国）による「スリー・プラス・スリー案」[10]

1997年10月：エンディコットら。第1段階として韓国・日本・モンゴル，（北朝鮮）の非核兵器国による限定的非核兵器地帯を創設する提案[11]

2004年4月：梅林宏道ら。「スリー・プラス・スリー案」のモデル条約の提案[12]

2007年春：エンフサイハン（Jargalsaikhan Enkhsaikhan）。一国非核兵器地位の積み重ねによる地帯形成の方法論を提唱[13]

以下に個々の提案について，やや詳しく説明する。

① **エンディコットらの提案**　1995年3月，エンディコットらの研究グループ（米国ジョージア工科大学の国際戦略・技術・政策センター）は，数年にわたる共同作業の結果として，北東アジア非核兵器地帯の提案を公表した。エンディコットらの活動の経過は1999年になって詳しく報告されたが，それによると作業は1991年にさかのぼる。しかし，長い間それは限られた個人レベルの研究作業と意見の交換に留められていた。

エンディコットらの最初の非核地帯の提案は，朝鮮半島の非軍事境界線（板門店）を中心に半径約2,000キロメートル（1,200カイリ）の円を描き，その中を非核地帯にするという円形地帯の提案であった。地帯内には，韓国，北朝鮮，

---

[9] Kumao Kaneko, "Japan Needs No Umbrella," *Bulletin of Atomic Scientists,* vol. 52, no, 2 (March/ April, 1996).

[10] Umebayashi, "A Northeast Asia NWFZ."

[11] Center for International Strategy, Technology, and Policy, Georgia Technical Institute, "The Moscow Memorandum of the Expanded Senior Panel of the Northeast Asia Limited Nuclear Weapons Free Zone," October, 1997

[12] Hiromichi Umebayashi, "Proposal of a Model Northeast Asia Nuclear-Weapon-Free Zone," *New York Workshop: Model Northeast Asia Nuclear-Weapon-Free Zone－Pave the Way beyond Crisis,*" UN Headquarters, New York, U.S.A., April 28, 2004

[13] Jargalsaikhan Enkhsaikhan, "Mongolia's Non-nuclear Status－an Important Element of Northeast Asia Security," Single State NWFZ: Progress and Prospects (Ulaanbaatar), Blue Banner, 2007, pp. 69-71

日本，台湾の全体と中国，ロシア，モンゴルの一部が含まれる。また，日本，韓国に軍事基地をもつ米国も，条約参加国に含まれる。しかし，その後，地帯内に米国領土が物理的に含まれるべきであるという考えから，円形を長軸が米国アラスカ州の一部にまで伸びるような楕円形地帯（実際にはアメリカン・フットボールの形をしている）に拡大した非核地帯案へと提案を発展させた。

彼らの提案は，「非核化の対象をひとまず非戦略ミサイル用弾頭に絞る」という限定条件のついた「限定的非核兵器地帯」の提案であった。

② **金子熊夫の提案**　1996年3月，金子熊夫は，エンディコットらとは別に，同様な円形地帯案を提案した。金子の案は，限定的非核兵器地帯案とは異なり，地帯内の核兵器国と非核兵器国に別々の義務条項を課し，核兵器国に対しては地帯内の核を段階的に撤去するという考えに基づく全面的な円形非核兵器地帯の提案である。

③ **マックの提案**　一方，マックは，「もっとも明白な北東アジア非核兵器地帯とは，韓国，北朝鮮，日本，そして台湾を含むものだろう」と提案した。台湾は国ではないが，アジア太平洋経済協力会議（APEC）の一員であり，北東アジア非核兵器地帯を構成する地域としての条件があるという指摘である。マックの論文は，1995年，自らが編者となった国連軍縮研究所（UNIDIR）の報告書で発表されたが，エンディコット氏らの研究については触れておらず，当時はそれぞれの研究者の間に情報の交換がなかったことを示している。

④ **梅林宏道の提案**　1996年5月，梅林宏道は，北東アジアの歴史と諸条件を考察し，より現実的な非核兵器地帯案として，「スリー・プラス・スリー案」を発表した。その案とは，北東アジアの非核兵器国である韓国，北朝鮮，日本の3カ国が地理的な非核兵器地帯を構成し，周辺の3つの核兵器国，つまり米国，ロシア，中国の3カ国が「消極的安全保証」などを含む非核兵器地帯尊重の義務を負うというものである。

「スリー・プラス・スリー案」のアプローチは，中心となる3カ国がすでに公言している政策に立脚できるという利点を持っている。南北朝鮮の間では1992年1月に署名され，同年2月に発効した朝鮮半島非核化共同宣言があり，この中で「核兵器の実験，製造，生産，受領，所有，貯蔵，配備，および使用をしない」ことや「原子力エネルギーを平和目的にのみ利用する」ことを約束

している。6者会談の中でこの宣言が現在でも有効であることが確認されている。一方，日本は，「核兵器を作らず，持たず，持ち込ませず」という前述の「非核三原則」を持っている。また，1955年の原子力基本法は原子力の軍事利用を禁じている。

⑤ **エンディコットらのさらなる提案**　先に述べたエンディコットらは，限定的な非核兵器地帯構想の実現にむけた協議を続ける過程で，たとえ戦術核兵器に限ったとしても，円形ないし楕円形地帯の実現は極めて困難であることを知った。地帯の大きさ，形，含まれるべき兵器の種類，管理機構の詳細など，主要な問題についての進展が期待できない状況の中で，1997年10月，このグループは新しい提案を打ち出した。それは限定的な非核兵器地帯に至るための最初のステップとして，「日本，韓国，可能ならばモンゴル，そして，もし非核兵器国としての地位が明確になれば北朝鮮，という非核兵器国に基礎をおいた第一段階・限定非核地帯を創出する」というものである。これは，梅林の「スリー・プラス・スリー案」に近いものである。

⑥ **梅林らのモデル条約案の提案**　梅林は「スリー・プラス・スリー案」の発展を目指して日本や韓国のNGO間の協力を進めた。2003年4月，ジュネーヴでのNPT運用検討会議[14]準備委員会におけるNGO意見表明の公式セッションにおいて，梅林らは各国政府代表に「スリー・プラス・スリー案」を提起した[15]。同日，「ピースデポ」と韓国のNGO「平和ネットワーク（CNPK）」は共催で，北東アジア非核兵器地帯に関するワークショップを開き，それを機に「スリー・プラス・スリー案」のモデル条約作成作業が開始された。モデル条約は，2004年4月，ニューヨークでのNPT運用検討会議準備委員会にあわせてピースデポとCNPKが共催したワークショップで提案された。モデル条約草案については次節に詳しく論じる。

---

(14) 訳語の統一方針に従って「運用検討会議」とするが，筆者は「再検討会議」という訳後が適切であると考える。会議においては，「運用検討」の言葉が与える技術的な印象よりも，核兵器禁止条約，核燃料サイクルの国際管理など広くビジョンを提起する議論が行われているし，そうあるべきだと考えるからである。

(15) Hiromichi Umebayashi, speaker and convenor, "The DPRK's Withdrawal from the NPT and a Northeast Asia Nuclear Weapon-Free Zone," NGO Presentation to the 2003 NPT Preparatory Committee, Geneva, April 30, 2003 <http://www.reachingcriticalwill.org/legal/npt/NGOpres2003/NEAsia.htm>, accessed on September 15, 2007.

⑦ **エンフサイハンの提案**　モンゴルが国連総会決議において「非核地位」を勝ち取ったときのモンゴル国連全権大使であったエンフサイハンは，北東アジア非核兵器地帯条約についてさまざまな提案がありながらも政府レベルのイニシャチブが生まれない状況を変えるために，関係国の条件を「平準化」する暫定的な取り組みの必要性を主張した。そして，「平準化」のための中間ステップとして，モンゴルが試みたような「一国的非核地位」を実現し，安全保障環境を改善することに関係国が取り組むことが有効であると提案した。

3　モデル「東北アジア非核兵器地帯条約」

　第1節で述べたような地域的背景と既存の非核兵器地帯条約の経験を踏まえて，モデル「東北アジア非核兵器地帯条約」（案）が起草された。モデル条約は，議論を具体的に喚起するためのたたき台として提案されたものであり，部分的な改定案も提示されている。ここではアクセスが容易な2004年7月3日の版[16]を基礎にして，その特徴，背後にある考え方，および課題を整理する。

（1）前　　文

　モデル条約前文には，現存する他の非核兵器地帯条約にはない，いくつかの特徴がある。その1つは，この条約案は実際に核兵器が戦争において使用された地球上唯一の地域における条約であること，また，日本と朝鮮半島には今なお苦しみを抱えている多くの被爆者が生存していることを想起している点である。また，核兵器が再び使用されるかも知れないという認識を述べていることは，この条約案の時代背景を示すものとして重要である。さらに，非核兵器地帯の建設が地域の協調的安全保障を築くために優先されるべき第一歩であるという認識が述べられている。今後，適切となれば，6者会談の成果などが記述

---

[16]　梅林宏道，イ・サムソン，ツインブックレット日韓共同刊行委員会編『東北アジア非核地帯』（NPO法人ピースデポ，2005年）89-100頁。抜粋が，梅林宏道「提言：東北アジア非核兵器地帯条約」『論座』（2004年11月）192-201頁に掲載されている。また，英文テキストは以下の文献にある。"A Model Treaty on the Northeast Asia Nuclear-Weapon-Free Zone," Peace Depot Working Paper No.1E, November, 2005 <http://www.peacedepot.org/e-news/workingpaper1.pdf>, accessed on September 15, 2007.

されるべきであろう。

(2) 6カ国条約
モデル条約は,「スリー・プラス・スリー」構成を持ちながらも6か国条約の形を採用している。すなわち,モデル条約第1条に定義されているように,条約締約国には「地帯内国家 (intra-zonal states)」(日本,韓国,北朝鮮) と「近隣核兵器国 (neighboring nuclear-weapon states)」(中国,米国,ロシア) の2つの範疇が存在する。地帯内国家には非核国家としての義務が課せられ (第3条1項),近隣核兵器国には核兵器国としての義務が課せられている (第3条2項)。

(3) 核兵器に依存しない義務
地帯内国家の非核義務のうち第3条1項cは,既存の他の非核兵器地帯条約にない新しいものである。それは「安全保障政策のすべての側面において,核兵器に依存することを排除する」ことを唱っている。いわゆる「核の傘」政策の放棄である。

「東北アジア非核兵器地帯条約」が成立したとき,地帯内国家には近隣核兵器国から核兵器による威嚇や攻撃が行われない法的拘束力をもった消極的安全保証 (後述) が与えられる。したがって,核兵器に対する「核の傘」はもはや無用となる。それにもかかわらず,もし日本や韓国が米国の「核の傘」を残すとすれば,それは公然と「非核攻撃に核兵器で対抗する」政策となり,核不拡散体制下において核兵器の役割を拡大しないために積み重ねられてきた国際合意に違反する政策となる。そのような違反は許されないであろう。

(4) 消極的安全保証
他の非核兵器地帯条約においては,消極的安全保証の条項は,条約本体ではなく議定書に含まれ,条約成立後に核兵器国に対して加盟を求める形式となっている。モデル条約では近隣核兵器国が地域の安保問題に深く関与しているとともに,安全の保証が地帯内国家にとって強い関心事であることを考慮し,近隣核兵器国による消極的安全保証の義務条項は条約本体に入れた (第3条2項a)。こうすることによって,「安全の保証」問題がモデル条約においてより重

要な位置を占めることになる。

(5) 艦船の寄港と領海通過

　従来の非核兵器地帯条約では，核兵器搭載が疑われる艦船や航空機の寄港，領海・領空通過問題は，個別国家の判断に委ねる方式がとられてきた。「東北アジア非核兵器地帯条約」においても，これに準じるという考え方が当然ありうる。しかし，日本政府は非核三原則において「持ち込み禁止」を政策としている。核兵器搭載艦の寄港を許す密約があるとする主張に対しても日本政府は繰り返しそれを否定している。そこで，モデル条約では既存の条約から一歩前進させて，日本がとっている事前協議の制度を基礎に，近隣核兵器国に事前協議を義務づける方式を採択した（第3条2項c）。持ち込みについて協議を受けたときに，許可するかどうかの判断は，個々の地帯内国家に委ねられている。軍艦の領海内「無害通航権問題」は国連海洋法条約体系の中で未決着であるが，事前通告や事前許可を要求している国は少なくないとされる[17]。日本は，非核3原則との関連において核兵器搭載艦船の無害通航を認めないとしている（1996年，第136国会衆議院外務委員会）[18]。したがって，非核兵器地帯における事前協議制は現在の国際法の枠内で十分に可能であると考えられる。

(6) エネルギー協力

　1992年の朝鮮半島非核化共同宣言は使用済み燃料の再処理（プルトニウム抽出）施設とウラン濃縮施設の保有を禁止している。「東北アジア非核兵器地帯条約」にこの禁止条項を入れることは，日本がすでにこれらの施設を持ち，エネルギー生産に組み入れている（特に濃縮施設）現状を考えると当面は困難であろう。一方で，南北共同宣言の合意が後退することには朝鮮半島の内外で強い抵抗があるであろう。結果として，モデル条約は，日本と朝鮮半島との間に核エネルギーの民生利用のための核燃料サイクル確保上の明らかな不均衡が生じることを想定しなければならない。

---

(17) 都留康子「海から見る北東アジア非核地帯構想——問われる日本の非核三原則」『核兵器・核実験モニター』第209-10号（2004年5月15日）3-5頁。
(18) 同上，4-5頁。

この問題の解決策にはエネルギーの不均衡是正のための広範な諸問題を検討する必要がある。その中には地球環境問題や原子力発電そのものに関する総合的な評価も含まれるであろう。核兵器の禁止を主眼とする一条約に，その解答を求めることは適切ではない。本モデル条約においては，問題の重要性を認識し，「エネルギーの確保について，地帯内国家間の誠意を持った協力を発展させる」ことを定めた（第4条4項）。

(7) 被爆体験の継承と核軍縮教育の義務

被爆者，およびその子孫が多く住む地域の非核兵器地帯条約として，地帯内国家にユニークな義務が課せられた。それは，核兵器が人間や社会に及ぼす被害の実態を，現在および将来の世代に伝承することを含め，核軍縮教育を強化する努力義務である（第3条1項d）。

(8)「朝鮮半島非核化」との比較

ここで，モデル条約が構想している「東北アジア非核兵器地帯」と現段階での6者会談が目指している「朝鮮半島の非核化」とを比較して考察しておくことが適当であろう。そのことによって，北東アジアにおいて非核兵器地帯を実現することの意義がより明確になると思われるからである。

第1に，「非核朝鮮半島」においては，北東アジアにおける緊張の1つの主要な要素である日本と中国の間の緊張は手つかずのまま残されるであろう。前述のように，日本の核安保政策の根本には中国の核兵器への懸念が存在している。中国は，核兵器保有の当初から，非核兵器国に対して核攻撃をしないという保証（消極的安全保証）を無条件に与えること，また，核兵器を最初に使用する国にならないこと（「先行不使用」政策）を繰り返し宣言してきたが，日本政府は「信用できない」という立場をとり続けている。

「朝鮮半島の非核化」によっては，この関係に変化は起こらないであろう。しかし，北東アジア非核兵器地帯が実現すれば，中国など核兵器国による消極的安全保証に法的拘束力をもつ義務が課せられることになる。これによって，日本は脅威の1つから解放され，日中間の緊張は大きく緩和されるであろう。在日米軍のプレゼンスの必要性も大幅に減少するであろう。

第2に，(6)項ではエネルギー問題として取り上げたが，国際原子力機関 (IAEA) の査察下にあるとはいえ，朝鮮半島では禁止され，日本のみが使用済み核燃料の再処理施設やウラン濃縮施設を保有する状態は，決して安定なものではない。つまり，「非核朝鮮半島」では，朝鮮半島から見た日本に対する核問題についての不信は解消されないし，将来増幅していく可能性が強い。この問題の解決には，韓国，北朝鮮，日本の核活動を1つの相互査察システムの下に置くことが必要となるであろう。北東アジア非核兵器地帯の設立は，そのような制度の確立を可能にする。

　第3に，「朝鮮半島の非核化」プロセスにおいては，北東アジアの協調的安全保障の担い手として中心的役割を果たすべき日本，韓国，北朝鮮が協議し対話を深めてゆく機会が必ずしも保証されない。6者会談を含めて現在進行しているプロセスでは米国の影響力が極めて強く，その状況は当面の問題が解決した後にも継続するであろう。それは，地域の国際関係が地域外大国である米国の意図によって強く左右される可能性を引きずることを意味している。北東アジア非核兵器地帯条約においては，その構成上，この地域の非核3カ国こそが協調的な地域安全保障の担い手となっていくことが期待される。モデル条約は条約履行のための委員会の議長を地帯内国家3カ国から選出するという制度によって，この点を配慮している（第7条）。

4　第2世代の非核兵器地帯

　2006年10月に開催された第3回地球市民集会ナガサキの非核兵器地帯に関する分科会において，エンフサイハンは「北東アジア非核兵器地帯」は第2世代の非核兵器地帯であると位置づけた[19]。同年9月に署名されたセミパラチンスク条約による中央アジア非核兵器地帯は地球上に実現した5つ目の非核兵器地帯となるが，エンフサイハンはそれをもって比較的「容易に」形成されうる第1世代の非核兵器地帯は終わったと述べた。後述するように，第1世代の非核兵器地帯が終わったというエンフサイハンの意見には疑問が残るが，「第2

---

(19)　核兵器廃絶地球市民長崎実行委員会「第3回核兵器廃絶地球市民集会ナガサキ報告書」，2007年1月15日，52頁。

世代の非核兵器地帯」という概念を改めて整理することによって，非核兵器地帯設立の努力とグローバルな核軍縮との新しい関係が見えてくる。

現在も懸案として政府レベル，あるいは非政府レベルで議論されている非核兵器地帯構想には次のようなものがある。

① **中東非核兵器地帯**　中東非核兵器地帯は，1974年に最初イランによって提案されエジプトの支持を受けた。1990年，エジプトのムバラク（Hosni Mubarak）大統領がこれを非大量破壊兵器地帯へと拡大する構想を提案した。1995年のNPT運用検討・延長会議は，すべてのNPT加盟国がこの構想の実現に努力するよう要請する「中東決議」を条約の無期限延長に伴う政治誓約の1つとして採択した。しかし，イスラエルとアラブ諸国との根の深い対立と，イスラエルの核保有，イランの核開発といった直接的困難の前に構想は前進を阻まれている。

② **湾岸非核兵器地帯**　中東非核兵器地帯の困難な状況と関連して，1994年以来，湾岸地域研究センター（GSC）を中心にペルシャ湾岸諸国を中心とする「湾岸非核兵器地帯」が構想されるようになった。湾岸協力会議（GCC）の6カ国（アラブ首長国連邦，バーレーン，クウェート，オマーン，カタール，サウジアラビア）とイラン，イラク，イェーメンの9カ国が対象である。その後，イランの核開発問題がクローズアップされる中で2005年12月のGCCサミットはGCC6カ国が先行して湾岸非大量破壊兵器地帯を形成するという，より現実的な案を協議した。

③ **南アジア非核兵器地帯**　1974年にインドが核爆発実験を行って以来，「南アジア非核兵器地帯」構想が国連総会で議論された。構想の1つは，南アジア地域協力連合（SAARC）の7カ国（インド，パキスタン，バングラデシュ，スリランカ，ネパール，ブータン，モルディブ）が非核兵器地帯を形成するというものであった。1998年にインド，パキスタンが相継いで核実験を行ったことで，この構想は頓挫したが，現在も両国の市民社会はこの目標を掲げて運動を続けている。インド，パキスタン両国はNPTに参加していないが，とりわけインドは，核兵器国が無期限に保有を許されている現状では，インドも安全保障上核兵器を保有することが不可欠であると主張している。

④ **中・東欧非核兵器地帯** 中欧非核兵器地帯は，最初1956年にソ連が提唱し，翌年，ポーランドがポーランド，チェコスロバキア，東西ドイツを非核地帯とするいわゆるラパッキィ案を提案した。冷戦終結の後，1995年に，ベラルーシは新しく黒海からバレンツ海に至る中・東欧非核兵器地帯を提案し，ウクライナがこれに賛同している。北大西洋条約機構（NATO）の東方拡大がこの地域の緊張を高めているなかで，この構想の今後の展開が注目される。

⑤ **北東アジア非核兵器地帯** これに関してはすでに詳述したとおりである。

　北東アジアも含めて多くの場合，これらの新しい非核兵器地帯の形成には既存（第1世代）の5つの非核兵器地帯と明らかに異なる障害が存在している。それは，核兵器が主要な関係国の安全保障政策の中にすでに組み込まれているという点である。関係国の中には，NPT非加盟の「事実上の核兵器国」（インド，パキスタン，イスラエル）や核兵器保有を主張している国（北朝鮮）があるし，非核国でありながらも米国の拡大核抑止力（核の傘）に依存したり，そのために米軍基地を受け入れたりしている場合もある。すなわち，第2世代の非核兵器地帯とは，すでに核兵器に依存した国が，主要国として関与している非核兵器地帯であるということができるであろう。その意味では，GCCの6カ国が非大量破壊地帯を形成するという前述した提案は，中央アジア非核兵器地帯に匹敵する第1世代の地帯と考えるべきであろう。また，今後とも，そのような第1世代の非核兵器地帯構想の可能性は残されている。

5　「核兵器依存の非核国」の役割

　第2世代の非核兵器地帯形成の今後の展開を考える上で，核兵器を保有していないが核兵器に依存する安全保障政策をとっている国の去就が鍵となると考えられる。これら「核兵器依存の非核国」は，すでに核兵器を保有してしまった国よりも政策転換がより容易であると考えられるからである。現在，世界にはそのような国は26カ国存在する。すなわち，23カ国のNATO加盟の非核国とアジア太平洋地域の3つの米国の同盟国，すなわち豪州，日本，韓国である。

これらの国は，いずれも外交文書ないしは国内政策文書，あるいはその両方によって「安全保障のために核抑止力に依存する」ことを明記している。

「核兵器依存の非核国」が非核地帯形成に向かう条件を考察するために，ここで核兵器廃絶のための国際社会の合意の現段階を振り返っておく必要がある。国際社会における最も新しい核軍縮に関する政治的誓約は，2000年のNPT運用検討会議において全会一致で採択された最終文書に現れている。そこではNPT第6条が規定する核軍縮義務に関して13項目の合意が行われ，その中に「核兵器の完全廃棄に対する核兵器国の明確な約束」という合意が含まれた。これが核軍縮に関する最新の国際的規範であると言えるであろう。

この規範の実行のために国際社会は努力を続けている。スウェーデン政府が主宰した国際的な専門家委員会「大量破壊兵器委員会」(ブリックス委員会) は，2006年6月に出した勧告において，「すべての核兵器国は，核兵器なしの安全保障計画の立案を開始すべきである。核兵器国は核兵器が非合法化されるのに備えるべきである（勧告30）」と述べた[20]。また，アナン（Kofi Annan）国連事務総長（当時）は，2006年11月に核兵器問題に関する包括的な演説を行ったが，その中でアナンは「すべての核兵器保有国に対して，核兵器廃絶の誓約を実行するための，特定のタイム・テーブルを伴った具体的な計画を立てるよう呼びかける」と述べ，「厳密で効果的な国際管理の下に，核兵器の前進的な廃棄を達成するという意図を共同宣言する」よう促した[21]。

このようなメッセージは，一見核兵器国に向けられているように見えるが，核軍縮義務を定めたNPT第6条で明らかなように，誓約履行の義務は非核兵器国を含むすべてのNPT加盟国に課せられている。とりわけ，日本を含む核兵器依存国には，誓約履行のために行動する義務が発生していることは明らかであろう。ブリックス委員会の勧告やアナン事務総長の呼びかけに則して言うならば，核兵器依存国は「核兵器に依存しない安全保障政策の立案を開始すべきであり，核兵器の非合法化に備えるべきである」し，また「特定のタイム・

---

(20) The Weapons of Mass Destruction Commission, *Weapons of Terror: Freeing the World of Nuclear, Biological and Chemical Arms* (Stockholm: Fritzes, 2006), p. 109

(21) Kofi Annan, "Secretary-General's Statement at Princeton University," Princeton, New Jersey, U.S.A., 28 November, 2006 <http://www.un.org/apps/sg/printsgstats.asp?nid=2330>, accessed on December 6, 2006.

テーブルを伴って核兵器依存から脱する計画を立てる」ことが求められる。

　日本のNGOの立場から指摘するならば，この内容は，2000年合意を受けて開始された「核軍縮：日本の成績表」評価委員会[22]が一貫して日本政府に要請してきたことでもある。すなわち，評価委員会は，前述した「明確な約束」の合意が履行されるために，日本政府への課題として，「日本提案の『核兵器完全廃棄への道程』国連総会決議案に，『核兵器完全廃棄の明確な約束を実行するためのプランを，すべての核兵器保有国に求める』内容を入れること」，また「日本自身が，核兵器依存を完全廃止する実行プランを作成すること」を掲げた。そして，この課題は，2002年から2005年NPT運用検討会議に至るまで，毎年「成績表」[23]の形において日本政府に要請された。

　日本政府や韓国政府にとって，北東アジア非核兵器地帯の設立へと向かうことは，NPT加盟国として自国も加わって到達した核軍縮合意を履行する責任を果たすために最適の道であろう。北東アジア非核兵器地帯の設立は，「核武装」か「核の傘」という2項対立から脱して，核兵器に依存しない安全保障政策へと移行することを可能にし，そのことによって，核兵器国に核軍縮を促すことができるからである。

　このように，北東アジア非核兵器地帯など第2世代の非核兵器地帯の設立を目指す努力の多くは，グローバルな核軍縮のために必要とされている努力と軌を一にすることになる。これは非核兵器地帯設立の課題がもっている今日的特徴の1つと捉えることができる。

む　す　び

　北東アジア非核兵器地帯の設立は，北東アジアにおける協調的安全保障に向かう制度を確立する重要な第一歩である。NGOを中心に，その可能性について具体的な検討が続けられ，たたき台となるモデル条約も起草されている。

---

(22)　2001年に10人の委員（代表：梅林宏道）で結成され，2005年まで活動した。事務局をNPO法人ピースデポに置く。<http://www.peacedepot.org/theme/npt/list1.htm>

(23)　「核軍縮：日本の成績表」評価委員会『核軍縮：日本の成績表2002-5――NPT（13+2)項目に関する評価』(2002年3月27日，2003年4月18日，2004年4月16日，2005年5月)。<http://www.peacedepot.org/theme/npt/list1.htm>

第3部　核不拡散

　それに加えて，北東アジア非核兵器地帯の設立というテーマは，グローバルな核軍縮の文脈から光を当てられるべき時代に入っている。NPT第6条履行に関する「明確な約束」の合意によって核兵器のない世界が目指されている現在においては，核兵器依存からの脱却が重要な政策課題になる。その意味で日本のような「核兵器依存の非核国」の政策転換が，グローバルな核軍縮の前進のために求められている。北東アジア非核兵器地帯は，日本や韓国が「核武装」か「核の傘」かの2項対立から脱して政策転換を遂げ，グローバルな核軍縮に貢献する効果的な道である。

23 核テロリズム
―― その背景, 類型, 対策 ――

宮坂　直史

はじめに
1　核テロリズム論の変遷
2　核テロリズムの範囲
3　核兵器への意志
4　国際的な核テロ対策の進展
おわりに

はじめに

　ここで論じる核テロリズム（以下，核テロと略しても同義）は，いわゆるテロ組織などの非国家行為体が引き起こす事象とする。本稿執筆の時点でテロリストは低レベルでの核テロこそ実行しているが，真に壊滅的な被害をもたらす核テロは起こしていない。壊滅的なテロに至る一歩手前でそれを食い止めたというような事件も確認されていない。にもかかわらず，核テロに関する専門家の著作や論文はいまや溢れるほど出版されている[1]。それだけ，核物質管理の不備や核の拡散をもたらす闇市場の存在，テロリストの技術や意図からみた核テロ発生の可能性，次々に導入される新たな対策など論点が非常に多いのである。だがその中から，特定の論点だけを取り上げるにしても，テロリストについては虚実入り混じった情報が多く，政策の効果も検証がなかなか難しい。また，筆者は核物理学者ではないから，核兵器や原子力発電所等核施設に関する原理的，技術的な議論について，その論争の正誤を判断するだけの専門的な知

（1）　最も包括的な文献は，グレアム・アリソン（秋山信将・戸崎洋史・堀部純子訳）『核テロ　今ここにある恐怖のシナリオ』（日本経済新聞社，2006年）［Graham Allison, *Nuclear terrorism: The Ultimate Preventable Catastrophe* (New York: Henry Holt and Company, 2004)］と，Charles D. Ferguson and William C. Potter, *The Four Faces of Nuclear Terrorism* (New York and London: Routledge, 2005) である。日本では，岩田修一郎「試練に立つ核不拡散体制――核テロの脅威増大」村井友秀・真山全編著『現代の国際安全保障』（安全保障学のフロンティア①）（明石書店，2007年）がある。

505

見を持っていない。

　このような制約から，本稿では，テロリズム研究の視点から，やや鳥瞰的な構成で議論を展開していきたい。まず1970年代以降の核テロリズム論の変化をたどる。これは，核テロが9.11テロ後に降って涌いてきたテーマでは決してないことを確認するためである。次に，核テロリズムにはいかなるタイプがあるのか，関連の条約もみながら，結果の軽微なものから重大なものまでに分けて提示する。そして，核テロの中でも壊滅的なテロの発生可能性を考える前提として，テロリストがなぜ核兵器を追い求めるのかその意志について論じる。最後に国際的な核テロ対策の進展について振り返ることにする。

1　核テロリズム論の変遷

(1)　1970年代から80年代

　核テロの議論は，国際テロリズムが大きな問題となり，他方で米ソ間ではようやく軍備管理が進行した1970年代から盛んになった(2)。テロリストが核爆弾を組み立てられるかどうかという技術的可能性がよく議論された。すでに核爆弾のデザインは知れ渡っていたので，悲観論者は，テロリストがいずれ原始的ながらも機能する起爆装置をつくれると考えたのである。加えて，核を取り巻く環境やテロリズムの激化からも核テロが懸念された。テロリズム研究者の1人，ベレス（Louise René Beres）は，核テロの可能性が高まってきた理由として，①テロリストにとって核兵器，原発，廃棄貯蔵施設へのアクセスがますます容易になり，②無差別的な暴力行使がみられ，③多くのテロリストが抑止力の脅しに対して無感覚であり，④テロ集団間の協力パターンが進行し，⑤多くの国家がテロリストを容認，支援していることなどを挙げた(3)。これらの中で⑤の国家支援を除けば，まるで今日指摘されている状況と同じではないかと思わせる。核物質の防護は70年代にはすでに問題になっていた。とはいえ，

---

(2) Gavin Cameron, "Weapons of Mass Destruction Terrorism Research: Past and Future," in Andrew Silke, ed., *Research on Terrorism: Trends, Achievements and Failures* (London: Frank Cass, 2004), pp. 72-73.

(3) Louise René Beres, *Apocalypse: Nuclear Catastrophe in World Politics* (Chicago and London: The University of Chicago Press, 1980), p. 99.

②の「無差別的な暴力」は今日ほど大規模ではないし，④の「テロ集団間の協力」はネットワーク概念1つをとっても昨今では意味が異なる。それにしても70年代にこのような理由付けが表出されていたことは留意すべきであろう。

だが，核テロの脅威を唱えることには慎重な意見も少なくなかった。今日では最も著名なテロ専門家の1人になったランド・コーポレーションのジェンキンス（Brian Michael Jenkins）は，1975年に「テロリストは核武装するか？」（"Will Terrorists Go Nuclear?"）というモノグラフを著している[4]。さまざまな種類のテロリストの意図や動機に着目したジェンキンスは核テロには否定的であり，それはテロリスト自らにとって逆効果であると述べていた。

この70年代から欧米で盛んになるテロリズム研究の中でおそらく最も引用されてきたのは，誰かのテロの定義や研究結果ではなく，ジェンキンスの「テロリストは多くの人に観てもらいたいのであって，多くの人を殺したいのではない」（Terrorists want a lot of people watching, not a lot of people dead.）というテロリストの心理を言い当てた一句であった。西側世界からみて当時のテロの主役は共産主義イデオロギーを掲げた左翼組織や，分離独立を目標として武装闘争を続けるナショナリストの過激組織であった。同調者や現地住民の支援者が必要な中で，大量無差別殺傷しかも核テロをやれば支持者から見放されるであろうから自制するはずという考えは広く受けいれられた。テロリストにも道義的配慮か政治的計算が働き，自己抑制するというのである。実際に70年代半ばは，犠牲者が1人でも出るテロ事件が全体の20％以下にすぎなかった（つまり脅しが大半を占めた）。テロ研究者の多くは核テロが少なくともその頃に発生するとはあまり考えていなかったのである。以後，ジェンキンスは，この75年論文を土台にして，今日に至るまで核テロの可能性について折に触れて論考を発表し続けている[5]。

（4） 宮坂直史『国際テロリズム論』（芦書房，2002年）165-166頁。ジェンキンスの "Will Terrorists Go Nuclear?" は，<http://www.rand.org/pubs/papers/p5541/>, accessed on August 10, 2007 よりダウンロード可。

（5） ジェンキンスの最新エッセイは "Nuclear Terror: How Real?" *The Washington Times*, May 13, 2007.「核テロリズムが回避できるかそれとも時間の問題かを解こうと思っても，それはいまでも推測の域にとどまる。それでも，これは世界中の政府に突きつけられている問題であり，一般の人々にとって懸念の元であり続けるであろう」と結んでいる。

第 3 部　核不拡散

　1980年代になっても一部の専門家の間で核テロの議論は続いた[6]。それを促す決定的な事件があったわけではないが，テロ自体は70年代以上に中東，欧州，中南米を中心に吹き荒れた。民間非営利のシンクタンク，核管理研究所（Nuclear Control Institute）の創設者であるリーベンソール（Paul Leventhal）は核テロの危険に警告を発する中心的な存在であった〔2007年4月に死去〕。1985年6月に同研究所が主催した国際会議「国際テロリズム：その核の次元」（Conference on International Terrorism: The Nuclear Dimension）には150人の専門家が参加した。さらに同年に核管理研究所は，「核テロリズム防止に関する国際作業部会」（International Task Force on Prevention of Nuclear Terrorism）を13カ国の原子力・テロ問題専門家26人から組織し，特別報告書を発表した。部会員たちの現状認識は厳しく，過去20年間に欧米中心に核施設がテロの対象にされたのは155件に達し，管理の万全でない小型核兵器，原子炉，核燃料施設が多く，核に関する技術情報，核燃料物質の闇市場が出現しつつあることなどから，核テロの危険が高まっているという内容の報告書であった[7]。そして，核テロ防止のために米ソ協調の他さまざまな具体的な提言をしている。85年の段階で米ソ協調の提言は早すぎると思われるかもしれないが，ソ連も当時海外でのテロに巻き込まれ犠牲者を出し，国連総会第六委員会での国際テロリズム討議でもソ連は米国側の主張に近づきつつある時期であった。

　ジェンキンスは，こと大規模な核テロの可能性という点では相変わらず低く見積もっていた。75年に「テロリストは核武装するか？」を発表してからちょうど10年経ち，彼は再びさまざまなアクターや多様な核テロを再検討した。テロリズムの過激化の傾向や，核テロへの敷居が低くなる可能性を考慮し，将来的にロウ・レベルの核関連テロは起きるであろうが，「テロリストの核武装は依然として異なる次元への飛躍であり，不可能とまでは言わないが，決して差

（6）　例えば Thomas C. Schelling, "Thinking about Nuclear Terrorism," *International Security*, vol. 6, no. 4, Spring 1982 などがある。他にもランド研究所からいくつかの出版が続いた。Cameron, "Weapons of Mass Destruction Terrorism Research," p. 73.

（7）　核管理研究所 <http://www.nci.org/nci-nt.htm> に国際作業部会報告書 *Report of the International Task Force on the Prevention of Nuclear Terrorism* が掲載されている。その概要は『レファレンス』（国立国会図書館）36(9)（1986年9月）129-131頁に紹介されていた。

し迫った危険でも不可避なことでもない」[8]と結んでいる。

核テロの可能性が高いという国家的なコンセンサスがあれば，その対策は急を要するはずである。しかし80年代の米国は，核テロ以下の爆弾テロ，ハイジャックや誘拐事件に振り回されており，核テロ対策がメインになる余裕はなかった。

(2) 1990年代以降

1989年，モスクワと米国のサンタモニカで「テロリズム防止の米ソ・タスク・フォース」に関係する諸会議が開催された[9]。これはその後の米ソ（ロ）対テロ協調路線の端緒として画期的な企画であった。このときソ連側参加者から核テロリズムの危険性が提起された。ただそれは確たる分析に基づく脅威認識の披露というよりも，（米国の）核兵器の小型化への懸念や，何よりも86年のチェルノブイリ事故のようなものが悪意によって引き起こされることへの漠然とした不安による発言だと米側には受けとめられた。その後，ロシアではテロリストが核爆発を起こす可能性よりも核施設を攻撃することが警戒された。ロシアは97年に核テロ防止条約（後述）の提唱国となった。

一方，核テロ問題に最も敏感であってもおかしくはない国としてイスラエルが挙げられるが，イスラエルでは脅威を誇張するアラーミストは見当たらず，核テロはさほど議論にはならなかったようである。英国でも，米国の文献を賑わせたような核テロ脅威論はなかった[10]。

米国では90年代半ばになってから，NBC（核・生物・化学）をセットにした脅威論が急速に台頭した。従来は大量破壊兵器テロの中でも核テロだけが取り上げられていたが，ここにきてNBCテロ全体に光が当てられた。その直接的な契機は，オウム真理教事件である。オウム真理教は1990年からバイオテロを実行してきたが，その行為が広く知れわたるのは1995年3月の東京地下鉄サリ

---

(8) Brian Michael Jenkins, "Will Terrorists Go Nuclear," *Orbis* (Fall 1985), p. 515.
(9) Igor Beliaev and John Marks, eds., *Common Ground on Terrorism: Soviet-America Cooperation Against the Politics of Terror* (New York And London: W.W. Norton and Company, 1990), pp. 39-45.
(10) Nadine Gurr and Benjamin Cole, *The New Face of Terrorism: Threat from Weapons of Mass destruction* (London and New York: I.B.Tauris Publishers, 2000), pp. 13-18.

ン事件後になってからである。オウム真理教の一連の事件は，米国でいち早く「非国家アクターへのWMD拡散の先駆的な事例」(上院調査小委員会，1995年10月31日）と国際安全保障上意味付けられ，その解釈が多くの論文や書籍に引用されたことによって[11]，宗教テロの台頭と大量破壊兵器使用，大量殺傷の相関関係がクローズアップされた。

　このオウム真理教もその1つであるが，90年代に宗教テロリストやカルトの引き起こすテロリズムが大量殺傷化した。一度に100人以上の死者または1,000人以上の負傷者をもたらすテロを大量殺傷テロというならば（筆者の規定)，それは90年代以前には稀にしかなかった。そのときの標的は，特定の旅客機や軍施設などであった。ところが，90年代以降その様相は一変する。1,000人以上が負傷した93年2月26日のニューヨーク世界貿易センタービル爆破事件を嚆矢として，比較的短い間隔で大量殺傷が繰り返された。しかも，住宅地，観光地，オフィスビル，そして航空機以外の公共輸送システムにまで大規模テロのターゲットが広がった。彼らのテロは，自らの組織の大義を広く知らしめるためではなく，また組織力を維持するために人質をとって仲間の釈放や身代金を要求するためでもなかった[12]。70年代のテロリストと違って，大義を伝えたり，組織力を維持するためには何も「直接行動」でなくても，インターネットを通じて平時から行うことができる。宗教テロリストは，自らはすでに「戦争」（防衛戦争）をしている気分になっており[13]，だからこそ予告も犯行声明もない爆弾テロを起こすといえよう。勿論，大量殺傷テロを行うのに何もNBC兵器を使用する必要はない。手製の爆薬でも十分である。ただこの間に台頭してきたテロリスト（オウム真理教やアルカイダだけでなく，群小のテロ集団，組織外の一匹狼のテロリストまで）がNBCに興味をもち，それを試そうと

---

(11)　宮坂『国際テロリズム論』194-200頁。
(12)　すべての宗教テロがそうであるわけではない。99年8月〜10月のウズベキスタン・イスラム運動による日本人誘拐は，何らかの取引（明かされていない）が成立し人質が釈放された。
(13)　マーク・ユルゲンスマイヤー（立山良司監修，古賀林幸，櫻井元雄訳）『グローバル時代の宗教とテロリズム』（明石書店，2003年）。本書のキーワード「コスミック戦争(cosmic war)」（第8章）を参照のこと。[Mark Juergensmeyer, *Terror in the Mind of God: The Global Rise of Religious Violence* (Berkeley: University of California Press, 2000), pp. 145-163.]

したり，実行してきた事実がある。それがこの90年代以降の大量殺傷テロの実績とあいまって，いずれ壊滅的な NBC テロが起きるのではないかという不安をもって受け止められた。

1990年代，核テロリズムの可能性については，どちらかと言うとテロリズム研究者よりも安全保障や軍備管理・不拡散の専門家の方が，声高に唱え始めていた[14]。テロ研究者のジェンキンスは依然として慎重であった。ソ連崩壊や核の密輸，核拡散国の広がりによって，兵器級核分裂性物質の入手が容易になったこと，また，民族的な憎悪や宗教的狂信に動機付けられるテロリストに自己抑制は備わっていないなどの変化に注目しつつも，国家にとって「テロリストによる核テロを支援するのは魅力的ではない」，「核テロリズムへの傾斜を止められないわけではない」，テロリストの自己抑制は依然として90年代の多くのテロリストにも当てはまると指摘した[15]。しかし，ジェンキンスの名言であった「テロリストは多くの人に観てもらいたいのであって，多くの人を殺したいのではない」の後半部分が現実とは乖離し始めたのは明らかである。また，核テロは不可能でこそないが，なぜ今まで起きなかったのか，という問いもしばしば発せられた。それに対して合理的選択理論で説明できるとする議論もあった。つまり，テロリストは通常の伝統的な手段で目的を達成できたので，あえて困難な手段をとる必要がなかったというのである[16]。

さて，NBC テロ全体の中でも特に核テロに固有な，それが懸念される背景として以下の4つが挙げられるであろう。90年代に発生し9.11後にも継続する問題と，9.11後に新たに浮上した問題がある。

第1は，ロシアのルース・ニュークス（杜撰な核管理）問題である。1991年，

---

(14) 例えば Graham T. Allison, Owen R. Cote, Jr., Richard A. Falkenrath, Steven E. Miller, *Avoiding Nuclear Anarcy: Containing the Threat of Loose Russin Nuclear Weapons and Fissile Material* (Cambridge: The MIT Press,1996), Introduction, pp. 1-19; Ashton B. Carter and William J. Perry, *Preventive Defense: A New Security Strategy for America* (Washington D.C.: Brookings Institution Press, 1999), chapter 5, pp. 143-174.

(15) Brian Michael Jenkins, "Will Terrorists Go Nuclear? A Reappraisal," in Harvey W. Kushner, ed., *The Future of Terrorism: Violence in the New Millennium* (London: Sage Publications, 1998), pp. 248-249.

(16) Stanley S. Jacobs, "The Nuclear Threat as a Terrorist Option," *Terrorism and Political Violence,* vol. 10, no. 4 (Winter 1998), pp. 158-159.

第3部　核不拡散

核大国ソ連が崩壊し，その後，政治，経済的な大混乱に陥った。これによって，米ロの第一次戦略兵器削減条約（START I 条約）の実施というプラスの進展に反比例して，核物質，放射性物質の管理や処分がままならないマイナスの状況が出現し，核の密輸が絶えなくなった。IAEA の核密売データベース（IAEA Illicit Trafficking Database）には，1993年から2005年までにデータベース・メンバー国（2006年8月で91ヵ国）の捜査当局から827件の報告があがってきた[17]。国別には公表されないが旧ソ連を出所とする事件が多いのは間違いないであろう。うち224件が核物質，516件は放射性物質であった。核物質の大多数は低濃縮ウランだが，16件だけは高濃縮ウランとプルトニウムの密売が摘発された。1度の摘発で最大量は高濃縮ウランの場合は3キログラム弱であり（1994年3月，セントペテルスブルグ），プルトニウムでは363グラムである（同年8月，ミュンヘン）。もちろんその程度の量では核兵器をつくれない。さりとて，密売の多くを占める放射性物質であってもダーティボムの原料となるので，「核のゴミくず」[18]と等閑視もできない。核密輸その他の不法活動は2006年も世界で計149件あったことが IAEA から報告された。

ロシアのルース・ニュークス問題はこの核密輸だけでなく，スーツケース型核兵器の紛失騒動と指揮命令系統の弱体化も一角を占める[19]。前者は，1997年5月，レベジ（Alexander Lebed）安全保障会議書記が訪ロ米議員団に語ったのが発端で，同年10月にはエリツィン（Boris N. Yeltsin）大統領の科学顧問が米下院の小委員会で，旧 KGB 指揮下でそれを開発・製造していたことを証言し

---

(17)　IAEA Database on Illicit Trafficking 2005 <http://www.iaea.or.at/publications/factsheets/index.html>, accessed on August 10, 2007.

(18)　レンセラー・リー・III『核の闇市場』（連合出版，2004年）34頁。[Rensselaer W. Lee III, *Smuggling Armageddon: The Nuclear Black market in the former Soviet Union and Europe* (New York: St. Martin's Press, 1998), p. 15.] 全般的にリーは脅威や危険を誇張することなく冷静に分析を加えている。

(19)　筆者はロシアのルース・ニュークスを，①核密輸，②核兵器紛失，③指揮命令系統の混乱の3セットで捉えた。宮坂直史「米ロ核軍縮と核テロリズム」『治安フォーラム』2000年10月号，96-104頁。なお，核密輸や核分裂物質の回収については，NHK 広島核テロ取材班『核テロリズムの時代』（NHK 出版，2003年）参照。ロシアだけでなく，米国においても核兵器の紛失（誤って海中に投下したまま回収されない事案）や，放射性物質の盗難は発生している。駐車中の車両からの少量の盗難が多い。その点は，吉田文彦編＋朝日新聞特別取材班『核を追う　テロと闇市場に揺れる世界』（朝日新聞社，2005年）133頁。

た[20]。スーツケース型核兵器は運搬の容易性という点で，核テロの脅威を直接掻き立てるものである。ただし，その真相は未だに不明である。スーツケースサイズかどうかはともかくとして，1キロトン未満の小型核爆弾の存在は米ロともに確認されている。

加えて，核兵器の指揮命令系統の弱体化による誤認で偶発的な先制攻撃を行うのではないかという不安が高まったことで，それにつけこんで，テロリストが指揮命令系統を混乱させたり，司令部や現場を占拠する恐れも浮上した。

第2の背景は核拡散の進行，特に90年代にイラク，リビア，北朝鮮，イランに代表されるならず者国家（rogue states）問題が深刻化したことであった。ならず者国家とは，核不拡散体制に入りながらも隠れて核兵器開発を行っているのではないかという疑惑をもたれた国あるいは現実に核兵器開発に着手した国に対して，米クリントン（Bill J. Clintonl）政権がレジームを裏切る国家を非難する政治的レッテルとして使用し始めた用語である。ならず者国家と名指しされた国は，例外なくテロ支援国家でもあった[21]。テロ支援国家とはカーター（James E. Carter）政権期以来の輸出管理法にもとづく制裁の伴う指定制度であるという点で，ならず者国家とは概念的に全く異なる。もちろん，ならず者国家でありテロ支援国家であるからといって，即座に核テロの候補には成りえない。

しかしこれらのほとんどの国が独裁政権で，すべての国で重大な人権侵害が指摘されているとなれば，核テロさえ支援しかねないのではないかという警戒心を一般の人々の中に掻き立て易い。米ブッシュ（George W. Bush）政権はイラク戦争に入る前に，イラクが「同盟する」テロリストに核のテクノロジーや生物，化学兵器を渡せば米国は攻撃されると繰り返した。「これほど明らかな危険に直面しているのに，キノコ雲の形になるに違いない決定的証拠が現れるのを，座して待つわけにはいきません」（2002年10月7日，ブッシュ大統領によるシンシナチ演説）とまで言った。この演説は，一般の人々の間に先制攻撃への支

---

(20) 『朝日新聞』『毎日新聞』『読売新聞』いずれも1997年10月3日夕刊。
(21) 1993年から2004年までのテロ支援国家はイラン，イラク，リビア，北朝鮮，シリア，スーダン，キューバの不動の7カ国であり，とりわけ前4者が「ならず者国家」と非難されることが多かった。その後，イラクとリビアはテロ支援国家の指定から解除された。

持を集めようとする試みに他ならない。

　もっとも，特定の国が特定のテロリストに核兵器や兵器関連テクノロジーを渡したことは今まで確認されていない。将来その可能性を排除することはできないものの，現時点でその具体的な組み合わせは考えにくい。そもそも独裁的政権とテロリストという最も懐疑的な者同士のこと，国家がテロリストを核武装させるリスクを冒すのか筆者には疑問である。国家が重大なテロ行為を行う場合には，大韓航空機爆破事件（1987年11月29日）やラングーンのアウンサウン廟爆破事件（1983年10月9日），パンナム機爆破事件（1988年12月21日）のように，テロリストに頼るのではなく，自らの工作要員を使ったケースが多いように思える。

　第3に，核テロから想起されるテロ組織の存在である。この点もまた70年代から80年代の状況とは異なる。当時の有力テロ組織は大規模な核テロの候補者とは見なされなかった。具体的な主体を欠いた脅威論が横行していたとも言える。それが90年代になって，必ずしもコンセンサスがあったわけではないが，ヒズボラという核テロ第1候補が浮上したのである。ヒズボラはレバノン南部を拠点とする反イスラエルの戦闘組織として結成された。だが米国に対してもイスラエル同様に公然と敵視し，1983年10月のベイルート海兵隊司令部自爆テロのような大規模事件を起こしている。90年代に入ってからはブエノスアイレスでの対イスラエル・ユダヤ人テロに関与した（92年3月17日のイスラエル大使館爆破と，94年7月18日のユダヤ人コミュニティ組織の入居したビル爆破）。

　ヒズボラが世界貿易センターに核爆弾を仕掛けて，仲間の釈放やイスラエルの占領地からの撤退を要求するというシナリオが，核テロの論文に表れるのは90年代前半である[22]。また，1996年には核テロ図上演習が有力シンクタンク戦略国際問題研究所（CSIS）主催のもとに官民の参加を得て実行されている[23]。ここでもヒズボラが米本土で核爆発を起こすシナリオであった。

　そして2001年の9.11テロを機に核テロ候補のナンバー1はヒズボラからアル

---

(22) Andrew Loehmer, "The Nuclear Dimension," in Paul Wilkinson, ed., *Technology and Terrorism* (Frank Cass, 1993), p. 59.

(23) CSIS Task Force Report, Global Organized Crime Project, *Wild Atom: Nuclear Terrorism* (The CSIS Press, 1998).

カイダになった。さらに，それ以前と比べて大きな変化は米国で一般国民の間でも核テロへの不安が高まったことであろう⁽²⁴⁾。アルカイダの既に逮捕されていたメンバーが法廷で核の買い付けを試みていたことを証言したことに加えて，アフガニスタンのアルカイダの拠点から核開発を思わせる文書が出来てきたこと，パキスタンの核技術者と会談していたことなど，どれをとってもアルカイダの核開発がいかなる段階に来ていたのかを証拠付けるにはほど遠いが，9.11という予想外の手法が使われた衝撃から今後は何でもアリではないかと人々に漠然と思わせた。核の密輸をフォローしてきたIAEAもまた核テロへの警戒を発し始めた。

　第4に核テロの可能性を国際環境面から再考させる事態は，2004年2月のカーン・ネットワークの発覚であろう。その全貌はパキスタン政府の態度と方針に阻まれて明らかになっていない⁽²⁵⁾。2007年5月の英国国際戦略研究所（IISS）のレポートによると，カーン（Abdul Q. Khan）博士と協同していたことが判明している40人のうち，わずか2，3人しか収監されていない⁽²⁶⁾。公式の国家支援よりも，むしろこのようなネットワークの方が，私的な利害関係で動いていたと思われるだけに，類似するネットワークがあればテロリストはそこから便益を得るであろうと想像できる。一般的に核の闇市場は1970年代からその潜在的な存在が指摘されており，90年代には最終バイヤーも不明な無秩序的な闇市場が旧ソ連からの核の密輸を動かしてきたが，カーン・ネットワークというのは初めて中心的な個人と企業，そしてエンド・ユーザーのいくつかが明らかになった事例になる。

　以上4つの側面を挙げてきたが，今日，①のルース・ニュークスは解決したわけではなく，②の核拡散もリビアのように核開発を放棄した国がある一方で，そうとは思えない国もあり，③のアルカイダ・ネットワークも壊滅どころか姿

---

(24)　吉田『核を追う』，巻末資料「日韓中米仏独6か国調査（核意識調査）2005年7月実施」によると，米国では，核兵器が現在または将来の核保有国よりもテロリスト集団によって使われると考えている回答者が，他国よりも多い。

(25)　Gordon Corera, *Shopping for Bombs: Nuclear Proliferation, Global Insecurity and The Rise and Fall of the A.Q. Khan Network* (New York: Oxford University Press, 2006) が現時点ではカーン・ネットワークに詳しい文献である。

(26)　<http://www.spacewar.com/2006/070611230051.5o0vxylq.html>, 2006年6月11日AFP配信 (accessed on August 10. 2007)。

形を変えてきた。つまり，問題として解消されたものは何1つない。その上で，④カーン・ネットワークの発覚と公的な第三者機関による徹底的な真相究明のないままの幕引きである。このような状況であるから9.11テロ以降，核テロの発生を懸念する声が高まるのは当然であろう。それでも核爆発を伴うテロについては依然として論争が続いている。その脅威が誇張されているとする見方と，兵器級の核分裂性物質も入手できるし，即席核爆弾もテロリストが作れないわけではないという考えが対立したままである(27)。

2　核テロリズムの範囲

次に核テロリズムとは何かその整理をしておきたい。核兵器を爆破させるだけが核テロではない。ダーティボムなども含めてすでに1970年代から多くの文献ではその種別ごとに分けて議論されてきた。いまは核テロ防止条約（核によるテロリズムの行為の防止に関する国際条約。2005年4月国連総会採択，2007年7月発効）があるので，まずはその第2条からみていきたい。ここには条約上の犯罪として次の行為があげられている(28)。

1　不法かつ故意に行われる次の行為は，この条約上の犯罪とする。
　(a)　次のいずれかの意図をもって，放射性物質を所持し，又は装置を製造し若しくは所持すること，
　　ⅰ）死または身体の重大な傷害を引き起こす意図
　　ⅱ）財産又は環境に対する著しい損害を引き起こす意図
　(b)　次のいずれかの意図をもって，放射性物質若しくは装置を使用すること（方法のいかんを問わない），又は放射性物質を放出する方法若しくは放出するおそれのある方法で原子力施設を使用し若しくは損壊すること
　　ⅰ）死又は身体の重大な傷害を引き起こす意図

---

(27)　核テロの可能性を低く評価するものとして，Robin M. Frost, *Nuclear Terrorism After 9/11* (London: IISS Adelphi Paper 378, 2005) と，それに反論する Anna M. Pluta and Peter D. Zimmerman, "Nuclear Terrorism: A Disheartening Dissent," *Survival*, vol. 48, no. 2（Summer 2006）などを参照のこと。

(28)　訳文は次のサイトに収録されている外務省訳を引用した。<http://www.mofa.go.jp/mofaj/gaiko/treaty/pdfs/shomei_14.pdf> 2007年8月10日アクセス。

ⅱ）財産又は環境に対する著しい損害を引き起こす意図

ⅲ）特定の行為を行うこと又は行わないことを自然人若しくは法人，国際機関又は国に対し強要する意図

2　次の行為も犯罪とする。

(a) 脅迫が確かなものであることを示唆する状況下で，1(b)に定める犯罪を行うとの脅迫すること。

(b) 脅迫が確かなものであることを示唆する状況下で脅迫し，又は暴行を用いて，不法かつ故意に放射性物質，装置，又は原子力施設を要求すること。

3　1に定める犯罪の未遂も犯罪とする。

4　1，2，3に定める犯罪への加担，それを行わせるための組織化，指示，それを実行する集団への寄与行為（4項は略記した）。

　この条約のなかで放射性物質は，核物質その他の放射性を有する物質とされ，装置とは，核爆発装置，放射性物質を散布し，または放射線を発散させる装置と規定している。これらにより条約上の犯罪（核テロリズム）とは，簡潔にいえば，核爆発テロであり，放射性物質を使用するテロであり，原子力施設を利用したテロであり，それらを実行するとの脅迫や未遂も含まれる。つまり従来から議論されてきた種類が規定された。この核テロ防止条約は，国際テロ関連条約の1つとして位置づけられている[29]。

　国際テロ関連条約の中には，核テロ防止に関係するものとしてもう1つ，「核物質の防護に関する条約」（1980年署名，87年発効）とその改正がある。この核物質防護条約は70年代の核テロへの不安を背景とし，核物質の不法な取得や使用を懸念し，平和目的のために使用される核物質の国際輸送中のものに適用されたが，2005年改正は，国際輸送中のみならず国内輸送中の防護や，使用，

---

[29]　国際テロ関連条約については，宮坂直史「テロリズムとテロ対策」大芝亮・藤原帰一・山田哲也編『平和政策』（有斐閣，2006年）所収第10章を参照のこと。この条約の1つである「テロリストによる爆弾使用の防止に関する国際条約」（2001年発効，日本も批准済み）において，「爆発物その他の致死装置」の中には生物剤，化学剤に加えて，「放射線又は放射性物質の放出，発散」する兵器や装置も入っているので，核テロ防止条約はこの先行条約と一部重複している。核テロ防止条約を批准するにあたって日本は2007年の第166国会で「放射線を発散させて人の生命等に危険を生じさせる行為等の処罰に関する法律」を成立，公布（5月11日）させた。

第3部 核不拡散

貯蔵，原発施設における管理体制の強化を図るものである。これに関連して，核施設内部で働く従業員や出入りを許可されている業者による不正行為からもたらされる脅威のことを「内部脅威」という。国際原子力機関（IAEA）は，1972年から核防護体制の強化と改善の勧告に取組んでおり，1999年6月に内部脅威対策を含めて，核物質不法移転と妨害破壊行為を最小限にするための現行ガイドライン（INFCIRC/225/Rev.4）を勧告し，日本（文部科学省，経済産業省など）を含め各国は対応を検討してきた経緯がある。

以上のような条約やガイドラインで規定された犯罪行為をもとに，さらにいくつか想定できる形態を追加して，表のように11段階に分けてみた。①から⑪になるにつれて人への傷害や建造物や環境への損害規模が，小さなものから大きなものになると予想される。

表　11段階の核テロ

核テロのシナリオ	傷害・損害程度	実行主体	実例
①偽物による脅し	なし	個人でも可	あり
②示威や脅迫に核関連物質使用	なし	個人でも可	あり
③輸送襲撃または核物質強取	小	グループ以上	あり
④核関連施設外部からの攻撃	小～中	個人でも可	あり
⑤核関連施設内部からの破壊	小～中	グループ以上	あり
⑥特定個人の暗殺	小	グループ以上	あり
⑦RDDまたはREDの使用	中～大	グループ以上	なし
⑧IND（即席核爆破装置）の使用	中～大	組織力	なし
⑨核関連施設から放射性物質大量放出	大	組織力	なし
⑩軍用核兵器の使用	大	組織力	なし
⑪同時，連続核爆発，BCテロ伴う	大	組織力	なし

（筆者作成。小・中・大は相対的な程度。「グループ」は組織には至らない数人以上の集まり）

①はダーディボムや放射性物質にみせかけた偽物を放置したり，所持していると思わせて脅しをかける。1975年に米エネルギー省内に核緊急探知チーム（NEST）が創設されたきっかけは，その前年にボストンで発生した脅迫事件であった[30]。捜索，捜査のコストはかかるが，傷害や損害は発生しない。

---

(30) Jeffrey Richelson, "Defusing Nuclear Terror," *Bulletin of the Atomic Scientists*, vol. 58, no. 2 (March/April 2002) p. 40.

②は核物質の散布まではしないが実物を使用して示威や脅迫を行う。1995年11月，モスクワのイズマイロフ公園にチェチェン過激派のリーダー，バサエフ（Shamil Basayev）がセシウム137を埋めてテレビ局員立会いのもとに掘らせた有名な事件がある。これは放射性物質が最も活発なテロリストの手に渡っていたことを示す唯一の事例である。

③は海上，陸上で核物質の輸送中を襲撃したり，あるいは核関連施設から核物質を強取することである。被害はその事件現場で発生するが，問題は，強取された核物質がどのように使用されるかという次の段階にある。

④は核関連施設に対してロケット砲を撃ったり，その周辺で爆弾を使用するなど施設外からの攻撃で実害が発生するが，放射性物質の深刻な漏洩には至らない。今後はサイバー攻撃も増えるかもしれない。有名な事件として，フランスでは1982年1月，建設中のスーパーフェニクスに対してエコ・テロリストがロケット砲を打ち込み，4発が建屋に命中し，厚さ1メートルの原子炉格納容器に30センチメートルの穴を開けた。同年12月に南アフリカではアフリカ民族会議（ANC，現与党）が原発で数時間のうちに4つの爆弾を爆破させたが，炉心の破壊までは意図していなかった。

⑤は核関連施設に侵入し破壊活動（放火やケーブル切断など）に出たり，占拠して何らかの要求を政府・事業所に対して行う。インサイダーが主犯であったり加担することもある。これは内部攻撃なので，④の外部からの攻撃よりも，場合によっては重度の損害を被ることもあるだろう。④と⑤は，未遂や攻撃の失敗，大事に至らなかったケースなどを含めて多くの実例がある[31]。

以上の①～⑤は，実際には核爆発による災害も，放射線による被害も発生しない核テロである。それでも③，④，⑤のように爆発や破壊工作に巻き込まれて人に傷害が及んだり施設が損害を受けたりすることは考えられる。重大な傷害や損害が発生しなくても，その事件の発生状況や文脈，マスメディアの取り上げ方，社会的な敏感性などによって，不安を動機とする不条理な集団思考や集団行動による社会的，経済的な損害まで発生しないというわけではない。①

---

(31) 板倉周一郎・中込良廣「核防護システムの評価の視点からみた核防護制度の課題」『日本原子力学会和文論文誌』vol. 5, no. 2（2006）pp. 139-141に，伊藤正彦「原子力施設侵入／テロ事件の事例」の一覧表が引用されている。

の偽物による脅しは，いたずらの場合，核テロ防止条約上で犯罪を構成する意図には相当しないが，それが発生したときの状況や国家や社会の反応次第で（いたずらとはわからないのであれば），テロになるといっても過言ではない。

これらに対して⑥～⑪は，核による傷害や損害が実際に発生するケースである。

⑥は暗殺。バイオテロが無差別殺傷だけでなく個人テロにも用いられるのと同様に，放射性物質も暗殺用に使用されることがある。2006年11月に，ソ連出身の元KGB（現FSB－連邦保安庁）工作員でイギリスに亡命中のリトビネンコ（Alexander Litvinenko）は何者かにポロニウム210を盛られて死亡した。核テロ防止条約では国家による行為で他の国際法で規律されるものは除外している。もしこの実行犯（英国が引き渡しを要求しているのは元FSBの幹部で実業家）の背後に国家機関が関与しているならば，条約上の核テロにはあたらないかもしれない。それはともかく，この事件は専門家にとってポロニウムが使用されたので驚きをもって受けとめられ，「本物のプロが関与した初めての放射性物質を使ったテロもしくは犯罪」[32]とみなされた。

⑦のダーティボム（RDD）や放射性物質拡散装置（RED）は，②の脅し以外に使用された実例がない。2004年に逮捕されたインド生まれの英国人（Dhiren Barot）は，放射性物質によるテロ準備を含めて終身刑を宣告された。2002年には，シカゴで米国人（Jose Padilla）が，ダーディボムの使用の計画を立てていたとして逮捕され，「敵戦闘員」として拘束されていた。2007年5月よりマイアミで裁判が始まったが犯行の詳細はまだ明らかでない。⑦～⑪の核テロの中では，この放射性物質の散布が一番発生する可能性が高いというのが専門家のほぼ一致した見方である。放射性物質の入手や爆破装置の製作が容易だからである。ただし傷害や損害の程度については使用される物質の種類や量，散布時の気象条件などに左右されるといわれている。これによって一定地区の経済活動や交通をストップさせられるであろう被害想定から，大量破壊兵器というよりも，同じWMDでも大規模途絶兵器（weapons of mass disruption）という方が実体にあった呼称かもしれない。

---

(32) Warren Stern and Charles D. Ferguson, "The Bad Boys Know What They Are Doing," *International Herald Tribune*, December 20th 2006.

⑧～⑪の壊滅的な核テロも実例はない。⑧の即席核爆破装置（IND），特にガンタイプ型は大掛かりな開発チームを必要としないのでテロリストが自ら作るにはこのタイプであり，あとは必要量の高濃縮ウランを入手すればよいと言われている。

3　核兵器への意志

　核テロが発生する可能性については今日でも30年前と変わらず1つの論点になっている。とは言うものの，いくつかの核テロはすでに発生している。そこで問題は，いままで発生しなかった深刻な結果をもたらす核テロ（前節のとりわけ⑦～⑪）が発生する可能性ということになる。

　まず核テロの候補者を見渡して，その能力と意図を分析することがオーソドックスな方法であろう。核テロ候補者は，アリソン（Graham Allison）の『核テロ』の中では，アルカイダだけでなく，ジェマ・イスラミヤ，チェチェン分離独立派，ヒズボラ，パキスタン内部からのスプリンター（分派）集団，そして終末論的カルトである[33]。過去の無差別大量殺傷の実績などからすれば，まずこれら組織から挙げるのは妥当なところである。

　しかしこれら組織が大規模核テロを行う意図と能力をいま有しているのかは，入手可能な資料からではわからないとしか言いようがない。一般論として，現存組織に焦点をあてるときに留意しなければならないのは，テロ組織は国家に比べてはるかに寿命は短いし，目標も変わりやすく，指導層の入れ替えも早い。組織の分裂や合併は日常茶飯事である。キーパーソンの死亡や逮捕によって組織の力が大きく低下することもある。バサエフが2006年7月に死亡してからチェチェン過激派は大規模テロを行っていない。ジェマ・イスラミヤは2006年には，それまでの年中行事的な大型自爆テロを実行出来なかった。過去に無差別大規模テロを起したからと言って，今もその可能性が高いとは限らない。逆に，新たなメンバーが加入することで武器の選択肢が増え，攻撃力が増すこともある。ノーマークの集団が突如衝撃的にテロ・デビューしたり，弱体化した

---

(33)　アリソン『核テロ』23-52頁。[Allison, *Nuclear Terrorism*, pp. 19-42.]

と思われていた組織が大規模テロを起こしたりする例は，テロリズムの歴史に少なくない。

また少なくとも現存する組織で，核兵器への興味を抱いたものはあるが，大規模な核テロを行う意図をいま明確に示している団体はない。過去にも具体的で実行可能な核テロ計画の存在が文書や裁判で裏付けられたものもない。ほとんどは断片的な証言にすぎない。

ファーガソン（Charles D. Ferguson）とポッター（William C. Potter）は，核テロ候補のテロ集団を4つに分けている。①終末論・黙示録集団，②政治的動機と宗教的動機を併せ持った集団，③ナショナリスト・分離主義集団，④単一争点テロリストである[34]。特定の団体に焦点をあてるのは難しいので，このようにテロ集団を類型化して，それぞれの性質を理解しておくことは，新たな主体の登場に意表を衝かれることを減らす意味でも重要であろう。

核テロの能力と意図も一般論から述べて，特定組織にどこまで当てはまりそうかを類推していくしかないであろう。

まず能力とは，核兵器または放射性物質散布装置を製造したり取得（窃盗か譲渡か買取）したり，それを運搬したり爆発させることができたり，あるいは核関連施設に対して現実的な脅威を及ぼすことできる力である。このうち少なくとも核兵器を製造するとなると，それに相当する高濃縮ウランかプルトニウムを入手し，さらには大きな施設や人員が必要になる。それはテロ組織が単独で実行するには困難であると見なされることが多い。組織外からの支援なくして核兵器を製造するのは難しい。その場合，国家支援が浮かぶが，国家支援といっても，テロリストの核武装を公式の政策として認可するのではなく，一部の関係国家機関や人間が勝手にそれを助けたり，政治的な混乱のなかで大規模な反政府組織がそれを手中にすることならば想像できなくはない。ある一定以上の専門知識を持つチームを抱えた組織であれば，技術的な障壁は超えられるであろう。

次に意図である。特定の組織が核テロを実行することを明言していないので，ここでは核兵器への「意志」について分析しておきたい。意志とは，ある行動

---

[34] Ferguson and Potter, *The Four Faces of Nuclear Terrorism*, pp. 14-20.

をとることを決意しそこに向けて努力を持続させる心的機能という意味でとらえておく。大規模な核テロはその準備に時間がかかるので，その間の意志が必要になる。核を持ちたいというのは，いくつかの動機付けがあるはずで，攻撃か防衛の目的にかなうから，組織やネットワークなどの士気を高めるなどさまざまであろう。国家の場合はナショナル・アイデンティティのような観念的な要素もあるかもしれないが，テロ組織の場合は指導者の描く戦略や嗜好に左右されるであろう。テロリストは核が手に入れば実際に使う，という見方もある。確かに組織寿命の短さや，存在が認知されるわけでもなければ，国家のように抑止のために持っているだけというわけにもいかないかもしれない。だが，そうだとしても，あれば使うというのはやや単純な見方であろう。

　意志には2種類ある。1つは，目的合理的な考え方に伴う意志である。つまり，明確な目標があって，それを達成する手段として核の保有を考える。敵の攻撃の抑止とか，攻撃対象が明確になっていることである。もう1つは価値合理的な意志であって，核兵器という巨大な破壊力に魅せられて，どのように使用するかよりも，とにかく保有したいという思いである。これら2つの意志のうち1つの主体がどちらだけを有しているというわけでもないであろう。2つの意志のどちらがより多いかは程度問題かもしれないが，2つの組織を例にあげて再考してみたい。

　目的合理的な意志を有していた（いる）と思われるのはアルカイダであろう。しばしば引用されてきたビン・ラディンの言は，1998年12月のアルジャジーラとのインタビューの一節である。インタビュアーが，あなたが核兵器を求めていることを確認してよいのかと問うと，「それらの獲得はムスリムにとって義務である」[35]とまで述べている。核兵器を取得したり製造したりするための初歩的な研究を進めており，核物質の買い付けに動いていたことは，さまざまに報じられてきた。アルカイダには核を取得したいという意図はあったのだろう。もし核の保有に成功すれば，その使用については政治的あるいは戦略的に熟考するであろう。彼らが引き起こしてきた大規模テロは，1998年8月のケニア・タンザニア米大使館爆破事件や9.11テロのように，実行までに多くの時間と労

---

(35) Bruce Lawrence, ed., translated by James Howarth, *Messages to the World: The Statements of Osama Bin Laden* (London: Verso, 2005), p. 72.

力を費やすのが特徴であり思いつきではテロをしない。アルカイダの幹部で対米テロを検討した Khalid Shaikh Mohammed は，核施設への攻撃も１つのオプションとして考えていたことを明らかにしている。また，ビン・ラディンは米国に核使用をさせないための抑止として核兵器を保有すると明言したことも伝えられた。手に入ったとしても虎の子となる数少ない核兵器をすぐに使うものだろうか。組織が円熟期にあると認識すれば，それはますますありそうもない。いまもし核兵器によるテロが発生すれば，それは相当以前に入手していたと推測すべきであろう。

次に価値合理的な意志，核兵器への愛着という点については，オウム真理教の例がある。オウム真理教といえば，大量無差別殺傷をもたらしたサリンや特定人物の殺害に用いた VX ガス，そして被害を出せなかったが何度も散布したボツリヌス菌や炭疽菌など BC テロのイメージがあまりに強い。だが，著名な精神医学・心理学者のリフトン（Robert Jay Lifton）が著書で詳しく論じているように，麻原彰晃は核兵器の威力に強くひかれて，ノストラダムスや聖書を利用した終末妄想のビジョンを信者に吹き込み，教団のみのサヴァイヴァル（修行と核シェルターによる）を強調していた[36]。日本国内（人形峠）と海外（豪州）での天然ウランの採取や（どこまで本気に核武装の第一歩と位置づけていたのか，それとも彼らの言う「修行」の１つなのか判別しにくいが），麻原の側近であった早川紀代秀がロシアで核弾頭を買いつけようとしたらしいメモが公表されたり，ロシア人のオウム信者がモスクワの核研究センターで働いていたこともあった。リフトンは，核兵器への異常な執着と同一化を「核兵器主義」(nuclearism) と名づけ，それをオウムに固有のものではないとしている。ハルマゲドンのイメージと固く結びついたこのような核兵器信仰は，アルカイダには見られない。もっとも麻原にとって核兵器は唯一の最終兵器ではなく，レーザー兵器やプラズマ兵器をも夢見て，側近信者たちは関連の研究施設に不法侵入し，商取引を試みていた。

---

(36) ロバート・J・リフトン（渡辺学訳）『終末と救済の幻想 オウム真理教とは何か』（岩波書店，2000年）199-200頁。[Robert Jay Lifton, *Destroying the World to Save it: Aum Shinrikyo, Apocalyptic Violence, and the New Global Terrorism* (New York: Henry Jolt and Company, 1999), pp. 193-201.]

核兵器は，古くから使われてきた生物兵器や化学兵器とは異なる魅力がある。後者は建造物までは破壊できないが，新しい，20世紀からの核兵器はそれが可能になる。それは万能の破壊に映る。生物，化学兵器も隠密に散布し広範囲な効果が期待できるのでテロリストには魅力的かもしれないが，やはり核兵器はテロリストにとってその権力欲を満たすための決定的なものになる。ここではテロリストが持つ核兵器への2つの意志を述べたが，それら意志は，国家による核開発や核兵器保有の動機付けの一部にもなっているのではないだろうか。ごく一部の国家は，抑止や攻撃オプションの1つとして，あるいは象徴的な価値としての国威発揚や威信のために核開発をしたり保有し続けたりする。それは人間集団の一部が内に秘める権力欲の現れであり，国家とテロリストを分け隔てるものではない。国家だけがその意志を独占することは出来ないのである。

4　国際的な核テロ対策の進展

本節では核テロ対策についてみていくが，前節で述べたように特定の主体がもたらす脅威ベースでの対策はとりにくい。その代わりに，核テロを可能とする環境要因を減らし未然防止を狙う環境ベースの対策が国際的に取られてきた。同時に，潜在的核テロリストと支援国に対する抑止の在り方と，被害管理の重要性も認識されている。

(1)　未 然 防 止

国際的に核テロ対策を最もリードしてきたのは米国であり，今日実施されている対策は米国のイニシアティヴで開始されたものが多い。核テロリズムを心配しなければならない1つの背景に，前述したようなロシアのルース・ニュークス問題があるわけだから，対ロ核管理の支援は最重要措置である。まずこの経緯を振り返っておきたい。

これは，米国が最も初期の1991年からソ連核脅威削減法（ナン＝ルーガー・イニシアティヴ）で，そして1993年には同法を協調的脅威削減（CTR）プログラムとして発展させていった。協調的脅威削減は大きく分けるならば2段階からなり，90年代前半はソ連崩壊後に拡散したウクライナ，ベラルーシ，カザフ

第3部　核不拡散

スタンのミサイルサイロ等の廃棄支援や、核兵器防護・計量管理（WPC&A）として括られる旧ソ連からロシアへ核を移送するのに必要な防護措置（特別なコンテナや車両）などの支援が含まれる。すでに90年代前半から核の密輸が現実化しており、これに対処するために核物質防護・計量管理（MPC&A）が90年代後半以降に実行された。

　旧ソ連からの「頭脳流出」も懸念されてきた。これに対する国際的な取組みとしては、国際科学技術センター（ISTC）の創設があげられる（米ロ、EU、日本の92年協定。モスクワに本部、CIS諸国6カ国に支部）。センターの目的は、旧ソ連の兵器専門家に対してその職能を平和活動に振り向けてもらう機会を提供することである。具体的には加盟国やパートナー（日本を含めて世界の有力企業）から研究開発のプロジェクトを募り、科学者の継続的雇用や活動参加をサポートするプログラムを作り、ファンドを集め、人材を紹介していくのである[37]。この研究開発は必ずしも核の分野だけではなく、バイオテクノロジー・ライフサイエンス、化学も含まれている。

　以上のような取組みで問題が解決したわけではなく、2001年の9.11テロを受けて、核管理は差し迫った問題だと広く認識されるようになり、2002年6月のG8カナナスキス・サミットでは「大量破壊兵器及び物質の拡散に対するG8グローバル・パートナーシップ」が採択された。CTRのG8拡大版といえよう。まずロシアに対して、退役原子力潜水艦の解体、核分裂性物質の処分、及び核兵器の研究に従事していた科学者の雇用などの諸問題に対処する協力事業を支援するために向こう10年間に200億ドルの資金を調達することとした。米国が100億ドル、他のG7で100億ドルの分担になるので、$10billionと$10billionの10年間より「10プラス10オーバー10」という標語が生まれた。ここにはG8に加えて北欧諸国など21カ国とEUが参加することになった。

　さらに、米ロ両国は、2004年5月に、米エネルギー省・国家核安全保障局（NNSA）が主導するグローバル脅威削減イニシアティヴ（GTRI）に合意した。これは米ロ両国がかつての同盟国などに民生用に高濃縮ウランを提供していたのだが、その未使用分や使用済み燃料を回収し、かわりに低濃縮ウラン燃料を

（37）　ISTC事務局長 Norbert Jousten の2005年3月来日時における講演会の配布資料。

提供し，米国が費用負担をする。この狙いは，テロリストが核兵器に転用可能な高濃縮ウランを入手し，ガンタイプ型のINDをつくることを防止するためのものである。このイニシアティヴでは，核物質や装置を特定するための包括的でグローバルなデータベースつくりも目指される。そして世界中の研究炉や関連施設の安全レヴューを実施し，サボタージュや盗難，テロ攻撃の脆弱性に関する核物質やサイトの予備的なリスク査定を発展させる。

しかし2005年になってもロシアの核管理は米国からみて不安なままであった。核の密輸が止まないことも一因である。杜撰な施設の警備や老朽化施設もさることながら，ハーバード大学原子力管理プロジェクト（Project on Managing Atom）のバン（Matthew Bunn）上級研究員は，ロシア人から心配症だと言われ，どうも不安のレベルがロシアと他の国では違うと述べている。同プロジェクトの2005年報告では，核物質が存在している施設の46％でセキュリティシステムが更新されていないとしている[38]。

ところで9.11テロ後の米ロ関係は決して順風満帆ではなかった。イラク戦争や軍備管理ではむしろ対立が目立った。対テロ戦争においても中央アジアへの米軍の投入に対してロシアは反発した。中ロが中心となる上海協力機構（SCO）はテロリズム・過激主義への対抗を主たるミッションに据えながらも，その協力の裏には米国一極支配への対抗意識があると解釈される。このような米ロ関係の悪化にもかかわらず，片やテロ対策とくに核テロ対策では共通利益を見出し協力関係が持続している。

米ロ関係の悪化が顕著になっていた2006年7月，サンクトペテルブルグで米ロ両国から「核テロリズムに対抗するためのグローバル・イニシアティヴ」（Global Initiative to Combat Nuclear Terrorism）が発表された。それは有志連合的に多国間の参加に発展していくわけだが，主な活動は以下の通りである。

- 核物質と他の放射性物質の計量管理，防護システムの発展と必要に応じた改善
- 民生用の核施設のセキュリティを高める

---

[38] Bloomberg (Washington D.C.) の2006年7月5日配信ニュース <http://www.bloomberg.com/apps/news?pid=20670001&refer=&sid=ayzhuvUoWdzo>, accessed on August 10, 2007 より。

・核物質の不法移転または他の不法な活動の探知と防止，特にテロリストによる取得と使用の防止措置
・核テロリズムが発生した場合の対応と緩和措置
・核テロリズムに対抗する技術的手段の開発協力を確保する
・核物質の取得や使用を求めるテロリストにセイフ・ヘブン（いわゆる聖域）を与えないためにあらゆる可能な法執行措置をとることを確保する
・テロリストおよびテロ活動を助長する者を訴追し処罰するための国内法を強化する

このように防護強化などの未然防止措置だけでなく，テロが発生した場合の対応についても取り上げている点が新しい。大規模な核テロの場合，どこで発生しても外国人を巻き込む恐れがあるし，医療，公衆衛生分野のみならず，交通や貿易ほかさまざまな産業，自然環境に及ぼす影響からも，地域的，国際的な共同対処が求められるであろう。

また，イニシアティヴの中では不法移転の探知と防止が挙げられているが，この点については，2007年6月，米NNSAとロシア連邦関税局（FCS）との間で，ロシア国境に350箇所に放射線検知器を2011年までに設置することに合意した。両国が検知器設置の費用約1億4,000万ドルを支出し，米側が検知器の維持管理に協力することになった。このイニシアティヴにはG8，中国，オーストラリア，カザフスタン，トルコ，モロッコの計13カ国がまず加わり，2006年10月にラバト（モロッコ）で第1回次官級会合が開催された。2007年2月のアンカラ（トルコ）での第2回会合時には50カ国に発展し，その後，パキスタンも加入した。同年6月にはアスタナ（カザフスタン）にて第3回次官級会合が開催された。

ところで米国は，公共輸送機関とりわけ船舶を使って核兵器やダーティボムが国内に持ち込まれることを警戒してきた。コンテナ・セキュリティ・イニシアティヴ（CSI）は，米国向けコンテナを船積みする外国港に米国税関職員を派遣しコンテナを検査し発見しようとするもので，日本の主要港を含む世界50港で実施され，米国向けコンテナの82％を対象とする。同じように外国港で放射性物質を探知しようとするメガポート・イニシアティヴ（Megaports Initiative）も稼動し始めた。このような未然防止の成否は，関係機関の情報収集や共有だけでなく，現場行政機関の担当者の自覚と能力にも大きく左右される。

(2) 核テロの抑止と被害管理

核テロリズムに対する抑止も米国では議論されている。核テロの準備とくに核兵器を製造するには，それを許可または黙認してくれる場所と高度な施設が必要であるから，国家による支援なくしてできないとも考えられる。そのような国家に対する抑止ならば意味があるという指摘もある[39]。

たとえ確信犯的な支援でなくても，核物質や核関連施設のセキュリティに不作為があって，それが原因でテロリストに核がわたり，核テロが実行された場合には，その国に対しての何らかの制裁を行うというものである。核分裂性物質を保有する国は，それを盗難や密輸，IAEA 保障措置のない国や非国家行為体へのいかなる移転も阻止する義務があるとする。安全措置を怠らせない「不作為懲罰ドクトリン」[40]が提言されている。

一般にテロ攻撃は事前の脅迫も事後の声明もないことが大多数であり，核爆発のテロも予告もなく突然に実行される可能性がある。このような場合，事後に核の出所を突き止めるための技術開発（犯罪捜査に適用する法医学 forensics から nuclear forensics と呼称されている）が進んでいる。高濃縮ウランやプルトニウムは固有の同位体構成をもつので「核の指紋」（nuclear fingerprints）とも言える。プルトニウムの製造は，その違いは原子炉がどのように設計され稼動しているか，使用済み燃料からどのように抽出したかの結果による。ウランの同位体は，ウランがどこで採取され，どこでどのように濃縮化したのかによって，大部分が決まる。ここから核爆弾の物質の出所を特定することで国家が核テロを支援することを止めさせるという意味での抑止である[41]。

ただし，核テロの抑止論には技術以外に問題がある。それは，出所を突き止めて報復すると言っても，報復の手段が核によるものだとは明言しにくい。テロリストの頭上に核爆弾を落としたり，支援したと目される国へ核攻撃をすれ

---

(39) Jeremy Stocker, *The United Kingdom and Nuclear Deterrence* (Adelphi Paper 386, IISS), pp. 48-49.

(40) Anders Corr, "Deterrence of Nuclear Terror: A Negligence Doctrine," *Nonproliferation Review,* vol. 12, no. 1 (March 2005).

(41) Matthew Phillips, "Uncertain Justice for Nuclear Terror: Deterrence of Anonymous Attacks Through Attribution," *Orbis,* vol. 51, no. 3 (Summer 2007); William Dunlop and Harold Smith, "Who Did It? Using International Forensics to Detect and Deter Nuclear Terrorism," *Arms Control Today,* vol. 38, no. 6 (October 2006).

ば，当然無関係者を多数巻き込み，将来にわたって禍根を残すに違いない。さりとて通常兵器による報復といっても，従来の作戦が示しているように，テロリストを確実に仕留められる保証はないし，支援国家に対する制裁方法もケース・バイ・ケースになるであろう。そのことが抑止の信憑性を損なうものになる。さらに，何よりも抑止は，行為を抑止するのであるからテロ対策としては消極的である。テロリストによる核の保有やテロリストへの移転自体を認めてはならない。

　抑止にだけ頼ることはせずに，未然防止と万一の被害管理の双方が必要になる。いかなるテロ対策においても未然防止と被害管理はいわば車の両輪であって，どちらかが欠けても対策は機能しない。被害管理は，実際に核による攻撃があった際の対処であるから，国民に対する警報，避難，初動対応者の防護のための装備や方法（線量管理法），除染，消火，医療体制など含まれる。ただし核爆発があった際に，その爆心地や周辺での救助活動はしばらくの間はできないだろう。いつ頃から何ができそうかを含めて，核テロの対処の難しさを体感するためにはリアリティ溢れるシナリオに基づいた演習を行うしかない。最近では，米シンクタンクのCSISと核脅威イニシアティヴ（NTI）の主導による「グローバル・パートナーシップの強化」プロジェクトとして，NATO加盟国による核テロ・シナリオの討議「ブラック・ドーン」が行われた。民生核施設から盗まれた高濃縮ウランによる核爆発で，ブラッセルで4万人の死者と30万人の負傷者が出ることを想定した[42]。

　近年，日本においても放射線防護の専門家が，国民保護の観点から積極的に生き残り策を提言し始めた[43]。核爆発によってどのような被害がもたらされるのか，それは2回の原爆投下と海外での核実験を参考に推定できるし，原子力災害がどのような被害をもたらすのかも，チェルノブイリ事故をはじめいくつかのケースから類推できる。さらには，2006年のリトビネンコ事件では，ホテルや飲食店，航空機の中など関係者の出入りした各所には放射性物質の痕跡を示す反応があり，該当する国際便の利用乗客3万3,000人には衛生当局から

---

(42) NTI, *Global Security Newswire*, May 31, 2005.
(43) 高田純『核爆発災害　そのとき何が起こるのか』（中公新書，2007年），同『東京に核兵器テロ！』（講談社，2004年）．

注意の呼びかけが行われたこと，また，1987年にブラジル・ゴイアニアで投棄されていた医療用放射線源の誤使用が引き起こした事故[44]なども，もしダーティボムやREDが使用されたときに社会心理的なインパクトをどう見積もるかの参考になるであろう。

　日本の場合，原子力災害にともなう風評被害も発生したことがあるし，国民・マスコミ一般の核に対する知識が高いとは言えない。専門家以外にとって受容できるリスクは非常に小さい。核テロが発生すれば，政府と国民の間でのリスク・コミュニケーションに問題が発生するであろう。壊滅的な核テロだけでなく，傷害や損害規模の比較的小さなケースも想定して，平素から核専門家，公衆衛生，法執行，外交，防衛，メディアなど各分野間での議論と交流が最低限求められる。

おわりに

　核テロリズムにはさまざまな方法があり，本稿でも触れたように，原子力発電所に対する攻撃，放射性物質を実際に保有した上での示威行動，あるいは暗殺は現実に起きたことである。しかし，テロリストが核兵器を盗難するにせよ自家製造するにせよそれを手に入れ，核爆発を起こすような壊滅的なテロはいまのところ発生していない。そのようなテロが発生する可能性が高まっているとまでは断言できないが，テロリズムの歴史は，その手法や主体がその時代のステレオタイプから大きくはずれることがあることを示している。いずれ発生するであろうという前提のもとに核テロの未然防止と被害管理を進めていくことが求められる。大規模な核テロをおこすまでには周到な準備時間が必要になる。その分，防止する側もどこかの段階でその企みに気づかなければならない時間が与えられていることになる。テロリストが真に挑戦してきたときに，未然防止の措置を何層にもとることで，それを防止できる可能性が生まれる。何も政策をとらなければ防止できる可能性はない。万一，テロがあっても周到で

---

(44) Glenn R. Sullivan and Bruce Bongar, "Psychological Consequences of Actual or Threatened CBRNE Terrorism," in Bongar et al, eds., *Psychology of Terrorism* (Oxford: Oxford University Press, 2007), p. 158.

第 3 部　核不拡散

冷静な被害管理がなされれば，被害を少しでも低減し，社会の回復に寄与することになるであろう。

24 核セキュリティと核不拡散体制

宮本　直樹

はじめに
1　核セキュリティの概念
2　核セキュリティの現状分析
3　核の脅威への対策としての核セキュリティに関する考察
4　核不拡散体制との関連における核セキュリティに関する考察
おわりに

はじめに

2004年11月，国連の「脅威，挑戦および変化に関するハイレベル・パネル」が作成した報告書が国連総会に報告された。その中で，現在の国際社会が直面している脅威として，①国家間紛争，②国内紛争，③大量破壊兵器といった国際安全保障問題に加え，④貧困，伝染病および環境劣化，⑤テロ，⑥国際組織犯罪を加えた6つを指摘している[1]。

2001年9月11日に米国で発生した同時多発テロ事件（以下，「9.11テロ」）は，テロおよび国際組織犯罪が国際社会の平和と安全に対する脅威であると再認識するきっかけとなり，またその象徴的事件となった。

原子力の分野においては，9.11テロ以後，非国家主体がテロ行為の手段として利用するために盗み出した核物質を用いて核爆発装置を製造したり，これまで現実的に想定しなかったような手段を用いて原子力施設を攻撃したりすることを防止するため，従来からの核物質および原子力施設を物理的に防護する核物質防護（physical protection）という対策を包含する形で，「核セキュリティ（nuclear security）」という一連の取組みを実施している[2]。

---

(1) United Nations General Assembly, A/59/565, "Report of the High-level Panel on Threats, Challenges and Change," 2 December 2004.
(2) 本稿においては，軍事的側面を包含するものとして議論することから「Nuclear」を「核」とした。また，平和的利用の観点で議論する際には「原子力」という用語を用いることとする。

第 3 部 　核不拡散

　本稿は，この「核セキュリティ」と呼ばれる一連の取組みとして，現在国際原子力機関（IAEA）を中心とする国際社会がどのような活動を展開しているのか，その背後には国際社会のいかなる認識があるのか，そのような活動は核の拡散問題に対処する現在の核不拡散体制という文脈の中でどのような意味合いを有しているのか，を考察することを目的とする。

　まず，IAEA が示している定義と現在にいたる活動の展開の経緯を分析し，核セキュリティの概念を明確にする。次に，現在展開されている核セキュリティの個別具体的な活動内容を明らかにするとともに，これら諸活動に一定の枠組みを提供している国際条約，国際指針，国連安全保障理事会の決議について分析する。第 3 に，核セキュリティに関する以上のような活動の展開を踏まえ，核の脅威への対策としての側面から，核セキュリティ活動の背後にある国際社会の認識について考察する。第 4 として，核不拡散体制および核セキュリティ活動のそれぞれが想定する脅威，目的および手段の比較ならびに国家と非国家主体という主体の違いに着目した核の拡散の類型化の分析を通して，現在の核不拡散体制の文脈における核セキュリティ活動の有する意味合いを考察する。

1 　核セキュリティの概念

（1） 　核セキュリティの定義

　IAEA は 2005 年，検討作業用の定義（a working definition）として，初めて核セキュリティという用語が意味する内容を示した。それによると核セキュリティとは，「核物質，その他の放射性物質あるいはそれらの関連施設に関する盗取，妨害破壊行為，不法アクセス，不法移転またはその他の悪意を持った行為に対する予防，検知および対応」である[3]。この内容から以下の点が明らかとなる。まず，実際に行う「措置」は，「予防（prevention）」，「検知（detection）」，「対応（response）」である。ある事態の発生を未然に防止し，当該事態の発生につながる動きを早期に探知し，いったん事態が起こった場合には迅速に対応

（ 3 ） 　IAEA General Conference Document, GC(49)/17, "Nuclear Security – Measures to Protect Against Nuclear Terrorism," Report by the Director General, 23 September 2005.

することによって被害を最小限にとどめる，一連の措置であることを述べている。

次に，予防，検知，対応の対象となる「事態」とは，「盗取（theft）」，「妨害破壊行為（sabotage）[4]」，「不法アクセス（unauthorized access）」，「不法移転（illegal transfer）」，「その他の悪意を持った行為（other malicious acts）」である。さらに，対象となる「物」についても，「核物質（nuclear material）」，「その他の放射性物質（other radioactive substances）」，「それらの関連施設（their associated facilities）」と特定している。

核物質およびその他の放射性物質の輸送はこの検討作業用の定義には含まれていないように思われるが，核物質およびその他の放射性物質に対する本定義に列挙された盗取等の行為であれば，それが固定施設に対する行為なのかあるいは輸送中の車両等に対する行為なのかを問わず，対象となる行為に含まれると考えられる。また，現時点では想定していない行為が今後発生する可能性に対しても，「その他の悪意を持った行為」という包括的な表現によって包含しようとしているものと思われる。

この検討作業用の定義に示された予防，検知，対応の措置として具体的な諸対策を実際に行う主体はIAEAに加盟する各国であり，加盟各国にその責任が帰属するというのが基本的な原則である。加盟国が自らの責任において個別に核セキュリティ諸対策を遂行し，その際に技術的な支援が必要な場合，加盟国からの要請に基づいてIAEAが支援を行う。一方でIAEAは，加盟国が個別的にあるいは共同で核セキュリティ諸対策を進めることができるよう，共通の方向性や全体の枠組みを策定し，国際社会全体において核セキュリティ対策を強化するための牽引役を担っているといえよう。

(2) 活動の展開の経緯

上述のような核セキュリティとしての「予防，検知および対応」措置の必要

（4）「原子力施設あるいは使用，貯蔵または輸送中の核物質に対して行われる故意の行為であって，放射線被ばくまたは放射性物質の放出に起因して職員や公衆の健康と安全および環境に直接または間接に危害を及ぼす恐れのある行為」。IAEA Document, INFCIRC/225/Rev.4 (Corrected) Para. 2. 12. 参照。

性が認識されるに至ったのは,なぜであろうか。それは,核セキュリティに関する潜在的な危険性が,東西冷戦の終結以降,顕在化する事例が発生するようになってきたからだと考えられる。

　IAEAは核セキュリティとして対処しなくてはならない潜在的危険性,いわゆる「核テロ」の脅威について,①核兵器の盗取,②核爆発装置の製造を目的とした核物質の取得,③「ダーティ・ボム」を含む放射線源の悪意を持った利用,④施設や輸送車両に対する攻撃または妨害破壊行為によって引き起こされる放射線障害の4つの類型化を行っている(5)。

　このような潜在的危険性の認識自体は近年のものではなく,すでに1975年に指摘されていた(6)。当時は,インドが地下核実験を実施し核兵器の非核兵器国への拡散の懸念が高まると共に,各国における原子力発電所の建設が核物質の不法移転や妨害破壊行為を誘発させるのではという懸念も持たれていた時代であった。1970年代以降,核兵器および軍事利用核物質の管理は各核兵器国が,また平和利用核物質および原子力施設に対する不法移転や妨害破壊行為への対処は,各非核兵器国とIAEAが協調し,核物質防護対策として実施してきた(7)。

　1989年のベルリンの壁崩壊による東西冷戦構造の瓦解が,まず核セキュリティとして対処しなくてはならない潜在的危険性を顕在化させる契機となった。1990年代を通して,旧ソ連諸国を流出源とする核物質や放射性物質の密輸(illicit trafficking)がヨーロッパ各国で相次いで摘発されるようになったのである(8)。東西冷戦の終結は,旧ソ連諸国における核物質の管理体制を侵食させる結果となり,その後核セキュリティ対策の対象となる「物」が国境を越えて不法移転される事例が国際社会に認知されはじめた。

（ 5 ）　Mohamed ElBaradei, "Nuclear Terrorism: Identifying and Combating the Risks," *Nuclear Security: Global Directions for the Future − Proceedings of an international conference, London, 16-18 March 2005*, IAEA, 2005, p. 4.

（ 6 ）　D.M. クリーガー「どう対処する?『ハイジャック機で原子炉を襲う』」『朝日ジャーナル臨時増刊号』(1975年9月15日) 16-24頁参照。

（ 7 ）　国際的な核物質防護枠組みの展開については,宮本直樹「ニュークリア・セキュリティ－国際機関の果たすべき役割」黒澤満編『大量破壊兵器の軍縮論』(信山社,2004年) 206-213頁参照。

（ 8 ）　IAEA Illicit Trafficking Database (ITDB), "Confirmed incidents, 1993-2005," <http://www.iaea.org/NewsCenter/Features/RadSources/PDF/chart1-2005.pdf>, accessed on July 31, 2007 参照。

2001年の9.11テロは，核テロの潜在的「実施者」を顕在化させることとなった。9.11テロは，国際的なネットワークと豊富な資金力を有する国際テロ組織（非国家主体）が，ジャンボ旅客機という過去に例のない大規模な攻撃手段を用いて，ターゲットとする経済力や権力の象徴的な建物を自らの生命の犠牲を厭わずに攻撃したテロ事件であった。本事件は，核セキュリティ対策が対象とする「物」をターゲットに，自らを犠牲にしてでも妨害破壊行為を行い，放射線障害を惹起する行為の主体がどのような存在でありうるのかを強烈に印象付ける事例にもなったのである。

IAEAは，9.11テロ以前から核セキュリティ対策強化の必要性を認識していなかったわけではなかった。実際，2001年5月の国際会議において，エルバラダイ（Mohamed ElBaradei）事務局長は，「核密輸を阻止し対応するための能力を改善し，テロおよび妨害破壊行為に対する施設の防護を向上するために，セキュリティ措置をアップグレードする国際協力が必要となろう」と述べていた[9]。しかし，IAEA事務局長の表現によれば9.11テロは「モーニングコール（wake-up call）」[10]となり，自らの生命の犠牲も厭わない非国家主体のような実施者をも想定の範囲に入れて，核物質およびその他の放射性物質に関するテロ行為の防止に関連するIAEAの諸活動および活動計画を，徹底的に再検討し対策を強化することとなったのである。

核物質および原子力施設を物理的に防護する核物質防護においては，従来から，施設の核物質防護システム全体の強度は，最も脆弱な鎖の輪（link）の強度によって決定されるという設計思想がある。これは，一部分を突出して強固なものにする努力よりも，システム全体における脆弱部分を改善する努力の必要性を述べたものである。9.11テロ以降の核セキュリティに対するIAEAの姿勢は，この思想に裏付けられたものであったといえる。すなわち，豊富な人的ネットワークと資金を有する非国家主体の活動は国境を境界として留められるものではなく，また万一放射性物質の放出がなされた場合，状況によっては国

---

(9) "Statement of the Director General of IAEA," International Conference on Security of Material, Stockholm, 7 May 2001.

(10) "Statement of the Director General of IAEA," United Nations General Assembly, New York, 22 October, 2001.

第3部 核不拡散

境を超えて被害が拡大する恐れがあることから，IAEAは脆弱な国内体制を残したままの加盟国の核セキュリティ対策の能力を向上させるため，全地球規模での体制整備を早急に促進していくこととしたと考えられるのである。

核セキュリティに関するIAEAの活動は，2002年から2005年の第1期と，2006年から2009年の第2期とに分けられる。第1期の行動計画は2002年3月のIAEA理事会で承認されており，①核物質および原子力施設の防護，②核物質および他の放射性物質を含む悪意を持った活動の検知，③核物質の国内計量管理制度（SSAC）(11)，④核物質以外の放射性物質のセキュリティ，⑤安全およびセキュリティに関連する原子力施設の脆弱性の評価，⑥悪意を持った行為，あるいはその行為から派生する脅威に対する対応，⑦国際協定，指針および勧告の支持および履行，⑧核セキュリティに関する調整および情報管理，の8項目の活動領域を含んでいた(12)。

第1期の行動計画の最終年となる2005年3月，英国のロンドンにおいて核セキュリティの諸策に関する将来の方向性を議論する国際会議が開催され，IAEAが核セキュリティ対策に関して体系的なアプローチを開発し，機能を強化し，国際的，地域的および二国間の調整と協力を支援し続けることを要望した(13)。また，同年6月，フランスのボルドーにおいて放射線源の安全とセキュリティに関する国際会議が開催され，放射線源の密輸を防止するための継続的な国際努力や，検知能力の向上および適切な強制行動が必要であるとの認識を強調した(14)。

こうした国際的な要請を受ける形で，同年9月に開催されたIAEA理事会は，

---

(11) State System of Accounting for and Control of nuclear materialの日本語訳。「当事国内では核物質の計量および管理を行う国家目的，そして当事国とIAEAとの間の協定の下ではIAEA保障措置適用のための基礎を提供するという国際目的の両方を持つ可能性のある国レベルの組織構成」を意味する。IAEA Safeguards Glossary 2001 Edition 参照。

(12) GOV/INF/2002/11-GC(46)/14, "Nuclear Security－Progress on Measures to Protect Against Nuclear Terrorism," Report by the Director General, 12 August 2002.

(13) Findings of the President of the Conference, ElBaradei, "Nuclear Terrorism: Identifying and Combating the Risks," p. 266.

(14) Findings of the President of the Conference, "Safety and Security of Radioactive Sources: Towards a Global System for the Continuous Control of Sources throughout Their Life Cycle－Proceedings of an International Conference," Bordeaux, 27 June-1 July 2005, IAEA, 2006, PP. 563-564.

新たな核セキュリティに関する行動計画を承認した。この第2期の行動計画に示された活動領域は，以下の4分野である[15]。

① ニーズ評価・分析および調整
② 予防
③ 検知と対応
④ 核セキュリティを支援する諸活動

第1期の活動領域と比較した場合，第2期の活動領域はより大きな分野に区分されている。IAEA事務局長は，「新たな行動計画は明らかになりつつある優先度および急速に変わりつつある事件に対応することが重要であることから，効率性と柔軟性を重視した単純化した構造をとることとした」と述べている[16]。核セキュリティに関する活動は，第1期の加盟国の現状評価に基づく計画立案を中心とする内容から，評価結果の分析に基づく人材育成などの行動重視の内容へと質的な変化を遂げ，新たな局面に入ったということができよう。

2　核セキュリティの現状分析

(1)　現在進められている諸活動

(a)　ニーズ評価・分析および調整

本領域には，①核セキュリティのニーズの同定，②核セキュリティ情報の分析および交換，③情報セキュリティ，④加盟国との調整，⑤他の国際機関との調整が含まれる[17]。これらの活動は，全体の企画立案および調整的な役割が期待されているものである。加盟国に対して評価ミッションを派遣して支援の必要な分野を特定し，核密輸データベース等の分析および評価に基づいた活動方針を策定し，加盟国および他の国際機関との協調を図りつつ，優先的な業務および地域から対策を講じていくための分野といえよう。

第2期の核セキュリティ計画では，各国のニーズにきめ細かく対応した解決

---

[15] GC(49)/17, "Nuclear Security," pp. 5-8.
[16] Ibid., p. 5.
[17] Table 2. "Proposed Yearly Nuclear Security Fund Budget for the period of 2006-2009," GC(49)/17, "Nuclear Security," p. 12.

策の提供のための制度作りを進めている。それが「統合核セキュリティ支援計画（Integrated Nuclear Security Support Plans）」と呼ばれるものである。各種評価ミッションによって明確となった改善点に基づいて，国ごとにこの計画を策定する。国内で中核となる組織を認定し国内体制の整備を支援すると共に，国際機関対当該国という関係だけでなく，当該国対支援国という関係を構築させて，効率的に当該国が必要とする技術と資金を提供していくというのが，本計画の特徴といえよう。

　9.11テロ以降，特に協力の度合いを深めた国際機関同士の協力としては，国際刑事警察機構（Interpol），欧州刑事警察機構（EUROPOL），欧州安全保障協力機構（OSCE），国連薬物犯罪事務所（UNODC），万国郵便連合（UPU），世界税関機構（WCO）などとの連携がある。IAEAは，2002年に，合法的に輸送されている核物質を含む放射性物質の安全かつ確実な輸送を確保し，国際的な郵便物流における当該物質の密輸を検知することを目的に，UPUとの間で覚書を締結している[18]。また2006年には，核密輸データベースの拡充と分析・評価に関する協力を目的として，Interpolとの間で協力協定を締結している[19]。

(b)　予防および検知と対応

「予防」の活動領域には，①法的および規制上の基盤，②核物質および放射性物質等の防護，③管理および計量，④輸送のセキュリティ，⑤核セキュリティ文化が，また「検知と対応」の活動領域には，①国境およびその他の場所における放射性物質の検知，②核セキュリティ事件に対する対応，③主要な公共イベントにおける改善された核セキュリティなどが含まれている[20]。

「予防」は，核物質や放射性物質ならびに関連施設および輸送手段などを，悪意を持った行為から未然に防止するための制度の構築および向上に関する全般が範囲となる。一方，「検知と対応」は，税関および国境における放射線検知能力向上や「核に関する科学捜査（nuclear forensics）」に関する技術能力お

---

(18)　IAEA Nuclear Security Series No. 3, "Monitoring for Radioactive Material in International Mail Transported by Public Postal Operators," May 2006, p. 1.

(19)　GOV/2006/46-GC(50)/13, "Nuclear Security − Measures to Protect Against Nuclear Terrorism," Report by the Director General, 16 August 2006, pp. 15-16.

(20)　Table 2, GC(49)/17, "Nuclear Security," p. 12.

よび放射性物質放出といった緊急事態対処能力の向上を目指している。

「予防」および「検知と対応」の両活動領域に共通する中核的活動が，各種指針類の提供と人材育成である。安全や保障措置といった他の分野と同様，核セキュリティに関する分野においても，IAEAは各種指針文書および勧告文書などの作成に精力的に取り組んでいる。核セキュリティ・シリーズ文書と呼ばれる一連の文書は，重要度に応じて体系的に上位から下位にかけて，基本文書（Fundamentals），勧告（Recommendations），実施指針（Implementing Guides），技術指針（Technical Guidance），訓練指針（Training Guides），サービス指針（Service Guides）という6階層の構造となっている。これまでに，①国境測定機器の技術的・機能的仕様[21]，②核に関する科学捜査の支援[22]，③国際郵便における放射性物質の測定[23]，④妨害破壊行為に対する原子力発電所の防護の工学的安全性[24]の4つの技術指針文書が刊行されている。

また，加盟国に対する人材育成を目的とした支援は，一過性ではなく継続的かつ計画的な各国内の核セキュリティ活動のための自立支援として展開されている。その手法は，ワークショップやトレーニング・コースの開催などである。IAEAは，地域トレーニング・センターを中国，ギリシャ，インド，ロシアおよび米国に開設したり，各国の中核的な国立研究所などとの共催により，核物質防護や核密輸への対処，国内の核セキュリティ・システムの構築といった，幅広いトピックに関する人材育成の機会を提供したりしている[25]。

(c) 核セキュリティを支援する諸活動

本領域には，①放射線源の管理，②放射線安全の基盤，③放射線安全の基準，④放射性物質の輸送の安全，⑤処分可能廃棄物などに関する活動のうち，核セ

---

(21) IAEA Nuclear Security Series No. 1, "Technical and Functional Specifications for Border Monitoring Equipment," March 2006.
(22) IAEA Nuclear Security Series No. 2, "Nuclear Forensics Support," May 2006.
(23) IAEA Nuclear Security Series No. 3, "Monitoring for Radioactive Material in International Mail Transported by Public Postal Operators," May 2006.
(24) IAEA Nuclear Security Series No. 4, "Engineering Safety Aspects of the Protection of Nuclear Power Plants against Sabotage," January 2007.
(25) GOV/2006/46-GC(50)/13, "Nuclear Security," pp. 10-12. 人材育成を目的とした支援には，各国の立法支援を目的とした法律家を対象としたトレーニング・コースの開催も含まれている。

キュリティ活動に貢献するものが含まれる[26]。原子力安全および核物質の国内計量管理制度充実のための関連指針の策定や各国支援が活動の中心となっている。IAEAは，安全（safety），保障措置（safeguards），セキュリティ（security）の3分野の活動の相乗効果をもって核セキュリティ活動を効果的に遂行するとの考えを有しており，本領域では安全や保障措置分野における能力向上を目的とする活動が展開されている。

(2) 条約，指針，決議などの国際的枠組み
(a) 改正核物質防護条約

2005年7月に，「核物質の防護に関する条約」（1987年発効）の改正が採択された。今回の改正によって防護措置を講じる範囲が，従来の国際輸送中の核物質の防護から，国内で使用，貯蔵および輸送される核物質ならびに原子力施設の防護にまで拡大されたことに伴い，名称が「核物質および原子力施設の防護に関する条約」に修正された。

改正条約により，締約国が新たに負うこととなる主な義務は，①管轄下にある核物質および原子力施設に適用する適切な防護体制を確立，実施および維持する義務，②核物質または原子力施設に対する妨害破壊行為のおそれがあるまたは実際に行われた場合，締約国間において，可能な最大限の協力を行う義務，③核物質の国内外への不法移転および原子力施設に対する妨害破壊行為といった，新たに追加された故意に行う一定の行為を国内法により犯罪とし，重大性を考慮して適切な刑罰を科す義務などである。加えて，情報の秘密保護を担保した上で，関連情報の共有化が促進されることとなった[27]。本条約の発効には，締約国の3分の2以上の批准，受諾または承認が必要であり，2007年7月

---

(26) Table 2, GC(49)/17, "Nuclear Security," p. 12.

(27) 改正条約の追加・改正点に関しては，GOV/INF/2005/10-GC(49)/INF/6, "Nuclear Security — Progress on Measures to Protect Against Nuclear Terrorism, Amendment to the Convention on the Physical Protection of Nuclear Material," Report by the Director General, 6 September 2005, Attachment, pp. 3-11参照。なお，1987年条約と改正条約との義務の比較および条約改正の経緯については，宮本直樹「核物質防護条約改正の経緯と締約国の条約上の義務について」『第26回核物質管理学会日本支部論文集』（2005年）40-48頁参照。

現在未発効である。

(b) 放射線源の安全とセキュリティに関する行動規範

2003年9月,「放射線源の安全とセキュリティに関する行動規範」の改訂版がIAEA理事会で承認された。本改訂版は,2001年版の行動規範を,9.11テロを教訓に強化したものである。悪意を持った放射線源の使用の可能性を減らすために,放射線源に対する不法アクセスおよび不法移転,放射線源の損傷,紛失または盗難の防止を目的に含み,各国に対して必要な国内の規制体系整備を求めている。また,影響を受ける可能性のある国に対して放射線源の紛失や異常事象に関する情報を速やかに提供することが要請されている[28]。法的拘束力を有しないが,IAEA加盟国は事務局長に対して,放射線源の安全とセキュリティを高めるIAEAの努力を支援または支持し,本行動規範に含まれる指針に従って作業を行っている旨の書簡を送ることが2003年のIAEA総会で要請され,2007年7月現在,89か国が書簡を送付している。

(c) 放射線源の輸出入に関する指針

上記「行動規範」の輸出入関連部分をより具体化し,放射線源の輸出入に際し通報と承諾の制度化を要求する補足的な指針として,2004年9月,「放射線源の輸出入に関する指針」がIAEA理事会で承認された。放射線源の輸出入国が,利用可能な情報に基づいて自然人あるいは法人といった受取人が秘密裏にまたは不法に放射線源の調達に携わっていないか,放射線源の転用の危険性がないか,等に関して考慮すること,またそれらの目的のために関連する情報を交換することを求めている[29]。

(d) 核テロ防止条約

2005年4月に,放射性物質(本条約の場合,核物質を含む)または核爆発装置などを所持,使用する行為,放射性物質の放出を引き起こすような方法により原子力施設を使用または損壊する行為などを犯罪と定める「核によるテロリズ

---

[28] IAEA/CODEOC/2004, "Code of Conduct on the Safety and Security of Radioactive Sources," January 2004 <http://www-pub.iaea.org/MTCD/publications/PDF/Code-2004_web.pdf>, accessed on July 31, 2007 参照。

[29] IAEA/CODEOC/IMP-EXP/2005, "Guidance on the Import and Export of Radioactive Sources," March 2005 <http://www-pub.iaea.org/MTCD/publications/PDF/Imp-Exp_web.pdf>, accessed on July 31, 2007 参照。

ム行為の防止に関する国際条約（核テロ防止条約）」が国連総会で採択され，同年9月14日に署名開放された。本条約は締約国に対し，IAEA勧告などを考慮しつつ，条約上の犯罪防止を目的に放射性物質に対する防護措置を講じることを求めているほか，実際に放射性物質などが使用された後の対応措置に関しても定めている(30)。条約の発効には22カ国の批准，受諾，承認または加入が必要とされ，バングラディシュが22番目の批准国となり，2007年7月7日に発効した。日本は同年8月3日に受諾書を国連に寄託し，日本においては9月2日に発効した。

(e) 安全保障理事会決議1540号

2004年4月に安保理で採択された決議1540号は，国連加盟国に対し，非国家主体が核兵器を含む大量破壊兵器およびその運搬手段を開発，取得，製造，保有，輸送，移転または使用することに対していかなる支援も提供しないこと，それら活動を禁止する国内法を整備すること，大量破壊兵器，その運搬手段および関連物質などの拡散を防止する国内管理体制を確立すること，大量破壊兵器，その運搬手段および関連物質などの不正取引を防止するための協力行動をとること，などを決定しあるいは要請している(31)。

(3) 核セキュリティの現状に関する分析

核セキュリティとして現在進められている諸活動，および条約や国際指針などの国際的枠組みを概観して気づくことは，核セキュリティの対策の考え方には，核物質防護の「多重防護」の思想が反映されているということである。多重防護とは，不法行為者がある目的を達成するためには，多重の障害物を乗り越えなくてはならないような対策を講じることによって目的物を防護するという考え方である。

核物質を外部の不法行為から防護することをイメージした場合，一定量の核

---

(30) International Convention for the Suppression of Acts of Nuclear Terrorism, United Nations 2005 <http://untreaty.un.org/English/Terrorism/English_18_15.pdf>, accessed on July 31, 2007 参照。

(31) United Nations Security Council Resolution 1540(2004), adopted by the Security Council at its 4956th meeting, on 28 April 2004 <http://daccessdds.un.org/doc/UNDOC/GEN/N04/328/43/PDF/N0432843.pdf?OpenElement>, accessed on July 31, 2007 参照。

物質が適切にしかるべき区域に存在することを確認する原子力施設における計量管理は，第1の防護措置といえる。また，施設を障壁，センサーおよび監視カメラなどで物理的に取り囲む核物質防護は，第2の防護措置となる。そして，核セキュリティの諸対策として実施される国境における不法な核物質の移転の「検知」は，他国への持出しを防ぐ第3の防護措置，また放射性物質の放出という緊急事態発生時の「対応」は，被害を最小限にとどめる第4の防護措置，としてそれぞれ機能するものだということができよう。

3　核の脅威への対策としての核セキュリティに関する考察

(1)　国際社会が直面する脅威と核セキュリティの意義

2004年の国連のハイレベル・パネル報告書が国連総会に示された際，国連のアナン（Kofi A. Annan）事務総長は，「我々はテロ，内戦あるいは極端な貧困という問題を個別に扱ってはならない。相互関連性（interconnectedness）の影響は重大である。我々の戦略は包括的でなければならない」との所感を表明した[32]。この，相互に関連する国際社会の脅威に対して，国際社会は包括的な戦略に基づく対策を講じるべきであるとの指摘は，核セキュリティの意義を考えるに際して非常に示唆に富んだものだといえる。

なぜなら，核テロ対策として実施されている核セキュリティは，生物兵器・化学兵器などの他の大量破壊兵器という「テロに用いる手段」が違っても，またテロ行為の「動機」がいかなるものであっても，対策自体は普遍的な要素を持つものだからであり，各種テロに対する包括的対策の中に組み込まれたものだからである。

同報告書は，テロ対策に関して下記の5項目の対策を含む包括的戦略を勧告している[33]。

① テロの原因または促進させる要因を後退させる活動を含む諫止（dissuasion）活動

---

(32) United Nations General Assembly, A/59/565, "Report of the High-level Panel on Threats, Challenges and Change," p. 2.
(33) Ibid., p.46.

② 教育および公開の討議の助長といった活動を含む，過激主義や不寛容に対抗する努力
③ 法執行，情報共有，資金管理を含む，市民的自由および人権を尊重した，法的枠組み内における世界的な対テロ協力
④ テロリストの採用および活動を防止するための国家としての行為能力の構築
⑤ 危険物質の管理および公衆衛生の防御

これら項目のうち，③から⑤に相当する活動，すなわち，世界規模での各国の法執行機関の協力および情報共有，国内体制の整備が不十分な国に対する能力向上のための支援，物質の管理などは，いずれも核セキュリティの諸活動の根本的に重要な措置として，IAEA が中心となって展開している活動と一致するものだということができよう。

IAEA は，国連の専門機関ではないために，国連との間で連携協定を締結し，情報交換および活動の調整を行うといった協力の形態を有していない[34]。しかし，IAEA 憲章第3条 B 4 項の規定に従い国連総会および安保理に対して報告の提出を行う任務を有するなど，一定の協力関係にある。そして，IAEA は普遍的かつ専門的・技術的な国際機構に分類される組織であり[35]，核テロ対策としての核セキュリティの諸活動を，国連という国際社会における政治的国際機構の意を汲んで国際的なレベルにおいて主導的に促進することが求められ，実際そのような任務を展開しているのである。

核セキュリティは，国際的なテロ対策の包括的戦略に基づいて各種テロに対する包括的対策の一環として展開されているというところにその意義を見い出すことができよう。

(2) 核セキュリティの背後にある認識

(a) 犯罪対策という認識

テロ行為は，国家間紛争や国内紛争などと共に，国際社会の平和と安全に

---

(34) 寺澤一，山本草二，広部和也編『標準国際法〔新版〕』（青林書院，1993年）169-172頁参照。

(35) 横田洋三編著『国際機構論』（国際書院，1992年）26頁参照。

とって脅威であると認識されている。しかし，行為の主体，目的，対象，手段などの観点からテロ行為と戦争行為から比較した場合，テロ行為は「戦争」ではなく「犯罪」である。テロに関して国際法上定まった定義はいまだ確立されてはいないものの，テロ行為が犯罪であり正当化することができないものであるということは国際的に共通の認識となっている[36]。

核セキュリティの諸活動にも，核テロが犯罪であり，犯罪の未然防止が対策の要諦であるという認識が貫かれている。その認識の表れとして第1に，現在進められている諸活動の重点あるいは優先度が各国の税関，国境警備，物流の拠点である国際郵便事業における核物質を含む放射性物質の検知のための人材育成，技術能力の整備，および法執行機関の核物質の痕跡を検出する技術能力の向上に置かれている点が指摘できる。IAEAの核セキュリティ・シリーズ文書の刊行に際して，国境や国際郵便における放射線測定の指針文書，核に関する科学捜査支援のための技術文書が先行されたのは，そのような分野が脆弱な鎖の輪のひとつであり，犯罪の未然防止・抑止のために優先的に強化すべき分野というIAEAの認識の結果だと判断することができよう。

第2に，核テロに関する情報収集・分析の国際的連携およびデータベースの構築にその認識が表れている。IAEAがInterpolとの間で核密輸データベースの拡充と分析・評価に関する協力を目的とした協定を締結していることは上述したが，Interpol自身も，IAEAの協力を受け，「プロジェクト・ガイガー・データベース」という独自のデータベース整備を進めている[37]。Interpolは，両データベースが核テロに関するパターンおよび傾向，潜在的リスクおよび脅威，ルートおよび方法，弱点および脆弱性などの分析のための貴重な資源であるとしているが，各国の規制当局からIAEAの核密輸データベースに提供される情報と，各国の法執行機関からInterpolのプロジェクト・ガイガー・データベースに提供される情報とが有機的な連携の下で共有され，分析されているという事実は，核テロ対策が犯罪対策の一環であることを象徴するものである。

---

(36) United Nations General Assembly Resolution, A/RES/49/60, 17 February 1995.
(37) International Criminal Police Organization, FACT SHEET COM/FS/2007-03/Geiger <http://www.interpol.int/Public/ICPO/FactSheets/Geiger.pdf>, accessed on July 31, 2007 参照。

第3部　核不拡散

　第3に,「核に関する科学捜査」の核セキュリティにおける重視の姿勢が指摘できる。IAEA の核セキュリティ・シリーズ文書によると,核に関する科学捜査は,「核の属性に関する証拠を示す,途中で阻止された不法な核物質,放射性物資およびその他の関連物質の分析」と定義されている[38]。また,核の属性とは,「核物質または放射性物質の出所および通過経路を見つけ出し,究極的には責任者の告発に貢献しうる,不法な活動に用いられた当該物質を同定するプロセス」だとしている[39]。すなわち,核に関する科学捜査とは,すでに IAEA および各国に保存されている核物質等のサンプルの物理的特性と,現場において押収された核物質等の物理的特性とを照合し,当該物質が押収された地点から経路をさかのぼり,当該物質が使用,製造または保管されていた地点を特定することを可能ならしめる一連の科学的手法を意味しているのである。これは伝統的な犯罪捜査における容疑者の指紋の照合あるいは DNA 鑑定のイメージと重なるものだと考えられる。

　従来,核物質防護対策として核物質の盗取や原子力施設の破壊行為を防止する措置を講じていた時代には,各国においては基本的に原子力産業に関する規制当局と原子力事業者が中心となり対策を講じてきていた。しかし,核セキュリティという核物質防護を含む,より包括的な対策の下においては,規制当局と事業者のみならず法執行機関を含む関係当局の総合的な犯罪抑止対策へと移行してきている。核セキュリティの諸活動は,各国の包括的なテロ対策の戦略の中において整備され,対応能力の向上が図られるべきものだということができよう。

(b)　危機管理という認識

　近年,企業経営に危機管理（risk management）の手法を積極的に導入することによって,事業の継続性を確保しようとする動きが定着しつつある。IAEAの核セキュリティに関する諸活動の特徴のひとつは,核セキュリティ対策が危機管理対策であるとの認識に基づき危機管理の概念に調和的な対策が戦略的に進められていることにあると考えられる。

　一般的に,危機管理とは,日常（平時）におけるリスク対応と考えられてい

---

(38) IAEA Nuclear Security Series No. 2, "Nuclear Forensics Support", p. 3.
(39) Ibid., p. 2.

る。一方，日本語では同じ危機管理と訳されることのあるクライシス管理（crisis management）は，リスクが顕在化した危機的状況（有事）における対応と考えられており，明確に概念の区別がなされている。危機管理はリスクの顕在化を抑止する事前の対策であり，一方のクライシス管理は事後的な被害拡大抑止対策である。

上田愛彦によると，危機管理の発想は，14世紀イタリアのジェノヴァにおける海上保険制度に端を発し，17世紀末英国のロンドンにおけるロイド保険制度として発展したが，近代的な危機管理の概念は，1960年代に米国において偶発的な核戦争を抑止するために国家の危機を管理する方策として研究が始まった全く新しい考え方である。その後，国家レベルで戦争以外の石油危機，通貨危機といった国家的な危機，災害や大規模事故などにおける政策決定にも適用されるようになったほか，経済活動のグローバル化，複雑化に伴い企業活動にも適用されるようになり，「企業の危機管理」の概念が国際的に拡大していったという[40]。

平時にリスクの発生を未然防止する対策を講じ，また，リスクが顕在化する兆候を可能な限り早期に認識し，いったんリスクが顕在化した有事には，被害を局所的に留めその拡大を抑える——これは，核セキュリティの諸活動の分類である，「予防」，「検知」，「対応」に見事に一致している。

危機管理の概念がうまく機能するためには，事前対策または事後対策のどちらかに偏った対策ではなくバランスのとれた対策を事前に整備する必要がある。危機管理の概念の要諦は，リスクが顕在化した際の対応策の明確化と具体的な対策の事前整備を含め，未然防止策を整備し日常的に実施しておくことである。その際に重要な視点は，リスクの「発生可能性」と「影響度」である[41]。リスクの発生の可能性がどの程度の確実性を持って予測できるのか，また発生した場合の被害の影響はどの程度なのかを日常的に分析して，発生の可能性を低減するための対策，影響を緩和するための対策を講じるために，柔軟な戦略に基づいて対策の優先度を決定していくことが重要となる。また，このリスク分

---

[40] 上田愛彦，杉山徹宗，玉真哲雄編著『企業の危機管理とその対応——戦いの原則と経営活動』（鷹書房弓プレス，2002年）49頁参照。

[41] 吉川吉衞著『企業リスクマネジメント』（中央経済社，2007年）124頁参照。

析に不可欠なのが，いかなるリスクが考えられるのか，あるいは過去にいかなるリスクの予兆がありもしくは実際に顕在化したのかということを洗い出し，データベース化を図ることである。

　以上のような危機管理の概念を基に，IAEAの核セキュリティに関する活動を振り返ると，以下の2点を指摘することができる。第1は，核セキュリティに関するIAEAの中期行動計画の柔軟性である。上述したように，2006年から2009年の第2期中期行動計画の要点についてIAEA事務局長が効率性と柔軟性を重視したとの見解を示したことは，危機管理の概念に沿ったものであり妥当であると考えられる。第2は，核密輸データベースの充実・整備に力点をおいていることである。2006年のInterpolとの協力協定の締結によって，IAEAのデータベースおよびInterpolのデータベースに基づいて核テロに関連する潜在的リスクの分析が可能となったことは，IAEAが今後の核セキュリティに関する政策決定，戦略立案を行っていくうえで非常に意義のある実績だといえよう。

4　核不拡散体制との関連における核セキュリティに関する考察

　IAEAが実施している核セキュリティの諸活動が想定する核テロの脅威は，上述のように，①核兵器の盗取，②核爆発装置の製造を目的とした核物質の取得，③「ダーティ・ボム」を含む放射線源の悪意を持った利用，④施設や輸送車両に対する攻撃または妨害破壊行為によって引き起こされる放射線障害の4類型である。①から③の類型は，放射性物質を含む核による脅威（threat by nuclear）であり，④は核（原子力）に対する脅威（threat against nuclear）である。④以外は，核兵器および核物質を含む放射性物質の拡散の脅威と考えることが可能であり，そのように考える場合，現在の核不拡散体制との関連が問題となる。

　国際的な核不拡散体制の核心は1970年に発効した核兵器不拡散条約（NPT）である。核不拡散体制の想定した脅威は，NPTの前文にあるように，「核戦争が全人類に惨害をもたらす」ことである。そして，「核兵器の拡散が核戦争の危険を著しく増大させる」という信念に基づいて，新たに核兵器を保有する国家の出現（＝拡散）を防止することを目的とする枠組みを形成してきたのであ

る。NPT はそのための手段として，条約上，1967年1月1日前に核兵器その他の核爆発装置を製造しかつ爆発させた国家を「核兵器国」と定義し（第9条3項），それ以外の国家を「非核兵器国」とした上で，締約国である非核兵器国に対して，IAEA との間で交渉しかつ締結する協定に定められる保障措置の受諾を義務付けている（第3条）。

一方，核セキュリティが想定する脅威には，非国家主体である国際テロ組織が，核兵器を盗取すること，取得した核物質を用いて核爆発装置を製造すること，放射線源の悪意を持った利用の結果として撒き散らすことが含まれる。このような行為の先には，程度が異なるにせよ，核物質を含む放射性物質による人の生命，身体，財産もしくは環境に対する損傷を引き起こすという脅威が想定されている。その意味では，上記④の原子力施設等に対する妨害破壊行為の結果としての放射線障害の惹起も，同じ脅威へいたるといえよう。また，核セキュリティの目的は，非国家主体による核兵器，核物質およびその他の放射性物質の取得（＝拡散）の未然防止，関連施設に対する妨害破壊行為の未然防止，ならびに万一そのような行為が発生した場合の被害の最小限化である。そのための手段は，先に見たように一義的には条約や国際合意を後ろ盾として IAEA によって展開されている諸活動であり，その担保措置は，各国の未然防止体制の整備である。

核の拡散の主体として，従来の核不拡散体制は国家を想定し，新たな核兵器保有国の出現を拡散の脅威と認識していたと考えられる。近年，非国家主体も拡散の主体となりうると認識されるようになり，核兵器および核物質を含む放射性物質の非国家主体による取得という新たな拡散の脅威も懸念される事態となったといえよう[42]。

この核兵器および核物質を含む放射性物質の非国家主体による取得，換言すれば国家から非国家主体への拡散について，リトワク（Robert S. Litwak）は「供給者問題（the provider problem）」と「漏えい問題（the leakage problem）」と

---

[42] 菊地昌廣はこのような状況を，「核不拡散の懸念が，国家への拡散（proliferation in to the State）から，国家からの拡散（proliferation out from the State）へと拡大した」と表現している。菊地昌廣「核の脅威——今そこにある危機」『第26回核物質管理学会日本支部年次大会論文集』（2005年）75頁参照。

に区別して対処すべきことを指摘している[43]。供給者問題は，国家の故意による拡散であり，漏えい問題は，核物質を管理する国家の過失または非国家主体の積極的な関与による拡散であると考えられる。国家の故意による非国家主体への拡散の場合，そこに国家意思が働くことから，当該国家を相手に政治的手段，交渉による外交的手段または報復の恐怖を抑止力とする軍事的手段による拡散防止が期待できよう。しかし，国家の過失または非国家主体の積極的な関与による拡散の場合，拡散を未然に防止するための手段として，当該国家の全体的な核物質管理能力の向上と同時に，当該国家と国境を接する周辺国の核物質検知能力の向上，非国家主体の動向に関する情報収集・分析およびその結果の国際的な共有体制の構築といった諸対策が現実的であり有効であると考えられる。このような諸対策は，まさに IAEA を中心とする国際社会が現在進めている核セキュリティの活動である。

以上の考察から，核不拡散体制との関連において核セキュリティとは，国家から非国家主体への核の拡散，より具体的には，国家の過失または非国家主体の積極的な関与による国家から非国家主体への核の拡散という，従来の核不拡散体制では対応が十分ではないと考えられる新たな拡散の脅威に対処するための一連の活動であるということができよう。

おわりに──今後の方向性──

9.11テロの発生を受けた形で2002年以降，原子力に関する技術的国際機関である IAEA を中心とした国際社会よって核セキュリティの一連の対策が全地球規模で展開されてきた。核セキュリティとは直接的には，核テロの脅威に対する予防，検知および対応のための諸活動であるが，国際社会にとっての脅威の1つであるテロの脅威への対処として考える場合，テロ行為全般への対処として実施される，テロ行為者の通信傍受，移動の監視または資金の監視などを含む，国際社会が包括的な戦略に基づいて進めている対策の一部に組み込まれた諸活動だといえよう。

---

[43] David E. Sanger and Thom Shanker, "U.S. Debate Deterrence for Terrorist Nuclear Threat," *New York Times*, May 8, 2007.

また，核不拡散に対する寄与という観点から核セキュリティを捉える場合，従来の核不拡散体制は核兵器の国家から国家への拡散を防止することにより国家間の核戦争の勃発を防止する体制であるのに対して，核セキュリティは核兵器および核物質を含む放射性物質の国家から非国家主体への拡散を防止することにより核テロの発生を防止する具体的かつ現実的な諸活動だといえよう。

　今後，核セキュリティの重要性は益々増大すると思われる。それは，核の拡散の主体として新たに非国家主体が登場したことによって，核の拡散への対処が格段に複雑になったことに起因する。国家対非国家主体の関係は，非対称である。非国家主体は領土を持たず，国境も持たないため相互の信頼関係に基づく政治的・外交的手段による交渉は不可能である。従来の核不拡散体制では，この非対称な関係における拡散問題の解決は困難である。

　核セキュリティは，非国家主体の関与する核拡散問題のすべてを解決する万能な対策ではない。しかし，各国における核物質管理能力やテロ対策能力の迅速な強化，非国家主体の動向に関する情報を国際的に共有する機能の構築など，国際社会にとって現実的な諸対策を実施することが可能な，非常に有効な措置として機能すると考えられる。国際社会は，このような認識に基づき，核セキュリティの諸対策の実施に最大限の理解と協力を行う必要があろう。

　国際社会は，原子力の平和利用が開始された1950年代から現在までの約半世紀の間，核戦争へと至るリスクを抑止しつつ平和利用の利益を享受してきた。9.11テロで幕を開けることとなった21世紀，核テロのリスクが現実的となっている。国際社会が引き続き原子力の平和利用からもたらされる恩恵を享受し続けるためには，核戦争のリスクとともに核テロのリスクに関しても，その低減・抑止のために具体的かつ実効的な対策を講じていかなくてはならないという認識が必要であり，その認識に基づいた行動が求められているといえよう。

黒澤満先生 紹介

1　略　　歴
2　著作目録

1　略　　歴

1945年1月17日　大阪市に生まれる
1963年3月　　　大阪府立住吉高等学校卒業
1967年3月　　　大阪大学文学部哲学科卒業
1969年3月　　　大阪大学法学部卒業
1971年3月　　　大阪大学大学院法学研究科修士課程修了
1976年9月　　　大阪大学大学院法学研究科博士課程単位取得退学
1976年10月　　 新潟大学人文学部法学科講師
1978年7月　　　新潟大学法文学部法学科助教授
1980年9月　　　米国ヴァージニア大学客員研究員（1982年8月まで）
1984年10月　　 新潟大学法学部教授
1991年4月　　　大阪大学法学部教授
1993年7月　　　博士（法学）（大阪大学）の学位を取得
1994年6月　　　大阪大学大学院国際公共政策研究科教授
1998年4月　　　大阪大学大学院国際公共政策研究科長（2000年3月まで）
1998年4月　　　大阪大学評議員（2000年3月まで）
2003年10月　　 米国モントレー国際大学客員研究員（2004年3月まで）
2008年3月　　　大阪大学定年退職

黒澤満先生 紹介

2　著作目録

I　**著書**（単著）

『現代軍縮国際法』（西村書店，1986年）
『軍縮国際法の新しい視座──核兵器不拡散体制の研究──』（有信堂高文社，1986年）
『核軍縮と国際法』（有信堂高文社，1992年）
『核軍縮と国際平和』（有斐閣，1999年）
『軍縮をどう進めるか』（大阪大学出版会，2001年）
『軍縮国際法』（信山社，2003年）

II　**著書**（編著書）

『新しい国際秩序を求めて』（信山社，1994年）
『太平洋国家のトライアングル──現代の日米加関係』（ジョン・カートンと共編，彩流社，1995年）
『軍縮問題入門』（東信堂，1996年）
"The Pacific Triangle—The United States, Japan, and Canada at Century's End"（Michael Fry, John Kirton と共編，University of Toronto Press，1998年）
"Nuclear Disarmament in the Twenty-first Century"（Wade L. Huntley, Kazumi Mizumoto と共編，Hiroshima Peace Institute，2004年）
『大量破壊兵器の軍縮論』（信山社，2004年）
『軍縮問題入門（新版）』（東信堂，2005年）

III　**著書**（共著・分担執筆）

『国際法 II』（高林・山手・小寺・松井編，東信堂，1990年）
『資料で読み解く国際法』（大沼保昭編著，東信堂，1996年）
『国際関係キーワード』（馬場・初瀬・平野・鈴木と共著，有斐閣，1997年）

IV　**翻訳書**

J・ロートブラット編『科学者の役割──軍拡か軍縮か──』（西村書店，1986年）
J・トンプソン『核戦争の心理学』（西村書店，1988年）
SIPRI『SIPRI 年鑑1994』（メイナード出版，1995年）
SIPRI『SIPRI 年鑑1995』（メイナード出版，1996年）

V 論　文

【1974年】
　「軍縮に関する現代国際法の形成とその特徴」『阪大法学』93号（12月）

【1975年】
　「軍縮関連条約における検証」『阪大法学』98号（12月）

【1977年】
　「大気圏内核実験の法的問題――核実験事件を中心に」『阪大法学』101号（1月）

【1978年】
　「核兵器国と非核兵器国の義務のバランス――現代軍縮国際法の新しい視座」『法政理論』10巻3号（3月）
　「国連軍縮特別総会の意義」『ジュリスト』674号（10月）
　"The Legality of Atmospheric Nuclear Weapon Tests: Nuclear Test Cases"『法政理論』11巻1号（10月）

【1979年】
　「軍縮と非核兵器国の安全保障――国連軍縮特別総会における議論を中心に」『国際法外交雑誌』78巻4号（9月）

【1980年】
　「非核兵器地帯と安全保障――ラテンアメリカ核兵器禁止条約付属議定書Ⅱの研究」『法政理論』12巻3号（2月）
　「積極的安全保障から消極的安全保障へ――核時代における非核兵器国の安全保障」『神戸法学雑誌』30巻2号（9月）

【1981年】
　「核兵器不拡散および非核兵器地帯の法的概念」『法政理論』13巻3号（3月）

【1982年】
　「第二回国連軍縮特別総会」『ジュリスト』776号（10月）

【1983年】
　「核兵器不拡散条約体制の起源」『法政理論』15巻3号（3月）
　「核兵器不拡散条約体制の基本構造――NPT第1・2条の形成と展開」『法政理論』16巻1号（10月）

【1984年】
　「核兵器不拡散条約体制と保障措置―― NPT第3条の形成と展開」『法政理論』16巻2号（1月）
　「核兵器不拡散条約体制と原子力平和利用――新しい不拡散政策の批判的検討」『法政理論』16巻3号（3月）

黒澤満先生 紹介

「核兵器不拡散条約体制と核軍縮──NPT第6条の形成と展開」『法政理論』17巻1・2号（9月）

【1985年】
「南太平洋非核地帯の内容と意義」『ジュリスト』850号（12月）

【1986年】
「南太平洋非核地帯の法構造」『法政理論』18巻4号（3月）
「フォークランド（マルヴィーナス）諸島における武力紛争の法的諸問題」外務省条約局法規課『武力紛争関係法研究会報告書』（3月）

【1987年】
「ABM条約の法構造」『法政理論』19巻4号（3月）

【1988年】
「ABM条約の解釈とSDI」『法政理論』20巻3号（1月）
「INF全廃条約の成立」『ジュリスト』901号（2月）
「INF条約の法構造 (1)」『法政理論』21巻1号（7月）

【1989年】
「INF条約の法構造 (2)」『法政理論』21巻3号（1月）
「現代軍縮国際法の展開──NPT体制からSALTプロセスへ」『国際法の新展開』（大寿堂鼎先生還暦記念論文集）東信堂（8月）

【1990年】
「戦略攻撃兵器の法的規制──SALT I 暫定協定とSALT II 条約の研究」『法政理論』22巻3号（3月）
「軍縮と国際機構──軍縮条約の履行を確保するための機構・機関」『世界法年報』10号（10月）
「SALT違反問題」『法政理論』23巻1号（10月）

【1991年】
"Comparative Japanese and Canadian National Security Policies in Connection with the United States"『法政理論』23巻3・4号（3月）
「非核の世界をめざして──3つのレベルにおける非核地帯設置の推進」馬場伸也編『福祉国際社会構築のための総合的パラダイムの考察』（3月）
「START条約の成立」『ジュリスト』988号（10月）
「軍縮における国連の役割──ポスト冷戦期における国連機能の再検討」『阪大法学』41巻2・3号（11月）

【1992年】
「半閉鎖海と国際法－地中海行動計画の検討を中心に」多賀秀敏編『国境を越える

実験』有信堂（4月）

【1993年】

"Nuclear Non-Proliferation Regime and its Future," *Osaka University Law Review*, No. 40.（2月）

「核兵器不拡散問題の現状と課題」『国際問題』397号（4月）

"The Nuclear Non-Proliferation Regime beyond 1995," Trevor Taylor and Ryukichi Imai(eds.), *Controlling Defense-related Technologies after the Cold War*. Royal Institute of International Affairs, U.K.（12月）

【1994年】

"Nuclear Disarmament in the New World Order," *Osaka University Law Review*, No. 41.（2月）

「新国際安全保障秩序と核軍縮」黒沢満編『新しい国際秩序を求めて――平和・人権・経済』信山社（3月）

「新国際秩序と不拡散」山影進編『新国際秩序の構想』南窓社（3月）

「国際原子力機関の核査察と国連安全保障理事会」『国際問題』No. 414（9月）

「カナダと国連平和維持活動」国武輝久編『カナダ新憲法と連邦政治をめぐる現代的諸相』同文舘（10月）

【1995年】

"Comprehensive Approach to Nuclear Non-Proliferation," *Osaka University Law Review*, No. 42.（2月）

「国連平和維持活動への参加」黒沢満／ジョン・カートン編『太平洋国家のトライアングル――現代の日米加関係』彩流社（2月）

「核兵器，核軍縮および核兵器不拡散」黒沢満／ジョン・カートン編『太平洋国家のトライアングル――現代の日米加関係』彩流社（2月）

「核兵器不拡散への包括的アプローチ」『新防衛論集』22巻3号（3月）

"Au-delà de la Conférence du TNP:une perspective japonaise," *Politique étrangère*, Automne 1995（10月）

"Strengthening Non-Proliferation," *The New International System: Towards Global and Regional Frameworks for Peace*, IFRI/JIIR（11月）

【1996年】

"Beyond the 1995 NPT Conference: A Japanese View," *Osaka University Law Review*, No.43（2月）

【1997年】

"The Future of the Non-Proliferation Regime," *Japan-Europe Political and Secu-*

rity Dialogue, JIIA and IFRI.（1月）

"The NPT in Its New Incarnation," William Clark, Jr. and Ryukichi Imai,(eds.), *Next Steps in Arms Control and Non-Proliferation,* Carnegie Endowment for International Peace.（1月）

"Nuclear Disarmament and Non-Proliferation: Japanese and Canadian Perspectives," *Osaka University Law Review,* No. 44（3月）

「核兵器廃絶に向けて―CTBT と ICJ 勧告的意見の検討―」『国際公共政策研究』1巻1号（3月）

「国際平和秩序と核兵器廃絶」日本平和学会『平和研究』22号（11月）

「包括的核実験禁止条約の基本的義務」『阪大法学』47巻4・5号（12月）

【1998年】

"Nuclear Weapons and Nuclear Energy in Northeast Asia," *UNIDIR NewsLetter,* 35/36/98（2月）

"Basic Obligations of the Comprehensive Nuclear Test Ban Treaty," *Osaka University Law Review,* No.45（2月）

「北東アジアにおける核兵器と原子力――将来の展望とジレンマ」『国際公共政策研究』2巻1号（3月）

「現代および将来の核軍縮促進」深瀬忠一・杉原泰雄・樋口陽一・浦田賢治編『恒久平和のために――日本国憲法からの提言』勁草書房（5月）

"Compliance with and Strengthening of the Nonproliferation Regime," Thomas J. Schoenbaum, Junji Nakagawa and Linda C.Reif(eds.), *Trilateral Perspectives on International Legal Issues: From Theory into Practice,* Transnational Publishers.（7月）

"Regional Security and Nuclear Weapons in North-East Asia: A Japanese Perspective," Bjoen Moeller (ed.), *Security, Arms Control and Defence Restructuring in East Asia,* Ashgate.（8月）

"Japanese and Canadian Peacekeeping Participation: The American Dimension," Michael Fry, John Kirton, and Mitsuru Kurosawa(eds.), *The Pacific Triangle: The United States, Japan, and Canada, at Century's End,* University of Toronto Press.（10月）

「国際核不拡散体制の動揺と今後の課題―インド・パキスタンの核実験の影響」『阪大法学』48巻4号（10月）

"Next Steps for Nuclear Disarmament," *Asia-Pacific Review,* Vol. 5, No. 3, Fall/Winter 1998.（11月）

【1999年】

"A U.S.-Russia Bilateral Cut-Off Treaty," *Osaka University Law Review*, No.46.（2月）

「無期限延長後のNPT」今井隆吉・山内康英編『冷戦後の東アジアと軍備管理』財団法人国際文化会館（7月）

「核の先制不使用を巡る諸問題」『軍縮・不拡散シリーズ』No. 1 日本国際問題研究所軍縮・不拡散促進センター（8月）

【2000年】

"Toward the 2000 NPT Review Conference," *Osaka University Law Review*, No. 47.（2月）

「NPT運用検討会議の評価」『軍縮・不拡散問題シリーズ』No. 6 日本国際問題研究所軍縮・不拡散促進センター（7月）

「2000年NPT再検討会議と核軍縮」『阪大法学』50巻4号（11月）

【2001年】

"The 2000 NPT Review Conference and Nuclear Disarmament," *Osaka University Law Review*, No.48.（2月）

「大量破壊兵器とミサイルの不拡散」『阪大法学』51巻2号（7月）

「軍縮」国際法学会編『日本と国際法第10巻：安全保障』三省堂（11月）

「核不拡散体制の新たな展開」藤田久一・松井芳郎・坂元茂樹編『人権法と人道法の新世紀』東信堂（11月）

【2002年】

"Nuclear Non-Proliferation and Export Control," *Osaka University Law Review*, No. 49（2月）

「核不拡散と輸出管理」『国際公共政策研究』6巻2号（3月）

「ブッシュ政権の核政策と日本の対応」日本国際問題研究所軍縮・不拡散促進センター『転換期の日米核軍備管理・軍縮・不拡散政策』（3月）

「核軍縮を巡る国際情勢と今後の課題」広島平和研究所編『21世紀の核軍縮』法律文化社（9月）

「21世紀の核軍縮」広島平和研究所編『21世紀の核軍縮』法律文化社（9月）

"Curbing Nuclear Proliferation: Japanese, G8, and Global Approaches," John J. Kirton and Junichi Takase（eds.）, *New Directions in Global Political Governance*, Ashgate.（10月）

「戦略攻撃力削減条約の内容と意義」『阪大法学』52巻3・4号（11月）

黒澤満先生 紹介

【2003年】

"Nuclear Policy of the Bush Administration," *Osaka University Law Review,* No.50. （2月）

「米国の新核政策『核態勢見直し』の批判的検討」『国際政治に関連する諸問題』『政経研究』39巻4号（3月）

「ブッシュ政権の核政策」『戦争と平和』Vol. 12, 大阪国際平和研究所（3月）

「軍縮条約の交渉・起草過程の特徴」山手治之・香西茂編集代表『現代国際法における人権と平和の保障』東信堂（3月）

"Challenges to the International Nuclear Non-Proliferation Regime"『国際公共政策研究』8巻1号（10月）

「核不拡散体制と核軍縮——2000年最終文書の履行」『阪大法学』53巻3・4号，（11月）

【2004年】

"Nuclear Non-Proliferation Regime and Nuclear Disarmament—Implementation of the 2000 Final Document," *Osaka University Law Review,* No. 51.（1月）

「北朝鮮の核兵器問題」『国際公共政策研究』8巻2号（3月）

「冷戦後の軍縮問題」吉川元・加藤普章編『国際政治の行方——グローバル化とウェストファリア体制の変容』ナカニシヤ出版（5月）

「日本の非核政策と核武装論」『阪大法学』54巻1号（5月）

「大量破壊兵器の軍縮と不拡散」磯村早苗・山田康博編『いま戦争を問う：平和学の安全保障論』グローバル時代の平和学2，法律文化社（7月）

「日本核武装論を超えた安全保障環境の構築」黒澤満編『大量破壊兵器の軍縮論』信山社（7月）

「21世紀の軍縮と国際安全保障の課題」黒澤満編『大量破壊兵器の軍縮論』信山社（7月）

"Moving Beyond the Debate on a Nuclear Japan," *The Nonproliferation Review,* Vol. 11, No. 3, Fall-Winter 2004.（12月）

"Nuclear Disarmament: From the 20th Century to the 21st Century," Wade L. Huntley, Kazumi Mizumoto and Mitsuru Kurosawa(eds.) *Nuclear Disarmament in the Twenty-first Century,* Hiroshima Peace Institute.（12月）

"Nuclear Disarmament in the 21st Century," Wade L. Huntley, Kazumi Mizumoto and Mitsuru Kurosawa(eds.), *Nuclear Disarmament in the Twenty-first Century,* Hiroshima Peace Institute.（12月）

【2005年】

"Verification and the International Atomic Energy Agency," *Osaka University Law Review*, No.52.（2月）

「NPT第4条の成立経過と1970年代の制限的解釈・適用」日本国際問題研究所軍縮・不拡散促進センター『核兵器不拡散条約（NPT）第4条に関する調査』（4月）

「2005年 NPT 再検討会議と核軍縮」『阪大法学』55巻2号（8月）

"How to Tackle the Nuclear Disarmament"『国際公共政策研究』10巻1号（9月）

"East Asia Regional Security and Arguments for a Nuclear Japan" 広島平和研究所報告書『東アジアの核軍縮の展望』（10月）

【2006年】

"The 2005 NPT Review Conference and Nuclear Disarmament," *Osaka University Law Review*, No.53.（2月）

「核不拡散体制の新たな展開とその意義」『阪大法学』56巻3号（9月）

"Japan's View on Nuclear Weapons"『国際公共政策研究』11巻1号（9月）

「米印原子力協力合意と核不拡散」『海外事情』54巻10号（10月）

【2007年】

"Full Compliance with the NPT: Effective Verification and Nuclear Fuel Cycle," *Osaka University Law Review*, No.54.（2月）

"North Korea's Nuclear Weapons and Japan's Nuclearization"『国際公共政策研究』11巻2号（3月）

「軍縮国際法――国際法学からの軍縮の分析」『阪大法学』56巻6号（3月）

「核不拡散条約とその三本柱―― 2007年 NPT 準備委員会の議論を中心に」『オンライン版　軍縮・不拡散問題シリーズ』No.13（7月）

「2007年 NPT 準備委員会―全体的議論と核軍縮」『阪大法学』57巻4号（11月）

【2008年】

"New Vision toward a World Free of Nuclecir Weapons." *Osaka University Law Review*, No.55.（2月）

「核兵器の廃絶と通常兵器の軍縮」深瀬忠一編『平和憲法の新生』北海道大学出版会（3月）

Ⅵ　その他の著作

【1977年】

軍縮委員会会議『非核兵器地帯の包括的研究』『法政理論』10巻1号（9月）

黒澤満先生 紹介

【1978年】
「国連軍縮特別総会最終文書」『法政理論』11巻2号（12月）

【1980年】
「宇宙法の話」『銀河宇宙オデッセイ2：超新星爆発』日本放送出版協会（6月）

【1981年】
「書評：佐藤栄一著『現代の軍備管理・軍縮』」『平和研究』16号（10月）

【1991年】
「翻訳：アメリカ対外関係法第三リステイトメント ⑾」『国際法外交雑誌』90巻4号（10月）

【1992年】
「翻訳：アメリカ対外関係法第三リステイトメント ⒀」『国際法外交雑誌』90巻6号（2月）

【1993年】
「核軍縮と核不拡散」今井隆吉・佐藤誠三郎編『核兵器解体』電力新報社（7月）
「軍縮と日本」今井隆吉・佐藤誠三郎編『核兵器解体』電力新報社（7月）

【1994年】
"States of Proliferation Concern," *Asia-Pacific Regional Seminar on Nuclear Non-proliferation Treaty*, Australia National University, Canberra, Australia.（3月）
"Developing Countries and the NPT: North Korea, South Asia, and the Middle East," Japanisch-Deutches Zentrum Berlin, *German-Japanese Symposium on Non-Proliferastion Policy*.（6月）

【1995年】
『原子燃料を取り巻く課題に関する総合研究』総合研究開発機構（3月）
「NPTとNPT再検討・延長会議」『原子力工業』Vol. 41, No. 5（5月）
「国連軍縮長崎会議の評価と核廃絶に向けての提案」『PLUTONIUM』Summer 1995, No. 10（7月）
「NPTの無期限延長について」『エネルギーレビュー』15巻9号（9月）

【1996年】
「フランス核実験と南太平洋非核地帯」『経済往来』1996年2月号（2月）
「核不拡散体制の強化と核軍縮」『冷戦後の核不拡散と日米関係』国際文化会館（3月）
「第二次世界大戦後の核軍縮」『最近の世界の動きⅥ』山川出版（4月）
「座談会：スローガンの軍縮から実践の軍縮へ──日本がイニシチブをとれる時代になった」『外交フォーラム』1996年8月号（8月）

「アジアの地域安全保障体制と非核兵器地帯」『アジア地域の安全保障と原子力平和利用』地域構想特別委員会第1次報告書，原子燃料政策研究会（10月）

【1997年】
「書評：梅本哲也著『核兵器と国際政治1945－1995』，小川伸一『「核」軍備管理・軍縮のゆくえ』」『国際政治』115号（5月）
「核軍縮，核不拡散を巡る動向」『科学技術ジャーナル』6巻7号（7月）
「CTBTの行く先とCDの今後」『アジア地域の安全保障と原子力平和利用』地域構想特別委員会第2次報告書，原子燃料政策研究会（10月）

【1998年】
「核不拡散政策の世界情勢」『第18回核物質管理学会日本支部年次大会論文集』核物質管理学会日本支部（3月）
「国際核不拡散体制の展開と今後の課題」『核不拡散対応研究会報告書』（6月）

【1999年】
「第7回カーネギー国際不拡散会議」『核物質管理センターニュース』Vol. 28, No. 3（3月）
「新たな核不拡散体制に向けて──核軍縮と核不拡散」『核物質管理センターニュース』Vol. 28, No. 9（9月）
「期待される日本の核軍縮外交」『HIROSHIMA RESEARCH NEWS』Vol. 2, No. 2（9月）
「東京フォーラムコメンタール：きわめて有意義な報告」『核兵器・核実験モニター』100号（10月）
"Arms Control and Disarmament Treaties," *Encyclopedia of Violence, Peace and Conflict*, Academic Press, California, U.S.（10月）
「監修：C.E. ペイン「難題かかえる米国の仮装核実験」」『日経サイエンス』1999年11月号（11月）
「軍縮・平和」『imidas2000』集英社（11月）

【2000年】
「2000年NPT運用検討会議―第1主要委員会の検討について」『核物質管理センターニュース』Vol. 29, No. 7（7月）
「2000年NPT再検討会議の成果と21世紀への課題」『HIROSHIMA RESEARCH NEWS』Vol. 3, No. 1（7月）
「NPT再検討会議に参加して」『伊丹市平和都市推進協議会 NEWS LETTER』2000年夏号（8月）
「核不拡散条約再検討会議の成果」『PLUTONIUM』No. 30（8月）

黒澤満先生 紹介

「NPT再検討会議をどう見るか」『原子力 eye』Vol. 46, No. 10（9月）
「軍縮・平和」『imidas2001』集英社（11月）
"Transparency and Irreversibility in Nuclear Disarmament," *3rd Workshop on Science and Technology for Sefeguards,* Proceedings, ESARDA（11月）

【2001年】

「国際の平和と安全をいかに促進するか」『阪大NOW』2001年2月号（2月）
『積極的平和主義を目指して――「核の傘」問題を含めて考える』NIRA研究報告書，総合研究開発機構（3月）
「判例研究：核実験の違法性――核実験事件」『別冊ジュリスト No. 156，国際法判例百選』有斐閣（4月）
「危険な米新政権の軍事政策－核兵器をめぐる最新状況」『平和文化』広島平和文化センター，No. 141（6月）
「軍縮・平和」『imidas2002』集英社（11月）

【2002年】

「国連軍縮会議開催の意義」大阪国際平和研究所『戦争と平和』Vol. 11.（3月）
「軍縮と不拡散」『平和学が分かる』アエラムック，朝日新聞社（9月）
「書評：杉江栄一『核兵器撤廃への道』」『平和研究』27号（11月）
「軍縮・平和」『imidas2003』集英社（11月）

【2003年】

『NPTハンドブック』日本国際問題研究所軍縮・不拡散促進センター（3月）
「国際法の観点から見たイラク戦争」『月刊ヒューマンライツ』部落解放・人権研究所（6月）
「大阪から軍縮・平和を発信」『国際人権ひろば』No. 51，アジア・太平洋人権情報センター（9月）
「北東アジア非核兵器地帯の設置に向けて」『アジェンダー未来への課題』第2号，アジェンダ・プロジェクト（10月）
「軍縮・平和」『imidas2004』集英社（11月）
「核軍縮に関する国際情勢 (1)」IPPNW 大阪支部『平和の風』1号（11月）
「国際法から核兵器を考える，第1回：軍事状況が危険な方向に」広島平和文化センター『平和文化』No. 151（12月）

【2004年】

「国連軍縮大阪会議の開催：その内容と成果」大阪国際平和研究所『戦争と平和』Vol. 13（3月）
「核軍縮に関する国際情勢 (2)：日本における核武装論」『平和の風』2号（3月）

「国際法から核兵器を考える，第 2 回：軍事力ではなく交渉による解決を」広島平和文化センター『平和文化』No. 152（3 月）

「核軍縮に関する国際情勢 (3)：NPT 再検討会議準備委員会での議論」『平和の風』3 号（6 月）

「国際法から核兵器を考える，第 3 回：危険な日本核武装論の台頭」広島平和文化センター『平和文化』No. 153（6 月）

「国際法から核兵器を考える，第 4 回：2005 年 NPT 再検討会議に向けて」広島平和文化センター『平和文化』No. 154（9 月）

「核軍縮に関する国際情勢 (4)：ブッシュ政権の対抗拡散政策」『平和の風』4 号（11 月）

「軍縮・平和」『imidas2005』集英社（11 月）

【2005 年】

「核軍縮に関する国際情勢 (5)：2005 年 NPT 再検討会議に向けて」『平和の風』5 号（3 月）

「核軍縮に関する国際情勢 (6)：2005 年 NPT 再検討会議」『平和の風』6 号（6 月）

「第 7 回 NPT 再検討会議の結果をどうみるか：核軍縮問題を中心に」非核の政府を求める会『2005 年 NPT 再検討会議をどうみるか』（7 月）

「NPT 再検討会議の焦点と核兵器廃絶の課題」非核の政府を求める会『2005 年 NPT 再検討会議をどうみるか』（7 月）

「座談会：いかにして核軍縮・不拡散体制の維持・強化を図るか」『外交フォーラム』No. 206（8 月）

「NPT」『法学教室』No. 300（9 月）

「核軍縮に関する国際情勢 (7)：核軍縮と核不拡散」『平和の風』7 号（11 月）

「軍縮・平和」『imidas2006』集英社（11 月）

【2006 年】

「国連を中心とする核廃絶と軍縮を考える」『平和文庫 19』（2 月）

「核軍縮に関する国際情勢 (8)：核兵器の削減」『平和の風』8 号（3 月）

「2005 年 NPT 運用検討会議の全体的な流れ」日本国際問題研究所軍縮・不拡散促進センター『2005 年 NPT 運用検討会議の検証と今後の核不拡散強化にむけた方針の検討』（3 月）

「核軍縮（主要委員会 I）」日本国際問題研究所軍縮・不拡散促進センター『2005 年 NPT 運用検討会議の検証と今後の核不拡散強化にむけた方針の検討』（3 月）

「核軍縮に関する国際情勢 (9)：イランおよび中東の核問題」『平和の風』9 号（6 月）

黒澤満先生 紹介

「絡み合う中東の核」『外交フォーラム』No. 216（7月）
「核兵器の廃絶に向けて」『阪大ニューズレター』No. 33（9月）
「核軍縮の前進に活用を—国際司法裁判所の勧告的意見10周年を迎えて—現状と課題」『平和文化』No. 162（9月）
「軍縮・平和」『imidas2007』集英社（11月）
「核軍縮に関する国際情勢 ⑽：米印原子力合意と核不拡散」『平和の風』10号（11月）
"Tenth Anniversary of the ICJ Advisory Opinion: Issues and Challenges: Make the Most of this Opinion for Nuclear Disarmament," *Peace Culture*, December 2006.（12月）

【2007年】
「核軍縮に関する国際情勢 ⑾：核廃絶・北朝鮮・中央アジア・核軍縮」『平和の風』11号（6月）
「核軍縮に関する国際情勢 ⑿：2007年NPT準備委員会」『平和の風』12号（11月）

【2008年】
"Arms Control and Disarmament Treaties," *Encyclopedia of Violence, Peace and Conflict,* Academic Press（3月）

Ⅶ　辞典等執筆

伊藤正己編集代表『国民法律百科大辞典』（ぎょうせい，1984年11月）
松崎巌監修・西村俊一編集代表『国際教育辞典』（アルク，1991年2月）
河本一郎・中野貞一郎編『法学用語小辞典（新版）』（有斐閣，1993年2月）
川田侃・大畠英樹編『国際政治経済辞典』（東京書籍，1993年3月）
国際法学会編『国際関係法辞典』（三省堂，1995年8月）
國井和郎・三井誠編集代表『ベイシック法学用語辞典』（有斐閣，2001年10月）
川田侃・大畠英樹編『国際政治経済辞典（改訂版）』（東京書籍，2003年5月）
国際法学会編『国際関係法辞典（第2版）』（三省堂，2005年9月）

執筆者紹介

浅田正彦 (あさだ まさひこ) ＊編者
京都大学大学院法学研究科教授。1958年生まれ。京都大学大学院法学研究科博士後期課程中途退学。専門は国際法。主要著論文は,『軍縮条約・資料集(第2版)』(共編, 有信堂, 1997年),『軍縮条約ハンドブック』(訳, 日本評論社, 1999年),『兵器の拡散防止と輸出管理』(編著, 有信堂, 2004年),『21世紀国際法の課題』(編著, 有信堂, 2006年)。

納家政嗣 (なや まさつぐ)
青山学院大学国際政治経済学部教授。1946年生まれ。上智大学大学院博士後期課程満期退学(国際学修士)。専門は国際政治学, 安全保障論。主要著書論文は,『大量破壊兵器不拡散の国際政治学』(共著, 有信堂高文社, 2000年),『国際紛争と予防外交』(単著, 有斐閣, 2003年),『9・11以後のアメリカと世界』(共著, 南窓社, 2004年),「国際政治学と規範研究」『国際政治』第143号 (2005年)。

阿部信泰 (あべ のぶやす)
在スイス大使。1945年生まれ。東京大学法学部中退。米国アマースト大学(政治学)卒業。外務省の軍備管理・科学審議官, 在ウィーン大使, 在サウジアラビア大使, 国連の軍縮担当事務次長などを経て, 現職。専門は国際政治, 軍縮・軍備管理。最近の著作は, "Existing and Emerging Legal Approaches to Nuclear Counter-Proliferation in the Twenty-First Century", *NYU Journal of International Law and Politics,* Summer 2007 など。

天野之弥 (あまの ゆきや)
在ウィーン国際機関日本政府代表部大使。1947年生まれ。東京大学法学部卒業。原子力課長, ジュネーヴ軍縮会議日本政府代表部公使, 軍縮不拡散・科学部長などを経て現職。日本国際問題研究所上級研究員, ウェザーヘッド・センター客員研究員, モントレー国際大学客員研究員。IAEA 理事会議長, NPT 運用検討会議2007年準備委員会議長。専門は, 軍縮, 不拡散, 原子力。著作は, "A Japanese View on Nuclear disarmament," *The Nonproliferation Review,* Spring 2002 など。

岩田修一郎 (いわた しゅういちろう)
防衛大学校国際関係学科教授。1952年生まれ。ハーバード大学大学院修士課程修了(東アジア研究)。専門は核軍備管理・安全保障。主要著書は,『核戦略と核軍備管理:日本の非核政策の課題』(単著, 日本国際問題研究所, 1996年),『安全保障のポイントがよくわかる本』(共著, 亜紀書房, 2007年)。

吉田文彦 (よしだ ふみひこ)
朝日新聞論説委員。1955年生まれ。東京大学文学部英米文学科卒。米国ジョージタウン大学 MSFS フェロー。国際公共政策博士(大阪大学)。1980年に朝日新聞社入社。ワシントン特派員(1989-92年), ブリュッセル支局長(1995-98年)などを経て, 2000年より現職。主な

執筆者紹介

著書は，『核解体』（岩波新書，1995年），『証言　核抑止の世紀』（朝日選書，2000年），『「人間の安全保障」戦略』（岩波書店，2004年）。編書は，『核を追う』（朝日新聞社，2005年）。

梅本哲也（うめもと　てつや）
静岡県立大学国際関係学部教授。1953年生まれ。東京大学教養学部卒，プリンストン大学大学院（政治学）修了（Ph.D. 取得）。専攻，国際政治学。主な著書に『現代日本外交の分析』（共編著，東京大学出版会，1995年），『核兵器と国際政治一九四五－一九九五』（日本国際問題研究所，1996年），『大量破壊兵器不拡散の国際政治学』（共編著，有信堂高文社，2000年），『ブッシュ政権の国防政策』（共編著，日本国際問題研究所，2002年）他。

小川伸一（おがわ　しんいち）
防衛省防衛研究所研究部長。1948年生まれ。金沢大学法文学部卒，エール大学大学院政治学研究科博士課程修了。Ph.D.（政治学）。専門は安全保障論，軍備管理・軍縮・不拡散問題。主要著書論文は，『「核」軍備管理・軍縮のゆくえ』（単著，芦書房，1996年），「ミサイル防衛の戦略的意義と国際安全保障に与える影響」『防衛研究所紀要』第6巻第1号（2003年9月），『大量破壊兵器の軍縮論』（共著，信山社，2004年），「米印原子力協力の意義と課題」『国際安全保障』第35巻第2号（2007年9月）。

佐渡紀子（さど　のりこ）
広島修道大学法学部准教授。1972年生まれ。大阪大学大学院国際公共政策研究科博士後期課程修了。博士（国際公共政策）。専門は，国際政治，国際安全保障，紛争予防。主要著書論文は，『平和政策』（共著，有斐閣，2006年），『予防外交』（共著，三嶺書房，2000年），「信頼醸成措置と人間の安全保障の接点－デイトン合意後の取り組みから」『平和研究』第27号（2002年）。

広瀬　訓（ひろせ　さとし）
宮崎公立大学人文学部教授。1961年生まれ。国際基督教大学大学院行政学研究科博士後期課程単位取得後退学。UNDP プログラム担当官，ジュネーヴ軍縮会議日本政府代表部専門調査員等を経て現職。専門は国際法・国際機構論。主要著書論文は，『新国際機構論』（共著，国際書院，2004年），『軍縮問題入門（新版）』（共著，東信堂，2005年），『国際法入門』（共著，有斐閣，2005年），『平和政策』（共著，有斐閣，2006年）。

一政祐行（いちまさ　すけゆき）
日本国際問題研究所軍縮・不拡散促進センター研究員。1976年生まれ。大阪大学大学院国際公共政策研究科博士後期課程修了。博士（国際公共政策）。在ウィーン国際機関日本政府代表部専門調査員等を経て現職。専門は軍備管理・軍縮・不拡散問題。主要著書論文は，*Japan and Europe: Security, Development and Knowledge Society*（共著，Bruxelles: Peter Lang Publishing Group, forthcoming），「WMD 拡散の脅威に対する多国間での協調行動：普遍的な不拡散と欧州連合（EU）」『国際基督教大学社会科学ジャーナル』第54号（2005年）。

執筆者紹介

水本和実（みずもと　かずみ）
広島市立大学広島平和研究所准教授。1957年生まれ。東京大学法学部政治コース卒。米国フレッチャー法律外交大学院修士課程修了，法律外交修士（M.A.L.D.）。朝日新聞ロサンゼルス支局長などを経て現職。専門は国際政治・国際関係論。主要著書に『平和政策』（共著，有斐閣，2006年），『21世紀の核軍縮』（共著，法律文化社，2002年），『なぜ核はなくならないのか』（共著，法律文化社，2000年），『日本の安全保障とは何か』（共著，PHP研究所，1996年）など。

戸﨑洋史（とさき　ひろふみ）＊編者
日本国際問題研究所軍縮・不拡散促進センター主任研究員。1971年生まれ。大阪大学大学院国際公共政策研究科博士後期課程中途退学。博士（国際公共政策）。専門は軍備管理・不拡散問題，安全保障論。主要著書は，『9.11事件以後のロシア外交の新展開』（共著，日本国際問題研究所，2003年），『大量破壊兵器の軍縮論』（共著，信山社，2004年），『日本のミサイル防衛―変容する戦略環境下の外交・安全保障政策』（共著，日本国際問題研究所，2006年）。

菊地昌廣（きくち　まさひろ）
核物質管理センター運営企画部長。法政大学大学院「環境資源・エネルギー政策論」兼任講師。1952年生まれ。日本大学理工学部物理学科卒業。博士（工学）。主要著書論文は，「機微な資機材及び技術の拡散防止対策を介した核不拡散制度の強化について」『核物質管理学会第25回年次大会論文集』（2004年11月11日），「無通告査察の抑止効果評価へのゲーム理論の応用」『核物質管理学会第28回年次大会論文集』（2007年11月9日），『大量破壊兵器の軍縮論』（共著，信山社，2004年）。

秋山信将（あきやま　のぶまさ）
一橋大学大学院法学研究科准教授。1967年生まれ。一橋大学法学部卒業，コーネル大学公共政策学修士。専門は国際政治，安全保障，核不拡散・核軍縮。主な業績として，「核不拡散規範の順守強化とアメリカ外交―執行・強制と実効的多国間主義」『国際政治』第150号（2007年11月），『大量破壊兵器の軍縮論』（共著，信山社，2004年），*Japan's Nuclear Option: Security, Politics and Policy in the 21st Century*（共著，Washington, D.C.: The Henry L. Stimson Center, 2003），など。

村山裕三（むらやま　ゆうぞう）
同志社大学大学院ビジネス研究科教授。1953年生まれ。ワシントン大学大学院経済学博士課程修了。経済学 Ph.D。専門は経済安全保障，技術政策。主要著書は，『経済安全保障を考える：海洋国家日本の選択』（NHK出版，2003年），『テクノシステム転換の戦略：産官学連携への道筋』（NHK出版，2000年），『アメリカの経済安全保障戦略：軍事偏重からの転換と日米摩擦』（PHP研究所，1996年）。

執筆者紹介

青木節子（あおき　せつこ）
慶應義塾大学総合政策学部教授。1959年生まれ。カナダ，マッギル大学法学部附属航空・宇宙法研究所博士課程修了。法学博士（D.C.L.）。専門は国際法・宇宙法。主要著作は，『日本の宇宙戦略』（単著，慶應義塾大学出版会，2006年），『アジアの安全保障2007-2008』（共著，平和・安全保障研究所，2007年），『軍縮問題入門（新版）』（共著，東信堂，2005年），『航空・宇宙法の新展開』（共著，八千代出版，2005年），『大量破壊兵器の軍縮論』（共著，信山社，2004年），『グローバル時代の感染症』（共著，慶應義塾大学出版会，2004年）。

石川　卓（いしかわ　たく）
東洋英和女学院大学国際社会学部准教授。1968年生まれ。一橋大学大学院法学研究科博士後期課程修了。博士（法学）。専門は国際政治学・安全保障論。主要著書論文は，"Japan: Harmony by Accident?" Contemporary Security Policy（Vol.26, No.3 December 2005），「国際安全保障環境と日米防衛協力」『国際問題』第543号（2005年6月），『連鎖する世界—世界システムの変遷と展望』（編著，森話社，2005年）。

倉田秀也（くらた　ひでや）
杏林大学総合政策学部教授。1961年生まれ。慶應義塾大学大学院法学研究科博士課程単位取得退学。専門は安全保障論，韓国政治外交史。共編著『朝鮮半島と国際政治』（慶應義塾大学出版会，2005年），共著書に『大量破壊兵器の軍縮論』（信山社，2004年），『戦後日韓関係の展開』（慶應義塾大学出版会，2005年），『危機の朝鮮半島』（慶應義塾大学出版会，2006年），『米中関係』（日本国際問題研究所，2007年）など。

堀部純子（ほりべ　じゅんこ）
ジュネーヴ軍縮会議日本政府代表部専門調査員。1972年生まれ。モントレー国際大学大学院国際政策研究科修士課程修了。日本国際問題研究所軍縮・不拡散促進センター研究員を経て現職。専門は軍縮・不拡散問題。主要著書論文は，「核の巻き返し（Nuclear Rollback）決定の要因分析—南アフリカを事例として—」『国際公共政策研究』第11巻第1号（2006年），『核テロ—今ここにある恐怖のシナリオ』（共訳，日本経済出版社，2006年4月）。

石栗　勉（いしぐり　つとむ）
国連アジア太平洋平和軍縮センター所長。1948年生まれ。1972年早稲田大学法学部卒業後外務省入省。ジュネーヴ軍縮会議日本政府代表部一等書記官などを経て1987年国連事務局入り，1992年より現職。専門は軍備管理・軍縮。過去19回の本邦開催国連軍縮会議他数多くの国際会議を企画，運営。中央アジア非核兵器地帯実現のため，約10年間，中央アジア諸国の条約起草，採択，署名に貢献。最近の著作としては，「核兵器よさらば—中央アジア非核兵器地帯条約の意義」『世界』（岩波書店，2007年6月号）など。

梅林宏道（うめばやし　ひろみち）
NPO法人ピースデポ代表。中堅国家構想（MPI）国際運営委員。核軍縮議員ネットワーク（PNND）東アジア・コーディネーター。1937年生まれ。東京大学数物系大学院博士課程修了。工学博士（応用物理学）。1980年大学教員を辞してフリーに。反核・平和の市民運動お

よび関連する調査・研究活動に従事。情報誌『核兵器・核実験モニター』（月2回発行）編集責任者，イアブック『核軍縮・平和――市民と自治体のために』（高文研）監修者。著書に『在日米軍』（岩波新書，2002年），『米軍再編』（岩波ブックレット，2006年）など。

宮坂直史（みやさか　なおふみ）
防衛大学校総合安全保障研究科准教授。1963年生まれ。早稲田大学大学院博士課程中途退学。専門は国際政治・安全保障政策。単著『国際テロリズム論』（芦書房，2002年），『日本はテロを防げるか』（ちくま新書，2004年）。編著『テロ対策入門』（亜紀書房，2006年），単訳書『テロリズム』（岩波書店，2003年）。最近の共著は『平和政策』（有斐閣，2006年），『安全保障のポイントがよくわかる本』（亜紀書房，2007年），『現代の国際安全保障』（明石書店，2007年）など。

宮本直樹（みやもと　なおき）
核物質管理センター運営企画部業務課主査。1969年生まれ。バーミンガム大学大学院国際研究科および大阪大学大学院国際公共政策研究科博士前期課程修了。修士（安全保障および国際公共政策）。専門は核物質防護，核セキュリティ。主要著書論文は，『大量破壊兵器の軍縮論』（共著，信山社，2004年），「核物質防護条約改正の経緯と締約国の条約上の義務について」『第26回核物質管理学会日本支部年次大会論文集』（2005年）。

『大量破壊兵器の軍縮論』黒澤満 著

本体¥8,500(税別)

あの9.11テロ、イラク戦争を経て、大きな変化を遂げつつある国際安全保障の基本的な考え及びその枠組み。国際安全保障環境の変化を分析した上で、広義の軍縮問題の現状を指摘し、将来の展望を行うと同時に可能な政策提言を行う。その際、日本はそれぞれの問題にどう対応すべきか、またどのような役割を果たすことができるかも論じられる、今、彷徨える日本の安全保障に必読の書。

『軍縮国際法』黒澤満 著

本体¥5,000(税別)

冷戦後の軍縮の進展を体系的に分析。21世紀に入って、米国の単独主義を背景として、軍縮の進展が停滞し、あるいは後退している状況となり、テロリストなど新たな脅威も発生している。本書は、これらの否定的展開を分析し、それにいかに対応して、新たな軍縮の進展を進めるかについても検討を加え、さまざまな提案を行う。

『新しい国際秩序を求めて ― 平和・人権・経済』黒澤満 編

本体¥6,311(税別)

川島慶雄先生の還暦記念論文集。川島先生から直接指導を受けた者により書かれた論文より構成されるが、各自の専門を活かしつつ、かつ現代の変換期を正面からとらえ、新しい国際秩序の形成という統一テーマをふまえて執筆。【目次】第1部 国際の平和と安全保障(新国際安全保障秩序と核軍縮/国連の再活性化と日本の役割/国連の安全保障―冷戦期と冷戦後)/第2部 人権の国際的保障(人種差別撤廃条約第四条と人種主義的表現・団体の規制/国際人権条約による男女平等の確保―報告制度を中心として/欧州人権条約第二条および第三条における積極的義務/多国籍企業と人権の国際的保障)/第3部 国際経済秩序の展望(揺れる国際貿易システム―「ガット体制」の将来/新しい時代における日米経済摩擦への対応/EC経済統合と日本/仲裁判断にみる国家契約破棄の法理)

信山社

黒澤満先生退職記念

核軍縮不拡散の法と政治

2008(平成20)年3月15日　第1版第1刷発行　9176-0101

編　者　　浅　田　正　彦
　　　　　戸　崎　洋　史
発行者　　今　井　　　貴
発行所　　株式会社信山社
　　　〒113-0033 東京都文京区本郷6-2-9-102
　　　　Tel 03-3818-1019　Fax 03-3818-0344
　　　　info@shinzansha.co.jp
Printed in Japan　　　　　制作／編集工房INABA
Ⓒ著者, 2008　　　　　　印刷・製本／松澤印刷・大三製本

ISBN978-4-7972-9176-6　C3332　分類390.000